大学 学科地图 丛书

丛书总策划 周雁翎

社会科学策划 刘 军

人文学科策划 周志刚

大学 学科地图 丛书

政治学系列

A GUIDEBOOK FOR STUDENTS

发展政治学学科地图

燕继荣　马　啸　主编

北京大学出版社
PEKING UNIVERSITY PRESS

图书在版编目(CIP)数据

发展政治学学科地图/燕继荣,马啸主编. —北京:北京大学出版社,2023.10
(大学学科地图丛书)

ISBN 978-7-301-34599-3

Ⅰ. ①发… Ⅱ. ①燕… ②马… Ⅲ. ①政治学—发展理论—高等学校—教材 Ⅳ. ①D0

中国国家版本馆 CIP 数据核字(2023)第 209882 号

书　　名　发展政治学学科地图
FAZHAN ZHENGZHIXUE XUEKE DITU
著作责任者　燕继荣　马　啸　主编
责 任 编 辑　刘　军
标 准 书 号　ISBN 978-7-301-34599-3
出 版 发 行　北京大学出版社
地　　址　北京市海淀区成府路 205 号　100871
网　　址　http://www.pup.cn　　新浪微博:@北京大学出版社
微信公众号　通识书苑(微信号:sartspku)
科学元典(微信号:kexueyuandian)
电 子 邮 箱　编辑部 jyzx@pup.cn　　总编室 zpup@pup.cn
电　　话　邮购部 010-62752015　发行部 010-62750672
编辑部 010-62753056
印 刷 者　天津中印联印务有限公司
经 销 者　新华书店
730 毫米×1020 毫米　16 开本　30.5 印张　500 千字
2023 年 10 月第 1 版　2023 年 10 月第 1 次印刷
定　　价　130.00 元

编写说明

“大学学科地图丛书”是一套简明的学科指南。

这套丛书试图通过提炼各学科的研究对象、概念、范畴、基本问题、致思方式、知识结构、表述方式，阐述学科的历史发展脉络，描绘学科的整体面貌，展现学科的发展趋势及前沿，将学科经纬梳理清楚，为大学生、研究生和青年教师提供进入该学科的门径，训练其专业思维和批判性思维，培养学术兴趣，使其了解现代学术分科的意义和局限，养成整全的学术眼光。

“大学学科地图丛书”的作者不但熟谙教学，而且在各学科共同体内具有良好的声望，对学科历史具有宏观全面的视野，对学科本质具有深刻的把握，对学科内在逻辑具有良好的驾驭能力。他们以巨大的热情投入到书稿的写作中，对提纲反复斟酌，对书稿反复修改，力图使书稿既能清晰展现学科发展的历史脉络，又能准确体现学科发展前沿和未来趋势。

近年来，弱化教学的现象在我国大学不断蔓延。这种倾向不但背离了大学教育的根本使命，而且直接造成了大学教育质量的下滑。因此，当前对各学科进行系统梳理、反思和研究，不但十分必要，而且迫在眉睫。

希望这套丛书的出版能为大学生、研究生和青年教师提供初登“学科堂奥”的进学指南，能为进一步提高大学教育质量、推动现行学科体系的发展与完善尽一份心力。

北京大学出版社

序　言

发展政治学是比较政治学的主要分支之一。它关注和思考现代化过程中诸多影响人类命运的重大问题：人类社会如何构建秩序，国家机器如何从原始演变为现代形态，经济增长如何影响政治制度，政治制度又如何作用于经济社会发展？这些问题不仅困扰了历代的思想家和社会科学研究者，也具有重要的现实意义。

2006年，北京大学出版社出版了《发展政治学》（燕继荣主编）一书，力图系统梳理政治发展研究所形成的重要理论和观点，从宏观和微观两个角度概括发展政治学的理论成果。该书在宏观方面，阐述了发展政治学家们对于政治发展概念的理解和界定，概述了现代化理论、依附理论两大理论派别的来龙去脉、理论主张和所受到的学术批评；在微观方面，按照理论主题，分别概括和阐述了政治发展中的参与理论、危机理论、腐败理论、稳定理论、文化理论、制度化理论和民主化理论。随着全球格局的变化以及发展中国家所面临问题的不断改变，发展研究尤其是政治发展研究在理论、概念、方法方面都有很大进展，需要有新的总结。基于这些考虑，受北京大学出版社之邀，我们编写了这本《发展政治学学科地图》。作为一部学科指南，它不同于一般意义的教材。第一，它按照“学科地图”的方式实现学科知识梳理和讲解，是一种创新性探索；第二，撰写本书的作者均为学科内权威专家，他们结合自己的研究，完成的是一部以学术研究为导向的发展政治学学科指南。

《发展政治学学科地图》一书共分为学科综述、理论流派、重点范畴、学科前沿、研究方法。以及经典著作、代表学者、学术期刊和学术组织等共六编二十二章，简要介绍如下。

第一编“发展政治学学科综述”介绍了发展政治学学科的内涵与发展

史，对应第一章至第三章。第一章“寻求国家现代转型的理论构建”回顾了发展政治学诞生和发展的时代背景，指出国家现代转型是发展政治学在不同时期关注的核心问题，并对如何绘制国家现代转型的中国地图提出建议。第二章“发展中的发展政治学”梳理了“政治发展”和“经济发展”这两个发展政治学中核心变量间的相互关系及决定因素的相关文献，指出了发展政治学始于对政治发展的解释，一些原本被用于解释政治发展的变量也成为研究对象，其研究议题和话语体系融入了不同时期现实政治的印记。第三章“发展政治学学科史”回顾了发展政治学在历史上的演变进程，借助学科发展史揭示了发展政治学学科的核心研究问题与研究范式在不同时段的变化。

第二编“发展政治学主要理论流派”围绕发展政治学重要理论流派的核心概念及方法论假设展开，梳理了各流派的主要学者及其观点，同时介绍了不同流派的代表性研究及其他流派的批评，对应第四章至第七章。第四章“现代化理论”介绍了现代化理论在社会科学领域的基本状况，根据李普塞特（Seymour Martin Lipset）的文章讨论了现代化理论的核心问题，展示了政治学界内的支持派及反对派如何在理论和方法论的相互批判中将该议题的研究推向深入，讨论了近年该议题的最新学术成果以及对该理论的总结和评述。第五章“历史制度主义”介绍了历史制度主义的概念界定、学科发展、基本特征以及路径依赖范式和渐进制度变迁理论在政治发展研究中的应用。第六章“新国家主义”介绍了以亨廷顿（Samuel P. Huntington）为代表的新国家主义学派如何将国家带入政治分析，在社会中心主义浪潮盛行的背景下开创了强国家的传统，为国家理论的建构和发展做出了卓越贡献。第七章“新制度经济学”介绍了新制度经济学重要代表学者道格拉斯·诺思（Douglass C. North）的制度变迁理论，指出了诺思毕生致力于解答“国贫国富”的发展问题，其发展的解释框架主要在于引入“制度变量”解释“经济增长”，并进一步通过政治权力分配说明制度如何形成与设计。

第三编“发展政治学重点范畴”介绍了发展政治学领域的重点范畴，展示了不同学术源流对重要研究问题的争论，对应第八章至第十一章。第八章“国家理论”梳理了国家的概念和类型，主要讨论了“重新找回国家”的国家中心论运动与理论多元化两个阶段的国家理论发展。第九章“民主化”梳理了与民主、民主化有关的基本概念，回顾了民主化的历史经验，介绍了经济社会条件理论、政治制度理论、政治精英行为理论等主流学术解释，讨论了民主化研究的趋势与未来。第十章“发展型国家”回顾了对于“政府介入”问题的思考，介绍了第一代大辩论“政府介入是否必要”，讨论了第二代大辩论“政府介入能否成功”，聚焦当代对于“政府介入时机为何”的探索与争辩，提出了对“发展型国家”研究的理论总结与启示。第十一章“政商关系”讨论了政商关系影响政体转型、国家建设、经济发展的若干机制，关注了资本主义经济发展、企业家群体崛起过程中的国家角色、作用及其变迁，分析了当代各国政商关系发展的一般趋势，立足于中国情境提出了中国政商关系的变迁态势及对未来研究方向的展望。

第四编“发展政治学学科前沿”介绍了发展政治学领域最近十几年涌现出的研究议题和进展，对应第十二章至第十五章。第十二章“资源与发展”介绍了经济学家论述的“资源与发展”的因果机制，介绍了现有实证研究的主要议题和争论，讨论了未来的研究方向。第十三章“族群冲突研究：历程、现状与趋势”回顾了族群冲突的基本概念，将既有文献分为四个“波次”以回顾和评价族群冲突研究的演化，介绍了若干理论和经验整合式研究，指出了数个未来研究的基本领域和方向。第十四章“嵌入式自由主义、劳动力流动性与开放经济”回顾了应对全球化所带来的波动的相关研究，分析了劳动力流动性与收入分配的关系，讨论了劳动力流动性如何影响嵌入式自由主义。第十五章“国际组织、全球发展与中国角色”分析了联合国、经济合作与发展组织、世界银行这三个重要国际组织如何在全球发展治理过程中发挥作用，介绍了这些国际组织及其所主导的国际发展机制的运行逻辑，探讨了以中国为代表的发展中国家的崛起如何影响既有的发展类国际组织与全球发展治理的格局。

第五编“发展政治学研究方法”介绍了发展政治学主流的研究方法的基本概念、逻辑基础、适用范围与经典实证研究，对应第十六章至第十九章。第十六章“社会科学中的因果机制：微观基础和过程追踪”结合具体的研究，从微观机制和过程追踪的角度阐释了因果机制的两种主要形式：

通过降低分析层次，因果机制能够衔接宏观与微观；通过过程追踪，因果机制能够将时间因素纳入分析并处理一些内生性关系。第十七章“因果效应识别：实验法”结合政治学领域内的方法论讨论和若干具体研究实例，介绍了实验的逻辑与特征、类型与演进、方法权衡和注意事项。第十八章“多元方法研究中的案例选择”介绍了在定性、定量等多元方法研究普遍应用于发展政治学研究时，如何根据相应的目标来选择合适的研究案例。第十九章“研究方法的历史转向”介绍了最近几十年在比较政治学、发展政治学领域出现的研究转向历史的潮流，探讨了“研究方法历史转向”的内涵、贡献和启示。

第六编“发展政治学经典著作、代表学者、学术期刊与学术组织”介绍了发展政治学部分经典著作的主要内容，代表学者的生平、作品及其主要观点，并介绍了学科重要的学术期刊与学术组织，对应第二十章至第二十二章。

经过三年多的约稿、收稿和修改，呈现给读者的这部《发展政治学学科地图》，是国内著名高校政治学者的集体成果。他们来自北京大学、复旦大学、中国人民大学、南京大学、中山大学、浙江大学、厦门大学、上海交通大学、华东政法大学、北京外国语大学、上海外国语大学等政治学重镇。作者中既有资深学者，如复旦大学国际关系与公共事务学院唐世平教授，也有中生代学者，如北京大学政府管理学院张长东教授、复旦大学国际关系与公共事务学院包刚升教授、中国人民大学国际关系学院马得勇教授、中山大学政治与公共事务管理学院黄冬娅教授、浙江大学公共管理学院耿曙研究员、南京大学政府管理学院祁玲玲教授等，还有新生代的青年学者，如复旦大学国际关系与公共事务学院曾庆捷副教授，厦门大学公共事务学院庄玉乙副教授、游宇副教授，北京大学政府管理学院刘颜俊助理教授、周强助理教授，北京大学国际关系学院陈沐阳助理教授，上海交通大学国际与公共事务学院陈超副教授、陈玮助理教授，北京外国语大学国际关系学院释启鹏博士、上海外国语大学国际关系与公共事务学院王凯博士、华东政法大学政府管理学院杨端程博士、南京大学政府管理学院王志浩博士等。此外，我们的作者中还有几位在学术界崭露头角的政治学在读研究生。希望这本汇集了几代学人智慧和积淀的“学科地图”，能为我们更加深入地理解国家现代转型提供学术借鉴。作为主编，我们要衷心感谢各位参编作者，他们以自己辛勤严谨的科研努力，成就了这部学科指南的成果；也感谢余典、马佳磊、张逸凡、吴小希同学作为研究助理为书稿的修订和整理所做出的贡献；还要感谢北京大学出版社的刘军编辑，为本书的出版付出的编辑劳动。本书若有遗漏错谬之处，敬请读者不吝赐教。

主编谨识

2023 年 4 月 16 日

作者简介

包刚升　复旦大学国际关系与公共事务学院教授
陈　博　浙江大学社会学系博士研究生
陈　超　上海交通大学国际与公共事务学院副教授
陈沐阳　北京大学国际关系学院助理教授
陈　玮　上海交通大学国际与公共事务学院助理教授
耿　曙　浙江大学公共管理学院百人计划研究员
黄冬娅　中山大学政治与公共事务管理学院教授
刘颜俊　北京大学政府管理学院助理教授
刘洋戈　北京大学政府管理学院博士研究生
马得勇　中国人民大学国际关系学院教授
马佳磊　北京大学政府管理学院博士研究生
马　啸　北京大学政府管理学院助理教授
祁玲玲　南京大学政府管理学院教授
释启鹏　北京外国语大学国际关系学院讲师
唐世平　复旦大学国际关系与公共事务学院教授
王　凯　上海外国语大学国际关系与公共事务学院讲师
王志浩　南京大学政府管理学院助理研究员
吴小希　北京大学政府管理学院硕士研究生
燕继荣　北京大学政府管理学院教授
杨端程　华东政法大学政府管理学院讲师
游　宇　厦门大学公共事务学院副教授
余　典　北京大学政府管理学院博士研究生
曾庆捷　复旦大学国际关系与公共事务学院副教授

张长东　北京大学政府管理学院教授
张逸凡　北京大学政府管理学院硕士研究生
周　强　北京大学政府管理学院助理教授
庄玉乙　厦门大学公共事务学院副教授

目　　录

第一编　发展政治学学科综述

第二编　发展政治学主要理论流派

第四章　现代化理论

祁玲玲

第五章　历史制度主义

马得勇　释启鹏

第十一章 政商关系 黄冬娅 刘洋戈

第四编 发展政治学学科前沿

第十二章 资源与发展 庄玉乙

第十四章 嵌入式自由主义、劳动力流动性与开放经济 周 强

第十五章 国际组织、全球发展与中国角色 陈沐阳

第五编 发展政治学研究方法

第十六章 社会科学中的因果机制：微观基础和过程追踪 张长东

第二十一章 发展政治学代表学者 马佳磊 余 典 张逸凡

第二十二章 发展政治学主要学术期刊及学术组织 王志浩

第一编

发展政治学学科综述

第一章

寻求国家现代转型的理论构建

燕继荣

国家作为一个人类政治生活的共同体，一直是政治学研究的重要对象。国家如何形成及如何构建？国家由谁来统治以及如何统治？这些问题构成了政治学的基本命题。君主国家、神权国家、军人国家、民主国家等概念和类型划分，随着历史演进而进入理论视野，不断丰富政治学关于国家理论的内涵。

第二次世界大战之后，随着旧的世界殖民体系的瓦解，产生了许多新型独立国家。这些国家如何构建现代秩序，如何实现经济起飞，如何进入新的国际体系，这一系列问题成为国际学术研究关注的话题。政治学、经济学、社会学等不同学科纷纷介入新型国家的发展研究，于是形成了新的学科分支。政治发展研究就是在这个背景下形成的政治学综合研究，后人把这方面的研究及其成果称为发展政治学。政治学者们提出并阐发“政治发展”概念，试图构建国家现代转型（或称之为政治现代化）的理论。

第一节　传统—现代—现代化

历史研究是人类社会研究最常用的方法，因而形成种种“发展阶段论”是再自然不过的事情。人们从不同的认识角度出发，把人类历史划分为不同的时段。例如，法国社会学家孔德（Auguste Comte）关注精神文化的演进，把人类历史发展过程划分为神学阶段、哲学阶段和科学阶段；马克思主义经典理论家依据生产力和生产关系的标准，区分了原始社会—奴隶社会—封建社会—资本主义社会—社会主义社会—共产主义社会；一些关注后工业时代的学者，根据生产方式的变化，把社会发展历程划分为前工业社会—工业社会—后工业社会①，或者农业社会—工业社会—信息社会②，等等，这些阶段划分的方法体现了线性发展的历史观念。

二战后民族解放浪潮将获得独立的发展中国家推上了世界舞台。这些新型独立国家普遍的特点是，经济主要依赖于种植业或资源型原材料开采，工业化水平低；政治形态更多体现个人和家族统治色彩，制度化程度低；受经济发展水平和生产方式的影响，大多数人过着乡村生活，城市化和商业化水平低。

为了解释这些国家的状况并为这些国家的未来发展提供指引，一些欧美国家的经济学、社会学、政治学学者，依照欧美国家的发展经验，构建了一种现代化的发展理论。其中，传统（tradition）—现代（modern）—现代化（modernization）构成理论的基本框架，不发展（underdeveloped）—已发展（developed）—发展中（developing）成为常用的分析概念，经济起飞（工业化、市场化）、社会转型（城市化、世俗化）、政治转轨（民主化、法治化）成为基本研究命题。

解释从传统政治到现代政治的转变过程，是现代化理论研究的一个热点，其代表人物包括美国学者伊斯顿（David Easton）、阿尔蒙德（Gabriel A. Almond）、阿普特（David E. Apter）和亨廷顿（Samuel P. Huntington）等人。政治现代化理论的代表作有伊斯顿的《政治体系》、阿尔蒙德的《发展中地区的政治》、亨廷顿的《变化社会中的政治秩序》以及《第三波：20 世纪后期民主化浪潮》等。这些学者认为，政治现代化是国家现代化的核心，现代化最显著的特征是国家政治制度的现代化。因此，国家政治的民主化转型是政治发展研究方向的支撑点。

早期的政治发展理论家以西方发展经验为基础，为发展中国家指出了

---

① 参阅〔美〕丹尼尔·贝尔：《后工业社会的来临：对社会预测的一项探索》，高銛译，北京：商务印书馆 1984 年版。

② 参阅〔美〕阿尔文·托夫勒：《第三次浪潮》，黄明坚译，北京：中信出版社 2006 年版。

现代化（西方化）的发展道路。他们认为，政治现代化的过程也是一个同质化、革命化、进步化、全球化与不可逆化的过程，政治民主化、自由化、分权化是现代化过程的必然结果；在现代化过程中，保持政府能力的有效性，实现政府权威的合理性，维护政治秩序的稳定性，提高政治制度化水平，以及保证社会资源的公平分配，是保障现代化顺利进展的重要条件。

对现代化理论的批评来自非西方世界，“依附理论”可以看作是现代化理论的主要批评者。“依附理论”认为，以西方国家的发展经历为基础形成的理论模式，带有明显的“西方中心论”特点，不能用来指导非西方国家的现代化实践。该理论立足于第三世界特别是拉丁美洲的现实状况，研究落后国家（或称不发达国家）的发展问题，认为近代欧洲资本主义持续不断的对外扩张，造成了落后国家对资本主义中心国家的全面依附，形成了不平等的中心国和外围国（中心—外围）并存且互相依赖的国际体系。不改变这种依附关系，不发达国家永远走不出落后的境地，为此，他们提出“脱钩战略”，主张建立独立的自主经济体系才是发展的关键。

无论是现代化理论，还是依附理论，都有一个共同的目标，就是为新兴独立国家（多数也是落后国家）寻求发展道路。不同的是，前者依据西方经验，主张走工业化、自由化、民主化的道路，后者分析殖民体系的影响，主张独立自主，脱离国际经济体系来谋求经济发展，走自己的现代化道路。从最早的“现代化”就是“西方化”，到后来认为“现代化”呈现多样性特点，这也是发展政治学的重要转向。

对发展问题的研究促成了新型学科的产生。社会学家、经济学家和政治学家分别从各自的学术视野出发，探讨社会、经济和政治现代化问题，形成了不同的理论和观点，这些理论和观点成为今天发展社会学、发展经济学和发展政治学的基本内容。到目前为止，发展研究所形成的传统—现代—现代化的分析框架和概念，也依然为人们所沿用。

第二节　民主转型—政治稳定—国家能力

发展政治学关注政治发展的一般逻辑和发展中国家所面临的特殊问

题。政治发展理论家在研究发达国家发展经验后得出结论，一个国家在发展过程中可能面临五种问题：一是统一问题，关系到国家认同能否形成，即所谓国家构建问题；二是治理有效性问题，关涉政治权威是否行之有效，即所谓的政治合法性问题；三是经济建设问题，要求提高国内生产能力，满足社会对于产品和服务的需要，即所谓经济发展问题；四是参与问题，各类社会集团施加压力要求影响政治决策，即所谓政治参与问题；五是分配或福利问题，要求国家重新分配收入、财富、机会和荣誉，即所谓公平分配问题。

按照一般的发展逻辑，上述五种问题依次出现，也就是说，国家现代化似乎要依次完成五大任务，即：首先，完成统一国家建设，对内对外形成统一国家主权；其次确立完整的政治行政体系，行使统一的政治权威；然后实现经济“起飞”，完成经济改造和基本建设；而后扩大政治参与，普及选举，完善政党制度，完成政治民主化改造；最后解决公平问题，改善社会福利，建立统一的社会福利制度。本来，国家建设和经济建设按理先于政治参与和物质分配，因为，只有首先做到有资源可分，才能谈得上如何公平分配资源的问题。然而，比较研究显示，发展中国家面临的问题，使它们无法遵循上述发展逻辑。它们还没有很好地完成前三项任务，就已经进入了由政治上有能力和经济上发达的民族国家所组成的国际社会。在这个国际社会中，参政和福利是突出的政治问题。因此，尽管发展的逻辑意味着国家建设和经济建设要先期进行，但发展的政治却迫使第三世界国家同时面临人们对于参政和分配的要求及期望。①

发展研究注意到，发展中国家处于一个完全不同的世界里，这个世界与发达国家当初面临的条件完全不同。首先，人口与资源的紧张成为一对矛盾。现代流行病学、药学和医学技术得到大力发展，不断下降的死亡率同较高的出生率相结合，造成人口急剧增长，这种人口增长主要集中在贫困阶层，又加剧了经济增长过程中的不平等问题。其次，由于现代化通讯工具的发展，不发达国家的人民所接触的是一种生活富裕、人民参政的社会生活模式。这就使发展中国家的领导人同时面对多重压力，迫使他们不得不对经济增长、社会福利和迅速扩大的公民参与要求同时做出反应。最

---

① 〔美〕加布里埃尔·A. 阿尔蒙德、G. 宾厄姆·鲍威尔：《比较政治学：体系、过程和政策》，曹沛霖等译，上海：上海译文出版社 1987 年版，第 422—423 页。

后，由于历史传统和发展水平的限制，政治体系的制度化程度低，当上述要求提出时，大多数发展中国家还不具有高效率的行政机构，还没有能力很好地实施社会管理。于是，它们面对人口压力、参与压力、国际压力，必须同时解决政府能力、政治参与、经济增长和公平分配等问题。这成为发展中国家长期陷入政治不稳定的大背景和总根源。

基于对这些问题的观察，政治发展研究开始从关注民主转型与巩固，到政党制度和政治制度化建设与政治稳定关系问题，再到聚焦国家能力①，完成了主题的发展与转化。国家能力的软弱涣散成为“失败国家”普遍的现象，也成为当今世界许多严重问题的根源，因此，如何加强国家能力和治理效能，成为当今此类研究关注的重点。

实践是理论的来源，理论是实践的导引，这是理论与实践关系的一般表述。国家现代转型既是一个客观必然的过程，也是一个面对诸多要素而不得不做出选择的自觉自为的过程。无论是摆脱殖民体系的落后国家，还是传统古老的国家，它们要发展转变为一个现代国家，都需要系统的理论构建。从早期的发展研究，到之后的现代化、民主化、稳定性研究，再到今天的治理研究，政治学者为理论构建做出了探索。如果把工业革命兴起和社会福利保障体系建立看作是现代国家的重要标志，那么，那些被认定现代化了的国家完成转型大概需要 200 年时间。这个事实表明，对于许多后发展国家来说，完成国家现代转型依然任重道远。

第三节　现代化—国家转型—政治发展

生产方式和生活方式的改变是社会变革的重要标志。契约精神基础上的商业发展和商业城市的兴起，人文主义为核心的文艺复兴，新航路开辟和地理大发现，工业化生产方式的兴起，这些历史事件被看作是现代社会来临的重要征兆。现代化意味着什么？国家现代转型需要什么条件？这是现代化研究的重要问题。

---

① 参阅〔美〕弗朗西斯·福山：《国家构建：21 世纪的国家治理与世界秩序》，黄胜强、许铭原译，北京：中国社会科学出版社 2007 年版。

现代化通常被用来描述18世纪以来发生的与工业化相伴随的社会和文化变迁现象，根据现代化研究的定义，现代化是发展中的社会为了获得发达的工业社会所具有的一些特点而经历的文化与社会变迁的过程。当代发展理论家一般把现代化一词理解为从传统社会向现代社会（工业文明）转变的过程，其中，结构分殊化、权威理性化、文化世俗化被高度概括为社会现代化的主要内容。

现代化是人类文明的一种深刻变化，它产生了一系列结果。20世纪70年代，美国哈佛大学教授亨廷顿从9个方面系统概括了这个过程的特点和后果。[①] 综合现代化研究成果可以看到，现代化给人类带来了一系列变化，其中包括学术知识上的科学化、政治上的民主化、经济上的工业化、社会生活上的城市化、思想领域的自由化和民主化、文化上的世俗化等。

从比较严格的意义上看，世界现代化进程的起步一般被追溯到18世纪中期英国开启的工业革命。现代化理论的知名学者艾森斯塔德（S. N. Eisenstadt）从历史解释学的角度定义说，就历史的观点而言，现代化是社会、经济、政治体制向现代类型变迁的过程。就现代化开启和扩散的具体过程而言，艾森斯塔德认为，它从17世纪至19世纪形成于西欧和北美，而后扩及其他欧洲国家，并在19世纪和20世纪传入南美、亚洲和非洲大陆。[②] 现代化被认为是文明要素的创新、选择、传播、退出交替进行的过程，也是世界各国追赶、达到和保持世界先进水平的国际竞争。今天，经典现代化理论认为现代化包含两个基本过程：一是工业革命以来西方国家的深刻变化；二是后发国家追赶西方发达国家的发展进程。无论怎么表述，一个基本的事实是，国家现代化不仅意味着传统社会生产方式、生活方式、管理方式等方面的深刻变化，更重要的是产生了一个由分散的、相互“独在”的地方社会走向统合的整体性国家的国家化过程。

现代化最大的政治结果就是作为全体人民共同体的“统一国家”以及以“国家”为单位的国际体系从观念到制度再到政策的逐渐形成。因此，所谓现代国家的构建，实际上就是要完成两个过程。第一，作为人民共同

---

① 〔美〕塞缪尔·P. 亨廷顿：《导致变化的变化：现代化、发展和政治》，载西里尔·E. 布莱克编《比较现代化》，杨豫、陈祖洲译，上海：上海译文出版社1996年版，第44—48页。

② 〔以〕S. N. 艾森斯塔德：《现代化：抗拒与变迁》，张旅平等译，北京：中国人民大学出版社1988年版，第1—2页。

体的“统一国家”的形成过程，这是一个克服地域性、家族性、民族性等传统要素的隔阂和障碍，以统一的国家意志和国家力量为核心，构建国家的边界认同、观念认同、制度认同、政策认同、文化认同的过程。这个过程需要形成统一的国家观念，并且需要有主导性的政治力量能够凝聚人心，整合社会利益，并将“人民性”和“公共性”理念导入国家生活，形成社会公认的制度和政策，推动国家内部的一体化（包括市场、行为规范、语言文化等）和均等化发展，形成和保持国家在国际体系中的相对竞争优势。第二，作为国际体系成员的“独立国家”的形成过程，这是实现领土、主权和治权的国际确认并将国家行为置于遵循由平等独立的国家之间相互认可的双边或多边协议基础上所形成的国际秩序的过程。这个过程也需要有主导性的政治力量引领国家走上与邻为伴、与邻为善、和平发展的文明道路。

不论国家性质如何定义，也不管国家起源如何解说，国家作为一个古老的存在，恰恰是在现代化的过程中，被赋予了新的含义。所谓国家的现代转型就是指那些现实中无论通过什么方式所建立的国家形式，诸如“部落国家”“王朝国家”“天下国家”“军人国家”等，向着具有“现代”特质的国家转变的过程，体现为国家组织内部“经济、社会、政治、文化诸体系在内的多向度的全面转型”。①

第四节　国家现代转型的要素

在整个人类历史进程中，对于国家的讨论一直没有中断。人们从不同角度解释国家，英语世界就形成 nation、state、country、commonwealth 等不同表述。在政治学的解释中，国家是包括人口、领土、主权及作为主权代表的政府的政治共同体；从历史上看，国家是指基于血缘联系、拥有共同语言和文化的族群（种族）占据比较固定的领土、建立政府或者统治权威机构的组织。今天，这样的国家遍布全球，据统计，被国际普遍承认的有197个。

---

① 谢志岿、孙泽建、寇建岭：《国家的现代化转型：向度与次序》，载《广东社会科学》2017年第2期。

何为现代国家？至少存在历史解释和要素解释两种思路。所谓历史解释思路，就是依据历史现实，将国家演变过程分为不同阶段或形态，确定某一个重要时间节点为“现代时期”的起点，分析说明这个时期的国家状态。比如，在西方国家的历史分析——希腊城邦为代表的城邦制国家（city-state）—帝制国家（empire，例如马其顿帝国或罗马帝国）—民族国家（nation-state）——中，将1648年欧洲三十年战争后签署的《威斯特伐利亚和约》基础上形成的民族国家视为现代国家的主要范本，把主权、疆域、民族、平等独立当做现代国家的重要标志。

现代国家要素分析的思路依照国家要素的变化来定义现代国家，强调以下几个标志性特点：(1)“统治者”及官员的专业化；(2) 权力的集中化与管理的科层制，同时，在全国范围内形成统一的法律体系，构成宪法—法律—行政命令的规范体系；(3) 政治权力的公共化和制度化（非人格化、非家族化）：这意味着公共权力与执政者名义上分离——执政者不再是国家和公共权力本身，只是国家在一定时期内的执行者（代表制）。此外，它还意味着公共权力被限制在法定的范围内，公共权力的行使须遵守现行法律，而非统治者的个人意志和偏好（即所谓法治）。

无论哪种解释思路，“现代国家”实则包含两重标志性含义：一是国际政治意义上实现领土和治权统一的政治共同体；二是政治发展意义上确立法治与民主问责制的共和国。从政治发展的意义上说，国家治理者（统治者）本身是否受到宪法和法律的有效约束，是衡量国家现代与否的关键性指标；在“主权和治权分开”的基础上实行“有限责任制”——责任政府依法而治——是“现代国家”治理的主要方式。①

多年来，人们努力区分传统国家、现代国家、转型国家的概念，试图对历史过程中的不同国家形态和现实存在的差异化国家形态作出分类和解释，把从传统国家到现代国家变迁的过程称为国家的现代化转型。综合考察这些研究，被视为国家现代转型的重要标志或重要条件包括：现代国家观念的形成、政治结构的改变、政治主体角色的变换、现代化导向的政策目标的推进。

现代国家区别于皇权国家，在国家形成、国家性质、国家职能、国家

① 燕继荣：《现代国家及其治理》，载《中国行政管理》2015年第5期。

结构和政府权力来源等根本问题上形成了全新的理念：把“人民性”看作现代国家的重要标志，把“民主共和”看作现代国家的重要形式，把民有、民治、民享作为国家治理的基本理念，把国家定义为“自由人联合体”，强调人民同意、人民主权、人民参与、人民监督等核心概念。

现代国家区别于极权国家，在政治结构上发生重要改变：(1) 主权和治权分离，主权属于人民，治权交由具有管理经验和治理能力的政治精英掌管，并通过多种方式，让民众选择和更换“管家”，实现“人民统治”与“精英管理”的有机结合；(2) 贯彻专业分工、保障民权、限制公权原则，对治权进行合理分工、分权，保证治权的“有效性”和“有限性”的统一；(3) 无论采用单一制还是联邦制，明确中央集权与地方自治合理的管辖权限，通过宪法和制度安排以及足够的强制力，维护和强化国家的统一性。

现代国家区别于强权国家，强调国家的“公共性”和“认受性”，从根本上否定“权势集团”和“利益集团”特权利益的合法性。与此相关的是，政党成为体现国家公共性的重要角色，政党制度成为提供国家“认受性”的重要结构。在现代政治体系中，政党是政府运行的主角，并且为现代政府运行提供了合法性途径。政党作为“连接民众与政府的桥梁”，被认为是实现社会“利益聚合”、完成国家“政治整合”和实施大众“政治社会化”的重要渠道。

现代国家区别于神权国家，以世俗化的现代生产方式、生活方式为目标，追求物质文明与精神文明的协调发展，在政治、经济、社会、文化、教育、环境、外交等各个领域，制定和实施与工业化、信息化、科学化、社会化、国际化等“现代性”并行不悖的政策。

总而言之，国家的现代转型是一个漫长而艰难的过程，它要使国家的运行从传统的轨道转入现代的轨道，为此，需要修桥补路，铺设轨道，还要通过适当的推动力量，实现国家运行的转轨。今天看来，国家生活良善治理的哲学理念、自由市场基础上的经济起飞、宪法至上的法治制度、务实有效的政党推动，是国家现代转型不可逆转的重要保障。

第五节　绘制国家现代转型的中国地图

从1840年鸦片战争算起，中国现代化进程已经走过180余年。如果把这180多年分成三个阶段，可以看出中国现代化不同时期的不同状况。在清朝统治的最后70年中，中国作为一个传统的王朝帝国，不断遭受西方国家“坚船利炮”的挑战，清政府的短视和无能，使中国国家安全和领土领海利益受到极大伤害。不甘落后挨打的中国仁人志士为改良、革新而努力求索，中国延续千年的王朝政治最终由于辛亥革命而画上句号。之后，在中华民国阶段，国家陷入外敌入侵、内部分裂的状态，各派政治势力为了争夺国家的统治权而斗争。这个过程最终以1949年中国共产党执掌大陆政权、国民党战败退守台湾而告一段落。中华民国的建立极大地推进了中国国家现代化的进程，但终因传统守旧势力强大、社会利益分化严重、缺乏足够强大的主导和整合力量，使得其政治派别及其精英未能完成国家的统合任务，因而也不可能从根本上改变国家贫穷落后、人民艰难困苦的局面。中国共产党的胜利为中国现代化的进程提供了转变的契机，宣告了一种不同以往的国家现代化改造方案的诞生。这种方案抓住了中国最大的实际，即从农民和工人等广大劳苦大众的立场出发来寻求解决问题，直奔“建造一个新中国”的目标。1949年以来，中国共产党主政70余年，实现了国家政治转型、经济起飞、社会发展，目前正在努力追求面向现代化的治理变革。2013年中国政府明确提出推进国家治理现代化，2019年中国共产党十九届四中全会强调制度建设的重要性，2020年中国政府制定2035年远景规划和2049年实现现代化强国的行动计划，这一系列政策和行动表明，经过40多年的改革开放，国家现代转型步入正常轨道，已经成为不可逆转的趋势，并且产生发展效应，在国际体系中也拥有了应有的地位和话语权。

经过40年改革开放，中国在经济、政治、社会、文化各个方面发生了翻天覆地的变化，现代化取得了前所未有的进展。回顾40年历史，并从国家现代转型的视角来看，中国的实践和理论研究为国家现代转型添加了新的内容。

第一，国家现代转型需要创新政治经济理论，这种政治经济理论显然不同于自由市场理论，也不同于计划经济理论。在国家转型的政治经济理论构建方面，中国政治学打破传统理论教条的禁锢和限制，为社会主义市场经济改革提供了论证；同时，创新思想和理论，为社会主义市场经济构建提供了论证。如果说经济学提供了市场机制的论证，政治学更多地提供了政府机制的论证。今天，市场机制和政府机制的有机配合，已经构成了中国社会主义市场经济的基本原则。

第二，现代国家转型需要构建政府创新理论，这种创新理论应该为政府改革提供方向。在改革开放的过程中，中国政府几乎每隔 5 年就要推出一轮政府改革，经过不同主题和不同目标的政府改革，最终将“计划型政府”和“发展型政府”两种模式结合起来，形成中国特色的社会主义政府模式。在此过程中，中国政治学积极参与政府职能和作用的讨论，围绕政府与市场、政府与社会关系等问题，探究政府职能转变的方式，讨论法治政府和服务型政府建设以及“放管服”改革等议题，提出有效政府与有限政府的理论，为政府改革提供论证。

第三，现代国家转型需要构建转型政治发展理论，这种政治发展理论能够以国家的历史和国情为基础，以解决国家发展存在的现实问题为导向，摒弃制度解构和制度移植的简单结论，广泛吸纳民主转型理论、政治稳定理论、政治参与理论、政治合法性理论、社会建设理论等理论的合理要素，提供合乎本国发展规划、解释和引导本国实践的概念和命题。中国政治学致力于构建政治理论体系的探索，建立了区别于以往阶级分析这种单向度线性理论框架的多元化、多视角、多维度的政治学理论模型；以治理变革为核心，突破基于政体理论的自由民主改革定义的局限性，将中国的改革定义为“治理改革”，从国家治理、政府治理、社会治理等不同角度论证了中国全面改革实践的合理性和合法性；同时，以中国实际和实践为基础，以中国问题为导向，以中国故事和经验为内容，形成对中国政治问题的解释，即国家治理的系统性解释，阐释了治党—治政—治民的任务，并对中国制度及其治理的优势做出学理性解释，对中国治理实践——政党治理（党的领导及其制度）、贫困治理、环境治理、腐败治理、社会治理等——经验进行理论总结。

第四，现代国家转型需要构建符合国际准则同时适合国情和发展阶段的外交理论和国际战略。中国政治学聚焦大国关系和国际互动的历史及现状，分析国际贸易、意识形态、地缘政治、产业竞争等要素对外交和国际关系的影响，力求突破现实主义零和博弈逻辑，阐释了以合作共赢为核心的新型国际关系理论和政策路径，在国际学术界清晰表明中国立场，系统总结中国参与全球治理和地区合作的经验，围绕全球治理的政治逻辑，在国际组织决策、气候政治、贸易政治、发展政策等重点领域开展前沿性研究，构建了基于中国实践、具有中国特色的国际政治经济、国际组织和全球治理理论。

第二章

发展中的发展政治学

马 啸

发展政治学以经验世界中的变化现象和过程及其决定因素间的相互关系为研究对象，同时也不断从经济学、社会学等相邻学科中汲取新的概念、方法、议题和研究范式。这对如何定义学科自身的核心概念、经典议题及研究范式提出了挑战。本章从建构发展政治学知识体系框架的角度出发，梳理了“政治发展”和“经济发展”这两个发展政治学中核心变量间的相互关系及决定因素的相关文献。本章认为，发展政治学的学科始于对政治发展的解释，而在这一过程中，一些原本被用于解释政治发展的变量（例如经济发展）也成为研究的对象并催生出了新的研究议题。同时，作为一个关注现实世界“变化”的学科，发展政治学的研究议题和话语体系也融入了不同时期现实政治的印记。此外，尽管发展政治学是一门以实证研究为主的学科，但学科的核心概念与议题所蕴含的规范性元素却没有得到学界足够的重视和讨论。

第一节　发展政治学概况

发展政治学是比较政治学的重要分支之一。它的历史可以上溯至古希腊城邦时代柏拉图和亚里士多德对不同政体形式的讨论及其变迁原因的探究。[①] 当代政治科学范式下的发展政治学不仅关注政治发展的动态过程本身，还关注政治发展与可能影响政治发展的各种社会、经济、文化要素之间的互动。作为一门学科，其兴起受益于二战后对新兴殖民地国家在内的广大发展中国家如何实现政治和社会转型从而步入现代化国家之列的问题的关注。[②] 20 世纪 50 年代以后发生的殖民地独立、革命、民主转型、民主崩溃、经济危机、内战冲突、全球化等现象，为关注政治发展的学者提供了丰富的经验证据和广泛的议题。发展政治学一度与比较政治学领域内几乎所有议题产生了重合。[③] 同时，在政治学之外，新出现的发展经济学和发展社会学等学科领域与发展政治学形成了互动和共同发展的态势。

作为一门具有重要现实意义和学术意义的学科，发展政治学被纳入了国内外政治学教育的核心课程体系。政治学研究生项目位列前 20 名的美国高校政治学系中有 19 所开设了“发展政治学”研究生课程，不少学校还开设了数门相关课程。国内政治学界也涌现了多本质量较高的发展政治学专题教科书，例如 2006 年北京大学燕继荣主编的《发展政治学：政治发展研究的概念与理论》，2018 年复旦大学曾庆捷所著的《发展政治学》等。在 2021 年出版的由王正绪、耿曙、唐世平主编的《比较政治学》中，全书十六个章节中九个章节的内容与发展政治学直接相关。

然而与比较政治学这样具有明确核心议题和概念（例如国家、选举、政党、政治参与等）的领域相比，发展政治学的学科边界似乎更为模糊。出现这种现象的原因主要如下。首先，发展政治学研究的对象是“变化中的现象和过程”。学界关注的热点会随着经验世界的变化而转移。在这个过程中，有些议题可能变得不再重要，而有些理论则被不断新出现的证据所证伪。此外，现实世界中的政治压力、政策需求和意识形态话语体系也会反过来影响学界的研究议程。其次，发展政治学属于政治学、经济学、社会学交叉的一个领域（例如解释政治发展的“现代化理论”最初由社会

---

① 燕继荣主编：《发展政治学：政治发展研究的概念与理论》，北京：北京大学出版社 2006 年版，前言第 1 页。

② 参见燕继荣主编：《发展政治学：政治发展研究的概念与理论》，北京：北京大学出版社 2006 年版；曾庆捷：《发展政治学》，上海：复旦大学出版社 2018 年版。

③ Hagopian, Frances. “Political Development, Revisited.” *Comparative Political Studies*, Vol. 33. No. 6-7, 2000.

学研究者提出），这些相邻学科的研究范式和议题同样在快速发生变化，进而影响发展政治学。最后，政治学自身在过去几十年内也发生了较大变化，以比较政治学领域为例，计量经济学、实验研究、大数据等方法逐渐取代历史分析、案例比较等传统方法，研究的范式也从宏大的理论叙事建构转为更微观的假设检验。

这些特征对设计一个涵盖发展政治学学科发展脉络、知识体系、主要议题的科学知识体系提出了挑战。主要的张力在于如何平衡学科的经典理论和不断出现的前沿研究，以及如何取舍在不同时期形成的带有时代特色的话题。本章通过尝试梳理“政治发展”及“经济发展”这两个发展政治学的核心研究对象间的关系及其决定因素的有关文献，构建一个理解该学科主要概念、观点的体系。同时，本章也想说明，尽管发展政治学是一门以实证研究为主的学科，但学科的核心概念却带有很强的规范色彩。什么是发展？发展的理想目标是什么？发展是否就等同于西方化？是否存在一种价值中立的衡量发展的标准？这些问题尚需研究者深入思考。

第二节 政治发展

政治发展的系统性研究始于 20 世纪 50 年代发端的“现代化理论”（modernization theory），其核心观点认为，结构性因素（诸如经济社会发展水平的提高[①]）将导致个体观念和行为的改变，进而导致宏观政治制度的变化。该理论的提出主要受到社会学理论和方法的启迪[②]，诸如李普塞特等代表性学者也是社会学家。[③] 最初版本的现代化理论基于简单而又符合日常直觉的跨国比较，自提出以来就在学术界和政策界产生了巨大的影响力。在之后几十年的时间里，不断有学者尝试通过更为严谨的研究设计和

① 社会经济的发展具体则通过诸如城市化、工业化、教育水平等指标体现，参见：Lipset, Seymour Martin. “Some Social Requisites of Democracy: Economic Development and Political Legitimacy.” *American Political Science Review*, Vol. 53, No. 1, 1959.

② Hagopian, Frances. “Political Development, Revisited.” *Comparative Political Studies*, Vol. 33. No. 6-7, 2000.

③ Lipset, Seymour Martin. “Some Social Requisites of Democracy: Economic Development and Political Legitimacy.” *American Political Science Review*, Vol. 53, No. 1, 1959.

更微观的数据为现代化理论提供支持，这种努力直到今天仍在继续。①

与现代化理论巨大的影响力相伴随的是对该理论的批评。现代化理论将宏观制度变迁视为个体行为及价值观变化的加总，而这一假设在20世纪60年代随着经济学公共选择理论的发展而受到了挑战。例如奥尔森（Mancur Olson）的集体行动理论认为，个体偏好的简单加总未必一定导致集体选择的变化。② 在同时期出现的将阶级作为政治转型主要解释变量的研究在某种意义上是对这种质疑的一种不完美回应。随着公共选择学派将政治制度等非市场决策纳入经济学研究领域，经济学家也开始从实证角度思考制度变迁。例如，巴罗（Robert J. Barro）关于教育对民主制度诞生的影响的研究在微观机制上支持了现代化理论。③ 但更多的实证研究则是考察民主制度本身对经济发展的促进作用。④ 如果说经济发展是民主制度诞生的前提，而民主制度的建立又有利于经济发展，那人们不禁会问，什么因素导致了不同国家间社会、经济、政治发展的根本差异？

对现代化理论中两个核心变量（制度变迁与经济社会变迁）之间因果关系的探究引发了从方法论角度对现代化理论的质疑。普沃斯基（Adam Przeworski）与其合作者认为，我们之所以能观察到经济发展水平与民主制度之间存在正相关性，并不是因为经济发展导致了民主化，而是因为民主制度更容易在高收入的国家幸存⑤，至于民主制度的出现本身则可能是由一些无法预测的非系统性因素所导致。⑥ 他们的研究也挑战了转型文献在

---

① Inglehart, Ronald, Christian Welzel. *Modernization, Cultural Change, and Democracy: The Human Development Sequence*. New York: Cambridge University Press, 2005.

② Olson, M. *The Logic of Collective Action: Public Goods and the Theory of Groups*. Cambridge: Harvard University Press, 1965.

③ Barro, Robert J. "Determinants of Democracy." *Journal of Political Economy*, Vol. 107, No. 6, 1999.

④ 同一时期，以诺思（Douglass C. North）为代表的新制度主义经济学家（后文详述）则从理论上探讨了制度演进对经济发展的促进作用，这一时期的早期研究主要利用经济史的个案和质性材料，例如：North, D. C. *Institutions, Institutional Change and Economic Performance*. Cambridge: Cambridge University Press, 1990. Oi, Jean C. "Fiscal Reform and the Economic Foundations of Local State Corporatism in China." *World Politics*, Vol. 45, No. 1, 1992.

⑤ Przeworski, A., M. E. Alvarez, J. A. Cheibub, F. Limongi. *Democracy and Development: Political Institutions and Well-being in the World, 1950-1990*. Cambridge: Cambridge University Press, 2000.

⑥ 关于对民主转型的偶然性的讨论，见：Treisman, Daniel. "Democracy by Mistake: How the Errors of Autocrats Trigger Transitions to Freer Government." *American Political Science Review*, Vol. 114, No. 3, 2020.

相当长一段时间内将政治转型视作面向民主制度的单线条的、宿命论式的认知。事实上，在20世纪70年代以后，伴随着新兴殖民地国家民主尝试的受挫，经验世界已经证伪了民主化的单线条路径，一个国家的民主化过程可能是曲折的甚至经历多次反复的。①

这一时期对现代化理论最有力的反驳来自经济学界，特别是经济史学界对不同区域长期增长差异原因的探究。此前经济学界受公共选择及新制度主义学派的影响，已经认识到了完善的制度（特指能保护私有产权的制度）在促进经济发展中的作用，为此学者进一步尝试理解导致不同地区长期制度差异的原因。基于欧洲对广大第三世界殖民的自然实验，一些学者发现导致不同地区长期制度差异的可能是殖民史早期的自然条件或者偶发事件。② 早期殖民地制度的差异通过路径依赖影响了当前的制度，进而影响了这些地区的社会经济发展水平。这些研究的意义在于，从一个更长的历史时段内厘清了制度与发展两个变量间“鸡生蛋，还是蛋生鸡”的争论。

在经济学家尝试厘清经济发展与政治转型之间因果关系的同时，政治学者则将目光转向了所谓的“非民主”国家（威权政体）。在很长一段时间，发展政治学（乃至比较政治学）都将威权政体视为民主政体的残差项（residual category），即其定义并非基于自身特色，而仅仅是与其形成对照的民主政体的一个补集。③ 长期以来，这些政体被认为相较民主政体更为落后，并且无法逃避被民主化最终消灭的宿命。④ 这种偏见既让人们忽视了存在于威权政体内部的丰富差异，也无法解释自20世纪70年代以来出现的新兴民主政体的失败和部分威权政府长期稳定存在的事实。林茨

① 米格代尔（Joel S. Migdal）在其经典作品开头部分，也对这种过于简单化的现代化理论模型提出了批评，见：Migdal, J. S. *Strong Societies and Weak States: State-society Relations and State Capabilities in the Third World*. Princeton: Princeton University Press, 1988.

② Sokoloff, Kenneth L., Stanley L. Engerman. “Institutions, Factor Endowments, and Paths of Development in the New World.” *Journal of Economic Perspectives*, Vol. 14, No. 3, 2000; Acemoglu, Daron, Simon Johnson, and James Robinson. “The Colonial Origins of Comparative Development: An Empirical Investigation.” *Journal of Economic History*, Vol. 61, No. 2, 2001.

③ Svolik, M. W. *The Politics of Authoritarian Rule*. Cambridge: Cambridge University Press, 2012.

④ 这种观点的一个典型的代表，是美国学者福山（Francis Fukuyama）在冷战结束时提出的“历史的终结”观点，见 Fukuyama, Francis. “The End of History?” *National Interest*, No. 16, 1989.

(Juan J. Linz)是最早一批系统研究威权政体内部类型差异的学者。[①] 同时期的格迪斯(Barbara Geddes)进一步从不同威权类型下政治精英的激励结构出发,解释政治转型发生差异的成因。[②] 相比于最初用经济发展水平和普通民众的境况来解释宏观制度变迁的现代化理论,这种着眼于威权体制下政治精英行为激励的分析框架对于政治转型具有更强的解释力。比如,这种框架能够解释为什么政治转型往往伴随着原有统治精英集团的分裂,以及为什么转型往往在很短的时间内完成(相比之下,经济社会发展和普通人境况的改变是一个很缓慢的过程)。当然这一时期也涌现出了一些仍然通过结构性因素(例如社会不平等水平)来解释一些此前被忽略的民主化案例(例如西方国家选举权的扩张)的研究。[③]

在这些早期研究的激励之下,学术界涌现出了一批基于国别案例的解释威权政治的理论。[④] 其普遍共识是,不符合西方传统"民主"定义的政体并不一定会发生民主转型。相反,这些国家的既有制度可以长期稳定存在。导致这种稳定的重要因素是这些国家的政治制度设计蕴含允许政治精英间持久地分享权力和资源的元素。[⑤] 一些学者从政治家需要获得政治支持的角度,认为所谓的"民主"与"非民主"政体之间并不存在根本性的差异。[⑥] 探究为什么所谓"非民主"政体在看似不可阻挡的"民主化浪潮"压力下仍然能够稳定存续甚至繁荣发展,如今已然是发展政治学研究的热点。[⑦]

---

① Linz, J. J. *Totalitarian and Authoritarian Regimes*. Boulder: Lynne Rienner Publishers, 2000.

② Geddes, Barbara. "What do We Know about Democratization After Twenty Years?" *Annual Review of Political Science*, Vol. 2, No. 1, 1999.

③ Acemoglu, Daron, James A. Robinson. "Why did the West Extend the Franchise? Democracy, Inequality, and Growth in Historical Perspective." *Quarterly Journal of Economics*, Vol. 115, No. 4, 2000; Ziblatt, Daniel. "Shaping Democratic Practice and the Causes of Electoral Fraud: The Case of Nineteenth-Century Germany." *American Political Science Review*, Vol. 103, No. 1, 2009.

④ Nathan, Andrew J., et al. "Authoritarian Resilience." *Journal of Democracy*, Vol. 14, No. 1, 2003; Magaloni, B. *Voting for Autocracy: Hegemonic Party Survival and Its Demise in Mexico*. Cambridge: Cambridge University Press, 2006; Blaydes, L. *Elections and Distributive Politics in Mubarak's Egypt*. Cambridge: Cambridge University Press, 2010.

⑤ Svolik, M. W. *The Politics of Authoritarian Rule*. Cambridge: Cambridge University Press, 2012.

⑥ De Mesquita, B. B., A. Smith, R. M. Siverson and J. D. Morrow. *The Logic of Political Survival*. Cambridge: MIT Press, 2005.

⑦ 张长东:《混合型政体与威权主义韧性研究》,载《国外理论动态》2014年第5期。

对经典现代化理论的另一支挑战来自学者对自然资源与政治发展间关系的研究。如果经典现代化理论成立的话，拥有丰裕的石油、天然气、铁矿石资源的国家和地区在进入工业化时代后将驶上政治现代化的快车道。而实证研究则发现，这些国家在政治、社会乃至经济发展等领域，都处于相对落后的状态①，学界将这种现象称为“资源诅咒”（resource curse），并从税收与代表性权力的分享和政府压制能力的建设等角度解释这种现象形成的机制。“资源诅咒”概念提出后，学界陆续从理论的适用条件、测量等角度对其进行了修正和批评。② 另外一些学者则运用更为精细的次国家层面数据检验基于跨国数据相关性所形成的假设。③ 更有学者从因果关系识别的角度指出，早期“资源诅咒”理论基于的资源依赖和政治发展滞后的相关性中可能存在着反向因果的关系，即政治发展相对落后并非是资源依赖的结果，而是其原因——那些政治发展相对滞后的国家因国家能力孱弱、产权制度不完善等因素，无法从经济活动中汲取足够的税收，只能被迫依赖资源攫取的收入。④

综上，围绕政治发展的研究自最初的“现代化理论”提出后，展现出了如下四种发展趋势：（1）对于政治发展的解释变量，从单一变量转向多元变量；（2）对于政治发展的解释机制，从结构性因素、普通个体行为视角转向制度因素、精英视角；（3）从对政治转型的规范化、单线条认知转向更多的基于实证的认知，并承认了现实政治的复杂性和各国的差异；（4）基于相关性的假设检验研究转向了基于因果关系识别的研究。

---

① Ross, Michael L. “Does Oil Hinder Democracy?” *World Politics*, Vol. 53, No. 3, 2001; Ross, M. L. *The Oil Curse*: *How Petroleum Wealth Shapes the Development of Nations*. Princeton: Princeton University Press, 2013.

② Dunning, T. *Crude Democracy*: *Natural Resource Wealth and Political Regimes*. Cambridge: Cambridge University Press, 2008; Haber, Stephen, Victor Menaldo. “Do Natural Resources Fuel Authoritarianism? A Reappraisal of the Resource Curse.” *American Political Science Review*, Vol. 105, No. 1, 2011.

③ Hong, J. Y. “How Natural Resources Affect Authoritarian Leaders' Provision of Public Services: Evidence from China.” *Journal of Politics*, Vol. 80, No. 1, 2018.

④ Menaldo, V. *The Institutions Curse*: *Natural Resources*, *Politics*, *and Development*. New York: Cambridge University Press, 2016.

第三节 经济发展

在政治发展的初始文献中，经济发展被视为用于解释制度变迁的“外生”变量。政治学、社会学领域在检验经济发展所造成的后果的同时却忽视了经济发展的动因。经济发展并非自然发生，导致不同国家、地区间经济发展差异的因素并不比政治发展的决定因素来得简单。经济增长的动因研究也是经济学领域的经典议题。很长一段时间内，经济学家认为不同国家的经济发展水平取决于其要素禀赋（例如土地、劳动、资本）以及基于禀赋形成的比较优势和因此出现的国家间的贸易关系。这种新古典增长模型将经济发展视作一个“去政治化”的过程，政治因素在其高度简化和抽象的模型中并没有扮演突出的作用。

将制度等政治因素系统地用于解释经济增长始于 20 世纪 80 年代左右兴起的新制度主义学派（或者更简单地直接称作“制度主义学派”）。该学派的出现有着深厚的理论基础，可上溯至 20 世纪 30 年代科斯（Ronald Coase）所提出的交易费用（transaction costs）理论。[①] 此外，二战结束以后陆续提出的群体行动理论[②]、产权理论[③]、有限理性理论[④]、合同理论[⑤]等也为制度主义学派理论的出现奠定了基础。可以说制度主义学派是站在了 20 世纪社会科学理论的“巨人肩膀”之上。

制度主义的代表性学者是经济史学家诺思（Douglass C. North）。他将制度定义为型塑社会博弈的规则。制度的存在为人类互动提供了预期，降低了交易费用，进而促进合作的产生。诺思定义之下的制度涵盖范围广泛，既包括法律、规章等对人类行为存在硬约束的国家制度，也包括公

① Coase, R. H. “The Nature of the Firm.” *Economica*, Vol. 4, No. 16, 1937.

② Olson, M. *The Logic of Collective Action: Public Goods and the Theory of Groups*. Cambridge: Harvard University Press, 1965.

③ Demsetz, Harold. “Toward a Theory of Property Rights.” *American Economic Review*, Vol. 57, No. 2, 1967.

④ Simon, H. A. “Theories of Bounded Rationality.” *Decision and Organization*, Vol. 1, No. 1, 1972.

⑤ Williamson, Oliver E. “Credible Commitments: Using Hostages to Support Exchange.” *American Economic Review*, Vol. 73, No. 4, 1983.

司、行业协会等社会组织，还包括传统、文化等不成文的非正式制度。诺思研究的实证部分从经济史视角分析了人类社会如何由简及繁创造出了一系列制度，以支撑日益复杂的社会互动。在经济领域，合同、公司、法院、行业协会、银行等制度的出现，降低了包括由市场参与主体的机会主义行为所导致的各类风险，进而为人们参与经济活动提供了更强的激励。①

在这一理论化的过程中，诺思等学者也认识到，国家作为一种制度，在提供公共品、维护市场秩序、执行合同等领域发挥了重要作用。但同时，一个强大到能够保护产权的国家，也拥有了掠夺产权的能力。② 国家作为国境之内垄断了暴力使用的组织，不存在能够对其违约行为进行惩罚的第三方，由此产生了经典的可信承诺（credible commitment）问题。当人们无法确信国家是否会在事后掠夺财富时，他们投入经济活动的激励就会下降。只有当行使国家权力的一方受到了某种程度的限制，围绕国家对产权保护的可信承诺问题才会得到缓解。③ 因此完善的产权制度包括了两个维度的内容：一方面，作为最终裁决者的政府应该维护合同履行、保护合法权益；另一方面，政府又不能滥用自身的权力而成为市场的掠夺者。诺思及其后继学者认为，有效的政治问责和分权制衡的制度设计是实现这种产权制度的前提。④

诺思的产权理论在过去几十年里产生了巨大的影响。诺思基于个体理性和激励假设所建构的理论不仅符合人们认知的直觉，同时也解释了现代化理论所揭示的实证规律，即施行分权制衡的民主制度的国家往往拥有更高的经济发展水平。此外，制度主义理论受到学界关注和认可的时间点恰

① North, D. C. *Institutions, Institutional Change and Economic Performance*. New York: Cambridge University Press, 1990.

② Weingast, Barry R. "The Political Foundations of Democracy and the Rule of the Law." *American Political Science Review*, Vol. 91, No. 2, 1997.

③ North, Douglass C., Barry R. Weingast. "Constitutions and Commitment: The Evolution of Institutions Governing Public Choice in Seventeenth-Century England." *The Journal of Economic History*, Vol. 49, No. 4, 1989.

④ North, Douglass C., Barry R. Weingast. "Constitutions and Commitment: The Evolution of Institutions Governing Public Choice in Seventeenth-Century England." *The Journal of Economic History*, Vol. 49, No. 4, 1989; Acemoglu, D., S. Johnson and J. A. Robinson. "The Colonial Origins of Comparative Development: An Empirical Investigation." *American Economic Review*, Vol. 91, No. 5, 2001; Acemoglu, D., & J. A. Robinson. *Why Nations Fail: The Origins of Power, Prosperity, and Poverty*. New York: Crown, 2012.

逢冷战结束①，和转型研究一样，也被赋予了超越学术话题的规范性含义。建立一套与西方民主制度相近的政治制度成为当时指导转型国家实现经济发展的所谓“华盛顿共识”（Washington Consensus）的重要内容之一。

产权驱动的增长理论同样面临着挑战和批评。例如，潘孚然（Frank K. Upham）指出，完善的产权制度既有可能促进增长，也有可能保护落后的生产关系。② 相对落后的生产关系阻碍了生产资源被分配到能产生更高效益的领域，但这种生产关系往往因有利于社会中既有的精英阶层而很难被改变。③ 调整旧生产关系本身就是困难的，面临着高昂的交易费用。“诺思范式”下的产权理论更多关注产权制度建立后所产生的激励效应，却没有考虑到产权制度本身如何建立以及建立过程中可能产生的巨大成本。

此外，现实世界中也出现了一些诺思范式下的产权理论难以解释的“离群值”。二战以后经济增长最快的一些国家和地区在缺乏诺思定义的对产权的可信承诺的制度环境下，仍旧实现了快速增长。围绕这些经济体的增长奇迹的一种解释是后发优势（advantage of backwardness），即这些国家和地区可以借鉴发达国家的发展经验和已有的技术，进而快速实现现代化。④ 诸如韩国等国家，在一代人的时间里完成了英国等国家两百多年的工业化历程。但是后发优势理论却无法解释为什么只有少数国家能够出现这种跳跃式的发展。格申克龙（Alexander Gerschenkron）认为，实现后发优势的重要先决条件是政府具有较强的调配社会资源的能力，这种能力对发展起步越晚的国家越重要，例如 19 世纪的普鲁士和 20 世纪上半叶的苏联。⑤

---

① 诺思于 1993 年获诺贝尔经济学奖。

② Upham, F. K. *The Great Property Fallacy: Theory, Reality, and Growth in Developing Countries*. New York: Cambridge University Press, 2018.

③ Upham, F. K. “The Paradoxical Roles of Property Rights in Growth and Development.” *Law and Development Review*, Vol. 8, No. 2, 2015.

④ Gerschenkron, A. *Economic Backwardness in Historical Perspective*. Cambridge: Harvard University Press, 1962.

⑤ Gerschenkron, A. *Economic Backwardness in Historical Perspective*. Cambridge: Harvard University Press, 1962. 与该观点类似的是中国学者林毅夫提倡的新结构经济学中对“有为政府”的强调，见：Lin, J. Y. *New Structural Economics: A Framework for Rethinking Development and Policy*. Washington, D. C. The World Bank, 2012.

然而又是什么决定了政府调配资源的能力呢？20 世纪 80 年代尝试“找回国家”（bringing the state back in）的学者将学界的注意力引向了国家能力（state capacity）这一概念。[①] 国家能力指政府实现其政策目标的能力，这种能力存在着多个维度，其决定因素是复杂的。[②] 无论是运用理性选择还是“国家—社会”范式研究国家能力的学者，都认识到了一个强大的官僚系统对国家能力的重要性。与国家能力研究差不多同时兴起的发展型国家（developmental state）研究，同样将一些国家的经济发展归因于它们的技术官僚集团。[③] 技术官僚的特征，比如专业性、科层制、去人格化的选拔等，有利于增强政府在政策制定中的自主性，进而加强其宏观调控和支配经济的能力。[④] 在强调官僚自主性的同时，学者也意识到了国家与社会的连接对于政府制定符合市场需求的发展政策的重要性。埃文斯（Peter B. Evans）提出的“嵌入性自主”（embedded autonomy）的概念弥合了官僚独立性与其需要与社会及市场互动之间的张力。

关于后发优势、发展型国家以及官僚自主性的讨论很好地补充了潘孚然对于诺思的产权范式的质疑。一个独立且高效的官僚体系有利于政府打破原有的利益格局，完成对生产关系和产权制度的结构性调整，进而将稀缺资源分配至能够实现更高单位产出的领域。中国过去几十年的城市化进程就是这种结构性调整的范例：政府通过主导土地市场，将土地这一稀缺资源从农业转移至产出更高的工业和服务业手中。[⑤] 但同时我们也需要注意到，关于后发优势和发展型国家的研究基于一个暗含假设，即后发国家能够从先发国家中获取包括技术、政策、发展路径等可供学习、效仿的信

---

① Evans, P. B., D. Rueschemeyer, and T. Skocpol (eds). *Bringing the State Back In*. Cambridge: Cambridge University Press, 1985.

② Levi, M. *Of Rule and Revenue*. Berkeley: University of California Press, 1988; Migdal, J. S. *Strong Societies and Weak States: State-society Relations and State Capabilities in the Third World*. Princeton: Princeton University Press, 1988; Besley, T., T. Persson. *Pillars of Prosperity: The Political Economics of Development Clusters*. Princeton: Princeton University Press, 2011.

③ Johnson, C. *MITI and the Japanese Miracle: The Growth of Industrial Policy, 1925-1975*. Stanford: Stanford University Press, 1982; Haggard, S. *Pathways from the Periphery: The Politics of Growth in the Newly Industrializing Countries*. Ithaca: Cornell University Press, 1990.

④ Evans, Peter B., James E. Rauch. “Bureaucracy and Growth: A Cross-National Analysis of the Effects of ‘Weberian’ State Structures on Economic Growth.” *American Sociological Review*, Vol. 64, No. 5, 1999.

⑤ 马啸：《产权制度的中国经验及其学术意义》，载《北大政治学评论》2019 年第 1 期。

息。当一个国家的发展水平已经接近技术前沿时，增长将更多地依赖于内生动力而非对技术前沿的追赶。这种情况下的增长可能更需要依赖诺思产权范式下所强调的创新和企业家精神的推动。

中国在改革开放以后取得的巨大的发展成就也激发了众多的学术研究。中国的情况既不完全符合诺思的产权范式，也不完全符合发展型国家的定义。[①] 为了解释中国的增长，学界提出了众多耳熟能详的概念，例如“地方法团主义”[②]、“市场保护型联邦主义”[③]、“事业部制组织结构”[④]、“晋升锦标赛”[⑤]、“区域分权式权威主义”[⑥] 等。这些概念的共性是从中央与地方关系的角度探讨有助于实现经济增长的激励结构。[⑦] 因篇幅限制，这里不做进一步展开。

在对正式制度的研究之外，最近几年学界也开始关注非正式制度（informal institutions）。非正式制度与正式制度一样，都能够通过提供激励而型塑人类行为的功能。研究者通过对行业协会[⑧]、文化传统[⑨]、族裔认

① 例如，一些学者认为，中国的官僚体系内存在着碎片化的权威，见：Lieberthal, K., M. Oksenberg. *Policy Making in China: Leaders, Structures, and Processes*. Princeton: Princeton University Press, 1988; Mertha, Andrew. "'Fragmented Authoritarianism 2.0': Political Pluralization in the Chinese Policy Process." *China Quarterly*, Vol. 200, 2009.

② Oi, Jean C. "Fiscal Reform and the Economic Foundations of Local State Corporatism in China." *World Politics*, Vol. 45, No. 1, 1992.

③ Montinola, Gabriella, Yingyi Qian, and Barry R. Weingast. "Federalism, Chinese Style: The Political Basis for Economic Success in China." *World Politics*, Vol. 48, No. 1, 1995.

④ Maskin, Eric, Yingyi Qian, and Chenggang Xu. "Incentives, Information, and Organizational Form." *Review of Economic Studies*, Vol. 67, No. 2, 2000.

⑤ 周黎安：《中国地方官员的晋升锦标赛模式研究》，载《经济研究》2007年第7期。

⑥ Xu, C. "The Fundamental Institutions of China's Reforms and Development." *Journal of Economic Literature*, Vol. 49, No. 4, 2011.

⑦ 本章作者在新著中提出了“地方化的博弈”（localized bargaining）的概念，尝试从中央—地方博弈的视角理解公共政策资源的分配逻辑。见 Ma, X. *Localized Bargaining: The Political Economy of China's High-Speed Railway Program*. New York: Oxford University Press, 2022.

⑧ Greif, A. *Institutions and the Path to the Modern Economy: Lessons from Medieval Trade*. New York: Cambridge University Press, 2006.

⑨ Zhang, T. *The Laws and Economics of Confucianism: Kinship and Property in Preindustrial China and England*. New York: Cambridge University Press, 2017.

同①、地方宗族②甚至是语言③等非正式制度的研究，发现非正式制度能够显著地影响不同国家和地区的经济绩效和公共品提供。此外，最近的研究也发现非正式制度与正式制度之间存在互相补充的可能，例如蒋俊彦发现，由非正式人际关系构成的精英网络可以降低官僚机构运行的协调成本，进而提升官僚机构的总体绩效。④

如果说围绕现代化理论的争论构成了政治发展的主旋律，那么围绕诺思制度范式的讨论则构成了发展政治学中对经济增长讨论的主旋律。诺思的制度主义范式蕴含了两层内容。第一层是一个中层理论，即认为能为产权保护提供可信承诺的制度是经济增长的重要保障。这是一个可以被检验证伪的概率型理论，迄今为止的实证研究大都提供了支持性的证据。虽然存在一些“离群值”，但少数的离群值不足以证伪一个概率型理论。上文提到的诸如后发优势和发展型国家等理论，为解释这些离群值提供了具有说服力的注脚。制度主义的第二层内容则是一个宏观理论，即一种思考世界的范式。范式不同于实证假设，很难被证伪。如果用简单的话语来总结这种范式，就是需要“将激励搞对”（get the incentives right）才能实现增长，而各种类型的制度（无论是正式制度还是非正式制度）的作用就是提供有助于实现合作的恰当激励。⑤ 从这个角度看，包括中国在内的广大发展中国家的发展故事和经验，仍旧没有跳出制度主义的宏观范式。

第四节　变迁的现实世界与发展政治学的问题意识

围绕政治发展和经济发展的学术讨论，受到了两种逻辑的驱动。第一

① Habyarimana, J., Humphreys M. Posner, and D. N. Weinstein. “Why does Ethnic Diversity Undermine Public Goods Provision?” *American Political Science Review*, Vol. 101, No. 4, 2007.

② Tsai, Lily L. “Solidary Groups, Informal Accountability, and Local Public Goods Provision in Rural China.” *American Political Science Review*, Vol. 101, No. 2, 2007.

③ Chen, M. K. “The Effect of Language on Economic Behavior: Evidence from Savings Rates, Health Behaviors, and Retirement Assets.” *American Economic Review*, Vol. 103, No. 2, 2013.

④ Jiang, J. “Making Bureaucracy Work: Patronage Networks, Performance Incentives, and Economic Development in China.” *American Journal of Political Science*, Vol. 62, No. 4, 2018.

⑤ North, D. C. *Institutions, Institutional Change and Economic Performance*. New York: Cambridge University Press, 1990.

种是学术逻辑，即持不同观点的学者间的学术争鸣推动了理论的创新和发展。上文已经对这种逻辑支配下的发展政治学文献脉络进行了梳理。第二种则是政治逻辑。作为一门形成于美苏冷战和殖民地独立大时代背景下的学科，发展政治学不可避免地受到了现实政治的影响。而现实政治逻辑对学科发展的影响则更为隐蔽，从议题和概念角度无声地型塑了学科的问题意识。

发展政治学形成于二战后原殖民地国家纷纷独立的时代，作为战后主要超级大国的美国，为了增加对这些新兴国家的了解和外交支配能力，迫切需要学界提供智力的支持。在此背景下，美国政府和民间组织为新兴国家研究设立了大量的专门基金，直接促进了区域研究和发展政治学学科的发展。[①] 例如，著名的富布赖特学者项目即是在战后这样的背景下成立——美国政府于20世纪50年代成立的国家自然科学基金（National Science Foundation）也将政治学、区域研究等社会科学领域纳入了财政资助范围。

冷战开始后，美苏两国进行了从经济军事外交到制度和意识形态的全面竞争。与此同时，二战后苏联的崛起也为广大新兴发展中国家提供了一条西方资本主义制度之外的发展道路。美国为首的西方国家政府对新兴发展中国家的外交政策也从最初的经济援助变为尽可能地将西方国家的政治制度和文化模式输出至这些国家。[②] 作为受政府资助而发展起来的发展政治学，也不可避免地打上了时代烙印。

这种时代烙印最明显的表征之一是政治转型的研究。现实政治的卷入对政治转型的文献产生了两种影响。一是使得民主的定义带有规范化取向，即只有符合冷战时以美国为首的西方国家的政治制度特征的政体才能被称作“民主”。现代政治科学对民主的定义大多采用熊彼特（Joseph A. Schumpeter）提出的“是否采用竞争性选举选拔公职人员”的程序性定义。[③] 这一定义本身不具备很强的意识形态取向，也仅仅是一位学者的一家之言。但当民主化研究染上规范化色彩后，学术界对于民主制度的定义就被锁定在这一概念上，同时不符合这一规范的政体被归入了“非民主”

---

① 曾庆捷：《发展政治学》，上海：复旦大学出版社2018年版。

② Clapham, C. S. *Third World Politics: An Introduction*. London: Routledge, 1985.

③ Schumpeter, J. A. *Capitalism, Socialism and Democracy*. London: Routledge, 2013.

的残差项，并在学术和日常的政策话语中被赋予了负面的价值判断。二是“民主转型”被赋予了一种目的论的色彩：人们倾向于认为不同于冷战时西方政治制度的“非民主”政体向着熊彼特定义下的“民主制度”转型是一种道义上的应然，而非经验世界中的实然。尽管二战以来（特别是冷战结束以来）的历史证明，民主化不是一帆风顺的单行线，那些被划入“非民主”类别的国家并不都是摇摇欲坠，随时可能发生制度转型。近年来国内学术界从学术话语体系的角度对这种将民主定义带上某种特定意识形态标签的现象提出了批评和反思。①

近年来的一些研究也尝试跳出将民主转型“规范化”“目的论化”的传统话语模式。例如，斯塔萨维奇（David Stasavage）认为，早期人类社会经历了一个从直接民主治理的地方社区向更为集权的委托—代理型国家演变的过程。② 在这一国家建构的转型过程中，那些统治者能够利用官僚体系有效汲取地方资源的政权成为了集权式的国家；而那些获取信息、资源能力较弱的地区则发展出了代议制民主，即统治者需要分享一部分的治理权来换取地方的信息与税收。而我们现在所熟悉的民主转型文献所研究的对象，则是现代国家成熟以后发生的“二次转型”。

此外，学术界对近几年新兴和成熟民主政体中发生的带有民主倒退（democratic backsliding）性质转变的研究③，也打破了先前文献中认为成熟民主国家制度相对稳固的认知。④ 这些研究从实证的角度说明，政治发展并非是带有先验目标的“宿命论”式的单行线。相反，政治发展是带有不同时代、地区烙印的复杂的过程。

---

① 王正绪：《政治学研究与中国话语》，载《开放时代》2019 年第 1 期。

② Stasavage, D. *The Decline and Rise of Democracy: A Global History from Antiquity to Today*. Princeton: Princeton University Press, 2020.

③ 包刚升：《民主崩溃的政治学》，北京：商务印书馆 2014 年版；Levitsky, S., D. Ziblatt. *How Democracies Die*. New York: Broadway Books, 2018.

④ Przeworski, A., M. E. Alvarez, J. A. Cheibub, F. Limongi. *Democracy and Development: Political Institutions and Well-being in the World, 1950-1990*. Cambridge: Cambridge University Press, 2000; Svolik, Milan. "Authoritarian Reversals and Democratic Consolidation." *American Political Science Review*, Vol. 102, No. 2, 2008.

第五节 小　结

本章通过对“政治发展”和“经济发展”这两个现象间关系及各自决定因素的梳理，尝试构建一个发展政治学知识体系的框架。作为一门学科，发展政治学应该具有自己的核心概念、经典议题及研究范式。本章认为，发展政治学的学科始于对政治发展的解释。在这一过程中，一些原本被用于解释政治发展的研究变量（例如经济发展）也成为研究对象，并催生出了新的研究议题。同时，作为一个关注现实世界“变化”的学科，发展政治学的研究议题和话语体系，也受到了不同时期现实政治的影响。需要指出的是，本章仅讨论了作者认为的定义了学科身份的研究议题，还有众多与发展有关的议题没有在本章中讨论，例如全球化与去全球化、内战与族群冲突等。本书的其他章节对这些主题有深入的讨论。

需要强调的是，尽管发展政治学长期以来被认为是一门被实证主义所主导的学科，但是学科的基本议题和概念创立的过程却蕴含了不少规范性的元素，例如上文提及的对于民主定义的界定。事实上，“发展”二字本身就蕴含了一种规范性的判断。发展代表着从一种状态变化到另一种状态。然而并不是所有的变化都能被称为“发展”。什么样的变化才能被称为“发展”，这其中就包含了人类的价值判断。一般来说，发展意味着人类告别相对落后的状态进入一种更为文明、富足、理想的状态。而如何定义“落后”“先进”“文明”“富足”“理想”等概念，无不包含着学者、社会和时代的主观价值判断。发展政治学作为一门脱胎于西方社会科学研究的学科，在提供了丰富的、有意义的学科知识的同时，在一些议题的设置和概念的界定上不可避免地带有“西方中心主义”的历史局限。在地球日趋变平的全球化时代，学者们需要意识到这种规范性因素对研究的影响，并承认现实世界中发展道路的复杂多元性，只有这样才能有助于发展政治学的研究在人类历史展开的过程中不断地“发展”。

第三章

发展政治学学科史

曾庆捷

发展政治学研究的是前现代的政治体制如何适应现代化的挑战，不断自我完善以达成其治理目标。这里的现代化，指的是工业革命给社会结构、思想文化和生活方式带来的一系列剧烈变化。一个国家的政治体制根据现代化的需要进行变革和调适，进而能够驾驭和推进现代化，这就是政治发展的过程。从最宽泛的意义上说，现代政治发展一般采取革命和改革两种形式。革命是从根本上否定既有政治体系，用一种新的政治体系取而代之；改革则是在保持既有政治架构基本不变的前提下，对其不足之处进行自我完善和改进。[①] 工业革命以来，诸如约翰·密尔（John Stuart Mill）、马克斯·韦伯（Max Weber）、卡尔·马克思（Karl Marx）等著名思想家的论述都涉及政治发展问题。然而，政治学真正有意识地对政治发展问题进行研究，却是20世纪50年代以来首先在美国出现的。本章将回顾发展政治学学科演变的历史进程，以揭示该学科的核心研究问题，以及研究主题和范式在不同阶段的变化。

① 姚建宗：《国外政治发展研究述评》，载《政治学研究》1999年第4期。

第一节　发展政治学的兴起

政治发展研究发端于20世纪五六十年代，其主要背景是第二次世界大战结束后全球政治形势所经历的重大变化。从战后初期到20世纪70年代，西方殖民体系迅速瓦解，殖民地的民族解放运动催生了大量新独立的国家，原来保留了独立地位的国家也在经历政治变革，兴起了一批新的政权。1946年，联合国只有55个成员国，2001年增加到了193个（见图3-1）。这些新建立的政权面临着诸多治理的挑战。多数国家的社会结构还极具传统色彩，地方首领、封建贵族掌握着地方权力，一般民众的政治意识还未觉醒，受教育程度低下。族群和地方认同占据主导，国家意识淡漠。经济发展水平落后，工业化尚未真正起步。还有不少国家刚刚经历革命、战乱，基础设施和人民生命财产遭受重大损失，战争各方的支持者严重对立，一切处于百废待兴的状态。针对新兴国家面临的这些问题，学术界展开了全方位的深入研究，发展政治学于是应运而生。

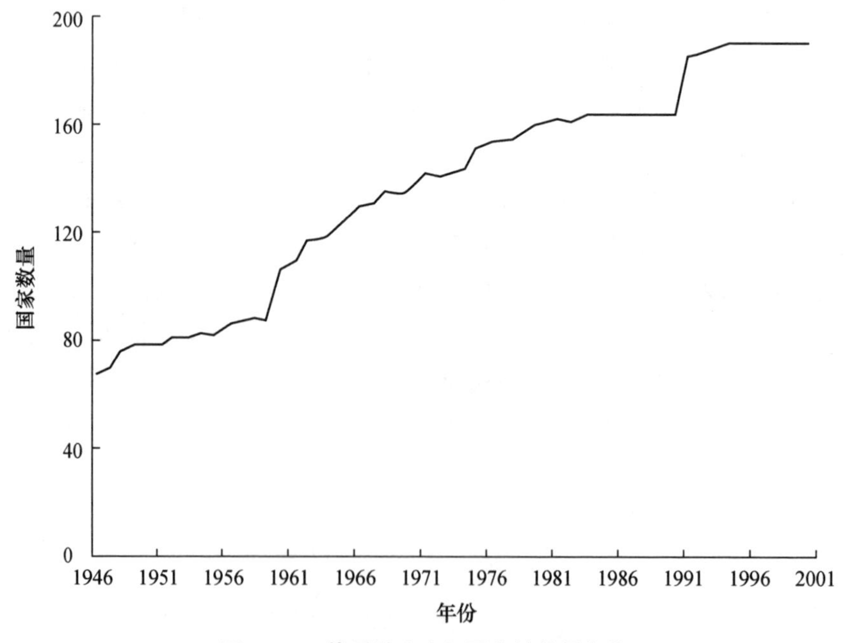

图3-1　二战后独立主权国家的数量变化

发展政治学的研究对象是“发展中国家”，即一批历史上曾经是西方国家的殖民地或半殖民地，独立之后正经历从社会经济上的不发达或欠发达状态向发达状态过渡的国家。发展中国家数量众多，地域辽阔，历史文化差异巨大，之所以能够将这些国家的政治作为一个类别进行分析，有一个最重要的原因：15 世纪以来西方的殖民扩张将这些原本彼此隔绝的地区容纳进了一个统一的政治经济体系中。由此导致的结果是，西方殖民国家制定了这个体系的基本规则，并发展出了支持其运转的组织和技术手段。西方以外的地区从该体系创立伊始，主要依靠出口农产品和矿物等初级产品而融入世界经济，由此处于边缘性和从属性的地位。在文化层面，西方世界对发展中地区的影响绵延久远、无处不在。许多发展中国家将英语和法语等西方语言作为政府通行语言，掌握这些语言是成为达官显宦的必要条件，而拉丁美洲更是全面接受了前宗主国的语言。

西方文化的渗透不仅仅体现在语言上，还反映在人际交往、处事方式和社会组织形式中。[①] 比如，支持西方现代社会的一项重要技术是大型组织的管理和运营，这些组织包括官僚机构、军队和大企业等。运营这些大型组织所需要的非人格化管理和照章办事等文化特质与小农经济的许多习俗是格格不入的，这也导致许多发展中国家的组织难以摆脱强人控制或顺利实现领导人的更替。在政治文化层面，西方输出的最重要的是具有固定领土边界和主权的现代国家。主权国家这一舶来品对于许多习惯于村庄部落等小范围政治组织的民族来说是全然陌生的，而殖民地的领土边界又是西方国家在谈判桌上人为划定的。在此基础上，官僚制、政党和法院等一系列从西方社会中生成的政治机构被移植到了发展中国家，与这些地区中原有的组织或相互排斥，或彼此交融，构成了特有的政治生态。

作为比较政治学的一个重要分支，发展政治学的早期研究由西方学者特别是美国学者所主导。作为新晋的超级大国，刚从孤立主义政策走出的美国不可避免地卷入全球事务，由此产生了了解和影响新独立国家的需求。更重要的是，二战后的苏联为新兴国家提供了不同于资本主义社会的一整套发展模式，这在美国的政治家和学者之中制造了极大的焦虑。美国学术界此时面临的一大任务，是系统地阐述一套不同于苏联模式的现代化

---

① Clapham, Christopher S. *Third World Politics*: *An Introduction*. London: Routledge, 1985, pp. 5-6.

策略，并将其作为与苏联进行全球竞争的智力资源。这一时期，以美国为首的西方国家不能仅仅停留在对这些新兴国家提供经济援助上，还必须充分了解这些国家的政治结构现状和现实政治需求，并尽可能地将西方国家的政治制度模式、政治文化观念向这些国家输入，才有可能取得较为满意的结果。[①] 为应对这一需求，美国联邦政府和民间基金会投入了大量资金支持对发展中国家的研究，这对当时优秀人才的课题选择产生了重大影响。正如一名学者所承认的那样，“在社会科学中，政府和基金会通过资金的选择性投入来决定哪些研究领域繁荣发展（至少在数量上），哪一种对社会和经济的理解方式得到提倡”。[②]

在学术界的大力投入下，美国年轻学者对新兴的亚洲和非洲国家展开了大量国别研究，“教授们和学者们来到了先前是奇异陌生的土地，他们写出的东西很快就成了论述某些国家和地区的政治和机构的巨大文库”。[③] 这一时期国别研究的代表性著作有阿普特（David Apter）的《转变中的黄金海岸》和《乌干达政治王国》、佐尔博格（Aristide Zolberg）的《科特迪瓦的一党政府》、宾德（Leonard Binder）的《巴基斯坦的宗教与政治》和《伊朗：转变中社会的政治发展》、白鲁恂（Lucian W. Pye）的《政治、人格与建国：缅甸对认同的寻求》、毕能（Henry Bienen）的《坦桑尼亚：政党转型与经济发展》等。[④]

20 世纪 60 年代以后，发展政治学在之前区域研究的基础上全面发展起来，这一过程中有两个学术组织起到了很大的推动作用。一个学术组织

---

① Clapham, Christopher S. *Third World Politics: An Introduction*. London: Routledge, 1985, p. 79.

② Gilman, Nils. *Mandarins of the Future: Modernization Theory in Cold War America*. Baltimore: John Hopkins University Press, 2007, p. 47.

③ 〔美〕弗雷德·I. 格林斯坦、内尔森·W. 波尔斯比编：《政治学手册精选》（下卷），竺乾威、储复耘等译，北京：商务印书馆 1996 年版，第 148—149 页。

④ Apter, David E. *The Gold Coast In Transition*. Princeton: Princeton University Press, 1955; Apter, David E. *The Political Kingdom in Uganda: A Study in Bureaucratic Nationalism*. Princeton: Princeton University Press, 1961; Zolberg, Aristide R. *One-party Government in the Ivory Coast*. Princeton: Princeton University Press, 1964; Binder, Leonard. *Religion And Politics In Pakistan*. Berkeley: University of California Press, 1961; Binder, Leonard. *Iran: Political Development in A Changing Society*. Berkeley: University of California Press 1962; Pye, Lucian W. *Politics, Personality, and Nation Building: Burma's Search for Identity*. New Haven: Yale University Press, 1962; Bienen, Henry. *Tanzania: Party Transformation And Economic Development*. Princeton: Princeton University Press, 1970.

是1964—1965年由哈佛大学和麻省理工学院联合创办的政治发展联合研讨会，该研讨会由塞缪尔·亨廷顿和迈伦·韦纳（Myron Weiner）共同主持，在二十多年间每月举行一次会议。研讨的问题范围广泛，包括发展中国家的农民、族群与发展、政治经济学、国家在发展中的作用、第三世界的民主转型等内容。研究政治发展的学者大多在这一研讨会上报告自己的成果，推进了这一领域的学术进步。另一个学术组织是社会科学研究理事会[①]建立的比较政治学委员会，该领域的重要学者白鲁恂和加布里埃尔·阿尔蒙德（Gabriel A. Almond）都先后担任过该委员会的主席。在他们的带领下，比较政治学委员会召开了多次重要的政治发展学术会议，最重要的成果是从1963年至1978年间出版的"政治发展研究丛书"共九部论著。前六部著作分别讨论了大众传播、官僚机构、教育、政治文化和政党等政治发展的不同要素，后三部著作则以更宏观的视角审视了政治发展过程中一系列难题和危机，并结合欧美国家自身的历史经验阐释了应对这些难题的方式如何制约了发展的模式。[②]

对发展中国家政治的研究兴起之时，恰逢政治学中行为主义革命的高潮。行为主义者批评过去的研究过于关注正式的法律条文和制度安排，却忽略了政治体系的实际运作以及其中各类人物的价值观、态度和行为。这一时期的研究者普遍认为，若要更深刻地揭示政治发展的规律，必须借用社会学和人类学的视角。阿尔蒙德在其《发展中地区的政治》一书中指出，这些地区的宪法和正式政治制度变化频繁，而且通常与真实的政治运作相差甚远，所以对其进行具体描述无助于预测这些体系的行为；更重要的是分析它们的传统文化，西方和其他因素对它们的影响，政治社会化和精英培养的实践，以及利益集团、政党和通讯传媒等政治基础设施。[③] 研究政治发展的大家李普塞特为自己的经典著作所起的书名——《政治人：政治的社会基础》——很好地概括了这种以社会为出发点来解释政治现象

① 社会科学研究理事会是美国政治学会于1923年组建的一个非营利机构，旨在促进社会科学领域的研究。该理事会自创建以来设立了诸多研究各种专题的委员会。

② Hagopian, Frances. "Political Development, Revisited." *Comparative Political Studies*, Vol. 33, No. 6/7, 2000.

③ Almond, Gabriel A., James S. Coleman. *The Politics of the Developing Areas*. Princeton: Princeton University Press, 1960, p. viii.

的视角。[①]

这一时期政治发展研究中占据主导地位的范式被称作“现代化理论”。所谓范式，指的是某一学科领域内研究者共同遵从的世界观和研究方式，它可以界定什么东西值得研究，什么问题应被提出，如何对问题进行质疑，以及提供解释时应遵循的基本原则。[②] 现代化理论的核心假设是：经济发展给社会秩序带来一系列变化，而这些变化又不可避免地影响政治体系。现代化理论尤其强调城市化进程开启后，进入城市的移民将政治关注点从村庄转向民族国家，从地方强人转向官僚机构。一言以蔽之，传统社会中的臣民变成了现代社会中的公民。现代化过程中个体层面的态度、价值观和性格特征变化是至关重要的，是后续的社会和政治变革的微观基础。

20 世纪六七十年代政治发展研究也深受社会学中的重要理论流派——结构功能主义（structural functionalism）的影响。从这种理论视角来看，政治和生物有机体一样，是一个具有一定结构的系统，它的各个组成部分以有序的形式相互关联，并对政治稳定发挥着必要的功能。换句话说，任何一个政治系统的正常运转都依赖于一系列政治功能得以完成。在系统的输入方面，这些功能包括公民的社会化、招募政治精英、社会利益的表达和聚合等；在输出方面，则包括社会规则的制定和执行，对社会争议的仲裁等。发挥这些功能的单位可以是正式的机构，如发达国家中的议会、政党、官僚体系、法庭，也可以是较不正式的组织，如宗族、氏族，甚至是骚乱和街头示威。在结构功能主义视角的影响下，不同社会中看似迥异的政治现象，都可以被认为是履行了类似的政治功能。比如，苏联自上而下组织的、受到严密控制的投票活动和各种集会游行，常常被看做和西方国家的选举和集会一样，满足了现代社会中大众参与政治的需要。虽然结构功能主义中的一些概念和术语在今天已显得陈旧过时，但其背后深层次的思维方式仍然在发展中国家的政治研究中依稀可见。比如，当下对发展中国家的议会、选举和示威抗议的研究，其出发点往往是探究这些看似橡皮图章式的机构或威胁体系稳定的行为，是如何出人意料地促进了系统的均

---

① Lipset, Seymour M. *Political Man: The Social Bases of Politic.* New York: Anchor Books, 1960.

② Kuhn, Thomas S. *The Structure of Scientific Revolutions*. Chicago: University of Chicago Press, 1962.

衡和稳定。当然，这种分析方法为了将不同国家的政治现象纳入到统一的框架内进行比较，难免模糊了这些现象之间的本质性差异。

以现代化理论为核心的早期政治发展理论在知识界遭到了激烈的批评和挑战。一方面，以拉丁美洲学者为主力军的左派知识分子提出了著名的“依附理论”（dependency theory），旗帜鲜明地反对现代化理论将国内发展和国际经济结构相脱离的分析方法。这一理论主张，西方国家的发达与亚非拉国家的落后是一个不公平的全球经济体系的两个方面，因殖民主义而形成的贸易体系造成了第三世界国家（主要是拉美国家）产业结构单一、工业技术落后、土地分配严重不均。在政治层面上，不公平的全球体系依赖于落后国家维持非民主的政体，以确保这些国家中帝国主义代理人的行动不受国内民众的掣肘。因此，发展中国家不可能沿着发达国家曾经走过的道路通往现代化，而是必须采取截然不同的社会和政治发展模式。

另一方面，以亨廷顿为代表的右派学者猛烈抨击了现代化理论主张的经济发展必然带来政治发展和稳定的观点。亨廷顿和同时期研究政治发展的学者一样，相信经济发展将导致民众更高的政治参与需求。所不同的是，亨廷顿认为如果没有强大的政治制度作为疏导，政治参与的扩大将会导致政治秩序的崩溃。为说明这一观点，他列举了非洲、拉美和亚洲大量的军人政变、内战和独裁统治的例子。另外一种不利于现代化理论的证据来自于吉列尔莫·奥唐奈（Guillermo A. O'donnell）对拉丁美洲国家中“官僚专制主义”模式的研究。① 在这一地区，经济增长和政治民主化并没有相互伴随。相反，为了促进经济发展，军人政权、技术官僚和跨国企业之间互相结盟，形成了官僚专制主义政权带动经济增长的局面。

到了20世纪70年代末，发展政治学领域处于一个比较低潮的时期。大量第三世界国家的政治实践，如军事政变频繁发生、一党体制盛行、社会主义阵营表面强势等，都削弱了现代化理论的可信度。此后近二十年时间里，大部分研究发展中国家政治的学者不再关注宏观的政治发展理论，而是转而研究一些比较中观或微观的问题，比如民主制度的建立、巩固和倒退，国家能力建设、公民社会、族群冲突等。这一转变催生了丰富的学

① O'Donnell, Guillermo A. *Modernization and Bureaucratic-Authoritarianism: Studies in South American Politics*. Berkeley: University of California Press, 1973.

术成果，其影响极为深远，时至今日，对这些中微观问题的研究依然是发展政治学的核心关怀。

第二节　重新“发现”国家

20世纪70年代以后的比较政治研究开始逐渐脱离社会决定论，并重新确立政治制度和国家能力对政治发展的中心地位。亨廷顿的著作对这一范式转变起到了奠基的作用，他敏锐地指出了政治制度化程度决定了国家能否在现代化过程中保持良好的政治秩序。换句话说，政治秩序的形成不完全取决于社会因素，政治家以及他们控制的国家机构具有重要的主观能动性。此后，以西达·斯考切波（Theda Skocpol）为领军人物的一批学者提出了“找回国家”（bring the state back in）的口号，主张重新认识国家相对于社会的自主性。[①] 在他们眼中，国家既不像马克思主义者认为的那样是社会中主导集团的利益代表，也不像多元主义者声称的那样是众多利益集团的调停仲裁者。国家有着独立的意志和自主性，应当重点研究国家如何利用这种自主性去汲取社会资源、塑造政治认同、影响经济发展和处理对外关系。这一时期产生了大量将国家自主性作为关键变量，依此解释各种政治社会现象的佳作[②]，其旨趣已明显区别于行为主义者对个人和社

---

① Evans, Peter B, Dietrich Rueschemeyer, and Theda Skocpol (ed.). *Bringing the State Back in*. Cambridge: Cambridge University Press, 1985.

② 在国家促进经济发展能力方面，埃文斯指出巴西政府与国际资本和国内企业密切合作，深刻地影响了国际经济体系和国内经济增长。他后来又提出“嵌入型自主”（embedded autonomy）的概念，认为国家在具有自主性的同时，也必须与市场有适度的连接，才能为经济发展担当“助产士”的角色。研究墨西哥和埃及的学者也分析了国家在追求经济发展和社会再分配方面取得了相对于国际力量和国内精英的自主性。发展中国家还积极地组织和管理政治代表权的行使，自上而下地设立各种代表性机构（工会、行业协会、商会等），避免它们成为挑战国家的力量。这种安排被称作“法团主义”。莱廷（David D. Laitin）对尼日利亚的研究还揭示了国家在一定程度上决定了族群认同是否成为具有显著性和分裂性的政治议题。参见：Evans, Peter B. *Dependent Development: The Alliance of Multinational, State, and Local Capital in Brazil*. Princeton: Princeton University Press, 1979; Evans, Peter B. *Embedded Autonomy: States and Industrial Transformation*. Princeton: Princeton University Press, 1995; Hamilton, Nora. *The Limits of State Autonomy: Post-Revolutionary Mexico*. Princeton: Princeton University Press, 1982; Waterbury, John. *The Egypt of Nasser and Sadat: The Political Economy of Two Regimes*. Princeton: Princeton University Press, 1983; Laitin, David D. *Hegemony and Culture: Politics and Change among the Yoruba*. Chicago: University of Chicago Press, 1986.

会集团的关注。

伴随着对国家自主性作用认识的加深，观察者们也开始注意到国家发挥这些作用的能力在不同国家间存在着巨大的差异。这使学者们上溯到因果关系链条的上一个环节：国家能力是如何被构建的？二战之后获得独立的新兴国家，其国家构建的过程与欧美国家存在着许多不同之处。西欧从大约 15 世纪以来经历了漫长而充满暴力的时期，最终锻造出了一批垄断国内暴力使用、排斥外来干涉并彼此尊重自主权的现代国家。随着殖民帝国的扩张和最终解体，欧洲人将威斯特伐利亚国家体系传播到了世界的其他地区，新兴国家别无选择地开始效仿发达国家的内部组织形式和对外关系模式。然而，它们构建新政权的努力却面临着一系列独特的挑战，这些挑战导致发展中地区存在大量的“弱国家”或者“失败国家”，其症状包括政府的腐败，政变和内战频仍，族群和宗教矛盾激化，以及恐怖主义势力的滋生。

为什么发展中国家出现了西欧经验中较少出现的弱国家和失败国家？发展政治学为我们提供了若干极具洞见的解释，这些解释背后有一个一以贯之的论点：现代国家和国家体系是在特定的历史条件下出现的，脱离了这些孕育国家的特定历史过程，维持现代国家的运转是充满挑战的。现代国家的结构被殖民者从西方引入到世界其他地区，但这些地区未必具备支持国家存在的历史条件。对于一个政治组织而言，要想在相对辽阔的国土上垄断暴力的运用，并且抵御外部势力对境内事务的干涉，这其实是一个非常艰巨的任务。许多发展中国家虽然接受了西方国家强加的政府组织框架，但显然还没有准备好承担这样的重任。

审视发展中国家所面临的历史情境，可以发现弱国家或失败国家的出现有一些共性的原因，细分起来可概括为以下几点。

第一，许多有过殖民地经历的国家边界是被宗主国强制划定的，这个过程只照顾到了殖民者的管理便利或彼此之间的利益交换，结果导致了国家内部族群成分复杂，为国家独立后统一民族的建构留下了巨大的隐患。①武断划定的领土边界在撒哈拉以南的非洲地区最为明显，这一地区本不存

① Clapham, Christopher S. *Third World Politics: An Introduction*. London: Routledge, 1985, p. 18; Ayoob, Mohammed, “The Security Problematic of the Third World.” *World Politics*, Vol. 43, No. 2, 1991.

在有固定疆界的政治实体。19 世纪末，欧洲殖民列强在谈判桌上讨价还价，最后达成协议，按照经纬线的走向划分了殖民地的边界，这也成为后来独立国家的领土范围。即使在先前存在传统政体的东亚和东南亚地区，殖民扩张的影响也使得固定的疆界取代了过去较为模糊的边界。这些从殖民时期继承下来的领土边界内，可能生活着语言、文化和宗教完全不同的群体。不仅这些族群之间有产生冲突的可能，而且一些族群甚至要求成立自己的独立国家。

在非洲，新独立国家的建国之父们十分清楚，他们虽然从殖民者那里继承了国家组织，但国境内却往往不存在一个拥有共同文化的民族，这与民族主义思潮主张的“一个民族，一个国家”的理想状态相去甚远。因此，利用国家权力将文化、风俗各异的族群整合成一个新民族，就成了摆在新国家面前的艰难任务。赞比亚国父肯尼思·卡翁达（Kenneth Kaunda）曾表示，“我们的目标是从殖民者人为划分出的不规则制品中创建真正的民族”。[①] 塞内加尔国父利奥波德·桑格尔（Leopold Senghor）的言论同样具有启发性：“国家是民族的表达形式，它首先是建成民族的一种手段……政治史教导我们，国家组织的缺失是一个弱点，它会导致民族致命性的分崩离析。”[②]

第二，新独立国家的国家机构是从殖民时期继承下来的，是外部强加的产物，它在国民眼中的正当性就成了一大难题。殖民宗主国在组建国家机器时，目的主要是镇压当地人民的反抗和汲取殖民地的资源。在这样的考虑下形成的国家部门长于专政和攫取资源的职能，在提供代表性和社会服务方面却是先天不足。结果，国家不是被视为体现民族统一、代表社会利益和服务民众的公器，而是被视为权力斗争的战利品。谁控制了国家机器，就能够利用它来攫取财富和镇压反对派。[③] 而且，独立后掌权的政治精英普遍受过西式教育，来自现代产业部门，生活在都市中，他们与绝大多数生活在农村的民众在物质上和精神上都存在巨大的距离。[④] 政府与民

---

① Neuberger, Benyamin. “State and Nation in African Thought.” *Journal of African Studies*, Vol. 4, No. 2, 1977, p. 204.

② Ibid., p. 200.

③ Clapham, Christopher S. *Third World Politics: An Introduction*. London: Routledge, 1985, p. 40.

④ Ibid., p. 52.

众之间缺乏基本的共同价值观和政治共识，这进一步加剧了国家的正当性缺失。

第三，许多发展中国家，尤其是撒哈拉以南的非洲国家，并没有经历过“战争塑造国家”的过程，这导致了国家建构动力不足和国家能力的脆弱。在西欧，频繁的对外战争驱使各国政府加快了集权的步伐，在国境内垄断暴力的使用权，并且将中央的控制能力蔓延到边境地区，以满足战备的需要。如果我们将国家的属性分为实证和国际法两个层面[①]，前者指国家对于边界内暴力使用的有效垄断、国民共同体的塑造、理性官僚制度的建立等，后者指主权国家彼此不干涉内政、平等交往、国际社会保护主权国家的生存权利等，那么可以说，欧洲国家是首先建立了实证属性（empirical statehood）之后，才获得了国际法属性（juridical statehood）。

在殖民者到达亚非拉以前，第三世界的广大地区并没有自发形成彼此相邻、各守边界的国家体系。即使是先前存在国家的地方，国家的控制力也主要集中在首都地区，越是远离都城，控制能力就越弱。由于国家间战争并不频繁，这些传统政体没有动力花费巨大的精力去加强对辽阔腹地的控制。在非洲殖民的过程中，西方列强关注的是通过控制港口城市来保证贸易的进行，并不愿意承担管理非洲内陆地区的行政成本。1884 年列强讨论瓜分非洲的柏林会议实际认可了一个原则：“一个欧洲国家所要做的只是在沿海地区建立一个领土据点，然后便可以向内陆自由扩张，无须建立一套行政体系来满足有效占领的义务。”[②] 也即是说，欧洲列强虽然划定并互相承认了非洲殖民地的正式边界，但它们的有效统治只是集中于城市地区，对于内陆腹地的权力覆盖则很薄弱。这造成了战后殖民地获得独立之后，新国家所继承的行政机构与多数人口生活的乡村地区缺乏紧密的联系。

无论新独立国家对领土的实际控制能力如何，其主权者的地位都得到了国际社会的承认。如果和欧洲经验作一比较，不难发现许多发展中国家

---

① 关于非洲国家实证和法律两个层面属性的比较，参见 Jackson, Robert H., Carl G. Rosberg. “Why Africa's Weak States Persist: The Empirical and the Juridical in Statehood.” *World Politics*, Vol. 35, No. 1, 1982, pp. 1-24.

② Herbst, Jeffrey. *States and Power in Africa: Comparative Lessons in Authority and Control.* Princeton: Princeton University Press, 2000, p. 72.

在还没有奠定实证属性的情况下，其法律属性就受到了国际社会（国际组织及各种国际公约）的承认和保护。事实上，作为非洲最重要的国家间组织，非洲统一组织在成立之初的1963年就通过决议，要求各成员国“尊重各国的主权和领土完整及其不可剥夺的独立生存权”。[①]这一时期，非洲国家的实证属性还非常虚弱，体现在以下一些方面：缺乏国民共同体，部落和族群认同高过对国家的认同；权力高度个人化和家族化，没有发展出脱离私人利益的公共权力；军队对政府高度不信任，政变频繁；政府机构不发达，人手和财政高度紧张；腐败盛行；等等。尽管国家的实证属性虚化，但国家的法律属性却被国际社会保护了起来。国家没有被敌对势力吞并和消灭之虞，也就没有动力去强化自身的实证属性。这与孟子所说的“无敌国外患者，国恒亡”有异曲同工之妙，只不过这些国家恰恰不会“亡”，而是长期处在一种孱弱的状态。以非洲为例，二战结束以后这一地区的领土几乎没有发生过变化，少数的例外是厄立特里亚于1993年脱离埃塞俄比亚而独立和2011年南苏丹共和国脱离苏丹而独立。非洲国家间几乎没有发生过旨在吞并领土的战争，所发生的国家间冲突也是围绕与国家生存无关的相对次要问题。

第四，一些发展中国家的财政收入高度依赖外来援助，它们无须与国内的民众和利益集团进行讨价还价，这极大地降低了政治体制的代表性和回应性。[②] 在欧洲国家建构的历程中，国家用来应付对外战争的人力物力资源主要是从国内获取，因此它必须和国民进行旷日持久的谈判和妥协。为了降低国内民众对资源汲取的反抗情绪，国家不得不赋予国民更多的政治权利，包括代议机关中的代表权，对财政的知情权和监督权，文官集团对武装力量的控制权等。与此相比，二战之后发展中国家的财政收入相当一部分来自外国援助（或其他形式的非税收收入）。在冷战时期，第三世界成为美苏两国试探对方实力和发动代理人战争的场所，因而得到了大量的经济和军事援助，这意味着国家获取资源时不必通过制度安排向民众做

---

① Herbst, Jeffrey. *States and Power in Africa: Comparative Lessons in Authority and Control.* Princeton: Princeton University Press, 2000, p. 104.

② Tilly, Charles. “War Making and State Making as Organized Crime”, in Evans, Peter B., Dietrich Rueschemeyer, and Theda Skocpol (eds.). *Bringing the State Back in.* Cambridge: Cambridge University Press, 1985, pp. 185-186; Herbst, Jeffrey. *States and Power in Africa: Comparative Lessons in Authority and Control.* Princeton: Princeton University Press, 2000, pp. 131-133.

出妥协。因此，国民在政治上没有代表权，对政府问责的能力低下；制度监督的缺失让政府领导人可以从事大量中饱私囊、损公肥私的勾当。导致发展中国家腐败问题猖獗的因素有很多，但因财政收入来源性质所导致的国家与社会脱节的确是一大祸根。此外，外来军事援助还让军事组织的力量不断膨胀，为频繁发生的军人政变埋下了伏笔。

第五，在比较欧洲和世界其他地区的国家建构经历时，不能不提到一个简单却直接的变量——时间。西欧国家的建构是在四五个世纪的漫长时段中完成的。现代国家形成所遭遇的诸多挑战——中央集权、认同构建、扩大参与和再分配——在西欧诸国是逐次出现并得到解决的。发展中国家则必须同时处理与国家文化认同、政治参与和经济不平等相关的一系列问题：发展的脚步使得它们还没有来得及为解决一组挑战形成暂时性的制度方案，下一组挑战就接踵而至。①

正如克里斯托弗·克拉彭（Christopher S. Clapham）所指出的，国家建构的文献倾向于谈论现代国家所带来的益处，却很少涉及建构过程中当事者所要承担的巨大代价。与现代国家所要求的同质性不符的认同感和社会结构必须被牺牲，地方性的文化逐渐要走向式微。② 这一过程中，不少构建现代国家的尝试最终遭遇了失败，比如曾经辉煌一时的奥匈帝国和奥斯曼帝国，这些故事的主角已经淹没在大多数人的记忆中。对发展中国家而言，要在半个多世纪的时间里同时面对这一系列历史问题，操作的难度可想而知。20 世纪 60 年代担任尼日利亚领导人的雅库布·戈翁（Yakubu Gowon）曾感言：“一个新独立的非洲国家要与历史、地理、族群分布和帝国主义的邪恶后果等不利因素作斗争，并用欧洲国家所用时间的五十分之一来建构自己的国家。”③ 从这个角度看，许多新兴国家的建构努力遭遇到挫折，也是值得同情和理解的。

---

① Rokkan, Stein. “Dimensions of State Formation and Nation-Building: A Possible Paradigm for Research on Variations within Europe.” in Tilly, Charles, and Gabrie Ardant (eds.). *The Formation of National States in Western Europe*. Princeton: Princeton University Press 1975, p. 574.

② Clapham, Christopher S. “The Global-Local Politics of State Decay”, in Rotberg, Robert I (eds.). *When States Fail: Causes and Consequences*. Princeton: Princeton University Press, 2004, pp. 77-93.

③ Neuberger, Benyamin. “State and Nation in African Thought.” *Journal of African Studies*, Vol. 4, No. 2, 1977, p. 204.

第三节 民主化与政体研究

关于国家能力的讨论主要关注这种能力的有无和大小，并不涉及国家采取何种政体形式。亨廷顿在《变化社会中的政治秩序》一书中就开宗明义地指出，“国家之间在政治方面最大的区别不是政府的形式，而是政府的程度”。[①] 然而，20 世纪 80 年代以后世界范围内剧烈的政治变革为政体研究注入了新的活力。所谓政体，指的是一个国家中用来决定哪些人掌握政治权力、掌权者如何选拔、权力如何分布的各种正式和非正式规则。这一时期，政体研究最热门的话题某过于第三波民主化。有趣的是，正是在 20 世纪 60 年代认为政体形式无关宏旨的亨廷顿，率先在 20 世纪 90 年代初提出了“民主化浪潮”（wave of democratization）的概念，用来指称在一段特定的时期内，一组国家的政体形式由非民主向民主过渡。根据亨廷顿的研究，在近代世界史上一共出现了三波民主化的浪潮。第一波浪潮发生于 19 世纪到 20 世纪初，其范围主要在西欧和北美；第二波民主化发生在第二次世界大战之后，以美国为首的盟军占领了西德、意大利、日本和韩国，确保了民主制度在这些国家的确立；第三波民主化开始于 1974 年葡萄牙军人政府倒台，此后约十五年间，民主政权在欧洲、非洲和拉美的 30 个国家中取代了威权体制。

来势凶猛的第三波浪潮让学术界对于民主制度的推广充满了乐观情绪，甚至催生了一种专门用来分析民主化进程的转型范式（transition paradigm）。这种范式假设，非民主政体中一旦出现了控制松动的自由化苗头，那么它必然要开始向民主制度过渡。民主化的进程一般分为三个步骤：首先，统治集团内部出现裂痕，分化为强硬派和温和派两个对立阵营；接下来，非民主政体垮台，被一个由选举产生的新政府所替代；最后，一个漫长的“民主巩固”的过程开启，它包含了国家制度改革、选举的规范化、市民社会的强大等内容。转型范式倾向于认为，民主化能够在任何国家实现，无

---

① Huntington, Samuel P. *Political Order in Changing Societies*. New Haven: Yale University Press, 1968, p. 1.

论这些国家处在何种经济发展阶段，有着怎样的历史和文化遗产。[①]

随着时间的推移，学者们发现第三波中经历民主化的国家，只有极少数能够建立起稳定的的民主体制。民主支持者在20世纪90年代初一度被冲昏的头脑，到了2000年后开始慢慢冷静下来。在一篇名为《转型范式的终结》的文章中，托马斯·卡罗瑟斯（Thomas Carothers）尖锐地指出，被认为处于“转型期”的100多个国家，大多数既没有迹象能够实现民主化，也不大可能倒退回自由化改革以前的旧式非民主体制。[②] 这些国家进入了一个“政治灰色地带”。它们虽然进行着定期的民主选举，反对派也有相当的活动空间，但却存在着严重的“民主赤字”。“灰色地带”中的国家呈现两种政治综合征：失败的多元主义（feckless pluralism）和独大型政治（dominant-power politics）。失败的多元主义形容的是这样一类政治生态，它允许不同政党参与选举竞争，政党轮替已成为常态，公民享有相当程度的政治自由，但民主体制的运作却问题丛生。主要政党都被民众看作是腐败和低效的，哪个党上台都解决不了国家面临的紧迫问题，经济表现持续低迷。公民对政治感到不满和冷漠，除了选举投票之外没有参与政治的热情。卡罗瑟斯认为，被这种肤浅的民主制所困扰的主要是巴西和阿根廷等拉美国家以及摩尔多瓦和乌克兰等东欧国家。

独大型政治是发展中国家更常见的一种综合征，它的主要特征包括：执政者利用所掌握的国家资源破坏选举竞争的公平性，导致政府轮替几乎不可能；多党选举只是用来迷惑国际社会的烟雾弹，选举中舞弊和暴力事件频发；反对党被边缘化，长期在野的地位使民众无法信任反对党的执政能力。由于缺乏监督和选举竞争的压力，执政党不可避免地被腐败丑闻所困扰。事实上，卡罗瑟斯所称的独大型政治已成为近年来比较政治学中备受关注的对象，学者们对于这种结合了多党选举和一党独大的矛盾政体作了透彻的研究。[③] 由此可见，独大型政治在发展中国家已经成为一种相当

① Carothers, Thomas. “The End of the Transition Paradigm.” *Journal of Democracy*, Vol. 13, No. 1, 2002, pp. 6-9.

② Ibid.

③ 这方面最有影响力的著作包括：Levitsky, Steven, Lucan A. Way. *Competitive Authoritarianism: Hybrid Regimes after the Cold War*. New York: Cambridge University Press, 2010; Schedler, Andreas. “The Menu of Manipulation.” *Journal of Democracy*, Vol. 13, No. 12, 2002; Schedler, Andreas (eds.). *Electoral Authoritarianism: The Dynamics of Unfree Competition*. Boulder: Lynne Rienner, 2006.

普遍的政治模式。

在民主化和政体研究方面，比较政治学者主要开展了以下几方面的努力。第一，他们致力于确定一套具有普遍性的定义标准，将民主和非民主政体区分开来。第二，依据这一标准，建立时间跨度尽可能长、覆盖国家尽可能多的政体数据库。第三，利用这些跨国数据库，以定量分析的方法解释政体民主化的原因。现代化理论关于社会经济基础决定政体转变的论点在新时期又引发了一轮热烈的辩论。新出现的现代化理论更多地将重点放在了随着经济增长而出现的中产阶级，认为中产阶级重视财产权、言论自由和参与自由，是争取民主的主要力量。同时，学者们提出了许多关于民主化的竞争性解释，包括精英之间的谈判妥协和西方国家的软硬实力影响等。第四，发展中国家经历民主化之后迥异的前进轨迹，促使人们探究民主政体在何种条件下能够得以巩固，以及何时会倒退回到非民主政体。

此外，研究者们也逐渐注意到，民主化的发生和巩固很大程度上受制于非民主政体的内在特性。他们对非民主政体做了更细致的类别区分，并讨论不同类型的政体是否有不同的转型方式。大体而言，非民主政体依据统治集团的性质不同可分为三大类：君主政体、军人政体和一党制政体。其中，一党制政体被普遍认为较为稳定，这是由于执政党往往是在民族解放运动或社会革命中上台的，享有较高的合法性，而且执政党的组织架构有利于精英之间的权力分享和动员民众支持。军人政体则被视作最为脆弱的一种政体形式，这主要是由于文官执政的原则在当代世界各国中已经不同程度地确立，军人夺权总体上被视为一种不正常或不“自然”的统治形式。而且，军人进行长期统治的意志不如其他执政集团，军人集团在结束统治之后有比较安全的退路；军人往往将军队内部的团结与凝聚力视作核心利益，不愿意因政见分歧而导致军队内部划分为不同派别。[①]

第四节　中观政治发展理论的进步

20 世纪 80 年代之后，现代化理论和结构功能主义的影响式微，政治

① Geddes, Barbara. “What Do We Know About Democratization After Twenty Years?” *Annual Review of Political Science*, Vol. 2, No. 1, 1999.

发展研究不再追求构建一个包罗万象的宏观理论体系，而是试图在更具体的中观领域取得突破。所谓中观理论，是相对宏观和微观理论而言的。与宏观理论不同，中观理论不奢望建立一个能解释所有社会现象的普适性理论，而是聚焦于有限的、可以被观察和测量的社会现象，提出能够被数据检验的理论。与微观理论不同，中观理论不局限于细枝末节的问题，而是关注具有一定普遍性的社会政治问题，它往往是许多具体研究假设和经验规律性（empirical regularities）的集合。近年来，发展政治学在中观领域层面取得了较大进展，以下举若干例证以说明。

一是政治与经济发展的关系，即讨论何种政治制度或公共政策最有利于促进经济增长。一些学者重点考察了民主体制相比威权体制是否更有利于经济发展，并且从产权保护、投资总量、国家自主性和技术创新等角度阐述了不同的因果机制。从大量统计研究的发现来看，没有充分的证据表明民主体制在这方面优于非民主体制，可见政体形式并不是决定经济发展的关键变量。还有一些学者就国家干预在多大程度上能促进经济发展进行了激烈的辩论。一派观点认为，二战后发展绩效良好的国家主要得益于市场力量和开放的国际贸易体系，而另一派则提出了“发展型国家”的理论，主张政府主导市场具有相当的优越性，政府能够以整体经济发展为目标，利用有选择的产业政策，实现国家经济的高速增长。

二是发展中国家的族群和政教关系问题。族群矛盾已经成为很多国家国内冲突最重要的导火索。所谓族群（ethnic group），指的是基于共同的祖先、语言、文化、历史、宗教等因素而产生集体归属感的群体。有学者指出，1946 年以来全世界超过 60%的内战是由族群矛盾导致的。① 战后获得独立的新国家继承了殖民帝国强制划定的领土边界，在其领土范围内往往有着复杂的族群构成。殖民者分而治之、厚此薄彼的政策为新国家内部的族群矛盾埋下了伏笔。去殖民化运动方兴未艾之时，各族群在争取民族独立的旗帜下尚能团结一致，但新国家一旦建立，缺乏共同文化、语言或宗教信仰的族群便面临分崩离析的危险。学术界早期针对族群问题的研究，产生了原生论、工具论、建构主义和制度主义等几个主要的理论范

① Denny, Elaine K., Barbara F. Walter. “Ethnicity and Civil War.” *Journal of Peace Research*, Vol. 51, No. 2, 2014.

式，不同范式之间的争论支配了1990年以前的族群问题研究。[①] 近年来，关于族群问题的研究已经超越了几大范式的争论，学者普遍认为，结合不同范式中的有用元素才是理解族群冲突的唯一途径。[②]

近年来，宗教型政党的数量增加，宗教极端势力在一些地区抬头，与宗教相关的族群冲突也屡见不鲜。20世纪以后，伊斯兰世界中兴起了一股名为“政治伊斯兰”的运动，它指的是“旨在赋予伊斯兰教以政治生活中的权威地位的各类政治运动、意识形态潮流和国家政策”。[③] 政治伊斯兰的参与者一般主张，历史上的伊斯兰文明中政治和宗教是密不可分的，政治领袖同时也是宗教领袖，政教分离和世俗主义是18世纪以后出现于西方社会的特定社会观念，不应当被普世化，更不能被强加给穆斯林社会。[④]政治伊斯兰是非常复杂的现象，不是单一的、整齐划一的政治组织或运动，而是有着多种表现形式[⑤]，既有在民主框架内争取政权的伊斯兰政党，也有拒绝民主政治、开展暴力袭击活动的极端组织。这项运动是在伊斯兰世界面临长期的外来征服、政治压迫和社会不公正的背景下出现的，它旨在为穆斯林社会寻找一条新的出路。在埃及和土耳其等国家中，代议制和选举的存在使得伊斯兰运动可以通过制度内途径参与政治。为了以合法手段上台执政，有宗教背景的政党必须牺牲意识形态的纯洁性，采取更加务实的立场，并且掌握为社会提供公共服务和经济增长的能力。从这个角度来说，代议政治的框架也在改变着伊斯兰运动的性质。

三是殖民主义为发展中国家留下的政治、经济和社会遗产。发展中国家，历史上即使不是西方国家的殖民地，也遭遇过西方扩张和殖民主义的压迫。殖民主义对后殖民国家的政治结构和社会发展有着极为深远的影响。如阿西莫格鲁（Daron Acemoglu）等人指出，殖民时期的制度建设对

---

① 关于四种范式的介绍见瓦尔什尼的综述性文章：Varshney，Ashutosh.“Ethnicity and Ethnic Conflict”，in Boix，Carles，and Susan C. Stokes（eds.）. *The Oxford Handbook of Comparative Politics*. Oxford：Oxford University Press，2007.

② 唐世平，王凯：《族群冲突研究：历程、现状与趋势》，载《欧洲研究》2018年第1期。

③ March，Andrew F.“Political Islam：Theory.”*Annual Review of Political Science*，Volume 18，2015，p. 104.

④ Ibid.，pp. 105-106.

⑤ 钱雪梅：《政治伊斯兰意识形态与伊斯兰教的政治化》，载《西亚非洲》2009年第2期。

后殖民社会的发展有着长期的作用。[①] 在一些殖民地，殖民者建立起了掠夺性的制度，既缺乏对财产权的保护，也未能对政府的专断权力进行限制。这种制度的主要目标不过是尽可能地将财富从殖民地转移到宗主国。而在另外一些殖民地（如后来的美国、加拿大和澳大利亚），欧洲人迁徙定居下来，建立起了与宗主国类似的保障财产权和制约政府权力的制度。此外，殖民宗主国的法律传统[②]、直接或间接统治的策略[③]、劳工制度[④]以及传教士活动[⑤]都可能对后来的发展绩效产生难以预见的影响。最后，欧洲列强出于自身利益考虑所推行的政策，在很大程度上制约了后殖民社会中的国家建构过程。罗伯托·福阿（Roberto S. Foa）在近期的一项研究中，比较了殖民经历对不同社会中国家能力建设的长期作用，并在此基础上提出了自己的综合性理论。[⑥]

第五节　小　　结

发展政治学，或称政治发展研究，关注的是二战结束后发展中国家的各种政治问题。作为比较政治学的一个重要分支，发展政治学的早期研究由西方学者特别是美国学者所主导。他们与时俱进，一改过去只关注欧美国家政治的做法，开始将目光瞄准了西方以外国家的政治发展，政治学的理论框架和经验知识由此大大扩展。20 世纪 60 年代是发展政治学蓬勃发展的时期，在行为主义、结构功能主义和现代化理论范式的影响下，学者

① Acemoglu, Daron, Simon Johnson, and James A Robinson. "The Colonial Origins of Comparative Development: An Empirical Investigation." *American Economic Review*, Vol. 91, No. 5, 2001.

② La Porta, Rafael, Florencio Lopez-de-Silanes, and Andrei Shleifer. "The Economic Consequences of Legal Origins." *Journal of Economic Literature*, Vol. 46, No. 2, 2008.

③ Lange, Matthew K. "British Colonial Legacies and Political Development." *World Development*, Volume 32, 2004.

④ Alexander, Lee, and Kenneth A. Schultz. "Comparing British and French Colonial Legacies: A Discontinuity Analysis of Cameroon." *Quarterly Journal of Political Science*, Vol. 7, No. 4, 2013.

⑤ Woodberry, Robert D. "The Missionary Roots of Liberal Democracy." *American Political Science Review*, Vol. 106, No. 2, 2012.

⑥ Foa, Roberto S. "Persistence or Reversal of Fortune? Early State Inheritance and the Legacies of Colonial Rule." *Politics and Society*, Vol. 45, No. 2, 2017.

们为第三世界国家描绘了一条具有高度目的性和普适性的发展道路。现代化过程中所涉及的一系列问题，包括价值观的转变、官僚机构和政党的建设、大众传媒的兴起、经济结构的转型等都得到了密切关注。20 世纪 70 年代以后，现代化理论所预测的政治发展路径在现实中遇到了重大挫折，民主政治建设在许多第三世界国家中途夭折，国家陷入政治动乱，甚至损害了经济发展，现代化理论也因此遭到了批评。此后的研究者重新确立起政治制度和国家能力对政治发展的中心地位，并考察为何国家能力在不同社会存在着巨大差异。第三波民主化浪潮也为政治发展研究注入了新的活力，现代化理论以一种新的形态活跃在学术界的讨论之中。“经济发展导致社会和文化变迁，进而改变公民的政治行为，并最终促成民主政府”这一观点又成为学术争论的焦点。

总体而言，政治发展并没有铁的规律。有大量的证据显示，各国的政治发展的道路有着巨大的差异；发展的轨迹不是线性的，而是曲折迂回的；某一阶段内国内政治的发展趋势受到国际格局变化的极大影响。政治发展如果要作为一个有生命力的学科继续存在，就必须谨慎对待目的论的视角，不应认为社会经济发展达到一定阶段的国家必然适合于某种政治制度。政治发展应包含多个组成部分，包括政体的稳定、政治和社会秩序之间的关系、国家在社会经济发展中的作用、族群冲突对国家统一构成的威胁、政体转型等。未来发展政治学会更多关注这些组成部分的动态，以微观和中观理论的突破为主，而宏大叙事的目的论将不会有太大的市场。不同的理论范式，如政治经济学、历史制度主义和政体分析都可以被用于分析政治发展。

第二编

发展政治学主要理论流派

第四章

现代化理论

祁玲玲

作为政治学领域的顶级期刊，《美国政治学评论》在2006年发表第100卷专刊，回顾诞生百年来政治学领域各类研究的演进与发展。该卷的重要栏目就是列出该刊一百年来被引频次最高的20篇文章，其中，名列第7位的是李普塞特1959年发表的题为《民主的社会前提：经济发展与政治合法性》的文章。[①] 这篇文章讨论政治体制变迁的社会经济基础问题，也就是被后来学者视为经典的"现代化理论"[②]。该文的评议人拉里·戴蒙德（Larry Diamond）评价道，"如果连同李普塞特次年发表的《政治人》中的相关引用，这无疑是过去半个世纪发表的最重要的文章之一"。[③] 事实上，该文也是入选的20篇文章中发表年代最为久远的一篇。如今又过去了很多年，该文仍然不断被引用和争论，这篇半个多世纪前的学术著作显示出经久不衰的学术活力。李普塞特当年不仅贡献了他的学术思想，还为政治学拓展了一个重要的研究领域：社会经济发展与民主政治体系运作之间的关

① Lipset, Seymour Martin. "Some Social Requisites of Democracy: Economic Development and Political Legitimacy." *American Political Science Review*, Vol. 15, No. 1, 1959.

② Berman, Sheri. "What to Read on Modernization Theory." *Foreign Affairs*, March 12, 2009.

③ Diamond, Larry. "Seymour Martin Lipset. 1959. Some Social Requisites of Democracy: Economic Development and Political Legitimacy. American Political Science Review 53 (March): 69-105." *American Political Science Review*, Vol. 100, No. 4, 2006; Diamond, Larry. "Economic Development and Democracy Reconsidered." *American Behavioral Scientist*, Vol. 35, No. 4/5, 1992.

系。自此，比较政治学者们围绕着政治发展、体制变迁的社会经济基础问题展开了旷日持久的讨论，无论是其中的因果机制还是不断变化的经验研究方法，都在过去半个多世纪中有了长足的进步与发展。该议题的发端与展开应和了二战后现代化理论在社会科学各个领域全面展开的鼎盛格局，同时也为比较政治学领域体制变迁研究的结构主义理论路径打开了局面。本章将围绕现代化理论在政治学学科内的演变展开，讨论各个流派的理论争论、围绕该议题的方法论演进以及当下不断推陈出新的研究成果，展示在过去半个多世纪中现代化理论在政治科学领域的变迁图景。

第一节　现代化、现代性与现代化理论

“现代化”是如今人们最频繁听到的词语之一，该词已经弥散在人们生活的每一个角落，从我们的日常交往到大众媒体以及政府宣传，“现代化”一词几乎无处不在。学术界也不例外，在过去几个世纪中，与现代化相关的讨论波及到科学、哲学、社会科学各大领域，自文艺复兴与工业革命以来人类社会方方面面的复杂变迁都或多或少与这一术语有所牵连。从词源上来讲，“现代化”对应的英文词是“modernization”，这是一个动词化的名词，意为“to make modern”，表示获得“现代性”（modernity）的过程。根据早先学者们的追溯，“modernization”、“modern”、“modernity”三个词的词源均来自拉丁词“*modernus*”，“*modo*”，表示“现在，最近”（now，recently）的意思[①]。因此“现代”首先存有时间维度上的指向，与“古代”或者欧洲的“中世纪”区隔开来。然而，比起时间上的区隔，更重要的是“现代”一词所暗含的价值上的革新，“现代”社会的到来展示着与传统社会（或前现代社会）迥然不同的属性[②]，这是文艺复兴以来科学、人文精神推动下的科技发展与工业技术革命给人类社会带来的经济、社会、文化、政治等一系列新特质。在现代化相关理论建构的“传统”与“现代”的宏大两分法下，“现代化”则可大体上视为从传统转向现代的一

① Martinelli, Alberto. *Global Modernization: Rethinking the Project of Modernity*. London: Sage Publication, 2005, p. 5.

② 罗荣渠：《现代化理论与历史研究》，载《历史研究》1986年第3期。

切急剧变迁的总称。① 因此，那些试图描述现代性、解释现代化进程的学术理论都被宽泛地纳入了“现代化理论”的范畴。当然，在政治学领域，“现代化理论”更多的则是围绕李普塞特命题所展开的关于体制变迁的社会经济结构基础问题的讨论，也就是经济发展与民主的关系问题，与后文分析的“政治发展”（Political Development）既交叉又相区别。以下将先简要叙述现代化理论的一般性特征，再讨论该理论在政治学领域的发展。

两百多年来，学者们对人类社会现代化这一包罗万象的变化进程展开了持久的反思，但相关理论遍地开花，现代化作为一个全新术语全面进入社会科学各个领域，则是20世纪50年代后的情境，并主要表现在美国社会科学界。二战结束后亚非拉大批殖民地独立，第三世界国家兴起，加上冷战的兴起，美国主流知识分子逐渐将目光投向了美国社会之外，开始从比较的视角思考亚非拉地区国家的经济发展、政治稳定及文化社会变迁等问题。② 学者们围绕着现代性的内涵、现代化的动力、现代化的后果、现代化在发展中国家的命运等议题展开激烈争论。从国家、社会、组织、个体层面，学者们不仅对现代化的参与主体、西方社会现代化进程的特征、变迁的因果机制以及传统与现代性的张力等展开探讨，更从经济学、社会学、政治学、历史学、心理学、哲学等多元视角探索现代化进程与发展中国家碰撞的结果，不同学科与不同理论流派既相互启发激荡，又相互批评、针锋相对，发展出极为庞杂而丰富的与现代化进程相关的理论，直至20世纪60年代达到鼎盛期。

根据经典现代化理论（Classical Modernization Theory）下的宏观两分法，从传统到现代的变迁包含一些典型的特征：（1）科学和技术的进步；（2）工业化及资本的全球化；（3）结构分化及社会各个领域的专业化；（4）世俗化，表现为公民社会崛起、脱离宗教控制的科学知识的增长以及信仰的私人化；（5）建构典型的现代价值，包括个人主义、理性主义以及功利主义的盛行；（6）城市化及相伴的文化多元化及社会流动；（7）教育普及及大众文化与消费文化的兴起；（8）连接社会与分散人群的现代交通

---

① Huntington, Samuel P. “The Change to Change: Modernization, Development, and Politics.” *Comparative Politics*, Vol. 3, No. 3, 1971, p. 288.

② Tipps, Dean C. “Modernization Theory and the Comparative Studies of Societies: A Critical Perspective.” *Comparative Studies in Society and History*, Vol. 15, No. 2, 1973, p. 200.

与通讯方式；（9）阶层变化，中产阶层的多元兴起；（10）政治发展，往往表现为世俗民族国家的建立以及政治动员、政党政治与代议机制的兴起等。[①] 根据亨廷顿对经典现代化理论各学派的总结，这种巨变的过程是具有革命性、系统性、全球性且旷日持久的高度复杂的进程，各个社会会经历不同阶段，但不断趋同，最终走向不可逆的进步过程。[②] 具体说，现代化进程的复杂性和系统性表现在一个国家的现代化是在上述各个维度上的全面革新，无论哪一个特定因素被视作为变迁的核心动力，各个因素之间都是相互牵制的，并最终整体上将社会推进到现代化阶段。尽管各个国家各个社会的特征不尽相同，但现代化进程基本表现为近似的特征，会经历大致相同的从传统解体到现代社会建构的变迁阶段，最终在大到国家政治运作、小到个人心理特征的方方面面彰显近似的现代性。

经典现代化理论的基本立场体现了典型的进化论（Evolutionism）思维以及在二战后盛行的结构功能主义（Structural Functionalism）的理论路径。[③] 更重要的是，经典现代化理论预设社会演进均将经历特定阶段并终将迈进全面现代性，这对于发展中国家来说便有了无法回避的西方中心主义的价值偏好。[④] 经典现代化理论暗含着不可遏制的乐观主义，在科学进步中对人类征服自然有了前所未有的信心，对工业化带来的财富积累及社会结构的巨大变迁予以积极肯定。更为关键的是，该理论认定这一起始于西方社会的进程，在现代科学和工业化等不可逆力量的支配下将在既定方向上改变发展中国家的命运，以此模糊了现代化与“西化”之间的界线。现代化理论在20世纪五六十年代的繁盛也伴随着激烈的批判，包括该理论中进步主义的进化论视角，结构功能主义理论路径在解释体系变化中的无能为力，对现代性的局限性以及现代化进程多样性的忽视，还有对发展中国家现代化进程中外部力量积极作用的夸张，对国家文化独特性的忽略，

---

① Martinelli, Alberto. *Global Modernization: Rethinking the Project of Modernity*. London: Sage Publication, 2005, pp. 10-11.

② Huntington, Samuel P. “The Change to Change: Modernization, Development, and Politics.” *Comparative Politics*, Vol. 3, No. 3, 1971, pp. 288-290.

③ Martinelli, Alberto. *Global Modernization: Rethinking the Project of Modernity*. London: Sage Publication, 2005, p. 29.

④ 例如，罗荣渠：《建立马克思主义的现代化理论的初步探索》，载《中国社会科学》1988年第1期；Martinelli, Alberto. *Global Modernization: Rethinking the Project of Modernity*. London: Sage Publication, 2005, p. 10。

等等，这些理论困境夹杂着甚嚣尘上的西方中心主义都遭到了深刻的批判。

我们下文将着重讨论现代化理论在政治学领域的拓展，从宏观图景上来说，现代化理论在政治学中的发展体现了其整体格局的基本特征。如果说在经济学领域，随着亚洲四小龙为代表的发展中国家和地区的经济奇迹引发了现代化理论新一轮大讨论，那么在政治学领域，冷战结束带来的民主化浪潮则激起了新一波的现代化理论的争论与反思，并带来了比较政治学领域内结构主义理论路径的回归。

第二节　现代化理论在政治学领域的拓展

社会学、经济学等领域的学者对现代化较早反思，并形成了相对成熟的理论，政治学者对于政治体系变迁的考量起步则相对较晚，这很大程度上是因为政治系统的变化比起现代化进程在经济和社会领域的变化相对滞后且频次较少。然而，二战后大批殖民地的独立打破了这一现状，加之冷战后的剧烈意识形态对抗引发了政治学者的全面思考，他们开始考量政治现代化、政治发展、体制变迁与经济、社会结构的关系等议题①，逐渐形成了经典现代化理论的主要观点。其中，李普塞特于 1959 年在《美国政治学评论》发表的《民主的社会前提》一文对民主的社会前提进行探讨，成为这一理论重要的代表作之一。

一、经典现代化理论的代表：李普塞特议题的诞生

李普塞特《民主的社会前提》一文开篇即指出，他旨在突破之前的政治社会学所专注的政治系统包括政党、政府、选举等组织内部变化的思路，转而考察政治体系外部的决定因素，比如，经济发展以及合法性与稳

① Bartlett, Robert C. "On the Decline of Contemporary Political Development Studies." *Review of Politics*, Vol. 58, No. 2, 1996, p. 270; Sandbrook, Richard. "The 'Crisis' in Political Development." *Journal of Development Studies*, Vol. 12, No. 2, 1976, pp. 165-166.

定民主制度之间的关系。[①] 他指出，作为社会结构性因素的经济发展一直以来就被广泛地认为是社会体系与政治体系发生关联的重要链接点。一个富裕的社会更有可能维持稳定的民主制度，这是从亚里士多德就被论及的观点：唯有当一个社会中只有少数人生活在贫困中时，公众才能理性地参与政治、形成足够的自我约束力从而避免被煽动分化，而当社会的财富聚集在极少数精英手中而绝大数人处于贫困时，则往往导向了专制体制。[②] 在阐释这一理论路径的基础上，李普塞特进行了经验验证，他选取了欧洲及拉丁美洲共 48 个国家样本，将其分为“稳定民主”“不稳定民主”“不稳定专制”“稳定专制”四类，分别比较各国经济发展指标的差异，包括社会财富状况、工业化程度以及教育水平，呈现出经济发展指标与稳定民主制度之间的高度相关关系。该文继续探讨了另一结构性因素，即政治系统的合法性（Legitimacy）与效率（Effectiveness）问题，前者主要涉及政治体系如何维持民众的政治支持度问题，后者则考察政治体系如何吸纳与消化现代化进程中不断分化与动员起来的新兴与保守的社会力量。在李普塞特看来，政治体系的有效性与合法性高度相连，高效应对社会群体的参与问题是增进合法性的重要维度。该文最后部分分析了他所认为的部分民主国家当时存在的问题，主要是指出发展中国家在现代化过程中未能如西方民主国家那般有效地将社会发展分化出来的新阶层（包括工人阶层）纳入政治体系，从而削弱了民主体系的稳定性。总之，李普塞特建构了现代化进程的社会结构性变化因素与民主制度运作的关联。该文不仅拓展了政治社会学的议题与理论，而且从方法论上开辟了全新的路径，自此比较政治学者们开始逐步采用定量的方式就经济发展与民主问题展开了不间断的学术讨论。李普塞特对经济发展与民主稳定的关切、对民主体制合法性及政治体系效率的结构主义分析，已然体现出当时的理论发展趋势，即政治现代化（Political Modernization）和政治发展理论（Political Development Theory）的全面兴起。

---

① Lipset, Seymour Martin. “Some Social Requisites of Democracy: Economic Development and Political Legitimacy.” *American Political Science Review*, Vol. 15, No. 1, 1959, p. 69.

② Lipset, Seymour Martin. “Some Social Requisites of Democracy: Economic Development and Political Legitimacy.” *American Political Science Review*, Vol. 15, No. 1, 1959, p. 75.

二、政治发展理论

在李普塞特发表该文的第二年，阿尔蒙德出版了著名的《发展中地区的政治》一书[1]，该书将社会学家帕森斯的结构功能主义系统性地拓展到比较政治学，在统一的框架下展开对亚非拉等地区国家的政治结构、功能与政治整合等议题的研究。此后十多年间，以他为首的美国社会科学研究理事会下的比较政治学委员会（The Committee on Comparative Politics of the American Social Science Research Council）在白鲁恂、西德尼·维巴等比较政治学界先锋的带领下，开启了政治发展的比较研究。这一阶段，政治现代化和政治发展这两个概念在现代化理论各流派使用时被认为是高度重复和交叉的[2]，主要指向政治系统为应对现代化进程而产生的变革。根据比较政治学委员会的总结，政治发展主要包括：（1）政治平等的扩散，包括对公民权的诉求以及大众参与的增长；（2）政治系统统治能力的提升，回应公民诉求并能化解冲突；（3）政治系统中各组织功能的分化、专业化以及逐步一体化。[3] 这一时期，遵循着类似的结构功能主义的逻辑去探索政治现代化的政治效应的著作层出不穷，例如，《欠发达地区的进步》[4]，《传统社会的消逝：中东的现代化》[5]，《政治的现代化》[6]，《迈向进步的历程》[7]，《民族国家的建构》[8] 以及《现代化的动力》[9]，等等。即便是从这些著作的标题也能看出经典现代化理论展示出的乐观进步主义气质，学者

---

① Almond, Gabriel A., James S. Coleman. *The Politics of the Developing Area*. Princeton: Princeton University Press, 1960.

② Rustow, Dankwart A. "Modernization and Comparative Politics: Prospects in Research and Theory." *Comparative Politics*, Vol. 1, No. 1, 1968; Martinelli, Alberto. *Global Modernization: Rethinking the Project of Modernity*. London: Sage Publication, 2005, pp. 43-44.

③ Pye, Lucian W., Sidney Verba (ed.). *Political Culture and Political Development*. Princeton: Princeton University Press, 1965.

④ Hoselitz, Bert F. *The Progress of Underdeveloped Areas*. Chicago: Chicago University Press, 1952.

⑤ Lerner, Daniel. *The Passing of Traditional Society: Modernizing the Middle East*. New York: The Free Press, 1958.

⑥ Apter, David. *The Politics of Modernization*. Chicago: University of Chicago Press, 1965.

⑦ Hirschman, Albert. *Journeys Towards Progress*. New York: Twentieth Century Fund, 1963.

⑧ Deutsch, Karl W., William J. Foltz (ed.). *National-Building in Comparative Context*. New York: Atherton Press, 1963.

⑨ Black, C. E. *The Dynamics of Modernization*. New York: Harper Row, 1966.

们对现代化性进程在非西方国家的不断推进给予了很高的评价与预期。无论是研究发现现代通讯方式对中东地区民众价值观的改变，还是非洲政治系统在现代化力量推动下的变革，抑或知识作为首要动力推动了经济、社会、政治的结构功能变迁与整合，经典现代化理论学者对现代化力量催化全球格局变迁都有着不可思议的信念。① 学术界这一氛围也契合了当时美国政府的全球战略，推动各国现代化融入美国的全球战略成为冷战意识形态的一部分，成为塑造美国世界秩序认知的重要组成部分。②

不过，经典现代化理论下的政治发展路径很快遭到了诸多学术反击，不仅是其结构功能主义的理论路径在解释社会动态变化时局限明显，更重要的是这一脉理论无限放大现代性的优点，无视现实社会发展的多样性及复杂性，逐渐失去了解释现实世界的力量。学者开始反思现代性的消极面，反思发展的伦理价值，反思工业化背后可能的反现代逻辑。对经典现代化理论的反驳大体有两条重要的思路：一是对经典现代化理论进行修正，重新考量现代性的复杂向度，但仍然属于现代化理论基本流派；二是对现代化理论进行全线批判，以完全不同的理论体系展示发展中国家迥异的经济发展和社会变迁路径。前者的代表是亨廷顿，后者则主要来自著名的依附理论和世界体系理论。依附理论在政治学领域的拓展、对李普塞特议题的挑战主要落脚在奥唐奈的“官僚威权模型”（Bureaucratic Authoritarian Model，BA Model）后面会详细讨论，以下首先来厘清现代化理论学派内部的修正。

从 20 世纪 60 年代中期开始已经有些学者逐渐意识到经典现代化理论的局限，在没有摆脱现代化理论的基本框架前提下重新挖掘现代性及现代化的复杂性。③ 亨廷顿也很快加入了这一梯队，1965 年在现代化理论的进

---

① Huntington, Samuel P. “The Change to Change: Modernization, Development, and Politics.” *Comparative Politics*, Vol. 3, No. 3, 1971, p. 293.

② Latham, Michael E. *Modernization as Ideology: American Social Science and “Nation Building” in the Kennedy Era*. Chapel Hill: University of North Carolina University Press, 2000; Ekbladh, David. *The Great American Mission: Modernization and the Construction of an American World Order*. Princeton: Princeton University Press, 2011.

③ Gusfield, Joseph R. “Tradition and Modernity: Misplaced Polarities in the Study of Social Change.” *American Journal of Sociology*, Vol. 72, No. 4, 1967; Bendix, Reihard. “Tradition and Modernity Reconsidered.” *Comparative Studies in Society and History*, Vol. 9, No. 3, 1967; Kothari, Rajni. “Tradition and Modernity Revisited.” *Government and Opposition*, Vol. 3, No. 3, 1968.

步主义繁荣之际，他在《世界政治》（*World Politics*）期刊上发表题为《政治发展与政治衰朽》的文章展开反思，俨然“不合时宜”地开始思考起政治衰朽问题。[①] 次年，在同一期刊他又发文讨论现代化进程在西方世界的内部差异，对比欧洲和美国各自演进的不同路径。[②] 1968 年亨廷顿出版了经典之作《变化社会中的政治秩序》，该书充分展示了他对现代化过程中政治发展困境的思考。他认同现代性意味着政治稳定，但指出现代化带来了政治动荡，最终认定现代化变迁带来的大规模政治参与问题需要依托政治体系的制度化以及强大的政党来实现政治秩序和政治稳定。在亨廷顿的定义中，政治发展被定位在不断增长的政治组织的制度化而未必是民主政治的增长，他强调政治秩序的保守取向与经典现代化理论中对开放民主制度的诉求出现了明显的立场差异。稍后，亨廷顿将他对政治现代化的思考进一步推进，索性将“政治现代化”（Political Modernization）与“政治发展”（Political Development）的概念彻底分离开来，全面批判“政治现代化”这一概念背后所蕴含的经典现代化理论立场的谬误，“传统”与“现代”两分不仅模糊了“现代性”“现代化”概念的复杂性，也简单化了“传统”与“现代”之间的关系及“传统”向“现代”过渡的进程。基于此，他决定依赖“政治发展”的概念来建构现代化进程中政治体系变化的理论和分析。[③] 亨廷顿精彩的学术探索让他成为经典现代化理论的终结者[④]，尽管此后二十年世界政治的变迁却悄然改变着亨廷顿关于民主政治的立场。

此后不久，白鲁恂发表文章，延续着亨廷顿当时的思路，认为政治现代化的概念没有出路，但政治发展会成为下个十年的主题。[⑤] 然而，这一

---

① Huntington, Samuel P. “Political Development and Political Decay.” *World Politics*, Vol. 17, No. 3, 1965.

② Huntington, Samuel P. “Political Modernization: America vs. Europe.” *World Politics*, Vol. 18, No. 3, 1966.

③ Huntington, Samuel P. “The Change to Change: Modernization, Development, and Politics.” *Comparative Politics*, Vol. 3, No. 3, 1971, pp. 288-290.

④ Fukuyama, Francis. “Samuel Huntington's Legacy: Why His Works on World Order—Political and Otherwise—are Still Relevant Today.” *Foreign Affairs*, January 6, 2011.

⑤ Pye, Lucian W. “Political Modernization: Gaps between Theory and Reality.” *Annals of American Academy of Political and Social Science*, *Human Dimension of Foreign Policy: An American Perspective*, Vol. 442, 1979, p. 28.

预言并没有实现，伴随着支撑现代化理论以及依附理论的结构主义理论路径逐渐被理性选择主义、制度主义等理论路径替代，轰轰烈烈的政治发展研究以及对政治现代化的讨论逐渐在学术界消退。[①] 到 20 世纪 80 年代末学者们已经断言政治发展的理论已经奄奄一息。[②] 在此过程中，学者们逐渐摒弃了现代化理论下的传统与现代的两分法思路，摆脱了“现代”概念对政治体系统运作的主导，开始回归到政治学原本的术语，民主、专制、政府、国家建构、政治认同等。虽然关于政治体系自身的现代化问题逐步降温，但围绕“民主”体制变迁的话题在冷战背景下一直有着不间断的讨论，李普塞特提出的社会经济发展的视角一直有着生命力，学者们不断回到李普塞特，思考民主化的社会结构力量，在解释民主化的诸多理论中，该视角与政治代理人（political agency）理论、文化理论、示范效应等理论路径并举，并在相互补充中被纳入了日渐繁荣的民主化理论体系，在冷战结束、苏联解体之后的第三波民主化中达到了高潮。

三、经济发展与民主：证明、质疑与发展

回到李普塞特的原文，若以当下学术眼光审视这篇经典，我们会发现该文在讨论经济发展与民主关系时，既缺乏因果机制的深入探讨，实证研究部分的定量技术也基本谈不上可靠。理论上，该文极其简略地引用了亚里士多德关于财富与民主共生关系的论断，提及了经济匮乏、社会财富集中于少数精英会导致专制，并没有深入展开讨论经济社会结构性变迁究竟为什么能够导向民主的稳定运行。李普塞特在文中看起来更愿意通过对欧洲和拉丁美洲的民主国家中这两个变量的关系进行定量分析，直接证明两者之间的关系。而实际上，在经典现代化理论的大逻辑下，经济发展与民主之间的正向相关关系并非惊人发现，只不过是现代化力量在政治系统领域的推进而已。也就是说，李普塞特证明了一个经典现代化理论暗含的推

---

① Bartlett, Robert C. “On the Decline of Contemporary Political Development.” *Review of Politics*, Vol. 58, No. 2, 1966.

② Freeman, John R. “Review of Rethinking Development: Modernization, Development and Post-modern Politics.” *American Political Science Review*, Vol. 83, 1989, p. 1046.

论，即经济社会现代化各个因素与民主体制的共生格局。[1] 因此，从某种意义上讲，李普塞特与其说通过该文得出了某一个结论，倒不如说提出了一个考察民主运作时不可回避的重要维度。实际上，该文的经典之处在于首次将经济发展与民主作为自变量与因变量展开系统的大样本分析，建构了一个探讨社会经济发展与民主之间关系的分析框架与学术争论平台。自此，学者们围绕这两个变量之间的关系，沿着理论挖掘与定量研究技术两条线索进行了学术推进。

（一）李普塞特议题的发展

《民主的社会前提》一文在《美国政治学评论》发表的第二年，李普塞特将经济发展与民主的议题在其经典著作《政治人：政治的社会基础》中进行了全面阐释。[2] 在这部极具影响力的著作中，李普塞特进一步充实了经济发展与民主之间的因果机制，从社会结构变迁的视角论证社会经济发展带来的政治文化及社会组织变迁与积极的公民参与之间的关系。李普塞特基于之前大量社会学研究指出，社会经济发展带来教育水平提高，社会经济结构变迁尤其是中产阶层的扩大，并形成大规模社会流动，这些都有利于积极的公民文化的产生，继而有利于民主的稳定发展。[3] 值得强调的是，李普塞特对于经济发展带来的积极公民文化的论述建立在社会分化的基础之上，即伴随着市民社会发展和中产阶级扩张的社会结构性变化，不同的观念将出现分层流动。更准确地讲，李普塞特认为经济发展下日渐成为社会主流的中产阶级才是民主的基础所在，而非其他低收入群体，包括工人阶级。要理解这一点需要结合 1959 年李普塞特发表在《美国社会学评论》的另一篇文章《工人阶层威权主义》[4]，其核心观点认为大众对于民主或者威权的观点存在着阶级差别。该文认为，包括工人阶级在内的低收入、低流动性的阶级更加倾向于极端、不宽容且变化不定的观点，而对公民权利的捍卫、对少数派权利的支持、对政治反对派的合法性的认可、

---

① 参见李普塞特文中对丹尼尔·勒纳（Daniel Lerner）的经典著作的讨论。同时参见：Diamond, Larry. "Economic Development and Democracy Reconsidered." *American Behavioral Scientist*, Vol. 35, No. 4/5, 1992, p. 451.

② Lipset, Seymour M. *Political Man: The Social Base of Politics.* New York: Anchor Books, 1960.

③ 同时参见：Diamond, Larry. "Economic Development and Democracy Reconsidered." *American Behavioral Scientist*, Vol. 35, No. 4/5, 1992, p. 480.

④ 该论点在《政治人》一书的第五章也得到了进一步的拓展。

对政治权力边界的关注等民主价值则更多见于中产阶级。[①] 中产阶级不仅在稳定的经济收入、良好的教育下形成了现代的人格特征，逐渐形成民主价值观，而且在行为上也展示出良性的人际互动，形成生机勃勃的公民组织，这是自托克维尔以来就已论及的民主的社会基础。总之，中产阶级才是民主的中流砥柱、不可撼动的基石。中产阶级扩张不仅带来民主优势，而且李普塞特认为经济繁荣下的社会与国家之间的格局也在改变，社会财富的增加可以避免贫穷国家的困境，即国家对有限的财富进行控制而挤压了社会独立空间。以上这些具体的论述充分展示李普塞特作为典型的经典现代化理论家的乐观主义情绪。对于现代化理论的笃信者来说，接下来的主要任务就是进一步证明经济发展与民主的正相关关系并进一步精细化其中的因果机制；而对于批判者来说，则需要从经验上发现经济发展与民主之间并不存在正相关关系且在因果机制上存有谬误。我们下面分别来考察。

1963 年卡特莱特（Phillips Cutright）基于立法和行政机构的基本特征对“国家政治发展”（National Political Development）的概念进行重新建构和测量，通过对非洲之外的 77 个国家 1940—1960 年期间数据的分析，进一步证明了国家政治发展与现代化指标（通讯、经济发展、教育和城市化）之间正相关。[②] 1969 年卡特莱特与韦力（James Wiley）又共同证明了现代化与政治代表性之间的正相关关系。[③] 李普塞特的基本立场不断得到证明，包括科勒曼[④]、白鲁恂[⑤]、辛普森[⑥]、奥尔森[⑦]等。尽管对变量的测

---

① Lipset, Seymour M. “Democracy and Working-Class Authoritarianism.” *American Sociological Review*, Vol. 24, No. 4, 1959.

② Cutright, Philips. “National Political Development: Measurement and Analysis.” *American Sociological Review*, Vol. 28, No. 2, 1963.

③ Cutright, Philips, James Wiley. “Modernization and Political Representation.” *Studies in Comparative International Development*, Vol. 5, No. 2, 1969.

④ Coleman, James S. “Conclusion: The Political System of Developing Areas.” in Almond, Gabriel A., James S. Coleman (eds.). *The Politics of the Developing Area.* Princeton: Princeton University Press, 1960.

⑤ Pye, Lucian W (ed.). *Communications and Political Development*. Princeton: Princeton University Press, 1963.

⑥ Simpson, Dick. “The Congruence of Political, Social and Economic Aspects of Development.” *International Development Review*, Vol. 6, 1964.

⑦ Olsen, Marvin E. “Mulitivariate Analysis of National Political Development.” *American Sociological Review*, Vol. 33, No. 5, 1968.

量方面有学者存有一定异议，但现代化理论的基本结构并没有遭到严峻挑战。[①] 而学者们在此后十多年里不断细化模型，他们不仅证明经济发展与民主正相关，还进一步试图证明其中的因果机制；[②] 不再停留在静态的民主合法性，开始定量分析政治变迁；[③] 发现经济发展与民主之间尽管有正向的相关关系，但可能并不是线性关系而是曲线关系；[④] 以及发现考察经济发展与民主之间的关系还需要考量经济发展的时间维度等。[⑤]

此外，李普塞特关于公民文化的论述逐渐发展出另一脉极为重要的理论流派，即公民文化理论。在政治发展的比较研究兴盛之际，阿尔蒙德、维巴于 1963 年出版了著名的《公民文化：五个国家的政治态度与民主制》一书。该书建构了从公民的政治态度视角考量民主稳定性分析的基本框架，所采用的跨国调研方法也成为开辟该领域的先锋。其后，英科尔斯（Alex Inkeles）对个人现代性、政治文化跨国比较的研究[⑥]，英格尔哈特（Ronald Inglehart）20 世纪 70 年代对工业国家公民文化的转型考量，都是典型的公民文化实证研究。随着跨国调研技术日渐成熟，公民文化研究也逐步突破了现代化理论的范畴，逐渐发展成为与理性选择、结构主义并驾齐驱的考察政治体系运作的理论路径。[⑦]

---

① Neubauer, Deane E. "Some Conditions of Democracy." *American Political Science Review*, Vol. 61, No. 4, 1967.

② McCrone, Donald, Charles F. Cnudde. "Toward a Communications Theory of Democratic Political Development." *American Political Science* Review, Vol. 61, No. 1, 1967; Winham, Gilbert R. "Political Development and Lerner's Theory: Further Test of a Causal Model." *American Political Science Review*, Vol. 64, No. 3, 1970.

③ Banks, Arthur S. "Modernization and Political Change: The Latin American and Amer-European Nations." *Comparative Political Studies*, Vol. 2, No. 4, 1970.

④ Jackman, Robert W. "On the Relation of Economic Development and Democratic Performance." *American Journal of Political Science*, Vol. 17, No. 3, 1973.

⑤ Bollen, Kenneth A. "Political Democracy and The Timing of Development." *American Sociological Review*, Vol. 44, No. 4, 1979.

⑥ Inkeles, Alex. "Participant Citizenship in Six Developing Countries." *American Political Science Review*, Vol. 63, No. 4, 1969; Inkeles, Alex. "Becoming Modern: Individual Change in Six Developing Countries." *Ethos*, Vol. 3, No. 2, 1975; Inkeles, Alex and David H. Smith. *Becoming Modern: Individual Change in Six Developing Countries*. Cambridge: Harvard University Press, 1974; Inkeles, Alex. "National Differences in Individual Modernity." *Comparative Studies of Sociology*, Vol. 1, No. 1, 1978.

⑦ Lichbach, Mark I., Alan S. Zuckerman. *Comparative Politics: Rationality, Culture, and Structure*. Cambridge, MA: Cambridge University Press, 2009.

总体说来，李普塞特命题在此后二十年里获得了诸多研究的验证。其间，学者们对实证验证的每一个环节都进行精细化发展，对该命题展开定量分析的统计技术日渐复杂，从早先李普塞特、卡特莱特的简单相关关系逐步发展到多元回归，学者们从怀疑大样本研究的可行性到开始运用较为复杂的非线性统计模型、时间序列模型等技术来印证或修正该命题的基本结论。对于民主发展/变化的测量也日渐完备起来，学者们不断在前人的测量基础上发展出更加贴合民主发展本质的民主数据库。这一时期，一些面向全球政治体制衡量的数据也逐步成熟并被运用到李普塞特的命题验证中。

（二）对李普塞特议题的批判

然而，正如上文对政治发展学派分析的基本路径所显示的，李普塞特的基本结论在得到诸多学术支持的同时也引来批判的声音。在理论上，除去现代化理论阵营内部的反省，例如亨廷顿不断提醒要重新审视经济发展的复杂后果，巴林顿·摩尔突破纯粹的社会学思维纳入广阔的历史学视角，李普塞特命题最重要的理论挑战是来自拉丁美洲学者奥唐奈的“官僚威权模式”理论。[①]

官僚威权模式理论主要依赖于“依附理论”以及“世界体系理论”，后两者主要从新马克思主义的角度全面批判现代化理论，反思位于世界体系“边缘”（periphery）的发展中国家经济发展如何受制于发达的中心国家（core）的世界资本和生产体系，依附国在不断地被剥削和自主权丧失中一步步被边缘化，欠发展的状态无从改变。[②] 奥唐奈认为这种经济上身陷世界体系的依附格局从本质上影响了拉丁美洲国家的政治发展状况。他以阿根廷、巴西等国为例指出，在拉丁美洲国家现代化的进程中也产生了社会结构的分化，也动员了进入生产的社会大众力量，这个过程中政府官僚尤其是公共或私人领域的技术官僚扮演了重要角色。随着这些国家进口替代战略的经济发展模式渡过了比较“容易”的时期后，社会各阶层的状况则朝着迥异于李普塞特的现代化理论的方向发展。因为进口替代的经济模式

① O'Donnell, Guilermo A. *Modernization and Bureaucratic Authoritarianism: Studies in South American Politics*. Berkeley: University of California, Institute of International Studies, 1973.

② Valenzuela, Samuel, Arturo Valenzuela. "Modernization and Dependency: Alternative Perspectives in the Study of Latin American Underdevelopment." *Comparative Politics*, Vol. 10, No. 4, 1978.

在消耗完本国的生产资料后存在着不可逾越的发展瓶颈，当经济发展受阻、国外资本涌入，国内在进口替代中从事生产的劳工阶层遭受冲击，而为了进一步稳定经济吸引国内外资本，这一过程中发展起来的官僚阶层则逐渐与资本方、政治寡头以及军方形成共同利益体，力图控制已经被动员起来的社会力量，这就促成了所谓的“官僚威权模式”。① 因此，在奥唐奈看来，经济发展与政治发展之间的机制受制于基本的经济结构，并不是所有的现代化经济过程都导向政治参与的开放、公民社会力量的壮大，在依附经济的格局下，经济发展导向的是政治参与被压制的威权主义高压政治。

奥唐奈对现代化理论的挑战得到了不少区域研究学者的支持。盖勒（Daniel S. Geller）通过数据对 21 个拉丁美洲国家进行研究，展示了现代化的过程导向政治不稳定以及官僚威权模式的内在机制；② 雷默（Karen Remmer）尽管指出奥唐奈理论的弱点，但充分肯定了奥唐奈的基本逻辑；一些学者则通过国家案例展示了“官僚威权模式”在俄罗斯、韩国等国家的确存在。③ 不过，奥唐奈的“官僚威权模式”理论随着现代化理论、依附理论以及结构主义理论路径的衰落逐渐式微，更重要的是，第三波民主化浪潮席卷后，拉丁美洲的“官僚威权模式”并没有持续，奥唐奈本人也逐步加入了拉丁美洲民主化转型理论的思考，跳出了“官僚威权模式”的结构主义路径，开始讨论政治代理人、政治精英对民主转型的作用。④ 与现代化理论及政治发展理论逐步融入到民主理论的大趋势相同，学者们对“官僚威权模式”支持也好反对也罢，都逐渐进入民主转型及稳定的思考。

---

① Remmer, Karen L., Gilbert W. Merkx. “Bureaucratic-Authoritarianism Revisited.” *Latin American Research Review*, Vol. 17, No. 2, 1982; Diamond, Larry. “Economic Development and Democracy Reconsidered.” *American Behavioral Scientist*, Vol. 35, No. 4/5, 1992, p. 473.

② Geller, Daniel S. “Economic Modernization and Political Instability in Latin America: A Causal Analysis of Bureaucratic-Authoritarianism.” *The Western Political Quarterly*, Vol. 35, No. 1, 1982.

③ Lieven, Dominic. “Bureaucratic-Authoritarianism in Late Imperial Russia: The Personality, Career and Opinions of P. N. Durnovo.” *The Historical Journal*, Vol. 26, No. 2, 1983; Im, Hyug Baeg. “The Rise of Bureaucratic-Authoritarianism in South Korea.” *World Politics*, Vol. 39, No. 2, 1987; Ferrer, Ricardo D. “Political Economy of Aquino Regime: From Liberalism to Bureaucratic Authoritarianism.” *Economic and Political Weekly*, Vol. 23, No. 31, 1988.

④ O'Donnell, Guillermo, A., Philippe C. Schmitter, Laurence Whitehead (ed.). *Transitions from Authoritarian Rule: Comparative Perspectives*. Vol. 3. Baltimore: The Johns Hopkins University Press, 1986.

当然，对李普塞特的现代化理论的批判不仅来自“官僚威权模式”，而且有对其结构功能主义路径的批判①，从实证角度证明现代化对政治变迁的影响复杂②，还有学者针对李普塞特的“工人阶级威权主义”进行质疑讨论。③ 但20世纪六七十年代的这些批判同样随着现代化理论由鼎盛走向衰落。当20世纪80年代民主化浪潮逐渐在全球铺展开来，李普塞特命题又重新被挖掘、考量起来。

（三）经济发展与民主：民主化理论下的新发展

1991年亨廷顿出版了《第三波：二十世纪后期的民主化》一书，此时的亨廷顿已经抛开了二十多年前对政治秩序的强调，反思起席卷全球的民主化浪潮现象，在他的思考中解释民主化最重要的因素就是经济发展。④ 从此，民主化理论开始全面覆盖美国比较政治学领域的各个议题，经济发展与民主关系又再次进入主流理论。⑤ 其中，1997年普沃斯基（Adam Przeworski）和费尔南多·利蒙吉（Fernando Limongi）在《世界政治》上发表了《现代化：理论与事实》，试图通过对全球各国二战以来的数据进行全面分析，以此了结半个世纪之久的李普塞特命题之争。⑥ 该文再次从大方向上肯定了现代化理论的正确性，但更加精确地区分了经济发展对民主转型和民主巩固的不同作用，认为民主发展可能出现在任何经济发展水平，但高水平的经济发展的确可能增加民主存活的概率。该文一经发表即激起

① Rustow, Dankwart A. “Transition to Democracy: Toward a Dynamic Model.” *Comparative Politics*, Vol. 2, No. 3, 1970.

② Hannan, Michael T., Glenn R. Carroll. “Dynamics of Formal Political Structure: An Event-History Analysis.” *American Sociological Review*, Vol. 46, No. 1, 1981.

③ Lipsitz, Lewis. “Working-Class Authoritarianism: A Re-Evaluation.” *American Sociological Review*, Vol. 30, No. 1, 1965; Grabb, Edward G. “Working-Class Authoritarianism and Tolerance of Outgroups: A Reassessment.” *The Public Opinion Quarterly*, Vol. 43, No. 1, 1979.

④ Huntington, Samuel P. *The Third Wave: Democratization in the Late Twenty Century*. Norman: University of Oklahoma Press, 1991, pp. 59-72.

⑤ Diamond, Larry. “Economic Development and Democracy Reconsidered.” *American Behavioral Scientist*, Vol. 35, No. 4/5, 1992; Huber, Evelyne, Dietrich Rueschemeyer and John D. Stepherns. “The Impact of Economic Development on Democracy.” *Journal of Economic Perspectives*, Vol. 7. No. 3, 1993; Nun, Jose. “Democracy and Modernization, Thirty Year Later.” *Latin American Perspective*, Vol. 20, No. 4, 1993; Burkhart, Ross E. “Comparative Democracy: The Economic Development Thesis.” *American Political Science Review*, Vol. 88, No. 4, 1994.

⑥ Przeworsk, Adam, Fernando Limongi. “Modernization: Theories and Facts.” *World Politics*, Vol. 49, No. 2, 1997.

了很多学术回应，鲍什（Carles Boix）和斯托克斯（Susan C. Stokes）认为普沃斯基一文在样本选择、模型选择等方法论方面存在偏误，且理论论述不详。他们通过将样本时间向前推到1850年并进行交互变量的测量发现，经济发展对民主转型同样有正向作用，再次肯定了李普塞特的基本立场。[①]此后，爱泼斯坦（David Epstein）等人再次通过大样本数据的运算证明现代化理论成立[②]，并通过详细的数据证明收入增加如何关键性地影响财富分配原则继而影响体制变迁。[③]

与此同时挑战不断，有学者通过纳入更多的控制变量，比如历史因素，发现经济发展对民主化的影响力大大削弱了；[④]也有研究发现，现代化理论因果机制的存在并非无条件，因为数据表明经济发展可能夯实威权统治，如果威权统治者被暴力移除则可以增加经济发展与民主体制之间的联系。[⑤] 还有一批研究“资源诅咒论”的学者探讨了经济发展与民主之间的不确定性，他们发现，依托于丰富的自然资源（比如石油）的经济结构尽管带来了人均收入的提高，但国家与社会的关系却与经典现代化理论下的结构有本质区别。丰富的自然资源导向“租赁效应”，国家通过对自然资源的直接控制而大幅扩张，公民社会无法得到真正的发展，从而限制民主的发展。[⑥] 从因果机制上讲，自然资源诅咒论并没有证伪或者否定现代化带来的社会分化与民主之间的关系，该理论丰富的是我们对“经济发展”多种模式的理解，这一点与“官僚威权模式”存有相似之处。但回到李普

---

① Boix, Carles, Susan C. Stokes. “Endogenous Democratization.” *World Politics*, Vol. 55, No. 4, 2003.

② Esptein, David L., Robert Bates, Jack Goldstone, et al. “Democratic Transitions.” *American Journal of Political Science*, Vol. 50, No. 3, 2006.

③ Boix, Carles. “Development and Democratization.” Institut Barcelona d’Estudis Internacionals (IBEI), 2009, https://www.jstor.org/stable/resrep14156.

④ Acemoglu, Daron, Simon Johnson, James A. Robinson and Pierre Yared. “Reevaluating the Modernization Hypothesis.” *NBER Working Paper Series*, No. 1334, 2007, https://www.nber.org/papers/w13334.

⑤ Miller, Michael K. “Economic Development, Violent Leader Removal, and Democratization.” *American Journal of Political Science*, Vol. 56, No. 4, 2012; Kennedy, Ryan. “The Contradiction of Modernization: A Conditional Model of Endogenous Democratization.” *The Journal of Politics*, Vol. 72, No. 3, 2010.

⑥ Ross, Michael L. “Does Oil Hinder Democracy?” *World Politics*, Vol. 53, 2001.

塞特理论，学者们至今仍然在反思该理论对经济发展带来的国家与社会关系变化的乐观以及对中产阶级过分的信心。已经有不少实证研究表明政府力量作为独立的变量可以直接干扰经济发展与民主化之间的因果关系[①]，而中产阶级也并非在所有国家都呈现出向往民主的基本价值倾向。[②] 事实上，大众的基本价值倾向如何转换为民主变迁的动力，也一直是从公民文化路径检验李普塞特命题的重要挑战。

公民文化研究在20世纪90年代迎来了蓬勃发展，帕特南的社会资本理论突破了自阿尔蒙德以来的公民政治态度研究传统，成为公民文化研究的分水岭。[③] 英格尔哈特对现代化理论进行修正，引用丹尼尔·贝尔提出的后现代主义概念，与现代性进行区隔，在李普塞特的结构主义基本分析框架内分析后现代主义价值观与民主之间的关联。[④] 这期间对于公民政治态度与民主关联的研究在跨国调研数据支撑下开始大量涌现。但是公民文化研究的路径一直存在如何阐释文化与民主之间因果机制的困境。[⑤] 按照李普塞特的推断，社会结构变迁产生的积极民主价值对民主稳定至关重要，但实际上当前大量的公民文化研究表明民主价值（Democratic Support）已经在全球获得了普遍支持，包括在许多稳固的威权国家中。因此，现代化进程中产生的民主价值与民主化之间的联系并不确定，在民主化浪潮已经改变了世界政治地图、民主价值（且不论关于民主内涵的理解）几乎取得完胜的今天，李普塞特式的乐观仍然不能完全解释体制运作和变迁的多样化可能。

---

① Tang, Min, Narisong Huhe and Zhou Qiang. "Contingent Democratization: When Do Economic Crises Matter?" *British Journal of Political Science*, Vol. 47, No. 1, 2017; Tang, Min, Dwayne Woods. "Conditional Effect of Economic Development on Democracy-the Relevance of the State." *Democratization*, Vol. 21, No. 3, 2014.

② Nathan, Andrew J. "The Puzzle of the Chinese Middle Class." *Journal of Democracy*, Vol. 27, No. 2, 2016; Reuter, John O., David Szakonyi. "Elite Defection under Autocracy: Evidence from Russia." *American Political Science Review*, Vol. 113, No. 2, 2019.

③ Putnam, Robert D. *Making Democracy Work*. Princeton: Princeton University Press, 1993; Latin, David D. "The Civic Culture at 30." *American Political Science Review*, Vol. 89, No. 1, 1995.

④ Inglehart, Ronald. *Modernization and Postmodernization: Cultural, Economic, and Political Change in 43 Societies*. Princeton: Princeton University Press, 1997.

⑤ Elkins, David, Richard Simeon. "A Cause in Search of its Effects, or: What Does Political Culture Explain?" *Comparative Politics*, Vol. 11, No. 2, 1979.

总体来说，近三十年内现代化理论伴随着民主化理论的兴盛再次引发了学术界的争论，学者们对李普塞特的现代化理论所探讨的经济发展与民主之间因果关系的每一个环节，都进行着反复的理论考量与实证验证，包括不同经济发展模式的后果，中产阶级可能的多元诉求，国家和社会关系在经济发展中的多样性，其他因素对经济发展与民主关系的干扰等；还有方法论中定量技术的全面更新，对两个变量的衡量日渐精致复杂化，统计模型不断科学化，样本量仍在不断扩张等。无论是现代化进程中民主变迁的推进抑或受阻，该命题总能给出思考的出发点，李普塞特命题所搭建的学术平台又焕发出无限的活力。

第三节　小结：结构主义的回归与现代化理论的未来

经济发展与民主之间的关系经过六十多年的争论至今仍然显得扑朔迷离，两者的正向相关关系被大样本统计模型反复证明，同时，有着大量的证据表明两者关系的不确定性，而经典的现代化理论所采纳的结构主义分析路径在经过鼎盛、衰落之后，又迎来了当下的回归。[①] 关注体制变迁的比较政治学者们或许根本无法回避政治体系的社会经济基础这一核心视角，无论是赞同还是反对，他们总要回到李普塞特的原点。从这个意义上来说，当年李普塞特近乎武断的乐观并不重要，重要的是他所建构的这一学术框架似乎蕴含着无限的学术潜力可供后来者源源不断地挖掘。人们对中产阶级、民主价值、国家与社会的关系、政治合法性、阶级分化、社会资本等比较政治学核心议题的思考都离不开李普塞特的基本视角。而现代化理论所采纳的结构主义路径看似老套，但这一路径不但不像看上去那般与理性主义、文化视角、路径依赖、政治代理人理论等路径冲突，而且在经过了学者们若干年的学术反思后不断被挖掘出新的理论潜力，在解释政治体系的变化中有着不可或缺的地位。在自由主义的全球化趋势遭到冲击、各国选举政治中“黑天鹅”现象频出的当下，经济发展的政治后果这

① Haggard, Stephen, Robert R. Kaufman. “Democratization During the Third Wave.” *Annual Review of Political Science*, Vol. 19, 2016.

一议题再次变得异常重要，全球最新的政治动向仍然离不开结构主义视角下的现代性反思。在以个体为单位的理性主义盛行之后，结构主义分析的核心单位“阶级/阶层”再次回到了人们的视野。或许这谈不上所谓的结构主义分析路径的复兴，但我们至少可以确信，在当前日新月异的科学技术在迅速而深刻地改变着人类的生存方式、政治系统正进行复杂回应的情形下，李普塞特关于经济发展带来社会阶级分化继而影响到政治体系这一现代化理论框架，仍将会一直被检验、质疑、反对和发展下去。

第五章

历史制度主义

马得勇　释启鹏

历史制度主义（historical institutionalism）并非一种理论，也不单单是一种方法。比较恰当的理解是，它是一种研究政治社会变迁的路径（approach）。[①] 在发展政治学研究中，历史制度主义基于大结构、大过程、大比较为重大历史事件和制度变革提供了深入、细致、严谨的分析。在本章，我们重点关注历史制度主义的概念界定、发展脉络、基本特征以及路径依赖范式和渐进制度变迁理论在政治发展研究中的应用。

第一节　历史制度主义的概念及演变

"历史"与"制度"构成了历史制度主义的鲜明特征，并将其与别的学术流派区分开来。一方面，历史制度主义不同于其他新制度主义，它更加强调"历史的动力塑造了国家和社会的组织结构，而这些结构进一步使社会和政府能动者获得了行动的能力，并塑造或抑制了它们的行为"[②]，而

① Steinmo, Sven. "Historical Institutionalism." in della Porta, Donatella, Michael Keating (eds.). *Approaches and Methodologies in the Social Sciences: A Pluralist Perspective*. New York: Cambridge University Press, 2008, p. 118.

② Ikenberry, John. "Conclusion: An Institutional Approach to American Foreign Economic Policy." *International Organization*, Vol. 42, No. 1, 1988.

在理性选择制度主义或社会学制度主义研究中，历史往往只是被当被当作材料；另一方面，历史制度主义和其他以“历史”为名的社会科学研究又存在区别，它对制度在塑造行为中扮演的角色予以特别关注[①]，相反，一些历史社会学的研究可能更加关注阶级结构、价值符号或是世界体系。那么，到底什么是历史制度主义呢？在凯瑟琳·西伦（Kathleen Thelen）等人编写的奠基性文献中，历史制度主义代表了这样一种企图：阐明政治斗争是如何受到其制度背景的调节和塑造的。[②] 而根据最新出版的《牛津历史制度主义手册》，历史制度主义是一种分析时间中的进程与事件如何塑造那些统御政治经济关系的制度的起源与流变的学术传统。[③] 从中我们不难看出，历史制度主义所关注的重点经历了由“制度”到“历史”的演变。

历史制度主义的兴起源于20世纪七八十年代以来“找回制度”的浪潮。在当时主流的研究传统中，无论是行为主义、多元主义还是马克思主义都将制度视作群体竞争的舞台或是更宏观的政治经济关系的体现。新制度主义的转向，使研究者重拾政治生活的组织因素在实证研究和理论建构中的作用。[④] 将制度视作研究重点，体现了政治科学中分析层次的回落。作为对抽象的、宽泛的功能主义以及系统论研究取向的替代理论，历史制度主义从中观层次分析制度，为人们研究跨国家政治和公共政策提供了一个新的理论取向。相较于此前的理论，历史制度主义更加关注中观层次的制度，比如政党制度、选举制度、利益集团的结构等，并将这些制度视为宏观政治体制与政治或政策结果之间的中介变量，分析其作为中间连接环节如何增大或减小宏观制度结构对具体的政治或政策结果的影响。这种分析克服了功能主义、系统论等理论的决定论缺陷，同时在经验上又满足了细致的因果推论的要求，为宏观的制度结构与微观的政策结果或政治行为

① 斯文·斯坦莫：《什么是历史制度主义》，李鹏琳、马得勇编译，载《比较政治学研究》2016年第2辑。

② Thelen, Kathleen, Steinmo Sven. “Historical Institutionalism in Comparative Politics.” in Sven, Steinmo, Kathleen Thelen, and Frank Longstreth (eds). *Structuring Politics: Historical Institutionalism in Comparative Analysis*. New York: Cambridge University Press, 1992, p. 2.

③ Fioretos, Orfeo, Tulia Falleti, and Adam Sheingate (eds). *The Oxford Handbook of Historical Institutionalism*. New York: Oxford University Press, 2016, p. 1.

④ Match, James, Johan Olsen. “The New Institutionalism: Organizational Factors in Political Science.” *American Political Science Review*, Vol. 78, No. 3, 1984.

之间建立了经验性的因果链条。这种分析既有宏观视角，又有微观证据，从而具备特有的优势。

1992年出版的《结构化的政治：比较视野下的历史制度主义》标志着历史制度主义的正式形成。该书的突出贡献在于正式提出了“历史制度主义”这一术语，同时为学者分析历史与政治提供了新的研究路径。历史制度主义的创见在于它从理论上将历史与政治联系在一起，而非仅仅是方法层面。历史制度主义提供了一种不同于其他流派的本体论主张，抑或是彼得·霍尔（Peter A. Hall）所谓的“关于社会或政治世界的因果结构的基本假设”。[①] 如表5-1所示，新制度主义的三大流派存在明显分歧：理性选择制度主义者基于行为人中心的视角，认为制度是谋求合作、实现均衡的重要方式；社会学制度主义者倾向于将文化界定为制度，强调制度为“阐释”与“行动”提供了认知基础；而历史制度主义者则将制度视作冲突的产物，并关注制度随着时间的变化所产生的影响，以及它们对构成政治权威基础的联盟所发挥的作用。[②] 不同于理性选择制度主义者将制度理解为特定规则的集合，历史制度主义者主张历史的动力塑造了制度结构，而当下的政治结构可能与个人的利益或偏好背道而驰；历史制度主义淡化了制度的认知维度，与社会学制度主义形成鲜明区别，具有鲜明的结构主义与实在论的特征。

表5-1　不同制度主义的方法论特色

	制度	偏好形成	侧重点	制度变迁	方法论
历史制度主义	正式制度	内生	权力不均衡	断续均衡、外部冲击	案例研究、比较研究
理性选择制度主义	正式制度	外生	策略行为	成本收益比较、策略选择	演绎法、一般化理论
社会学制度主义	非正式制度	内生	认知层面	趋同、恰当性逻辑	经验研究、诠释学

资料来源：马得勇：《历史制度主义的渐进性制度变迁理论：兼论其在中国的适用性》，载《经济社会体制比较》2018年第5期。

---

① Hall, Peter A. "Aligning Ontology and Methodology in Comparative Research." in Mahoney, James, Dietrich Rueschemeyer (eds.). *Comparative Historical Analysis in the Social Sciences*. New York: Cambridge University Press, 2003, p. 374.

② Hall, Peter A., Rosenmary Taylor. "Political Science and Three New Institutionalism." *Political Studies*, Vol. 44, 1996.

与此同时，历史制度主义者主张研究对象应该被放置在特定时空“情境”（context）中予以理解，制度是特定情境的产物。在分析重大社会事件或制度变迁时，历史制度主义主张研究者不仅要关注短期内对事件产生影响的直接因素，而且要分析对事件产生影响的制度性、结构性的长时段因素。只有当研究者把某一事件或行为置于更长时段的历史或制度脉络中，置于更为宏大的制度或社会历史文化情境中理解，人们才能够更为深刻地理解事件发生的因果链条和动力机制。因此，同一个因果机制是否发挥作用，以及何时及如何发生，时空情境变得十分重要。① 这些本体论的主张意味着历史制度主义者抵制“即时研究”与“瞬时因果”，他们倾向于涵盖相对较长时间段的研究设计。

以上的本体论特征，使历史制度主义更加关注“时间性”的作用，这也是进入21世纪之后历史制度主义所发生的显著变化。保罗·皮尔逊（Paul Pierson）认为，之前那些与历史制度主义相关的人，一般会更加明确地讨论其架构的“制度”的界限，而非“历史”的界限。② 因此近年来，历史制度主义者更加关注政治分析的时间维度。正如诺思所言，“如果缺少对时间性的理解，政治学研究者将变得碌碌无为，因为时间是制度、思想与观念得以演进的重要尺度”。③ 历史制度主义的“时间转向”，与政治学内部的方法论环境有着密切关系。一方面，传统的横向比较方法，如《国家与社会革命》中采用的求同法与求异法受到了广泛的质疑，因此历史制度主义纷纷转向对纵向历史演进的关注；另一方面，美国政治学界定量研究的主导地位，尤其是近年来以实验法与大数据为先导的“因果推论革命”（revolution in causal inference），不断迫使历史制度主义去思考区别于主流的方法论特质。于是，历史制度主义确立了以一套“时间性”为特征的研究路径，下文讨论的路径依赖与渐进制度变迁也都是围绕时间性展开的。

---

① Falleti, Tulia, Julia Lynch. “Context and Causal Mechanisms in Political Analysis.” *Comparative Political Studies*, Vol. 42, No. 9, 2009, pp. 1143-1166.

② 〔美〕保罗·皮尔逊：《时间中的政治：历史、制度与社会分析》，黎汉基、黄佩璇译，南京：江苏人民出版社2014年版，第10页。

③ North, Douglass C. “In Anticipation of the Marriage of Political and Economic Theory.” in Alt, James, Margaret Levi, and Elinor Ostrom (eds.). *Competition and Cooperation: Conversations with Nobelists about Economics and Political Science*. New York: Russell Sage Foundation, 1999, pp. 314-317.

第二节　历史制度主义的核心特征

综合既有研究对历史制度主义的特征描述，我们确立了其在发展政治学研究中的三个显著特征：以案例研究为基础、对宏大问题的多重因果分析以及秉持“时间性”的核心特质。[①]

一、以案例为基础的研究

“案例”是历史制度主义最为普遍的研究单元，换言之，历史制度主义往往通过对有限案例的深入分析而得出重要结论。所谓“案例”，意味着“一种具有时空界限且富有理论意义的现象”，可能由包括国家、组织、社会团体、事件或个人在内的各种要素组成；“案例研究”是对单个案例或小规模案例的深入研究，可以通过观察的数据与假设对更大规模的案例予以解释。[②]

根据定义，案例需要被置于时间与空间这两个维度中予以选择和研究。在空间上，研究者需要注重以传统的地理边界来控制案例的背景条件和历史情境；在时间上，研究者需要通过对从自变量到因变量的整个因果机制进行动态比较，从而兼顾案例内和跨案例间的变化。[③] 通过与理论的充分对话，案例研究不仅可以建立因果解释，还可以对现有的理论和假设进行证实与证伪。

案例的类型多种多样，在此我们仅列举几种较为常见的类型。(1) 典型案例，即那些具有代表性的案例，它们往往最符合人们对某些概念与现象的认知，例如人们时常将美国民主政治的乱象视作西方自由民主政治内

---

① Pierson, Paul, Theda Skocpol. “Historical Institutionalism in Contemporary Political Science.” in Katznelson, Ira, Helen V. Milner (eds.). *Political Science: State of the Discipline*. New York: Norton, 2002; Mahoney, James, Kathleen Thelen (eds.). *Advances in Comparative-Historical Analysis*. New York: Cambridge University Press, 2015.

② Gerring, John. *Case Study Research: Principles and Practices*. New York: Cambridge University Press, 2017, pp. 27-28.

③ 叶成城、黄振乾、唐世平：《社会科学中的时空与案例选择》，载《经济社会体制比较》2018 年第 3 期。

在矛盾的体现，这种做法其实就是将美国视作自由民主政体中的典型案例；（2）异常案例，即那些“偏离某种跨案例关系”的案例，对它们的关注有利于修正既有理论，例如，结构主义与理性选择主义的传统均认为地主阶级是阻碍民主的，然而菲律宾的案例表明地主是可以与民主政体共存的，通过研究菲律宾这个“异常案例”让我们重新思考地主与民主的关系，以及第三世界中普遍存在的“封建制民主”；[①]（3）最具相似性案例与最具差异性案例，前者如“为什么同为西班牙殖民地的拉美国家在独立之后发展水平有如此差异”[②]，后者如“为什么法国、俄国和中国等不同的国家都爆发了社会革命”[③]，这类案例广泛地应用于比较研究中；（4）路径案例（pathway case），指的是那些“在原因假设很清楚而且已经被跨案例分析证实的情况下，研究者最好关注某个因素的因果效应能够从其他潜在的干扰因素中分离出来的案例”，它有利于作者进一步识别因果机制，例如，学界有人主张新自由主义以及竞争性选举对发展中国家造成巨大破坏，研究者可以通过墨西哥这个案例进一步梳理联结这些因素的因果机制。[④]

通过案例研究，历史制度主义可以拓展我们对现实世界的认识，许多经典理论也得到了补充与修正。例如，查尔斯·蒂利（Charles Tilly）有关“战争制造国家”的经典论述是基于西欧的历史经验[⑤]，而许多发展中国家的经验则展现了战争与国家形成之间更为复杂的关系：在拉美，“有限战争”的模式、弱中央政府以及外向型经济的结合使后殖民国家并没有遵循“战争制造国家”的经典道路[⑥]；在非洲，二战后形成的国家并非战争的产

---

① 何家丞：《论封建制民主：菲律宾的民主模式及其在发展中国家的普遍性》，载《世界经济与政治》2020年第1期。

② Mahoney, James. *Colonialism and Postcolonial Development: Spanish America in Comparative Perspective*. New York: Cambridge University Press, 2010.

③ 〔美〕西达·斯考切波：《国家与社会革命：对法国、俄国和中国的比较分析》，何俊志、王学东译，上海：上海人民出版社2015年版。

④ 释启鹏、杨光斌：《墨西哥暴力政治的新自由主义政策根源》，载《当代世界与社会主义》2019年第2期。

⑤ Tilly, Charles. *The Formation of National States in Western Europe*. Princeton: Princeton University Press, 1975.

⑥ Centeno, Miguel Angel. *Blood and Debt: War and the Nation-State in Latin America*. University Park: The Pennsylvania State University Press, 2002.

物，土地资源充足、人口密度较低且不宜居住的环境使得非洲在国家形成与发展模式上与欧洲有着天壤之别[①]；在东南亚，反而是国内冲突对国家能力的形成产生决定性的影响，当强烈的冲突威胁到府官员、中产阶级、商业精英与社区精英时，他们就会形成所谓的“保护契约”（protection pact），这种联合决定了日后的国家能力与威权韧性[②]，而不同的抗争类型，还会塑造不同的政体模式。[③] 这些来自发展中国家的新经验修正并扩展了国家形成理论，也为当今发展中国家普遍存在的国家建设危机提供了新的思路。

二、对宏大问题的多重因果分析

为什么工业革命在英国首先发生？为什么有的国家走向了民主、有的国家走向了独裁？社会革命为什么以及如何发生？面对同样的全球化挑战，为什么资本主义国家采取了不同的应对方案？从这些问题或现象出发，历史制度主义者们一步步拨开看似杂乱无章的现象，展现制度变迁背后的逻辑结构。历史制度主义关注所谓的“第一阶问题”（first-order questions），这些问题直接源自社会生活中反复出现的、一直存在的紧张状态和混乱关系，同时对这些问题的关注状况也构成了评判学科发展进步的重要标准[④]。这在比较政治领域中最为普遍：历史制度主义的研究领域包括但不限于民主与威权主义，经济增长问题、市场导向的改革与规制、国家建设、民族主义与种族主义、暴力与国家崩溃、革命与社会变革、社会运动、选举与政党制度以及社会政策等诸多领域，都普遍使用了历史制度主义的方法。[⑤] 可以说，历史制度主义研究几乎涵盖了比较政治领域最重要的研究议题，产生了许多时至今日仍被广泛关注的传世佳作。与此同时，历史制度主

---

① Herbst, Jeffrey. *States and Power in Africa: Lessons in Authority and Control*. Princeton: Princeton University Press, 2000.

② Slater, Dan. *Ordering Power: Contentious Politics and Authoritarian Leviathans in Southeast Asia*. New York: Cambridge University Press, 2010.

③ Slater, Dan. “Violent Origins of Authoritarian Variation: Rebellion Type and Regime Type in Cold War Southeast Asia.” *Government and Opposition*, Vol. 51, No. 1, 2020.

④ 〔美〕詹姆斯·B. 鲁尔：《社会科学理论及其发展进步》，郝名玮、章士嵘译，沈阳：辽宁教育出版社2004年版，第48—54页。

⑤ Mahoney, James. “Qualitative Methodology and Comparative Politics.” *Comparative Political Studies*, Vol. 40, No. 2, 2007.

义在国际关系以及国内政治领域同样诞生了丰硕的成果：在国际关系理论，大理论的衰微、世界秩序变迁的需要以及国际关系同政治学、历史学的天然联系为历史制度主义的发展典型提供了契机①；在国内政治研究中，“美国政治发展”（American Political Development，简称 APD）这一学术流派赋予国内政治研究长时段视野和比较视野，并促使学者们重拾那些被流行研究所忽视的制度、种族、阶级和性别等根本议题。②

对于这些重大事件的研究，历史制度主义秉持了多重因果的思路。很显然，诸如经济增长、民主转型、政体变迁等现象都不可能是由单一因素所决定的。正如查尔斯·拉金（Charles Ragin）所言，社会现象之所以复杂且难以理解，并非源于太多因素可能对其施加影响，而是由于特定结果是通过那些与原因相关的不同条件的组合而产生的。③ 多重因果的思维需要我们对“原因”（causes）的类型有新的认识。既有研究认为，历史性解释通常存在五种原因类型：充要条件、充分条件、必要条件、INUS 条件以及 SUIN 条件。④ 其中，必要条件与 INUS 条件尤其值得注意。加里·戈尔茨（Gary Goertz）等人认为，几乎所有社会科学研究中的重大议题都可以通过必要条件的方式提出假设。⑤ 必要条件意味着原因 X 的出现并不必然意味着结果 Y 的出现，但若缺少 X 则必然无法出现 Y，巴林顿·摩尔（Barrington Moore）在《专制与民主的社会起源》中所提出的“没有资产阶级，就没有民主”就是以必要条件的方式出现的。

---

① Rixen, Thomas, Lora Anne Viola, and Michael Zuern (eds). *Historical Institutionalism and International Relations: Explaining Institutional Development in World Politics*. New York: Oxford University Press, 2016；刘城晨：《论历史制度主义的前途》，载《国际观察》2019 年第 5 期。

② Sheingate, Adam. “Institutional Dynamics and American Political Development.” *Annual Review of Political Science*, Vol. 17, 2014.

③ Ragin, Charles C. *The Comparative Method: Moving Beyond Qualitative and Quantitative Strategies*. Berkeley: University of California Press, 1987, p. 27.

④ INUS，即“结果的充分非必要条件的必要非充分部分”（an insufficient but necessary part of a condition which is itself unnecessary but sufficient for the result），参见 Mackie, John L. *The Cement of the Universe: A Study of Causation*. New York: Oxford University Press, 1980；SUIN，即“结果的必要非充分条件的充分非必要部分”（a sufficient but unnecessary part of a factor that is insufficient but necessary for an outcome），参见 Mahoney, James. “Toward a Unified Theory of Causality.” *Comparative Political Studies*, Vol. 41, No. 4/5, 2009.

⑤ Braumoeller, Bear, Gary Goertz. “The Methodology of Necessary Conditions.” *American Journal of Political Science*, Vol. 44, No. 4, 2000.

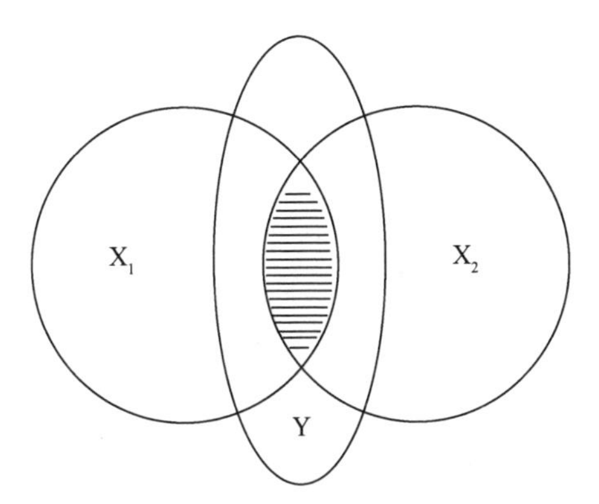

图 5-1　INUS 条件的韦恩图

INUS 条件由澳大利亚哲学家约翰·麦凯（John Mackie）提出，该原因类型表明，特定结果是由不同因素之间的结合导致的。[①] 如图 5-1 所示，若原因 X_1 与 X_2 的交集构成了结果 Y 的子集，那么 X_1 与 X_2 则可称为 Y 的 INUS 条件。在历史制度主义研究中，许多原因都是以 INUS 条件的形式出现。例如《国家与社会革命》中，斯考切波认为：在受到更发达国家的外来强烈压力时，易于陷入行政和军事崩溃的政权组织和有利于普遍的农民反地主暴动的农村社会政治结构，二者结合起来，是造成 1789 年法国、1917 年俄国和 1911 年中国社会革命形势的充分而独特的原因。[②] 作为一种重要的原因类型，INUS 条件回应了来自量化阵营的许多质疑。格迪斯（Barbara Geddes）在有关“选择性偏差”（selection bias）的研究中认为，根据自变量选择案例可能会扭曲样本总体的情况，例如若将分析对象扩展至所有发展中国家，那么发展型国家研究中将劳工压制与经济增长联系起来的观点就不复存在。[③] 这种看法在“因果效应”（cause of effects）定量传统中是适用的，“原因”仅仅被视作充分条件甚至是充要条件；但如果是基于 INUS 条件的视野我们则不难发现，劳工压制可能与其他因素——如廉价劳动力或自由的国际市场——相结合之后才能实现经济增长，但这

---

① INUS 是“an insufficient but non-redundant part of an unnecessary but sufficient”的缩写，参见 Mackie, John L. *The Cement of the Universe*: *A Study of Causation*. New York: Oxford University Press, 1980.

② 〔美〕西达·斯考切波：《国家与社会革命》，第 185 页。

③ Geddes, Barbara. “How the Cases You Choose Affect the Answers You Get: Selection Bias in Comparative Politics.” *Political Analysis*, Vol. 2, 1990.

并不能说劳工压制就不是推动那些国家经济增长的原因。

三、以“时间性”为核心特质

在当代社会科学研究中，同时关注“历史”与“制度”的学者并不在少数，如诺思和阿西莫格鲁等新制度主义经济学家对国家兴衰的长时段研究，贝茨（Robert H. Bates）等人倡导的“分析性叙述”（analytic narrative），以及福山（Francis Fukuyama）有关政治秩序的研究等。那么，这些研究算不算历史制度主义呢？

有研究者认为，无论是计量史学、分析性叙述还是对普遍理论的追求，这类研究通常会借鉴历史，但它们并不认真对待历史，对真正的历史研究以及更广泛的背景信息的有限接触导致历史感的严重缺位，进而极大破坏了研究的有效性。[①] 不同于将历史视作背景材料的研究，历史制度主义将历史视作形成特定因果关系的根本动力。在方法论层面，历史制度主义的独特性在于，它能够巧妙运用那些围绕“时间性”所建构起来的分析工具来检验与生成理论。简而言之，“时间性”构成了历史制度主义的核心特质。以时间性为轴，历史得以通过不同的面向展现在研究者面前：历史可以作为“时段”（period）出现，这时它指的是政治现象在特定世界历史时期内所处的一段位置；历史可以作为“联结点”（conjuncture）出现，这时它指的是行动者、结构以及偶然因素在特定时间上的耦合；历史可以作为“时机”（timing）出现，这时它强调事件可能在不同的序列中以不同的速度展开；历史还可以作为“变迁”（change over time）模式出现，此时它既可能是单一因素的纵向轨迹，也可能是事件发展进程的变化与速度，还可能是一系列不同的相互关联的事件展开的具体方式。[②]

---

① Kreuzer, Marcus. “Historical Knowledge and Quantitative Analysis: The Case of the Origins of Proportional Representation.” *American Political Science Review*, Vol. 104, No. 2, 2010.

② Collier, Ruth, Sebastian Mazzuca. “Does History Repeat?” in Goodin, Robert E., Charles Tilly (eds). *The Oxford Handbook of Contextual Analysis*. New York: Oxford University Press, 2006, pp. 473-474.

表 5-2　拉美分权化改革的类型与路径

		因果机制	
		自我强化序列	反应序列
主导行动者	国家	国家主导路径（A→F→P）	地方回应路径（A→P→F）
	地方	地方主导路径（P→F→A）	国家回应路径（P→A→F）

注：A：行政分权；F：财政分权；P：政治分权。

资料来源：Falleti，Tulia G. *Decentralization and Subnational Politics in Latin America*. New York：Cambridge University Press，2010，p. 19.

表 5-2 是费勒缇（Tulia G. Falleti）对拉美分权化改革的研究，该研究展现了“时序”对政治发展的影响何其重要。作者通过对拉丁美洲的观察发现，分权化改革并不必然导致地方权力的增强，反而有些国家的分权改革增强了中央权力。她的解释是，分权改革需要细分为行政分权、财政分权与政治分权等不同维度，三种分权改革所发生的相对顺序决定了不同国家央地关系的差异。例如，阿根廷的分权化改革遵循了行政分权—财政分权—政治分权的路径，改革增强了中央政府的能力；而哥伦比亚的改革则遵循了政治分权—财政分权—行政分权的路径，改革增强了地方势力并削弱了中央权力。

第三节　历史制度主义中的路径依赖范式

“路径依赖”（path dependence）或许是历史制度主义中最为重要的概念，从经济史、历史社会学再到政治学的诸多领域中，许多学者都基于不同研究传统强调过去发生的事件会对未来的发展造成重大影响。由于制度和历史的发展存在路径依赖，因此，初始阶段在权力上占据主导地位的一方在社会经济政治资源的分配上将不断扩大优势，形成一种报酬递增或者正反馈效应。然而时至今日，研究者关于“路径依赖”依然存在不少分歧，诸如过去影响未来的方式、初始条件以及历史关节点的作用、历史的

“锁入”效应及其形式等。[①] 可能深受早期经济史研究的影响，不少学者对路径依赖的认知依旧停留在“较早时间发生的事件会影响稍后发生的一系列事件的潜在结果”。[②] 这种看法无疑过于宽泛——如果说一切政治变迁皆体现了路径依赖，那么路径依赖也就失去了解释效力。我们认为，作为一种对政治变迁的分析工具，路径依赖至少包括三项核心要素：历史关节点、先前条件以及反应序列。基于这些核心要素，我们得以构建一套以历史关节点为核心的路径依赖范式。

一、历史关节点

“路径”之所以发生“依赖”，是由于关键事件对历史进程的重大影响。由于回答了路径依赖分析的起点，历史关节点构成了路径依赖范式的核心。目前主流的观点认为，历史关节点是“核心行为人对结果影响的可能性发生实质性提升的一个较短时间段”。[③] 这个定义阐明了历史关节点的固有特征，即形式上的“节点”（较短时间）、内容上的“关键”（对结果产生实质影响）以及权力在路径依赖中的核心地位。因此，事件之所以关键并非仅仅源于其属于序列较远的一段，更为重要的是，它发挥了一种类似于“滤网”的功能：历史关节点之前可能存在多种选择，而经过这一时刻后，历史进程被“锁入”（lock in）到了通往特定结果的单一方向。正如图 5-2 所示，T1 时刻存在着 A、B、C 三种可能的制度演化路径，但发生于 T2 时刻的历史关节点不仅意味着对特定路径 B 的选择，同样意味着自此之后再想开始 A 路径或 C 路径已不可能，制度将沿着 B 路径不断强化。

在因果关系的逻辑上，历史关节点不仅是产生特定结果不可缺少的重要步骤（必要条件），甚至成为特定结果的决定性因素（充分条件）。但即便如此，我们对如何判断历史关节点依旧知之甚少。卡波奇（Giovanni Capoccia）与凯莱曼（R. Daniel Kelemen）虽然贡献了一套计算“关键性”

① Mahoney, James, Daniel Schensul. “Historical Context and Path Dependence.” in Goodin, Robert E., Charles Tilly (eds). *The Oxford Handbook of Contextual Analysis*. New York: Oxford University Press, 2006, p. 457.

② 〔美〕小威廉·H. 休厄尔：《历史的逻辑：社会理论与社会转型》，朱联璧、费滢译，上海：上海人民出版社 2012 年版，第 93 页。

③ Capoccia, Giovanni, Daniel Kelemen. “The Study of Critical Junctures: Theory, Narrative and Counterfactuals in Historical Institutionalism.” *Word Politics*, Vol. 59, No. 3, 2007.

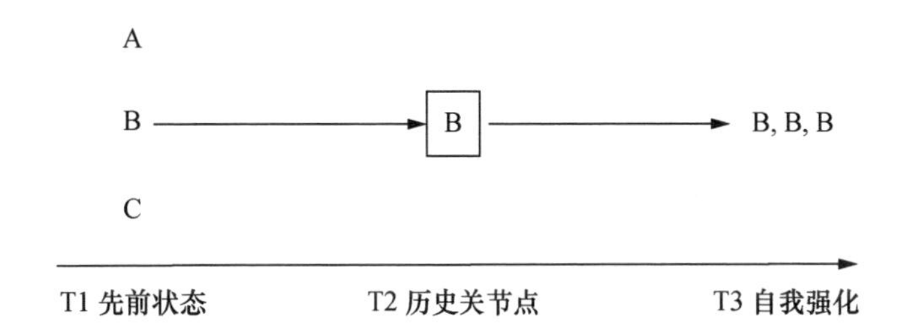

图 5-2 作为“滤网”的历史关节点

资料来源：Mahoney, James. “Path Dependence in Historical Sociology.” *Theory and Society*, Vol. 29, No. 4, 2000, p. 514.

的公式，但复杂的历史状况几乎难以数字化简。诚然，历史关节点就“形式”而言可以体现为“生成性分化”和“巨大的、深刻的、广泛的变革”[①]，但是，这往往忽视了某些偶然因素以及细微变化同样可以构成历史关节点。我们认为，判定历史关节点的最好方式是从其结构入手。历史关节是“许可性条件”（permissive condition）与“生成性条件”（productive condition）的结合：前者是那些开始发生变化的情境与结构，其改变增大了制度变迁的可能性；而后者则主要源于能动者所采取的具体行动，能动者的选择——这种选择体现非预期性——决定了制度变迁的特定路径。[②] 这样一来，历史关节点的分析模式成为统合结构与能动者的一种有益尝试。

二、先前条件

无论是采用“先前条件”（antecedent condition）还是“关键性前因”（critical antecedent）等称谓，路径依赖研究的学者都强调了历史关节点之前的条件与因素对于关键节点的作用。这些条件与因素既不是相似性背景，也不是替代历史关节点的替代性解释，而是与历史关节点结合发挥作用。丹·斯莱特（Dan Slater）与埃丽卡·西蒙斯（Erica Simmons）进行过专门总结，认为这种关键性前因的提出是对历史关节点的相关理论的完善与补充。两位作者强调，“关键性前因”的提出是为了实现“信息回归”

---

① Hogan, John. “Remoulding the Critical Junctures Approach.” *Canadian Journal of Political Science*, Vol. 39, No. 3, 2006.

② Soifer, Hillel David. “The Causal Logic of Critical Junctures.” *Comparative Political Studies*, Vol. 45, No. 12, 2012.

(informative regression)，以防止对历史关节点的无限回溯①。如表5-3，作者认为几乎所有的历史关节点研究都使用了关键性前因。

表5-3 斯莱特与西蒙斯对关键性前因的总结

关键性前因	历史关节点	结果
南方棉花经济的萎缩	布朗诉教育部案、蒙哥马利巴士抵制运动	黑人民权运动兴起
执政时期的精英技巧与可资利用的资源	1989—1991政党转变的窗口期	政党崩溃/重新执政
殖民时期相对于宗族而言中央政府的强大程度	国家独立时期家庭法改革的差异	妇女在法律地位上的差异
战前的阶级关系	两次世界大战期间国家进行劳工吸纳的模式	政体差异（自由民主/社会民主/法西斯主义）
是否存在政体分裂	教会是否动员其追随者抵制反教会运动	国家是否出现基督教民主党

资料来源：Slater，Dan，Erica Simmons. “Informative Regress：Critical Antecedents in Comparative Politics.” *Comparative Political Studies*，Vol. 43，No. 43，2010，pp. 886-917.

先前条件的提出，同样赋予了路径依赖范式结构主义的底色。我们知道，历史关节点强调关键行为人所做的选择，那么，行为人为何会做出特定选择呢？理性选择主义者们可能将其归咎于个体行为人为实现个体利益最大化，而历史制度主义则认为制度性的决定情势、群体在社会中的相互关系以及在世界历史上形成的相互关系是形成特定选择的根本原因。② 这样一来，即便存在历史的偶然性与行为人的主观能动性，历史关节点依旧秉持浓厚的结构主义色彩。所谓的偶然性其实是先前条件约束的一种必然性，行为人的选择也受到环境与结构的影响。

三、反应机制

历史关节点只是排除了竞争性选项，但制度选择并不会立刻生效。在对于我国户籍变迁的研究中们不难发现，即便是国家在1958年颁布了《中华人民共和国户口登记条例》，但大规模的人口迁徙现象并没有停止，

① “无限回溯”是一种错误的逻辑推理，指的是分析因果关系时，研究者对原因的探究不断后退，无穷无尽。

② 〔美〕西达·斯考切波：《国家与社会革命》，第19页。

事实上只有到了20世纪60年代之后，随着户籍制度的相关配套制度建立，限制迁徙、城乡二元的制度体系才最终建立。① 关于历史关节点之后的事件发展类型，马奥尼（James Mahoney）做了总结：一种是体现为自我再生产序列（self-reproducing sequence），包括持续性的进程、自我强化的进程以及自我削弱性的进程，其中最著名的是基于经济学“报酬递增”而提出的“自我强化序列”；另一种序列方式是反应序列（reactive sequence），即历史关节点会开启一系列通向特定结果的连锁反应。② 自我强化序列是以强化早发事件的再生产过程为特征的，偶然性时期是与一开始选取某种特定的制度安排相一致的，而决定性的模式是与该制度在一定时间内稳定地自我再生产相一致的。反应序列则以后来的制度改变早发事件的过程为特征，在一个反应序列中，早发事件并非通过再生产某种模式引起了后来的发展，而是通过启动紧密相连的反应和逆反应链条引起后续发展。

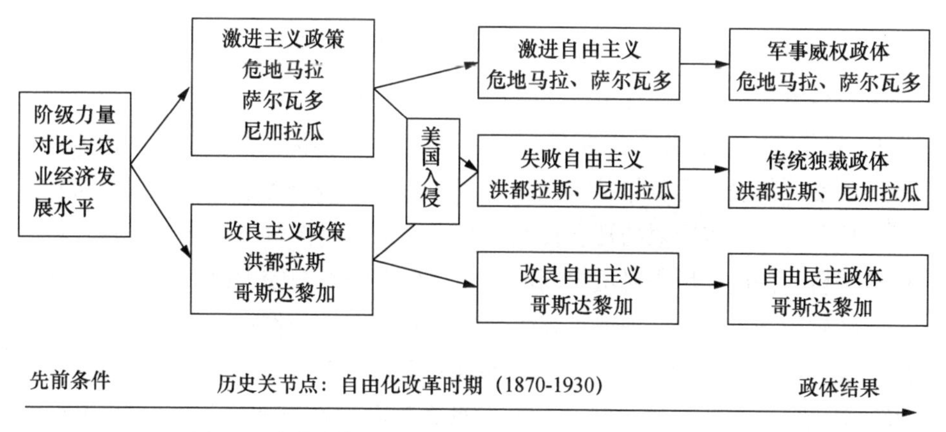

图5-3　中美洲自由主义改革与政体类型的路径依赖分析

资料来源：笔者自制。

① 释启鹏：《制度变迁中的时间与结构：新中国户籍制度的演化》，载《经济社会体制比较》2019年第1期。

② 皮尔逊及其支持者认为路径依赖只体现为自我强化序列，参见：Rixen, Thomas. “Putting Path Dependence in its Place: Toward a Taxonomy of Institutional Change.” *Journal of Theoretical Politics*, Vol. 27, No. 2, 2015；而戈德斯通和马奥尼则认为自我强化序列仅是路径依赖的体现形式之一，参见：Goldstone, Jack. “Initial Conditions, General Laws, Path Dependence and Explanation in Historical Sociology.” *American Journal of Sociology*, Vol. 104, No. 3, 1998; Mahoney, James. “Path Dependence in Historical Sociology.” *Theory and Society*, Vol. 29, No. 4, 2000。在此，笔者采用后一种观点。

马奥尼的《自由主义的遗产》一书可能是迄今为止基于路径依赖视角所提供的最为经典的论述。[1] 如图5-3所示，马奥尼认为19世纪70年代到20世纪30年代的中美洲自由主义改革是塑造这些国家20世纪中期不同政体类型的历史关节点，其关键性在于不同的自由主义政策导致了不同的国家形态与社会结构。在马奥尼笔下，结构性约束与行为人选择、历史发展的必然性与偶然性、国家内部关系互动与外部国际环境等要素以及方法论层面的横向比较与纵向演进都得到了很好的契合。

第四节　历史制度主义的新进展——渐进制度变迁

一、制度变迁中的突变与渐变

直到20世纪80年代为止，历史制度主义的主要研究兴趣在对制度和社会产生重大影响的历史事件上，比如革命、民主转型、政变等。从20世纪90年代开始，越来越多的历史制度主义学者开始关注社会稳定期的制度变迁问题，代表性的著作是《结构化政治》。[2] 在该书中，历史制度主义的代表性学者对欧美国家的社会福利、失业政策、经济政策等进行了深度的比较分析，提出了后来对历史制度主义分析方法影响较大的一些思想的雏形，如政策结果的非意图性、观念在制度和政策中的作用、政策或制度否决点等。在之后的研究议程中，虽然对民主化、革命等重大事件的研究仍然是主流，但不少历史制度主义者把目光转向了稳定期的制度变迁问题。渐进性制度变迁成为历史制度主义新的研究亮点。

由于制度被视为一套“嵌入政治和经济组织结构中的正式或非正式的程序、日常惯例和规范”[3]，因此，三大制度主义流派对制度的关注焦点也更多地集中于解释制度为何能够保持稳定或者延续。制度的延续被打破一

---

① Mahoney, James. *The Legacies of Liberalism: Path Dependence and Political Regimes in Central America*. Baltimore: Johns Hopkins University Press, 2001.

② Sven, Steimo, et al. *Structuring Politics: Historical Institutionalism in Comparative Politics*. Cambridge: Cambridge University Press, 1992.

③ Hall, Peter A., Rosenmary C. R. Taylor. “Political Science and Three New Institutionalism.” *Political Studies*, Vol. 44, 1996.

般被归因为外部力量的冲击，间断均衡理论、关键节点理论均是解释制度为何发生断裂的代表性理论。但是，将制度截然分为稳定期和突变期的分析方法存在严重缺陷。在其代表作《制度是如何演化的》一书中，西伦（Kathleen Thelen）通过对德、美、英、日的技能形成体系一百多年来的演变进行分析后指出：在间断均衡模式理论看来，只有在历史转折巨变的背景下才能出现大的制度变迁；但与间断均衡模式理论相反，我们总是能够看到经历了非常的历史时刻后，制度依然会保持连续性，而且即便是在不会带来任何重要制度变迁的稳定时期，依然一直会有冲突行为和不断的讨价还价行为存在。[①] 她指出，在解释制度稳定性时，“停滞”是一个典型的容易误导人的概念，制度存续不仅是源自其“黏性”，而且会随着外界政治和经济环境的变化而进行适应性调适。马奥尼和西伦在2010年的著作中指出，三种制度主义都解释了为什么制度会一直维持下来，同时也解释了制度变迁受到外在冲击或改变的情形，但是它们所缺乏的是一种解释制度变迁的一般模式，特别是一种可以包含外生性和内生性制度变迁的模式。[②]

另外需要提及的是，渐进性制度变迁理论对制度的分析还建立在学者们对制度变迁的特殊界定的基础之上。在他们看来，制度变迁并不仅仅指制度形式的变化，同时也指制度运行的结果发生变化。哈克认为制度变迁过程中，基本正式制度未变的情况下制度的功能和效果发生改变也属于制度变迁。[③] 当制度本身不变而与之相关的社会环境发生变化时，往往会导致制度运行的效果发生变化，这种情形也属于制度变迁的一种。

二、制度变迁的形式

渐进性制度变迁理论认为，制度形式的变迁和制度结果的变迁都属于制度变迁。在制度变迁中，有的属于制度外在的形式发生变迁但制度的结

① 〔美〕凯瑟琳·西伦：《制度是如何演化的：德国、英国、美国和日本的技能政治经济学》，王星译，上海：上海人民出版社2010年版。

② Mahoney, James, Kathleen Thelen. “A Theory of Gradual Institutional Change.” in Mahoney, James, Kathleen Thelen (eds). *Explaining Institutional Change: Ambiguity,: Agency, and Power*. New York: Cambridge University Press, 2010, p. 2.

③ Hacker, Jacob. “Policy Drift: The Hidden Politics of Us Welfare State Retrenchment.” in Streeck, Wolfgang, Kathleen Thelen (eds). *Beyond Continuity: Institutional Change in Advanced Political Economies*. New York: Oxford University Press, 2005, pp. 40-82.

果没有发生变化，有的属于制度结果发生变化而制度形式未变化，有的则属于制度的形式和结果均发生了变化。

早在1999年，西伦就指出，理解制度变迁和演化的关键在于能够洞察具体制度在制度再生和反馈过程中的作用机制。① 随后的十多年中，以西伦、马奥尼等为代表的历史制度主义者在理解和概括制度变迁的具体机制上做出了不少努力。在后续的几本著作中，历史制度主义者们对渐进性制度变迁的类型、动力机制以及脉络、制度、行为者之间的关系进行了较为系统的阐释，概括出了渐进性制度变迁的分析框架，并在该框架下研究和分析了发达国家或发展中国家的社会福利、土地产权、威权政体延续性等问题。② 我们从中可以看到历史制度主义者在研究各国的渐进性制度变迁的方法论、概念及理论体系。

沃尔夫冈·斯崔克（Wolfgang Streeck）和西伦从制度变迁的过程和制度变迁的结果两个维度划分出了四种制度变迁类型。③ 在此基础上，他们着重对发达国家中的渐进性制度变迁进行了案例研究。渐进性制度变迁理论主要对B类型的制度变迁展开分析（参见表5-4）。

表5-4　制度变迁的维度

		变迁的结果	
		连续性	非连续性
变迁的过程	累积式	A. 适应性制度再生	B. 渐进性制度转型
	突变式	C. 制度存活并回归	D. 制度崩溃或更替

资料来源：Streeck, Wolfgang, Kathleen Thelen. "Introduction: Institutional Change in Advanced Political Economies." in Streeck, Wolfgang, Kathleen Thelen (eds.). *Beyond Continuity: Institutional Change in Advanced Political Economies*. New York: Oxford University Press, 2005, p. 9.

---

① Thelen, Kathleen. "Historical Institutionalism in Comparative Politics." *Annual Review of Political Science*, Vol. 2, 1999.

② Streeck, Wolfgang, Kathleen Thelen (eds). *Beyond Continuity: Institutional Change in Advanced Political Economies*. New York: Oxford University Press, 2005; Mahoney, James, Kathleen Thelen (eds). *Explaining Institutional Change: Ambiguity,: Agency, and Power*. New York: Cambridge University Press, 2010.

③ Streeck, Wolfgang, Kathleen Thelen (eds). *Beyond Continuity: Institutional Change in Advanced Political Economies*. New York: Oxford University Press, 2005.

表 5-5　政策变迁的类型

<table>
<tr><td colspan="2" rowspan="2"></td><td colspan="2">变迁的内在阻力</td></tr>
<tr><td>高</td><td>低</td></tr>
<tr><td rowspan="2">对现有政治环境的偏离</td><td>高</td><td>漂移</td><td>转换</td></tr>
<tr><td>低</td><td>层叠</td><td>更替</td></tr>
</table>

资料来源：Hacker, Jacob. "Policy Drift: The Hidden Politics of US Welfare State Retrenchment." in Streeck, Wolfgang, Kathleen Thelen (eds.). *Beyond Continuity: Institutional Change in Advanced Political Economies*. New York: Oxford University Press, 2005, p. 48.

在《超越连续性》一书中，斯崔克和西伦概括出了五种制度变迁的形式，在随后出版的《解释制度变迁》一书中，马奥尼和西伦又进一步将变迁的形式概括为四种，即更替、层叠（layering）、漂移（drift）和转换（conversion）（参见表 5-5）。

更替，即新制度替代旧制度。通常伴随政变或革命发生，属于制度突变，由旧制度的失意者引进。如果旧制度的支持者无法阻止新制度，那么渐进性的制度更替就会发生。①

层叠指将新规则附加在旧规则之上，从而改变既有规则对行为的约束。这种通过亚体制（sub-institutional）的转型来实现制度转变来自三个基本条件：旧体制依然存在并强有力；有强力行为者不再从旧体制中受益并开始建立新制度；两种亚体制兼容，不使一方陷入不利境地。西伦在分析德国的职业技能培训体系的演化时，即认为存在层叠式的制度变迁方式。② 当前中国高校在人事和职称改革方面施行的双轨制（老人老办法、新人新办法）基本属于此类。

漂移：规则没变并被严格执行，但规则执行的情境变了，从而导致规则执行的结果出现差异（制度未能适应新的环境，主要是因为抵制制度变迁力量的存在）。制度的形式未变，但是在制度发挥的效果很大程度上依赖于其运行的环境时，环境的变化也就意味着制度发生了变化。因此，制

---

① 比如古巴市场导向制度的引进过程就被马奥尼和西伦视为更替，但这一点未必准确，有必要再做分析。参见：Mahoney, James, Kathleen Thelen. "A Theory of Gradual Institutional Change." in Mahoney, James, Kathleen Thelen (eds). *Explaining Institutional Change: Ambiguity,: Agency, and Power*. New York: Cambridge University Press, 2010, p. 16.

② 〔美〕凯瑟琳·西伦：《制度是如何演化的：德国、英国、美国和日本的技能政治经济学》。

度自身完全未发生变化的情况并不意味着制度没有变迁，“无所作为往往意味着有所作为”。[①] 例如，在日本，原有的选区划分已经不适应城市化的进程，但该选区的划分规则却一直未变，这样就导致居民迁出地选出的议员与迁入地选出的议员在代表性上出现差异。在中国，不少地方在行政事业收费规定被废除以后仍然继续收费，这也是制度漂移的一种表现。

转换：规则没变，但行为者对规则的含义和如何执行规则做了新的解释，从而使规则结果发生变化。这种情形类似于漂移，制度的形式未发生改变，但是行为者对该规则进行了再解释、歪曲或者延伸，从而使规则的运行和结果发生了变化。这种情况往往由于行为者无力或无意改变正式规则，因而以变通的方式改变规则，类似于阳奉阴违。申盖特通过对美国众议院规则的三次重要改革的分析，指出重要人物可以利用制度的模糊性这一属性，对规则进行创造性的解释，赋予制度和规则新的含义，从而改变规则。[②]

漂移与转换发生的共同原因是，改变正式规则很难，漂移和转换增加了政治系统现状偏好（status quo bias）的力量。[③] 两者的差别则在于对规则的解释和使用上，精准程度上也存在差别[④]，例如，最低工资（很明确），贸易限制（不明确）。漂移往往在制度规定上很精确，因而无法轻易改变规则，而转换涉及的规则往往是模糊的，有很大的解释和自由裁量空间。漂移往往发生在制度或政策运行的环境发生变化的情形，而转换往往在执行政策的行为主体发生改变，比如官员更替之后更容易发生。在实际政策制度中，决策者为避免漂移而陷入转换，为避免转换而又不得不冒漂

① Hacker, Jacob, Paul Pierson, and Kathleen Thelen. “Drift and Conversion: Hidden Faces of Institutional Change.” in Mahoney, James, Kathleen Thelen (eds). *Advances in Comparative Historical Analysis*. Cambridge: Cambridge University Press, 2015. p. 193.

② Sheingate, Adam. “Rethinking Rules: Creativity and Constraint in the U. S. House of Representatives.” in Mahoney, James, Kathleen Thelen (eds). *Explaining Institutional Change: Ambiguity, Agency, and Power*. New York: Cambridge University Press, 2010, pp. 168-203.

③ Hacker, Jacob, Paul Pierson, and Kathleen Thelen. “Drift and Conversion: Hidden Faces of Institutional Change.” in Mahoney, James, Kathleen Thelen (eds). *Advances in Comparative Historical Analysis*. Cambridge: Cambridge University Press, 2015. p. 187.

④ Ibid., p. 189.

移的风险。[1] 漂移和转换主要用来分析民主体制下制度创新变得十分困难因而寻求变通时制度变迁的方式。制度变迁和制度再造或延续是硬币的两面，而漂移和转换将两者连接起来。[2] 漂移提醒我们制度的复制并不是单纯保持静止，而是有赖于制度积极地做出调整以便适应新的环境。转换则提醒我们，制度的演化可以通过旧制度对新目标的适应来达成。[3]

三、制度变迁的机制

脉络、制度、行为者、因果机制、制度的模糊性是历史制度主义者们分析制度变迁的主要概念。历史制度主义强调权力斗争或权力分配在制度变迁中的关键作用。因此，无论是制度的突变还是制度的渐变，不同政治力量之间的较量就成为制度变迁的动力机制。行为主体在特定政治脉络中与既存制度的互动构成了渐进性制度变迁的演化过程和机制，并决定了制度变迁的方式和方向，而制度自身所固有的模糊性则为渐进性制度变迁提供了可能的空间和余地。当然，制度变迁的动力机制在不同的案例中均有不同的表现方式，学者们通过对这些案例的具体分析，为人们展示了渐进性制度变迁的作用机制和过程。

制度的模糊性是历史制度主义者分析渐进性制度变迁时使用的主要概念。在他们看来，模糊性是政治制度的基本属性。由于制度的挑战者缺乏摧毁现有制度的能力，因此，他们往往利用制度的模糊性来重构制度变迁的方向，使制度的功能和效果向自己希望的方向发展。不同行为主体围绕制度的解释以及制度的执行展开论战和较量，而“规则与解释”以及“规则与执行”之间存在的空隙，即是制度变迁的增量空间。规则越模糊，规则在操作过程中面临的情形越复杂，那么制度发生变化或者被扭曲的可能性也就越大。在学者们对欧美国家的政策或制度变迁的案例研究中，我们可以看到相关行为者是如何在遵从现有规则的条件下利用制度所固有的模

① Hacker, Jacob, Paul Pierson, and Kathleen Thelen. “Drift and conversion: Hidden Faces of Institutional Change”, in Mahoney, James, Kathleen Thelen (eds). *Advances in Comparative Historical Analysis*. Cambridge: Cambridge University Press, 2015. pp. 198-199.

② Ibid., p. 203.

③ Ibid., p. 204.

糊性来创造性地解释、阐述、歪曲甚至破坏规则的。[①]

任何制度变迁都需要行动者的行为才能推动或阻止。马奥尼和西伦按照两个标准对制度变迁中的行为者进行了分类。这两个标准是：（1）行为者是否寻求维持现有的制度规则；（2）行为者是否遵守现有的规则。按照这两个标准，可划分为四类行为者：反叛者、共生者（具体分为寄生式的和共生式的）、渗透者、机会主义者。[②] 不同类型的行为者和不同的制度变迁模式相关联（参见表5-6和表5-7）。

表5-6　制度变迁中的行为者

	行为者是否寻求维持现有制度规则（主观意愿）	行为者是否遵守现规则（实际行为）
反叛者	否	否
共生者	是	否
渗透者	否	是
机会主义者	是/否	是/否

资料来源：Mahoney, James, Kathleen Thelen. "A Theory of Gradual Institutional Change." in Mahoney, James, Kathleen Thelen (eds.). *Explaining Institutional Change*. New York: Cambridge University Press, 2010, p. 23.

表5-7　脉络、制度变迁方式和变迁主体

		目标制度的特征	
		制度执行中自由裁量度低	制度执行中自由裁量度高
政治脉络的特征	强否决可能性	层叠（反叛者）	漂移（寄生式共存）
	弱否决可能性	更替（渗透者）	转换（机会主义者）

资料来源：Mahoney, James, Kathleen Thelen. "A Theory of Gradual Institutional Change." in Mahoney, James, Kathleen Thelen (eds.). *Explaining Institutional Change*. New York: Cambridge University Press, 2010, p. 28.

---

① Streeck, Wolfgang, Kathleen, Thelen (eds). *Beyond Continuity: Institutional Change in Advanced Political Economies*. New York: Oxford University Press, 2005; Sheingate, Adam. "Rethinking Rules: Creativity and Constraint in the U. S. House of Representatives." in Mahoney, James, Kathleen Thelen (eds). *Explaining Institutional Change: Ambiguity, Agency, and Power*. New York: Cambridge University Press, 2010, pp. 168-203.

② Mahoney, James, Kathleen Thelen. "A Theory of Gradual Institutional Change." in Mahoney, James, Kathleen Thelen (eds). *Explaining Institutional Change: Ambiguity, Agency, and Power*. New York: Cambridge University Press, 2010, pp. 1-37.

制度的变迁形式之间往往存在关联或者相互间会发生转换。从哈克（Jacob Hacker）等人对美国公共社会项目（社会保障、医疗保障、退休金制度等）的分析中可以看到，漂移、转换和层叠往往交织在一起。当政府为适应已经变化了的社会风险而力图更新相关政策的努力失败时，制度的漂移就发生了，而这些政策在操作层面的运行与其初始目标不一致时，就出现了制度的转换；当那些意欲取代或威胁现有制度的政策开始上位同时旧制度仍然被保留时，制度的层叠就出现了。① 这种结果对美国的社会保障框架造成了侵蚀。采取什么样的策略去改变制度，政策制定者们将依据制度变迁的成本—收益计算来进行。因此，在制度变迁的具体细节和机制上，历史制度主义实际上并不排斥理性选择的解释范式。

第五节 小　结

历史制度主义经过三十多年的发展和完善，已在社会科学研究的众多理论流派中占据了一席之地。但是，由于定位于中观层次的制度分析，因此在对更为宏观的、长时段的、涉及整个人类社会发展历史的制度变迁的规律和逻辑的概括和总结上，历史制度主义则显得力不从心。当前历史制度主义的分析范式有过分纠缠于琐碎概念的辨析和执着于特定案例的差异化解释的发展趋势，这使得不同的历史制度主义学者的研究呈现出碎片化的状态，无法构建更为一般化的制度变迁理论范式。历史制度主义学者如果合理借鉴社会演化范式为基础的广义制度变迁理论②，并在社会演化范式之下重新界定和完善其概念和理论体系，相信会使历史制度主义走向新的发展阶段。

尽管历史制度主义的研究范式最早由西方学者创造并不断完善，但其研究对象并不限于欧洲或北美等传统意义上的西方国家。中国学者对于历史制度主义研究范式的研习和运用并不算晚，也有一些成果发表，但是以

---

① Hacker, Jacob, Paul Pierson, and Kathleen Thelen. "Drift and Conversion: Hidden Faces of Institutional Change." in Mahoney, James, Kathleen Thelen (eds). *Advances in Comparative-historical Analysis*. New York: Cambridge University Press, 2015, pp. 180-208.

② 唐世平：《制度变迁的广义理论》，北京：北京大学出版社 2016 年版。

中国作为案例并在此基础上的理论创新性研究并不多见。由于历史制度主义的基本理论假设和以比较为基础的质性研究方法以一般性的社会政治法则和逻辑为基础，因此，历史制度主义适用于中国政治和历史研究的观点具有充分的理由。第一，社会结构（或社会环境）与人的能动性之间的关系是一种被普遍认可的社会存在，中国也不例外。第二，权力的斗争与联盟在任何国家都存在，任何时候都存在着推动和阻碍制度和政策变迁或创新的不同社会政治力量。第三，制度的突变和渐变在任何国家都存在，中国并不例外。当代中国的制度变迁总体属于渐进性制度变迁。历史制度主义主张的渐进性制度变迁的基本理念和逻辑适用于分析中国的历史和现实。第四，无论是正式制度还是非正式制度，制度本身的模糊性在任何国家都存在。规则永远无法做到精确地涵盖真实世界所有可能的复杂性。因此，围绕规则的解释和执行，不同的行为者会采取不同的行动，这为制度带来了变迁的动力。正式制度与解释、正式制度与实际执行之间存在的巨大鸿沟也为中国的行动者提供了巨大的制度变革的空间，但对这些制度变迁的逻辑和动力机制的研究则仍然十分缺乏。从历史制度主义视角分析中国的历史和现实，将有丰富的题材和众多主题供研究者选择，而以中国为案例的研究也有望修正甚至超越既有的历史制度主义分析范式。

第六章

新国家主义

杨端程

在发展政治学研究领域，国家作为基础性制度而备受瞩目。围绕国家贯彻政策实施与推动经济发展的自主性与能力，学界先后形成了不同版本的新国家主义理论。其中，以“回归国家”学派的贡献最具代表性。但是，新国家主义理论的滥觞可以追溯到亨廷顿的贡献。作为在中文世界闻名遐迩的学者，尽管亨廷顿的学术生平因其提出名声大噪的“文明冲突论”而受到越来越多的了解，但是他早先在国家研究领域的重要贡献仍然没有受到足够的注意。在 20 世纪中期，受社会中心主义（Sociocentrism）范式的影响，当时政治学研究的主流是忽视国家，但是现实却是现代化浪潮带来的无序与混乱。换言之，实现政治秩序与经济发展离不开国家。亨廷顿一反主流范式，坚持将国家带入政治分析当中。在 20 世纪 50 年代到 70 年代，《军人与国家：军政关系的理论与政治》（1957）、《变化社会中的政治秩序》（1968）、《民主的危机：就民主国家的统治能力，写给三边委员会的报告》（1975）与《难以抉择：发展中国家的政治参与》（1976）等一系列著作的问世标志着亨廷顿笔下“作为制度的国家”的国家理论从发端走向成熟。作为连接韦伯（Max Weber）与“回归国家”学派之间的关键人物，亨廷顿对国家理论的建构和发展作出了不可磨灭的贡献。在发展中国家开启现代化却滋生动乱的背景下，从现实政治秩序出发，亨廷顿分别讨论了社会对国家发展造成的破坏性影响，建立权威的必要性，以及如何在现代世界中将国家组织起来。这些观点启示了后来从事国家研究的学者，为20世纪80年代以后新国家主义理论的全面兴起奠定了重要基础。

众所周知，作为基础性制度的国家，不仅形塑了近代以来西方世界与非西方世界在发展上的大分流，也成为探索第三世界实现现代化成败的关键。虽然社会学奠基人韦伯对现代国家做出了开创性的定义，但是他并没有回答国家究竟从何而来。同时，主流学界对国家的研究经历了从建构到遗忘再到重新找回的过程。20世纪五六十年代，除了摩尔（Barrington Moore）、普朗查斯（Nicos Poulantzas）、密里本德（Ralph Miliband）、内特尔（J. P. Nettl）以及奥唐奈（Guillermo A. O'Donnell）等少数杰出的社会科学研究者为探索国家的形成、运行和发展做出努力外①，当时的国家几乎遭到了主流学界的普遍忽视。直到20世纪70年代末80年代初，在“回归国家”学派擎起“找回国家”的大旗后②，政治学界的国家研究才逐渐迎来复兴的趋势。时至今日，围绕国家形成、国家运行以及国家发展的研究不断发展，形成了不同流派的国家理论。

在这一过程中，亨廷顿对国家研究的奠基性贡献似乎被忽视了。③ 诚然，一些颇具代表性的作品称赞这一时期的亨廷顿是“政治安定的设计家”，并追溯其理论滥觞为新保守主义④，推导出亨廷顿的国家观包含有效性和正当性两个维度⑤，但是既有研究对亨廷顿国家观的归纳和价值意涵的定位仍然相对有限。

---

① 正文提及的这一时期的代表作有 Moore, Barrington. *Social Origins of Dictatorship and Democracy: Lord and Peasant in the Making of the Modern World*. Boston: Beacon Press, 1966; Poulantzas, Nicos. *Political Power and Social Classes*. translated by Timothy O'Hagan et al. London: NLB and Sheed and Ward, 1975; Miliband, Ralph. *The State in Capitalist Society*. New York: Basic Books, 1969; Nettl, J. P. “The State as a Conceptual Variable.” *World Politics*. Vol. 20, No. 4, 1968; O'Donnell, Guillermo A. *Modernization and Bureaucratic-Authoritarianism: Studies in South American Politics*. Berkeley: University of California Press, 1973。关于奥唐奈和内特尔国家研究的介绍请参见张长东：《比较政治学视角下的国家理论发展》，载《北大政治学评论》2018年第1辑。

② “回归国家”学派擎起“找回国家”大旗的标志性著作是 Evans, P. B. Dietrich Rueschemeyer and Theda Skocpo (eds). *Bringing the State Back In*. Cambridge: Cambridge University Press, 1985.

③ 这是米格代尔（Joel S. Migdal）对“回归国家”学派的批评。参见〔美〕乔尔·S. 米格代尔：《强社会与弱国家：第三世界的国家社会关系及国家能力》，张长东、朱海雷、隋春波等译，南京：江苏人民出版社2012年版。

④ 杨光斌、郭伟：《亨廷顿的新保守主义思想研究》，载《国际政治研究》2004年第4期。

⑤ 欧树军：《作为制度的国家：亨廷顿政治视野的整体性考察》，载《学术月刊》2018年第9期。

作为在韦伯和“回归国家”学派之间扮演起承转合角色的人物，亨廷顿的国家观具有鲜明的新国家主义色彩。立足于探究如何实现政治秩序和政治现代化，亨廷顿在社会中心主义浪潮盛行的背景下，开创了强国家的传统。亨廷顿认为，在缺乏有效制度的社会里，现代化激发了社会中广泛的政治参与，进而可能对政治稳定造成破坏，导致政治失序。因此，能否建立具有自主性和变革能力的权威/制度决定了第三世界国家在政治稳定与政治衰朽方面的大分流。特别是，亨廷顿对“制度化”的论述直接或间接地影响了20世纪70年代末开始复兴的国家理论①。

第一节　对社会中心主义范式的“反动”：坚持将国家带入分析

国家中心主义（State-centrism）的传统滥觞于欧洲大陆主权—民族国家的形成，特别是在法国大革命和德意志民族国家统一的历史进程中，国家受到瞩目的程度一度达到巅峰。但是后来国家研究的“大本营”——德国先后成为两次世界大战的策源地，导致人们对国家陷入了恐惧之中。二战结束后，欧洲大陆的国家中心主义传统随着欧洲旧霸权的衰落和美国新霸权的兴起而式微。在美国，除了罗斯福新政（The New Deal）成功地开创了国家资本主义之外，盎格鲁-美利坚的传统使得美国政治学界一直较少关注国家本身起到的作用。除却威尔逊（Woodrow Wilson）、古德诺（Frank Goodnow）和毕尔（Samuel Beer）等少数传统制度主义者聚焦美国的宪法法律、总统、国会以及联邦制，国家研究在大部分时间内一直处于低调的位置。

到了20世纪五六十年代，忽视国家的现象在美国学界显得愈发明显。一方面，美国国内统计学与心理学研究技术突飞猛进，推动了政治学研究领域中行为主义（Behaviorism）革命的全面兴起。美国政治学中的国家研究进一步式微，旧制度主义的分析路径被认为已经不合时宜，相反，多元主义、结构功能主义和现代化理论才是潮流。另一方面，以现代化和随后

① 张长东：《比较政治学视角下的国家理论发展》，第206页。

兴起的民主化为价值取向的发展研究，很大程度上也是服务于冷战中美国在意识形态上与苏联抗衡的需要。这两大密切相关的理论都将西方国家特别是美国体现出来的“一元现代性”（singular modernity）视为政治发展的终极目标，把国家当做因变量。受此影响，绝大多数学者都去探究第三世界国家何时以及如何才能达到和西方国家并驾齐驱的水准，这一取向导致他们只能在国家之外的社会中寻找解释变量。

因此，无论是多元主义、结构功能主义还是现代化理论，本质上都属于社会中心主义范式。这一范式认为政治只是社会的附属，本身没有自主性，因而也就不存在能对社会进行再结构化的、具有自主偏好的、作为独立行为者的“实体性”国家。由此，国家被视为“黑箱”，只是“履行既定职能的原子化个体的聚合”①，并且为具有输入利益表达与输出政策结果功能的“政治系统”所取代②。由此，在政治系统中，以利益集团为代表的各种社会势力都可以自由地表达诉求，政治系统本身的功能正是在于汇集、反馈这些多元的利益。不仅如此，从西方历史经验中抽象出来的社会中心主义范式还试图指导非西方世界的发展，导致这些理想型概念与非西方世界中的真实情况严重脱节。③

与当时政治学界主流普遍绕开“国家”不同，亨廷顿坚持将“国家”本身带入政治分析当中。诚然，在当时学者群体中并不时兴用“国家”这个词，亨廷顿本人也没有明确使用“国家”这个词，但是在他的研究中，“权威”“制度”“组织”和“体制”等反复出现的名词正是“国家”的化身。④ 他提出的“现代化要求具有变革能力的权威”⑤ 对后来从事国家研

---

① 〔韩〕河连燮：《制度分析：理论与争议（第二版）》，李秀峰、柴宝勇译，北京：中国人民大学出版社 2014 年版，第 52 页。

② 参见 Almond, Gabriel A. “Introduction: A Functional Approach to Comparative Politics.” in Almond, Gabriel A., and James S. Coleman (eds.). *The Politics of the Developing Areas*. New Jersey: Princeton University Press, 2015, p. 4.

③ Skocpol, Theda. “Bringing the State Back In: Strategies of Analysis in Current Research.” in Evans, Peter B., Dietrich Rueschemeyer and Theda Skocpol, (eds). *Bringing the State Back In*. Cambridge: Cambridge University Press, 1985, pp. 4-5.

④ Migdal, Joel S. *State in Society: Studying How States and Societies Transform and Constitute One Another*, New York: Cambridge University Press, 2001, p. 248.

⑤ 〔美〕塞缪尔·P. 亨廷顿：《变化社会中的政治秩序》，王冠华、刘为等译，上海：上海人民出版社 2008 年版，第 84 页。

究的学者们产生了深远影响。这一影响主要体现在两个方面：其一是在社会中心主义范式占统治地位的年代里，亨廷顿坚持强调建立制度和权威的重要性；其二是亨廷顿为探讨人与制度的互动，也即大众政治参与和制度化之间的关系作出了奠基性贡献。也正是如此，米格代尔对亨廷顿的前期工作给予了高度评价——亨廷顿的著作影响了整整一代致力于国家研究的比较政治学者，在这一领域没有别的著作可以超越。①

第二节 “作为制度的国家”：亨廷顿国家理论的主体性内容

亨廷顿的国家理论从建构到成熟经历了一个长期发展过程。在20世纪50年代到70年代，亨廷顿一系列代表作的问世标志着其国家理论从滥觞走向系统化。在亨廷顿那里，包括军事制度、政治制度、政党制度、官僚机构以及政治程序在内的一系列复杂制度共同构成了国家的主要支柱，“作为制度的国家”正是其国家理论的主体性内容。②

在20世纪50年代末，亨廷顿在《军人与国家：军政关系的理论与政治》中对构成美国国家的核心制度——军事制度和文武关系——进行了精彩的讨论。他认为，文官对军队的统制与军事专业主义本身之间存在着张力，但是相比主观统制，客观统制模式下的文武关系较为良性。在客观统制模式下，国家对军人给予足够信任，军人则具有专业主义素养，清楚自己的职权所在，拥有自主性。与此同时，军人服从国家的权威，保持中立，不会随意干涉政治。这种客观统制模式不仅是发达国家维系民主政治长治久安的制度基础，也应当是发展中国家防止军人干政、实现民主巩固的制度选择。③ 亨廷顿对军政制度和文武关系的研究不仅奠定了他后来分析发展中国家频繁出现军人干政现象的基础，更推动了他在下一个十年研

① Migdal, Joel S. *State in Society: Studying How States and Societies Transform and Constitute One Another*. New York: Cambridge University Press, 2001, p. 249.

② 在亨廷顿看来，国家是一系列制度的构成，特别是有效国家包括“有效的政府机构”“组织完善的政党”“民众对公共事务的高度参与”“文官控制军队的有效系统”“政府在经济方面的广泛活动”“控制领导人更替”和“约束政治冲突的一套合理而行之有效的程序”。

③ 参见〔美〕塞缪尔·P. 亨廷顿：《军人与国家：军政关系的理论与政治》，李晟译，北京：中国政法大学出版社2017年版。

究中的主体性内容——“作为制度的国家”的登场。

亨廷顿对国家研究走向成熟的标志是20世纪六七十年代《变化社会中的政治秩序》、《民主的危机》与《难以抉择：发展中国家的政治参与》等著作相继问世。这些著作不仅包括亨廷顿对二战之后脱离殖民宗主国统治的新兴国家在通向现代化之路时因为制度脆弱而面临困境的深刻考察，也包括他对作为发达国家代表——美国自身政治制度的深刻审视。尽管亨廷顿的这些研究对象并不一致，但在价值关怀上却殊途同归——回答国家/制度之于现代化的重要性。

其中，《变化社会中的政治秩序》（以下简称《秩序》）一书首开系统阐述国家之于现代化重要性的先河。在该书中，亨廷顿一反主流理论，开创了“杀死所有现代化理论”的“权威—秩序—发展”范式，围绕西方现代国家建设的不同路径、发展中国家实现现代化的先决条件以及如何组织国家三大议题展开论述。

二战使得帝国主义列强建立的殖民体系走向瓦解，曾遭受殖民统治的国家纷纷摆脱宗主国的控制取得独立。在此背景下，完成国家建设、推动经济发展、实现现代化成为摆在新兴国家当权者面前的首要任务。发达国家展现出来的政通人和、繁荣稳定深为发展中国家所钦羡，但是第三世界国家与发达国家的区别在于权力整合的困难和建立权威的脆弱①。在缺乏权威或者制度脆弱的国家中，现代化可能会破坏这些国家的政治稳定，出现动乱乃至政治衰朽，所谓“经济发展带来现代化”的线性逻辑对这些国家而言并不适用。特别是在20世纪五六十年代的亚非拉地区，由于缺乏能够体现和指导公共利益的政治机构②，这些地方的政治秩序、政府权威以及政治合法性被此起彼伏的军事政变、革命起义、种族冲突以及内战所摧毁。因此，发展上的“好事”并非扎堆到来，在传统权威裂解后，新的政治秩序不会自动实现，为滋生动乱埋下了隐患。因此，所有后发国家面临的首要问题“不是自由，而是建立一个合法的公共秩序”。③

但是并非任何势力都可以提供政治秩序，提供公共秩序的行为者只能是终极意义上的政治权威，也就是国家。新兴国家中如果出现旗鼓相当的

---

① Clapham, Christopher. *Third World Politics: An Introduction*. London: Routledge, 1985, p. 39.

② 〔美〕塞缪尔·P. 亨廷顿：《变化社会中的政治秩序》，第3页。

③ 同上书，第6页。

权威，便会导致混乱，特别是在那些原本就遍布各种氏族、部落和族群的前殖民地中，它们的国家在表面上看起来可能是统一的，但是内部的深层结构却是分裂的。在这些松散的共同体中，民众分属于不同的族群、部落和社会结构，“传统的社会势力、利益、习惯和制度在这些社会中根深蒂固”①，民众为高度分化的利益和强大而传统的社会势力所左右，对小共同体（村庄、部落、氏族、族群）的忠诚远远大于对大共同体（国家）的认同。他们的一切政治参与都是围绕小共同体来进行的，一旦各个小共同体之间出现冲突，便可能出现分散化的暴力，这便是“普力夺主义”（praetorianism）②。因此，亚非拉等地之所以出现军人、学生、富人以及宗教群体等各种社会势力都能干政的“普力夺”现象，正是在于这些国家普遍缺乏能统摄不同社群并保障政治秩序的有效政治制度和政治权威，以至于社会势力各行其是，互相争夺控制权。克拉斯纳（Stephen D. Krasner）对此评论道，“大多数发展中国家国内的政治制度都很脆弱”③。换言之，这些新兴国家在推进现代化的过程中深受传统社会势力掣肘，“要改变或摧毁这些传统势力，须将权力集中于现代化的推行者手中”④。

既然需要集中权力，那么由谁来组织国家呢？在现代社会，能将政权组织起来的只能是强大的政党，缺乏强大政党的国家只能是一盘散沙。但是令人遗憾的是，在二战后，大多数处于现代化进程中的国家，不是缺乏政党就是缺乏有效的政党体制。因此，即便是在有为君主亲政的传统君主制国家中，这些统治者也会在推行现代化的过程中面临“国王的困境”。当时摩洛哥、伊朗、埃塞俄比亚等国的君主都试图集中权力，但都未能较好地将君主亲政和组建独立政党结合起来，难以扩大自身的支持基础，因而在推进现代化的道路上不是步履维艰，就是被起义推翻。相反，以俄国布尔什维克党和中国共产党为代表的列宁主义政党在创建新的政治制度和

① 〔美〕塞缪尔·P. 亨廷顿：《变化社会中的政治秩序》，第118页。

② “普力夺”一词原本形容的是罗马执政官体制，但在亨廷顿这里不仅用来表示军人干政，而且用来表示任何势力都能影响政治的权力分布状态，一种政治化的社会。

③ Krasner, Stephan D. *Structural Conflict: The Third World Against Liberalism*. Berkeley: University of California Press, 1985, p. 28.

④ 〔美〕塞缪尔·P. 亨廷顿：《变化社会中的政治秩序》，第118页。

政治秩序方面成为典范。通过革命荡涤，在列宁主义指导下组织起来的政党，在建立新的政治秩序和保障政治稳定方面都取得了巨大成功。无独有偶，当时以土耳其、墨西哥为代表的发展中国家也能通过组建强有力的民族主义政党动员政治参与，扩大政治基础，最终建立起新的权威和秩序。因此，对力图实现现代化的发展中国家而言，不论其政体如何，首先要通过加强政党组织的建设来集中权力，进而带动行之有效的政治制度建设，才能最终建立起政治秩序。在亨廷顿眼里，两党制或一党制都优于多党制，但两党制更为良性。

如果说《秩序》一书是对战后新兴国家在现代化道路上的全面透视，那么亨廷顿在递交给北美、西欧和日本的三边委员会的报告《民主的危机》中则对美国自身展开了细致的观察。亨廷顿继承了他在《秩序》中的分析脉络，在他看来，美国人由于信奉洛克（John Locke）创设的政治哲学，因此天然地具有反政府的倾向。他们总是把权力总量视为恒定不变的常数。换言之，政府的权力扩大了，民众的权力就缩小了。因此美国人在思考政府建设时只会想到如何加强对政府的限制和实现权力的分散，而不会去想如何集中权力和加强权威建设，这种误解导致他们混淆了“政府本身”和“限制权威”两个完全不同的概念。① 事实上，即便对美国而言，民主也只是将其国家组织起来的一种政体形式，美国立宪制度的初衷是希望保持政府权威和限制政府权威两者的动态平衡。但是在权力总量不变这一认知的前提下，民主与权威两者必然呈现出此消彼长的零和关系。换言之，民主的增强必然意味着权威的削弱。因此，20 世纪六七十年代美国社会中涌现出来的政治参与热浪②虽然使民主的活力增强了，但同时冲击了联邦政府和民主制度的权威，导致政治秩序变得混乱起来。不仅如此，自西奥多·罗斯福总统起致力于建设的具有强大自主性的美国总统及其行政部门越来越多地受到国会的掣肘，由此也导致了一系列问题——尽管国会的权力扩张了，但国会本身只能充当反对派的角色，它无法替代行政部门去履行管理国家的职能。同时，财政预算的失误在扩张公共财政和福利开支的同时导致了通货膨胀和利益集团的坐大，致使国会和公共政策被俘

① 〔美〕塞缪尔·P. 亨廷顿：《变化社会中的政治秩序》，第 6 页。

② 反对越战、黑人平权运动与女权主义运动是这一时期政治参与热浪的代表。

获，民主制度的统治能力则日趋下降，出现了“民主的危机”。因此，要保卫民主必须节制泛滥的政治参与，重建联邦政府的权威，保持两者间的平衡。①

与纳尔逊（Joan M. Nelson）合著的《难以抉择》则是亨廷顿对发展中国家研究的回归。虽然亨廷顿在该书中将政治参与设定为因变量，与《秩序》一书有所不同，但思考的主体性内容和目的却殊途同归——从社会中萌发出来的扩大的政治参与对国家发展造成的影响。亨廷顿认为美国将政治参与视为发展目标可以追溯到美国的建国传统，但发展中国家扩大化的政治参与并非个人、精英或者群体有意识的选择结果，而是社会经济现代化带来的副产品。同时，社会经济现代化的发展阶段决定了政治参与的性质与水平，西方国家中的公民政治参与水平高，相对稳定，是因为这些国家在过去一个世纪逐步建立起了相对完备的制度来适应社会日益增长的参与意愿。相反，亚非拉国家的制度不发达、不完善，它们的政治参与常常集中于社区之间，社会势力彼此争夺控制，极容易引发横向间的对抗与冲突，因此，对这些发展中国家来说，民众高涨的政治参与虽然不可避免，并且压制政治参与也将给当权者带来更大的风险，但是行之有效的方法仍是通过政党来建立有效制度，加强对社会的渗透，尽可能多地赢得社会集团的支持，确保政治参与的有序化。

至此可以看到，从 20 世纪 50 年代起，到 20 世纪 70 年代初期，亨廷顿的国家理论逐渐走向清晰化、系统化，其国家理论的主体性内容也可以大致分为三点：首先，集中权力、建设有效的政治制度和政治权威是实现现代化的前提；其次，社会结构、社会势力与缺乏自主性的政治权威是导致失序混乱乃至政治衰朽的根源；最后，将第三世界国家组织起来必须依靠强大的政党，要建立有效的政党体制。在这三点中，亨廷顿对国家自主性和社会影响国家两个层面的论述标志着他对传统韦伯主义国家观的超越。

---

① 参见〔法〕米歇尔·克罗齐、〔美〕塞缪尔·P. 亨廷顿、〔日〕绵贯让治：《民主的危机：就民主国家的统治能力，写给三边委员会的报告》，马殿军等译，北京：求实出版社 1989 年版。

第三节 超越韦伯主义国家观，为新国家主义理论兴起奠基

这些超越具体体现在何处呢？这就需要对韦伯的国家理论进行相应的回顾。在现代社会科学中，韦伯是公认的开启国家研究的奠基人。在他看来，国家就是在某固定疆域内肯定了自身对武力正当使用的垄断权利的人类共同体，是使用武力的权利的唯一来源；近代国家是制度化的支配团体[①]。韦伯式的国家观主要体现在以下两个方面。

第一，韦伯从权力的支配社会学出发，强调了国家对物理暴力的使用并且将垄断暴力的行为合法化，来使人服从以产生正当性的特点，这就将国家和其他使用暴力的政治组织或团体从根本上区别了开来。第二，韦伯从现代国家运行的组织学视角回答了其区别于所有前现代政治共同体的核心特征——非人格化的、理性化的官僚制。他指出，大规模的现代国家要依赖于一种官僚制基础；国家越大，越是要无条件依赖这个基础"。据此可以总结出，强调军队和官僚制、垄断暴力和组织运行两大维度是韦伯主义国家观的核心，这两大维度也对后来的研究产生了深远影响。

相应的，在亨廷顿那里，政治现代化所涉及的三大特征中的"权威的合理化""结构的分离"两大特征都与韦伯主义的国家观异曲同工。但是，亨廷顿认为韦伯主义的国家观把属于一个政治体系假定最高目标的那些特质误认为是该政治体系在成长过程中发挥作用时所表现出来的那些特质[②]，在将国家的理想型特质视为理所当然的情况下，忽略了影响国家的社会和社会势力。换言之，韦伯主义的国家观将国家机构凌驾于社会之上、垄断暴力并且获得普遍承认视为理所当然的前提。但是问题的关键在于，在那些新兴国家中，作为制度的国家本身并不是想当然的存在。这就是为什么不同社会结构中的社会势力与不同型态的国家机构互动产生了截然不同的政治后果。比如，军队会通过政变来推翻文官政府，干涉国家

① 〔德〕马克斯·韦伯：《学术与政治》，钱永祥等译，桂林：广西师范大学出版社 2004 年版。

② 〔美〕塞缪尔·P. 亨廷顿：《变化社会中的政治秩序》，第 28 页。

的运行，而国家官僚推进现代化的努力也时常受到社会势力的抵制。更有甚者，社会中的势力可能会基于生存策略而在表面上臣服国家，但是它们并不会心甘情愿地主动放弃自身权力，在可能的情况下，它们甚至会对国家机构施加影响、削弱国家机构的有效性乃至挑战国家权威的正当性。有鉴于此，亨廷顿从社会影响国家、国家应当具有相对于社会的自主性两方面建构了他的新国家主义理论。

首先，在社会影响国家方面，受现代化催动，从社会中生发出来的日益扩大的政治参与会分裂既有的权威与秩序。亨廷顿将新兴的发展中国家与美国进行了比较。在亨廷顿看来，美国是一个建立在“新社会”上的“旧国家”。作为具有共同信仰的清教徒移民建立起来的国家，美国社会天然地具有高度的同质性，在历史上没有过封建社会制度和贵族，因而也就无须荡涤它们再建立新国家。因此，美国的现代化可以直接从扩大政治参与起步。[①] 但是，发展中国家的社会结构却与美国“和睦统一”的社会局面截然相反。在发展中国家中，无论是在贫富之间、精英与平民之间还是强者与弱者之间，都存在巨大的鸿沟。[②] 特别是当现代化催动了经济发展和教育水平提升后，中产阶级和普通民众的政治参与意识和热情随之高涨。如果没有强有力的制度去统摄这些社会群体，各个阶层、群体自行其是便可能导致失序混乱。特别是，一些新兴国家在取得独立之前，殖民统治者因为依赖分散在殖民地中的社会势力而不寻求建立集中的社会控制，推动的是维持碎片化的、网状而具有多个权力支柱的社会的政策。在帝国主义殖民统治终结之后，出现了权力真空，这些分散的社会势力便会为争夺对社会的控制权而各行其是[③]。在缺乏提供利益表达和政治参与制度的情况下，任何势力都想干政，社会呈现高度的政治化，分散而普遍的暴力便是常态。斯考切波（Theda Skocpol）在纳入了国际环境这一变量后进一步指出，在国内外双重环境影响之下，不能想当然地认为国家就能正常地行使职权。[④]

① 〔美〕塞缪尔·P. 亨廷顿：《变化社会中的政治秩序》，第101、107—108页。

② 同上书，第107页。

③ Clapham, Christopher. *Third World Politics: An Introduction*. p. 41.

④ 参见：Vu, Tuong. *Paths to Develop in Asia: South Korea, Vietnam, China and Indonesia*. New York: Cambridge University Press, 2010. 〔美〕西达·斯考切波：《国家与社会革命》。

对此，建立具有自主性的制度是实现政治秩序的根本和推动政治现代化的前提，正如自主性“能防止外部破坏性势力的渗入”[1]，“缺乏自主性的政治组织和政治程序是腐败的”[2]。而强调国家机构相对社会和市场的独立地位，不被社会势力和相关利益集团左右，正是新国家主义理论的核心[3]。

其次，亨廷顿对国家自主性的思考最早可以追溯到他在博士学位论文中对美国州际商业委员会（Interstate Commerce Commission，ICC）被它所监管的公司和利益集团俘获的现象的分析[4]，但集中体现在《秩序》一书中政治制度与公共利益的关系层面。在亨廷顿看来，自主性和公共利益实现与否均有赖于制度本身是否强大——没有强有力的政治制度，社会便缺乏确定和实现自己共同利益的手段；创建政治制度的能力就是创建公共利益的能力[5]。对此，首先要集中权力，因为没有相当的权力，政治体系便无法控制和协调日益扩大的经济活动和经济关系向政治体系提出的要求[6]。其次，在集中权力的基础上需要实现制度化，因为制度化“并非代表某些特定社会团体利益的政治组织和政治程序的发展”[7]。在制度生成之后，它就将自身的利益和其他势力的利益区分开来，这便是“公共机构的利益代表着公共利益”[8] 的体现。因此，对美国来说，不应当仅仅从结构—功能层面去理解白宫、众议院和参议院这些机构的作用，还要从这些机构的利益近似于美国的公共利益加以理解。

最后，对处于现代化进程之中的发展中国家而言，建立自主性制度的

---

① 〔美〕塞缪尔·P. 亨廷顿：《变化社会中的政治秩序》，第 18 页。

② 同上书，第 17 页。

③ 参见：顾昕：《政府主导型发展模式的兴衰：比较研究视野》，载《河北学刊》2013 年第 6 期，第 120 页；顾昕：《发展主义的发展：政府主导型发展模式的理论探索》，载《河北学刊》2014 年第 3 期，第 93 页。

④ 亨廷顿的博士学位论文迄今为止：都没有正式出版，但其中的核心部分曾发表于《耶鲁法学》（*The Yale Law Journal*）杂志上。参见 Huntington，Samuel P. “The Marasmus of the ICC：The Commission，the Railroads，and the Public Interest.” *Yale Law Journal*，Vol. 61，No. 4，1952.

⑤ 〔美〕塞缪尔·P. 亨廷顿：《变化社会中的政治秩序》，第 19 页。

⑥ 王沪宁：《现代化进程中政治领导方式分析》，载《复旦学报（社会科学版）》，1988 年第 2 期，第 23—24 页。

⑦ 〔美〕塞缪尔·P. 亨廷顿：《变化社会中的政治秩序》，第 16 页。

⑧ 同上书，第 20 页。

要求是在横向上能将社会群体加以融合，在纵向上能把社会和经济阶级加以同化①。一个强大的政党正好可以通过组织和动员，将新的集团吸纳进政治体制，成为政治稳定的基础，通过政党和政党体制可以让无序的政治参与有序化，走出“普力夺”社会的泥淖。因此，这些发展中国家建设有效权威和制度的内在要义是组织强大的政党并建立完善的政党制度。

在现代化浪潮的催动下，绝大多数新兴国家中的社会结构和社会势力都会影响政治稳定和国家能力建设，因此需要依靠强有力的政党，通过政党动员来保证政治参与，通过一系列有效的制度建设来确保政治秩序，这些要点标志着亨廷顿把自己的国家理论同传统的韦伯主义国家观区隔开来，为20世纪80年代开始兴起的新国家主义理论奠定了重要基础。

第四节　从秩序走向发展：亨廷顿新国家主义理论的延续与发展

“在现代世界，最可怕的命运莫过于失去国家”②，正是目睹了现代化浪潮在广大第三世界国家滋生出来的动乱乃至政治衰朽，亨廷顿的新国家主义理论否定了韦伯给出的国家的理想型态，转而聚焦如何实现政治秩序。他提出建设不受社会势力干涉和能够实现政治吸纳的自主性政治制度，标志着新国家主义理论1.0版的诞生。同时，亨廷顿对国家自主性的理解、对社会影响国家的洞见是他为后来全面兴起的新国家主义理论留下的宝贵遗产，而他开启的理论探讨也得到后来学者的不断发展。

首先，在国家自主性方面，除了与亨廷顿同时期的新马克思主义者有类似的洞见之外，主流学界应者寥寥，直到20世纪70年代斯考切波明确将“国家自主性”作为一种分析工具，学界对此的探讨才逐渐流行开来。随着20世纪七八十年代东亚模式的兴起，“回归国家”学派特别关注官僚机构在制定政策、推进发展中展现出来的自主性特征，把对“国家引导的

---

① 〔美〕塞缪尔·P. 亨廷顿：《变化社会中的政治秩序》，第119页。

② 〔美〕约瑟夫·R. 斯特雷耶：《现代国家的起源》，华佳、王夏、宗福常译，上海：格致出版社、上海人民出版社2011年版，第1页。

发展”“发展型国家（政府）”的探讨推向了新的阶段。[①] 此外，与国家自主性密切相关的是国家能力，国家自主性则通过国家能力体现出来。诺德林格（Eric Nordlinger）区分了民主国家内部三种不同类型的国家自主性[②]，曼（Michael Mann）通过划分国家的基本权力类型，将国家自主性和国家的基础性权力联系在一起。[③] 埃文斯修正了早期“回归国家”学派的部分观点，提出国家与社会关系并非全然对抗，国家可以通过嵌入社会来推动政策实施，实现发展[④]。时至今日，尽管学界对国家自主性的讨论依然处于不断争论之中[⑤]，但是探索国家的自主性已经成为新国家主义理论作为分析工具的鲜明特征。

其次，作为对社会中心主义范式的“反动”，虽然经“回归国家”学派发扬光大的国家中心主义范式产生了广泛而深远的影响，但是国家中心

---

① 这里采用“新的阶段”表述是因为学界对于国家在引导经济发展中作用的探讨并非始于20世纪80年代，比如经济学家格申克龙（Alexander Gerschenkron）在20世纪60年代就探讨了在英国兴起之后的国家在工业化进程中的后发优势，尽管格申克龙并没有明确涉及发展型国家的概念，但他指出，后发国家虽然在技术追赶上具有借鉴的经验优势，但需要国家在资源调配中发挥更大的作用。现在发展型国家中以开发银行为代表的政策工具，就是从德国兴起的。经济发展史也表明，发展型国家从兴起迄今至少历经了四波浪潮，其中，英国是第一波发展型国家，德国等国家是第二波，苏联位于第三波，以日本、韩国为代表的东亚发展型经济体则是第四波。参见Gerschenkron，Alexander. *Economic Backwardness in Historical Perspective：A Book of Essays*. Cambridge：Belknap Press，1962；〔美〕禹贞恩编：《发展型国家》，曹海军译，长春：吉林出版集团有限责任公司2008年版。

② 〔美〕埃里克·A. 诺德林格：《民主国家的自主性》，孙荣飞、朱慧涛、郭继光译，南京：江苏人民出版社2010年版。

③ 曼将国家的权力划分为由统治精英主导的、不受社会势力掣肘的“专断性权力”（Despotic Power）以及渗入社会并推动政策实施的“基础性权力”（Infrastructural Power）。参见Mann，Michael. “The Autonomous Power of the State：Its Origins.” *European Journal of Sociology*，Vol. 25，No. 2，1984；Soifer，Hillel，Matthias vom Hau. “Unpacking the Strength of the State：The Utility of State Infrastructural Power.” *Studies in Comparative International Development*，Vol. 43，2008.

④ Evans，Peter B. *The Embedded Autonomy：State and Industrial Transformation*. New Jersey：Princeton University Press，1995，pp. 7-14.

⑤ 这一方面的争论主要聚焦在“国家应当排除一切干涉，拥有完全自主性”还是“国家与社会之间相互合作”。康灿雄（David C. Kang）比较了同处威权统治下的韩国和菲律宾，指出朴正熙时代的韩国政府与商业精英是一种相互扶持的关系，政府通过技术官僚制定政策引导企业，但与此同时政府也受到财阀的腐化。因此，没有传统认知中那么强的国家自主性反而助长了韩国经济的起飞。相反，马科斯统治下的菲律宾因为国家自主性过强，导致了对社会的掠夺，阻碍了菲律宾的经济发展。参见Kang，David C. *Crony Capitalism：Corruption and Development in South Korea and the Philippines*. New York：Cambridge University Press，2002.

主义范式对国家自主性和国家能力的过分自信又使其走向了另一个极端——忽略了社会对国家施加的影响，导致无法解释国家与国家之间在社会中推进政策时体现出来的巨大差异。事实上，国家在与社会接触的过程中并非一成不变，国家的目标经常受到社会势力的抵制，加上各种组织对国家的渗透，这些都改变了国家的社会和意识形态基础。① 而在大多数发展中国家中，已经建立的制度也面临着非但不能生成应有的预期，反而遭受日复一日的虚置与扭曲的境况。② 亨廷顿虽然洞见了社会可能对国家造成的破坏性影响，并且提出了作为发展前提的建立权威和实现政治秩序，但并没有进一步回答诸如“制度何以建立”“为什么制度在与人的互动时会出错”此类的问题。

有鉴于此，米格代尔重新从社会影响国家的角度发展出了新的理论。他着重描绘了在第三世界中，特别是在控制碎片化的网状社会中，社会势力如何通过扭曲国家主导的政策目标来迫使官员妥协，进而掣肘发展。在此基础上，他提出了“强社会与弱国家”的模型。后来，他进一步将国家划分为最高决策层、中央国家机关、地方政府以及基层一线官员四大层级，提出了国家与社会在争夺控制权的互动中可能出现相互扩权的形式。③ 此外，斯莱特（Dan Slater）分析了作为制度遗产的社会结构改变威权政体的国家能力、推动其发生制度变迁的过程。④马奥尼（James Mahoney）回溯了西属拉丁美洲土著社会的制度复杂程度对殖民者选择统治形式的影响以及殖民遗产对这些国家在后殖民时代发展的影响。⑤ 武有祥（Tuong Vu）

---

① Migdal, Joel S. “The State in Society: An Approach to Struggles for Domination.” in Migdal, Joel S., Atul Kohli and Vivienne Shue (eds.). *State Power and Social Forces: Domination and Transformation in the Third World*. New York: Cambridge University Press, 1994, p. 12.

② Levitsky, Steve, Maria Victoria Murillo. “Variation in Institutional Strength.” *Annual Review of Political Science*, Vol. 12, 2009.

③ 这些相互扩权的形式包括国家被社会控制、国家对既有社会势力的吸纳、社会势力吸纳国家以及国家渗入社会的努力终告失败。参见 Migdal, Joel S. “The State in Society: An Approach to Struggles for Domination.” pp. 16, 24-27.

④ Slater, Dan. “Altering Authoritarianism: Institutional Complexity and Autocratic Agency in Indonesia.” in Mahoney, James, Kathleen Thelen (eds). *Explaining Institutional Change: Ambiguity, Agency, and Power*. New York: Cambridge University Press, 2010, pp. 132-164.

⑤ Mahoney, James. *Colonialism and Postcolonial Development: Spanish America in Comparative Perspective*. New York: Cambridge University Press, 2010.

对不同地区的国家—社会关系做了总结，他指出西欧竞争性的政治环境有利于形成代议制，中国和日本，虽然社会相对占据优势地位，但国家本身并不掠夺社会，反而是外部战争压力有限、碎片化的拉美和非洲更容易产生掠夺型国家。[①] 这些将国家重新置于社会背景中的研究推动了国家—社会关系的再平衡。[②]

可见，在新国家主义理论中，无论是强调秩序还是发展，社会对国家的影响以及国家与社会互动时展现出来的自主性是理解不同国家之间特别是国家能力之间区别的关键，对国家建立和制度运作的探索仍将是当代发展中国家绕不开的命题。超越韦伯主义的理想型国家，探索国家真实的运行逻辑，正是亨廷顿留给当下的学术启迪。

第五节　小　　结

世界政治发展的历程揭示，从建立集中统一的权威、实现政治秩序到作为推动经济发展的制度基础，国家都是这些历史进程中绕不开的核心变量。对于17世纪的欧洲而言，尽管那时还没有现代意义上的民主，但是国家的概念自此再也无法被政治动荡消灭。[③] 而19世纪的法国贵族托克维尔（Alexis de Tocqueville）则预见到在展现于眼前的民主时代，个人独立和地方自由将永远是艺术作品，而中央集权化则是政府的自然趋势[④]，即便是在民主国家，人们认为政府是统一的中央政权的当然代表[⑤]。从19世纪末到20世纪中期，对国家的研究随着德意志统一国家的兴起一度风靡政治学界，又因为两次世界大战、冷战和流行的社会中心主义浪潮而被遗忘。直到20世纪80年代，以“回归国家”学派擎起“找回国家”的大旗和诺德

① Vu, Tuong. “Studying the State through State Formation.” *World Politics*, Vol. 62, No. 1, 2010.

② 张长东：《比较政治学视角下的国家理论发展》，第212页。

③ 〔美〕约瑟夫·R. 斯特雷耶：《现代国家的起源》，第59页。

④ 〔法〕阿历克西·德·托克维尔：《论美国的民主》（下卷），董果良译，北京：商务印书馆1988年版，第847页。

⑤ 同上书，第849页。

林格呼吁“认真对待国家”① 为标志，国家中心主义范式重新确立，新国家主义理论兴起，围绕国家的研究又开始重新回到人们的视野。

在这种范式转向之间，亨廷顿对国家研究的奠基性贡献，特别是他开创了早期新国家主义理论，显得弥足珍贵。亨廷顿回到发展中国家，指出国家有效治理和推动经济增长的能力并不能被视作理所当然，实现这些目标的前提在于建立有效权威即“国家”本身并实现制度化。在此基础上，我们需要进一步探究的是：国家和制度为什么会被建立起来？它又是如何建立的？它的运行状况如何？换言之，国家的兴衰之道并不在于它在政体类型上的差异，而在于从制度本身出发探寻其如何运作，如何实现有效治理，如何推动社会发展，关注什么是可行的，什么是不可行的。② 而亨廷顿在《秩序》开篇写就的不朽名言——“各国之间最重要的政治分野，不在于它们政府的形式，而在于它们政府的有效程度”③，在半个多世纪后的当下依然熠熠生辉。

① Nordlinger, Eric A. “Taking the State Seriously.” in Weiner, Myron, Samuel P. Huntington (eds.). *Understanding Political Development*. Boston: Little, Brown and Company, 1987, pp. 353-390.

② Tang, Wenfang. “The ‘Surprise’ of Authoritarian Resilience in China.” *American Affairs*, Vol. 2, No. 1, 2018, p. 117.

③ 〔美〕塞缪尔·P. 亨廷顿：《变化社会中的政治秩序》，第1页。

第七章

新制度经济学

陈　博

“为什么有的国家贫穷，有的国家富裕?”这一谜题长期居于发展研究的中心。对这一谜题的各项解答中，新制度经济学是主流路径。这一路径由道格拉斯·诺思（Douglass C. North）开创，本章将围绕诺思的工作，介绍这套理论。本章内容分为三节。第一节在发展思想史中定位诺思的位置及贡献。在诺思之前，主流的新古典经济学理论抽象掉“制度”这一重要变量，而旧制度经济学者虽然洞见制度的重要性，却未能构建成熟的理论。诺思借用“交易成本”这一中介变量，构建起“制度”与“经济绩效”之间的理论联系，并拓展出“经济动态的制度解释”和“制度与制度变迁理论”。第二节介绍诺思的两大理论框架，分别为“国家社会关系/结构塑造制度，制度决定经济绩效”，以及“制度约束组织，组织改变制度”。诺思这些开创性的理论工作数次引领发展研究风潮。第三节考察学者对诺思理论的继承与批判，尤其聚焦于其理论内部“理性效率路径”与“结构权力路径”之间的张力。

第一节　发展思想谱系中的诺思

为了解谜“国贫国富”，诺思开创了分析经济发展的新制度经济学路径。本节将诺思的理论创见置于经济发展的思想谱系中，介绍与其直接相关的新古典经济学和旧制度经济学，并梳理三者关系，以此定位诺思及其新制度经济理论在发展理论脉络中的位置，从而考察诺思的学术贡献。

一、新古典经济学的局限

对“国家贫富”的探索，可追溯至亚当·斯密于1776年发表的《国民财富的性质和原因的研究》。斯密通过考察所处历史和制度环境，结合演绎推理，构建了早期的经济理论，并将国民财富增长最终归因于资本积累。[①] 在斯密之后，“国家贫富”的问题，以及理论演绎结合历史观察的方法一度被边缘化，至阿尔弗雷德·马歇尔（Alfred Marshall）和莱昂·瓦尔拉斯（Léon Walras）时，经济研究的核心议题已经转变为价格和资源配置，并且成为一门通过纯粹演绎来推导理论的学问，这便是后来长期居于正统地位的新古典经济学。新古典经济学方法论的核心是，以个体的利益最大化为假设，通过演绎推理的方法，探求在竞争市场中，价格如何被决定，又如何反过来影响个体行为。尽管这种高度抽象的分析方法对市场运作提供了洞见，但却剥离掉许多在现实中左右经济的力量，例如制度、思想观念和政治权力等，因此无法就经济增长和国家贫富提出完整和深刻的解释，故而招致不少学者批判。

二、旧制度经济学的洞见

在批判新古典经济学的学者中，有人非常重视制度对于经济的影响。这些学者中部分主张完全舍弃新古典理论框架，部分则主张修正和拓展新古典框架，因此又被划分为“旧制度经济学派”和“新制度经济学派”。

旧制度经济学派以索尔斯坦·凡勃伦（Thorstein B. Veblen）和约翰·康芒斯（John R. Commons）为代表，他们抨击了新古典的“个体理性最大化”假设，并借此引进了“制度”要素。在凡勃伦看来，新古典经济学所秉持的个体理性假设，既不符合现实，也不符合心理学和社会学对人类行为的理解。人类行为并不遵循理性的目的论动机，而是遵循固有的

① 〔美〕哈里·兰德雷斯、大卫·C. 柯南德尔：《经济思想史（第四版）》，周文译，北京：人民邮电出版社2014年版，第86页。

文化习惯和思维模式，而这种文化和思维习惯便是他所定义的“制度”。[1]因此，经济研究的核心应当是演化的制度结构，而不是抽象演绎个体行为。与凡勃伦的抨击目标相似，康芒斯也剑指新古典的竞争市场和个体理性假设，他认为这些假设暗示着交易双方关系和谐融洽。但他通过观察发现，现实中买卖双方总是存在冲突，但这些冲突通常未能体现，这是因为风俗、法律、习惯等制度形式约束了交易秩序，因此应当将这些制度约束纳入经济学分析。[2]

旧制度经济学者从现实观察出发，批评新古典经济学的纯粹演绎方法和忽略制度要素，其思想洞见引导我们依据现实来理解人类经济行为，并且从制度的角度分析经济运作[3]，但未能建立系统理论[4]，至少未能延续既往知识框架来建立理论，而这项工作留待新制度经济学者（更具体来说是诺思）来完成。

三、新制度经济学与诺思的贡献

以罗纳德·科斯（Ronald H. Coase）为代表的新制度经济学者通过引入“交易成本”概念，在“制度”和“经济收益”之间建立起桥梁，从而也为将“制度”纳入经济分析提供了启发。“交易成本”概念起源自科斯对新古典理论的质疑：既然在新古典的框架下，个体总能通过市场交易来落实最大化收益，那企业为何还会存在？他观察现实世界发现，人们在市场交易中需要耗费大量成本，用以搜寻信息、衡量商品、谈判缔约、监督履行等，而将一部分交易活动从市场转移到企业内部，便可降低这些成本，从而提高最终收益。[5]凭借“交易成本”概念，学者就可以将“制度/组织”纳入经济学的理性分析框架，从而无须像旧制度学派所主张的那样“另起炉灶”。

---

① Veblen, Thorstein B. *The Place of Science in Modern Civilization and Other Essays*. London: Routledge, 1994, p. 239.

② Commons, John R. *Institutional Economics*. London: Macmillan, 1934, pp. 68-69.

③ Rutherford, Malcolm. “The Old and the New Institutionalism: Can Bridges Be Built?” *Journal of Economic Issues*, Vol. 29, No. 2, 1995.

④ North, Douglass C. “Institutions and Economic Theory.” *American Economist*, Vol. 61, No. 1, 2016.

⑤ Coase, Ronald H. “The Nature of the Firm.” *Economica*, Vol. 4, No. 16, 1934.

据此，诺思开启了以“制度”为核心变量解释经济发展和国贫国富的理论道路。[1] 诺思并未完全摒弃新古典的分析路径，而是通过对其修正和拓展，逐渐建立起自己的新制度经济理论。诺思的学术发展历程可以划分为三个阶段。在第一阶段，也即20世纪50年代到1971年，诺思利用新古典经济学的框架来解释经济史，代表著作是《1790—1860年美国的经济增长》。但诺思随后意识到，新古典经济学所列出的资本积累、技术进步等因素并不是增长的根本原因，而是经济增长本身[2]，增长更为根本的原因是制度/组织，因此需要拓展原有的经济增长模型，用以解释制度/组织的形成和演变。[3] 这些工作构成了诺思学术生涯的第二阶段，即1971年到1981年。在此时期，他借用“交易成本”这一分析工具来拓展新古典理论，建立自己的经济增长模型，简单来说，就是理性的个体为了降低交易成本而变革制度，从而确保经济收益最大化。诺思在这一时期的代表作是《制度变迁与美国经济增长》《西方世界的兴起》等。

在完成上述工作时，诺思对新古典理论愈发不满。在他看来，根据新古典的理性假设，制度总是有效的，这显然不符合经济史——多数经济体并未建立起支持经济增长的制度。因此诺思认为，新古典理论无法解释长期的经济和社会变迁。[4] 这一反思也开启了诺思学术生涯的巅峰阶段。从1981年出版的《经济史上的结构和变革》开始，诺思逐渐走出“人类行为遵循完全理性”和“制度总是有效的”等新古典假设。他意识到人类并不能获取完全信息，也缺乏能力充分处理信息，因此人们的行为总是受到观念和意识形态的影响，而后者源自文化和经验。文化变迁总是如此缓慢，它限制人们改造制度，甚至常常引致阻碍经济发展的制度。此外，由

① Ménard, Claude, Mary M. Shirley. “The Contribution of Douglass North to New Institutional Economics.” in Galiani, Sebastián, Itai Sened (eds.). *Institutions, Property Rights, and Economic Growth: The Legacy of Douglass North*. Cambridge: Cambridge University Press, 2014, pp. 11-29.

② North, Douglass C., Robert P. Thomas. *The Rise of the Western World: A New Economic History*. Cambridge: Cambridge University Press, 1973, p. 2.

③ Davis, Lance E., Douglass C. North. *Institutional Change and American Economic Growth*. Cambridge: Cambridge University Press, 1971, pp. 118-119.

④ Wallis, John J. “Persistence and Change in Institutions: The Evolution of Douglass C. North.” in Galiani, Sebastián, Itai Sened (eds.). *Institutions, Property Rights, and Economic Growth: The Legacy of Douglass North*. Cambridge: Cambridge University Press, 2014, pp. 30-49.

于制度主要由国家提供，所以国家的政治过程也深刻影响着制度是有效还是无效、是变迁还是存续。这些观点在后续的著作中得以进一步阐发，代表作是《制度、制度变迁与经济绩效》《理解经济变迁过程》和《暴力与社会秩序》。

至此，诺思便构建起解释“国贫国富”的新制度理论，我们也得以在学术脉络中辨别其贡献。诺思的贡献至少可归结为两点。第一，诺思通过修正新古典经济学所暗含的“完全信息”和“交易成本为零”的假设，将制度、国家和政治纳入经济发展的分析框架；通过修正新古典经济学所暗含的“个体能够充分处理信息”的假设，将意识形态、习惯和文化等因素纳入经济发展的分析框架，搭建起新古典分析路径和旧制度主义洞见的桥梁，建立起新制度经济学的经济发展理论。[①] 第二，诺思通过历史经验与演绎推理之间的互动来反思和推进理论，并利用这种方法来解谜“国民财富增长”，在一定程度上回归了斯密所开创的古典政治经济学传统。[②]

第二节　诺思的新制度经济学理论

诺思以“制度”为核心变量，建立分析经济和社会变迁的理论，具体可分为两个部分，一是提出“制度总居关键地位”（institutions matter）的命题，把制度作为解释经济增长的核心变量，进而探索决定制度安排的政治因素，从而形成了以制度为核心的经济动态解释；二是提出了“制度约束或激励组织/个体，理性的组织/个体改变制度”的经济学分析框架，从而建立了动态的制度变迁理论（表 7-1）。

---

① Hodgson, Geoffrey M. “The Approach of Institutional Economics.” *Journal of Economic Literature*, Vol. 36, No. 1, 1998.

② Groenewegen, John, Frans Kerstholt, and Ad Nagelkerke. “On Integrating New and Old Institutionalism: Douglass North Building Bridges.” *Journal of Economic Issues*, Vol. 29, No. 2, 1995.

表 7-1　诺思的论点、著作与贡献

理论	论点	著作	贡献
制度理论	制度决定绩效	《制度变迁与美国经济增长》《西方世界的兴起》	提出“制度决定论”，拓展新古典经济学的增长解释。
	政治决定制度	《经济史上的结构和变革》《暴力与社会秩序》	建构新古典经济学的国家理论。
制度变迁理论	相对价格牵动：制度通过相对价格变化为组织改变制度提供激励和能力； 意识形态制约：制度通过主观心智模型和报酬递增效应导致制度变迁呈现路径依赖特征。	《制度、制度变迁与经济绩效》《理解经济变迁过程》	借助“交易费用”和“意识形态”解释制度变迁过程，改进新古典经济学的“完全市场”和“完全理性”假设。

一、经济动态的制度解释

诺思提出，经济绩效主要由制度决定，制度则主要由政治决定，从而建立起一套以制度为核心、连接政治与经济的分析框架。在诺思的框架里，制度是“游戏规则”，包含正式约束、非正式约束及实施特征[①]，因而制度对于经济绩效的作用体现在“实施激励”和“调节成本”两个方面。制度的影响包括两方面。一方面，明晰的专有产权制度使个人收益接近社会收益，从而激励人们进行技术创新和人力资本投资；[②] 另一方面，明晰的产权、严格的司法和履约程序使社会成本接近个人成本，从而降低交易费用，增加合作收益。合作收益使专业化和分工成为可能，有利于实现规模经济。[③] 换言之，高效的制度可以从“提高创新收益”和“降低合作成本”两方面促进经济增长。

---

① 〔美〕道格拉斯 · C. 诺思：《制度、制度变迁与经济绩效》，杭行译，上海：格致出版社、上海人民出版社 2016 年版，第 4 页。

② 〔美〕道格拉斯 · C. 诺思：《经济史上的结构和变革》，厉以平译，北京：商务印书馆 1992 年版，第 20—21 页。

③ 同上书，第 43—44 页。

既然制度决定经济绩效，那么什么又决定了制度呢？诺思认为是政治因素，并分别以“国家-社会关系”和“国家-社会结构”为前提进行了分析。首先，若以国家-社会关系为前提，当分利集团势强、国家自主性较弱时，统治者追求租金最大化，从而实施偏向分利集团的垄断产权制度；当分利集团势弱、国家自主性较强时，统治者追求税收最大化，从而实施更加明晰开放的产权制度。① 其次，若以国家-社会结构为前提，当国家之内的暴力由军事专家分散掌握时，统治联盟需利用垄断租金向军事专家换取安全，从而建立限制性的产权制度；当国家之内的暴力由中央政府统一掌握时，统治联盟可从开放竞争中获取更多创新租金，从而建立开放平等的产权制度。② 总结来说，诺思认为集权自主的国家会实施有效的产权制度，并由此带来良好的经济绩效。

二、制度与制度变迁理论

为理解人类历史上的经济变迁过程，诺思进一步构建起一套动态的制度变迁理论。在这套理论中，诺思将制度视作博弈规则，将组织视作参与者，两者交互作用实现制度变迁。因此制度变迁的过程可以划分为“制度影响组织”和“组织改变制度”两个阶段。在第一个阶段中，制度通过规则约束和偏好塑造来影响组织，并为第二阶段进行铺垫。一方面，制度设定了竞争规则，从而约束着组织对技能和知识的学习。这个学习过程塑造了组织中的企业家对于机会和选择的感知，也即企业家对于衡量与实施成本、新谈判与契约的成本与收益的感知，从而改变了相对价格。③ 另一方面，制度降低了人们表达某个信念的成本，使人们愿意根据这一信念行事，因而制度塑造了个体和组织的偏好。因此，制度引起了相对价格和偏好的变化，而这两者又激励组织去不断改写制度。

在制度变迁的第二个阶段，组织也会改变制度。受相对价格变化的影响，组织的“偏好”和“能力”（相对议价能力）也会发生变化。偏好的

---

① 〔美〕道格拉斯·C. 诺思：《经济史上的结构和变革》，第 33 页。

② 〔美〕道格拉斯·C. 诺思、约翰·约瑟夫·瓦利斯、巴里·R. 温格斯特：《暴力与社会秩序：诠释有文字记载的人类历史的一个概念性框架》，杭行、王亮译，上海：格致出版社、上海三联书店、上海人民出版社 2017 年版，第 15—19 页。

③ 〔美〕道格拉斯·C. 诺思：《制度、制度变迁与经济绩效》，第 99—100 页。

变化为组织改变制度提供了激励，相对议价能力的变化则为组织赋予了能力。当相对价格发生变化时，作为交易参与者的组织希望改进收益状况，因而尝试再协商契约，为此往往需要重构更高层面的制度规则。[①] 组织于是产生了改变制度的激励。与此同时，当相对要素价格发生变化时，掌握不同要素的组织的相对议价能力也会发生变化。不同的组织都希望根据自己的偏好重塑制度，只有那些具有强议价能力的组织才能决定制度重构的方向。因此，组织在激励和权力都具备的情况下，便会积极改变制度，而激励和权力都来源于相对价格变化。以上就是诺思的“相对价格”牵动解释。

但是历史上的制度变迁，经常呈现出“锁入效应”（lock-in effects）和路径依赖特征，因为在改造制度的过程中，组织内企业家的决策基于有偏差的主观“心智模型”（mental models），其行为也受到制度实施的报酬递增效应的客观限制。一方面，由于企业家的心智模型受到文化遗产的影响，并且其认知能力有限，所以企业家对于真实世界的认知会产生偏差，其选择还会受到过往经验的影响。另一方面，由于制度实施过程中存在自我强化机制，这导致了制度运行的报酬递增效应，这一效应使得制度变迁呈现路径依赖特征。[②] 因此，上述主观心智模型和报酬递增效应导致制度变迁呈现锁入效应。这部分的逻辑就是诺思的“意识形态”制约理论。

综上所述，制度变迁的过程可以归纳为：制度塑造了组织的动机和权力，促使组织改变制度；而组织改造制度的过程受到主客观因素限制，使得制度变迁呈现路径依赖特征。

第三节　对诺思理论的继承与批判

诺思的制度理论博采众多学派思想精华，因而内涵丰富，由此引领了多项学术研究风潮，但由于未能完全化解不同学派思想之间的矛盾，也为后来学者的批判留下空间，其中最为突出的莫过于“理性选择的效率路

① 〔美〕道格拉斯·C. 诺思：《制度、制度变迁与经济绩效》，第 102 页。

② 同上书，第 112 页。

径”和“结构决定的权力路径”之间的张力。① 具体来说，作为一名经济学者，诺思的理论框架仍以价格理论为骨干，他将相对价格变化作为制度和经济变迁的根源，这暗含着制度和经济将会朝着更有效率的方向演进。但是，诺思又认为政治决定制度，然而影响政治和制度变迁的关键因素往往是权力，这意味着制度和经济的变迁未必总是向着更有效率的方向演进。围绕诺思思想的这一内在冲突，学者在后来的研究中尝试推进或突破。下面分别介绍学者们在制度决定论、制度变迁理论、交易费用政治学和认知科学四个领域对诺思的拓展。

制度决定论：诺思最重要的贡献在于提出了“制度决定绩效”的因果假说，这一理论在得到制度经济学家继承的同时，也受到政治学者和社会学者的批判。阿西莫格鲁（Daron Acemoglu）等继承者不仅通过精彩的计量研究检验了诺思的理论②，还对其进行了拓展，利用“包容性制度”和“汲取性制度”的对照，来解释国家兴衰。③ 而持批判立场的学者则认为“制度与绩效”这一组因果命题忽略了权力变量，从而导致内生性问题。例如传统的现代化理论学者认为，是经济发展导致了制度变迁，而非相反的逻辑。他们基于历史经验主张，在发展的过程中，是更具经济效率的集团掌握了权力，从而制定有利于自身的制度。历史社会学者则认为国家能力是“经济发展”和“制度转型”的共同前提，但后两者之间并无必然因果关系。他们基于历史经验指出，只有“强势国家”才能推动经济发展，但这一过程并不以制度转型为前提。④

制度变迁理论：诺思另一重要贡献在于构建了动态的制度变迁理论。但有学者认为，诺思将制度变迁的动力归结于“相对价格”变化，这暗示

---

① Wallis, John J. “Persistence and Change in Institutions: The Evolution of Douglass C. North.” in Galiani, Sebastián and Itai Sened (eds). *Institutions, Property Rights, and Economic Growth: The Legacy of Douglass North*, Cambridge: Cambridge University Press, 2014, pp. 30-49.

② 见 Acemoglu、Johnson 和 Robinson 合作的实证论文，“The Colonial Origins of Comparative Development: An Empirical Investigation”, *American Economic Review*, Vol. 91, No. 5, 2001, pp. 1369-1401; “Reversal of Fortune: Geography and Institutions in the Making of the Modern World Income Distribution”, *The Quarterly Journal of Economics*, Vol. 117, No. 4, 2002.

③ 〔美〕德隆·阿西莫格鲁、詹姆斯·A. 罗宾逊：《国家为什么会失败》，李增刚译，长沙：湖南科学技术出版社 2015 年版，第 73 页。

④ 〔澳〕琳达·维斯、约翰·M. 霍布森：《国家与经济发展：一个比较及历史性的分析》，黄兆辉、廖志强译，长春：吉林出版集团有限责任公司 2009 年版，第 3 页。

制度将总是朝着更有效率的方向演进，如此便无法解释无效制度的长期存在，于是他们从冲突与权力视角对诺思进行修正。阿西莫格鲁等人将诺思的效率观点称为“政治科斯定理”（Political Coase Theorem）[①]，并提出社会冲突论来改进。他们认为当不同社会集团面临冲突时，具有较强实际政治权力的集团决定了制度变迁的方向，而集团实际政治权力由当前政治制度和资源分配格局共同决定，由此便构建了权力驱动的“内生制度变迁”理论。陈玮、耿曙、钟灵娜进一步拓展制度变迁的权力解释，发展了基于强大“掠夺型”国家下的制度变迁分析。[②] 根据他们的分析，面对“分利集团”（汲取租金）和“一般民众”（汲取税金）两类汲取对象，具有高度自主性的国家会在两者之间进行理性抉择，决定如何设定产权，以使收入最大。而是否产生整体经济有效的产权制度，就是上述汲取“租金”“税金”选择的制度后果，由此建立了类似财政社会学的解释框架。

交易费用政治学：诺思还开创了交易费用政治学这一研究范式。该范式利用经济学工具分析政治过程，将政治过程视作交易与合约，将政治市场的交易费用视作制度成本，从而将制度的形成与演化纳入经济学分析框架，极大推进了公共选择理论。有学者应用这一范式开展研究，例如利瓦伊（Margaret Levi）和迪克西特（Avinash Dixit）对国家经济政策的分析。[③] 也有学者对此展开批判，认为这种经济学范式将交易费用最小化作为分析基准，本质仍是效率路径，因而可能与政治和制度演变的现实相悖。[④] 他们指出，诺思及其继承者将交易费用视作制度的成本，并将降低交易成本视作制度形成与演变的目的，这意味着政治和制度的演变总是朝着更有效率的方向。然而现实的政治往往由权力结构决定，权力博弈塑造了制度结果。甚至有些时候，政策制定的初衷是实现公平正

---

① 〔美〕达龙·阿塞莫格鲁、詹姆士·A. 罗宾逊：《政治发展的经济分析：专制和民主的经济起源》，马春文等译，上海财经大学出版社 2008 年版。

② 陈玮、耿曙、钟灵娜：《制度变迁的“理性解释”与“权力解释”：评诺斯〈经济史上的结构和变革〉》，载《社会发展研究》2017 年第 4 期。

③ 〔美〕玛格丽特·利瓦伊：《统治与岁入》，周军华译，上海：格致出版社、上海人民出版社 2010 年版；〔美〕阿维纳什·K. 迪克西特：《经济政策的制定：交易成本政治学的视角》，刘元春译，北京：中国人民大学出版社 2004 年版。

④ 李建标、曹利群：《“诺思第二悖论”及其破解：制度变迁中交易费用范式的反思》，载《财经研究》2003 年第 10 期。

义。权力博弈和公平目标都有可能提高交易成本，这显然与效率标准相悖。由此可见，交易费用政治学同样也面临着效率演进还是权力塑造的质疑。

认知科学：最后，诺思也引领了认知科学领域的研究。他吸收认知科学知识修正新古典经济学的偏好假设，指出人们决策的依据是“主观心智模型”，而心智模型又来源于基因结构和文化遗产。诺思重点研究了文化遗产，尤其是观念和意识形态对制度结果的影响。然而有学者认为诺思的理论暗含了文化同质性假设，忽视了信念建构的社会过程以及其中的权力背景。例如格雷夫（Avner Grief）提出认知规则的发展由社会的元规则决定[①]，这实际上揭示了信念的演变受权威力量影响。安布罗西诺（Angela Ambrosino）等人则刻画了受到正式制度支持的意识形态自上而下塑造共享信念的过程，表明信念体系会受到正式权力结构的影响。[②]

表 7-2　对诺思理论的继承与批判

领域	继承/拓展	批判	批判共性
制度决定论	阿西莫格鲁等人的实证检验与理论拓展	遗漏权力变量，制度与绩效可能存在内生性关系	诺思以价格理论为核心的经济学分析框架本质是将效率作为分析基准，然而政治和制度领域的关键影响因素是权力。权力作用方向可能与效率标准相悖
制度变迁理论	阿西莫格鲁等人的社会冲突理论； 陈玮等制度变迁的权力解释	相对价格变化作为制度变迁来源，暗示制度总是向着更有效率的方向演进	
交易费用政治学	迪克西特用来分析经济政策的交易费用政治学框架 利瓦伊的掠夺性政治理论	经济学分析范式将交易费用最小化作为制度产生与演变目的	
认知科学	格雷夫提出认知规则的竞争和演进； 安布罗西诺等人刻画意识形态自上而下塑造非正式约束的过程	文化同质性假设忽视了信念产生的社会过程以及权力在其中所起的作用	

① Grief, Avner, Joel Mokyr. “Cognitive Rules, Institutions, and Economic Growth: Douglass North and Beyond.” *Journal of Institutional Economics*. Vol. 13, No. 1, 2016.

② Ambrosino, Angela, Stefano Fiori. “Ideologies and Beliefs in Douglass North's Theory.” *The European Journal of the History of Economic Thought*, Vol. 25, No. 6, 2018.

综合上述，诺思为了解答“国贫国富”这一宏大谜题，将“制度”带进理论分析的中心，从而开创了解释经济变迁的新制度经济学路径，这一路径如今已成为发展理论大厦的核心支柱，而诺思本人也成为发展领域的理论巨擘。

第三编

发展政治学重点范畴

第八章

国家理论

张长东

国家是人类历史上最重要的制度之一，现代国家则被认为是一国经济发展和社会进步的前提条件（也可能是问题本身），被赋予了越来越多的功能和责任。因此，对国家的研究，与对权力和权威、民主政体与威权政体的研究一样，成为发展政治学在内的政治学科的核心研究主题。国家研究的理论发展一方面反映了政治学学科发展的状态，另一方面也推动着政治学及相关学科的发展。国家理论对于政治学理论而言具有根本性的意义。正如经济学需要预设一个市场——不管是何种属性的市场[①]——的存在才能研究个体、厂商乃至政府的行为，政治学研究需要一个明示的（explicit）或者至少是隐含的（implicit）国家概念作为前提基础。[②]

国家理论有多个理论源流，韦伯从组织和支配的角度对国家的定义在比较政治学里长期占据主导地位，马克思的阶级统治工具的国家理论也影响深远，斯密的守夜人国家理论则被发展成为基于理性选择的新古典国家

① 某种意义上，经济学的发展与其对市场的预设相关：从完全竞争市场到各种形式的垄断市场的转变带来了博弈论、产业经济学的发展，从市场零交易成本到正交易成本的转变带来了信息经济学、制度主义、公司治理理论，从市场主体是完全理性人到非完全理性人的预设带来了行为经济学革命，等等。当然，经济学的研究也预设了某种国家或者政府理论。

② 在这个意义上，迈克尔·曼将忽视国家作用的各种“社会中心论”理论视为不同流派的国家理论，参见：〔英〕迈克尔·曼：《社会权力的来源（第二卷）：阶级和民族国家的兴起（1760—1914）》，陈海宏等译，上海：上海人民出版社 2015 年版，第三章。

理论，霍布斯把国家视为提供秩序的利维坦的观点也不可忽视。这些不同的理论流派互相影响，推动了国家理论的实证研究。

二战后，比较政治学学科中的国家理论经历了被相对忽视、各种“社会中心论”理论盛行（20世纪50年代到70年代中后期），到“重新找回国家”的国家中心论运动（20世纪70年代中后期到80年代后期），再到理论多元化三个阶段。[①] 正如科学中的范式转换一样，三个阶段中每个阶段都是对前一个阶段的反动，有时候甚至是矫枉过正。本章主要介绍第二、第三阶段的国家理论发展。

第一节　国家的概念和类型

一、国家概念

在《发展中国家的国家建构》中，森特诺（Miguel A. Centeno）等人综合了霍布斯、马克思、韦伯、蒂利、奥尔森等人的国家定义，把国家定义为“一套嵌在社会中的治理机构，被认为是一种提供秩序和公共物品的组织化支配的形式”。[②]武有祥（Tuong Vu）认为国家是政治行为者活动的机构性构造（institutional configurations），从方法论上说，国家无法被作为一个自变量对待，而应该被视为政治运行的场所或过程。[③] 这两个概念揭示的因素和忽略的因素都很多，下面我们通过列举和比较一些关于国家的定义来讨论其中重要的因素。

基于理想型的方法论和用手段（暴力）而非目的或活动定义国家，马克斯·韦伯（Max Weber）提出了国家的经典定义：国家是一个在某固定疆域内肯定了自身对武力正当使用的垄断权利的人类共同体；就现代来说，只有在国家允许的范围内，其他团体或个人才有使用武力的权利；因

① 跟其他理论一样，这种阶段划分法也存在过于简化的问题，但大体比较符合实际情况，有助于我们把握其发展史。

② Centeno, Miguel, A., et al. (eds.). *State Building in the Developing World*. New York: Cambridge University Press, 2017.

③ Vu, Tuong. “Studying the State through State Formation.” *World Politics*, Vol. 62, No. 1, 2010.

此，国家是使用武力的“权利”的唯一来源。[1] 然而这个经典概念本身是一个复合型概念，至少包含以下几个层次的意义。第一，国家领导者通过掌握正规军和警察部队，消灭非国家控制的军队、民兵和强盗而垄断其社会中的主要暴力手段。第二，通过相对于国内和外部势力的国家自主性，国家官员们力图按自身的偏好行事，在制定政策时能重塑、忽略或绕开即使是最强大的社会行为者的偏好。第三，国家领导者力图使其机构高度分化，从而使众多机构专注于治理其民众生活细节的各种专门化的、复杂的任务。第四，国家的建造者们（通过集权）希望这些机构相互协调，从而使国家的不同机构间有凝聚力，不同机构工作的人们有共同的目标[2]。因为概念的复合性，韦伯的追随者们对国家概念的理解也突出不同的侧重点，难免见仁见智。迈克尔·曼（Michael Mann）扩充了韦伯的国家定义，认为“现代国家”具有一种行政、法律秩序，且后者随法律而变，同时，立法也决定了行政人员——他们同样受制度约束——有组织的行为。这一由秩序组成的体系要求对国家的组成成员、公民拥有令行禁止的权威。因此，“现代国家”是具有明确地域的强制性组织。[3] 安东尼·吉登斯（Anthony Giddens）修正韦伯的概念，去掉了垄断暴力工具和合法性两个要素，认为国家的“统治在地域上是有章可循的，而且还能动员暴力工具来维护这种统治”。[4] 国家指行政管理机器，是由专门从事行政管理工作（包括军事技能）的官员所组成的等级体系。[5]

基于经济基础决定上层建筑的原则，国家也被马克思主义者定义为经济上占统治地位的阶级进行阶级统治的工具。根据不同的分类标准，国家可以被分为不同的类型。按照国家存在的生产关系基础，卡尔·马克思及其后继者将国家区分为奴隶制国家、封建主义国家、资本主义国家、社会

---

① 〔德〕马克斯·韦伯：《学术与政治》，冯克利译，北京：生活·读书·新知三联书店 2016 年版。

② Migdal, Joel S. “Researching the State.” in Lichbach, Mark Irving, and Alan S. Zuckerman (eds), *Comparative Politics: Rationality, Culture, and Structure*. New York: Cambridge University Press, 2009.

③ 〔英〕迈克尔·曼：《社会权力的来源（第二卷）：阶级和民族国家的兴起（1760—1914）》。

④ 〔英〕安东尼·吉登斯：《民族—国家与暴力》，胡宗泽、赵力涛译，北京：生活·读书·新知三联书店 1998 年版，第 21 页。

⑤ 同上书，第 79 页。

主义国家和共产主义（国家消亡）。虽然没有提出一个明确的国家理论，而且在诸多著作中存在一些相互矛盾的思想，马克思主义很长时间内被认为是工具观的国家观，直到20世纪70年代产生国家相对自主性的争论。[①] 魏特夫（Karl August Wittfogel）的“东方专制主义”理论强调国家作为一个组织，其某些特殊功能（如治水）而非其经济基础，会对国家形式（及其对社会的管控）造成决定性影响。[②] 佩里·安德森（Perry Anderson）也修正了马克思的国家观。在农民起义的威胁和西方经济整体结构中商业、制造业资本的双重压力之下，在西欧产生了绝对主义国家。[③] 相对于高度分权的封建主义国家，安德森认为，绝对主义国家是政治法律强制力向上转移到中央集权化、军事化的顶峰。绝对君主政体带来了常备军、常设官僚机构、全国性税收、成文法以及初步统一的市场[④]。经过重新部署和装备的封建统治机器，旨在将农民再度固定于传统社会地位之上——这是对农民由于地租广泛转化所获得的成果的漠视和抵抗。[⑤] 绝对主义国家本质上还是封建主义国家，因为这一制度建立于封建主义生产关系之上，且维护封建贵族的集体利益——将农民和市民压制在社会等级制度的最底层，但安德森将作为组织的国家的这一面揭示了出来。

与马克思和韦伯的传统不同，理性选择理论的国家概念强调国家中理性的统治者的重要性。奥尔森（Mancur Olson）提出了“国家是常驻的匪帮”这一高度简化却很有洞察力的剥削论/掠夺论国家观。奥尔森认为国家的本质是掠夺性的（而非为了善或者正义），但是有的匪帮是流寇，其手段是烧杀劫掠，一次性获得最多的战利品；一旦有的匪帮能够长期控制一片领地，他们会发现，烧杀劫掠并不能带来自身收益最大化，因为这样会摧毁生产力，不利于下次掠夺。因此，常驻的匪帮会选择收取最大化的保护费（税收）而非烧杀劫掠，并保护民众不受其他匪帮劫掠，从而成为

---

① 关于马克思主义的国家理论及国家、社会关系的讨论，参见：俞可平：《让国家回归社会：马克思主义关于国家与社会的观点》，载《理论视野》2013年第9期。

② 〔美〕卡尔·A. 魏特夫：《东方专制主义：对于极权力量的比较研究》，徐式谷、奚瑞森、邹如山等译，北京：中国社会科学出版社1989年版。

③ 〔美〕佩里·安德森：《绝对主义国家的系谱》，刘北成、龚晓庄译，上海：上海人民出版社2016年版。

④ 同上书，第4页。

⑤ 同上书，第5页。

国家。[1] 因此，关键是统治者的折现率——流寇的折现率很高而坐寇（常驻的匪帮）则具有较低的折现率，（一个期望永远传位的）国王的折现率甚至低于民主体制下的总统或首相。利瓦伊也将国家（统治者）的目标视为税收最大化，但税收最大化并不意味着掠夺性国家。比奥尔森更进一步（但更早），玛格丽特·利瓦伊（Margaret Levi）提出了税收最大化的统治者面临三个因素的影响和限制——折现率、交易成本和讨价还价能力，从而提出了一个更为全面的分析框架，并在此基础上分析了不同时期的国家形式及其税收形式。[2]

道格拉斯·诺思（Douglass C. North）提出了一个基于契约论但也融入了剥削论的国家观："国家是一种在行使暴力上有比较优势的组织，它对纳税选民拥有的权力决定其地理疆域的延伸。"国家处于"规定和强制实施所有权的地位"，理解国家的关键在于"潜在的利用暴力来实现对资源的控制"。[3] 国家之所以重要是因为存在"国家悖论"：国家的存在对于经济增长来说是必不可少的，但国家又是人为的经济衰退的根源。国家规定和实施产权制度的时候，存在一个悖论：降低市场交易成本以促进经济效率从而促进经济增长；降低税收提取的交易成本从而增加国家税收。此外，统治者往往需要借助代理人实行统治和征税，但代理人往往和统治者有不同利益，需要统治者支付不同水平的监督费用。诺思称之为交易成本约束。另外一个约束是竞争者约束：国外的竞争者和国内的潜在竞争者。统治者需要为（核心）选民提供公共服务以获取其支持，战胜国内外的竞争者。诺思进而认为人口变化（影响土地和劳动的相对价格，从而影响所有权）、自然地理条件、地区资源和国家的军事技术在决定国家的规模和特点以及在塑造经济组织的形式方面，起了决定性作用。[4] 诺思虽然强调了国家的重要性，提出了许多极富洞察力的观点，但是他将动态发展的动力归因于相对价格变化和意识形态变化，因此无法提供现代国家形成和变化的理论。

和诺思类似，华盛顿学派的另外一位代表人物约拉姆·巴泽尔（Yoram Barzel）认为国家有两个组成部分：(1) 一群受单一的、运用暴力以实施产权和协议的最终的第三方约束的人；(2) 此实施权所覆盖的、这群人

---

① Olson, Mancur. "Dictatorship, Democracy, and Development." *American Political Science Review*, Vol. 87, No. 3, 1993.

② Levi, Margaret. *Of Rule and Revenue*. Berkeley: University of California Press, 1988.

③ 〔美〕道格拉斯·C. 诺思：《经济史上的结构和变革》，第 22 页。

④ 同上书，第 65 页。

所居住的疆域。[①] 利瓦伊将国家界定为“一个权力集权化且制度化的复杂机构，它在一定的领土范围内集中了暴力、确立了财产权并规制社会。这一机构也得到了国际社会的正式承认”。[②] 对理性选择论者而言，国家理论充满内在的矛盾：国家是由一群利益最大化的个体构成的，但这群人却被要求提供各种公共物品（而非寻租）。[③] 因此，我们需要从理性选择理论进入（比较）制度主义理论，研究制度如何激励和约束个体行为者，来更好地定义和构建国家理论。[④]

和国家概念非常紧密联系的概念是主权——完整的主权也是国家区别于其他组织的一个核心特征。斯蒂芬·克拉斯纳（Stephen Krasner）认为有四种主权概念[⑤]，本章将其归纳为表 8-1。

表 8-1　四种主权及其定义和特征

<table>
<tr><th>主权种类</th><th>定义</th><th>特征</th></tr>
<tr><td>国际法律主权</td><td>具有独立司法权并占据一定领土的实体之间的相互承认</td><td rowspan="2">权威和合法性，行为的恰当性</td></tr>
<tr><td>威斯特伐利亚主权</td><td>外部势力不干涉（一个领土国家）内政</td></tr>
<tr><td>国内主权</td><td>一国之内政治权威的正式组织以及公共权威能有效控制边疆</td><td>权威和控制</td></tr>
<tr><td>相互依赖的主权</td><td>公共权威有能力规制信息、观念、物品、人员、污染物和资本流出流入本国边界</td><td>控制</td></tr>
</table>

对于一个既定国家，四种主权可能但并不一定是正向相关的，而是可能参差不齐。

---

① Barzel, Yoram. *A Theory of the State: Economic Rights, Legal Rights, and the Scope of the State*. New York: Cambridge University Press, 2002, p. 4.

② Levi, Margaret. “The State of the Study of the State” . in Katznelson, Ira, Helen Milner (eds.). *Political Science: The State of the Discipline*. New York: Norton, 2002.

③ 诺思在其早期的研究中强调意识形态的重要性，但在 20 世纪 90 年代前后也开始关注一些制度设计如宪政对约束统治者权力的作用；温格斯特也强调了联邦制扮演的分权制衡作用。参见：North, Douglass C., Barry R. Weingast. “Constitutions and Commitment: The Evolution of Institutional Governing Public Choice in Seventeenth-Century England”. *Journal of Economic History*, Vol. 49, No. 4, 1989. Weingast, Barry R. “The Economic Role of Political Institutions: Market-Preserving Federalism and Economic Development.” *Journal of Law, Economics, and Organization*, Vol. 11, No. 1, 1995.

④ Evans, Peter B. *Embedded Autonomy: States and Industry Transformation*. Princeton: Princeton University Press, 1995, p. 25.

⑤ Krasner, S. *Sovereignty: Organized Hypocrisy*. Princeton: Princeton University Press, 1999.

二、国家类型

国家是个复合型概念，包含多个维度，因此按照不同维度进行分类就能分出很多国家类型。此外，还可以通过加前缀形容词增加新的维度。此处仅介绍几种分类，文中还会从经济发展的角度讨论国家类型学。

韦伯认为经济社会发展的关键特征是理性化和科层化，在此基础上主要区分了家产制国家和现代（理性化）国家。理性化国家（rational state）以有专长的官吏阶级和合理的法律（形式主义的司法）为基础，实行有连贯性的先后一致的经济政策（重商主义）。[①] 如后文将重点讨论的，现代国家的形成很大程度上就是家产制国家向理性化国家转变的过程。当然，这个分类法也是基于理想型的方法论而无法被简单套用。譬如，中国历代王朝会被认为是家产制和官僚制混合体国家。一个原因是农业无法产生足够的剩余来供养一个现代化的官僚体系，因此虽然取代分封制的郡县制在秦汉时期就确立，取代贵族制的科举制（基础上的官僚体系）早在隋唐时期就形成，但国家的职能范围有限（税收、治安、赈灾），渗透能力有限（皇权不下县），官僚化程度有限（严重依赖非官僚化的胥吏进行治理）。

熊彼特以国家的财政收入来源作为分类标准，区分了领主国家（domain state）[②]、税收国家、租金国家（rentier state）。其中税收国家是指通过常规性地征税获得主要收入的国家形态；租金国家是依赖源自自然资源（如石油、矿产）等收入的财政资源的国家。[③] 后人提出的财政国家是指国家可以通过以未来税收为抵押的借贷获取临时性的大量资金。

李博曼（Evan Lieberman）进一步拓展和细化了基于税收国家的类型学，提出了五类税收国家：弱税收国家（skeletal state，直译为骨瘦如柴型

---

① Weber, Max. *Economy and Society: An Outline of Interpretive Sociology*. New York: Bedminster Press, 1968.

② 国内学者刘守刚、马骏称其为“家财型”，并认为存在传统的和现代的家财型两类：传统的家财型国家指君主制下君主直接占有领地并从领地获得主要收入；现代的家财型国家主要是指那些实行计划经济体制的国家，在这些国家，广泛的国家所有制使得国家的财政收入主要来源于国有企业上缴的利润。租金国家是指那些主要依靠国家垄断的自然资源出口而获取租金收入的国家。

③ Schumpeter, Joseph A. *The Economics and Sociology of Capitalism*. Princeton: Princeton University Press, 1991, pp. 99-140.

国家)、租金国家、共产主义国家（类似于刘守刚提出的现代型家财国家[①]），并根据精英阶层是否纳（更多的）税把税收国家分为两类：对抗型税收国家（精英群体不纳税）和合作型税收国家。

熊彼特赋予税收和财政极度重要性，认为这二者既是政治经济社会变迁的重要原因又是重要结果：一切重要的经济社会变迁都可以找到财税的根源。这些变化包含现代国家的产生（这一点熊彼特并未明确阐释）[②] 和代议制民主制度的确立——这一点也是“无代表不纳税”原则的体现。

不难发现，韦伯的国家概念和熊彼特的国家类型存在一定的契合性，其重要原因是官僚制需要税收制度作为支撑。我们在后文会看到，国家建构理论的原型——“军事—财政国家”理论就受到二者的深刻影响。

曼对这两种国家权力之间关系的讨论更好地体现了国家自主性和国家能力之间的关系（后文会具体阐释这些概念）：基础性权力并不必然和专制性权力正相关，二者之间的关系可以是各种组合。如果我们以二者为纵轴、横轴做图 8-1，那么存在四类极端的类型，还有更多国家则是分布于四个角之间。

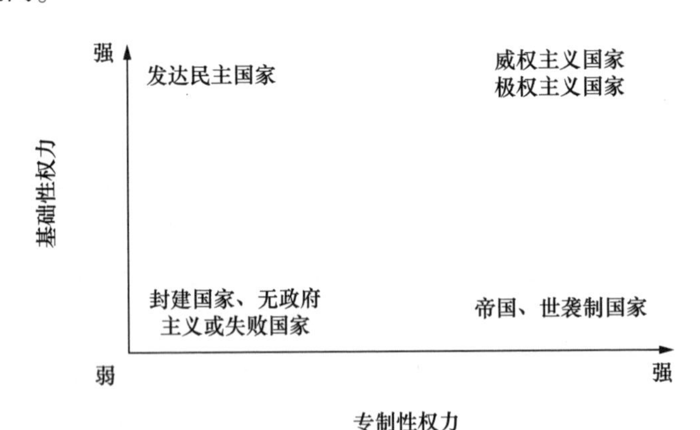

图 8-1　基于两种权力划分的国家类型

国家类型的静态分析有助于提供清晰的概念，但国家类型的动态演变

① 刘守刚：《家财帝国及其现代转型》，北京：高等教育出版社 2015 年版。

② 正如我们会在后文强调的那样，这一观点在 20 世纪 80 年代被以蒂利为代表的国家建构理论学者们所继承和发扬。

更能加深我们对国家本质及其功能的认识。本章还将讨论现代国家的形成，尤其是基础性权力增长背后的动力，也会涉及专制性权力的消长。

按照国家能力的强弱，我们可以将国家区分为强国家、弱国家、失败国家或崩溃国家等。当然，因为国家能力往往指的是多项能力，因此可能存在有的国家在某项能力上特强，但在其他的国家能力上却很弱的情况。强国家往往是长期的、充满流血历史的国家建构的成果，其他类型的国家则缺乏国家建构的历史或国家建构失败。相对于中央集权且强有力的现代民族国家，有机国家（organic state，此处“有机”一词借助斯宾塞的“有机团结”概念）无力直接和广泛地渗透社会，但因为存在宗教归属或缺乏较强的政治化的种族差异，也能获得民众精神上的效忠——因为除了国家之外民众缺乏替代性的认同或可依附物。[①]

第二节　从国家的缺席到重新找回国家

政治学的行为主义革命认为正式制度规则和现实政治之间存在巨大的鸿沟，强调对现实政治的研究。在美国政治中，对“政府过程”的研究——政党的运作、利益集团和政策游说、公众舆论和投票行为研究等取代了对国家和正式制度的研究。二战后新兴的对发展中国家的比较政治学研究侧重于政治发展研究，多数基于现代化理论和结构功能主义，强调公民文化研究。马克思主义的影响在国内政治层次主要在于巴林顿·摩尔开创的阶级和民主化的关系，在国际层次则是依附论和世界体系论[②]。正如马克思主义强调阶级，多元主义（利益集团理论）强调各种群体和团体，二者都将国家视为阶级或团体角力的舞台，将国家的性质及其政策视为社会力量对比的反映，国家缺乏自主性。二者被认为是社会中心论——也被称为“社会还原论”（societal reductionism）或情境主义（contex tualism）。[③]

---

① Badie, B. *The Imported State: The Westernization of the Political Order*. Stanford: Stanford University Press, 2000, p. 5.

② 依附论和世界体系论从马克思主义理论出发，将阶级分析运用于全球体系，强调国际劳动分工对发展中国家发展的客观限制，国家也不是其分析对象。

③ 〔美〕詹姆斯·G. 马奇、约翰·P. 奥尔森：《重新发现制度》，张伟译，北京：生活·读书·新知三联书店2011年版，第3页。

然而，国家这一概念及相关理论分析并没有被彻底遗忘，一些学者提出了关注呼吁，其代表人物是亨廷顿、内特尔和奥唐奈。虽然没有使用国家一词，但亨廷顿在其《变革社会中的政治秩序》中提出了许多和国家理论相关的概念和理论分析，尤其是其“制度化”概念和理论，直接或间接地影响了20世纪70年代末开始复兴的国家理论。米格代尔归纳道：“亨廷顿没有使用‘国家’这个词——当时这个词已经过时——但是国家还是不断地在他的分析中呈现出来。事实上，国家回归的潮流正应该归功于亨廷顿；他没有用一个词来确切地指称国家，他所描述的是在一定范围内（国家）的公共机构排列的行动和特征如何对社会产生了巨大的影响。他使得公共机构重返学术舞台的中央。他的理论还暗示如果我们仅仅关注国家是如何发展它的制度的，那么我们的视野就无法更加深入。他的论点很简单：只有当政治制度化的程度超过政治参与的程度时，才能产生稳定的、为公益服务的政治。”①

奥唐奈则批评了现代化理论中经济发展带来民主的预设，提出了官僚威权体制相对于经济社会变量的独立性和影响经济社会发展的作用。② 他虽然没有明确提出国家概念，但是也标志着学界对各种社会中心论的深刻反思，其概念中对军队和官僚机构的重视和后来的国家主义文献一脉相承。

基于韦伯的理想型国家概念使得人们忽视了不同国家的差异，内特尔提出了“国家性”（stateness）这一概念③，提出应该将国家视为一个概念性变量而非常量——不同国家间存在质和量的区别，只有这样我们才能进行有意义的实证的比较研究。④ 内特尔列出了国家的以下四个特征：

（1）国家是具有一系列功能和结构的集合体；

---

① 〔美〕乔尔·S. 米格代尔：《强社会与弱国家：第三世界国家的国家社会关系和国家能力》。

② 〔阿根廷〕吉列尔莫·奥唐奈：《现代化和官僚威权主义：南美政治研究》，王欢、申明民译，北京：北京大学出版社2008年版。

③ Nettl, J. P. “The State as a Conceptual Variable.” *World Politics*, Vol. 20, No. 4, 1968.

④ 几乎在同一时期，萨托利从方法论上强调比较政治分析中存在概念拉伸的问题：基于西方国家经验归纳的概念被带到非西方国家“旅行”，在分析运用中却不加审视，不顾概念是否适用于新的语境。参见：Sartori, G. “Concept Misformation in Comparative Politics”. *American Political Science Review*, Vol. 64, No. 4, 1970. 在国家研究中，也存在一些研究者直接将韦伯的理想型概念直接用于分析发展中国家的问题。

（2）国家在国际关系领域是一个单一的行为体；

（3）国家是代表了社会一般性的自主的集合体和总括性概念；

（4）国家本质上是一个社会文化现象（有其主观和建构层面）——国家的边界正是存在于此而非其他三个层面。

虽然没有很快改变学界的研究风向，但是内特尔的理论引起了学界的反思并产生了深远的影响。很快就兴起了“把国家带回来”（bringing the state back in，或“重新找回国家”）的运动，强调政治社会变迁乃至经济发展中国家的核心作用。

一、重新找回国家

然而，正如韦伯指出的那样，国家自身是一个组织机构，而相对于组织程度松散的社会群体（如阶级、利益集团等）而言，组织化了的国家会呈现许多自身特征——这些特征包括自主性、（横向和纵向的）集中化程度、委托代理关系等。[①] 进而有学者将政治视为基于层级原则（hierarchy，背后是权威的运用）组织的制度，将市场视为基于交易（exchange，背后是自愿原则）的制度。

20 世纪 70 年代末以来，一些学者开始将国家这一概念作为核心研究对象，从而掀起了一场“把国家带回来”的学术潮流，倡导以国家中心论范式取代之前各种版本的社会中心论。这方面文献众多，包括斯泰潘（Alfred C. Stepan）对秘鲁的研究[②]、斯考切波对国家和社会革命的研究[③]、埃文斯对“依附性发展”的研究[④]、诺德林格关于资本主义国家自主性的研

---

① 米歇尔斯也从组织的角度出发提出了寡头统治铁律。

② Stepan, Alfred C. *The State and Society: Peru in Comparative Perspective*. Princeton: Princeton University Press, Chapter 1, 1978, pp. 3-45.

③ Skocpol, Theda. *States and Social Revolutions: A Comparative Analysis of France, Russia and China*. Cambridge: Cambridge University Press, 1979.

④ 埃文斯的研究批评了依附论的结构论观点，提出了国家的作用以及国家—跨国企业—本国企业三角关系中不同联盟的可能性及其对发展结果的影响。此后，埃文斯 20 世纪 80 年代在一系列论文进一步突出国家的作用，将韦伯尤其是其官僚制研究带入了发展研究，强调国家——具有韦伯式官僚制的国家——对经济发展的决定性作用。参考：Evans, Peter B. *Dependent Development: The Alliance of Multinational, State, and Local Capital in Brazil*. Princeton: Princeton University Press, 2018.

究[①]等。基于这些文献，克拉斯纳归纳了20世纪70年代国家主义文献区别于行为主义革命文献的五个主要特征：

(1) 国家主义者视政治为统治和控制而非（资源）配置（伊斯顿的定义）；更强调针对国内外的威胁维护既有秩序而非在政治行为者之间配置利益；

(2) 认为可以将国家视为一个行为者——从而作为一个外生变量或者中介变量，而非一个反映社会特征或者偏好的因变量；

(3) 强调正式和非正式制度对个体和群体行为的制约——制度限制乃至决定了行为者对自身利益的界定和手中的资源；

(4) 更注重历史的重要性——这一点在20世纪90年代以来发展成为历史制度主义——并由此产生了第五个特征；

(5) 反功能主义：结构的存在并不是因为其发挥的功能，功能的发挥并不一定带来相应的结构。

克拉斯纳认为这五个特征并不构成一个一致、连贯的普遍性的国家理论——因为这样一个理论基本是不可能的。[②]

虽然作为区域研究和发展研究的产物，一开始并未有意介入国家回归学派的讨论，但基于东亚经验的发展型国家理论从一开始就成为国家回归学派的经典理论。发展型国家理论对国家在经济发展中的主导作用、对官僚体系的强调都和国家学派非常契合。[③]

作为对各种社会中心论的反动，国家回归学派强调两个核心概念——国家自主性和国家能力，也就是国家既有意愿也有能力做自己想做的事情，乃至改变经济社会力量。曼的两种权力观——专制性权力和基础性权力，很大程度上把握住了国家自主性和国家能力理论的核心要素。专制性权力指国家精英对公民社会的分配性权力，“它源自国家精英能不经和公民社会群体协商的程序而采取行动的范围”。相反，基础性权力是“国家

① Nordlinger, Eric A. *On the Autonomy of the Democratic State*. Cambridge: Harvard University Press, 1981.

② Krasner, Stephen. “Approaches to the State: Alternative Conceptions and Historical Dynamics.” *Comparative Politics*, Vol. 16, No. 2, 1984.

③ 鉴于有两篇很好的中文综述文章，本章不再阐释发展型国家理论的发展脉络。参见：朱天飚：《发展型国家的衰落》，载《经济社会体制比较》2005年第5期；陈玮、耿曙：《发展型国家的兴与衰：国家能力、产业政策与发展阶段》，载《经济社会体制比较》2017年第2期。

中央机构——无论是否专制——渗透入其疆域并准确地执行其决策的制度性能力"①。曼指出基础性权力是集体性权力，社会之中的权力（power through society），通过国家的基础性机构协调社会生活。国家在促进社会变革时所能起的作用和其基础性权力的强弱成正比。

二、国家自主性：从相对自主性到国家自主性

一些新马克思主义者（包括前文提到的安德森）意识到国家并非简单是统治阶级直接控制并进行阶级统治的工具——"在资本主义社会中，国家首先是统治阶级的强制机器，它本身为它的所有制和对生产资料的控制所限定"，从而提出了国家的"相对自主性"概念和理论：国家制定并执行服务于整个统治阶级的根本性利益的政策，而非简单听命于统治阶级的某个特定集团或个人。②

阶级统治工具说和多元主义的利益集团竞争的场域说忽略国家作为一个机构的独立作用——尤其是其作为独立行为者，国家中心论者对此不满而提出了国家自主性概念：作为一种对特定领土和人民主张其控制权的组织，国家可能会确立并追求一些并非仅仅是反映社会集团、阶级或社团之需求或利益的目标③。

基于韦伯的官僚制理念，自主性意味着一个高度内聚的、基于能力和成就录取并晋升的韦伯主义的官僚体制。这个官僚体系能调动大量的财政和行政资源，且往往有通过共同的教育经历和职业经历形成的共同的意识形态或理念认同等非正式规则作为支撑。④ 国家回归学派主要关注国家自

---

① Mann, Michael. "The Autonomous Power of the State: Its Origins, Mechanisms and Results." in Hall, John A. (ed). *States in History*. London: Basil Blackwell, 1986,

② 〔英〕拉尔夫·密里本德：《资本主义社会的国家》，沈汉、陈祖洲、蔡玲译，北京：商务印书馆 1997 年版，第 9—10 页。

③ 〔美〕西达·斯考切波：《找回国家》，载埃文斯、斯考切波等编：《找回国家》，方力维、莫宜端、黄琪轩等译，北京：生活·读书·新知三联书店 2009 年版，第 10 页。

④ 帕特南基于打破国际政治和国内政治研究的分割而提出的双层博弈（two level game）理论认为，政治家同时面临国内外双重压力，一方面需要和国内利益集团和群体建立联盟以获得支持和权力，一方面需要和其他国家谈判取得共识并达成协议。如果我们把帕特南的逻辑再推一步，那么我们会发现一个聪明的政治家虽然受着夹板气，但可以游刃于二者之间而获得自主性：他既可以借国内压力增加国际上的讨价还价能力，也可以借助国际压力增加国内讨价还价能力。正如发展型国家理论强调的那样，险恶的国际环境和国家脆弱性有助于凝聚共识和增加国家自主性。参见：Putnam, Robert D. "Diplomacy and Domestic Politics: The Logic of Two-Level Games." *International Organization*. Vol. 42, No. 3, 1988.

主性及其对于政策（宏观经济政策、产业政策、社会福利政策等）制定的影响。

从类型学上，学者们区分了三类国家自主性：(1) 国家和社会行为者偏好不同，但国家坚持己见制定并执行政策；(2) 二者偏好不同，但国家能说服社会行为者改变偏好，并制定和执行政策；(3) 二者偏好类似，国家依据自身偏好制定和执行政策。

受发展型国家理论影响，埃文斯重新界定了国家自主性，视其为保证国家（具体部门）能从长远考虑集体利益而非服务于官僚或政客的利益①或某些特殊社会力量的利益②。因此自主性包含两方面的内容：高度内聚的官僚体系和自主意志。

国家自主性是一个理想型概念，将国家视为一个单一的行为者，然而这样的预设往往无法成立。理性选择理论者倾向于将国家分解为具体的机构乃至个人，而不像国家主义学派那样将国家视为一个高度凝聚力的行为者。贝茨（Robert H. Bates）发现非洲许多国家的政策制定者往往制定损害经济发展的政策，但他们这么做并非不理性的体现。相反他们非常理性——这些政策有利于他们取得权势集团的支持而维持权力。③ 只有当普通民众拥有决定政策制定者命运的权力（也就是有选票）时，政策制定者们才会制定有利于普通民众的促进增长的政策。而格迪斯（Barbara Geddes）则将这个问题用更直接的方式展示出来。她假定政客和官僚都追求职业成功，因为无论你是现实主义者（为了权力或者个人利益而权力）还是理想主义者（通过权力实现其他目标和价值），权力都是实现目标的工具，所以要利益最大化，首先必须能够保住职务。不同于斯考切波等国家主义学派对外部经济和军事威胁的重视，格迪斯认为外部威胁固然重要，但政客们在采取何种策略应对时也会考虑如何在国内促进自身的利益，而这在不同的制度下会对国家自主性和能力造成不同的影响。官僚们也同样受到

① 此处，埃文斯的自主性定义区别于前文提到的自主性——国家的目标不受社会力量的影响和制约。

② 与此相关的是奥尔森提出的分利集团对国家经济政策的影响即对经济发展的长期影响。参见：〔美〕曼瑟·奥尔森：《国家的兴衰：经济增长、滞胀和社会僵化》，李增刚译，上海：上海人民出版社 2007 年版。

③ Bates, Robert H. *Markets and States in Tropical Africa: the Political Basis of Agricultural Policies.* Berkeley: University of California Press, 1981.

制度的影响而在实施政策中力度不一。旨在提高国家能力的改革即使不遇到既得利益的阻力，也往往因为是公共物品，面临集体行动的困境而无法实现。这一政治家的生存逻辑被梅斯奎塔（Bruce Bueno de Mesquita）及其合作者们发展成为“选举团理论”（selectorate theory），强调致胜联盟而非政治制度（乃至于民主和威权体制）的重要性。① 这类研究很大程度上解构了国家自主性，至少论证了国家自主性存在条件的苛刻——这一点斯考切波也曾提到。

三、国家能力

和基础性权力对应的概念是国家能力。斯考切波认为国家能力是国家通过实行政策实现其目标的能力，并认为存在总体的国家能力和按政策领域区分的国家能力——同一个国家在不同政策领域的能力不同。斯考切波进而提出国家能力是个相对概念，并要放在一个和社会相互关系的视角（relational approach）下分析，但在其研究中更多强调把国家作为自变量的单向度的分析。②

吉登斯则借助米歇尔·福柯（Michel Foucault）的监控概念，强调有组织的信息收集，以用于监视被管理人群的活动或上级在机构中监视或控制下级。吉登斯认为监控能力是国家能力的基础。③

针对“国家回归学派”或“国家中心论”是否带来了范式转变，产生了一系列学术争论，很多学者认为存在言过其实、矫枉过正的问题。其中著名的是阿尔蒙德（Gabriel A. Almond）对国家中心论的严厉批评及其引起的回应。阿尔蒙德认为国家中心论者对多元主义和马克思主义的批评太夸大其词，多元主义和马克思主义者都强调过国家中心论的主要观点。④ 回应者们则认为阿尔蒙德夸大了这些理论对国家的强调。

---

① 〔美〕布鲁斯·布鲁诺·德·梅斯奎塔、阿拉斯泰尔·史密斯：《独裁者手册》，骆伟阳译，南京：江苏文艺出版社 2014 年版。亦可参见：Gallagher, Mary, Jonathan Hanson. “Power Tool or Dull Blade? Selectorate Theory for Autocracies.” *Annual Review of Political Science*. Vol. 18, 2015.

② 〔美〕西达·斯考切波：《找回国家》，载埃文斯、斯考切波等编：《找回国家》，方力维、莫宜端、黄琪轩等译，北京：生活·读书·新知三联书店 2009 年版。

③ 〔英〕安东尼·吉登斯：《民族—国家与暴力》，胡宗泽、赵力涛译，北京：生活·读书·新知三联书店 1998 年版。

④ Almond, Gabriel A. “The Return to the State.” *American Political Science Review*, Vol. 82, No. 3, 1988.

四、国家—社会关系的再平衡

国家中心论者基于发达国家或快速发展的东亚国家得出的理论，在运用到第三世界国家时发生了各种困难，这引起了学者们的反思，强调将国家置于社会背景中研究。

米格代尔认为基于韦伯的理想型国家概念的理论过于脱离现实，尤其是第三世界的现实，从而影响学者更好地分析国家。米格代尔认为在发展中国家，国家只是社会中众多组织中的一个（更严谨地说，一类）组织，其垄断合法性使用暴力及制定统一规则能力的程度在各国差异很大。国家和社会处于争夺社会控制的零和博弈之中：只有当国家成功地将社会控制从社会精英（他称之为地方强人）的手中争夺过来时，国家才能更好地让民众服从它而非其他社会组织制定的规则。①

为了进一步分析国家和社会的接触和相互影响，米格代尔拒绝将国家视为单一的行为者，而是将其拆分。② 他提出将国家分为四个层级：国家领导、中央（联邦）政府各部门、地区级行政官员、街头官僚（field officers）。在每个层级，国家行动者面临不同的社会行动者和内部的政治斗争，上一层级的政治也会影响下一级的政治，而最下一级的国家和社会关系也会影响到国家高层执行政策的效果——亦即国家能力。米格代尔进而提出了改进版的韦伯式国家观。国家是一个权力的场域，其标志是使用暴力和威胁使用暴力，并为以下两个方面所形塑：（1）一个领土内具有凝聚性和控制力的、代表生活于领土之上的民众的组织的观念；（2）国家各个组成部分的实际实践。他在此基础上提出了其“社会中的国家”分析视角，兼顾国家观念和实践：视角一应把国家视为一个强大的观念，它界定清晰、高度统一，且能够被单一的措辞所言说（例如，一个标题：以色列接受巴勒斯坦的要求），就如同国家是一个单独、积极的演员在以高度集中的方式展示其在明确疆域上的统治术；视角二则是将国家视为一系列松

---

① 这一点其实还是和韦伯的思路相契合的，韦伯认为近代国家的发展（亦即下文的国家建构的过程）是君主对以往有权支配这些工具的所有自主的身份制官员的剥夺，从而将组织的物质工具集中到其领导人的手中，实现垄断。

② 〔美〕乔尔·S. 米格代尔：《强社会与弱国家：第三世界国家的国家社会关系和国家能力》。

散联系的碎片的实践，在这里，国家与其他境内外组织之间的边界往往未能清晰界定，且后者常常会创制出相互冲突或直接与国家法律相冲突的规范。①

发展型国家对国家自主性的片面强调也被埃文斯的“嵌入自主性”（embedded autonomy）理论所纠正。嵌入自主性指的是“国家有一个成熟的韦伯主义意义上的官僚体制，使其不会为强大的寻租集团所操纵；同时，国家精英处于一个使得他们能和公民社会中的私人部门保持联系的网络之中”。从国家自主性和嵌入性两个维度出发，埃文斯认为存在不同类型的国家及政企关系。如果只有国家自主性而缺乏国家和企业的联系纽带（信息和沟通），自主的国家也无法制定有效的产业政策推动产业转型。理想的状态是既有国家自主性保证国家（具体部门）能从长远考虑集体利益并不是服务于官僚或政客的利益，也使得其不为企业所俘获，又有嵌入性使得国家能够和拥有具体市场信息和激励的企业沟通互动，才能制定有效的产业政策。② 从理论原创角度而言，这其实是继承了1985年《找回国家》一书中斯考切波倡导但未能做到的研究国家能力需要采取关系型视角的思路。表8-2发展了埃文斯的国家类型和经济发展的关系。

表8-2　经济发展中不同的国家类型

		嵌入性	
		强	弱
国家自主性	强	发展型国家（日本、韩国）	规制型国家（美国）
	弱	庇护主义国家（裙带资本主义或国家被俘获）（巴西、印度）	无政府主义/掠夺型国家（扎伊尔）

资料来源：根据埃文斯的两个维度制作，参考格茨马拉-布塞。作者修改了中间型国家为庇护主义国家，加入了规制型国家。③

① 国家是一个与自身相矛盾的实体。为理解支配这一概念，要有两个不同层面的分析：一个层面是关注全体的、统一维度的国家，强调其整体性这点在国家观念中可以体现出来；另一种分析方式是对这种整体性的解构，它更偏好于检视互相强化的、矛盾的实践以及各个不同部分之间的联合。“社会中的国家”模型关注的正是国家的这一矛盾性，它要求在观察国家时能够具有双重视角。

② Evans, Peter B. *Embedded Autonomy: States and Industry Transformation*. Princeton: Princeton University Press, 1995.

③ Evans, Peter B. *Embedded Autonomy: States and Industry Transformation*. Princeton: Princeton University Press, 1995. Grzymala-Busse, Ann. “Beyond Clientelism: Incumbent State Capture and State Formation.” *Comparative Political Studies*. Vol. 41, No. 4/5, 2008.

与此同时，埃文斯在强调政（国家）商（企业）关系的同时，也重新分析了国家社会的正和博弈——国家-社会协同关系（state-society synergy）。阿图尔·科利（Atul Kohli）在一篇综述性文章中也讨论了这一问题。[①] 王旭通过用曼的两种权力观分析米格代尔和埃文斯等人的研究，提出国家的专制性权力是和公民社会群体的零和冲突，而基础性权力可以伴随着强有力的公民团体而发展，存在正和博弈的可能性。[②]

第三节 国家建构：现代国家的形成

国家建构的研究很大程度上使得国家主义者摆脱了静态比较面临的方法论困境，把国家（自主性和能力）作为因变量而非自变量并进一步研究其背后的因果机制，可以更好地研究不断变动之中的国家，更好地把握众多相关行为者之间的互动[③]、国家和社会"边界"的变化，把握正式制度和非正式实践的互动。[④] 正如武有祥提出的那样，研究国家建构的关键时刻和演变进程，能够为我们提供两个新的视角。一是把物质和非物质的因素都纳入分析，因为之前的研究更侧重官僚体制的建立和国家暴力的垄断，但对国家垄断知识和合法宣传却言之甚少；二是国家不再被定义为自主的行为者，而是政治行为者活动的制度构造。[⑤] 国家建构并非一个简单的自上而下的动员和汲取过程，战争还创造了一种促进（绝望的）民众团结和认同的氛围和符号，使民众和国家牢牢结合在一起，民族主义应运而生。与国家建构相并行的还有民族建构（nation building）过程，也就是对政治共同体的认同的形成过程，往往和民族主义结合在一起。

现代国家区别于传统国家的重要特征是其动员和汲取社会资源的强大

---

① Kohli, Atul. "States and Societies." In Katznelson, Ira, Helen Milner (eds.). *Political Science: The State of the Discipline*. New York: Norton, 2002.

② Wang, Xu. "Mutual Empowerment of State and Society: Its Nature, Conditions, Mechanism, and Limits." *Comparative Politics*, Vol. 31, No. 2, 1999.

③ 而非简单将国家视为具有统一意志的独特的单一行为者。

④ Grzymala-Busse, Ann, Pauline Jones Luong. "Re-conceptualizing the State: Lessons from Post-Communism." *Politics and Society*, Special Issue on Reconceptualizing the State, December 2002.

⑤ Vu, Tuong. "Studying the State through State Formation." *World Politics*, Vol. 62, No. 1, 2010.

能力、使用武力的能力。而这些能力的提高和一个中央集权的理性—法理的官僚体系并行不悖且相互加强。某种意义上讲，国家建构的过程就是统治者通过建立各种政治机构来提高国家能力的过程，但这个过程中统治者需要和精英合作或者对抗，需要从社会大众汲取各种资源。国家建构的过程是一个集权的过程：一方面是中央集权，在国家内部形成一套持久的机构（即使联邦制也比封建制更为集权），实现政治权力向上集中；一方面国家集权，国家的功能扩充，对经济和社会进行各种渗透和干预，提取税收资源，并形成和社会的特定关系模式（民主或威权主义）。

国家建构的过程往往和政体形成的过程同时进行。政体形成包括民主或威权体制，尤其是其各自早期的形式——代议制（有限）民主和绝对主义政权——的形成。民主化的研究者如摩尔等，往往只注重于政体形成本身而不关注国家建构过程，但国家建构的研究者却往往同时关注二者。

一、西欧国家建构——国家建构的经典理论

区别于之前社会中心论的学者强调国家是对国内社会经济结构的反应，地缘政治学者强调国际因素——国家和国家之间的战争以及战争威胁的重要影响。国家建构的主要动力是战争，但是战争的形式、持续时间、激烈程度和发生的频繁性都影响国家建构①，这也就解释了为何现代国家最早出现在15世纪以来的西欧而非其他地区。② 15世纪以来西欧的军事革命，尤其是常备军的产生、火器的使用、运输力的加强，大大提高了战争的成本，使得战争的规模经济优势得以形成，从而促使国家的规模也需要相应扩大、权力更加集中。

（一）军事—财政模型

查尔斯·蒂利（Charles Tilly）的名言“战争造就国家，国家发动战争”（war makes state，state makes war）精辟地总结了战争的关键作用。战争和战争的威胁使得统治者必须竭尽全力动员国内人力物力以建立强大的

---

① 譬如在一篇开创性的文章“军事组织与国家组织”中，欣兹（Hintz）提出国家间冲突是比阶级冲突更为重要的影响国家形式的因素，认为一个既定国家（和他国的）地理交界线长度影响领土受威胁的程度，从而影响其是否形成绝对主义国家（或地方自治）。转引自：〔美〕托马斯·埃特曼：《利维坦的诞生》，郭台辉译，上海：上海人民出版社2010年版，第8—9页。

② 关于春秋战国时期的中国的国家形成及其和西欧的对比，参见：许田波：《战争与国家形成》，徐进译，上海：上海人民出版社2009年版。

军队，为此需要建立强有力的行政尤其是税收机构。生存的压力迫使统治者建立现代国家，现代国家又在持续的战争中不断适应并改进。

蒂利、约翰·布鲁尔（John Brewer）、曼等人提出的国家建构的军事—财政模型的基本观点是：战争和为战争提供必需的人力物力财力资源成为统治者最严峻的挑战。那些成功动员（提取）了资源并有效组织战争的统治者生存了下来，甚至征服和兼并了其他国家（而获得了更多的资源）；那些未能有效动员资源的统治者在战争中被更强大的对手战败，失去了政权，国家也被吞并。① 所以，这里就出现了两个核心变量——战争和征税②。税收能力的提高往往和行政体系能力的提高相互促进：更多的税收能够供养更大规模、更有效的官僚机构，官僚机构又促进税收的增加。③ 税收之外，君主的另一个财政来源是借贷：向资金富足的商人借贷。

当战争和战争的威胁是一个常量的时候，征税的方式和难度成为一个核心解释变量。又是什么因素决定了征税的难度呢？蒂利强调资本的总量及其集中对国家建构的影响。农业生产方式对国家建构也有重要影响。当地主需要借助中央政府的权力（暴力）控制农民进行农业生产时，中央集权更容易发生；当地主更多借助市场或地方性暴力（而非中央的暴力）控制农民时，地方更具有自主性。④ 农业的商业化以及其他资本或商业，提供了战争所需的资金，但因为其流动性较强，国家不易通过暴力手段征收，而更需要通过代议机构征收。

以蒂利为代表的军事—财政国家建构理论被后续者批判性发展，主要是两个方向。一是强调战争以外的因素对国家建构的影响，甚至否认战争的重要作用。如斯普鲁伊特（Hendrik Spruyt）以1400年前后的法国为例，认为即使没有战争或者战争的威胁，统治者也可以在贵族的默许（以税收

---

① Tilly, Charles. *Coercion, Capital, and European States, AD 990-1990*. Brewer, John. *The Sinews of Power: War, Money and the English State 1688-1783*. 〔英〕迈克尔·曼：《社会权力的来源（第二卷）：阶级和民族国家的兴起》。

② 征兵被重视的程度远不如征税，利瓦伊关于征兵和国家制度变迁的经典研究，参见：Levi, Margaret. *Consent, Dissent, and Patriotism*。

③ 当然，科塞认为短期内有效增加税收的办法可能是包税制而非官僚化。但包税制的做法往往是不可持续的，造成“政权内卷化”，长期造成的危害很大。

④ Moore, Barrington. *Social Origins of Dictatorship and Democracy: Lord and Peasant in the Making of the Modern World*. Brenner, Robert. “Agrarian Class Structure and Economic Development in Pre-industrial Europe.” *Past & Present*, No. 70, 1976.

豁免权为代价）和市民的税收支持下建立起官僚体系。一是强调战争和税收对不同国家的国家建构影响不同，受到其他因素作为中介变量的影响。[①]

（二）从结构到行为者

结构解释具有很强的解释力，但是行为者（统治者）的作用同样不容忽视。战争和战争的威胁使得统治者为了政治生存而努力加强军事实力和行政管理能力，但这并不能解释不同国家的国家建构的努力和结果差异：有的统治者采取了很大的努力，但有的却无所作为；有的统治者建立了强大的国家，吞并邻国乃至于建立海外殖民地，但有的统治者却社稷不保。虽然很多时候统治者会在相似的结构压力下选择相似的行为，或者模仿成功案例，但是行为者的选择很多时候还受到国际和国内结构之外的因素影响。[②] 这些因素中被重点研究的因素主要是精英的意识形态、精英间关系、宗教信条等。已有的政治制度如行政体制和代议制机构也会起一定作用。除了战争胜败、外交联盟等外部解释因素之外，我们还需要寻求内部解释因素。这就回到了国家自主性问题和摩尔提出的民主和专制的社会根源问题，需要把国家建构和政体形成两个重要问题结合起来分析。

借助历史制度主义强调时机和事件发生顺序（timing and sequence）的分析视角，托马斯·埃特曼（Thomas Ertman）认为战争发生的时机是关键性因素。[③] 1450年前发生的战争（主要发生在欧洲南部和西部），因为当时国王可获得的技术资源——受过教育可充任官员的职业化人士、法律观念和可借贷资金——非常有限，国王需要和贵族（只有他们受过教会的教育）合作获得人力资源，和为数很少的金融家和商人合作借贷战争所需资金，因此战争带来的往往是家产制国家——官位可以被出售、继承、转卖；1450年后的战争（日耳曼地区和北欧），因为当时大学的发展，国王可以直接利用受过大学教育的人来充实听命于他本人的官僚体系。与此同时，因为资本主义商业的发展，借贷机会也大大增加，所以形成了官僚制国家。[④]斯普鲁伊特对法国、德国、意大利的比较研究也提供了统治者和社

① Spruyt, Hendrik. *The Sovereign State and Its Competitors*. Princeton: Princeton University Press, 1994.

② Dincecco, Mark. "The Rise of Effective States in Europe." *The Journal of Economic History*, Vol. 75, No. 3, 2015.

③ 〔美〕托马斯·埃特曼：《利维坦的诞生》。

④ 埃特曼的二阶段论比蒂利的四阶段论（世袭制、经纪人制、民族化和专业化）简单。

会阶级联盟的理论视角。[①]

(三) 精英的团结机制

统治者不能单凭自身进行国家建构，他需要联盟者，也称为精英。不同的精英群体有不同的利益诉求和意识形态，因此统治者在寻求支持和合作的时候也需要满足其支持者的利益诉求[②]。统治者需要借助他人进行统治，需要支持者和盟友。精英群体有不同的利益和意识形态，因此可以被进一步划分为不同的精英群体。[③] 在一些非君主制国家或者君主地位不稳固的国家，国家建构则是精英间的竞争。安娜·格茨马拉-布塞（Anna Grzymala-Busse）和鲍琳·朗（Pauline Jones Luong）将国家建构定义为“精英们竞争政策制定和执行的结构性框架权威的过程”。[④]

在其经典研究《专制与民主的社会起源》一书中，摩尔认为土地贵族的利益和权力是影响一个国家政体选择的重要因素。而贵族的利益取决于其商业化程度——商业化程度高则拥护民主体制和市场经济，反之则相反；贵族的权力取决于暴力革命的有无——暴力革命能削弱乃至摧毁贵族的权力。

表 8-3 摩尔《专制与民主的社会起源》中的不同国家类型

		革命	
		有	无
贵族商业化	有	民主（英、美、法）	法西斯（德、日）
	无	共产主义（俄、中）	停滞的社会（印度）

从国家建构的视角，摩尔的理论很具洞察力，和蒂利的观点（资本和民主的关系）有深刻的契合之处。如果我们再把战争和战争威胁纳入分析

① Spruyt, Hendrik. *The Sovereign State and Its Competitors*. Princeton: Princeton University Press, 1994.

② 统治者的自主性在于寻求不同的支持者并纵横捭阖，而非简单依附于单一群体。

③ ［美］理查德·拉克曼：《国家与权力》，郦菁、张昕译，上海：上海人民出版社 2013 年版。

④ Grzymala-Busse, Ann, Pauline Jones Luong. “Re-conceptualizing the State: Lessons from Post-Communism.” *Politics and Society*, Special Issue on Reconceptualizing the State, December 2002.

框架，会发现民主和国家建构的不足往往是相伴而生[1]，而专制制度和国家建构携手并进（绝对主义国家）。考斯基（Philip Corski）的观点[2]和埃特曼接近，但更强调宗教（加尔文派）对官僚制的影响。茱莉亚·亚当斯（Julia Adams）对荷兰的研究发现，王室和商人阶级、地方贵族联合，在家产制和高度分权的官僚制的情况下也能维持几个世纪的霸权，但这一体制下各个利益群体更关注自身利益而非国家利益——存在集体行动的困境，导致王朝衰弱。[3]

武有祥在分析亚洲国家的国家建构时，从精英间关系和精英—民众关系两个维度出发建构国家建构类型学。[4] 精英间关系——精英团结、精英极化[5]、精英碎片化、精英间妥协——对国家建构（集权化、官僚机构凝聚力、促进发展的阶级联盟和意识形态的统一性）具有重要影响。精英与民众的三种关系（或者策略）——民众势力的吸收、镇压和有控制的动员——也对国家建构有重要影响。精英间关系和精英—民众关系的不同组合会影响国家建构，造成三种不同的国家建构模式：冲突型（正面影响国家建构）、妥协型（负面）和混合型（有利有弊）。杰拉尔德·伊斯特尔（Gerald Easter）在认同最高统治者的能力、暴力机构和政党的干部体制（民主集中制和党支部渗透于各个角落，被称为是“组织武器”的列宁式政党）对于建立强大的国家的重要性的同时，指出人际关系网络和精英认同等非正式权力资源的重要性。[6] 这里，人际关系网络和精英集团、派系概念是类似的：被共同经历、背景、理念所塑造的政治精英的非正式组织

---

① 如果我们采取齐布拉特的观点，法国的民主化进程和英美相比，要更晚以及多次被颠覆。法国强大的行政权力和弱民主传统，更多体现了国家建构的逻辑而非摩尔提出的民主化逻辑。

② Gorski, Philip. *The Disciplinary Revolution*: *Calvinism and the Rise of the State in Early Modern Europe*. Chicago: University of Chicago Press, 2003.

③ Adams, Julia. *The Familial State*: *Ruling Families and Merchant Capitalism in Early Modern Europe*. Ithaca: Cornell University Press, 2005.

④ Vu, Tuong. *Paths to Development in Asia*: *South Korea*, *Vietnam*, *China*, *and Indonesia*. New York: Cambridge University Press, 2010.

⑤ 精英极化可能会造成国家分裂或者崩溃，也可能造成精英的高度团结——经历过残酷斗争而达成。

⑥ Easter, Gerald. *Capital*, *Coercion*, *and Postcommunist States*. Ithaca: Cornell University Press, 2012.

群体。①

赛勒（Ryan Saylor）和惠勒（Nicholas C. Wheeler）认同军事—财政国家逻辑，但认为经济精英们是否支持国家建立强大的税收机构取决于其自身经济利益，其经济利益反过来又受资金市场的影响，从而解释了为何类似的地缘政治会造成不同的国家建构结果。② 如果借钱给统治者的经济精英们本身是净放贷者（其从信贷市场的借出多于借入），那么他们希望国家采取节约的财政政策（防止通胀带来的贬值）并建立有效的税收机制；

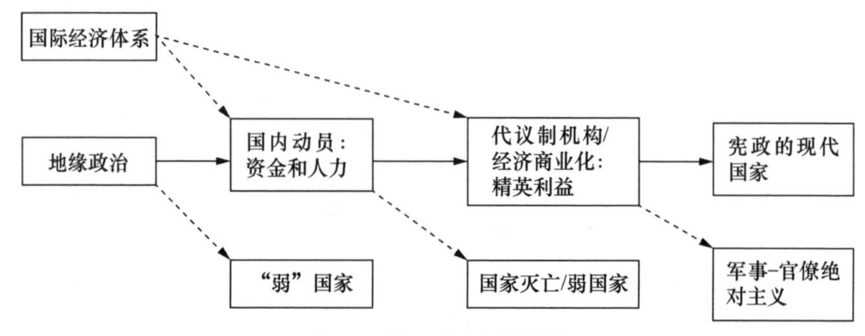

图 8-2　国家形成的因果链

反之，如果借钱给统治者的经济精英本身是净借贷者（其借入高于借出），那么，他们则希望国家采取不负责任的财政政策且建立无力的税收机构。

国家建构时，已有的制度遗产，尤其是代表制议会，通过与地缘政治（乃至国土面积）和税收来源等因素的互动，对国家的政体形式也起着重要的作用。③

二、西欧之外的国家建构

第三世界充斥着"弱国家""失败国家""脆弱国家""仿造国家"等形形色色的国家，这些国家无力从社会提取足够的税收，官僚体系无力执

① 从这个逻辑而言，伊斯特尔的个案可以纳入武有祥的精英关系类型学中，被视为是精英极化的类型，也很好地支持了武有祥的理论的外部效度。

② Saylor, Ryan, C. Nicholas. "Wheeler, Paying for War and Building States: The Coalitional Politics of Debt Servicing and Tax Institutions." *World Politics*, Vol. 69, No. 2, 2017.

③ 〔美〕布莱恩·唐宁：《军事革命与政治变革》，赵信敏译，上海：复旦大学出版社 2015 年版。Stavasage, David. "When Distance Mattered: Geographic Scale and the Development of European Representative Assemblies." *American Political Science Review*, Vol. 104, No. 4, 2010.

行政策且腐败充斥，经济增长停滞，国家甚至无法提供最基本的秩序而致犯罪盛行，直至国家陷入内战。① 为何发展中国家会和发达国家存在如此巨大的差异？除了经济发展水平的差异之外，主要是对内部资源提取的迫切性不强和外部资源可获得性强，而税收在这个过程中起了核心作用。② 影响内部资源提取迫切性的因素主要是战争和战争威胁，影响外部资源可获得性的主要因素则是国际援助和自然资源的可获得性③。

战争造就国家，但只是在一定条件下才造就国家。战争的持续时间、间隔时间和地理集中度的不同，可以解释西欧的国家建构经验为何不能应用于非洲和拉美。如果说非洲国家是因为缺乏战争威胁，拉美国家则是战争持续时间短、间隔时间长且地理上分散。④ 米格代尔认为，缺乏战争的另一个后果是既有的社会结构和传统社会控制模式无法被摧毁，从而使得国家无法建立自身的社会控制。⑤ 大多数发展中国家在进行国家建构时所处的国际环境有别于西欧国家建构时独特的地缘政治和国际贸易环境，而且西欧国家本身的存在及其对发展中国家的干涉——不论是殖民统治还是在独立后在原被殖民国设立的跨国企业和展开的国际贸易，以及通过国际组织和国际援助等形式，都对发展中国家的国家建构造成影响。联合国、国际货币基金组织和世界银行等拥有大量经济资源和意识形态资源的国际组织赋予了二战后的新兴国家（包括后面提到的后共产主义国家）新的使命：发展经济而非富国强兵，在全球进行经济竞争而非战争竞争。⑥ 同时，它们又基于现代国家的理想型目标给新兴国家制定了很高的国家目标、功

---

① Bates, Robert H. "State Failure." *Annual Review of Political Science.* Vol. 11, No. 1, 2008.

② Brautigam, Deborah, Odd-Helge Fjeldstad, and Mick Moore. *Taxation and State-building in Developing Countries: Capacity and Consent.* New York: Cambridge University Press, 2008.

③ 自然资源可获得性对国家发展的影响是“资源诅咒”理论的主要关注点，强调大量的自然资源带来的财政收入和财富会削弱国家建构的动力，造成贫富分化、种族冲突和内战、专制主义盛行等一系列恶果。综述性文章参见：Weinthal, E., P. J. Luong. "Combating the Resource Curse: An Alternative Solution to Managing Mineral Wealth." *Perspectives on Politics*, Vol. 4, No. 1, 2006. Ross, Michael L. "The Political Economy of the Resource Curse." *World Politics*, Vol. 51, No. 2, 1999.

④ Centeno, Miguel. *Blood and Debt: War and the Nation-state in Latin America.* University Park: Pennsylvania State University Press, 2002.

⑤ 〔美〕乔尔·S. 米格代尔：《强社会与弱国家：第三世界国家的国家社会关系和国家能力》。

⑥ Grzymala-Busse, Ann, Pauline Jones Luong. "Re-conceptualizing the State: Lessons from Post-Communism." *Politics and Society*, Special Issue on Reconceptualizing the State, December 2002.

能和能力的预期[①]，而这些国家的经济社会发展程度却可能远不如 17 世纪的欧洲，无法内生地形成现代国家——这也使得后续的国家建构浪潮区别于西欧的国家建构。

表 8-4 国家建构的类型学

		内部资源需求	
		高	低
外部资源可获得性	高	不存在	新家产制国家（弱）
	低	国家建构（强，也可能失败）	传统国家（弱）

除了这些结构性因素之外，另一个重大的区别在于发展中国家面临的各种危机是同时发生还是逐个发生。[②] 此外，复杂的族群关系也是影响发展中国家的国家建构的一个不利因素。但也有一些例外，如莱昂纳多·阿里奥拉（Leonardo Arriola）提出，当商人们对国家控制的资本有一定自主性（依赖较少）的时候，他们更容易和反对党形成联盟，从而建立跨族群的选举联盟，这有利于国家的建构和民主的巩固。[③]

非洲和拉美大部分国家都地广人稀，经济落后，但国家间对领土的争夺却并不激烈。[④] 同时，因为经济结构的变化，西欧国家建构的经验也无法在第三世界复制。当原宗主国及其操纵的国际组织将现代国家的形式强加给这些国家的时候，即使辅之以后续的援助，这些国家绝大多数还是无法像现代国家那样运行。殖民者在很多殖民地建立了“仿造的国家”（artificial states），将不存在任何国家认同的不同的种族和部落纳入同一国家。它们的国境线往往是由原宗主国划定而非通过多年的冲突形成，国家贫穷，缺乏受教育人口，种族冲突盛行。因为要学习西方的现代国家，这些贫困的国家往往还拥有规模庞大的政府机构：政府雇佣过多官员，这些官

① 〔美〕乔尔·S. 米格代尔：《强社会与弱国家：第三世界国家的国家社会关系和国家能力》。

② 在危机逐个发生的国家，各个危机发生的时机和先后顺序对国家建构产生很大影响。

③ Arriola, Leonardo R. “Capital and Opposition in Africa: Coalition Building in Multiethnic Societies.” *World Politics*, Vol. 65, No. 2, 2013.

④ Herbst, Jeffrey Ira. *States and Power in Africa: Comparative Lessons in Authority and Control*. Princeton: Princeton University Press, 2000.

员只能得到很低的工资，所以政府官员通过各种方法获取资源，从而经济被破坏。这样的恶性循环并未被大量的国际援助打破而进入新的均衡，因为权力不受制约的统治精英们发现将国际援助用于巩固自身权力、收买支持者和打击反对者，比用于构建国家机构和提高民众福利更为理性（符合自身利益）。所以，国际援助往往强化了腐败状况而非改善了治理。

殖民历史会对独立后的国家产生深远影响——社会科学称之为根本性原因（fundamental causes），区别于直接的近因（proximate cause）。[①] 一个重要的变量是殖民者是以掠夺资源为目标而建立汲取型制度（extractive institution），还是以发展为目标而建立产权保护体制（property rights institution），带来“制度逆转”并造成长期发展的“财富逆转（reversal of fortune）”。[②] 但是这一理论受到了诸多挑战，福阿（Roberto S. Foa）发现，在殖民者到来之前，存在一个发展中国家的国家能力的门槛效应：那些有能力抵抗殖民者侵略的国家能够通过改革进一步强化国家能力（防御型现代化，如日本、土耳其等），从而保证经济继续发展；但如果当时的国家能力仅足以提取税收和压榨劳动力而不足以抵抗殖民者，则会被殖民者殖民并改造其制度，由此形成不同的殖民遗产。当二战后殖民地纷纷独立之后，这两类国家的发展轨迹截然不同。[③]

殖民者是实行直接统治还是间接统治会对殖民地独立后的国家建构造成很大的区别。如日本殖民韩国时，摧毁了旧的经济社会结构，建立了高效的行政官僚体制和警察队伍。这也为韩国后来建成“发展型国家”奠定了一定的基础。[④] 对于实行间接统治的殖民地，当这些国家独立之后，因为缺乏良好的官僚机构这个“基础设施”，以及社会控制的碎片化，国

① 一个关于殖民历史对国家建构的影响的综述参见：Steinmetz，George.“The Sociology of Empires，Colonies，and Postcolonialism.” *Annual Review of Sociology*，Vol. 40，No. 1，2014.

② Acemoglu，Daron，Simon Johnson，and James A. Robinson.“Reversal of Fortune：Geography and Institutions in the Making of the Modern World Income Distribution.” *Quarterly Journal of Economics*，Vol. 129，No. 3，2002.

③ Foa，Roberto Stefan.“Persistence or Reversal of Fortune? Early State Inheritance and the Legacies of Colonial Rule.” *Politics & Society*. Vol. 45，No. 2，2017.

④ Kohli，Atul. *State-Directed Development：Political Power and Industrialization in the Global Periphery*. New York：Cambridge University Press，2004.

家建构面临极大挑战，陷于“强社会、弱国家”的困境而不能自拔。①

凯瑟琳·布恩（Catherine Boone）的研究则借鉴关于经济结构对欧洲国家多样性的影响，研究非洲国家建构的多样性。② 布恩试图结合总体的策略结构与行为者的策略选择，并在此基础上建构相应的决策组合，以此验证非洲国家构建的路径，展现国家行为的多种面向。所谓的“政治地形学”（political topographies），是指非洲国家内部的地方性势力，包括不同地域的农业经济生产方式、社群结构、阶级关系、精英合作意愿。在布恩看来，政治地域及其历史发展所形成的社会资源与社会/政治状况形成了中央—地方行为者政治斗争与讨价还价的背景，它们是国家制度设计背后实质性的内生性因素。为了维持国家政权，统治者会根据社会资源的贡献程度与控制难度选择不同的制度构建策略。（1）若该地区并非经济作物生产地，即地方没有足够的资源，不值得国家控制，则国家政权将选择不兼并策略，由地方精英自主行使地方行政权力；（2）若该地区为经济作物生产地，但由于地方社会等级结构没有经济精英的整合，地方社会等级结构并不严密，则中央将选择直接由国家机构进行管理，防止产生新的经济精英对抗国家权威，且受制于地方社会结构较低的整合程度而未能扩大中央的制度控制。这是一种类似于军事殖民的行政占据（Administrative Occupation）。（3）若该地区为经济作物生产地，且地方社会已经在殖民时代得到有效整合，并且地方精英自主性较强，此时国家将采取权力褫夺的决策，力图将制度设计延伸至地方，且努力将权威集中在国家手中，形成更加细密有效的直接控制。（4）若该地区为经济作物生产地，且地方社会已经得到整合，但地方精英具有高度自主性，此时国家将采取权力分享的策略，即借助已有的社会结构建立有效的制度控制，将权威更多地分配给地方精英。

虽然缺乏国际战争，但是在一些国家，国内战争也发挥了国家建构重要动力的功能。内战是针对国内其他权威而非他国武装团体的武装对抗，和国家间的战争在斗争策略、规则、暴力形式、平民的角色和持久性等方

① 〔美〕乔尔·S. 米格代尔：《强社会与弱国家：第三世界国家的国家社会关系和国家能力》。

② Boone, Catherine. *Political Topographies of the African State: Territorial Authority and Institutional Choice*. New York: Cambridge University Press, 2003.

面存在差异。传统理论一般认为内战会导致国家的失败、解体乃至崩溃，但也有学者认为内战会起到加强国家建构的作用，尤其是通过提升税收能力和促进精英团结等机制。一方面，战争带来的安全危机和经济危机促使统治者向精英征税并加强和扩张税收征管机构，从而提高税收能力。另一方面，战争及其威胁也促使精英意识到需要一个强大国家以保护其利益，并愿意为此支付更多税收。①

然而，对于非西欧地区，在一些地缘政治不同、历史背景不同的地区，如东北亚地区，国家的形态更接近于现代国家，甚至国家的功能和国家能力有过之而无不及。发展中国家中存在少数发展型国家——专家、富有凝聚力的官僚机构和组织化的私营部门合作以推动国家经济转型的组织复合体。但发展中国家的产生很大程度上取决于其所处的国际环境——这一环境不一定是战争，但肯定和战争威胁相关。有学者提出“系统性脆弱性”是造就发展型国家的前提条件：（1）民众生活水平的降低会带来不可避免的民众骚乱——广泛的联盟；（2）因为国家安全而需要的外汇和战备物资需求急剧上升——战争威胁；（3）缺乏税收来源造成的预算硬约束——资源有限。只有当三者结合的时候，为了保住权力，统治者才有强烈的动力建立强大且有能力的官僚机构去改善制度绩效而非加强庇护关系。②

发展型国家可以被视为是格申克龙提出的后发展国家的国家建构的特殊类型。为了避免“落后就要挨打”的局面，面临严峻的国际战争威胁的国家的统治者，会发动“自上而下的革命”，改革国家的政治经济社会体制（另一种模式的国家建构），以推动工业化和国防力量建设——后者严重依赖前者提供的生产力、科技和税收。德国和日本是19世纪末期成功的后发展国家的例子，通过国家支持的银行为赶超型工业化提供资金支持，

① Lieberman, Evan S. *Race and Regionalism in the Politics of Taxation in Brazil and South Africa*. New York: Cambridge University Press, 2003. Rodríguez-Franco, Diana. “Internal Wars, Taxation, and State Building.” *American Sociological Review*, Vol. 81, No. 1, 2016. Slater, Dan. *Ordering Power: Contentious Politics and Authoritarian Leviathans in Southeast Asia*. New York: Cambridge University Press, 2010. Thies, Cameron. “The Political Economy of State Building in Sub-Saharan Africa.” *The Journal of Politics*, Vol. 69, No. 3, 2007.

② Doner, Richard, Bryan Ritchie, and Dan Slater. “Systemic Vulnerability and the Origins of Developmental States: Northeast and Southeast Asia in Comparative Perspective.” *International Organization*, Vol. 59, No. 2, 2005.

通过重商主义政策发展本国工业。俄罗斯的改革被一战打断，但十月革命后的俄国却在战争和战争威胁中建立了更为集权的国家，并在恶劣的地缘政治环境下建立起了工业化追赶型的计划经济和与之相适应的集权主义国家。

中东国家因为所处的恶劣的地缘环境，其国家建构的努力和成果也较为特殊，其财政—军事能力甚至超过同时期的欧洲国家。但不同于欧洲，因为阶级结构的不同（缺乏土地贵族）和宗教势力的强大，宗教精英成为介于国家和社会之间的中介，因此伊斯兰教的很多制度因素也被融入了中东的国家机构之中。[①] 米格代尔也认为战争、大规模的移民等因素摧毁了之前的社会控制，使得强国家在中东出现。[②]

三、后共产主义国家的国家建构

冷战结束后，苏联解体和东欧剧变之后产生了所谓“后共产主义国家”，区别于西欧国家和发展中国家，此类国家面临的挑战与其说是国家建构，不如说是国家的重新建构——原来强大且高度集权的国家机构在经济和政治双重转型过程中分崩离析[③]，出现了“重新封建化”[④]、“被俘获的国家”等现象[⑤]。这类国家同时面临着四重转型：政体转型（民主化，被亨廷顿视为第三波民主化的主要构成部分）、经济转轨（市场转型和私有化）、公民社会的产生和发展，以及国家自身的转型。第四个转型相对前三个转型受到的关注较少，但可能是更为重要的转型。与此同时，地缘政治也发生了剧烈的变化：东欧国家脱离了苏联的政治控制转而逐渐加入了欧盟，苏联的原加盟共和国纷纷独立。所有这些都对后共产主义国家的国家建构产生了影响，使其区别于西欧的国家建构模式和后殖民地国家的国家建构模式。国家的角色需要重新定位，从经济、政治社会中撤出，计

---

① Blaydes, Lisa. “State Building in the Middle East.” *Annual Review of Political Science*. Vol. 20, No. 1, 2017.

② 〔美〕乔尔·S. 米格代尔：《强社会与弱国家：第三世界国家的国家社会关系和国家能力》。

③ Solnick, Steven Lee. *Stealing the State: Control and Collapse in Soviet Institutions*. Cambridge: Harvard University Press, 1998.

④ 权力的地方化和私人化，参见：Fairbanks, Charles H. Jr. “What Went Wrong in Russia? The Feudalization of the State.” *Journal of Democracy*, Vol. 10, No. 2, 1999.

⑤ 被俘获的国家指的是内聚性强的国家服务于少数特殊利益群体而非社会整体利益。

划经济和公有制经济变成自由市场经济或者国家资本主义，集权主义政体变为威权主义、民主主义政体或者混合政体。

格茨马拉-布塞和朗认为在既有的制度资源、转型的速度、国际环境等因素的影响和限制下，后共产主义国家演变为四类国家：民主的、独裁的、难以驾驭的和个人统治的。相比于经济发展水平和资源禀赋，苏联的遗产——寡头威权政治、低度法治、碎片化的权力关系、强大的秘密警察部门等——起了更为重要的作用，被其继承者使用并塑造了新的国家特征：强国家能力和低国家（治理）质量。[①] 布莱恩·泰勒（Brian D. Taylor）发现，在后叶利钦时代，俄罗斯经历了国家的重新建构，通过中央集权和大规模任命权力部门（军队、警察、安全部门等）人员担任重要职务等措施，显著提高了国家能力（主要是非常规任务的能力）；但在提高国家质量（政府官员以公平公正的方式服务于公共利益）方面却乏善可陈。[②] 泰勒分析了三个研究国家的视角：（1）志同道合者（cohort）视角强调来自“权力部门”的官员享有共同的组织文化，能团结一致，但被认为高估了这群官员的内聚力；（2）派系（clan）视角强调那些有共同利益和共事经历的精英们形成联盟，这些联盟跨越不同政府部门，也纵横政府和企业之间。（3）组织机构（corporate or organizational）视角，强调官僚机构的重要性。格茨马拉-布塞也认为俄罗斯的国家建构和国家被俘获并行不悖。[③] 伊斯特尔的研究则强调结构性因素——企业规模及其垄断性——通过国家税收影响俄罗斯和东欧国家的政治体制。[④]

第四节　小　　结

相比民主化等热门话题，国家理论的研究文献数量相对较少，但其在

---

① Grzymala-Busse, Ann, Pauline Jones Luong. “Re-conceptualizing the State: Lessons from Post-Communism.” *Politics and Society*, Special Issue on Reconceptualizing the State, December 2002.

② Taylor, Brian D. *State Building in Putin's Russia: Policing and Coercion after Communism.* New York: Cambridge University Press, 2011.

③ Grzymala-Busse, Ann. “Beyond Clientelism: Incumbent State Capture and State Formation.” *Comparative Political Studies.* Vol. 41, No. 4/5, 2008.

④ Easter, Gerald. *Capital, Coercion, and Postcommunist States.* Ithaca: Cornell University Press, 2012.

比较政治学尤其是其分支发展政治学中还是一个核心话题，并在近三十年取得了长足的理论进步，推动了发展政治学其他主题的研究。米格代尔在一篇综述文章中提到，比较政治学中国家理论的研究有以下几个趋势：

- 从基于一个范式（理性选择、结构主义、文化主义）到多个范式的结合；
- 从比较静态到注重历史细节，强调关键节点和先后顺序；
- 从单一的国家模板到同时注重国家的同质化和差异性的研究视角；
- 从单一的个案研究或定量研究到某种特殊类型的国家的研究，并形成对话；
- 从线性的因果分析到过程导向的、复杂的、多层次的研究。[①]

研究国家面临概念复杂性、抽象性、变动性的方法论困境。首先，作为一个集合体概念，国家包含多个维度且各个维度之间存在着复杂关系，因此很难作为一个变量（无论是自变量还是因变量）进行分析。在分析过程中，我们往往侧重其一两个维度而非国家这一概念本身。其次，国家是一个高度抽象的概念，却和我们的日常生活高度相关，如何把握抽象性和具体性的平衡也是一个挑战。再次，国家也在不断变动之中，国家和社会相互影响、相互形塑。这些都使得对国家的研究非常困难，即使经典的研究也难免存在诸多局限。

同样需要指出的是，关于中国政治的研究，除了极少数的例外[②]，很少对国家理论作出贡献。这一方面印证了中国政治研究在比较政治学及其分支发展政治学研究中所处的边缘化地位的现状；另一方面，这和中国作为发展中大国，以及中国在最近一个多世纪发生的巨大的、全方位的、急剧的变迁及其所提供的理论素材严重不匹配。我们可以从中国丰富的实证资料出发，在中层理论的层次研究国家和国家建构理论的各种因果机制，反哺发展政治学研究。

---

① Migdal, Joel S. "Researching the State." in Lichbach, Mark Irving, Alan S. Zuckerman (eds.). *Comparative Politics: Rationality, Culture, and Structure*. New York: Cambridge University Press, 2009.

② Shue, Vivienne. *The Reach of the State: Sketches of the Chinese Body Politic*. Stanford: Stanford University Press, 1988.

第九章

民主化

包刚升

民主化与民主转型是近三四十年政治发展研究的热门议题。尽管不能说政治发展或政治现代化就等同于民主化，但民主化应该是政治发展研究的基本范畴之一。在美国政治学者弗朗西斯·福山（Francis Fukuyama）的宏观政治演化框架中，人类社会的政治发展主要表现在三个维度上，即有效国家、法治与民主问责制的起源和演化。[①] 随着国家理论的兴起，尽管福山近年越来越强调有效国家或国家能力的重要性，但民主问责制或民主制的演化仍然是政治发展的关键维度。

跟政治哲学与政治思想史的研究路径不同，政治科学的主流研究路径关注的是民主与民主化背后的决定性变量与因果机制。因此，这一领域的政治科学家们关注的首要问题是：为什么有的国家实现了民主或民主化，而有的国家却没有？毋庸置疑，决定一个国家能否实现民主或民主化的原因往往是多种多样的。按照亨廷顿1991年的一项学术梳理，用以解释第三波民主化的变量高达27个。[②] 考虑到这一领域新的研究及文献还在不断涌

---

① 〔美〕弗朗西斯·福山：《政治秩序的起源：从前人类时代到法国大革命》，毛俊杰译，桂林：广西师范大学出版社2014年版；〔美〕弗朗西斯·福山：《政治秩序与政治衰败：从工业革命到民主全球化》，毛俊杰译，桂林：广西师范大学出版社2015年版。

② 〔美〕塞缪尔·P. 亨廷顿：《第三波：20世纪后期的民主化浪潮》，欧阳景根译，北京：中国人民大学出版社2013年版，第34—35页。

现，这一解释变量的名单无疑又大大加长了。

本章的主要目标是阐述民主与民主化研究领域的基本概念，对解释民主化的主要理论进行综述和讨论，并尝试剖析这一领域学术研究的趋势与前景。本章总分为五节，第一节梳理与民主、民主化有关的基本概念，并简要回顾民主化的历史经验，第二节到第四节是与目前已有的主流学术解释或理论进行对话，包括经济社会条件理论、政治制度理论、政治精英行为理论，第五节主要讨论民主化研究的前沿趋势与未来。

第一节　民主、民主化及其历史经验

要研究民主化，首先要确定什么是民主。作为一种政体类型的民主或民主政体，往往是跟威权政体（authoritarian regimes）相对应的。一般认为，民主政体起源于古希腊。民主一词的古希腊文是 democratia，demo 是人民或大众的意思，cratia 是统治的意思。因此，民主就是人民的统治或多数人的统治。通俗地说，民主就是人民当家作主。在20世纪中叶之前，这也是民主的主流定义。按照美国总统亚伯拉罕·林肯在葛底斯堡演说中的说法，民主应该是“民有、民治、民享的政府”。这也是关于民主的一种广为流传的理解。但是，这一定义是关于民主的实质性定义，其缺点是难以衡量和操作化。[①]

因此，后来美国学者熊彼特在《资本主义、社会主义与民主》中首次提出了民主的程序性定义。他说：“民主方法就是那种为作出政治决定而实行的制度安排，在这种安排中，某些人通过争取人民选票取得作决定的权力。”[②] 简单地说，这种定义把民主视为一种竞争性的选举制度，大众的政治参与和精英的政治竞争是两项关键性安排。后来，这逐渐成为政治学界对民主的一般定义。当然，有学者对此提出批评，认为熊彼特的程序性定义过分强调选举而忽略了民主的实质，容易导致“选举主义的谬误”（fallacy of electoralism）。所以，目前学术界的主流看法是，竞争性的选举

① 包刚升：《民主的逻辑》，北京：社会科学文献出版社2018年版，第33—34页。

② 〔美〕约瑟夫·熊彼特：《资本主义、社会主义与民主》，吴良健译，北京：商务印书馆1999年版，第415页。

制度应该是民主的最低标准。

美国政治学者罗伯特·达尔（Robert A. Dahl）在《多头政体：参与和反对》一书中认为："民主国家的一个重要特征，就是政府不断地对公民的选择做出响应，公民在政治上被视为一视同仁。"他也认同熊彼特的程序性定义，认为民主的实质是政治参与和政治竞争。在此基础上，他认为现代民主政体——或者说他定义的多头政体（polyarchy）——应符合八个条件，包括：建立和加入组织的自由、表达自由、投票权、取得公共职务的资格、政治领导人为争取支持而竞争的权利、可选择的信息来源、自由公正的选举、根据选票和其他的民意表达制定政府政策的制度。①

罗伯特·达尔的定义和标准尽管都非常清晰，但如何让民主概念变得可操作化却仍然是一个问题。尤其是随着政治科学定量方法的广泛应用，20世纪90年代以来，如何在更大时空范围内确定不同国家的政体类型已成为一种现实需要。多个学者、学者团队和评级机构开发了衡量不同国家政体类型——民主或威权——的覆盖较长时期的跨国数据库，其中一些有代表性的数据库参见表9-1。②

表9-1 衡量政体类型的主要数据库

数据库及来源	衡量标准与类型区分	时空范围
加斯洛斯基（Gasiorowski）	根据政治竞争、政治参与、公民政治自由三个标准，区分为民主政体、半民主政体、威权政体和过渡政体四类	97个最大的第三世界国家或政治体；从国家独立至1992年

① 〔美〕罗伯特·达尔：《多头政体：参与和反对》，谭君久、刘惠荣译，北京：商务印书馆2003年版，第1—15页。

② 表中的文献与数据库分别参见：Gasiorowski, M. J. "An Overview of the Political Regime Change Dataset." *Comparative Political Studies*, Vol. 29, No. 4, 1996. Vanhanen, T. "A New Dataset for Measuring Democracy, 1810-1998." *Journal of Peace Research*, Vol. 37, No. 2, 2000. Przeworski, A., M. E. Alvalrez, J. A. Cheibub and F. Limongi. *Democracy and Development: Political Institutions and Well-Being in the World, 1950-1990*. Cambridge: Cambridge University Press, 2000. Cheibub, J. A., J. Gandhi and J. R. Vreeland. "Democracy and Dictatorship Revisited." *Public Choice*, Vol. 143, No. 1-2, 2010. Boix, C., M. Miller and S. Rosato. "A Complete Data Set of Political Regimes, 1800-2007." *Comparative Political Studies*, Vol. 46, No. 12, 2012. Polity Ⅳ, 2015, http://www.systemicpeace.org/inscrdata.html. Freedom House, 2019, https://freedomhouse.org/. V-Dem, 2019, https://v-dem.net/en/data/.

（续表）

数据库及来源	衡量标准与类型区分	时空范围
温汉南（Vanhanen）	根据客观指标衡量选举竞争程度、选举参与程度、民主化综合指数，区分为民主政体与威权政体两类	187个国家或政治体；1810—1998年
PACL	根据行政机关是否选举产生、立法机关是否选举产生、是否存在政党竞争、是否发生过政党轮替四个标准，区分为民主政体与威权政体两类	141个国家或政治体；1950—1990年
CGV	根据行政机关是否选举产生、立法机关是否选举产生、是否存在政党竞争、是否发生过政党轮替四个标准，区分为民主政体与威权政体两类（衡量标准与上述的PACL相同，但覆盖时空范围更大）	199个国家或政治体；1946—2008年
BMR	根据政治竞争、政治参与两个标准，区分为民主政体与威权政体两类	219个国家或政治体；1800—2007年
政体Ⅳ（PolityⅣ）	根据行政录用的竞争性、行政录用的开放性、行政首长受制约的程度、政治参与的管制、政治参与的竞争性等五个标准，区分政体的民主与威权程度，从最民主（10分）到最威权（-10分）的21个分值（含0分），区分为民主政体、中间政体（anocracy）和威权政体三类	167个国家或政治体；1800年至今
自由之家	根据选举过程、政治多元化和参与、政府功能、表达与信仰自由、结社与组织权利、法治程度、自主权与个人权利等七个标准，基于政治权利与公民自由两个维度，对政体自由度进行从最自由（1分）到最不自由（7分）的评级，并区分为自由政体、部分自由政体和不自由政体三类	195个国家或政治体；1972年至今
V-Dem	根据选举、自由、参与、多数、共识、审议、平等七个具体指标，区分选举民主指数及其他多个指标的指数	目前覆盖120个国家或政治体；1900—2012/2014年，未来计划覆盖至所有国家与政治体

注：PACL是亚当·普沃斯基（Adam Przeworski）、迈克尔·阿尔瓦雷兹（Michael E. Alvalrez）、何塞·柴巴布（José Antonio Cheibub）、费尔南多·利蒙吉（Fernando Limongi）四位学者姓氏的缩写；CGV是何塞·柴巴布（José Antonio Cheibub）、珍妮弗·甘地（Jennifer Gandhi）、詹姆斯·弗里兰（James Raymond Vreeland）三位学者姓氏的缩写；BMR是卡莱斯·鲍什（Carles Boix）、迈克尔·米勒（Michael Miller）、塞巴斯蒂安·罗萨托（Sebastian Rosato）三位学者姓氏的缩写。V-Dem，全称为Varieties & Democracy（多样化的民主），是一个由各国学者组织建设的跨国民主数据库。

这些数据库都试图在较大时空范围内衡量不同国家或政治体的政体类型，但衡量标准与覆盖范围各不相同。第一，民主定义不同：是采用最低限度的民主定义，还是采用较为宽泛的民主定义；第二，民主类型区分不同：是采用民主与威权的两分法，还是采用不同民主程度的类型区分；第三，衡量标准和编码方法不同：采用哪些主要指标来衡量政体类型，以及以主观评价为主还是以客观评价为主，或者两者兼而有之；第四，时空范围不同：数据库覆盖多大的国家样本数量和多长的时间范围。

理解了什么是民主或民主政体，就比较容易理解民主化的概念。简单地说，民主化是一个国家从非民主政体或威权政体转向民主政体的过程。在今天的学术界，民主转型（democratic transition）的概念往往跟民主化的概念是混用的。尽管有学者认为，民主转型概念强调的侧重点有所不同。如果说民主化是泛指一个国家从威权政体转向民主政体，那么民主转型往往更强调这个国家从威权政体转向民主政体的历史时刻和政治过程。但当政治学者们说一个国家实现了民主化或完成了民主转型，如果不是有所特指的话，基本上就是同一个含义。跟民主转型密切相关的一个概念是民主巩固（democratic consolidation），也是民主化研究的一个重要议题。简单地说，民主巩固是指一国的民主政体不断被强化的过程，通过这一过程，民主能够继续存续并防止可能的逆转。但问题是，要准确地定义民主巩固往往非常困难。尽管很多学者给出了关于民主巩固的各种定义，但大部分定义要么标准过低，要么没有标准，因而导致缺少可操作性的衡量方法。美国政治学者林茨（Juan J. Linz）和斯泰潘（Alfred C. Stepan）则给出了一个更具体的定义，他们认为民主巩固可以从三个维度加以衡量：一是行为层面，主要的政治力量不再考虑推翻民主政体；二是态度层面，压倒性多数的公众接受民主为唯一的游戏规则；三是宪法层面，所有政治行动者都在宪法框架内解决政治冲突。他们指出：“巩固的民主是一种政治情境，在这种情境中，简而言之，民主已经成为最佳的政体选择。”① 这意味着，在这种情境中，越来越多的人确信，除了民主不能接受别的政治规则，而且没有任何有实力的政治组织或力量试图推翻民主政体。这样，才能说一个国家实现了民主巩固。民主化研究的另一个重要概念是民主崩溃（dem-

① Linz, J. J., A. C. Stepan. “Toward Consolidated Democracies.” *Journal of Democracy*, Vol. 7, No. 2, 1996.

ocratic breakdown）或民主失败（democratic failure）。无论民主崩溃，还是民主失败，指的都是从民主政体蜕变为非民主政体，是民主化过程的逆转。2014年，笔者曾出版过一部系统研究民主崩溃的专著——《民主崩溃的政治学》。[①] 2018年，美国政治学者莱维茨基（Steven Levitsky）和扎布拉特（Daniel Ziblatt）所著的《民主是如何死的?》关注的也是民主崩溃的议题。[②]

对民主和民主化的相关概念进行梳理之后，接下来回顾一下人类社会民主化的历史经验。据有文字记载以来的历史，人类最早的民主实践起源于古希腊城邦，雅典城邦则是其杰出代表。当时，公民大会是雅典的最高权力机构，由10个部落代表组成的500人议事会则负责提出和执行公共决策，由普通公民组成的陪审法庭负责对案件进行判决，行政官员则由抽签和选举两种办法（以抽签为主）产生。此外，雅典还有其他辅助性的制度安排，比如针对潜在"危险人物"的陶片放逐法以及公民参加公共事务的支薪制度，等等。[③]

尽管古希腊城邦是民主的最早起源，但它与当代民主政体并无历史的传承。人类近现代民主政体的源头是英国。在英格兰，1215年签署的《大宪章》被视为人类历史上第一份明确限制国王权力的文件。它还规定，贵族可以以团体方式监督国王恪守《大宪章》，并有权在国王违反时进行合法反抗。1258年的《牛津条约》则规定，由15名男爵组成的贵族会议来监督国王的行为，国王的重要决定需得到贵族会议的同意。[④] 这样，尽管国王与贵族之间仍然纷争不断，但从1215年《大宪章》到1688年"光荣革命"，英格兰逐渐确立了立宪政治与议会主权的原则。此后，从17世纪晚期到18世纪，一方面是国王逐渐去行政化并演变为虚位元首，另一方面是政党政治勃兴和责任内阁制逐渐成形。尽管如此，到19世纪30年代初，英国大约仅有40万财产较多的成年男子拥有选举权。1832年以后，英国经历了多次议会与选举改革——从逐步降低男性选民的财产资格，到完全

---

① 包刚升：《民主崩溃的政治学》，北京：商务印书馆2014年版。

② Levitsky, S., D. Ziblatt. *How Democracies Die*. New York: Broadway Books, 2018.

③ 〔美〕戴维·赫尔德：《民主的模式》，燕继荣等译，北京：中央编译出版社1998年版，第15—45页。

④ 〔美〕詹姆斯·C. 霍尔特：《大宪章》，毕竞悦、李红海、苗文龙译，北京：北京大学出版社2010年版。

取消男性选民的财产资格，再到所有女性公民与男性公民获得同等的选举权——至1928年终于完成完全的民主化改革。

按照亨廷顿的看法，人类自19世纪以来经历了三波民主化浪潮。一波民主化是指在一个特定的时间期限内发生的一组由非民主政权向民主政权的转型，并且在这一时段内，这种转型在数量上明显超过反向转型的数量。亨廷顿把美国半数成年男子获得选举权的1828年视为第一波民主化的起点，从1828年到1926年人类经历了第一次民主化长波；随后是1922—1942年的第一次民主化回潮；第二次民主化短波出现在1943—1962年，这是与第二次世界大战胜利和亚非国家去殖民化有关的一波民主化浪潮；1958—1975年则遭遇了第二次民主化回潮；从1974年开始，以葡萄牙的民主革命为起点，第三波民主化浪潮开始启动，直到亨廷顿出版该书的1991年并未终结。[①] 尽管亨廷顿关于三波民主化浪潮的划分引起了严肃的批评——比如道伦斯皮里特（Renske Doorenspleet）认为，三波民主化浪潮的划分并不严谨[②]——但这部著作不仅产生了巨大的学术影响，而且使“第三波民主化”成为该领域最流行的学术概念。

2002年，美国学者托马斯·卡罗瑟斯（Thomas Carothers）这样总结第三波民主化浪潮：“在20世纪最后二十五年里，七个不同地区的趋势合起来改变了世界政治的图景：（1）20世纪70年代中期南欧右翼威权主义政体的倒台；（2）从20世纪70年代后期到80年代后期拉丁美洲的军人独裁政权为民选政府所取代；（3）20世纪80年代中期开始部分东亚和南亚国家威权统治的衰亡；（4）20世纪80年代末东欧共产主义政体的崩溃；（5）1991年苏联解体和15个后苏联时代共和国的建立；（6）20世纪90年代上半叶撒哈拉以南非洲地区很多国家一党制政体的衰亡；（7）20世纪90年代一些中东国家出现的尽管微弱但确实存在的自由化趋势。”[③] 此后，就在学术界感叹中东、北非地区的特殊性时，以2010年底突尼斯一个小贩的意外死亡为导火索，一场被称为“阿拉伯之春”的政治运动席卷了这一地区，导致多国政体发生重大变动。尽管如此，这一地区多数国家迄今为

① 〔美〕塞缪尔·P. 亨廷顿：《第三波：20世纪后期的民主化浪潮》，第9—20页。

② Doorenspleet, R. “Reassessing the Three Waves of Democratization.” *World Politics*, Vol. 52, No. 3, 2000.

③ Carothers, T. “The End of Transition Paradigm.” *Journal of Democracy*, Vol. 13, No. 1, 2002.

止的民主转型表现令人失望，前景亦不乐观。[1]

总体而言，从1974年至今的四十多年间，全球总共有超过100个国家和地区卷入了第三波民主化，自由民主政体的数量在全球范围内也大幅增长。按照国际评级机构“自由之家”2019年发布的报告，从1972到2019年，“自由国家”数量从44个增至86个，“部分自由国家”从38个增至59个，“不自由国家”从69个减至50个。[2]

然而，令人国际学界担忧的是，最近十年第三波民主化似乎正面临着某种困顿。美国《民主》杂志2015年第1期以“民主是否正在衰退?”为主题刊发了一系列论文。福山撰文认为，2014年民主政体在全球范围内绩效不佳，关键问题是无法建立起现代的、治理优良的国家已经成为近期民主转型的“阿喀琉斯之踵”。[3] 拉里·戴蒙德则指出，2006年以来已经出现民主衰退，主要现象包括民主崩溃的加速、新兴民主政体稳定性不高、全球威权主义力量得到强化以及老牌民主国家绩效欠佳，等等。[4] 当然，也有学者不认同这种“民主衰退论”。莱维茨基及其合作者认为，尽管民主在部分国家遭遇挫折，但关于民主衰退的说法整体上是一个“神话”。他们指出，泰国、委内瑞拉，或许还有匈牙利，正在遭受民主衰退。然而，全球民主下滑的论点缺少经验证据的基础。[5] 尽管这种存在争论，但第三波民主转型国家在转型结果与治理绩效方面的显著分化却是不争的事实。

总的来说，19世纪以来全球民主演进呈现出三个基本趋势。第一，总体数量上，半数以上国家卷入了民主化进程，超过四成国家经历了从不民主到不完全民主再到完全民主的演进，全球范围内民主政体的数量与比重

---

① Brown, N. J. “Egypt's Failed Transition.” *Journal of Democracy*, Vol. 24, No. 4, 2013. Brownlee, J., T. Masoud, and A. Reynolds. “Why the Modest Harvest.” *Journal of Democracy*, Vol. 24, No. 4, 2013.

② Freedom House. *Freedom in the World 2019*. https://freedomhouse.org/sites/default/files/Feb2019_FH_FITW_2019_Report_ForWeb-compressed.pdf.

③ Fukuyama, F. “Why is Democracy Performing so Poorly?” *Journal of Democracy*, Vol. 26, No. 1, 2015.

④ Diamond, L. “Facing up to the Democratic Recession.” *Journal of Democracy*, Vol. 26, No. 1, 2015.

⑤ Levitsky, S., L. A. Way. “The Myth of Democratic Recession.” *Journal of Democracy*, Vol. 26, No. 1, 2015.

大幅增长。第二，时间周期上，民主化浪潮与民主退潮时常交替出现，民主化的长期进展与短期受挫并存，民主化通常并非一个一帆风顺的过程。第三，空间格局上，民主在全球整体推进与在部分国家受挫并存，不同国家的民主化结果往往呈现严重的分化，民主化的成功率在空间分布上并不均衡。

第二节　经济社会条件理论

正如本章开头就提到的，比较民主化研究关注的核心问题是：为什么有的国家实现了民主或民主化，而其他国家却没有？更宽泛地说，当代政治科学关注的是如何解释不同国家在民主与民主化方面的诸种差异。实际上，如今的议题不限于各国民主转型的分化，也包括民主巩固和民主崩溃方面表现的不同。最近三四十年，这方面的研究文献不断涌现，可以说数不胜数。但总的来说，比较民主化的现有主流研究大致可以归入三大理论路径：经济社会条件理论、政治制度理论和政治精英行为理论。这三大理论路径是基于不同的解释变量类型，来回答为什么不同国家在民主与民主化方面存在着显著的差异。经济社会条件理论主要立足于经济社会条件变量的解释，政治制度理论主要立足于宪法设计与政治制度安排变量的解释，政治精英行为理论主要立足于政治精英的信念、行为与互动的解释。从第二节到第四节，本章将依次综述和评析这三种主要理论，本节的重点是民主化的经济社会条件理论。

任何政体都内嵌于特定的社会之中。一个国家的基础性社会条件构成了政治变迁的情境。从更宽泛的意义上讲，一个国家的政治清明，可能是因为该国的经济社会条件较为有利；反之，可能是因为经济社会条件较为不利。就政体变迁而言，如果一个国家的经济社会条件较好，就更有可能实现民主转型；反之，就更难实现民主转型。那么，一个国家的哪些经济社会条件会影响民主转型呢？现有文献主要关注经济发展水平、阶级与族群结构、政治文化与宗教传统以及国际环境与外交等因素。

经济发展水平影响民主转型的观点由来已久。“李普塞特假说”认为：

“一个国家越富有，它越有可能维持民主制度。”换言之，民主与否通常跟一个国家的经济发展水平有关。[①] 这一假说被称为民主的现代化理论，即当一个社会的现代化程度提高时，它就更有机会成为一个民主国家，原因包括：经济发展推动了富裕程度的提高、社会结构的变迁、教育普及与公民意识的觉醒以及公民社会的发育等。罗伯特·巴罗（Robert J. Barro）1999 年的一项定量研究发现，如果其他国家变得跟经济发达国家一样富裕，它们就很有可能会成为政治上民主的国家。[②] 拉里·戴蒙德的研究指出，以人类发展指数（Human Development Index，HDI）来衡量，50 个最发达国家——除了新加坡和 5 个小型石油国家以外——都是民主国家。[③] 当然，民主的现代化理论也遭遇过有力的挑战。早在 20 世纪 60—70 年代，亨廷顿和奥唐奈就指出，在一定条件下，一国经济发展水平越高，就越难以维系民主政体。[④] 另一个问题是，全球范围内还存在着为数不少的挑战“李普塞特假说”的反例。比如，亚当·普沃斯基及其合作者在 2000 年的研究就罗列了新加坡等 25 个中、高收入非民主国家的特例。[⑤] 实际上，李普塞特本人后来承认，社会经济条件以外的其他变量——包括政治文化、宗教传统、制度设计、公民社会、法治、政治精英的行为等——对民主转型具有同样重要的作用。[⑥] 所以，尽管主流文献倾向于认为较高的经济发展水平更有利于民主维系或民主转型，但这并非铁律。

“没有资产阶级，就没有民主。”这个观点出自巴林顿·摩尔，但他的

---

① Lipset, S. M. “Some Social Requisites of Democracy: Economic Development and Political Legitimacy.” *American Political Science Review*, Vol. 53, No. 1, 1959.

② Barro, R. J. “Determinants of Democracy.” *Journal of Political Economy*, Vol. 107, No. 6, 1999.

③ Diamond, L. *The Spirit of Democracy: The Struggle to Build Free Societies throughout the World.* New York: Times Books, 2008, p. 96.

④ 〔美〕塞缪尔·P. 亨廷顿：《变化社会中的政治秩序》，王冠华、刘为等译，上海：上海人民出版社 2008 年版。〔阿根廷〕吉列尔莫·奥唐奈：《现代化和官僚威权主义：南美政治研究》，王欢、申明民译，北京：北京大学出版社 2008 年版。

⑤ Przeworski, A., M. E. Alvarez, J. A. Cheibub and F. Limongi. *Democracy and Development: Political Institutions and Well-Being in the World, 1950-1990.* Cambridge: Cambridge University Press, 2000, p. 95.

⑥ Lipset, S. M. “The Social Requisites of Democracy Revisited: 1993 Presidential Address.” *American Sociological Review*, Vol. 59, No. 1, 1994.

完整见解要复杂得多。他在1966年出版的《专制与民主的社会起源》中认为，土地贵族、农民和资产阶级在政治舞台上扮演的不同角色和力量，决定了政治发展的不同道路，只有资产阶级强大的国家才有可能建成民主。[①] 主张阶级结构决定民主的观点，今天仍然有很大市场，这也跟很多人把欧美近现代民主视为资产阶级革命成果的"常识"相符。但是，有学者对此提出质疑。比如，斯蒂芬斯（John Stephens）认为，工人阶级或有组织的工人才是民主转型的关键。特别是，从有选举资格限制的不完全民主转向落实普选权的完全民主过程中，工人阶级角色尤为重要。[②] 科利尔（Ruth B. Collier）则认为，工人阶级是民主化过程的核心力量。尽管工人阶级和劳工运动在不同时期、不同地区的作用不同，但在20世纪后半叶南欧和拉美的民主转型中，劳工运动是极重要的组织化力量。[③] 另一个代表性观点是强大的中产阶级有利于民主转型与巩固。在亨廷顿看来，除了个别国家，"第三波民主化运动不是由地主、农民或产业工人（除了波兰）所领导的。实际上，每个国家民主化的最积极的支持者都是来自城市中产阶级……相比之下，在城市中产阶级相对弱小的国家……要么民主化是以失败而告终，要么是民主政治动荡不安。"[④] 除了充当直接推动民主的力量，中产阶级的强大往往还意味着贫富差距较小。正是由于中产阶级充当了富人与穷人之间关于再分配斗争的缓冲器，民主政体才更可能得以维系。[⑤] 除了阶级结构，一个社会的族群或宗教结构现在受到了更多的关注。有学者认为，如果不同的族群或宗教集团之间存在着严重的政治分歧，就难以拥有稳定的民主政体；或者说，内部分歧严重的多族群与多宗教社会启动民主转型，可能会引发严重的族群或宗教冲突，反过来又会妨碍民主

---

① 〔美〕巴林顿·摩尔：《专制与民主的社会起源：现代世界形成过程中的地主与农民》，王茁、顾洁译，上海：上海译文出版社2013年版。

② Stephens, J. D. "Democratic Transitions and Breakdown in Western Europe, 1870-1939: A Test of the Moore Thesis." *American Journal of Sociology*, Vol. 94, No. 5, 1989.

③ Collier, R. B. *Paths toward Democracy: The Working Class and Elites in Western Europe and South America*. Cambridge: Cambridge University Press, 1999.

④ 〔美〕塞缪尔·P. 亨廷顿：《第三波：20世纪后期的民主化浪潮》，第61—62页。

⑤ 〔美〕达龙·阿塞莫格鲁、詹姆士·A. 罗宾逊：《政治发展的经济分析：专制和民主的经济起源》。

转型的完成。①

民主可以移植吗？这是一个经久不衰的争论，是涉及政治文化与民主转型关系的一个经典议题。早在 1835 年，托克维尔就认为，美国之能维护民主制度，应归功于地理环境，法制和民情；自然环境不如法制，而法制又不如民情。② 这里的民情，就是政治文化。到了 1963 年，阿尔蒙德及其合作者认为，一个稳定和有效率的民主政府，不光是依靠政府结构和政治结构；它依靠人民所具有的对政治过程的取向——即政治文化，如果政治文化不能支持民主系统，这种系统获得成功的机会将很渺茫。③ 在他们看来，公民文化——就是村民文化、臣民文化和参与者文化三者的融合——更有利于民主政体的维系。政治文化领域的集大成者罗纳德·英格尔哈特（Ronald Inglehart）的研究则揭示，与经济因素相比，不同政治文化对政治的影响力更大且更为持久，特别是与民主制度存续的可能性密切相关。④ 有学者认为，对发展中国家的民主政体而言，如下政治文化非常重要："对民主合法性的信仰；对对立党派、对立信仰和对立立场的宽容；跟政治对手妥协的意愿，以及妥协意愿背后的实用主义和灵活性；对政治环境的信任，以及互相合作，尤其是在政治竞争者之间的合作；政治立场和党派立场的温和倾向；政治沟通的礼节；基于政治平等的政治效能和政治参与。"⑤ 此外，与政治文化关系密切的是宗教传统。比较流行但争论不休的论点包括：基督教新教与民主转型的关系较为密切；伊斯兰教或许对民主转型构成阻力因素；天主教在 20 世纪 60 年代的变革有助于推动南欧与拉

---

① Horowitz, D. L. *Ethnic Groups in Conflict*. Berkeley: University of California Press, 1985. Lijphart, A. *Patterns of Democracy: Government Forms and Performance in Thirty-Six Countries*. New Haven: Yale University Press, 1999. Mousseau, D. Y. "Democratizing with Ethnic Divisions: A Source of Conflict?" *Journal of Peace Research*, Vol. 38, No. 5, 2001. 包刚升：《民主崩溃的政治学》，北京：商务印书馆 2014 年版。

② ［法］托克维尔：《论美国的民主》（上卷），董果良译，北京：商务印书馆 2009 年版，第 354—358 页。

③ ［美］加布里埃尔·A. 阿尔蒙德、西德尼·维巴：《公民文化：五个国家的政治态度与民主制》，徐湘林等译，北京：东方出版社 2008 年版，第 443 页。

④ Inglehart, R. "The Renaissance of Political Culture." *American Political Science Review*, Vol. 82, No. 4, 1988.

⑤ Diamond, L., J. J. Linz, and S. M. Lipset. "Introdution: What Makes for Democracy? "in Diamond, L., J. J. Linz, and S. M. Lipset (eds.). *Politics in Developing Countries: Comparing Experiences with Democracy*. Boulder: Lynne Rienner, 1995.

美的民主转型；儒家文化则构成东亚国家与地区民主化的约束条件，等等。[①] 当然，对不同宗教与民主转型之间的关系，学术界迄今为止并没有充分共识。

国际环境是否会影响一国国内的民主转型呢？在全球化时代，国际因素变得越来越重要。劳伦斯·怀特海德（Laurence Whitehead）认为，如今的多数民主国家，或者起源于英国的殖民统治，或者起源于二战中盟军的胜利，或者跟西方世界有着良好的关系。[②] 芭芭拉·魏奈特（Barbara Wejnert）对影响民主的国内和国际因素作了跨越两个世纪的量化研究，结果发现国际扩散因素是民主更有效的预测指标。[③] 亨廷顿等人则非常关注国际体系中的主要大国——特别是民主大国与威权大国——和国际组织对其他国家民主转型的影响。除了主要大国与国际组织的影响，亨廷顿认为，邻近国家之间示范效应或"滚雪球效应"也是一个重要机制。[④] 戴蒙德、林茨和李普塞特等人认为，发展中国家的政治体制和政体变迁受到一系列国际因素的影响，包括殖民统治、外国干预、文化扩散和国外的示范效应。[⑤] 当然，也有学者提醒要恰当地评估国际因素对民主转型的影响，因为多数情况下国内因素更具有决定性的力量。比如，拉里·戴蒙德就认为不宜过分高估国际因素的影响。[⑥]

除了上述这些理论，公民社会、社会平等或不平等程度、市场经济等解释变量，也常常被用来作为解释民主转型的基础性社会条件。总之，这一理论路径强调的是一个国家的基础性社会条件。现有文献的初步共识是：如果一个社会的经济发展水平比较高，阶级冲突比较缓和，族群与宗

① 〔美〕塞缪尔·P. 亨廷顿：《第三波：20世纪后期的民主化浪潮》，第66—77页。Fukuyama, F. "Confucianism and Democracy." *Journal of Democracy*, Vol. 6, No. 2, 1995. Filali-Ansary, A. "Muslims and Democracy." *Journal of Democracy*, Vol. 10, No. 3, 1999.

② Whitehead, L. "Three International Dimensions of Democratization." in Whitehead L. (eds.). *The International Dimensions of Democratization*. Oxford: Oxford University Press, 2001, pp. 3-4.

③ Wejnert, B. "Diffusion, Development, and Democracy, 1800-1999." *American Sociological Review*, Vol. 70, No. 1, 2005.

④ 〔美〕塞缪尔·P. 亨廷顿：《第三波：20世纪后期的民主化浪潮》，第77—90页。

⑤ Diamond, L., J. J. Linz, and S. M. Lipset. "Introdution: What Makes for Democracy?" in Diamond L., J. J. Linz, and S. M. Lipset (eds.). *Politics in Developing Countries: Comparing Experiences with Democracy*. Boulder: Lynne Rienner Publishers, 1995, p. 48.

⑥ Diamond, L. *The Spirit of Democracy: The Struggle to Build Free Societies throughout the World*. New York: Times Books, 2008, p. 106.

教分裂程度较低，政治文化更现代化，国际环境比较有利，公民社会更加发达，社会不平等程度更低，市场化程度更高，就更可能维系民主政体或实现民主转型；反之，当上述这些基础性社会条件较为不利时，维系民主政体或实现民主转型的可能性就比较低。

这一理论路径的直接启示是：能否培育支持民主的基础性社会条件，是一个国家能否实现民主转型的关键。由此，我们还可以得到这样的推论：对一个威权国家而言，如果它能够提高经济发展水平，缓和阶级矛盾，弱化族群或宗教冲突，提升文化教育的现代化程度，与民主大国维系良好关系，培育公民社会，降低社会不平等程度，促进市场化改革，那么它未来更有可能实现成功的民主化；反之，成功率就会比较低。

基于这一视角，很多发展中国家的最大挑战是陷入了政体转型与社会发展的低水平均衡陷阱。一方面，由于基础性社会条件比较薄弱，比如经济发展水平低、国内政治冲突严重、文化教育程度低等，就难以出现期待中的政治变迁，既无法塑造有效能的现代国家，又无法出现稳定的民主政体；另一方面，由于政治建设上无所作为，基本的政治状况与公共治理无法改善，就难以促进经济发展、缓和国内政治冲突和提高文化教育水平。这样，一个发展中国家就容易陷入“政治发展—社会发展”的低水平均衡陷阱之中。换言之，没有基本的经济社会发展水平，所以没有好的政治；没有好的政治，所以无法实现起码的经济社会发展。从历史经验来看，发展中国家的整体发展通常更需要以有效的政治领导作为先导，这也是打破“政治发展—社会发展”低水平均衡陷阱的关键，但很多国家都无力做到这一点。从全球范围看，非洲有很多国家陷于这种陷阱而无力自拔，部分东亚政治体则成为先实现发展、突破基础性社会条件限制而后再实现民主转型的成功样板。

第三节　政治制度理论

本节介绍民主化的政治制度理论。政治学研究的一个古老传统，是强调政治制度的重要性。不同的政治制度，往往意味着不同的政治生活。亚里士多德所著的《政治学》与《雅典政制》是最早专门探讨政治制度的作品。亚里士多德的老师柏拉图比较欣赏融合了君主制、贵族制和民主制元素的混合政体，西塞罗等人则把罗马共和国视为混合政体的典范。文艺复兴之后，从洛克到孟德斯鸠的政治思想传统更强调限权和分权的重要性，即用政治制度限制政治权力，或者说要在政治体系内部构建权力分立与制衡的制度机制。在美国1787年的“立宪时刻”，以联邦党人为代表的美国开国之父们一方面强调共和制、联邦制、分权制衡等制度安排的重要性，另一方面则强调塑造一个有效的联邦政府的必要性。他们试图在分权制衡与政府效能之间寻求某种平衡。

那么，对民主转型来说，政治制度扮演何种角色呢？大量研究文献认为，政治制度安排的不同会影响民主转型的成败。借鉴诺思对制度的定义，政治制度就是政治游戏的规则。游戏规则不同，游戏结果会大不一样。对新兴民主政体来说，政治制度安排尤为重要，甚至会决定新兴民主政体能否存续。此外，对很多存在高度的族群、宗教与语言分歧的第三波民主化国家来说，政治制度安排能否有效调和族群—宗教矛盾、弱化族群—宗教冲突，很大程度上影响着民主转型的前景。

现有研究强调政治制度对民主转型的影响，有两个层次的关注点。第一个关注点是重视具体制度的政治效应，第二个关注点是重视整体制度模式或制度组合的综合政治效应。就具体制度而论，国际学界目前主要关注四个层次的制度安排，分别是：（1）政府形式：狭义的政府形式是指行政权与立法权的关系；（2）选举制度；（3）政党体制；（4）央地关系或地方分权的制度模式。①

第一，行政权与立法权关系的不同，是否会影响一国的民主转型？基于政府形式的不同，民主政体可以分为议会制、总统制与半总统制三种。那么，何种政府形式更有利于民主转型呢？② 学术界对议会制的偏爱似乎由来已久。1990年，胡安·林茨在《总统制的危害》一文中论证，总统制下的总统和议会均由选举产生，可能导致双重合法性（dual legitimacy）的冲突，由此引发行政机关与立法机关之间的政治僵局。因此，总统制与议

① 包刚升：《民主转型中的宪法工程学：一个理论框架》，载《开放时代》2014年第5期。

② 关于议会制与总统制的一个更详细的学术讨论，参见包刚升：《议会制与总统制大论战：基于学术文献和政治经验的反思》，载《国外理论动态》2020年第2期。

会制相比，更不利于民主的稳定。① 斯泰潘及等人则强调，在新兴民主国家面对任务艰巨的经济与社会重构时，议会制政府具有更大的灵活性和更强的适应能力。② 按照柴巴布（José A. Cheibub）的计算，1946—2002 年采用议会制的民主国家平均每 58 年才出现一次民主崩溃，而总统制民主国家平均每 24 年就出现一次民主崩溃。因此，总统制民主比议会制民主要脆弱得多。③

尽管如此，林茨提出的观点也遭到不少批评。比如，唐纳德·霍洛维茨（Donald Horowitz）指出，林茨选择的总统制案例主要集中在拉丁美洲，因而存在地区偏差。④ 斯科特·梅因沃林（Scott Mainwaring）的研究则为这场论战增加了新的变量：政党制度。总统制与多党制的结合容易导致不稳定，而总统制与两党制的结合则比较稳定。⑤ 柴巴布认为，具有长期军人统治传统的国家更容易选择总统制，而这类国家本身就不容易完成民主转型，所以恐怕不能把民主不稳定归咎于总统制。⑥ 另一个新情况是，最近一二十年稳定的总统制民主政体的数量有明显的提高。有学者认为，应超越总统制与议会制的政府形式之争，更需要发掘更具体的制度安排的重要性。⑦

此外，20 世纪 90 年代以来，半总统制在世界范围内数量大幅增多。⑧

---

① Linz, J. J. "The Perils of Presidentialism." *Journal of Democracy*, Vol. 1, No. 1, 1990. Linz, J. J. "The Virtues of Parliamentarism." *Journal of Democracy*, Vol. 1, No. 4, 1990.

② Stepan, A., C. Skach. "Constitutional Frameworks and Democratic Consolidation: Parliamentarism VS. Presidentialism." *World Politics*, Vol. 46, No. 1, 1993.

③ Cheibub, J. A. *Presidentialism, Parliamentarism, and Democracy*. Cambridge: Cambridge University Press, 2007, pp. 136.

④ Horowitz, D. L. "Comparing Democratic Systems." *Journal of Democracy*, Vol. 1, No. 4, 1990.

⑤ Mainwaring, S. "Presidentialism, Multiparty Systems, and Democracy: The Difficult Equation." *Comparative Political Studies*, Vol. 26, No. 2, 1993.

⑥ Cheibub, J. A. *Presidentialism, Parliamentarism, and Democracy*. Cambridge: Cambridge University Press, 2007, pp. 136-164.

⑦ Colomer, J. M., G. L. Negretto. "Can Presidentialism Work Like Parliamentarism?" *Government and Opposition*, Vol. 40, No. 1, 2005. Cheibub, J. A., Z. Elkins, and T. Ginsburg. "Beyond Presidentialism and Parliamentarism." *British Journal of Political Science*, Vol. 44, No. 3, 2014.

⑧ Elgie, R. *Semi-presidentialism: Subtypes and Democratic Performance*. Oxford: Oxford University Press, 2011. 吴玉山：《半总统制：全球发展与研究议程》，载《政治科学论丛（台湾大学政治学系学术期刊）》2011 年第 47 期。

学术界过去倾向于认为，半总统制作为一种政府形式存在诸多缺陷。现有研究不能很好解释的是：既然如此，为什么半总统制在全球范围内的扩展如此之快？①

第二，不同的选举制度是否会影响民主转型？选举制度的精细分类极为复杂，但大致可以归为三大类：多数决定制、比例代表制及混合型选举制度。② 过去的传统观点认为，多数决定制是更优良的选举制度，不仅操作简便，而且有利于塑造有效的政治问责与更强的政府效能。采用简单多数决定制的英国，就是稳定而有效的民主典范。霍洛维茨给族群或宗教高度分裂的社会推荐的选举制度是偏好性投票制（alternative vote）。他认为，这种选举制度能够为来自不同族群与宗教集团的政治家提供跨族群的政治激励，从而有利于缓和族群—宗教冲突。偏好性投票制通常被视为多数决定制的一种类型。③ 但是，利普哈特（Arend Lijphart）的观点恰恰相反，他认为比例代表制要优于多数决定制，对于因族群—宗教多样性而呈现高度分裂的社会就更是如此。利普哈特还为自己的观点提供了跨国定量研究的证据。④ 从第三波民主化的实践来看，的确有较多数量的稳定新兴民主国家实行设有政党当选门槛的比例代表制。然而，利普哈特的观点也遭到很多批评。比如，乔尔·赛尔韦（Joel Selway）等人的研究认为，比例代表制更容易导致族群冲突与政治暴力。⑤ 20 世纪 90 年代以来，那些实行选举改革的国家则更多地选择采用混合型选举制度。选举改革的操刀者期待这种选举制度能够融合多数决定制与比例代表制的优点，进而促进民主政体的稳定与效能。

---

① Moestrup, S. "Semi-Presidentialism in Young Democracies: Help or Hindrance? "in Elgie, R., S. Moestrup (eds.). *Semi-Presidentialism Outside Europe: A Comparative Study*. London: Routledge, 2007, pp. 30-55.

② Farrell, D. M. *Electoral Systems: A Comparative Introduction*. London: Palgrave Macmillan, 2011.

③ Horowitz, D. L. "Democracy in Divided Societies." *Journal of Democracy*, Vol. 4, No. 4, 1993.

④ Lijphart, A. *Patterns of Democracy: Government Forms and Performance in Thirty-Six Countries*. New Haven: Yale University Press, 1999. Lijphart, A. *Patterns of Democracy: Government Forms and Performance in Thirty-Six Countries*. New Haven: Yale University Press, 2012.

⑤ Selway, J., K. Templeman. "The Myth of Consociationalism? Conflict Reduction in Divided Societies." *Comparative Political Studies*, Vol. 45, No. 12, 2012.

另一类研究关注的是选举制度对政党体制的影响。这一问题上最有影响力的表述是“迪韦尔热定律”（Duverger's Law）：（1）比例代表制倾向于导致形成多个独立的政党；（2）两轮绝对多数决定制倾向于导致形成多个彼此存在政治联盟关系的政党；（3）简单多数决定制倾向于导致两个政党的体制。[①] 雷伊（P. W. Rae）的研究则放宽了迪韦尔热的边界条件，他认为不同的选举公式所塑造的非比例代表性（disproportionality）程度与政党数目存在着强相关性。[②] 塔格培拉（R. Taagepera）等人还计算了两者的数量关系，即非比例性的程度会在多大程度上影响有效政党数目。[③] 这些研究强调的是，选举制度会显著地影响政党体制，进而影响民主政体的稳定或效能。当然，选举制度并非影响政党体制的唯一因素。

第三，政党体制也被视为影响民主转型成败的关键因素。萨托利（Giovanni Sartori）把竞争性政党体制分为几种：主导党制、两党制、温和多党制与极化多党制（他定义的碎片化政党体制其实也是极化多党制的一种），而极化多党制通常不利于民主政体的稳定。比如，德国魏玛共和国（1919—1933 年）就是极化多党制的典型，它最终被非民主政体所取代。[④] 历史经验是，在强大的政党和政党体制下——比如两党制或温和多党制，一个国家更有可能实现稳定的多数派政党或多数派政党联盟执政，因而有利于提高民主政体的稳定性；相反，在脆弱的政党和政党体制下——比如极化多党制，更有可能形成少数派政党执政或不稳定的少数派政党联盟执政，因而会降低民主政体的稳定性。关于政党体制与政府稳定性，迈克尔·泰勒（Michael Taylor）等人的早期研究认为：（1）议会中政党体制的碎裂程度越高，政府越不稳定；（2）一个主要政党执政的政府比多党联盟政府“极为显著地”更加稳定；（3）多数派政府比少数派政府“显著地”

---

① Duverger, M. “Duverger's Law: Forty Years Later.” in Grofman B., A. Lijphart (eds.). *Electoral Laws and Their Political Consequence*. New York: Agathon Press, 1986, pp. 69-84.

② Rae, D. W. *The Political Consequences of Electoral Laws*. New Haven: Yale University Press, 1967, pp. 67-129.

③ Taagepera, R., M. S. Shugart. *Seats and Votes: The Effects and Determinants of Electoral Systems*. New Haven: Yale University Press, 1989, pp. 142-155.

④ 〔意〕G. 萨托利：《政党与政党体制》，王明进译，北京：商务印书馆 2006 年版，第 284—397 页。

更稳定。[①] 政府稳定性低下的国家，民主政体通常也比较脆弱。但这里还存在着一个悖论：如果一直是一个强大主导政党支配的政治，新兴民主政体也面临着重新威权化的风险，容易沦为两不像政体或竞争性威权主义政体。[②]

尽管传统观点强调单一多数派政党执政的重要性，但后来以利普哈特为代表的一批学者则认为，以多党制与大型联合内阁为特征的民主模式在治理绩效方面更好。[③] 但这种论点也存在很大的争议。无论怎样，目前学界能够达成的一个基本共识是：对第三波民主化国家来说，能否塑造有效的政党体制是影响民主转型的关键因素。[④]

第四，对那些族群与宗教结构单一的民主国家来说，央地关系上的制度安排通常不是什么大问题；但对那些族群、宗教和语言分裂程度很高的社会来说，这方面的制度安排就很重要。现代国家的两个基本事实是：一方面必须实行某种程度的中央集权，否则就不成其为一个国家；另一方面必须实行某种程度的地方分权，否则就无法有效治理。过去，学术界一般比较重视联邦制和单一制的差异对央地权力关系与国家治理效能的影响。从政治实践来看，与联邦制和单一制的制度标签相比，中央和地方之间的实际政治权力配置更为重要。[⑤] 20 世纪联邦制国家的主要趋势是中央权力的强化，比如美国就是一例。单一制国家的主要趋势是通过分权改革强化了地方政府的权力，比如英国的地区政治改革就是一例。另外，像印度这样宪法文本意义上的联邦制国家，在建国初期的尼赫鲁时代中央集权程度

---

① Taylor, M., V. M. Herman. "Party Systems and Government Stability." *American Political Science Review*, Vol. 65, No. 1, 1971.

② Diamond, L. "Elections without Democracy: Thinking About Hybrid Regimes." *Journal of Democracy*, Vol. 13, No. 2, 2002. Levitsky, S., L. A. Way. *Competitive Authoritarianism: Hybrid Regimes after the Cold War.* Cambridge: Cambridge University Press, 2010.

③ Lijphart, A. *Patterns of Democracy: Government Forms and Performance in Thirty-Six Countries.* New Haven: Yale University Press, 1999. Lijphart, A. *Patterns of Democracy: Government Forms and Performance in Thirty-Six Countries.* New Haven: Yale University Press, 2012.

④ Hicken, A. *Building Party Systems in Developing Democracies.* Cambridge: Cambridge University Press, 2009.

⑤ Norris, P. *Driving Democracy: Do Power-Sharing Institutions Work?* Cambridge: Cambridge University Press, 2008, pp. 157-185.

非常高，很多学者甚至都不把这一时期的印度视为联邦制国家。[①] 所以，中央和地方政府之间实际的政治分权安排更具有实质性意义。

对于新兴民主国家——特别是族群与宗教分裂程度较高的国家——来说，何种央地关系上的制度安排更有利于民主稳定呢？利普哈特认为，联邦制或权力分享的制度安排能够包容和适应族群、宗教与文化的多样性，从而提高政治适应能力。[②] 但是，霍洛维茨却指出联邦主义会强化或激化族群冲突，从而更容易弱化中央政府能力和诱发国家分裂。[③] 劳伦斯·安德森（Lawrence Anderson）认为，联邦制会给予地区政治力量以更多资源去支持分离主义运动，会显著地削弱中央政府对于地区政治的控制，从而激发地区独立的渴望。[④] 从现有的研究来看，央地关系上不同政治制度具有不同政治效应的逻辑似乎很清楚，但不同学者提供了不同的经验证据，因而结论各异。

现有研究的第二个关注点则是重视整体制度模式或制度组合的综合政治效应。这意味着，不同的具体制度组合构成的模式可能会对民主转型产生重大影响。如果说资本主义多样性很重要，那么民主模式多样性也很重要。罗伯特·达尔根据选举制度和行政权—立法权关系的不同，区分了五种主要的模式：（1）英国模式，即议会制与简单多数决定制的组合；（2）欧陆模式，即议会制与比例代表制的组合；（3）美国模式，即总统制与简单多数决定制的组合；（4）拉美模式，即总统制与比例代表制的组合；（5）混合模式：即选用半总统制或混合型选举制度的不同组合的统称。[⑤] 这些分类都在某种程度上展示了民主模式整体上的多样性。

那么，基于不同制度组合的民主模式是否存在优劣呢？对新兴民主国

---

① Thakur, R. *The Government and Politics of India*. New York: St. Martin's Press, 1995, pp. 71-76.

② Lijphart, A. *Patterns of Democracy: Government Forms and Performance in Thirty-Six Countries*. New Haven: Yale University Press, 1999. Lijphart, A. *Patterns of Democracy: Government Forms and Performance in Thirty-Six Countries*. New Haven and London: Yale University Press, 2012.

③ Horowitz, D. L. *Ethnic Groups in Conflict*. Berkeley: University of California Press, 1985, p. 603.

④ Anderson, L. M. "Exploring the Paradox of Autonomy: Federalism and Secession in North America." *Regional and Federal Studies*, Vol. 14, 2004.

⑤ 〔美〕罗伯特·A. 达尔：《论民主》，李风华译，北京：中国人民大学出版社 2012 年版，第 109—119 页。

家来说，整体民主模式上的差异是否会影响民主转型或民主维系呢？一场著名论战发生在共识民主理论的支持者与反对者之间。该理论的著名倡导者利普哈特认为，共识民主（consensus democracy）模式优于多数民主模式。早在1969年，利普哈特就首次较为系统地阐发了协和型民主（consociational democracy）理论。他认为协和型民主有四个基本特征：（1）大型联合内阁；（2）局部自治；（3）比例代表制；（4）少数群体否决权。[①] 从1984年到1999年，利普哈特又把协和型民主理论发展成共识民主理论，并论证共识民主模式比多数民主模式具有更好的绩效。[②] 尽管如此，国际学术界对协和型民主理论的批评就从未平息过，有不少学者对这种理论提出质疑和挑战。霍洛维茨从“制度安排—激励机制—精英行为”的逻辑出发，认为利普哈特的核心逻辑缺少微观基础的支持，忽略了激励机制的重要性。他的另一个批评是，利普哈特只关心选举之后的政治联盟机制，而完全忽略选举之前的政治联盟机制。[③] 另一个不能回避的逻辑问题是共识民主机制对政府效能的影响。在权力分享与政府效能之间，利普哈特强调的是前者，但他可能没有充分考虑到政府效能的问题。萨托利指出，共识民主制度的每种优点都对应着相当的或者甚至更大的缺点。比如，大型联合内阁容易“模糊责任”和导致政治“僵局”，立法与行政之间、小型政党之间过度的权力分享会导致权力运行的困难，纯粹的比例代表制则完全难以运作，把少数派的否决权作为限制权力的主要的和常规的手段，也会导致严重的问题。[④] 此外，笔者也曾指出，利普哈特的共识民主理论在概念界定、研究设计、经验证据与因果机制等四个方面都存在瑕疵。[⑤]

当然，关于整体民主制模式优劣的学术研究，不限于关于共识民主模式的争论。比如，约翰·格林（John Gerring）等人通过定量研究认为

---

① Lijphart, A. “Consociational Democracy.” *World Politics*, Vol. 21, No. 2, 1969.

② Lijphart, A. *Patterns of Democracy: Government Forms and Performance in Thirty-Six Countries*. New Haven: Yale University Press, 1999.

③ Horowitz, D. L. “Constitutional Design: Proposals versus Processes.” in Reynolds, A. (eds.). *The Architecture of Democracy: Constitutional Design, Conflict Management, and Democracy*. Oxford: Oxford University Press, 2002, pp. 19-25.

④ Sartori, G. *Comparative Constitutional Engineering: An Inquiry into Structures, Incentives and Outcomes*. New York: Palgrave Macmillan, 1997.

⑤ 包刚升：《共识民主理论有“共识”吗?：对利普哈特研究方法的学术批评》，载《经济社会体制比较》2014年第5期。

向心型民主优于分权主义民主。① 笔者在一项关于民主政体为何崩溃的研究中指出，融合了总统制、纯粹比例代表制与高度分权的联邦制三层制度组合的“离心型民主政体”（centrifugal democracy）更容易导致民主崩溃。②

总之，现有民主转型文献关于政治制度的讨论，凸显出宪法设计与制度安排的重要性。政治制度规定了政治参与者的游戏规则与激励结构，因而对民主政治具有巨大的形塑作用。这类研究的直接启示是，采用合宜的宪法设计与制度安排能增进民主政体的稳定性和有效性。

这一方面，容易引起争议的是政治制度与其社会情境——特别是政治势力结构——之间的关系。一种观点认为，政治制度并不是人们在制宪时刻“自由选择”的，因此过分强调政治制度的独特角色并不恰当。的确，宪法设计与制度安排通常都会受到当时政治势力的左右。很多时候，宪法设计反映的并非制宪者对于宪法条款的主观认知，而是制宪时刻国内政治势力的格局与力量平衡。比如，比例代表制作为一种选举制度在欧洲的兴起，很大程度上反映的是保守派与自由派力量试图以此来制衡普选权时代工人政党的快速崛起。③ 这样的观点不能说没有道理。宪法与政治制度的诞生一定是特定政治势力结构的产物。但同样重要的是，政治制度往往又具有独立的作用。一方面，即便在相似的政治格局之下，人们完全可能选择采用不同的宪法设计与制度安排；另一方面，政治制度一旦形成，就会对随后的政治运作和政治格局产生重要的型塑。所以，正如马奇（James G. March）等人所强调的，政治制度具有显著的独立作用，因而不能被忽视。④

另一个问题是，政治制度本身固然很重要，但同样重要的是政治制度模式与一国社会结构的匹配性。特别是，对那些因族群、宗教和语言因素而呈现高度分裂的社会来说，社会结构的具体差异通常需要不同的宪法设

① Gerring, J. , S. C. Thacker. *A Centripetal Theory of Democratic Governance*. Cambridge: Cambridge University Press, 2008.

② 包刚升：《民主崩溃的政治学》，北京：商务印书馆 2014 年版。

③ Rokkan, S. , A. Campbell, P. Torsvik, and H. Valen. *Citizens, Elections, Parties: Approaches to the Comparative Study of the Processes of Development.* New York: David McKay Co. , 1970, p. 157.

④ March, J. G. , J. P. Olsen. “The New Institutionalism: Organizational Factors in Political Life.” *American Political Science Review*, Vol. 78, No. 3, 1984.

计与制度安排。比如，一个族群主导的结构与两到三个主要族群并存的结构，不同宗教集团聚居的结构与不同宗教集团杂居的结构，以及历史上互相仇视的社会集团和彼此融合程度很高的社会集团，所需要的合宜的宪法设计与制度安排是不同的。一种社会结构下有效的宪法设计与制度安排，在另外一种社会结构下可能会导致严重的问题。当然，这个议题非常复杂，不仅涉及政治制度的一般逻辑，而且涉及不同政治制度如何与特定的社会结构相匹配。

还需要说明的是，有学者试图找到一种有利于民主转型与稳定的最优政治制度模式。但是否真的存在这样一种唯一的最优政治制度模式呢？这个希望很有可能会落空，似乎并不存在适合所有民主转型国家的最优制度模式的万灵药。退一步说，可能较有把握的是，现有研究至多能揭示：某些政治制度或制度组合在逻辑上更为可行，从而在较大概率上有利于民主稳定；某些政治制度或制度组合在逻辑上存在问题——特别是与某些特定的社会结构相匹配时，从而在较大概率上会导致民主困境。比如，采用一轮多数选举的总统制或半总统制，与纯粹比例代表制的组合，通常容易导致民主政体的不稳定；如果在一个族群—地区维度呈现严重政治分裂的社会采用高度地方分权的制度设计，更容易导致民主的危机，甚至是国家的危机。

第四节　政治精英行为理论

本节介绍民主化的政治精英行为理论。强调结构的理论往往忽视的是，政治是人的创造物，民主也是人的创造物，讨论政治和民主都离不开人。因此，政治的实际状况，取决于政治参与者的所作所为。从政治精英到普通大众的信念、行为与选择，在很大程度上决定了一个国家的政治究竟是什么样的政治。从这个视角出发，政治参与者——特别是政治精英——的所作所为，往往决定着民主转型的成败或民主运转的质量。

前面介绍的政治制度理论，很大程度上是基于这样的逻辑——政治制度之所以重要，在于它决定了政治参与者的激励与约束机制。换言之，政治制度通过塑造政治参与者的行为，决定了政治演进的结果。然而，上述理论视角把所有人都视为无差别的理性人，人的行为被视为政治制度的函数。由于人是理性的，当面临相似的激励结构时，人会做出相似的选择。这样，这种理论视角很大程度上排除了人的政治行为与选择中的个性因素或“非理性因素”，而仅把人视为一部根据外界刺激条件做出反应的“巴甫洛夫式的智力机器”。但是，真实的情形却是，不同的政治参与者在相似的激励结构和政治情境中可能做出不同的选择，而这种选择又会极大地影响实际的政治进程。因此，关注政治行为者本身的作用，是民主转型研究的另一理论路径。当然，现有文献通常更强调政治精英而不是普通政治参与者的信念、行为和选择的重大影响。

古典政治学传统对人的因素的强调，与对制度因素的关注一样久远。古希腊色诺芬所著的《居鲁士的教育》就强调了君主的领导力、个性与策略对实际政治的影响。柏拉图则认为，统治是一项专门的技艺，哲学王统治是构建理想政体不可或缺的要素。到了 19 世纪、20 世纪，政治精英的角色仍是社会科学领域的一个重要关注点。比如，马克斯·韦伯在 1895 年的演讲中认为，德意志国家政治发展的一大挑战是缺少一个成熟的政治阶层。[①] 此后半个世纪，德国政治与民主所经历的苦难似乎印证了韦伯的担忧。约瑟夫·熊彼特则认为，民主政治需要若干社会条件，其中第一个条件就是人的政治素质，领导和管理政党机器的人，选出来进入议会和担任内阁职务的人，应该有足够优秀的水平。他认为，挑选品质良好的政治家有很多方法，但唯一有效的保证在于存在一个社会阶层，它本身是最严格选择过程的产物，又理所当然地一心一意从事政治。他进一步说，民主很可能在一个反民主领袖手中遭遇彻底失败。[②] 为了强调政治行为者的重要性，亚当·普沃斯基曾批评那种过分强调社会条件的理论，“在这种论证中，结果是由条件单方面决定的，人们什么也不做，历史还是会这样发展”。[③] 因此，他强调政治是各种政治个体采取不同行为的结果。

对 20 世纪的新兴民主国家来说，缺少足够强大的民主派政治家是民主

---

① 〔德〕马克斯·韦伯：《民族国家与经济政策》，甘阳等译，北京：生活·读书·新知三联书店 1997 年版。

② 〔美〕约瑟夫·熊彼特：《资本主义、社会主义与民主》，吴良健译，北京：商务印书馆 1999 年版，第 422—424 页。

③ 〔美〕亚当·普沃斯基：《民主与市场：东欧与拉丁美洲的政治经济改革》，包雅钧、刘忠瑞、胡元梓译，北京：北京大学出版社 2005 年版，第 71 页。

转型的巨大挑战。比如，近代中国在1912年创立了亚洲第一个共和国，但在1912—1916年的转型时间窗口，共和派政治家的力量过于微弱，多数掌握实权的政治人物缺少基本的共和理念。这样，尽管中国推翻君主的革命成功了，但建设共和的革命却遭到了挫败。今天相当多的第三波民主化国家，要么缺少令人尊敬的民主派政治家——比如，在2013—2014年的乌克兰危机中，既没有值得尊敬的执政派政治领袖，又没有值得尊敬的反对派政治领袖；要么拥有的是容易引发更大社会分裂和冲突的政治家——比如，在泰国，他信的崛起就加剧了泰国社会的撕裂和两大政治派系之间的恶斗。这样，民主转型就难以成功，或者无法实现民主巩固。

对民主转型来说，政治领导人与政治精英的信念是极为重要的。当他们具有更强的民主信念时，民主转型就更有可能成功。民主信念不仅是对民主政体的信仰与信心，而且包括在政治参与和政治竞争过程中恪守一系列行为准则。罗伯特·达尔说："政治多发生于我们的头脑之中。"政治精英和政治行为者对权力、政府、民主、政党、合法性、政治参与和政治竞争等方面的认知，很大程度上决定了一国能拥有什么样的政治。这种视角跟前述政治文化理论高度相关，但这里强调的是政治精英的角色。对发展中国家来说，政治精英的政治信念尤其重要。因为在发展中国家，政治精英与普通民众之间政治信念的差异——由于两者收入、职业、教育和对外交往等原因——往往会更大。

当然，除了观念因素，这一理论路径还关注政治精英的行为、选择与互动。拉斯托（Dankwart A. Rustow）的研究认为，社会经济条件并不能单方面决定政治，参与者的政治选择才是政治过程的核心问题。拉斯托认为，民主的产生实际上是一个动态政治过程的结果。政治家、军人和社会精英等不同的政治力量在此过程中进行政治博弈，在政治上做出选择与达成妥协，最终塑造了民主或不民主的政治均衡。[①] 林茨和斯泰潘1978年主编的《民主政体的崩溃》认为，结构性环境条件越是不利，民主的生存就越需要富有高超领导力与创造力的民主派政治家。[②] 他们1996年的后续研

---

① Rustow, D. A. "Transitions to Democracy: Towards a Dynamic Model." *Comparative Politics*, Vol. 2, No. 3, 1970.

② Linz, J. J., A. Stepan (eds.). *The Breakdown of Democratic Regimes*. Baltimore: Johns Hopkins University Press, 1978.

究也把政治精英视为民主转型与巩固问题的关键。[①] 奥唐奈和施密特等人在 1986 年的研究《从威权统治转型》中把政治行为者分为四类：执政集团的保守派和改革派，反对阵营的温和派和激进派。他们通过考察威权政体领导人和民主反对派之间的互动、协定和交易来关注民主化过程本身。他们强调，成功的转型取决于政治精英之间的协议，因此，高超的领导力是民主转型的成功关键。[②]

亨廷顿则延续了区分体制内外政治精英的研究传统，他根据执政派与反对派政治精英互动模式的不同，区分三种转型模式：改革（transformation）——执政联盟的改革派主导的民主转型；置换（replacement）——威权政体垮台后反对派主导的民主转型；移转（transplacement）——执政联盟被迫与反对派谈判启动的民主转型。这三种政治转型模式的逻辑不同，因而也会导致不同的转型结果。[③] 在亨廷顿等人研究的基础上，默克（Gerardo Munck）和莱福（Carol Leff）更为精细地区分了政治精英的互动模式。他们的分类基于两个维度：一是变革者的身份——变革者是谁？是在位精英还是反对派精英？或是在位精英与反对派精英的联合？二是变革者的战略——是对抗还是吸纳？或是对抗与吸纳的联合？在此基础上，作者根据南美和东欧国家的转型经验，总结出了类型更为复杂的不同转型模式。他们也认为，转型过程中精英互动模式的不同，很大程度上决定了民主转型的命运。[④]

另一位美国学者迈克尔·麦克福尔（Michael McFaul）在研究后共产主义世界的民主转型时，采用的也是政治精英的视角。他关注的问题是：对苏联与东欧国家来说，它们过去是同一政体，处在同一地区，又几乎同时启动转型，但为什么转型结果迥异呢？有的国家走向了民主，有的国家回到了威权，有的国家则处于两种政体之间。麦克福尔认为，关键在于转

① 〔美〕胡安·J. 林茨、阿尔弗莱德·斯泰潘：《民主转型与巩固的问题：南欧、南美和后共产主义欧洲》，孙龙等译，杭州：浙江人民出版社 2008 年版。

② O'Donnell, G. A., P. C. Schmitter. *Transitions from Authoritarian Rule: Tentative Conclusions about Uncertain Democracies*. Baltimore: Johns Hopkins University Press, 1986.

③ 〔美〕塞缪尔·P. 亨廷顿：《第三波：20 世纪后期的民主化浪潮》，第 106—156 页。

④ Munck, G. L., C. S. Leff. "Modes of Transition and Democratization: South America and Eastern Europe in Comparative Perspective." *Comparative Politics*, Vol. 29, No. 3, 1997.

型过程中当权政治精英与反对派精英的力量和策略的差异。① 实际上，麦克福尔更早的一项研究认为，理解俄罗斯转型的重点应该放在行为体（也就是政治参与者）上而非结构因素上。他试图用政治精英互动的模式来解释俄罗斯政治转型的绩效不佳。② 这种基于政治精英行为的民主转型研究也是目前很流行的做法。

这一理论路径的直接启示是：好的民主或成功的民主转型，首先需要好的民主派政治家或政治精英。没有好的民主派政治家或政治精英，很难会有好的民主或成功的民主转型。对新兴民主政体而言，政治精英的民主信念、规则意识和克制包容，都是有助于民主转型与民主巩固的重要品质。对新兴民主政体而言，新的政治规则总是由具体的政治人物来制定和实践的，所以，政治家怎样做便决定了实际的新政治是怎样的。进一步说，好的民主还需要政治精英的良性博弈。不少新兴民主政体的弊端是，政治家的博弈容易从一般的政治竞争走向政治恶斗。这样，政治精英之间就只有斗争没有合作，结果就会滑向没有规则、毫无底线、你死我活的政治对抗，往往以损害民主制度为代价。从转型经验来看，在这样的政治博弈过程中，处于优势的一方（比如胜选方）能否做到自我克制，处于劣势的一方（比如败选方）能否做到合法服从，也是维系新兴民主政体的关键。

此外，这里还面临着一个上述三种理论路径互相竞争的问题。公允地说，政治精英通常都会受制于特定的经济社会条件，他们只能在既有社会结构的约束之下采取行动。但是，政治精英视角强调的是，在相似的社会结构条件下，政治家或政治精英仍然可以有不同的作为，而这些不同的作为会影响到政治的均衡与民主转型的前景。同样，政治制度也是一个重要因素。任何政治精英都不能逃避既有政治制度的约束。但需要指出的是，政治精英不仅存在于特定的政治制度框架之中，而且有可能去改变政治制度——尤其是在一国的转型关头或制宪时刻。所以，强调政治精英行为的理论视角，通常不会否认经济社会条件或政治制度的重要性，但这一流派

---

① McFaul, M. "The Fourth Wave of Democracy and Dictatorship: Noncooperative Transitions in the Postcommunist World." *World Politics*, Vol. 54, No. 2, 2002.

② 〔美〕迈克尔·麦克福尔：《俄罗斯未竟的革命：从戈尔巴乔夫到普京的政治变迁》，唐贤兴、庄辉、郑飞译，上海：上海人民出版社 2009 年版。

所强调的乃是既定结构与制度条件下政治精英的独特角色。

当然，还必须承认，尽管政治精英的观念、行为与选择会影响民主转型，但社会科学在处理此类议题时通常比较薄弱，原因在于政治家或政治精英的行为与选择往往难以进行结构优美的科学化处理。既然在同样的结构与制度约束下，不同的政治家与政治精英可能采取不同的策略与做法，并进而造成政治结果的不同，无疑就给试图基于因果关系解释的社会科学理论带来了巨大挑战。这是不能回避的问题。

综合上述三节的讨论，最近半个世纪以来，尽管关于民主化的研究文献可谓汗牛充栋，但这些研究文献大都可以归入三种主流的理论路径，即经济社会条件理论、政治制度理论和政治精英行为理论。社会条件理论强调的是经济发展水平、阶级结构、族群—宗教结构、政治文化、国际格局、公民社会以及经济模式等基础性社会条件，这一流派认为民主化关键在于一国基础性经济社会条件的改善。政治制度理论强调的是民主化过程中宪法设计与政治制度安排——特别是政府形式、选举制度、政党体制与央地制度模式——的重要性，这一流派认为民主化关键在于选择合宜的宪法或政治制度模式组合。政治精英行为理论强调的是政治精英的观念、行为和选择在民主化过程中扮演的角色，这一流派认为民主化的关键在于出现强大的民主派政治精英以及政治精英在遵守民主宪法与规则共识之上的良性博弈。

第五节　小结：民主化研究的前沿与未来

21 世纪以来，国际学术界的民主化研究出现了许多新的特征，但综合来看，主要是三个议题的兴起和相关研究的拓展。

第一个议题是关于民主衰退的研究。从 21 世纪 10 年代以来，很多学者开始担心，第三波民主化是否会出现回潮？总体来说，在第三波民主化中，欧洲和拉美国家的表现较为出色，民主化挫败率比较低；亚洲、非洲与原苏联国家的民主化分化更显著，这意味着既有一定数量的转型成功国家，又有比较多的转型失败国家。按照拉里·戴蒙德 2008 年的统计，在第三波民主化中，从 1974 年到 2006 年已经出现 20 次民主崩溃，他的案例包括土耳其、泰国、尼日利亚、巴基斯坦、委内瑞拉、俄罗斯等。[①] 2016年，戴蒙德认为21世纪以来已经有27个国家发生民主挫败。[②] 在学术界之外，像英国《经济学人》《金融时报》等媒体都刊发了不少探讨民主衰退的新闻评论。这似乎也在某种程度上证实了，21世纪10年代以来，民主在某种程度上可能又在经历其艰难时世。如果说第三波民主化已经发生某种衰退，那么到底是何种原因引发了这种衰退？这波民主化的衰退跟以往的民主衰退有何不同？[③] 哪些理论可以解释第三波民主化的衰退？[④]

不仅如此，随着英国脱欧议程的启动、唐纳德·特朗普当选美国总统以及欧盟面临一系列的政治危机，一个过去不曾想到的问题如今竟然浮现，即西方世界成熟的工业民主国家是否会面临民主衰退的危机？有学者认为，民粹主义的崛起和强人政治的复兴都意味着欧美民主国家不一定能够避免民主政体可能的危机。一般认为，传统的民主化理论研究的主要是后发展国家的民主化问题。但如今，发达国家民主政体的稳定性与运行质量亦成为学者们关注的议题。西方世界的工业民主政体是否会发生衰退？如何防止这种可能的民主衰退？这些同样是如今的热门议题。

第二个议题是国家理论对于民主化研究的重要性与日俱增。随着国家理论在20世纪80年代以来的崛起，关于民主化的前沿研究出现了跟新兴的国家理论合流的趋势。强调国家理论的流派认为，民主政体如果想要变得稳定和有效，首先必须要有一个有效国家（effective state）；或者说，现代国家建构是民主化的某种前提条件。福山在他关于政治秩序的两卷本作品中也强调了这个观点，认为政治现代化的"菜单"应该包括三个因素，即有效国家、法治与民主问责制。不仅如此，在福山看来，从发展次序上说，有效国家相比于民主问责制还具有优先性。对利比亚、尼日利亚、印

① Diamond, L. *The Spirit of Democracy: The Struggle to Build Free Societies throughout the World*. New York: Times Books, 2008.

② Diamond, L. "Democracy in Decline: How Washington Can Reverse the Tide." *Foreign Affairs*, Vol. 95, No. 4, 2016.

③ Mainwaring, S., F. Bizzarro. "The Fates of Third-Wave Democracies." *Journal of Democracy*, Vol. 30, No. 1, 2019.

④ Diamond L. *Ill Winds: Saving Democracy from Russian Rage, Chinese Ambition, and American Complacency*. London: Penguin Books, 2019.

度等国来说，福山认为它们政治上的关键问题是缺少有效国家。①

当然，福山并非第一个强调有效国家与民主化关系的人。早在 1970 年，拉斯托就认为，民主能够产生的前提条件是民族统一或国家统一——这其实也是一个国家层次的政治条件，即存在着一个较为稳定的国家。②查尔斯·蒂利认为，光有民主是不够的，还得有良好的国家能力，而理想的国家模式是高能力的民主国家。他根据两个维度来区分不同的国家类型，即国家能力维度和政体维度。这样，全球范围内既有高能力的非民主国家，也有低能力的民主国家，而理想类型则应该是高能力的民主国家。③笔者一项关于民主崩溃的研究，也强调了国家能力的重要性，认为民主政体条件下的国家能力低下是民主崩溃的重要一环。④ 林茨也把现代国家建构视为民主化的条件。按照林茨的说法，民主本身无法设定其自身的领土边界，所以现代国家建构的完成是民主化的政治条件。⑤一旦一个国家是四分五裂的，那么首先要解决的问题往往不是政体类型的问题，即不是民主不民主的问题，而是国家如何重新完成统一的问题。笔者的另一项研究认为，实际上，中国近代政治变迁就受到这个逻辑的左右。站在 1912 年或 1916 年的历史关头来看，中国当时更重要的政治任务是要从政治分裂状态重新走向政治统一，而政体上的转型与寻求有效的政体解决方案只是第二位的政治任务。这个政治过程的结果，就是后来“党军模式”的兴起。这样，《中华民国临时约法》中规定的竞争性政体最终就退出了政治舞台。这一政治过程可以称为“国家重建压倒民主转型”，背后的理论意涵则是国家建构问题相对于政体转型问题的政治优先性。⑥

国家理论与民主化研究的合流可能说明了两个重要的趋势。第一，过

---

① 〔美〕弗朗西斯·福山：《政治秩序的起源：从前人类时代到法国大革命》；〔美〕弗朗西斯·福山：《政治秩序与政治衰败：从工业革命到民主全球化》。

② Rustow, D. A. “Transitions to Democracy: Towards a Dynamic Model.” *Comparative Politics*, Vol. 2, No. 3, 1997.

③ Tilly, C. *Democracy*. Cambridge: Cambridge University Press, 2007, pp. 15-24.

④ 包刚升：《民主崩溃的政治学》。

⑤ 〔美〕胡安·J. 林茨、阿尔弗莱德·斯泰潘：《民主转型与巩固的问题：南欧、南美和后共产主义欧洲》。

⑥ 包刚升：《国家重建、组织化暴力与政治转型：1911—1937 年中国民主转型为什么会失败?》，载《复旦政治学评论（第 13 辑）：比较视野中的现代国家建设》，上海：上海人民出版社 2013 年版，第 1—18 页。

去主流的民主化研究忽略了一个重要的解释变量，那就是国家。而新近的研究让学术界普遍认识到，国家建构、国家能力或有效国家是一个社会能否实现成功民主转型或民主巩固的重要解释变量。第二，目前的比较民主化研究从关注政体转型或民主转型本身，转向了越来越关注民主转型是否伴随着政治稳定与较高的国家治理绩效。如今，在民主化研究或比较政治研究中，发展中国家的国家建构或国家能力已经成为一个广受关注的议题。①

第三个议题是民主与威权之间的中间类型政体的兴起。第三波民主化的新现象是“两不像政体”（hybrid regimes）的崛起。跟两不像政体相对应的概念，还包括半民主政体（semi-democracy）、非自由民主政体（illiberal demcoracy）、中间政体（anocracy）、竞争性威权主义（competitive authoritarianism）等。这种政体处在民主政体与威权政体之间的灰色区域，其基本特征是：这样的国家往往维系着起码的竞争性选举，但这种选举往往无法做到自由而公正。特别是，当执政团体感到有丧失政治权力的重大威胁时，它会倾向于对投票选举和政治竞争过程实施政治干预。执政者一旦“当选”，在执政过程中对付政治反对派方面往往具有浓厚的威权主义色彩，政治上压制反对派、控制媒体和部分程度地操纵选举也是家常便饭。所以，也有学者将两不像政体视为一种更偏向于威权政体的政治类型——当然，它跟传统威权政体不同的是，维系着最低限度的竞争性选举形式。②

在第三波民主化早期，很多学者认为两不像政体只是民主转型过程中的过渡性现象。换言之，从威权转向民主的过程中，当转型不完全时就会出现这种中间状态的政体。但是，按照美国政治学者卢肯·威（Lucan A. Way）和莱维茨基2010年出版的《竞争性威权主义》一书的观点，两不像政体有三种可能的前景。第一种前景是会转向比较完全的民主政体。比如，经过一段时间的政治进化，这些国家的威权色彩弱化，法治色彩强化，民主选举逐步能够做到起码的自由和公正，国内政治力量也更愿意选

---

① Bratton, M., E. Chang. “State Building and Democratization in Sub-Saharan Africa: Forwards, Backwards, or Together.” *Comparative Political Studies*, Vol. 39, No. 9, 2006. Soifer, H. D. *State Building in Latin America*. Cambridge: Cambridge University Press, 2015.

② Diamond, L. “Elections Without Democracy: Thinking About Hybrid Regimes.” *Journal of Democracy*, Vol. 13, No. 2, 2002.

择基于民主规则来进行政治博弈，国际社会的民主力量又能施加积极的影响，这些国家就有可能转向完全的、巩固的民主政体。第二种前景是维系两不像政体。这样，两不像政体本身就会成为一种相对稳定的政体类型，长期处在民主政体与威权政体之间的灰色区域。第三种前景是转向完全的威权政体，这一般就意味着民主转型的挫败。[①] 根据两位作者的研究，他们曾经识别的35个竞争性威权政体，在1999年到2019年间，有15个实现了民主化，有6个民主化以后再次逆转为威权政体，有4个走向完全的威权政体，有10个继续保持原先的竞争性威权主义政体。尽管如此，在此过程中，还有22个国家从其他政体转为竞争性威权主义。这样一来，目前全球范围内就有32个竞争性威权主义政体。从数量上看，竞争性威权主义政体的数量保持了相对的稳定性。至于两不像政体为什么会在第三波民主化过程中大规模兴起，目前固然已经有不少研究，但学术界并无定论。[②]

关于民主化研究的方法论问题，学术界也有很多讨论。[③] 综合来看，民主转型的现有研究在方法论上呈现出三个悖论。

第一，单因素理论与多因素理论孰优孰劣？过去的社会科学更强调用单一变量和单一因果机制来解释民主转型。比如，李普塞特、摩尔等人的著名研究，都是强调单一变量的重要性。但后来，单一变量的理论路径受到越来越多的挑战。比如，亨廷顿的研究就认为解释第三波民主化的主要变量有五个，他还认为民主化的原因因时因地而不同。这意味着，单一变量和单一因果机制的理论在亨廷顿看来很难恰当地解释第三波民主化为何发生。一般来说，单一变量框架的优势是核心逻辑清晰、理论简洁，缺点则是这类框架所提供的解释不那么全面和完整。多变量框架则在很大程度上弥补了单一变量框架的不足，但缺点则是由于解释变量过多，可能会弱化核心的因果机制。比如，戴蒙德的《民主的精神》试图对第三波民主化在全球范围内的进展进行评估与分析，书中对很多问题的解释都是多因素

① Way, L. A., S. Levitsky. *Competitive Authoritarianism: Hybrid Regimes After the Cold War*. Cambridge: Cambridge University Press, 2010.

② Levitsky, S., L. A. Way. "The New Competitive Authoritarianism." *Journal of Democracy*. Vol. 31, No. 1, 2020.

③ Coppedge, M. *Democratization and Research Methods*. Cambridge: Cambridge University Press, 2012.

的，涉及大量解释变量。[1] 这一做法的优势与缺点都很明显。总体而言，如今国际学术界对用单一变量理论来解释民主转型并没有太大信心，多因素解释框架的引入似乎是一个基本趋势。当然，这种趋势也反映出当代社会科学研究的某种困境。

第二，结构理论与能动理论之间的张力。在民主转型研究中，结构理论强调的是那些长期社会条件的重要性，而能动理论强调的则是政治参与者（特别是政治精英）的行为与选择的重要性。从经验上看，结构因素和能动因素对一国民主转型当然都很重要。过去认为，社会科学更擅长的是结构理论，因为结构理论处理的是长期中比较稳定的变量。这样的变量更容易理论化，更具有可预测性，但缺陷则是忽视人的角色、无法解释时机等。由于这些原因，能动理论在民主转型研究中日益流行，它直接强调政治行为者的行为与博弈，这样就直指政治转型过程的核心，但其缺陷是很难理论化——社会科学的理论工具往往难以很好地处理政治精英的行为选择问题。既然民主转型的成败是由关键政治人物做什么或不做什么决定的，而政治人物在转型关头的行为模式难以预测，那么如何将这种解释框架理论化呢？对能动理论来说，这就是一个很大的问题。现在的常见做法是试图在结构因素与能动因素之间寻求妥协。一个总是正确但未必有用的说法是：结构因素与能动因素通常共同起作用且互相影响——结构因素是长期的约束性条件，而能动因素则在结构因素约束条件下起作用。过分追求两者平衡的另一种风险是，如果在民主转型研究中既强调结构因素又强调能动因素，往往会被视为是面面俱到但理论化较弱的研究，甚至会被视为是对民主转型过程的描述。

第三，案例研究大幅扩展和社会科学理论“贫困”的并存。最近一二十年中，民主转型研究领域涌现了大量案例研究与区域研究成果。比如，在享有盛誉的“剑桥比较政治书系”中，较重要的民主转型大国几乎都有相应研究专著入选。这意味着，学术界提供了与民主转型案例有关的大量具体知识。民主转型研究的繁荣，往往也与这种国别研究、区域研究的深入与扩展有关。但问题是，在案例研究走向深入、具体国别和区域知识变得越来越丰富的同时，关于民主转型的社会科学理论自 21 世纪以来并没有

---

① Diamond, L. *The Spirit of Democracy*: *The Struggle to Build Free Societies throughout the World*. New York: Times Books, 2008.

迎来大繁荣的局面。相反，甚至可以说，民主转型研究某种程度上已陷入“理论的贫困”。既有的理论“丛林”似乎已枝繁叶茂，理论的解释力仍有很大不足，但新的社会科学理论并未乘势崛起。

面对这样的局面，很多人关心的是：未来的民主转型研究究竟会向何处去？是否会呈现新的理论图景？这些问题现在并没有答案。可以确定的是，一方面，民主转型研究已成为发展政治研究中最富于生产性的领域之一，贡献了大量重要的文献；另一方面，关于民主转型的社会科学理论研究似乎处在某种困顿之中，难以实现有效的突破。如果借鉴库恩（Thomas Kuhn）的说法，这一领域或许正在期待出现新的研究范式的革命。[①] 当理论研究呈现“高位盘整”的态势时，新范式的突破或许正在酝酿之中。

---

① 〔美〕托马斯·库恩：《科学革命的结构》，金吾伦、胡新和译，北京：北京大学出版社2012年版。

第十章

发展型国家

耿曙　陈玮

“后发展国家如何实现工业化?”是发展政治学者重点关注的议题之一。纵观全球后发展国家的工业化历程，能够成功从落后国家跃升至高收入国家的案例并不多。多数落后国家或受制于“中心—边缘”的国际政治经济结构，或受累于“弱国家”的国内政治经济经桎梏，工业化迟滞不前。在此背景下，二战后东亚经济体（日本、韩国等）快速成功的工业化尤为引人注目。由此而来的“发展型国家”理论自 20 世纪 80 年代开始引发政治学、经济学学者的广泛讨论。与传统的新古典经济学不同，“发展型国家”理论基于国家主义视角，强调了“国家干预”对经济发展的作用。那么，什么是“发展型国家”?为何要国家干预?国家干预成功的条件是什么?为什么“发展型国家”后来衰落了?围绕上述问题，本章第一节介绍“发展型国家”的基本概念；第二节简要梳理“发展型国家”理论的发展脉络，以不同时代背景为经、理论视角为纬，重点介绍学界对国家干预必要性的论述、国家干预有效条件的争论以及国家干预有效时机的探索；第三节介绍发展型国家理论与中国经验的应用，这也是近年来受到广泛关注的议题；第四节提出“发展型国家”理论未来研究的方向。

第一节 “发展型国家”的基本概念

“发展型国家”理论本质上描述的是一种政府与市场的关系，主张政府主导市场具有相当的优越性，政府能够以整体经济发展为目标，利用有选择的产业政策，实现经济发展。这一理论源自查默斯·约翰逊（Chalmers Johnson）对日本战后经济模式的总结。[①] 此后，东亚经济体利用类似发展模式相继崛起[②]，使这一理论声名大振，吸引了一大批学者的关注。[③]随着越来越多的研究者进入这一领域，“发展型国家”理论的适用范围扩展至东亚之外的国家和地区，如巴西、以色列、土耳其、法国等。

虽然研究者众多，但是对于“发展型国家”特征的概括，却并未取得一致结论。笔者通过对前人文献的梳理（见表10-1）后发现，几乎所有的学者在概括“发展型国家”特征时都包括产业政策与国家能力（包括优秀的官僚与国家自主性）这两点。前者指涉国家干预的具体手段，后者凸显国家干预实施的政治结构。其他的所谓特征，或者是产业政策具体的表现形式，并非一定是每个发展型国家必须具备的，例如压制劳工、控制金融等；或者仍然属于国家能力的范畴，例如王振寰提出的政企关系、郑为元提出的权变性特征等。[④] 所以，产业政策与强国家是“发展型国家”的主要特征，前者是工具手段，后者是运用工具的条件，两者缺一不可。

---

① 〔美〕查默斯·约翰逊：《通产省与日本奇迹：产业政策的成长（1925—1975）》，金毅、许鸿艳、唐吉洪译，长春：吉林出版社集团有限责任公司2010年版，第305—359页。

② Amsden, Alice. *Asia's Next Giant: South Korea and Late Industrialization*. New York: Oxford University Press, 1989. Wade, Robert. *Governing the Market: Economic Theory and the Role of Government in East Asian Industrialization*. Princeton: Princeton University Press, 1990.

③ White, Gordon. "Developmental State and Socialist Industrialization in the Third World." *Journal of Development Studies*, Vol. 21, No. 1, 1984. White, Gordon. *Developmental States in East Asia*. London: Macmillan, 1988. Öniş, Ziya. "The Logic of the Developmental State." *Comparative Politics*, Vol. 24, No. 1, 1991. Woo-Cumings, Meredith (ed.). *The Developmental State*. Ithaca: Cornell University Press, 1991.

④ 王振寰：《全球化与后进国家：兼论东亚的发展路径与转型》，载《台湾社会学刊》2003年第31期。郑为元：《发展型“国家”或发展型国家“理论”的终结?》，载《台湾社会研究季刊》1999年第34期。

表 10-1　“发展型国家”特征梳理

约翰逊	①精英官僚组织；②独立的官僚运作；③干预方式必须顺应市场规律；④必须有经济领航机构。
安士敦	上述①②③④，⑤压制劳工
韦德	上述①②③④，⑤威权体制
禹贞恩	①强烈的发展意愿；②高度自主的经济官僚机构；③紧密的政商关系；④有选择的产业政策①
奥尼斯	①国家机关的自主；②公私合作；③优秀的官僚；④有效率的官僚机构；⑤内外压力的督促；⑥竞争性的产业政策
郑为元	①优秀官僚和国家自主；②适度干预经济、扶持战略产业、控制金融体制、压制社会福利；③威权体制、控制社会；④国家对外资自主和产品循环；⑤其他特殊条件②
王振寰	①国家能力较强；②经济政策干预；③政企关系密切③

资料来源：作者自制。

产业政策一直是“发展型国家”实施国家干预的主要手段，也是引发学界激烈争论的焦点之一。一般而言，在国家发展的过程中，国家干预经济的手段经常有两种，一种侧重“产权层面”，例如国有企业引导，一种侧重“政策层面”，例如政策干预。由于在“发展型国家”研究中，我们所探讨的案例不限于社会主义体制，因此，其“国家干预”——亦即“产业政策”——便成为“发展型国家”最大的共同特征。而严格意义的“产业政策”只能指具体、直接的政策干预。

在此，严格意义的“产业政策”必须符合以下两项要件。首先，产业政策属于政策干预，其目的是对市场机制有所限制或扭曲。政府通过政策手段，例如价格管制、进入许可、要素补贴、进出口管制等，积极干预市场资源配置，扶持战略产业发展，以期带动整体经济发展。由此可知，产业政策是必须扭曲市场的（getting relative prices wrong）④，因此，所有去除

① 参见〔美〕禹贞恩编：《发展型国家》，曹海军译，长春：吉林出版集团有限公司 2008 年版，出版说明页。

② 郑为元：《发展型“国家”或发展型国家“理论”的终结?》，载《台湾社会研究季刊》1999 年第 34 期。

③ 国家能力包括国家自主性、前导机构、有能力的官员等；经济政策主要是指政府与市场的关系，包括服从、强化、扩张、管理等大同小异的主导市场的手段；政府与企业的关系，包括制度化地联结政府与企业的手段。

④ Amsden, Alice. *Asia's Next Giant: South Korea and Late Industrialization.*

管制、促进竞争，甚或“市场增进”（market-enhancing）的政府作为①，如反托拉斯法等，均非严格意义上的产业政策。其次，产业政策还必须具体直接，必须明确瞄准特定产业（或要素市场），甚至特定企业，而且必须直接影响锁定对象。因此，其政策力度通常可观，政策影响也将立即显现。反之，改善投资环境之类的政府作为，如在基础教育、基础建设、科研体制、社福体制、宏观经济政策（如货币供给、稳定汇率）等领域的举措，或者过于宏观，或者费时费日，也非严格意义的产业政策。②

至于国家能力层面，涉及如何保证产业政策的制定与执行。制定与执行向来是产业政策备受质疑的两个方面。③正如表 10-1 所示，“发展型国家”理论的支持者无一例外都提出了“强国家”能力来解决这两个问题。国家相对于社会的“自主性”（autonomy）让国家能够不受特定利益集团左右，制定出有利于整体利益的发展政策，凝聚高效的官僚体系能够有效地将产业政策落实到实处。可以说，强国家的“政治结构”保证了产业政策的成功。

第二节 “发展型国家”的理论脉络：围绕“国家干预”的三次争辩

“发展型国家”理论甫一提出，便引发学界大规模争论。凡是涉及“发展型国家”的研究，均源于对“国家应否干预市场”的思考④，而后者

① Aoki, Masahiko, Ronald Dore (eds.). *The Japanese Firm: The Sources of Competitive Strength*. Oxford: Oxford University Press, 1996.

② 如林毅夫主张的“有为政府”，包括全方位国家干预形式，既有直接、具体地选择性扶持，也有间接、普惠的制度保障，因此不是“发展型国家”理论中所讨论的产业政策。也有学者将上述两种干预方式均归类为产业政策，前者为选择性产业政策，后者为功能性产业政策，“发展型国家”理论中讨论的范畴仅为选择性产业政策。详细可参见江飞涛、李晓萍:《当前中国产业政策转型的基本逻辑》，载《南京大学学报》2015 年第 3 期。

③ 早期的讨论可以参考 Johnson, Chalmers (ed.). *The Industrial Policy Debate*. San Francisco: Institute for Contemporary Studies, 1984.

④ Johnson, Chalmers. *MITI and The Japanese Miracle: The Growth of Industrial Policy. 1925-1975*. Stanford: Stanford University Press, 1982. Amsden, Alice. *Asia's Next Giant: South Korea and Late Industrialization*. Wade, Robert. *Governing the Market: Economic Theory and the Role of Government in East Asian Industrialization*.

正是“比较政治经济”和“发展理论/研究”两个领域中争论不休的议题。[①]早在人类经历第一波工业转型时，近代自由主义先驱亚当·斯密、德国历史学派重镇李斯特等，就曾对此有过争论与批判。[②] 后继学者也纷纷就不同发展阶段、不同案例背景，围绕“国家干预是否必要与有效”，提出各种针锋相对的观点。[③] 本章就“发展型国家”上述核心议题梳理出三个不同阶段的核心辩论：国家干预（1）是否必要？（2）能否成功？（3）时机为何？

一、第一次理论辩论：“发展落后”是否必须依靠“国家干预”？

“国家干预”并非二战之后才出现的发展策略，“发展型国家”的理论渊源可以追溯至18世纪、19世纪。其中亚历山大·汉密尔顿（Alexander Hamilton）、李斯特以及20世纪的亚历山大·格申克龙（Alexander Gerschenkron）可以视为“发展型国家”的理论先驱。[④]受时代背景影响，他们主要观察与思考“如何在发展落后的情况下成功追赶”。例如汉密尔顿和李斯特基于当时美国与德国的落后状况[⑤]，主张落后国家若寻求强国之路，“国家干预”必不可少。格申克龙的分析则是基于德国与苏联等国的追赶经验。西方大国初始工业化的经验，以及因此造成的发展落差，塑造了第一代学者最核心的观点：后发展国家因其“发展落后”（late-develop-

---

① 由于在“发展型国家”的讨论中，state往往指涉具体的行为者，更接近一般所说的“政府”。因此，“发展型国家”其实指的是“发展导向的政府”。但是既然学界已有通译，我们在本章中不特别区分“国家干预”与“政府干预”概念。

② Smith, Adam. *An Inquiry into the Nature and Causes of the Wealth of Nations*. London: W. Strahan and T. Cadell, 1776.〔德〕弗里德里希·李斯特：《政治经济学的国民体系》，陈万煦译，北京：商务印书馆2011年版。

③ Gerschenkron, Alexander. *Economic Backwardness in Historical Perspective: A Book of Essay*. Cambridge: Harvard University Press, 1962. Krugman, Paul. “The Myth of Asia's Miracle.” *Foreign Affairs*, Vol. 7, No. 6, 1994.〔土耳其〕丹尼·罗德里克：《一种经济学，多种药方》，张军括、侯永志等译，北京：中信出版社2016年版。

④ Hamilton, Alexander. *The Report on the Subject of Manufacture*. 1791.〔德〕弗里德里希·李斯特：《政治经济学的国民体系》。Gerschenkron, Alexander. *Economic Backwardness in Historical Perspective: A Book of Essay*.

⑤ 当时，英国已经完成第一次工业革命，是全球工业最强的国家，美国与德国都是落后的农业国家。德国甚至尚未统一（1871年德意志统一），普鲁士仍是一个小邦国，其经济、技术在欧洲都处于落后状态。面对周遭强敌（英、法）环伺的局面，德国（普鲁士）急需寻求一条强国富国之路。

ment)，必须采行“国家干预”作为发展策略，扶持关键产业的发展。他们的对立方是以亚当·斯密为代表的早期经济自由主义学者，他们提出的“自由贸易”原则、“守夜人”国家角色等，学界已经耳熟能详。

有关“国家干预”最早的理论观点，其实是由实践所驱动。早在1791年，时任美国财政部长的汉密尔顿在提交给美国国会的《关于制造业的报告》中便提出，面对强大的英国工业品的竞争，美国政府有必要介入产业的发展，施行保护主义贸易政策以及针对制造业的产业扶持政策，才有可能追赶上英国。[①]受其影响，德国经济学家李斯特提出了“发展阶段”与“发展策略”理论。[②] 他特别强调，当一国的工业处于发展落后阶段时，其产品无法与先进国家竞争，若无政府提供系统的保护，则难有发展成长的机会，所以应采用贸易保护政策，其中关税制度是最主要的保护手段。这就是他著名的“保护幼稚产业”论。[③]不过，当工业处于成熟阶段时，李斯特认为政府在产业贸易中的保护性介入就应该退出，否则商家会因为政策保护失去竞争环境，从而失去改进效率的激励。李斯特认为，国家干预是与国家“发展阶段”息息相关的，“落后阶段”提供了国家干预的必要性与有效性。

到了20世纪，格申克龙通过观察德国、苏联的发展经验，进一步确认了“发展落后”与“发展策略”的理论假说。[④]格申克龙认为，落后国家只有通过大量应用先进技术，形成大规模工业生产，才能在工业追赶上获得成功。“发展落后”作为一种发展前提，也为后发展国家提供了追赶与技术模仿的机会，后发国家可以通过引进技术，快速提升生产力，从而避免了费时费日又充满失败风险的技术研发阶段，形成“后发优势”的有利条件。而技术引进与工业资本积累，则必须仰赖“国家干预”才能完成。他认为，落后国家发展工业的初始阶段，缺乏资本积累的时间与社会基础，难以通过市场自动进行资本积累，此时需要政策性银行（如德国）或国家机器（如苏联）介入进行资本积累。与前人主要关注国际贸易领域的

---

① Hamilton, Alexander. *The Report on the Subject of Manufacture*. 1791.

② 〔德〕弗里德里希·李斯特：《政治经济学的国民体系》。

③ 这是主要指发展战略，其他的措施还包括对特定产业的“限制制度、特惠待遇、奖励补助”。李斯特认为“国家干预经济”的具体手段是一种方向性的指导，而并不干预个人具体的投资、生产、商业决策。

④ Gerschenkron, Alexander. *Economic Backwardness in Historical Perspective: A Book of Essay*.

对外政策不同，格申克龙更侧重“国家干预”的国内政策层面。

上述三位学者的著作代表了第一代理论的典型观点：在“发展阶段”的基础上，论证“国家干预”的必要性与有效性。一方面，他们普遍将“发展落后”作为一种重要的初始条件，加入了经济发展理论。换言之，发展政策的选择，需要考虑其所处的发展阶段。另一方面，这些学者在理论的机制解释与经验论证方面都有所欠缺。由于早期学者的理论观点均来自对现实经验的朴素总结，目的也是政策性而非理论性，所以，虽然李斯特认为“落后”与“领先”是两种不同的发展条件，应采取不同的发展战略，但是为何“落后”条件下，“国家干预”就不会发生竞争失灵的问题？而到“领先”阶段，这一问题就会凸显？这些问题都没有得到详细解释。同时，第一代学者对发展策略也都侧重于政策建议，缺乏对“国家干预”具体手段是否有效的实证分析。不论对特定产业的贸易保护还是资金补贴的效果，都缺乏实证经验支撑。有鉴于此，此后学界探讨的焦点，便在如何从理论与方法两方面对上述缺陷进行修正与补充。

二、第二次理论辩论：“有效干预”必须仰赖何种“政治社会基础”？

“发展型国家”理论之所以被提出并受到重视，主要在于二战之后东亚经济体的高速发展：从 20 世纪 50 年代的日本，到 20 世纪 60 年代与 20 世纪 70 年代的韩国与中国台湾地区。该理论代表学者为查默斯·约翰逊、爱丽丝·安士敦（Alice Amsden）、罗伯特·韦德（Robert Wade）、彼得·埃文斯（Peter B. Evans），琳达·维斯（Linda Weiss）和约翰·霍布森（John Hobson）等。与第一代理论相比，这一时期的学者不仅提出了落后国家“国家干预”的系统特征——产业政策[①]，并且从经验层面试图论证产业政策的有效性，以及保障产业政策成功的政治基础——国家能力。他们普遍认为，唯有具备相当的国家能力，才能确保“产业政策”的有效制

① 有别于传统的凯恩斯主义政策，如普遍的财政货币政策、维持宏观经济稳定政策、保持充分就业政策等，第二代理论中的“国家干预”以选择性地扶持特定产业、优化产业结构的产业政策形式出现。这些产业政策在概念上可分“宏观产业结构政策”与“微观产业合理化政策”，但落实到具体政策手段，则可分为“保护性政策”（保护性关税、进口配额等）与“扶持性政策”（选择性金融投资、财政补贴、技术特许、限制竞争、行政指导等）。约翰逊还提到了企业层面的合理化政策，但是后续文献对这一方面的研究却没有持续跟进，多数文献关注宏观结构的产业政策。

定与实施。随着20世纪80—90年代“国家主义理论”的复兴，学者关注的重心逐渐聚焦于“国家干预”成功的政治与社会基础层面，主要围绕“国家高度自主”与“国家-社会相互依赖”形成了第二代学者的辩论。

其中，约翰逊作为“发展型国家”理论的奠基人，反驳了新古典经济学派对日本经济增长的解释。他认为，日本政府所做的不只是维持宏观经济稳定、规范市场，而是有意识地引导企业间合作，其产业政策对战略性产业（石化、汽车）的成功有着举足轻重的作用。约翰逊将日本的发展模式总结为“计划导向的市场经济制度”[①]，即“发展型国家”。其核心要素包括：一个有效的精英官僚团队，一个有独立性的官僚体系，顺应市场规律的国家干预政策，一个经济领航机构（通商产业省）。在约翰逊的理论中，精英官僚保障了“国家干预”（产业政策）的成功。

继日本之后，韩国等国经济的相继起飞，启发了学者对20世纪后发展国家成功模式的探索。例如安士敦将后发展国家的成功模式概括为以技术引进与消化为特征的“学习模式”，强调了政府的监督作用对韩国国家干预成功的重要性。为了克服产业政策的失效，需要政府对受惠企业实施有效的奖惩措施。上述监督机制回应了第一代理论中没有涉及的对政策落实的分析，这也是成功追赶的后发展国家与失败国家的典型区别之一。韦德也得出类似的观点。他强调了具有凝聚力的官僚系统、威权合作体制（authoritarian and corporatist）对国家长期发展的政策制定及执行监督的积极作用。

约翰逊、安士敦、韦德所研究的案例都属于“国家高度自主”（autonomous state）、“专制能力强大”（strong despotic power）；吉列尔莫·奥唐奈提出的“官僚威权主义”、戈登·怀特（Gordon White）的“发展型国家行列”等，都极度突出“国家自主”与“国家能力”，分析时过于偏向“国家中心式分析”（state-centric analysis），甚至暗示“发展成效”与“威权体制”之间的因果联结。站在不同立场的彼得·埃文斯、琳达·维斯和约翰·霍布森等人则更侧重“国家-社会关系”的重要性。

例如“发展型国家”理论的集大成者埃文斯便提出“嵌入性自主”（embedded autonomy）来界定“发展型国家”的核心特征，从而解释“国

---

① 〔美〕查默斯·约翰逊：《通产省与日本奇迹：产业政策的成长（1925—1975）》，第351—355页。

家干预”与“产业政策”为何有效。“嵌入性自主”分为两个维度，分别描述国家能力的两个层面：其一是国家作为行为主体的自主性，其二是国家对社会的嵌入程度；前者指的是国家内部结构关系，后者描述的是国家与社会团体（主要是企业和资本集团）的关系。由此，埃文斯提出了后发展国家“国家能力”强弱与“工业化”是否成功的精致假说。他根据上述两个维度将国家分成了四个类别，其中，既拥有高自主性又兼顾高嵌入性特征的才是“发展型国家”——拥有高度凝聚的官僚体制，从而避免了官僚个人被利益集团俘获的危险，又能和企业形成紧密的制度性联系，从而维持信息的畅通与获得政策支持。埃文斯利用韩国（高自主性与高嵌入性）、巴西（高自主性、低嵌入性）、印度（低自主性、高嵌入性）和扎伊尔（无自主性也无嵌入性）四个案例作为不同类型的国家能力的代表，对国家能力与工业化转型进行了论证。在埃文斯的理论中，“国家干预”的具体形式已经不重要，因为具备“嵌入性自主”的国家，自然能够根据本国产业阶段选择合适的产业政策。

在埃文斯强调国家—社会相互嵌入与交流时，维斯与霍布森也从国家与工业集团之间紧密有效的“协调能力”这一维度对国家能力做了更细致的分析。维斯和霍布森认为，现代国家的能力是一种基础性权力（infrastructural power），集渗透、汲取与协调多方功能，特别是协调能力，是现代国家能力差异的重要层面。他们认为，国家与社会组织（特别是工业组织）能否形成强有力的战略性与制度化的合作关系，即“治理式互赖”（governed interdependence），与经济改革能否成功紧密相关。[①] 维斯与霍布森发现，欧洲早期工业化的成功、二战后东亚经济体的崛起，正是得益于有力的公私合作制度增强了国家协调经济的能力。上述制度也是东亚经济体“国家干预”比其他国家或地区更为有效的原因之一。而英美资本主义国家在21世纪的衰落，则源于其国家与工业组织之间协调能力变弱。因此，公私/政企关系深刻影响着现代国家经济的兴衰。

进一步看，埃文斯、维斯、霍布森等人对于之前“发展型国家”研究中偏“国家中心式分析”的批判在于：第一，“国家中心式分析”忽略政府之外的社会组织（包括企业等）与连缀国家—社会的组织机制，因此难

① 〔澳〕琳达·维斯、约翰·M. 霍布森：《国家与经济发展：一个比较及历史性的分析》，黄兆辉、廖志强译，长春：吉林出版集团有限公司2009年版，第9—13页。

以解释政府如何影响社会——毕竟，接受政府指导的社会才是经济增长的行动方；第二，基于类似原因，“国家中心式分析”也无法解释政府如何选择适合的产业政策——毕竟，合理、有效的政策规划，必须基于对产业特性与需求的掌握。因此，埃文斯、维斯、霍布森等人才提出“国家—社会”互赖合作的理论框架相抗衡，并隐约否定前述学者有关威权体制与发展成效的保守论调。当然，更进一步看，双方更深刻的分歧来自对国家—社会关系的理解。前述“国家中心式的分析”比较接受斯考切波的国家—社会“零和抗衡”式的国家能力与国家-社会关系，类似于曼（Michael Mann）所说的国家“专制性权力”（despotic power），而其批判者则倾向接受曼所称的国家“基础性权力”。①

从上述相关文献的对照中可以看到，从“国家能力”角度探讨“国家干预”的第二代理论学者，除了上述“压倒性互动/专制性权力”对“互赖性互动/基础性权力”的批判与争论外，“国家干预”的具体形式已经变得不再重要，也不再强调发展阶段；而政策制定与执行的政治社会基础，成为解释“国家干预”能否成功的关键因素。特别是国家社会的互动，或者公私协作的政企关系，会影响国家对信息的获取、资源的调配以及权力的渗透，从而对国家战略政策的成功制定与执行起到了举足轻重的作用。②

三、浮现中的第三次理论辩论：重新发现“发展阶段”与“国家干预”的关系

从上述梳理分析可知，经历前两次争辩，“发展型国家”研究似乎已臻成熟。但是20世纪90年代日、韩等东亚经济体的衰落，再次引发学界对“国家干预必要性与有效性”的争论。③在政治经济学界，主流的解释是延续上述第二代理论视角，认为“国家能力”衰微是导致传统“发展型国家”衰落的原因。与此同时，“发展阶段假说”作为与流行观点的对立解

---

① Mann, Michael. *States, War and Capitalism*. Oxford: Basil Blackwell, 1988.

② Aoki, Masahiko, Ronald Dore (eds.). *The Japanese Firm: The Sources of Competitive Strength*. Oxford: Oxford University Press, 1996. Evans, Peter B. (ed.). *State-Society Synergy: Government Action and Social Capital in Development*.

③ 朱天飚：《发展型国家的衰落》，载《经济社会体制比较》2005年第5期。顾昕：《政府主导型发展模式的兴衰：比较研究视野》，载《河北学刊》2014年第6期。陈玮、耿曙：《发展型国家的兴与衰：国家能力、产业政策与发展阶段》，载《经济社会体制比较》2017年第2期。

释，逐渐进入人们的视野。本质上，上述两种解释都必须围绕下面两个关键问题展开：第一，国家干预经济，如何制定出正确的产业政策？第二，如何保证产业政策的有效执行？

在寻找“国家干预”失效的原因时，流行观点从国家能力的衰弱解释了“国家干预”在典型“发展型国家”的失败，而国家能力的衰弱来自以下两个方面。[①]第一，经济全球化以及贸易自由化迫使国家干预在经济领域全面撤退，全球化带来的贸易与资本流动，大大增加了本国经济的复杂性，政府难以通过以往的单一渠道控制、介入经济。[②]第二，经济发展导致社会力量壮大，削弱了国家对社会的控制力，因此导致政策制定被利益集团裹挟，政策执行也遭遇阻碍。[③]

不过，上述流行观点并未得到一致的实证支持，反而引发了进一步的质疑。全球化导致国家能力增强的案例并不鲜见，为了应对全球化带来的风险，国家会进行调整以便适应更复杂的经济环境。[④] 而经济发展带来社会力量增长的同时，也可能增强国家力量。[⑤]一方面，国家能够汲取经济发展的成果；另一方面，国家与社会的关系，也并非只有一种零和的此消彼长的关系。正如在基础性权力的含义中，国家与社会本就是共生互利的两种力量。因此，流行的“国家能力”视角未必能够很好地解释传统发展型

---

① 陈玮、耿曙：《发展型国家的兴与衰：国家能力、产业政策与发展阶段》，载《经济社会体制比较》2017 年第 2 期。

② Noble, Gregory W., John Ranvenhill. “The Good, the Bad and the Ugly? Korea, Taiwan and the Asian Financial Crisis.” in Noble, Gregory W., John Ranvenhill (eds.). *The Asian Financial Crisis and the Architecture of Global Finance*. Cambridge: Cambridge University Press, 2000. Wade, Robert. “The Asian Crisis and the Global Economy: Causes, Consequences, and Cure.” *Current History*, Vol. 97, Issue. 622, 1998.

③ Wade, Robert. “From ‘Miracle’ to ‘Cronyism’: Explaining the Great Asian Slump.” *Cambridge Journal of Economics*, Vol. 22, No. 6, 1998. Pempel, T. J. (ed.). *The Politics of the Asian Economic Crisis*. Ithaca: Cornell University Press, 1999. Haggard, Stephan. *The Political Economy of the Asian Financial Crisis*. Washington D. C.: Institute for Economics, 2000.

④ Weiss, Linda. “Developmental State in Transition: Adapting. Dismantling, Innovating, Not ‘Normalizing’.” *Pacific Review*, Vol. 13, No. 1, 2000. Rodrick, Dani, “Why do More Open Economics Have Bigger Governments?” *Journal of Political Economy*, Vol. 106, 1998.

⑤ Putnam, Robert D. *Making Democracy Work: Civic Traditions in Modern Italy*. Princeton: Princeton University Press, 1993.

国家“国家干预”的失效。[①]

实际上，纵观人类经济发展的历史，“国家干预”在成效上的前后差异并非仅仅出现于二战后的东亚地区，国家能力对此的解释也力有不逮。西方大国在早期的工业化历程中，不乏积极采用“国家干预”者，只不过在一定的发展阶段之后，这些国家转变了发展方式。正如张夏准所言，他们经常是“先用了梯子，再踢掉梯子”（kicking away the ladder）。[②] 早在全球化之前，“国家干预”的发展策略，就不断经历着前期辉煌有效，成为各国争相采用的策略，后期又因成效不彰而被抛弃的命运。自20世纪末开始，中国经济的崛起，马来西亚、印度尼西亚、乌干达、博兹瓦纳等国家的不俗表现，又让国家干预在后发展国家中呈现方兴未艾之势。

基于上述分析，部分学者呼吁回归第一代学者的理论思路，追随李斯特的视角，从时空条件思考“国家干预”失效的原因，由此提出了“发展阶段假说”，认为正是发展阶段的转变，改变了国家干预的前提条件，导致传统发展型国家“国家干预”（产业政策）的失效。很多学者认为，在一国经济的起飞阶段，后发展国家有模仿对象，因此“国家干预”行之有效；而到了发展成熟时期，因为没有模仿对象，政府无法制定清晰的“追赶”方案，“国家干预”也随之失效。[③]

其中如陈玮和耿曙系统考察了“国家干预”在不同发展阶段生效（失效）的机制，他们从“产业甄别”“监督落实”和“资源集中”三个方面，比较了“国家干预”在不同发展阶段的优劣。[④] 具体而言，在“模

---

① 陈玮、耿曙：《发展型国家的兴与衰：国家能力、产业政策与发展阶段》，载《经济社会体制比较》2017年第2期。

② 〔韩〕张夏准：《富国陷阱：发达国家为何踢开梯子？（修订本）》，肖炼、倪延硕等译，北京：社会科学文献出版社2009年版。

③ Vestal, James E. *Planning for Change: Industrial Policy and Japanese Economic Development. 1945-1990*, Oxford: Clarendon, 1993. 顾昕：《政府主导型发展模式的兴衰：比较研究视野》，载《河北学刊》2014年第6期。朱天飚：《比较政治经济学》，北京：北京大学出版社2006年版。陈玮、耿曙：《政府介入能否有效推动技术创新：基于两个案例的分析》，载《上海交通大学学报（哲学社会科学版）》2015年第3期。保罗·克鲁格曼从经济学视角认为发展型国家的衰落是必然的。“国家干预”的本质是投入驱动，而非效率驱动，随着要素收益递减，增长放缓可以预期。但是这一要素回报的视角相对静态，既无法解释东亚发展型国家在增长阶段中生产率的大幅提升，也无法解释当“国家干预”转而投向创新时的失败。参见：Krugman, Paul. “The Myth of Asia's Miracle.” *Foreign Affairs*, Vol. 7, No. 6, 1994.

④ 陈玮、耿曙：《政府介入能否有效推动技术创新：基于两个案例的分析》。

仿”为主的发展阶段，政府可以借鉴先进国家的经验，进而有效甄别产业发展的趋势，制定明确的发展指标，保证“国家干预”政策的落实，所以只需要通过资源集中，创造规模效应与竞争优势便可。一旦进入“创新”为主的发展阶段，政府没有范例可以参考，无法再掌握信息甄别上的优势，不仅难以选择潜力产业，也无法明确制定发展目标与考核标准，发展政策窒碍难行，加上原本为了创造竞争优势的规模效应，却在高风险的创新活动中加剧了风险的积聚。换言之，近期基于东亚经济体转型的研究，似乎展现出“回归第一代理论”的趋势，学者开始重新考虑“发展阶段”与“国家干预”的直接关系，并利用新制度经济学的理论，帮助厘清两者间的关系。

当然，上述观点与传统“发展型国家”论述基本背道而驰，处于“国家干预”与“市场协调”的论述之间。一方的典型如林毅夫所主张的“有为政府”观点，认为政府可以通过改变“比较利益”，引导结构逐步转型，从而发展出其“新结构经济学”。[①]另一方则为传统自由主义或新古典主义经济学者，例如张维迎的各种观点。[②]但由于“国家干预”与“市场协调”都与“发展阶段”无关，一成不变地认定“国家干预”或总是有为，或必然失灵，则无法面对国家干预“效果有好有坏，结果有成有败”的经验教训，也无法针对“介入时机”有所提示与建议。但探索“国家干预”的“介入时机”却是成功追赶的“发展型国家”如中国所亟需的，将有助于指导其如何规划“经济转型”。也正是在这层意义上，第三次理论辩论与中国发展经验息息相关。

第三节 “发展型国家”理论与中国经验

中国“改革开放”以来的发展模式与“发展型国家”颇为相似，均通

① 林毅夫：《新结构经济学：反思经济发展与政策的理论框架（增订版）》，苏剑译，北京：北京大学出版社 2014 年版。

② 张维迎、林毅夫：《政府的边界：张维迎、林毅夫聚焦中国经济改革核心问题》，北京：民主与建设出版社 2017 年版。林毅夫、张军、王勇、寇宗来编：《产业政策：总结、反思与展望》，北京：北京大学出版社 2018 年版。

过产业政策为手段，借由国家能力作担保，快速完成体制转型、资金引进、基建提供、产业发展等艰巨任务，创造出所谓“中国的奇迹”。[①] 在中国，中央政府和地方政府均以经济发展为最高目标：前者源自“绩效合法性”[②] 需要，后者来自“财政收入最大化”[③] 追求。上下一致的目标凝聚成了“发展型国家”产生的前提，即“发展意愿”的意识形态。

中国在早期追赶阶段的发展模式，走的正是安士敦所提出的“学习模式”。在追赶阶段，中国的产业政策、强激励的官僚体制以及紧密的地方政企关系[④]，全方位地塑造了“国家干预”的成功。而到了转型时期，上述保障“国家干预”的有效条件正在逐渐丧失。近年鉴于东亚经济体的发展策略转型、中国的经济结构调整，研究者开始重新反思中国过往的发展策略，对“国家干预”进行理论反思。[⑤] 2016 年下半年，以林毅夫与张维迎“政府 vs. 市场”的论战为开端，引发了对“国家干预”的持续讨论，也使这一问题更加为中国社会所关注。[⑥] 毕竟，作为一个发展中国家，在制定国家经济策略的过程中，中国实难回避“国家干预”这一问题。[⑦] 因此，围绕“发展型国家”理论中的核心议题“国家干预的必要性与有效性”的讨论，也影响着中国的发展历程。

那么，如何从“发展型国家”理论解释中国的发展经验？更具体而言，“国家干预”在中国发展的不同阶段是如何发挥作用的？首先，从

---

① 林毅夫、蔡昉、李周：《中国的奇迹：发展战略与经济改革》，上海：上海人民/上海三联出版社 1994 年版。吴敬琏：《产业政策面临的问题：不是存废，而是转型》，载《兰州大学学报（社会科学版）》2017 年第 6 期。

② 赵鼎新：《当今中国会不会发生革命》，载《二十一世纪评论》2012 年第 12 期。

③ 郁建兴、高翔：《地方发展型政府的行为逻辑及制度基础》，载《中国社会科学》2012 年第 5 期。

④ 官僚体制和政企关系即前文国家能力所包含的两个维度。

⑤ 顾昕：《政府主导型发展模式的兴衰：比较研究视野》，载《河北学刊》2014 年第 6 期。江飞涛、李晓萍：《当前中国产业政策转型的基本逻辑》，载《南京大学学报》2015 年第 3 期。黄宗昊：《中国模式与发展型国家理论》，载《当代世界与社会主义》2016 年第 4 期。陈玮、耿曙：《发展型国家的兴与衰：国家能力、产业政策与发展阶段》，载《经济社会体制比较》2017 年第 2 期。

⑥ 张维迎、林毅夫：《政府的边界：张维迎、林毅夫聚焦中国经济改革核心问题》，北京：民主与建设出版社 2017 年版。林毅夫、张军、王勇、寇宗来编：《产业政策：总结、反思与展望》，北京：北京大学出版社 2018 年版。

⑦ 耿曙、陈玮：《“发展型国家”模式与中国发展经验》，载《华东师范大学学报》2017 年第 1 期。

产业政策层面看，中国政府为了追赶经济，出台了一系列有针对性的产业政策①，从金融政策倾斜、税收优惠、技术引进、土地出让、基建提供到招工保障，不一而足。② 其次，在国家自主性与官僚凝聚力方面，中国也与其他东亚“发展型国家”类似，都属于国家手段资源丰富、社会集团相对弱势的体制，象征“国家”的官僚机构（不论是中央或地方）拥有高度的决策自主性，能够根据社会整体利益制定经济发展策略。中国也同样拥有一支凝聚、高效的官僚队伍。一方面，借由“干部人事管理”的“下管一级”体制，通过纵向问责，监督考核官员，充分贯彻上级意志，维持中央—地方的政策统一。另一方面，通过以“经济绩效”为标准的“政治锦标赛”，最大限度地调动官员积极性，将原有的党政干部，转化为“发展优先”的官僚精英。③ 中国的“经济分权—政治集权”体制④，一方面给予地方政府制定与实施产业政策的自主权，另一方面又通过人事管理维持了中央—地方、上级—下级间的协调行动。在上述体制下，同级官僚之间形成了以 GDP 为单一目标的高度竞争模式，一方面促使官员调动全部资源发展经济，另一方面遏制了政府的“掠夺之手”，在一定程度上限制了寻租腐败的发生。⑤

在政企关系层面，既有文献主要集中于总结中国地方政府与地方企业的关系。耿曙与张汉从政府是否直接介入营利性生产活动的维度，将政府与企业的关系归结为“地方企业家型政府”和“地方发展型政府”。⑥ “地

---

① 吴敬琏：《产业政策面临的问题：不是存废，而是转型》。Mao, Jie, Shiping Tang, Zhiguo Xiao, et al. “Industrial Policy Intensity, Technological Change, and Productivity Growth: Evidence from China.” *Research Policy*, Vol. 50, No. 7, No. 104287, https://doi.org/10.1016/j.respol.2021.104287, 2021.

② 陈玮、耿曙：《政府介入能否有效推动技术创新：基于两个案例的分析》。

③ Li, Hongbin, Li-An Zhou. “Political Turnover and Economic Performance: The Incentive Role of Personnel Control in China.” *Journal of Public Economics*, Vol. 89, Issue 9-10, 2005.

④ Blanchard, Olivier, Andrei Shleifer. “Federalism with and without Political Centralization: China versus Russia.” *IMF Economic Review*, Vo. 48, No. 1, 2001. Xu, Chenggang, “The Fundamental Institutions of China's Reforms and Development.” *Journal of Economic Literature*, Vol. 49, No. 4, 2011.

⑤ 周雪光：《逆向软预算约束：一个政府行为的组织分析》，载《中国社会科学》2005 年第 2 期。耿曙、陈玮：《政企关系、双向寻租与中国的外资奇迹》，载《社会学研究》2015 年第 5 期。周黎安：《“官场+市场”与中国增长故事》，载《社会》2018 年第 2 期。

⑥ Keng, Shu. “Developing into a Developmental State: Explaining the Changing Government-Business Relationships behind the Kunshan Miracle.” in Leng, Tsekang, Yun-han Chu (eds.). *Dynamics of Local Governance in China during the Reform Era*. Lanham: Lexington Books, 2010, pp. 225-272.

方企业家型政府”(local entrepreneurial state)是指政府直接介入企业的生产决策，主要对象是地方国有企业尤其是集体企业。[①]“地方发展型政府”(local developmental state)，则是指政府不直接介入营利性生产，但是通过提供辅助性的政策支持，如提供税收优惠、基础设施建设等，扶持当地民营企业发展，形成一种政企联盟共生关系。[②]上述政企关系，使得“国家干预”一方面能够了解企业信息，另一方面方便推行政策。

然而，当经济进入转型、需要实现创新驱动发展的时候，前述运行良好、保证“国家干预”有效的特征均遭遇到了挑战。第一，技术追赶到一定阶段，学习的榜样变得越来越少，产业政策的选择面临更高的风险。[③]第二，创新指标难以清晰界定，一方面导致寻租空间增加，政策扶持难以落实到有需要的企业上;[④]另一方面，模糊的创新指标也不符合“强激励体制”对单一考核指标的要求，难以纳入官僚体制的考核体系中，导致官员考核的指标仍以经济增长为核心。[⑤]第三，政企之间监督缺失，企业骗取政策红利屡见不鲜，导致政企之间的共生体系瓦解。[⑥]可见，中国的发展经验显示，随着发展阶段的转变，“国家干预”在中国取得成功所赖以维持的官僚体制以及政企关系等有利特征正在逐步消失。

就中国经验检视“发展型国家”理论，可以看到第三次辩论虽然还方兴未艾，但是“重回发展阶段”的思路不仅为理解“国家干预的必要性与有效性”问题提供了不同的视角，也对中国发展策略选择十分重要。中国的成功离不开“国家干预”的成功，这不仅使全球再次看到政府这只“看

---

① Blecher, Marc. “Developmental State, Entrepreneurial State: The Political Economy of Socialist Reform in Xinju Municipality and Guanghan County.” in White, Gordon (ed.). *The Chinese State in the Era of Economic Reform: The Road to Crisis*, New York: Palgrave Macmillan, 1991, pp. 265-291. Oi, Jean C. “Fiscal Reform and the Economic Foundations of Local State Corporatism in China.” *World Politics*, Vol. 45, No. 1, 1992. Walder, Andrew G. “Local Governments as Industrial Firms: An Organizational Analysis of China's Transitional Economy.” *American Journal of Sociology*, Vol. 101, No. 2, 1995.

② 张汉:《“地方发展型政府”抑或“地方企业家型政府”?:对中国地方政企关系与地方政府行为模式的研究述评》，载《公共行政评论》2014年第3期。

③ 顾昕:《政府主导型发展模式的兴衰:比较研究视野》，载《河北学刊》2014年第6期。朱天飚:《比较政治经济学》，北京大学出版社2006年版。

④ 巫永平、吴德荣编:《寻租与中国产业发展》，商务印书馆2010年版。陈玮、耿曙:《政府介入能否有效推动技术创新:基于两个案例的分析》。

⑤ 郁建兴、高翔:《地方发展型政府的行为逻辑及制度基础》，载《中国社会科学》2012年第5期。

⑥ 陈玮、耿曙:《政府介入能否有效推动技术创新?基于两个案例的分析》。

的见的手”的力量，也引发了“发展型国家”理论的再度复兴。[①]随着经济的快速发展，中国的国家能力也与日俱增，但是走到转型的十字路口，既往模式时常显现出力有不逮的情况。因此，从“发展阶段”视角厘清“国家干预”在中国成败的经验，不仅对解释中国的成功有着重要意义，而且为拓展“发展型国家”理论提供了新的经验案例。

第四节 小 结

政治对经济的影响一直是发展政治领域最为关心的议题之一。“发展型国家”为我们提供了后发展国家成功实现工业化的经验模板，而在该经验中提炼出的有关“国家干预”的理论探讨，不仅挑战了新古典经济学对经济发展的霸权解释，也展示了政治结构（如国家自主性与凝聚力、国家社会关系）对经济政策与发展绩效的重要作用。

“发展型国家”理论本身也在经验与挑战中不断发展与深化。该理论自20世纪90年代开始广受追捧，到20世纪末随着传统案例（如日本、韩国）的衰落与转型而渐受冷落，甚至产生了“发展型国家已死”或“产业政策已死”这样的论调[②]；在21世纪，又因为中国崛起而复兴。“发展型国家”理论的兴衰伴随着对“国家干预必要性与有效性”这一核心问题的争辩。本章通过对该理论渊源与发展的梳理，根据不同时代文献的侧重，将既有文献梳理为三个理论世代。第一代“发展型国家”学者侧重“发展落后”与“国家干预”的联系，主张处于“追赶阶段”的国家，必须依靠国家干预才能逐步发展。第二代学者转而探索“政府有效介入”的前提条件——政治与社会基础，并认为只有具备一定的国家能力，才能提出并

---

① Knight, John B. “China as a Developmental State.” *World Economy*, Vol. 37, No. 10, 2014. Naughton, Barry, Kellee Tsai (eds.). *State Capitalism, Institutional Adaptation, and the Chinese Miracle*. Cambridge: Cambridge University Press, 2015. Chu, Yin-wah (ed). *The Asian Developmental State: Developmental State: Re-examinations and New Departures*. New York: Palgrave Macmillan, 2016. Mao, Jie, Shiping Tang, Zhiguo Xiao, et al. “Industrial Policy Intensity, Technological Change, and Productivity Growth: Evidence from China.” Haggard, Stephan. *Developmental States*. Cambridge: Cambridge University Press, 2018.

② Haggard, Stephan. *Developmental States*.

落实有效的产业政策（作为国家干预的主要形式），在此过程中又产生了强调“国家高度自主”与主张“国家社会相互依赖”两种对立的观点。第三代则为近年逐步成型的理论议题：国家介入的时机为何？究竟是“追赶阶段”介入、“领先阶段”退隐？还是自始至终都需要“有为政府”监护？[①] 该辩论重回“发展阶段”对“国家干预”成效的制约。可见，“发展型国家”理论的核心议题同样也在不断“发展”中。

上述理论争辩的发展与中国经验的探讨为“发展型国家”理论注入了新的活力。一方面，第三代论者提出的“发展阶段”解释，对“发展型国家无效”的观点进行了有力反驳。“国家干预”作为“发展型国家”的核心策略，在后发展国家的追赶时期能够发挥积极效用，其不足是由于经济发展进入更高的阶段造成的。因此，对于众多尚处于起步又面临全球化竞争的后发展国家，“发展型国家”研究所提供的策略有其必要与可取之处。事实上，这也正是当下许多发展中国家的选择，如越南、马来西亚、乌干达、博兹瓦纳等一波正在兴起的后发展国家，其发展策略的选择与日、韩等东亚经济体或中国早年的策略有着高度的相似之处。因此，正如海格德（Stephan Haggard）所认为的那样，并非“发展型国家已死”，而是“发展型国家方兴未艾”。[②]

另一方面，中国作为最重要、最典型的后发展国家追赶案例，引发了“发展型国家”理论的再次复兴。诚如达龙·阿西莫格鲁所言，中国是一个很重要的国家推行经济改革进而脱贫致富的例子，许多需要进行深层次结构改革的发展中国家都要面临这样的挑战，因而任何研究经济发展的学者都要思考中国经济增长的未来。[③] 可见，中国既往的发展历程以及当下的转型经验，都能够为拓展“发展型国家”理论提供丰富的理论资源与经验素材。

---

① 林毅夫：《新结构经济学：反思经济发展与政策的理论框架（增订版）》。陈玮、耿曙：《发展型国家的兴与衰：国家能力、产业政策与发展阶段》。

② Haggard, Stephan. *Developmental States*.

③ 达龙·阿西莫格鲁：《制度视角下的中国未来经济增长》，载《比较》2014 年第 5 期。

第十一章

政商关系

黄冬娅　刘洋戈

发展政治学长期聚焦于一个国家或地区的政治、经济发展进程。政府、企业家群体一直是深度参与这些进程的两个重要主体。两者之间的政商关系既是影响各地政治、经济发展进程的关键变量，也会被这些进程深刻塑造。所以，政商关系一直是发展政治学研究的重要议题，具有不可忽视的理论、现实意义。

本章梳理发展政治学中政商关系研究的理论脉络，并提出相关研究的发展方向。本章主要由三个部分组成。第一，比较视野下的政商关系。这部分梳理了政商关系与政体转型、国家建设、经济发展进程的关系，重点关注企业家群体如何推动政治体制的民主化转型、国家能力提升、国家或地区经济发展等重要议题。第二，中国情境下的政商关系。这部分重点梳理了中国政商关系与政治发展、经济发展进程的关系，以及中国政商关系的地区多样性。第三，政商关系中的国家角色比较。这部分综合概括了企业家群体崛起过程中的国家（政府）角色与行为、政商关系的动态变化机制。最后，小结部分总结了发展政治学中政商关系研究的主要观点，并指出未来的发展方向。

第一节 比较视野下的政商关系：政体转型、国家建设与经济发展

回顾现有研究，国家—社会关系、国家—市场关系一直是理解政商关系的两个重要视角。[①] 国家—社会关系的视角将“商”理解为一类社会主体，认为他们是拥有相似身份特征或者利益诉求的商业群体、组织、阶级，进而讨论了它们的行动逻辑，及其对社会与经济发展、政治变革的影响。国家—市场关系的视角将“商”理解为一类经济部门，认为它们是组织生产、经营活动的市场主体，进而讨论了它们的行动如何影响一个国家、地区的经济发展状况。

两种视角都有一定的局限性。国家—社会关系的视角无差别地讨论了各类社会主体如何影响国家的权力运作、政策议程，以及国家如何强化自身能力、应对各类社会问题与挑战。这个视角容易忽略企业家群体的经济属性、市场特征，难以区分他们与其他社会主体（工人、农民等）的重要差异，及其与国家互动逻辑的特殊性。事实上，这些属性与特征既塑造了企业家群体影响国家的方式，也左右了国家应对企业家群体崛起的行动策略。国家—市场关系的视角大多基于政治经济学的分析框架，探究政商关系的经济意义，尤其是它对一个国家、地区经济发展状况的影响，容易忽略社会结构、阶级基础对这些政治与经济关系的塑造。事实上，企业家群体与国家的互动机制深刻植根于各国的社会结构。所以，这个视角难以解释在不同国家间、一个国家内，相似政商关系下的经济发展状况何以差异巨大。

为了避免两种视角的若干局限，本章建立了新的分析框架。这个框架对政商关系的理解并不局限于简单的国家—市场关系、国家—社会关系，而是在国家、市场、社会的三方关系中讨论企业家群体与国家的互动机制（图 11-1）。它既充分考虑了企业家群体与其他社会主体的差异，尤其是他们兼具社会、市场属性的重要特征，也关注了社会结构、阶级基础塑造政

---

① Haggard, Stephan. “Theories of Business and Business-State Relations.” in Maxfield, Sylvia, Schneider Ross (eds.). *Business and the State in Developing Countries*. Ithaca: Cornell University Press, 1997, pp. 36-62.

商关系的具体机制。

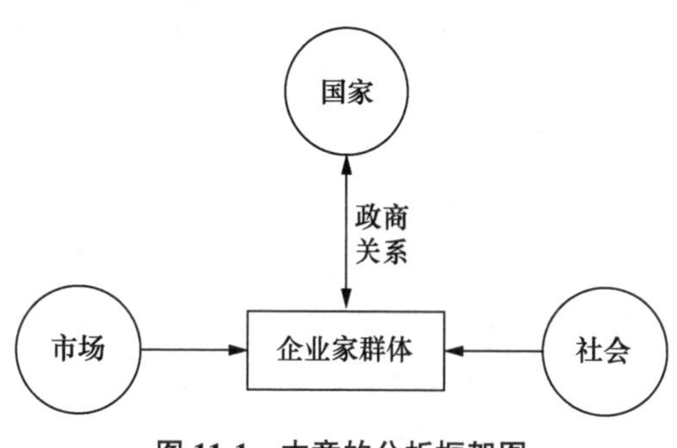

图 11-1　本章的分析框架图

回顾比较视野下的现有研究，政商关系与政体转型、国家建设、经济发展进程的关系一直被重点讨论。它们关注的核心议题是企业家群体如何推动政治体制的民主化转型、国家能力的提升，以及一个国家或地区的经济发展进程。

一、政商关系与政体转型：企业家群体如何推动政治体制的民主化转型

在政商关系与政体转型的关系上，政商关系能否、如何影响国家的政体转型进程，以及如何评估企业家群体崛起的政治影响（尤其是他们推动民主化转型的能力），一直是相关研究的关注重点。回顾现有研究，阶级分析理论、政治发展理论提供了回答上述问题的两个重要视角。它们的共识是，经济发展会引起社会变革、孕育企业家群体，而企业家群体会成为推动政体转型进程的社会基础。本章将从这个角度探讨政商关系与政体转型的关系（图 11-2）。

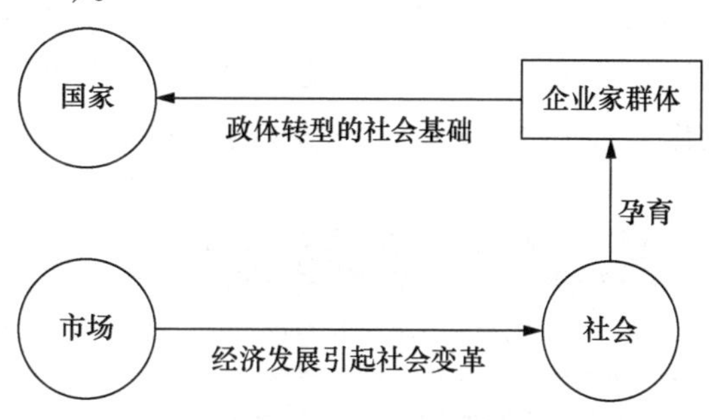

图 11-2　政商关系与政体转型的关系图

第一，阶级分析理论将政商关系视为工业革命、商品经济的重要产物，认为企业家群体是政体转型的阶级基础，而政商关系的变革（其背后是经济基础、社会结构的变化）会导致上层建筑、政治体制的变革。这个观点能追溯到马克思主义政治经济学理论。该理论认为，欧洲各种生产、交换方式的长期发展造就了现代的资产阶级，而资产阶级的每个发展阶段都伴随了相应的政治发展阶段，因为资本家会表达强烈的政治诉求，并用暴力革命的方式消灭地主阶级、夺取国家政权，进而建立与自由竞争相适应的社会、政治制度。在马克思主义政治经济学理论中，政商关系的历史就是在工业革命、商品经济的发展背景下，资本家争夺政治权力、结束封建统治，并压迫无产阶级、捍卫自身利益的历史。

历史社会学的研究借鉴了阶级分析理论的视角，并提出了更具社会科学意义的分析框架，以理解政商关系与政体转型的关系。巴林顿·摩尔（Barrington Moore）以不同国家的农业发展模式、阶级力量变化解释了它们的现代化道路、政体转型进程的差异。英国、美国、法国的历史进程表明，农业商品化导致了当地地主贵族的没落、工商业阶级的壮大，而工商业阶级会成为民主政体建立的社会基础；日本、德国的历史进程表明，当地封建政府与农业、商业上层阶层的联合巩固了大农业主、大企业家的利益，进而推动了国家自上而下地建立法西斯体制。① 其他关注欧洲政体变迁的研究也证明了这一点。它们认为，在一系列的国内、外压力下，统治者之所以会采取不同的应对手段，是因为各地国家—社会关系（尤其是政商关系）有别。② 作为公民社会的重要成分，欧洲的资产阶级、企业家群体能限制中央权威，并遏制统治者提高征税汲取、扩大行政权力的欲望，而这被视为当地能建立民主体制的重要原因。③ 西达·斯考切波（Theda Skocpol）的革命研究也吸收了马克思主义、摩尔的阶级分析方法，探讨了社会革命爆发的社会基础、阶级条件。她认为，法国大革命是君主与社会支配阶级关系变化、农民阶级骚动、国际压力刺激的共同结果，而这些条

① ［美］巴林顿·摩尔：《专制与民主的社会起源：现代世界形成过程中的地主和农民》，王茁、顾洁译，上海：上海译文出版社 2012 年版，第 439—454 页。

② Lachmann, Richard. "Elite Conflict and State Formation in 16th and 17th Century England and France." *American Sociological Review*, Vol. 54, No. 2, 1989.

③ Hopcroft, Rosemary. "Maintaining the Balance of Power: Taxation and Democracy in England and France, 1340-1688." *Sociological Perspectives*, Vol. 42, No. 1, 1999.

件的出现与农业经济波动、商业阶级活动的背景密切相关。[①] 总之，在这些学者眼中，政商关系既是商品经济发展、社会变革进程的产物，也是推动政体转型进程的社会基础。

第二，政治发展理论也将政商关系视为经济发展、社会变革的结果，但它们缺乏明显的“阶级决定”色彩，认为这是社会发展的自然过程。这些研究的核心观点是，经济发展进程创造了公民社会，作为公民社会的重要主体，企业家群体表达利益诉求、影响政策议程是国家与社会互动的重要环节之一。政治发展理论能追溯到加布里埃尔·阿尔蒙德（Gabriel A. Almond）、宾厄姆·鲍威尔（Bingham Poweel）的研究。他们认为，政治发展是社会、经济现代化（工业化、城市化等）进程的结果；欧美地区的民主政体是在工商业经济的发展背景下，企业家群体向当地政府输入利益诉求，并在有组织的谈判委员会中谈判、制定政策的过程。[②] 在阿尔蒙德、鲍威尔眼中，政商关系是企业家群体影响公共政策、政府回应其诉求的互动过程。李普塞特沿袭了上述视角，认为社会体系的若干基础（包括开放的阶级系统、发达的资本主义经济、平等主义的价值体系、公民文化的普及、高度的社会组织和参与）是民主化转型进程的重要条件；如果缺乏经济发展、社会变革进程的引领，庞大的中产阶级、多元的社会价值观很难被孕育，推动政体变革的空间、能力会受到诸多限制。[③] 罗伯特·达尔（Robert A. Dahl）的多元主义民主理论也遵循了类似的分析框架，认为西方国家建立民主政体的有利条件是民选官员控制军队和警察、民主信仰和政治文化、没有强大的外部敌人，以及现代化的市场经济和社会、弱小的亚文化多元主义，而这些条件是市场经济、社会生产力发展进程的结果。[④]

二、政商关系与国家建设：企业家群体如何推动国家能力的提升

不同于政体转型的议题，政商关系与国家建设关系的议题没有相对集中

---

① 〔美〕西达·斯考切波：《国家与社会革命：对法国，俄国和中国的比较分析》，何俊志、王学东译，上海：上海世纪出版集团 2007 年版，第 185—187 页。

② 〔美〕加布里埃尔·阿尔蒙德、宾厄姆·鲍威尔：《比较政治学：体系、过程和政策》，曹沛霖译，上海：上海译文出版社 1987 年版，第 418—423 页。

③ 〔美〕西摩·马丁·李普塞特：《政治人：政治的社会基础》，张绍宗译，上海：上海世纪出版集团 2011 年版，第 38 页。

④ 〔美〕罗伯特·A. 达尔：《论民主》，李风华译，北京：中国人民大学出版社 2012 年版，第 124 页。

的研究视角，散见于各类具体研究中。政商关系如何影响国家建设进程、提升国家能力是相关研究的关注重点。弗朗西斯·福山（Francis Fukuyama）将“国家建设”理解为国家在强化现有政治制度的同时新建一批政府制度的过程。[①] 它通常体现为非直接统治的传统国家通过提升其制度化水平和基础性权力（infrastructural power），加强对社会的直接统治，进而发展为现代国家的过程。现有研究的共识是，现代国家并非天然形成，而是各种外力压迫下的刺激—反应结果。[②] 具体来说，国家遭遇的内、外部挑战（社会动乱、军事战争等）会促使统治集团努力建构理性化的官僚体系，供养现代化的军事力量，建立全国性的税收体系，以实现对社会的直接统治。

事实上，企业家群体的行动逻辑也深刻影响了国家建设的进程。现有研究主要基于两组现象讨论了政商关系与国家建设的关系。第一，尽管缺乏明显的外战威胁、内部动乱，部分国家的建构进程仍在持续推进。例如，二战后，东亚地区缺乏明显的外部侵扰、内部秩序压力，但当地国家积极嵌入社会、管理经济的进程却在不断加速。[③] 这被认为是全球市场带来的国际竞争、不断壮大的企业家群体倒逼国家扩张行政权力的结果。第二，尽管面临类似的外战威胁、内部动乱，不同国家的建设进程也有所区别。以欧洲的历史进程为例，英国的军事化—资本主义经济体制与法国的军事化—农业经济体制形成了鲜明对比，而这源于两国的经济结构差异，因为工业经济的发展、商品税对农业税的取代强化了英国政府的征税能力。[④] 这些现象表明，除了外战威胁、内部动乱，市场经济、政商关系也能成为推动国家建设进程的压力来源、发展基础。本章也从这个角度探讨政商关系与国家建设的关系（图 11-3）。

第一，政商关系能成为推动国家建设进程的压力来源。现有研究认为，应对外部市场冲击、调整国内经济政策的水平是衡量一个国家的国家

① 〔美〕弗朗西斯·福山：《国家构建：21 世纪的国家治理与世界秩序》，黄胜强、许铭原译，北京：中国社会科学出版社 2007 年版，序言。

② Carneiro, Robert. “A Theory of the Origins of the State: Traditional Theories of State Origins are Considered and Rejected in Favor of a New Ecological Hypothesis.” *Science*, Vol. 169, No. 3947, 1970.

③ Evans, Peter B. *Embedded Autonomy: States and Industrial Transformation.* Princeton: Princeton University Press, 1995.

④ 〔澳〕琳达·维斯、约翰·M. 霍布森：《国家与经济发展：一个比较及历史性的分析》，黄兆辉、廖志强译，长春：吉林出版集团有限公司 2009 年版，第 74—76 页。

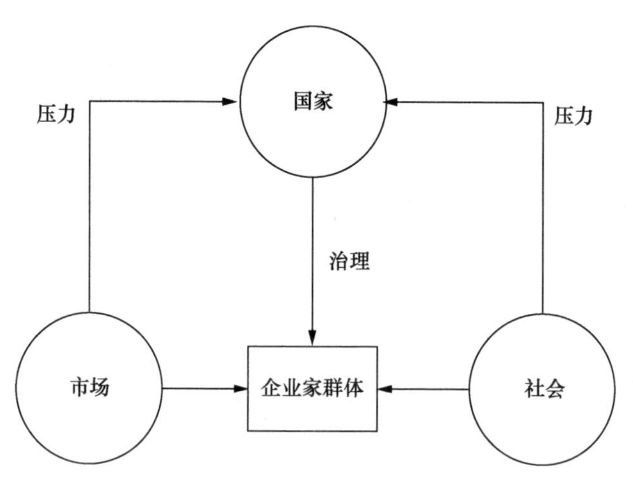

图 11-3　政商关系与国家建设的关系图

能力的重要指标。[①] 周期性的全球经济危机会倒逼国家加强市场干预。例如，在拉美地区，企业家群体推动的产品加工、出口竞争（而非国际冲突、战争）成为推动国家建设进程、政府介入经济的持续动力；[②] 在国内资源紧张、地缘政治复杂的东亚地区，"出口导向型"经济的发展也依赖政府对市场的积极介入、政府与企业家群体的紧密合作。[③]

第二，政商关系能成为国家能力（尤其是汲取能力）的发展基础。在税收来源上，工商业经济发达、企业家群体活跃的地区通常是国家的重要税源。在近代英国，物质资源的空间流动、商业阶级的快速崛起、海外殖民的持续拓展，既推动了商品、土地、劳动力市场的持续发展，也成为国家的新税源，还削弱了以地租为生的旧封建贵族势力，进而减少了统治集团对农业税、实物税的依赖。[④] 在征税效率上，与农业经济相比，工商业经济的发展进程更能改善国家面向社会的资源汲取效率。英国、法国的案

① Snider, Lewis. "Identifying the Elements of State Power: Where do We Begin." *Comparative Political Studies*, Vol. 20, No. 3, 1987.

② Thies, Cameron. "War, Rivalry, and State Building in Latin America." *American Journal of Political Science*, Vol. 49, No. 3, 2005.

③ Evans, Peter B. *Embedded Autonomy: States and Industrial Transformation.* Princeton: Princeton University Press, 1995.

④ Schoenberger, Erica. "The Origins of the Market Economy: State Power, Territorial Control, and Modes of War Fighting." *Comparative Studies in Society and History*, Vol. 50, No. 3, 2008.

例比较验证了这个判断。在面临类似强度的外战压力时，法国（军事化—农业经济国家）政府的征税成本巨大、收益较少，容易面临激烈的社会反抗；相反，英国（军事化—资本主义国家）政府的征税难度较低，更少面临社会反抗。[①] 这是两国税源有所差别的结果：与法国政府征收的农业税不同，英国政府征收的国内贸易税、海外关税更易获得、有利可图，因为以货币为载体，既便于国家的转移支付，又能伴随工业改革、殖民扩张的进程不断增加。[②] 这使英国成为军事—行政强国，并以更充沛的财政资源供养了官僚体系和常备军。

三、政商关系与经济发展：企业家群体如何推动一个国家或地区的经济发展

在现有研究中，政商关系一直被视为推动经济发展进程的国家—社会关系的基础。这些研究的核心观点是，那些能与企业家群体紧密合作的"强国家"更善于介入经济活动，驾驭与协调市场，进而改善了当地的经济发展状况（图 11-4）。"新自由主义国家""发展型国家"以及"创新型国家""国家创新系统"的研究提供了大量证据。

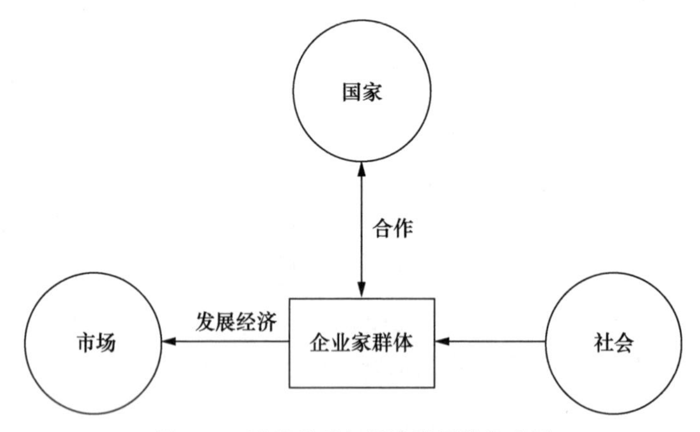

图 11-4　政商关系与经济发展的关系图

① Kiser, Edgar, April Linton. "The Hinges of History: State-Making and Revolt in Early Modern France." *American Sociological Review*, Vol. 67, No. 6, 2002.

② Hopcroft, Rosemary. "Maintaining the Balance of Power: Taxation and Democracy in England and France, 1340-1688." *Sociological Perspectives*, Vol. 42, No. 1, 1999.

第一，“新自由主义国家”的政府与企业家群体保持了良好的合作关系。利益集团的研究证明了这一点。美国的企业和金融精英会用巨额的政治投资支持政客、游说团体，以维护其经济与政治特权。[①] 关于“地方增长联盟”(local growth coalitions) 的研究发现，美国政府会与地产企业、商业精英紧密合作，共同推动当地经济的发展进程。[②] 它们还会利用与富豪之间的亲近关系积极争取开发商的商业投资，以促进地产市场、金融活动的发展。[③]

第二，相较于“新自由主义国家”，“发展型国家”更能体现紧密合作的政商关系如何推动一个国家或地区的经济发展进程。现有研究形成了许多一般性的机制概括。“治理式互赖” (governed interdependence) 的机制表明，经济发展进程会要求政府与企业家群体建立紧密合作的政策网络，以保证各类经济政策的有效执行。[④] “嵌入性自主” (embedded autonomy) 的机制表明，政府不仅要有行政决策的独立性、发展经济的强烈意愿，还要与市场主体紧密合作，才能推动当地的工业转型进程。[⑤] 东亚地区的发展历程提供了支持这些机制的微观证据。滨野吉等人认为，日本的产业政策主要通过政商协调的方式执行，而非单纯的行政指导。[⑥] 当地政府建立了许多政商协商委员会，招募了各大企业、产业联合会的专家，并视其为政商之间的沟通桥梁。[⑦] 在人事流动方面，当地政府还会通过“神仙下凡” (amakudari) 的机制巩固政商关系，即部分经济官员会在退休后到企业任

① 〔美〕雅各布·哈克、保罗·皮尔森：《推特治国：美国的财阀统治与极端不平等》，法意译，北京：当代世界出版社 2020 年版。

② Molotch, Harvey. “The City as a Growth Machine: Toward a Political Economy of Place.” *American Journal of Sociology*, Vol. 82, No. 2, 1976.

③ 〔美〕威廉·多姆霍夫：《谁统治美国：公司富豪的胜利》，杨晓婧译，北京：外语教学与研究出版社 2017 年版。

④ 〔美〕琳达·维斯、约翰·霍布森：《国家与经济发展：一个比较及历史性的分析》，第 181—220 页。

⑤ Evans, Peter B. *Embedded Autonomy: States and Industrial Transformation*. pp. 12-15.

⑥ 〔日〕滨野吉、井奥成彦、中村宗悦等：《日本经济史：1600—2015》，彭曦、刘姝含、韩秋燕等译，南京：南京大学出版社 2018 年版，第 277—278 页。

⑦ 〔美〕青木昌彦等：《政府在东亚经济发展中的作用：比较制度分析》，第 108—109 页。

职，协助国家执行产业政策、强化企业监管、了解市场信息。① 韩国经验也有所体现。韩国政府会通过政商之间的协调机制为当地企业分担商业风险。在 20 世纪 70—80 年代，韩国政府用各种手段引领了本土电视、通讯产业的发展；但在 20 世纪 80 年代后，由于这些产业的快速迭代、大企业相继崛起，韩国政府又将“引领战略”转变为“追随战略”，并向当地企业出售了官方研究所的开发产品，还共同制定了相关产业的扶持政策、研发计划。② 台湾经验也展现了类似进程。由于当地企业缺乏承担风险的能力与意愿，台湾当局会依托公立研发机构开发高新技术、孵化相关企业。③ 直到研发进程相对成熟时，台湾当局才推动了这些技术的商业化，并出台了各种辅助性的产业政策。④ 王振寰也强调了政商关系对于台湾产业结构升级的重要意义，发现引领科技发展的“发展型政府”会逐步调整为带动产学研合作、打造创新网络的“镶嵌型政府”，并最终发展为支持创新型产业发展的“平台型政府”。⑤

第三，“创新型国家”与“国家创新系统”的研究也证明了政商关系对于经济发展（尤其是创新经济发展）进程的重要意义。琳达·维斯（Linda Weiss）的“创新型国家”研究指出，在一系列内、外部压力下，美国的国家安全部门与企业家群体实现了紧密合作，即集中资源于战略性产业、提供长期研发资金支持、培育关系型合同和长期的生产—供应关系、建立产学研合作网络。⑥ 玛丽安娜·马祖卡托（Mariana Mazzucato）发现，苹果公司等科技巨头的快速发展得益于美国政府对互联网、全球定位、通讯等高新产业的积极投资，而这些投资的政策载体是政府的股权投

① Blumenthal, Tuvia. “The Practice of Amakudari within the Japanese Employment System.” *Asian Survey*, Vol. 25, No. 3, 1985.

② 〔美〕罗伯特·韦德：《驾驭市场：经济理论和东亚工业化中政府的作用》，吕行建等译，北京：企业管理出版社 1994 年版，第 339 页。

③ 〔美〕爱丽丝·安士敦：《超越后进发展：台湾的产业升级策略》，瞿宛文、朱道凯译，北京：北京大学出版社 2016 年版，第 110 页。

④ 〔美〕罗伯特·韦德：《驾驭市场：经济理论和东亚工业化中政府的作用》，第 119 页。

⑤ 王振寰：《追赶的极限：台湾的经济转型与创新》，台北：巨流图书公司 2010 年版，第 32—33 页。

⑥ Weiss, Linda. *America Inc.*: *Innovation and Enterprise in the National Security State*. Ithaca: Cornell University Press, 2014, pp. 195-197.

资、军事与公共采购、税收与交易优惠。[①] 除了美国经验，欧洲国家也在积极推动“创新型国家”的建设进程。德国政府牵头成立、长期资助了弗劳恩霍夫协会，以充分整合高校的科研资源、为企业提供技术支持。[②]“国家创新系统”的研究发现，许多国家与企业家群体的制度化合作网络推动了当地的产业创新进程。[③] 本特-奥克·伦德瓦尔（Bengt-Ake Lundvall）认为，“国家创新系统”实现了科学活动和技术变革的紧密结合，并能打造企业内部、企业之间、政商之间的制度性联系。[④] 布朗道·霍尔（Bronwyn Hall）、内森·罗森伯格（Nathan Rosenberg）梳理了支持“国家创新系统”运作的关键要素，即国家对社会和人力资本的投资、高等教育体系与企业创新研发的紧密联系、相关产业与企业的区域聚集、消费市场对创新产品的吸收能力。[⑤]

但其他研究也发现，过分紧密的政商关系也可能阻碍当地的经济发展进程。在 20 世纪 60—70 年代，巴西、阿根廷等国依托出口贸易、经济体制改革迎来了经济发展的黄金时期；但在 80—90 年代，苦于严重的政府债务、全球市场的波动，当地的经济发展状况持续倒退，甚至遭遇了“失去的十年”。企业家群体对官僚体系的俘获、国家引导经济发展和遏制腐败的能力不足被视为导致当地经济失速的重要原因。[⑥] 美国经验表明，企业家群体形成的利益集团会削弱国家监管市场、打击垄断的能力。[⑦] 在亚洲地区，财阀势力会侵蚀国家自主性，并带来“裙带资本主义”（crony capi-

---

① Mazzucato, Mariana. *The Entrepreneurial State: Debunking Public vs Private Sector Myths*. New York: Anthem Press, 2013, pp. 210-213.

② 〔美〕威廉姆·邦维利安、彼得·辛格：《先进制造：美国的新创新政策》，沈开艳等译，上海：上海社会科学院出版社 2019 年版，第 261—267 页。

③ 〔英〕克里斯托夫·弗里曼：《技术政策与经济绩效：日本国家创新系统的经验》，张宇轩译，南京：东南大学出版社 2008 年版，第 43—62 页。

④ 〔丹〕本特-奥克·伦德瓦尔编：《国家创新系统：建构创新和交互学习的理论》，李正风、高璐等译，北京：知识产权出版社 2016 年版，第 2—16 页。

⑤ 〔美〕布朗道·霍尔、内森·罗森伯格：《创新经济学手册》（第二卷），上海市科学学研究所译，上海：上海交通大学出版社 2017 年版，第 469—470 页。

⑥ 〔智〕塞巴斯蒂安·爱德华兹：《掉队的拉美：民粹主义的致命诱惑》，郭金兴译，北京：中信出版社 2019 年版。

⑦ 〔美〕曼瑟·奥尔森：《国家的兴衰：经济增长、滞涨和社会僵化》，李增刚译，上海：上海人民出版社 2007 年版，第 114 页。

talism）的政商关系、腐败问题。[①] 日本的“神仙下凡”机制也可能削弱国家的市场监管能力，因为金融监管部门会为了获得更多的再就业岗位，牺牲公民利益、冒险与受监管的银行勾结（具体表现为弱化监管力度、增加不良贷款等形式）。[②]

第二节　中国情景下的政商关系：政治发展、经济发展与地区多样性

与比较研究类似，政商关系也是中国研究的重要议题。企业家群体能否推动中国的政治发展进程，国家如何应对中国企业家群体的崛起，中国的经济奇迹何以出现，等等，都是这个议题重点关注的经验现象。这些现象一直有重要的经验、理论意义。从经验层面上看，改革开放以来，中国发生了巨大的经济、社会转型。市场经济的快速发展、企业家群体的持续壮大一直是这些转型的重要体现与核心动力。因此，政商关系长期是观察中国转型的重要维度。从理论层面上看，比较研究中的很多理论接连遭遇了中国经验的挑战，中国情境已成为发展政商关系研究的重要场域。因此，梳理中国的政商关系研究一直有重要的意义。

中国情境下的政商关系与海外情境有许多差异。这主要体现在市场结构、行政主体上。

在市场结构上，中国拥有一个多层级的“复合型市场结构”。这既是社会主义市场经济转型的特定阶段产物，也是政府继承了全面控制经济的“计划经济遗产”之结果[③]。巴里·诺顿（Barry Naughton）和蔡欣怡（Kellee Tsai）将中国的经济结构分为三个层级：上层是最具战略性的产业（能源、电信、金融、粮食等）构成，受到国家的严格控制；中层多为次级重要产业（重工业、汽车、生化、医药等），其经济所有权的多样性更

① 〔美〕康灿雄：《裙带资本主义：韩国和菲律宾的腐败与发展》，李巍、石岩、王寅译，上海：上海人民出版社2017年版。

② Asano，Akihito，Takaharu Eto. “The Paradox of Limited Deposit Insurance under the Amakudari Practice in the Japanese Banking System.” *Journal of Asian Economics*，Vol. 17，No. 1，2006.

③ Naughton，Barry. *The Rise of China's Industrial Policy*：*1978 to 2020*. Boulder：Lynne Rienner Publishers，2021，pp. 15-16.

高（虽由国有企业主导，但大型私营企业也能进入）；下层以其他产业（中小型制造业、零售服务业等）为主，而且大量中小企业参与其中。[①] 郑永年将中国的政治经济体制概括为“制内市场”（market in state），认为其核心特征是国家原则主导市场原则，并指出中国的市场结构由多层次构成（顶层是国家市场，中层是混合市场，底层区域性草根市场），因为国家能持续掌握（甚至垄断）重工业、能源和基础设施等关键产业，企业家群体只能进入其他的竞争性经济领域。[②] 其他研究也验证了上述判断，认为国企垄断上游关键产业、私营企业参与下游产业竞争的“垂直经济结构”是中国经济体制的核心特征。[③] 那些具有政治背景的企业家群体更容易获得行业进入、融资贷款的机会，因为这些领域属于“国家市场”，受政府的严格控制。[④] 陶然、苏福兵也关注了中国的“多层次市场结构”，指出其核心特征是企业家群体在下游市场进行“一类市场化竞争”，中央和地方政府参与国际、国内的“两层逐底式竞争”，国企在上游市场、国有银行在金融产业、地方政府在土地开发上建立了“三领域行政性垄断”；“两层逐底式竞争”推动了“一类市场化竞争”中私营企业的出口贸易、发展进程，这既能成为各地资本形成的重要基础，为当地政府提供重要税源，又让“三领域行政性垄断”获得了高额租金。[⑤]

在行政主体上，地方政府一直在中国的经济发展进程、政商关系中扮演了重要角色。在中国研究中，“地方政府是中国经济奇迹之源”的判断早已成为学界共识。[⑥] 在横向的区域竞争压力、纵向的晋升机制激励下，地方政府一直承担了建设营商环境、出台产业政策、推动招商引资、开展

---

① Naughton, Barry, Kellee Tsai. *State Capitalism, Institution Adaptation and the Chinese Miracle*. Cambridge: Cambridge University Press, 2015, pp. 32-36.

② 郑永年、黄彦杰:《制内市场：中国国家主导型政治经济学》，邱道隆译，杭州：浙江人民出版社 2021 年版，第 31—32 页。

③ Li, Xi, et al. “A Model of China's State Capitalism.” HKUST IEMS Working Paper No. 2015-12, 2015.

④ 罗党论、刘晓龙:《政治关系、进入壁垒与企业绩效：来自中国民营上市公司的经验证据》，载《管理世界》2009 年第 5 期。

⑤ 陶然、苏福兵:《经济增长的“中国模式”：两个备择理论假说和一个系统性分析框架》，载《比较》2021 年第 3 期。

⑥ 张汉:《“地方发展型政府”抑或“地方企业家型政府”?：对中国地方政企关系与地方政府行为模式的研究述评》，载《公共行政评论》2014 年第 3 期。

政策试验等方面的大量工作。[①] 但从全国范围上看，即使在中央政府统一领导的中央集权体制下，不同地方政府的经济发展行为、政商关系也有明显差异，进而导致了各地经济发展状况的差异。总之，地方政府一直是中国政商关系研究的焦点。

一、政商关系与政治发展：政商关系如何推动中国的政治发展

中国政府正通过各种方式强化其行政能力，而企业家群体也在积极影响政策议程、强化政治关联，共同推动中国的政治发展进程（图 11-5）。沈大伟（David Shambaugh）的研究是这个观点的重要代表。他认为，面对市场改革带来的新挑战，中国共产党进行了一系列自我改革与制度调整，以巩固其执政地位与合法性：扩大党员基础、重新选拔官僚队伍与国家领导人、调整意识形态的内涵、引导社会中的民族主义情绪、强化各领域的党建引领、完善国家与社会之间的共通渠道等[②]。相关研究从不同方面突出了国家强大的学习、调整与适应能力。黎安友（Andrew Nathan）发现，中国政府的制度化水平、专业化水平、合法性水平等方面都在不断强化，并为现有体制的韧性带来了积极影响。[③] 杨大利回顾了市场改革背景下中国“利维坦”的重构进程，包括政府机构与职能的调整、官僚责任管理制度的建立、行政审批制度的优化、税收与金融体系的改革等，发现国家治理体系的理性化程度、制度化水平都在不断强化。[④]

政府、企业家群体的具体研究提供了更多证明上述判断的微观经验。

从政府的视角上看，各级政府以多种手段巩固了它们与企业家群体的合作关系。

第一，各级政府在不断加强针对企业家群体的政治吸纳。狄忠浦（Bruce Dickson）关注了国家通过政治吸纳巩固政企关系的具体过程：政府

① 周黎安：《转型中的地方政府：官员激励与治理》，上海：格致出版社 2017 年版，第 4 页。

② 〔美〕沈大伟：《中国共产党：收缩与调适》，吕增奎、王新颖译，北京：中央编译出版社 2011 年版，第 11 页。

③ Nathan, Andrew. “China's Changing of the Guard: Authoritarian Resilience.” *Journal of Democracy*, Vol. 14, No. 1, 2003.

④ Yang, Dali. *Remaking the Chinese Leviathan: Market Transition and the Politics of Governance in China*. Stanford: Stanford University Press, 2004, pp. 12-19.

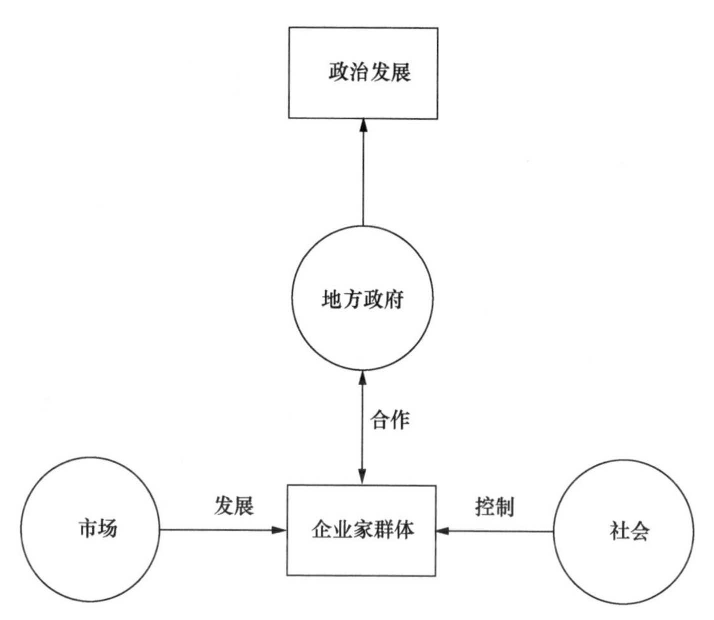

图 11-5　中国政商关系与政治发展的关系图

把更多的企业家群体发展为党员，重视商会对于政商沟通的重要意义。[1]李宝梁解释了国家要求企业家群体的政治参与和表达要在既有政治框架下实现、加强企业党建并建立组织联系渠道的现象[2]。阎小骏发现，更多企业家群体、乡村致富能人被吸纳入基层党组织、政协。[3] 这在地方人大的政策实践过程中也有所体现。[4]

第二，地方政府还会与企业家群体紧密合作，共同建立地区性的“经济发展联盟”。土地财政的研究证明了这一点。地方政府会积极征用、审批土地，鼓励地产企业的商业投资、地产开发，以实现土地资源的商业效

① Dickson, Bruce. *Red Capitalists in China: The Party, Private Entrepreneurs, and Prospects for Political Change*. Cambridge: Cambridge University Press, 2003, p. 107.

② 李宝梁：《从超经济强制到关系性合意：对私营企业主政治参与过程的一种分析》，载《社会学研究》2001 年第 1 期。

③ 阎小骏：《中国何以稳定：来自田野的观察与思考》，北京：中国社会科学出版社 2017 年版。

④ Luqiu, Luwei Rose, Chuyu Liu. “A New Social Class or Old Friends? A Study of Private Entrepreneurs in the National People's Congress of China.” *Journal of East Asian Studies*, Vol. 18, No. 3, 2018.

益。[1] 上海"新天地"、太平桥项目的建设进程提供了具体证据。地产企业承接了当地政府委派的大量城市更新、土地开发任务，并在其产业规划下改造市政旧区、建设基础设施、推动招商引资；地产企业创造的经济红利会被当地政府吸收，投入到其他领域。[2]

从企业家群体的视角上看，企业家群体也通过多种形式巩固了政商关系，进而推动了中国政治的发展进程。这在他们的政治认同、政策参与、政治关联等方面都有所体现。

第一，企业家群体保持了高度的政治认同，而这被视为中国政治发展的观念基础。"接受性权威主义"的研究关注了企业家群体的政治态度，发现他们更倾向于支持现有体制，因为他们既依附于行政系统，也从中获得了经济地位的提升、经济收入的提高。[3] 孙明、吕鹏指出，那些政治关联较强的企业家群体会更认同自身的政治地位，也对现有体制怀有更高的认同感。[4]

第二，企业家群体也在积极参与政策议程、推动政策变革。倪志伟（Victor Nee）、欧索菲（Sonja Opper）认为，企业家群体自下而上推动的制度创新、经济变革是推动中国经济发展进程的重要力量：在改革初期，他们既推动建立了一系列服务于市场交易的非正式关系、商业组织（甚至正式制度），还要求地方政府回应其政策诉求、将这些经验向其他地方推广[5]。黄冬娅、陈明璐发现，企业家群体能积极利用全国工商联的沟

---

① Zhu, Jiemin. "Local Growth Coalition: The Context and Implications of China's Gradualist Urban Land Reforms." *International Journal of Urban and Regional Research*, Vol. 23, No. 3, 1999.

② He, Shenjing, Fulong Wu. "Property-Led Redevelopment in Post-Reform China: A Case Study of Xintiandi Redevelopment Project in Shanghai." *Journal of Urban Affairs*, Vol. 27, No. 1, 2005; Yang, You-ren, Chih-hui Chang. "An Urban Regeneration Regime in China: A Case Study of Urban Redevelopment in Shanghai's Taipingqiao Area." *Urban Studies*, Vol. 44, No. 9, 2007.

③ Wright, Teresa. *Accepting Authoritarianism: State-Society Relations in China's Reform Era*. Stanford: Stanford University Press, 2010, p. 55.

④ 孙明、吕鹏：《政治吸纳与民营企业家阶层的改革信心：基于中介效应和工具变量的实证研究》，载《经济社会体制比较》2019年第4期。

⑤ 〔美〕倪志伟、〔德〕欧索菲：《自下而上的变革：中国的市场化转型》，阎海峰、尤树洋译，北京：北京大学出版社2016年版，第8—18页。

通机制加强自身的政治潜入性，表达更多的利益诉求。①

第三，企业家群体还在不断巩固与当地政府的政治关联。现有研究认为，保持与当地政府在情感与组织上的紧密联系是企业家群体争取利益的重要手段。②。王达伟（David Wank）提出的“共生性庇护关系”（symbiotic clientelism）机制聚焦于地方政府、企业家群体之间相互依赖的庇护网络，即前者会为后者提供政策资源、发展机会，而后者也会为前者创造税收来源。③ 贺远琼等发现，企业家群体会用各种非市场化手段实现“搭桥”（适应企业外部的市场与政策环境变化）和“缓冲”（争取更多的政策参与空间）的目的。④ 吕鹏等发现，在雇佣偏好上，企业家群体会主动吸纳拥有官员任职背景的人员担任企业高管，以强化企业与当地政府的业务联系。⑤ 企业家群体还会积极加入行业协会，以加强政商沟通、争取政治资源、了解政策信息。⑥

二、政商关系与经济发展：政商关系如何推动中国各地的经济发展

回顾现有研究，以“温州模式”“苏南模式”和“珠三角模式”为代表的中国地区经济发展模式，以及“发展型地方政府”的建设经验都展现了中国的政商关系如何影响不同地区的经济发展进程。为了解释这些现象，现有研究建立了地方分权的分析框架（图 11-6）。

---

① Huang, Dongya, Minglu Chen. “Business Lobbying within the Party-state: Embedding Lobbying and Political Co-optation in China.” *China Journal*, Vol. 83, No. 1, 2020.

② McNally, Christopher, Teresa Wright. “Sources of Social Support for China's Current Political Order: The ‘Thick Embeddedness’ of Private Capital Holders.” *Communist and Post-Communist Studies*, Vol. 43, No. 2, 2010.

③ Wank, David. “Bureaucratic Patronage and Private Business: Changing Networks of Power in Urban China,” in Walder, Andrew (ed.). *The Waning of the Communist State: Economic Origin of Political Decline in China and Hungary*. Berkeley: University of California Press, 1995.

④ He, Yuanqiong, et al. “Performance Implications of Nonmarket Strategy in China.” *Asia Pacific Journal of Management*, Vol. 24, No. 2, 2007.

⑤ 吕鹏、张华：《叠加还是补充：私营企业主的政治纽带与雇佣前官员现象研究》，载《政治学研究》2019 年第 1 期。

⑥ 张华、吕鹏：《参与集体行动还是获得资源：中国私营企业加入行业协会的动因分析》，载《东南大学学报（哲学社会科学版）》2019 年第 3 期。

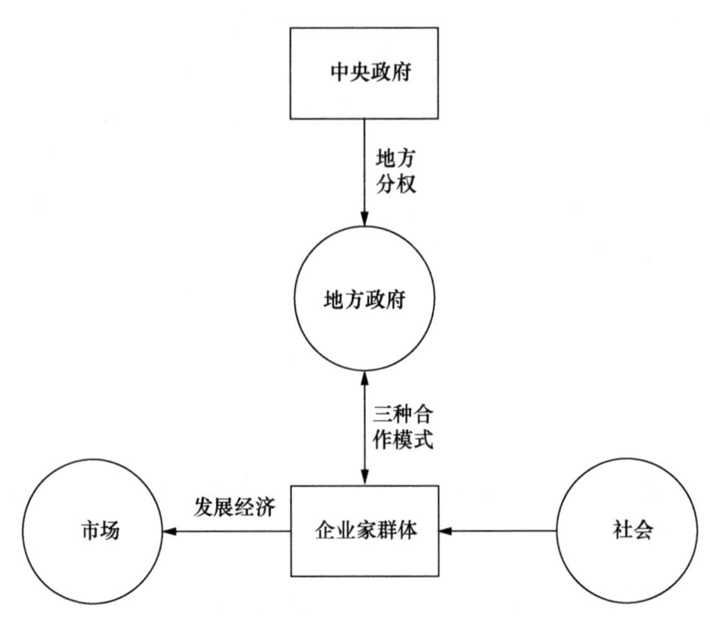

图 11-6 中国政商关系与经济发展的关系图

第一，温州经验、苏南经验与珠三角经验是中国经济发展进程中政商关系的三种代表类型。这个判断也得到了现有研究的肯定。郑永年的“行为联邦制”研究发现，在中央政府的分权行为下，地方政府形成了多样化的政策实践（浙江省的私营经济、江苏省的乡镇企业、广东省的地方主义）。[①] 其他研究也表达了类似观点。[②]

“温州模式”展现了地方政府、本土企业家群体共同发展地区经济的重要机制。在改革初期，由于中央政府的权力下放，当地政府利用“戴红帽子”等手段保护了当地的市场利益；政商之间甚至会共同抵御一些不利于市场改革的上级政策。[③] 刘雅灵关注了类似现象，发现即使企业家群体的行为处于违法边缘，当地政府仍保持了默许态度，甚至主动扶持其发展

① 郑永年：《中国的“行为联邦制”：中央—地方关系的变革与动力》，邱道隆译，北京：东方出版社 2013 年版，第 299 页。

② 〔美〕蔡欣怡：《绕过民主：当代中国私营企业主的身份与策略》，黄涛、何大明译，杭州：浙江人民出版社 2013 年版，第 144 页。

③ Parris, Kristin. “Local Initiative and National Reform: The Wenzhou Model of Development.” *The China Quarterly*, No. 143, 1993.

并从中获得了大量财政收入。[①] 当地企业家群体的融资策略也有所体现。由于正式金融机构的借贷门槛过高，企业家被迫求助于民间金融机构以筹集资金，而这些行为也得到了当地政府的默许与保护。[②] 企业家还成立了大量行业组织[③]，甚至要求当地政府出台更多的改革措施[④]。

"苏南模式"展现了地方政府主导的乡镇企业发展地区经济的重要机制。戴慕珍（Jean C. Oi）的"地方政府公司化"（local state corporatism）概念解释了乡镇企业的崛起进程，及其推动农村工业化的机制。在财政改革的背景下，地方政府能掌握地方经济发展创造的大量红利（尤其是预算外收入），这激励地方官员像经营公司一样治理辖区经济：积极参与工厂管理，提升生产程序、领导选拔与人才引进的理性化程度；改善资源分配，把生产资源投入到重点领域；服务企业生产，协助企业提供经营执照与技术许可等基础材料；控制投资与信贷，让地方银行服务于企业的融资需求。[⑤] 与计划经济时期的国企体制相比，乡镇企业拥有更硬的预算约束，以及更高的产权保障程度。[⑥] 其他研究也回顾了乡镇企业的发展过程、成就，认为乡镇企业能反映中国真实要素禀赋的要素价格比率，盘活地方金融机构的资金链条，创造适合市场需求的生产组织形式。[⑦]

"珠三角模式"展现了地方政府、海外企业共同发展地区经济的重要机制。珠三角地区是中国发展"外向型经济"的代表性地区。在市场改革初期，当地政府利用毗邻港澳、与海外联系紧密等优势吸引了大量外资，

---

① Liu, Yia-Ling. "Reform from Below: The Private and Local Politics in the Rural Industrialization of Wenzhou." *China Quarterly*, No. 130, 1992; Ong, Lynette. "Between Developmental and Clientelist States: Local State-Business Relationships in China." *Comparative Politics*, Vol. 44, No. 2, 2012.

② 〔美〕蔡欣怡：《后街金融：中国的私营企业主》，何大明、湾志宏译，杭州：浙江人民出版社2013年版，第60页。

③ 陈剩勇、马斌：《温州民间商会：自主治理的制度分析——温州服装商会的典型研究》，载《管理世界》2004年第12期。

④ 〔美〕蔡欣怡：《绕过民主：当代中国私营企业主的身份与策略》，第105—138页。

⑤ Oi, Jean C. "Fiscal Reform and the Economic Foundations of Local State Corporatism in China." *World Politics*, Vol. 45, No. 1, 1992.

⑥ 〔美〕青木昌彦等：《政府在东亚经济发展中的作用：比较制度分析》；Ong, Lynette. "Between Developmental and Clientelist States: Local State-Business Relationships in China." *Comparative Politics*, Vol. 44, No. 2, 2012.

⑦ 〔美〕巴里·诺顿：《中国经济：适应与增长》，安佳译，上海：上海人民出版社2020年版，第305—309页。

进而推动了本土企业的资本形成进程。[①] 傅高义（Ezra Vogel）的区域研究详细回顾了当地政府建立经济特区、吸引海外投资、推动外贸改革的过程。[②] 其他研究也发现，当地政府更关注实际的经济利润，更倾向于吸引位于全球市场价值链底部的小型外企，并通过各种政策手段保护其利益，规避上级政府的不当干预。[③]

第二，“发展型地方政府”的研究也展现了政商关系与经济发展的互动逻辑。辛集经验表明，“发展型地方政府”出台了大量产业政策，以发展当地企业、推动经济转型。[④] 耿曙观察了昆山市政府经济角色的变迁过程。当地政府曾扮演了“服务型政府”的经济角色，广泛听取了企业家群体的政策建议，积极保护了后者的土地使用、私有财产等权益；但在一系列内、外部压力的刺激下，当地政府逐步转型为“发展型政府”的经济角色，追求独立于企业家群体利益的政策自主性，并出台了大量产业政策。[⑤] 信息产业的发展经验也展现了“发展型地方政府”的重要作用，因为它们引领建设的“区域创新体系”是相关企业在“二代创新”中实现组织创新、技术变革的政策基础。[⑥] 高柏、茹怡的云计算产业研究发现，“打造竞争优势型政府”既会精心挑选目标产业、鼓励产品出口、协助企业从全球范围内挑选人才，也会在传统行政补贴的基础上导入市场化的风险投资，拓宽企业的资金来源，还会鼓励行业竞争，加快促进落后企业的市场退出。[⑦]

为了解释经济发展进程中政商关系的三种代表类型、“发展型地方政

---

① 〔美〕蔡欣怡：《绕过民主：当代中国私营企业主的身份与策略》，第 144 页。

② 〔美〕傅高义：《先行一步：改革中的广东》，凌可丰、丁安华译，广州：广东人民出版社 2008 年版，第 362—267 页。

③ Chen, Ling. *Manipulating Globalization: The Influence of Bureaucrats on Business in China*. Stanford: Stanford University Press, 2018, pp. 15-17.

④ Blecher, Marc, Vivienne Shue. "Into Leather: State-led Development and the Private Sector in Xinji." *The China Quarterly*, No. 166, 2001.

⑤ Keng, Shu. "Developing into a Developmental State: Changing Roles of Local Government in the Kunshan Miracle." in Chu, Yunhan, Tse-kang Leng (eds.). *Dynamics of Local Government in China during the Reform Era*. Lanham: Rowman & Littlefield, 2010, pp. 225-271.

⑥ 〔美〕丹·布莱兹尼茨、迈克尔·默夫里：《红皇后的奔跑：政府、创新、全球化和中国经济增长》，柳卸林、陈健、吴晟等译，北京：经济管理出版社 2014 年版，第 4—11 页。

⑦ 高柏、茹怡：《产业政策如何打造竞争优势：杭州与深圳云计算产业的比较研究》，载《文化纵横》2021 年第 4 期。

府”何以形成，现有研究建立了地方分权的分析框架，并提供了具体的解释机制。钱颖一等学者认为，不同于东欧地区的“U型结构”，中国经济管理体制的“M型结构”让中央政府只扮演区域协调的角色，并让地方政府拥有足够的自主性，负责辖区的经济政策制定与执行①；“中国特色的市场保护型财联邦体制”的机制解释了中央政府的经济分权如何激励地方政府的经济发展行为，指出中央政府的经济权力下放让地方政府更能掌握地方信息、财政资源（甚至大量的预算外收入），并调动了后者发展当地经济的积极性。②“区域分权式权威主义体制”的研究也挖掘了类似机制。③

在地方分权的分析框架下，现有研究引入了央地关系、政策过程的具体视角。

从央地关系的视角上看，地方官员的晋升激励、绩效考核及其在官僚系统中的地位都是重要的解释变量。“晋升锦标赛”理论聚焦于中央政府面向地方官员的晋升激励、绩效考核及其经济意义，发现中央政府掌握了地方官员的人事任免权，并能制定以经济发展指标为主的、高度量化和可供比较的绩效考核指标；强烈的晋升前景激励、区域竞争压力会倒逼地方官员积极招商引资，以创造更好的经济绩效。④章奇、刘明兴提供的浙江经验展现了地方官员地位的经济影响，发现当地官员长期处于官僚体系的边缘，缺乏来自上级的关系庇护与资源倾斜，所以他们会更致力于保护本土利益（例如在改革初期有意识形态争议的市场利益），这在客观上推动了当地的经济发展进程。⑤

从政策过程的视角上看，地方政府的政策试验是重要的解释变量。洪源远（Yuen Yuen Ang）用“引导创变”（directed improvisation）机制解释了中国的脱贫经验，指出中央政府“引导”角色（政策引导、构想方案、奖励成效与推动合作）与地方政府“创变”角色的结合（利用区域资源、

---

① Qian, Yingyi, and Chenggang Xu. “Why China’s Economic Reforms Differ: The M-form Hierarchy and Entry/expansion of the Non-state Sector.” *The Economics of Transition*, Vol. 1, No. 2, 1993.

② Montinola, Gabriella, et al. “Federalism, Chinese Style: The Political Basis for Economic Success in China.” *World Politics*, Vol. 48, No. 1, 1995.

③ Xu, Chenggang. “The Fundamental Institutions of China’s Reforms and Development.” *Journal of Economic Literature*, Vol. 49, No. 4, 2011.

④ 周黎安：《中国地方官员的晋升锦标赛模式研究》，载《经济研究》2007年第7期。

⑤ 章奇、刘明兴：《权力结构、政治激励和经济增长：基于浙江民营经济发展经验的政治经济学分析》，上海：格致出版社、上海三联书店、上海人民出版社2017年版。

制定地区经济发展方案）是实现脱贫的关键因素。[①] 罗纳德·科斯（Ronald Coase）、王宁认为，家庭联产承包、乡镇企业、个体经济和经济特区的“边缘革命”游离在中央计划之外，引领了中国的市场改革、资本形成进程。[②]

三、政商关系的地区多样性：中国各地的政商关系何以有别

回顾现有研究，中国的政商关系还呈现出明显的地区多样性，进而带来了各地政治、经济发展状况的差异。这种多样性主要体现在官僚系统、企业家群体、经济结构、行业性质的维度上（图 11-7）。这些维度的分类也得到了现有研究的支持。“新地区主义”的研究表明，中国的地区差异不仅体现在经济发展水平上，而且体现在地方政府与经济关系的基本规则上。[③] 宋磊认为，国内政治经济多样性主要有两种类型，即区域多样性和行业多样性。区域多样性是指不同地区的政治、经济制度特征有别，进而带来了不同的经济发展状况；行业多样性是指不同行业的生产组织形式有别，进而带来了不同的企业生产绩效。[④]

第一，政商关系的地区多样性体现在官僚系统（央地关系、官员地位、政府行为）的差异上。在央地关系上，不同地方的行政自主性有别。在“中国特色的财政联邦主义体制”[⑤]、“区域分权式权威主义体制”[⑥] 或“行为联邦制”[⑦] 下，地方政府长期拥有规划经济、制定政策、管理财政的重要权力。这能孕育大量差异化的政策试验。[⑧] 章奇、刘明兴的实证研究

---

① 〔美〕洪源远：《中国如何跳出贫困陷阱》，马亮译，香港：香港中文大学出版社 2018 年版，第 22—23 页。

② 〔美〕罗纳德·科斯、王宁：《变革中国：市场经济的中国之路》，徐尧、李哲民译，北京：中信出版社 2013 年版，第 219 页。

③ Rithmire, Meg. “China's ‘New Regionalism’: Subnational Analysis in Chinese Political Economy.” *World Politics*, Vol. 66, No. 1, 2014.

④ Song, Lei. “Modular Mode of Production, Chinese Style: Origin and Evolution.” in Boyer, Robert, et al. (eds.). *Evolving Diversity and Interdependence of Capitalisms*. Tokyo: Springer, 2018.

⑤ Montinola, Gabriella, et al. “Federalism, Chinese Style: The Political Basis for Economic Success in China.” *World Politics*, Vol. 48, No. 1, 1995.

⑥ Xu, Chenggang. “The Fundamental Institutions of China's Reforms and Development.” *Journal of Economic Literature*, Vol. 49, No. 4, 2011.

⑦ 郑永年：《中国的“行为联邦制”：中央—地方关系的变革与动力》，第 299 页。

⑧ 〔美〕洪源远：《中国如何跳出贫困陷阱》，第 22—23 页。

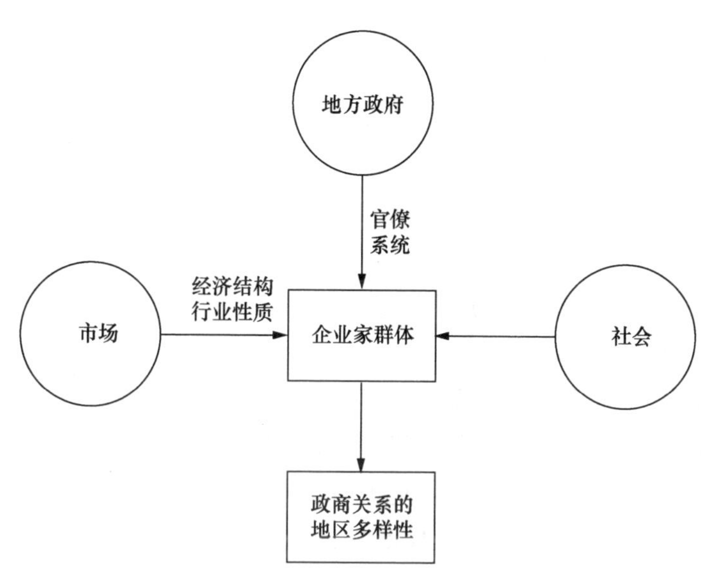

图 11-7　中国政商关系的地区多样性图

发现，市场化改革的开展受当地官员个人特质的影响。在浙江，那些由本地干部管理的县，更倾向于争取辖区内民众和企业家支持，在改革开放早期更早地启动市场化改革。在政府行为上，埃里克·图恩（Eric Thun）比较了不同地区汽车产业的发展模式，发现上海经验是“发展型地方政府”模式的代表，因为当地政府出台了大量产业政策，企业间的层级协调较多；北京、广州经验是“自由放任地方政府”模式的代表，因为当地政府较少介入产业，企业间的联系以市场联系为主；长春、武汉经验是“企业主导地方政府”模式的代表，因为当地政府的产业介入有限，但企业间的层级协调较多。[①] 信息产业的发展经验也有所体现：北京市政府对 IT 产业园保持了高度的行政控制，使其深度融入了国家的创新系统中；上海市政府成立了相对独立的 IT 产业园管委会，并积极吸纳企业、高校等社会力量的参与；广东省政府依托当地的生产加工、出口贸易传统建立了多个市场化的产业集群乡镇。[②]

---

① Thun, Eric. *Changing Lanes in China: Foreign Direct Investment, Local Governments, and Auto Sector Development*. New York: Cambridge University Press, 2006, pp. 26-31.

② 〔美〕丹·布莱兹尼茨、迈克尔·默夫里:《红皇后的奔跑：政府、创新、全球化和中国经济增长》，第 4—11 页。

第二，政商关系的地区多样性也体现在企业家群体的多样性上。陈安发现，相较于白手起家、缺乏政治关联的“自生型”(self-made) 企业家群体，从体制内转出或者拥有官员亲友的“寄生型”(parasitic) 企业家群体会用更友好的方式与当地官员交往[①]。秦海霞指出，在社会关系影响深刻、市场改革孕育于社会内部的南方地区，企业家群体会更多利用同乡关系解决经营问题，还会凭借手中的经济资源实现政企之间的“双向嵌入”；但在单位关系长期遗留、市场改革发源于行政系统的北方地区，企业家更倾向于建立政治关联以实现经营目标，还会主动把其关系网络“单向嵌入”至行政系统。[②] 还有研究指出，在地方政府与企业家群体之联系、地方政府之经济发展动机的比较分析框架下，地方政府的经济发展角色会呈现为四种类型（企业家型、发展型、庇护型和掠夺型）并形成了对应的政商关系。[③] 周黎安的“官场+市场”模型指出，各地政府之所以会采取不同的经济发展行为，是因为官场、市场竞争的互动逻辑在各地有别。[④]

第三，政商关系的地区多样性也体现在经济结构的多样性上。白苏珊(Susan Whiting) 指出，在经济改革期间，由于薄弱的集体企业发展基础，温州官员会更积极地保护私有产权，以鼓励投资、开发税源；但由于深厚的集体企业发展历史，苏南官员会更偏爱集体产权、壮大集体企业。[⑤] 马啸有类似发现，指出在对外开放初期，江苏省（与浙江省相比）的国有经济占当地经济结构的比重更大，所以海外投资者会更倾向于与它们建立合资企业，以规避产权保护不力、行政监管不当等经营风险，这也导致了地方政府对本土企业家群体的态度差异。[⑥] 陈玲认为，江苏省、广东省政府

---

① Chen, An. “Capitalist Development, Entrepreneurial class, and Democratization in China.” *Political Science Quarterly*, Vol. 117, No. 3, 2002.

② 秦海霞：《关系网络的建构：私营企业主的行动逻辑以辽宁省 D 市为个案》，载《社会》2006 年第 5 期。

③ Baum, Richard, Alexei Shevchenko. “The ‘State of the State’.” in Goldman, Merle, Roderick MacFarquhar (eds.). *The Paradox of China's Post-Mao Reforms.* Cambridge: Harvard University Press, 1999.

④ 周黎安：《“官场+市场”与中国增长故事》，载《社会》2018 年第 2 期。

⑤ Whiting, Susan. *Power and Wealth in Rural China: Explaining Institutional Change.* Cambridge: Cambridge University Press, 2000, pp. 21-37.

⑥ Ma, Xiao. “Partnering with the State: Historical Legacies, the Local State Sector, and Foreign Direct Investment in China.” *Journal of Contemporary China*, Vol. 29, No. 123, 2020.

对待中央鼓励自主创新政策的态度之所以有别，是因为两地政府吸引外资的策略、与外企的关系有别，而这能追溯到中华人民共和国建立初期的央地关系差异。①

第四，政商关系的地区多样性还体现在行业性质的多样性上。甘思德（Scott Kennedy）发现，不同行业的企业之所以会有不同的政策影响力，是因为它们的规模经济、资本密集度、国企与私企占比等方面有别，进而导致了政府与行业协会、企业的互动方式差异。② 宋磊发现，在战略与政治意义较大、国企占主导地位的汽车产业以及战略与政治意义较小、私企占主导地位的 ICT 产业中，地方政府形成了不同的产业政策，并对产品结构的模块化程度带来了不同的政策影响。③

第三节　政商关系中的国家角色比较

与国家—社会关系类似，国家、企业家群体的角色与行为（及其政商关系）一直处于动态变化的过程中。企业家群体的变化主要体现在生产组织形式、经济生产绩效、群体规模、政治与社会影响力等重要维度。其角色相对固定，是重要的经济、社会力量。与企业家群体相比，在不同的情境与议题中，国家（政府）的角色和行为通常有更加明显的差异，这也受到了发展政治学的重点关注。国家（政府）在政商关系中最重要的三类角色是企业家群体的代理人、市场经济的治理者、经济发展的驱动者。这些不同的角色背后的国家行动逻辑、国家自主性差异巨大。

一、国家作为企业家群体的代理人

在阶级分析、政治发展理论中，国家通常扮演了企业家群体代理人的

① Chen, Ling. *Manipulating Globalization: The Influence of Bureaucrats on Business in China*. Stanford: Stanford University Press, 2018, pp. 157-158.

② Kennedy, Scott. *The Business of Lobbying in China*. Cambridge: Harvard University Press, 2008, pp. 163-164.

③ Song, Lei. "Modular Mode of Production, Chinese Style: Origin and Evolution." in Boyer, Robert, et al. (eds.). *Evolving Diversity and Interdependence of Capitalisms*. Tokyo: Springer, 2018.

角色，并缺乏足够的自主性（图 11-8）。前文提及，这些理论都把国家的政体转型视为市场经济发展、企业家群体崛起进程的政治后果。在阶级分析理论中，国家通常被视为某种经济基础的上层建筑、某个社会阶级的统治工具。例如，马克思主义政治经济学将资本主义国家理解为资产阶级的共同事务委员会①。“新马克思主义”者即使调整了部分判断，也只是承认国家的相对自主性，没有根本突破“国家听命于统治阶级”的分析框架。②尽管政治发展理论弱化了“阶级决定”的色彩，但其眼中的国家角色与阶级分析理论之间没有本质差异。这是因为国家被视为在工商业经济发展的背景下社会多元利益博弈、表达的结果，而公共政策只是政府对社会诉求的“被动输出”。③

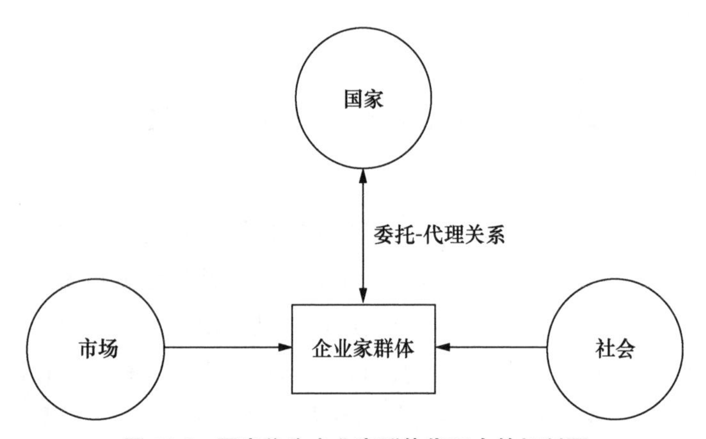

图 11-8　国家作为企业家群体代理人的机制图

近年来，各国的政治、经济发展经验相继挑战了上述判断。现有研究发现，国家在政商关系中的角色并不会一直处于被动状态。虽然企业家群体的行动逻辑会影响国家的政体转型、建设进程，但国家也能凭借强大的自主性主动塑造政商关系，进而实现其各类国家目标。“找回国家”（bring the state back in）学派、“社会中的国家”（state in society）学派在这方面做了大量讨论，并批评了阶级分析理论、政治发展理论对国家自主性的忽

① 〔德〕卡尔·马克思，弗里德里希·恩格斯：《共产党宣言》，中共中央马克思恩格斯列宁斯大林编译局编译，北京：人民出版社 2014 年版，第 29 页。

② 范春燕：《普兰查斯国家理论研究》，北京：中国社会科学出版社 2015 年版。

③ 〔美〕加布里埃尔·阿尔蒙德、宾厄姆·鲍威尔：《比较政治学：体系、过程和政策》，第 421—423 页。

视。这些研究发现，很多国家会出台一些超越（甚至违背）选民、社会团体（包括企业家群体）诉求的公共政策，并成为影响公共利益的重要力量。[①] 即使在民主国家中，政府也能确立、追求一些区别于社会团体、阶级的目标，并表达大量超越社会的利益诉求。[②] 因此，更多类型、更加积极的国家角色有待概括。

二、国家作为市场经济的治理者

除了企业家群体的代理人，国家还能成为市场经济的治理者(图 11-9)。资本主义、市场经济发展的负面效应是这种角色出现的重要原因之一。马克思主义政治经济学认为，资产阶级破坏了一切封建、宗法、田园关系，让人和人之间只剩下赤裸裸的利害关系、冷酷无情的现金交易，并将所有社会关系都变成了纯粹的金钱关系[③]。卡尔·波兰尼（Karl Polanyi）认为，市场经济像“撒旦的磨坊”一样将社会、自然的本质转化为商品，社会的伦理道德、行为规范都会被卷入其中并粉碎殆尽，进而引发各种过分商品化和罔顾社会道德、恶性商业竞争和破坏市场秩序的异化行为。[④] 为了应对上述问题，国家会在市场经济中扮演更积极的角色，并显著提升其自主性，以实现治理市场经济的官方目的。马克思主义政治经济学表达了类似观点。《共产党宣言》提到，最先进的国家会采取以下措施发展经济，即剥夺地产并把地租用于财政支出，利用国家银行控制信贷系统，控制全国的运输业，以计划经济的形式改善生产。[⑤] 雅诺什·科尔奈（Janos Kornai）的研究发现，国家控制资本是社会主义体制中最重要的产权形式：政府会在能源、基建、金融等领域占据统治地位，并将这些领域的收入纳入国家的财政预算；国家还会实行单一银行制，并将所有银行、资本

① 〔美〕西达·斯考切波:《找回国家：当前研究的战略分析》，载彼得·埃文斯等编著，《找回国家》。

② 〔美〕埃里克·诺德林格:《民主国家的自主性》，孙荣飞、朱慧涛、郭继光译，南京：江苏人民出版社 2010 年版。

③ 〔德〕卡尔·马克思，弗里德里希·恩格斯:《共产党宣言》，第 30—31 页。

④ 〔英〕卡尔·波兰尼:《巨变：当代政治与经济的起源》，黄树民译，北京：社会科学文献出版社 2013 年版，第 108 页。

⑤ 〔德〕卡尔·马克思，弗里德里希·恩格斯:《共产党宣言》。

纳入中央银行的统一管理、监督，使其成为官僚系统的分支。[①] 由于计划经济体制会阻碍生产效率、经济水平的持续提升，部分国家改良了经典的共产主义体制，在放松市场管制、尊重经济规律的同时整合行建立政与资本的力量，以实现更高水平的市场经济治理。

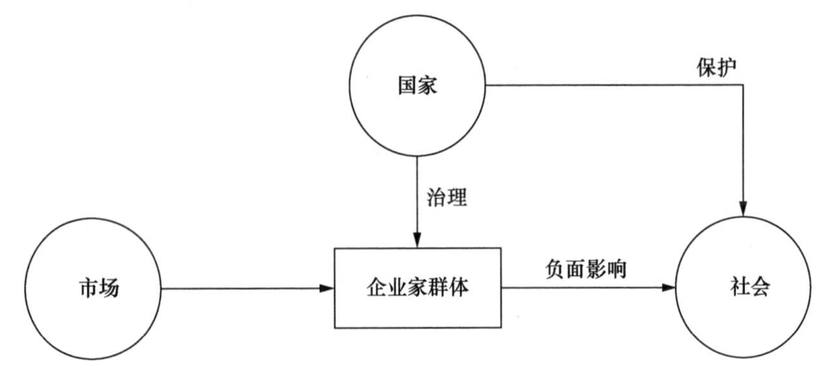

图 11-9　国家作为市场经济治理者的机制图

建立“国家资本主义”体制是部分国家的改良思路。现有研究发现，坚持“国家资本主义”的政府会致力于三类经济行动：建立行政主导、投资生产的金融体系，维持对它的有力监控，使其服务于特定的政治目标（影响市场价格、控制通货膨胀、发展特殊产业等）；培育强大的制造业，使其成为国内发展、国际贸易的产业基础；保护弱势产业、分担市场风险、培训技术工人，以维持市场秩序的稳定[②]。这些行动能让政府实现对国内经济的有力调控、深度介入，并让国家成为经济领域的主要行动者，让市场成为政治利益的重要来源。

三、国家作为经济发展的驱动者

日益严峻的内、外部压力要求国家必须加快建设进程、强化市场干预，甚至主动引导当地经济的发展进程（图 11-10）。国家理论的研究将国家的经济活动分为两种类型，即国家直接作为经济的参与者，和国家通过

---

① 〔匈〕雅诺什·科尔奈：《社会主义体制：共产主义政治经济学》，张安译，北京：中央编译出版社 2007 年版。

② McNally, Christopher. “The Challenge of Refurbished State Capitalism Implications for the Global Political Economic Order.” *Der Moderne Staat-dms: Zeitschrift fur Public Policy, Recht and Management*, Vol. 6, No. 1, 2013.

各类政策手段影响经济发展，后者又被细分为直接影响经济的方式（产业、货币政策）和间接方式（社会政策）。[①] 现有研究大量关注了国家为企业家群体、市场经济“保驾护航”的经验。具体来说，国家既会进行宏观调控、供给产业政策、推动政商合作，又会弱化经济管制，建设相对自由的营商环境；它还会努力“脱嵌”于企业家群体、利益集团，遏制企业家群体的权力俘获。总之，随着国家能力、国家自主性的不断提升，国家不再仅仅满足于回应企业家群体的政策诉求、在市场经济发展出现负面后果时“出手相助”，而是会更频繁、更主动地利用市场经济、企业家群体的力量实现自身目标。

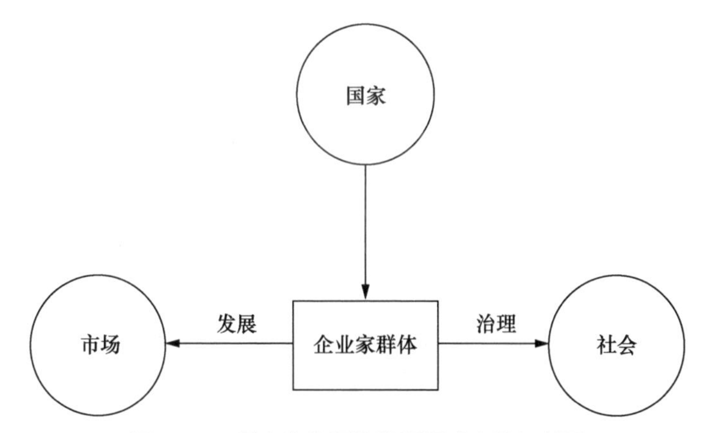

图 11-10　国家作为经济发展驱动者的机制图

后发追赶的研究充分展现了国家作为经济发展驱动者的重要意义。亚历山大·格申克龙（Alexander Gerschenkron）强调了后发国家、先发国家的工业化进程差异，认为在面临内、外部压力时，国家只有利用压制社会消费、投资先进技术与产业等行政介入手段才能实现后发追赶。[②] 李斯特（Friedrich List）也强调了后发追赶的行政基础，认为后发国家要通过关税保护等产业政策建立独立自主的工业体系。[③] 张夏准发现，许多发达国家

① 〔英〕克里斯多夫·皮尔逊：《论现代国家》，刘国兵译，北京：中国社会科学出版社 2017 年版，第 110 页。

② 〔美〕亚历山大·格申克龙：《经济落后的历史透视》，张凤林译，北京：商务印书馆 2009 年版，第 53 页。

③ 〔德〕弗里德里希·李斯特：《政治经济学的国民体系》，第 299 页。

都曾在经济追赶阶段采用了干预主义的产业、贸易和技术政策。[①]

“发展型国家”的研究提供了大量微观经验。东亚地区的政府一直被认为拥有汲取社会资源、制定和实施国民经济计划、控制稀有资源的进入等方面的强大能力[②]。它们依托掌握金融机构、限制资本外流、推动商品出口等方式促进投资，并将这些资金引入战略性产业，以提升其国际竞争力[③]。查默斯·约翰逊（Chalmers Johnson）认为，日本政府拥有规模有限但能力强大的官僚体系、足够的行政活动空间、领航经济发展的行政机构，所以通产省能凭借各类产业政策限制无序的市场竞争、资本流动。[④]高柏指出，日本政府不是高高在上的统治者、独裁者，而是市场经济的组织者、赞助者与担保者，负责提供工业资本、降低投资风险，并鼓励企业投资生产设备、技术引进。[⑤] 韩国研究也有所体现。青木昌彦等人发现，韩国政府会用出口信贷奖励优秀企业，还建立了全国投资资金并用“窗口指导政策”将银行投资引入重化工业，以推动韩国的资本形成、后发追赶进程。[⑥] 其他研究也肯定了韩国政府在出台产业政策、提供耐心资本、为企业承担商业风险等方面的积极作用。[⑦] 台湾研究也关注了类似现象。台湾当局既凭借关税保护、开发银行等进口替代机制创造了本地企业的发展空间，还通过兴建产业园、投资公立研发机构等方式推动了当地的产业追赶进程[⑧]。

---

① 〔韩〕张夏准：《富国陷阱：发达国家为何踢开梯子》，第 23 页。

② 〔美〕禹贞恩：《发展型国家》，第 160 页。

③ 〔美〕罗伯特·韦德：《驾驭市场：经济理论和东亚工业化中政府的作用》，吕行建等译，北京：企业管理出版社 1994 年版，第 356 页。

④ 〔美〕查默斯·约翰逊：《通产省与日本奇迹》，第 341—355 页。

⑤ 〔美〕高柏：《日本经济的悖论：繁荣与停滞的制度性根源》，刘耳译，北京：商务印书馆 2004 年版，第 329 页。

⑥ 〔美〕青木昌彦等：《政府在东亚经济发展中的作用：比较制度分析》，第 249—251 页。

⑦ Chung, Young-Iob. *South Korea in the East Lane: Economic Development and Capital Formation*. Oxford: Oxford University Press, 2007, p. 77.

⑧ 〔美〕爱丽丝·安士敦：《超越后进发展：台湾的产业升级策略》，第 109—110 页。

第四节 小　　结

作为发展政治学中最重要的研究议题之一，政商关系一直是影响一个国家或地区的政治、经济发展进程的重要因素，同时深受这些进程的影响。

目前，发展政治学视角下的政商关系研究仍存在一定的局限。例如，它们大多假定了企业家群体、各类行业具有均质性。具体来说，企业家群体的利益诉求被认为具有一致性，并倾向于采用类似手段参与政治、影响议程；他们即使身处不同行业，也会受到各级政府的同等对待。事实上，由于出身背景、政治关联、企业规模等方面的重要差异，企业家群体会表现出多元化的参政方式、利益诉求、政治态度；各级政府也会因为他们的不同特征形成针对性的沟通与治理策略。此外，不同行业的发展逻辑、所需条件也会有巨大差异。这对企业的生产组织形式、国家的产业扶持策略提出了不同要求，即企业要形成适配行业性质的生产组织形式，而国家要具备了解行业（及其生产技术）特殊性的“工业理解能力”①。因此，在政商关系的后续研究中，在发展政治学的视角中引入其他学科（例如管理学、经济学）的视角对于全面理解政商关系具有重要意义。

---

① 封凯栋、姜子莹、赵亭亭：《国家工业理解能力：基于中国铁路机车与汽车产业的比较研究》，载《社会学研究》2021 年第 3 期。

第四编

发展政治学学科前沿

第十二章

资源与发展

庄玉乙

在第二次世界大战结束之后，发展中国家面临急切的发展任务。鉴于许多发展中国家拥有丰富的资源禀赋，不少学者认为这会有助于它们的快速发展，因为这些国家往往劳动力充足而资本匮乏，它们可以出口资源和初级商品以换取资本、建立自己的工业体系并获得足够的收入向公众提供公共物品。然而，事实却适得其反：许多资源丰富的发展中国家，尤其是非洲和拉丁美洲一些发展中国家，并没有获得实质性的经济增长，甚至有一些国家陷入长期贫困和内战冲突中。中东国家虽有大量石油收入，却陷入过度依赖石油的状况，在政治民主化进程中也乏善可陈，腐败、社会不公等问题频现。相反，资源稀缺的东亚国家（地区）在同一时期内取得了令世界瞩目的经济发展成就。这种发展中国家（地区）拥有丰富的自然资源却往往阻碍而非促进经济和政治发展的现象被称为“资源诅咒”（resource curse）。[①]

资源诅咒现象对发展政治学经典的现代化理论带来了挑战。现代化理论认为，经济发展可以带来社会结构的改善和民众观念的进步，进而促进

① Auty, Richard. *Sustaining Development in Mineral Economies: The Resource Curse Thesis*. London: Routledge, 1993.

政治制度的发展。但资源诅咒现象一定程度上颠覆了这一理论的预期结果。为何现代化理论未能在这些资源丰裕的国家发挥作用？是什么原因导致了资源诅咒现象？学界提出了许多因果机制来解释，并且运用了大量实证研究进行验证。在基本结论上，大多数研究发现，发展中国家的资源丰裕程度与经济或政治发展之间确实存在负相关关系，但在具体是什么因果机制导致了这一结果上则莫衷一是。经济学界首先从经济结构主义角度提供了许多解释，随后，政治学界和社会学界也进入这一领域并丰富了其理论解释，将资源诅咒的研究视角扩展到产业政策、国家能力建设、国家与社会关系和民主化等视角。

关于资源诅咒中“资源”的定义，学者们一般指传统的能源和矿产资源，包括石油、天然气、煤炭和各类需要开采的金属与非金属矿产如金、银、铜、铁、稀土和钻石等。这些资源的开采和初步提炼等技术难度较小。动植物物品如木材、可可、咖啡豆、象牙、犀牛角等不被认为是一般意义上的“资源”，但在一些具体研究中，学者们发现这些物品的生产，可能也会带来类似资源诅咒的后果。

第一节　资源诅咒的早期经济学解释

经济学界在20世纪五六十年代从经济结构等视角提出了一系列解释，主要有几个方面。

第一，被动定价机制。由于买方垄断，许多发展中国家的资源出口者在国际市场上只能被动接受发达国家的定价。[①] 作为工业制成品的前端产品，这些资源产品的价格过低，在价值链中受益较少。

第二，经济贸易条件波动。初级产品作为低附加值产品，其生产过程中受国际价格与需求波动影响较大，导致出口收入不稳定，从而带来宏观

① Prebisch, Raul. *The Economic Development of Latin America and Its Principal Problems*. New York: United Nations Press, 1950. Singer, Hans W. “The Distribution of Gains between Investing and Borrowing Countries.” *American Economic Review*, Vol. 40, No. 2, 1950.

经济不稳定。①

第三，外国公司持有。20 世纪 70 年代以前，许多石油出口国和矿产资源出口国的主要出口部分被跨国企业控制，本国公司和当地居民获益较少。

这三个观点从经济结构角度提出，但在现实中受到了较大挑战。在 20 世纪 70 年代后的两次石油危机期间，尽管中东石油出口国在危机之前已将大部分石油工业国有化，并且油价大幅上涨，经济发展却没有因此获得多大进步。相反，资源贫乏的东亚国家获得了令人瞩目的经济发展。

在此之后，经济学界提供了第四种观点，即“荷兰病”（the Dutch disease）。它是以 20 世纪 60 年代荷兰发现丰富天然气资源却导致经济发展停滞的问题而命名的。荷兰病体现了两种效应的综合影响。一是大量出口资源获取的外汇会流入本国经济体，推高物价和实际汇率，使本国的农业、工业制造业和服务业价格上涨，在国际市场上竞争力下降，出现衰退。二是由于国家内部资源经济的快速发展，吸引了大量资金和人力流入。由于制造业等部门具有“做中学”的特点，投资收效慢，十分依赖教育和科技发展的人力资本积累，资源产业的快速发展将产生对制造业相应的资本和人力挤出效应。②“荷兰病”在发现之初被学界认为是一个很有前景的理论解释，但这些解释主要针对资本和人力资源已经给定的发达国家，而发展中国家的人力资源并非给定而是有所剩余，资本也可以通过外资引入。③有学者甚至认为，如果存在这种挤出效应，也是一种比较优势，无害于资源出口国。④

上述四种较早的经济学解释都从资源出口影响经济结构的角度来讨论“资源诅咒”。它们都潜在地假定，政府在资源经济发展中鲜有作为，即政

---

① Nurkse, Ragnar. “Trade Fluctuations and Buffer Policies of Low-Income Countries.” *Kyklos*, Vol. 11, No. 2, 1958.

② Corden, W. Max, and J. Peter Neary. “Booming Sector and De-Industrialisation in a Small Open Economy,” *Economic Journal*, Vol. 92, No. 368, 1982.

③ Benjamin, Nancy, Shantayanan Devarajan and Robert Weiner. “The ‘Dutch Disease’ in a Developing Country: Oil Reserves in Cameroon.” *Journal of Development Economics*, Vol. 30, No. 1, 1989. Gelb, Alan. *Oil Windfalls: Blessing or Curse*? New York: Oxford University Press, 1988.

④ Davis, Graham. “Learning to Love the Dutch Disease: Evidence from the Mineral Economies.” *World Development*, Vol. 23, No. 10, 1995.

府没有意愿或能力对资源部门进行干预以规避这些不良后果。但在实际情况中，主要资源出口国的政府对该国资源出口产业有着很大的控制权，完全有能力进行干预。例如，政府可以将资源部门获得的丰厚利润转而投资制造业和农业部门，并通过储备外汇等公开市场操作以防止汇率上升，从而应对荷兰病。[①] 那么，为何这些资源丰裕地区的政府没能发挥好相应职能以应对资源经济的不良影响？由此，经济学界开始关注资源诅咒中的政府角色，政治学和社会学相应的理论视角也逐渐发展起来。

第二节 资源诅咒的政治学和社会学解释

资源诅咒的政治学和社会学解释认为，资源禀赋深刻型塑了政府治理模式和财政汲取方式，通过影响国家能力、制度建设、产业政策、社会再分配等一系列中间变量，导致经济增长缓慢。[②] 根据现有的文献，我们可以将这些解释大体分为政治短视、社会分化和国家中心主义视角。[③]

一、政治短视

该视角认为，由于资源获利丰厚且迅速，公共部门片面依赖资源生产和出口带来的收入，存在着政治上的认知短视问题，缺少制度变革的动力。丰裕资源会带来如下几个消极效应。

第一是产业间的挤出效应。前述"荷兰病"的解释认为，丰裕资源的开采会使经济部门自发地将人力、科技和资金从其他行业过分吸引到资源相关产业。政治学家则认为政府的偏好会进一步助长这种挤出效应。制造

---

① Ross, Michael. "The Political Economy of the Resource Curse." *World Politics*, Vol. 51, No. 2, 1999.

② Collier, Paul, and Anke Hoeffler. "Resource Rents, Governance, and Conflict." *Journal of Conflict Resolution*, Vol. 49, No. 4, 2005. Mehlum, Halvor, Karl Moene, and Ragnar Torvik. "Institutions and the Resource Curse." *Economic Journal*, Vol. 116, No. 508, 2006. Moore, Mick. "Revenues, State Formation, and the Quality of Governance in Developing Countries." *International Political Science Review*, Vol. 25, No. 3, 2004. Torvik, Ragnar. "Why Do Some Resource-Abundant Countries Succeed While Others Do Not?" *Oxford Review of Economic Policy*, Vol. 25, No. 2, 2009.

③ Ross, Michael. "The Political Economy of the Resource Curse." *World Politics*, Vol. 51, No. 2, 1999.

业等部门具有“干中学”的特点，投资收效慢，且十分依赖教育、科技发展和人力资本积累，往往需要政府在产业政策上进行引导、鼓励或投资。如果政府片面满足于资源带来的短期丰裕收入，就会忽视对教育、科技和人力资本的投入。[①] 在资源部门就业无需太高的人力资本投入，矿区居民可能小富即安，满足于资源的丰厚收益，对教育、技术的重视也会相应下降。长此以往，一国经济体就会被“锁定”（locked-in）在较为低端的资源行业，使经济增长缺乏后劲，形成恶性循环。

第二是现代化效应。现代化理论认为民主和制度发展是由经济发展和一系列社会和文化变革引起的：经济发展及其带来的更高教育水平、职业化和城市化，都可能会对一个国家民主政体产生的可能性和制度的发展产生积极的影响。[②] 尽管这一理论在提出时并没有被直接用于解释资源禀赋与民主化之间的关系，但如果资源繁荣带来的经济发展不能被用于提高教育水平和职业化，则资源经济的繁荣发展对民主发展和制度提升的效应将十分微弱。[③]

第三是冲突激化效应。资源的发现，使冲突地区的政府、军阀和族群间为争夺丰厚的资源收入而诉诸武力的可能性变大。丰裕资源及其大量收入本身就为各方势力所垂涎，如果资源收入在不同势力、民族或宗教群体间分配不均，极易激起不满和怨恨。[④] 对面临政治不稳定、军事政变等风险的执政者而言，使用丰富的资源收入可以购买军火、镇压反抗和安抚社会，以维持政权稳定。对反叛一方而言，一旦获得这些资源，可以支撑反叛组织挑起内战并延长内战时长。[⑤]

---

① Gylfason, Thorvaldur. “Natural Resources, Education, and Economic Development.” *European Economic Review*, Vol. 45, No. 4-6, 2001.

② Inglehart, Ronald. *The Silent Revolution: Changing Values and Political Styles Among Western Publics*. Princeton: Princeton University Press, 1977.

③ Ross, Michael. “Does Oil Hinder Democracy?” *World Politics*, Vol. 53, No. 3, 2001.

④ Le Billon, Philippe. “The Political Ecology of War: Natural Resources and Armed Conflicts.” *Political Geography*, Vol. 20, No. 5, 2001. 唐世平、熊易寒、李辉：《石油是否导致族群战争?：过程追踪法与定量研究法的比较》，载《世界政治研究》2018 年第 1 期。

⑤ Collier, Paul, and Anke Hoeffler. “Resource Rents, Governance, and Conflict.” *Journal of Conflict Resolution*, Vol. 49, No. 4, 2005.

二、社会分化与不平等

资源丰裕可能会加剧社会群体之间的分化和不平等，具体有以下几种效应。

第一，利益集团分利。资源部门的过度繁荣将增进这些产业的政治影响力。享受到资源产业红利的行业易于组成利益联盟，可以通过游说、寻租等方式影响政府的管制方式和产业政策，“俘获”一些立法者和管制者制定出有利于这些利益集团的管制政策。① 虽然资源行业的经济效率较为低下，但其强大的政治影响力帮助保护了自身利益，使针对资源产业的改革举步维艰。

第二，行业和阶层的不平等加剧。资源行业的发展容易带来诸多不平等问题，且政府干预手段有限，易于导致社会流动僵化。首先是行业间的不平等。资源行业的繁荣不但对其他行业的发展溢出效应有限，还常常加剧了其他行业的资本和人力资源流出。其次是劳资双方收入差距。资源所有者尤其是私营企业主在获取矿产开采权后，除了必要的设备投入、管理投入和工人薪资外，只要矿产价格波动在合理区间，就可以获得持续的丰富收入，类似一种长期的“租金”收入。而矿工的收入相对较低，社会保障和福利待遇不高，在开采过程中还要承受安全风险和长期职业病危害。这种劳资间分配不均建立在资源的开采权上，易加剧社会的不平等，使社会阶层的流动固化。对比而言，在那些人力和科技资本集中的行业，人们可以通过教育水平、科技能力和经验年资增长等获取收入，更易实现合理的社会阶层向上流动。

第三，地区间发展不平衡。资源的分布由自然环境决定，许多矿产资源的分布呈地表下的点状或条带状，在资源归属决定收入水平的情况下，资源储藏交界附近的国家、地方甚至企业间容易为资源归属权出现纷争。眼见享受到资源红利的群体收入大幅提升，周边资源贫乏的地区极易产生不公平感。由于资源的自然分布特征，国家应当对资源的开采和销售进行

---

① Olson, Mancur. *The Rise and Decline of Nations: Economic Growth, Stagflation, and Social Rigidities*. New Haven: Yale University Press, 1982. Shafer, Michael. *Winners and Losers: How Sectors Shape the Developmental Prospects of States*. Ithaca: Cornell University Press, 1994. Stigler, George. “The Theory of Economic Regulation.” *Bell Journal of Economics and Management Science*, Vol. 2, No. 1, 1971.

征税，并将所得税款通过财政转移支付等手段弥补地区间差异，但许多国家对资源行业的财税制度缺乏精心设计，其改革也往往因利益集团的游说而步履维艰。例如，在国家收取资源税的方式上，可以有从量计税、从价计税或者买断开采权等。不同征收方式会因矿产品位、开采难度、价格波动、征收难易程度等造成税收总额有很大差别。在多层级政府的收入分配方式上，资源税由中央政府还是地方政府征收、央地之间分配比例多少等对地区间公平影响颇大。如果地方政府获得较多税收，会扩大地区间的财力差距。只有中央征收较大份额，才有可能通过财政转移支付缩小地区间差异。但即便有中央转移支付，对缩小地区间差距也往往力有不足。

三、国家中心主义解释

国家中心主义视角关心两个方面，一个是国家与社会关系，另一个是国家能力建设。财政社会学认为，国家的财政汲取方式深刻塑造了国家与社会的关系，不同类型的财政收入汲取模式对国家和社会的演进有决定性影响。依照国家财政的主要来源是由国家自主生产、收取租金还是征收税收，可以将国家分为自产国家、租金国家、税收国家和财政国家等。财政主要汲取方式的不同将导致国家与社会关系不同，进而影响国家能力和治理模式。[①] 该理论认为租金国家的治理水平低于税收国家。资源产业带来的丰裕收入正是一种重要的租金类型，可能带来一系列消极影响。

第一，公众税负感低。财政社会学认为，公众对税负的感知程度影响着公众对政府的期望，那些感知到自己交纳了高额税收的公众会期望政府提供足够的公共物品作为“交换”。影响税负感的因素有税制、税基和国家财政占 GDP 比重等。例如，在直接税为主的国家，公众税负感通常高于那些间接税为主的国家。而依赖资源租金的国家，资源行业上交的税费较易满足国家财政需要，其他行业里所需交纳的税费可以相应减少，公众税负感也相应降低。[②] 极端个案如中东国家沙特阿拉伯、阿曼和科威特等，政府收入中有很高的比例来自石油销售，这些石油收入替代了一部分原来

---

① 马骏：《中国财政国家转型：走向税收国家?》，载《吉林大学学报》2011 年第 1 期。马骏、温明月：《税收、租金与治理：理论与检验》，载《社会学研究》2012 年第 2 期。

② Paler, Laura. “Keeping the Public Purse: An Experiment in Windfalls, Taxes, and the Incentives to Restrain Government.” *American Political Science Review*, Vol. 107, No. 4, 2013.

需要从公众身上汲取的直接税或间接税，使公众的税负感较低。而在英美等西方国家的民主制度发展过程中，纳税问题常被认为是宪政制度和民主代议制兴起的一大因素。个人所得税、公司所得税、房产税等直接税的征收，使个人和公司有直观的税负感，政府需要提供足够的公共物品来回应公众的期待。

第二，收买效应。收买效应是指资源行业带来的财税收入，使统治者易于以各种方式收买异议者、扩大选举中的支持者规模和平息潜在的挑战。[①] 为消除异议和抑制社会大众的抗争压力，统治者可以通过雇用更多的公务员、提供良好的社会福利、慷慨支持政府控制的非政府组织和阻碍独立的社会组织运作等方式，使社会更为依赖国家，在发声上更为沉默，从而平息潜在的社会动员和抗议行为。

第三，镇压效应。受益于丰裕的资源租金，租金国家在中央和地方关系上，可以强力压制地方；在国家和社会关系上，可以建立起庞大的威权机关，镇压潜在的反对力量和成型的社会抗议，漠视对社会改革的呼声。[②] 在一些政府警政职能行使较弱的地方，为替代国家职能的真空，资源企业还可能组建自己的安保队伍以应对地方治安问题。

第四，国家能力和制度建设不足。近现代以来，伴随着国家财政的扩张和国家职能的扩张，各国的国家职能逐渐经历了从战争动员、秩序维护、经济发展、社会保障到促进个人实现的发展过程。这些职能的履行需要以强大的税收汲取和动员能力作依托，促使国家发展了一系列制度并强化了官僚体系，极大提升了国家能力，使国家对公民个人身份、财产状况、土地、商业贸易往来等信息有了越来越精细的掌握。从这个过程看，税收汲取和财政扩张是国家能力建设的重要原因。[③] 而资源丰裕的国家有了丰厚的财政收入来源，建立起一个高效的、汲取型的政府机构和官僚制度的动机便较弱，因此国家能力建设和相应的制度发展便较为滞后，官僚机构办事效率低下。

---

① Mahdavi, Paasha. “Explaining the Oil Advantage: Effects of Natural Resource Wealth on Incumbent Reelection in Iran.” *World Politics*, Vol. 67, No. 2, 2015.

② Ross, Michael. “Does Oil Hinder Democracy?” *World Politics*, Vol. 53, No. 3, 2001.

③ Campbell, John. “The State and Fiscal Sociology.” *Annual Review of Sociology*, Vol. 19, No. 1, 1993.〔美〕杜赞奇:《文化、权力与国家: 1900—1942 年的华北农村》，王福明译，南京：江苏人民出版社 2010 年版。

第五，国家与社会关系。税收国家的财政收入汲取主要来源于政府通过承诺向公民提供公共服务而获得的公民纳税，并通过讨价还价式的谈判给予公民对政府的监督和控制权力。这种模式需要在国家建设和政治组织上付出许多努力，在历史上与英国等国的代议制民主紧密相连。而租金国家的财政收入主要来源于丰裕资源带来的租金收入，财政汲取主要集中在少数资源产业和企业，因而建立起一个全面渗透社会进行财政汲取的组织意愿远比税收国家弱。由于租金收入并非在与公民和社会的互动中汲取，容易规避议会监督，大大降低了国家对社会的依赖，国家的自主性比较高，对社会的回应性比较低。[①] 由于公众的税负感低，他们要求政府担责和改革的意愿较弱，代表参政议政的动机较弱。在缺少制度建设和公众监督的情况下，租金国家的腐败程度也可能相应较高。这种不利的国家与社会关系因素常被称为“租金效应”（rentier effect）。

第三节　实证研究的议题选择

在目前的资源诅咒研究中，国际学界对资源诅咒问题的边界已经有了基本的共识。前文虽然将经济学、政治学和社会学的观点进行了区分，但在目前的研究中，学科间的界限已越来越模糊，相关研究主要根据议题方向来选择具体的理论视角。本节根据具体议题的不同，先简要将各类研究大致分为数个主题方向，再介绍中国背景下的相关研究。

一、资源与经济发展

发展经济学家首先观察到“资源诅咒”现象并提炼出了这一概念。因

① 马骏、温明月：《税收、租金与治理：理论与检验》，载《社会学研究》2012 年第 2 期。Moore, Mick. “Revenues, State Formation, and the Quality of Governance in Developing Countries.” *International Political Science Review*, Vol. 25, No. 3, 2004. Skocpol, Theda. “Bringing the State Back In: Strategies of Analysis in Current Research.” in Evans Peter B., Dietrich Rueschemeyer and Theda Skocpol (eds.). *Bringing the State Back In*. Cambridge: Cambridge University Press, 1985.

此，针对资源与经济发展关系的研究主要是由经济学家们做出的。经济学家的研究可以分为几个阶段。第一个阶段在 20 世纪 50、60 年代，主要是提出概念和初步的解释。在这一阶段，经济学家提出资源丰裕与经济发展可能存在负相关，并从早期的结构主义视角进行解释。第二阶段是“荷兰病”理论的出现，为解释资源与经济发展关系提供了更为深刻的认识。在第三阶段，经济学家已经不再只讨论纯粹的经济因素，而越来越多地讨论政府职能、制度建设、民主、法治、腐败、民族、语言分布等政治和社会因素，分析资源如何影响经济发展。

在具体分析资源与经济发展的关系时，现有研究已经较少从宏观角度讨论是否存在资源与经济发展的负相关关系，而是将这一现象视为给定的背景，具体分析其中的影响因素。目前常见的分析议题有几种。第一种是从国际贸易中的贸易条件、价值链和产业结构讨论资源经济与经济发展的关系。这种理论继承了早期的国际经济结构的解释路径，结合依附论、中心—边缘—外围的世界体系论和价格波动与剪刀差等角度进行研究。第二种议题主要从教育和人力资本的角度进行讨论。这种理论继续了“荷兰病”的解释路径，讨论了资源出口对国内经济的影响，对行业、部门间的挤出效应，例如，资源丰裕程度如何降低了对教育和人力资源、社会保障的投入，如何挤出了高科技和产业链附加值高的行业里的人力资本等。第三种议题认为政治和社会因素是影响经济发展水平的重要原因，因而主要讨论资源丰裕程度如何影响政府效率、民主程度、法治与腐败水平等政治、社会因素，从而间接影响经济发展水平。总的来看，这三种类型的研究中，总体趋势是越来越重视政府作用的角色，并且考虑越来越多的政治和社会因素。

二、资源与冲突

资源与冲突关系的研究主要是比较政治学的领域。冲突包括了国家内部中央对地方的镇压、族群之间的内战、国与国之间的战争和恐怖主义袭击等形式。这一领域主要研究资源与冲突爆发可能、伤亡烈度、频率、范围和持续时间的关系。[①] 由于发动内战和冲突常常需要讨论领导人的认知和公众对民族认同、经济资源分配的主观感知，因此这一领域也常常有经济学家的身影。他们着重强调人性贪婪、理性选择和成本收益分析等经济学视角。

这一领域的核心观点有两种。一种认为，资源的发现和开采，加剧了族群间或中央与地方间的利益争夺，强化了族群认同和对分配不公的怨恨，丰厚的租金收益影响了领导人对发起战争获胜机会的判断，直接导致了冲突的发生并影响了冲突的强度和持续时间等；[②] 另一种观点认为，族群间的认同差异、历史矛盾、分配不均等问题使得族群间冲突的可能性本来就很高，资源的发现和争夺只是作为导火索，加剧了冲突的爆发、强度和持续时间。[③] 两类不同的研究在结论上有所不同，但总体来看，这些研究都认为资源直接或者间接导致了冲突。另外有个别研究对资源与冲突的逻辑链条提出了质疑，如有研究认为资源与冲突之间的关系并不简单，不仅应当研究资源如何影响了国家能力，还要研究资源和国家能力如何共同作用从而影响了冲突等。[④]

三、资源与国家能力、制度建设和政体持续

经济学家对资源诅咒的研究早期主要集中在对经济发展的关注，但发展的概念不仅指经济发展，还包括政治发展和社会发展等。学界逐渐认识到，在因果链条上，资源可能并不是直接影响了经济发展，而是通过影响政治制度发展来间接影响经济发展。[⑤] 目前，政治学、社会学和经济学在这一主题内基本持有一个共同观点，即资源丰裕通过一系列经济、

① Humphreys, Macartan. "Natural Resources, Conflict, and Conflict Resolution: Uncovering the Mechanisms." *Journal of Conflict Resolution*, Vol. 49, No. 4, 2005. Ross, Michael. "How Do Natural Resources Influence Civil War? Evidence from Thirteen Cases." *International organization*, Vol. 58, No. 1, 2004.

② Collier, Paul, and Anke Hoeffler. "Greed and Grievance in Civil War." *Oxford Economic Papers*, Vol. 56, No. 4, 2004.

③ 唐世平、熊易寒、李辉：《石油是否导致族群战争?：过程追踪法与定量研究法的比较》。

④ Thies, Cameron. "Of Rulers, Rebels, and Revenue: State Capacity, Civil War Onset, and Primary Commodities." *Journal of Peace Research*, Vol. 47, No. 3, 2010.

⑤ Mehlum, Halvor, Karl Moene, and Ragnar Torvik. "Institutions and the Resource Curse." *The Economic Journal*, Vol. 116, No. 508, 2006.

政治或社会结构因素，直接或者间接影响了政治发展，进而影响了经济发展。

目前学界研究了资源如何影响政府能力、政府效率、民主产生或持续、财税透明、制度好坏、腐败程度和治理水平等。奥尔森设想，流寇或许急功近利，希望在短时间内攫取最大利益，而当流寇在一个地方长期驻扎成为坐寇后，则有可能通过系统化地提高国家能力和制度水平，从而获取更长时期内的更大收益。[①] 从财政社会学的角度看，一是依靠资源租金的政权与依靠税收的政权相比，依靠租金的政权比较短视，更不愿意在政权的建设上多费功夫，因此资源丰裕不利于提高国家能力，尤其是国家对社会的渗透能力和财税汲取能力。二是国家不重视对社会的渗透和汲取能力，对政权和制度的建设不足，导致治理水平和官僚水平低下。[②] 三是资源在开采中有大量的寻租机会，加剧了腐败的可能。[③] 四是政府收入大量来源于租金，减少了对税收的依赖，使政府与社会的互动相应减少，对议会和预算制度的依赖降低，不利于民主程度的提高和财政的透明。

这些观点均已经有相关研究进行了验证，其中既有对单一指标进行的研究，也有对复合指标的研究。[④] 从结论上看，多数研究赞同资源租金对财税、法治、治理水平等较为微观的政治制度有着不良作用。但在国家能力、民主产生和政体持续等宏观问题上，资源丰裕对它们的影响还有较大的争议。如在资源与民主关系上，较多研究认为资源丰裕确实阻碍了民主水平。而另一些研究则认为，资源丰裕不会阻碍民主发展，甚至可能有利

---

① Olson, Mancur. "Dictatorship, Democracy, and Development." *American Political Science Review*, Vol. 87, No. 3, 1993. Robinson, James A., Ragnar Torvik, and Thierry Verdier. "Political Foundations of the Resource Curse." *Journal of Development Economics*, Vol. 79, No. 2, 2006.

② Moore, Mick. "Revenues, State Formation, and the Quality of Governance in Developing Countries." *International Political Science Review*, Vol. 25, No. 3, 2004.

③ Leite, Carlos, and Jens Weidmann. "Does Mother Nature Corrupt? Natural Resources, Corruption, and Economic Growth." *IMF Working Paper*, No. 99/85, June 1999. Mahdavi, Paasha. "Explaining the Oil Advantage: Effects of Natural Resource Wealth on Incumbent Reelection in Iran." *World Politics*, Vol. 67, No. 2, 2015.

④ Mehlum, Halvor, Karl Moene, and Ragnar Torvik. "Institutions and the Resource Curse."

于民主发展。[①] 类似的，在资源丰裕与政体持续的关系上，有些研究认为资源丰裕容易导致政体的垮台，有些则认为资源租金能够增加政体的可持续性。[②] 在对国家能力的影响上，虽然多数研究都发现资源丰裕程度对国家能力有消极作用，但有部分研究持不同观点。例如有研究以财政规模测量国家能力，发现资源丰裕程度对国家能力有正向作用。[③]

四、关于中国的资源诅咒研究

中国经济学家在 2000 年以后逐渐开始研究中国背景下的资源诅咒问题。他们使用省级和地市级的面板数据，大多数发现资源丰富度与经济发展之间存在显着的负相关关系，但有些则否认这一相关性。与早期的外国研究类似，中国经济学家通常较为忽视政治因素的影响或仅添加一两个政治制度相关的控制变量来控制这些影响。例如，一些研究以各省为样本，得出我国确实存在资源诅咒的结论并分析了原因与传导机理。[④] 与此相反，另一些研究则通过研究中国的部分城市，发现资源开采与经济增长的负相关关系并不清晰。[⑤] 这些研究在自变量方面，虽然或多或少讨论并引入了政治因素的影响，比如腐败程度、政府效率和政府干预程度，但主要都从经济层面进行讨论，对政治制度因素只是作为控制变量简单加以讨论。

在此之后，从政治学和财政社会学视角讨论中国背景下资源诅咒现象的研究逐渐增多。这些研究的主题有几类。第一类是研究资源与地方治理水平和公共物品提供。例如，一些研究从资源对地方财政结构和公共物品提供可能有消极影响的角度进行讨论，分别使用山西省内各县和全国地级

---

① Haber, Stephen, and Victor Menaldo. "Do Natural Resources Fuel Authoritarianism? A Reappraisal of the Resource Curse." *American Political Science Review*, Vol. 105, No. 1, 2011.

② Smith, Benjamin. "Oil Wealth and Regime Survival in the Developing World, 1960-1999." *American Journal of Political Science*, Vol. 48, No. 2, 2004.

③ Thies, Cameron. "Of Rulers, Rebels, and Revenue: State Capacity, Civil War Onset, and Primary Commodities." *Journal of Peace Research*, Vol. 47, No. 3, 2010.

④ 徐康宁、王剑：《自然资源丰裕程度与经济发展水平关系的研究》，载《经济研究》2006 年第 1 期。胡援成、肖德勇：《经济发展门槛与自然资源诅咒：基于我国省际层面的面板数据实证研究》，载《管理世界》2007 年第 4 期。邵帅、齐中英：《西部地区的能源开发与经济增长：基于“资源诅咒”假说的实证分析》，载《经济研究》2008 年第 4 期。

⑤ 丁菊红、王永钦、邓可斌：《中国经济发展存在“资源之咒”吗》，载《世界经济》2007 年第 9 期。方颖、纪衎、赵扬：《中国是否存在“资源诅咒”》，载《世界经济》2011 年第 4 期。

市的数据发现，资源生产会对政府的收入和支出结构产生影响，资源不利于地方政府的教育、医疗等公共物品提供。① 有的研究使用省级面板数据发现，丰裕资源减少了政府在教育和科技方面的人力资本投入。②

第二类研究资源对腐败水平的影响。根据国家规定，矿产资源属国家所有，但其开采的利润丰厚，加上地方上不够透明的探矿、采矿权招标和拍卖过程，使得产权分配过程容易导致腐败。③ 矿产资源开采中涉及大量安监、环保等监管过程，也容易成为行贿、受贿的温床。④

第三类研究资源对地方社会治安的影响。这一领域主要将资源与地方治理和社会稳定等联系起来，进行了较多的区域研究。例如，詹晶比较了贵州省内两个相邻县，一个有丰富的煤矿资源而另一个没有。她发现煤矿开采削弱了地方政府的治理水平和嵌入社会的能力，导致地方的社会治安变差。⑤ 针对煤矿开采中造成的环境污染、地表沉陷、房屋开裂、土地纠纷、工人保障不足和收入差距扩大等危害社会稳定的潜在因素，詹晶和曾明等人的文章还分析了地方政府在刚性维稳的压力下，如何通过协调矿产企业分享利益、创造就业、提供公共物品、调解矿地纠纷乃至花钱买平安的方式维护社会稳定。⑥

---

① 庄玉乙、张光：《资源丰裕、租金依赖与公共物品提供：对山西省分县数据的经验研究》，载《社会学研究》，2015 年第 5 期。Hong, Ji Yeon. "How Natural Resources Affect Authoritarian Leaders' Provision of Public Services: Evidence from China." *The Journal of Politics*, Vol. 80, No. 1, 2018.

② Zhan, Jing, Haiyan Duan, and Ming Zeng. "Resource Dependence and Human Capital Investment in China." *The China Quarterly*, Vol. 221, 2015.

③ Zhan, Jing. "Do Natural Resources Breed Corruption? Evidence from China." *Environmental and Resource Economics*, Vol. 66, No. 2, 2017.

④ Wright, Tim. *The Political Economy of the Chinese Coal Industry: Black Gold and Blood-stained Coal*. London: Routledge, 2012.

⑤ Zhan, Jing. "Natural Resources, Local Governance and Social Instability: A Comparison of Two Counties in China." *The China Quarterly*, Vol. 213, 2013.

⑥ 曾明、廖瑾莹：《利益失衡：社会稳定中的"资源诅咒"之源——基于 A 省矿区的调研》，载《江西社会科学》2015 年第 11 期。曾明、夏毓璘：《"资源诅咒"：资源丰裕地区的社会稳定困境——以 X 矿区为例》，载《武汉大学学报（哲学社会科学版）》2013 年第 5 期。Zhan, Jing, and Zeng Ming. "Resource Conflict Resolution in China." *The China Quarterly*, Vol. 230, 2017. Hong, Ji Yeon, and Wenhui Yang. "Oilfields, Mosques and Violence: Is There a Resource Curse in Xinjiang?" *British Journal of Political Science*, Vol. 50, No. 1, 2020.

第四节　实证研究中的争论

学界目前对资源诅咒的研究已经有了基本的共识和边界，并依据可获得的资料形式分别选择大样本统计分析和深度案例观察等进行了研究，但在这些实证研究中仍有许多方法论层面的争议。

一、案例选择、分析层次和方法

在资源诅咒这一概念被提出的早期，针对资源究竟是禀赋还是诅咒的研究多处在探索阶段，因此主要是案例观察。到 20 世纪 90 年代，除了跨国比较研究外，还出现了大量采用大样本的描述统计和多元回归分析的研究，并在此过程中验证相关的理论假设。例如当时有论文使用跨国数据发现，在 1971—1989 年期间，一国的自然资源产品出口额占 GDP 比重与该国的经济增长呈现显著负相关，即便控制了其他因素后仍是如此。①

在这些研究初步发现和解释资源诅咒现象后，为了进一步发展和验证相关理论假设，学界进一步丰富了分析层次和案例选择。在分析层次上，在传统的跨国研究基础上，对一国内部跨地区的研究逐渐丰富。例如，有对美国各州和对中国各省、市、县之间的大样本统计分析。② 在小样本案例选择和分析方法上，既有对单一国家或地区资源诅咒发生机制的个案研究，也有数个案例间的比较分析。③ 由于不同的大样本统计分析和个案分

① Sachs, Jeffrey, and Andrew Warner. "Natural Resource Abundance and Economic Growth." *NBER Working Paper*, No. 5398, 1995.

② Johnson, Ronald. "Economic Growth and Natural Resources: Does the Curse of Natural Resources Extend to the 50 US States." in Halvorsen Robert, and David F. Layton (eds.). *Explorations in Environmental and Natural Resource Economics*, Cheltenham: Edward Elgar, 2006, 122-136. 庄玉乙、张光：《资源丰裕、租金依赖与公共物品提供：对山西省分县数据的经验研究》。Hong, Ji Yeon. "How Natural Resources Affect Authoritarian Leaders' Provision of Public Services: Evidence from China." *Journal of Politics*, Vol. 80, No. 1, 2018.

③ Ross, Michael. "How Do Natural Resources Influence Civil War? Evidence from Thirteen Cases." *International Organization*, Vol. 58, No. 1, 2004. 唐世平、熊易寒、李辉：《石油是否导致族群战争?：过程追踪法与定量研究法的比较》。

析对是否存在资源诅咒和具体影响机制的分析结果不一致，学界还用荟萃分析（Meta Analysis[①]）和定性比较分析（Qualitative Comparative Analysis，QCA）分别对既有的多元回归结果和个案研究发现进行进一步的分析。[②]

虽然目前这些研究已经较为丰富，但各类方法仍有一定的局限。例如在大样本统计中，对跨国、跨地区的统计分析中，一些可能的影响因素如地理、制度、风俗习惯、语言、文化观念等，因为难以被全部有效测量而无法纳入统计模型，可能造成模型估计的偏误。在个案研究或比较案例研究中，虽然这些研究可以呈现丰富的因果机制细节，但由于选择的个案数较少，未必可以推论至其他国家或地区。

二、概念、测量与模型

关于资源的定义，虽然学界大体已有了共识，但在每项具体研究中，研究者的操作仍有区别。大多数研究直接称为资源（resource）或矿产资源（mineral resource），部分研究称为初级产品（primary commodity）。在定量研究中，常见的测量方式有几种，一是以本国（地区）出口的资源产量乘以单位价格获得资源总价，然后除以国内生产总值来计算对外贸易中的资源依赖总量；二是不论出口还是国内使用，将本国（地区）所有资源产量的总价（无论出口还是内销），除以国内生产总值；三是将出口的资源总价或本国所有资源产出总价除以人口，计算人均资源；四是采用人均探明资源储量，但这种操作方式比较少见。不同的测量方式各有侧重。一个问题是这些研究常常需要同时计算煤炭、石油、天然气等不同种类的资源，但它们在引发“资源诅咒”的机制上可能有所差异。为了更好地厘清各类型资源的作用，学界亦有对某一专门类型资源的研究，尤其常见于个案研究，如专门对中东石油出产国的研究、对煤矿与地方治理的研究等。

在因变量方面，各类测量方式更是令人眼花缭乱。如何测量经济发展、冲突爆发和烈度、治理水平、民主程度、腐败水平、制度优劣等都可以有多种方式。例如，经济发展该用人均水平、总量还是增长率？腐败程度应该用公众的主观感知程度、专家的主观判断水平还是客观的腐败案件

---

① Meta Analysis 在学界中常翻译为荟萃分析或者元分析。

② Ahmadov, Anar. “Oil, Democracy, and Context: A Meta-Analysis.” *Comparative Political Studies*, Vol. 47, No. 9, 2013.

数？在选定测量方式后，统计模型中应该纳入哪些控制变量？是选择截面回归、面板数据还是其他各种方法？在各个环节上学者们都有不同的操作方式，这些不同的测量方式、不同的国家案例和不同的观察时期都可能对学者们得出的结论有影响。①

三、因果机制与解释链条

在因果解释问题上，学界还有几个争论。第一，到底是不是存在着资源诅咒？目前来看，虽然多数学者都认同自然资源丰裕的国家或地区往往伴随着经济增长乏力、冲突频繁、制度欠缺和民主停滞等现象②，但仍有不少研究认为不存在“资源诅咒”③，或者认为一国即便有丰富的资源，资源究竟是起到诅咒还是禀赋的效果，取决于其经济结构或国家能力等政治因素，而非资源本身直接带来的影响。④

第二，如果确实存在资源诅咒，那么到底机制是什么？我们是否遗漏了一些关键变量？合理的因果解释链条应该是什么？大样本的统计分析能够提供规律性的认识，但在因果机制解释上不如案例观察细腻。即便选择了定性的研究方式，还涉及几个问题。

一个是样本的选择问题。学者一般根据解释变量和被解释变量的相似或差异来选择具体案例。即使学者提供了有力的依据，我们仍然可以对案例的选择和代表性表示怀疑：为什么选择某一国家而不是其他国家；为什么只考虑石油丰富而非其他矿产资源丰富的国家；为什么只考虑总统制/单一制的制度；等等。

另一个是解释链条的问题。如果我们只对单一案例进行细致观察，确实可以通过过程追踪等方法获得对案例的深刻理解。但单一案例过于特

---

① van der Ploeg, Frederick. “Natural Resources: Curse or Blessing?” *Journal of Economic Literature*, Vol. 49, No. 2, 2011.

② Ross, Michael. “What Have We Learned About the Resource Curse?” *Annual Review of Political Science*, Vol. 18, 2015.

③ Davis, Graham. “Learning to Love the Dutch Disease: Evidence from the Mineral Economies.” *World Development*, Vol. 23, No. 10, 1995.

④ Dunning, Thad. “Resource Dependence, Economic Performance, and Political Stability.” *Journal of Conflict Resolution*, Vol. 49, No. 4, 2005. Thies, Cameron. “Of Rulers, Rebels, and Revenue: State Capacity, Civil War Onset, and Primary Commodities.” *Journal of Peace Research*, Vol. 47, No. 3, 2010.

殊，为了扩展案例的代表性和得到更具规律性的解释，学界常常进行案例间的比较分析。在涉及比例案例分析时，就存在许多方法论上的难题。我们从解释链条的长短和取舍上举一个三国之间进行案例比较的例子。

假设A代表资源丰裕，B代表族群间分配不公导致的彼此怨恨，C代表族群领导人的贪婪和机会主义倾向，D代表冲突爆发的可能或者冲突的烈度，E代表经济发展。在案例研究中，我们根据自变量A和因变量D选择了三个国家，都有丰裕的资源和族群间的冲突。我们通过案例研究发现：

国家一中，A导致了B，进而导致C，从而造成D；

国家二中，A同时导致B和C，B和C再同时导致了D；

国家三中，A没有导致B，但A导致了C，进而造成D，即资源丰裕造成族群间的分配不公，但族群间没有因此互相怨恨，只是资源丰裕导致族群领导人的机会主义倾向变大而诉诸战争。

那么这里面可能存在几个因果机制链条上的不同看法。第一个问题是B、C之间是前后的因果关系，还是并列的关系？或者我们也可以解释认为，在B、C两个因素中，具备越多的因素，冲突可能性越高。第二个问题是由于国家三的案例，是不是应该把B拆成分配公平与否（B1）和彼此怨恨（B2）两个因素？因为分配不公未必导致彼此怨恨，而两个族群间的彼此怨恨也可能是历史积怨。这种做法就会将解释链条进一步拉长。第三个问题，假设一位研究者欲解释资源丰裕如何导致经济发展缓慢，他认为需要有和平的环境，所以研究D，进而提出了A导致B，B导致C，C导致D，D最后导致E的逻辑链条。那么这种长链条的因果机制是否合适？运用有限的案例观察或大样本统计能否有这么大的解释力？这些问题仍然有很大的争议。只有运用多种方法，更多地了解“资源诅咒”的因果机制，我们才能有的放矢地提出一些对策来遏制它。

第五节　未来研究方向

资源丰裕最初被认为将有助于发展中国家的发展，但在现实中却往往有反作用。为此，发展政治学对资源诅咒现象进行了大量研究。迄今为止，已经研究了各种自然资源的不同影响，包括石油、煤炭、天然气、木材和各类金属矿产等。研究主题已经从自然资源与经济发展之间的关系逐渐拓展到自然资源与民主、腐败、善治和冲突等的关系，未来还可能会提出其他一些主题。对资源诅咒的研究还与一些领域的研究多有联系并彼此启发，如欠发达国家获得的外国援助、中央政府对地方政府突然增加的转移支付，甚至国有企业收入和国家土地收入等，都带有一些额外之财或租金收入的性质。[①] 这些研究认为，在外国援助上，一些欠发达国家可以利用获得的外国援助来增进维持统治的能力，从而减少政权更替或崩溃的可能。[②] 在中央与地方的财政关系上，一个国家内部的不同地区在民主程度和治理表现上存在着广泛差异，一种可能的解释是，那些收到更多中央转移支付的地区，更不依赖于地方税收，对纳税人的回应程度较低。[③]

从方法论上讲，目前主要的实证研究方法，或者是统计分析，或者是案例研究和案例间比较。由于定量方法的局限性，尽管已经使用了许多复杂统计方法得出了显著性结果，但仍不能完全排除这种关系可能为伪，并且可能存在一些未观察到的其他因果机制。为了解决这些方法论问题，还需要运用更多的方式以进一步解释因果机制。一种缓解定量方法和定性方法缺陷的方向是将大样本统计分析和深入的案例研究结合起来：首先进行统计分析，然后根据统计分析的结果，选择一些典型和特异区域进行深入的比较案例研究，这样案例选择将更具代表性。未来的另一个方向是进行自然实验和有控制的实验。例如，有研究从税负感和公众对政府回应性的角度，讨论了政府的资源租金与税收两者如何影响了公众投票意愿和公众对政府需求的判断。[④] 这种将实验对象分为处理组和参照组的方式，能够提供更有说服力的证据解释因果机制，未来可以采用类似的方法进一步理解资源诅咒现象。

---

① Brollo, Fernanda, Tommaso Nannicini, Roberto Perotti, and Guido Tabellini. “The Political Resource Curse.” *American Economic Review*, Vol. 103, No. 5, 2013.

② Ahmed, Faisal. “The Perils of Unearned Foreign Income: Aid, Remittances, and Government Survival.” *American Political Science Review*, Vol. 106, No. 1, 2012.

③ Gervasoni, Carlos. “A Rentier Theory of Subnational Regimes: Fiscal Federalism, Democracy, and Authoritarianism in the Argentine Provinces.” *World Politics*, Vol. 62, No. 2, 2010.

④ Paler, Laura. “Keeping the Public Purse: An Experiment in Windfalls, Taxes, and the Incentives to Restrain Government.” *American Political Science Review*, Vol. 107, No. 4, 2013.

针对资源带来的不良影响，学界已经提出了许多应对举措。比如，为应对国际贸易中的价格波动和货币问题，应当设立一些主权基金；为应对行业间的挤出效应，应当对高科技企业进行扶持；为应对资源租金的不良影响，应当更加重视分配公平、采用合理财税制度和进行法治建设等。从长远来看，资源总会有开采完的一天。在资源枯竭后，产业应当如何转型，政府收入如何保证，持续发展如何实现，这些都有待未来进行研究。

第十三章

族群冲突研究：历程、现状与趋势

唐世平　王　凯

发展离不开稳定和安全的环境。对于发展中国家而言，族裔认同的多样性不仅构成治理和发展的挑战，而且对国家建构本身产生威胁。在不同的族裔大众及其精英看来，发展本身虽然重要，但是谁来领导国家的发展同样重要。不同族裔对自己利益的认知、对威胁和不满的感知，往往会产生冲突，从而威胁这些国家的治理水平、稳定以及发展。对族裔冲突的研究是关于发展的政治学前沿研究的重要话题，本章对该研究主题进行综述。

过去四十年来，关于族群冲突的研究呈现爆发式增长，其首要的研究问题是：在什么样的文化、社会、经济、政治和国际条件下，更容易出现族群冲突或和平？本章首先将2012年前的研究分为四个波次，批判性考察其理论和实证上的研究进展。本章认为，从理论上和实证上，该领域都已经取得了令人印象深刻的进展。理论上，该领域早已超越了无益的三大范式（即原生论、工具论和建构主义）的辩论，并且形成了新共识，即研究往往需要从三大范式和其他路径中抽取出有效的元素来加以整合。此外，新制度主义已经（再次）崛起为该领域内一种主要研究路径。实证上，在诸如地理信息系统（GIS）等日益精致的方法和技术以及更多更好的可用数据集的联合推动下，学界对族群冲突原因的探索不但产生了令人兴奋的新研究领域，而且收获了更深入和丰富的知识。本章将着重介绍一些令人印象深刻的新研究，它们整合了理论和实证，代表了未来优秀研究的方向。最后，本章将在数据和研究议题两方面为指出未来研究四个基本领域和方向。

第一节　初识族群冲突研究

族群冲突已成为世界上不安全、破坏和人员伤亡最致命的原因之一。根据丹尼和沃尔特的研究，全球最近数十年间64%的内战发生在不同的族群之间。[①] 自越南战争以来，族群冲突导致了空前的人道主义灾难，如发生在前南斯拉夫和前苏丹境内的强制迁徙和大屠杀，以及卢旺达胡图族对图西族的种族屠杀。此外，包含族裔因素的恐怖主义在袭击数量和造成的伤亡总数上都遥遥领先于其他种类的恐怖主义。[②]

因此，几十年来，特别在冷战结束之后，社会科学家以从未有过的热情集中研究族群冲突爆发的原因。在这批丰富且持续增长的文献中，首要的研究问题是：哪些文化、社会、经济、政治和国际条件更容易导致族群冲突或和平？具体来说，为什么一些族群选择抵抗或反叛母国的中央政权，而另一些族群选择服从？民族主义、国族建构和国家建构这些概念与族群冲突有什么关系？国际层面的变化和族群冲突之间存在何种联系？自然资源会引起族群冲突吗？为什么族群战争往往比非族群内战和国家间战争持续更久？为什么有些族群成功获得了自治甚至独立，而另一些却失败了？曾敌对过的族群能否在暴力冲突之后和平相处？

全部回顾浩如烟海的族群冲突文献难以完成，因此我们对文献回顾的范围附加两条限制。首先，我们仅仅考察与族群冲突/战争爆发相关的文

---

① Denny, Elaine K., and Barbara. F. Walter. "Ethnicity and Civil War." *Journal of Peace Research*, Vol. 51, No. 2, 2014.

② Asal, Victor, and Karl Rethemeyer. "The Nature of the Beast: Organizational Structures and the Lethality of Terrorist Attacks." *Journal of Politics*, Vol. 70, No. 2, 2008; Masters, Daniel. "The Origin of Terrorist Threats: Religious, Separatist, or Something Else?" *Terrorism and Political Violence*, Vol. 20, 2008.

献，同时承认，要更完整地理解族群冲突还需要考察冲突的持续和冲突后的和平。其次，重点考察 20 世纪 80 年代后的文献，因为在 20 世纪 80 年代之后，学界才取得了广泛的理论和实证进步。即使有了这两个限制，由于篇幅的限制，我们还是不得不舍弃许多优秀的研究。

此外，出于下述三个原因，我们忽略了著名的三大范式（即原生论、工具论和建构主义）对于族裔性、民族（国族）和民族主义的争论。首先，最新的文献已经远远超越了这种争论。我们同意瓦尔西尼（Ashutosh Varshney）的评价："再也没有谁真的认为族群身份是原生的，也没有谁会认为它没有任何内在价值，而只能被当作战略工具使用。再也没有纯粹的原生论者或纯粹的工具论者，由于经验证据的力量，它们再没有可能东山再起。"[①] 其次，我们认为，结合三大范式中有用的元素是唯一正确的研究方向，这种看法正逐渐成为共识。大多数情况下，当今绝大多数族群冲突研究者首先是一个建构主义者，其次是一个工具论者，同时还会承认某些原生性元素仍然在影响族群冲突。实际上，一些最新的理论整合式的研究已经尝试从三大范式中提取有用的元素并加以超越。最后，一篇简短的文献综述中难以讨论清楚该问题，已有若干研究简洁地讨论了这些问题。[②]

后文还将讨论若干关于内战的重要研究，尽管这些研究没有区分族群战争和非族群战争，但是它们对族群冲突/战争研究同样产生了巨大的影响。[③] 即便如此，我们依然认为，族群战争和非族群战争存在根本性区别，将这两种类型的冲突混杂在一起讨论并不合理。

---

① Varshney, Ashutosh. "Ethnic and Ethnic Conflict." in Boix, Carles and Susan C. Stokes (eds.). *Oxford Handbook of Comparative Politics*. Oxford: Oxford University Press, 2007.

② Brubaker, Rogers, and David D. Laitin. "Ethnic and Nationalist Violence." *Annual Review of Sociology*, Vol. 24, 1998; Smith, Anthony D. *Nationalism and Modernism*. London: Routledge, 1998; Fearon, James D., and David D. Laitin. "Violence and the Social Construction of Ethnic Identity." *International Organization*, Vol. 54, No. 4, 2000; Varshney. "Ethnic and Ethnic Conflict."

③ Collier, Paul, and Anke Hoeffler. "On Economic Causes of Civil War." *Oxford Economic Papers*, Vol. 50, No. 4, 1998; Collier, Paul, and Anke Hoeffler. "Greed and Grievance in Civil War." *Oxford Economic Papers*, Vol. 56, No. 4, 2004; Fearon, James D., and David D. Laitin. "Ethnicity, Insurgency, and Civil War." *American Political Science Review*, Vol. 97, No. 1, 2003.

第二节 关键概念

没有概念，也就没有科学讨论。但是，族群政治领域的很多关键概念并没有广泛接受的定义。处理这些棘手的概念问题超越了本章的范围，本章在此仅提供这些概念的工作定义而不深究细节。

一、族裔性和族群

尽管对于“族裔性”（ethnicity）的概念尚未达成完全的共识，但当今大部分研究族群政治的学者都会承认“族裔性”通常包含至少三个关键因素。第一，族裔性意味着“基于一系列如语言、文化、历史、地区和外貌等共有特征而产生的对共同起源的感知”。第二，同族裔的成员常常会赋予这些与族裔性息息相关的共同特征更深的含义。第三，这种共同体或群体意识可能会提供集体行动的基础。①

对于族群（ethnic group），我们采用英格尔（John Milton Yinger）给出的超越了三大范式的极简主义式定义：族群是一个更大社会的一部分，这部分的成员自认为或被其他人认为有着共同起源并共享共同文化中的重要成分；这些成员还会参加那种共同起源和文化在其中构成重要组成部分的集体活动。②

由于族群边界通常是模糊的，学界对于世界上到底有多少族群并没有一致意见，估计数目从数百到数千不等。能确定的是世界上大部分国家是多民族的，只有小部分国家几乎由单一族群构成（比如日本），或有一个占据主导地位的主要族群（例如中国、法国和德国）。

---

① Flesken, Anaïd. “Researching Ethnic Relations As the Outcome of Political Processes.” GIGA Working paper, No. 251, 2014, p. 8; Yinger, John Milton. “Ethnicity in Complex Societies.” in Coser, Lewis A. and Otto N. Larsen (eds). *The Uses of Controversy in Sociology*. New York: Free Press, 1976, pp. 197-216; Hale, Henry E. “Explaining Ethnicity.” *Comparative Political Studies*, Vol. 37, No. 4, 2004; Chandra, Kachan, and Steven Wilkinson. “Measuring the Effect of Ethnicity.” *Comparative Political Studies*, Vol. 41, No. 4, 2008; Wimmer, Andreas. “The Making and Unmaking of Ethnic Boundaries: A Multilevel Process Theory.” *American Journal of Sociology*, Vol. 113, No. 4, 2008.

② Yinger, John Milton. “Ethnicity in Complex Societies.” p. 200.

二、冲突、暴力和族群战争

唐纳德·霍洛维茨（Donald L. Horowitz）将冲突定义为"一种为达成目标同时阻挡、伤害或消灭对手的争斗"。[①] 但是这个定义存在问题，因为它暗示冲突一定伴随暴力。正如瓦尔西尼所指出的，冲突在一切社会中几乎是永存的，但并非总是带来暴力。[②] 本章根据瓦尔西尼的观点，在讨论文献时仅仅考虑暴力性族群冲突。

我们使用詹姆斯·费伦（James D. Fearon）对族群冲突的定义：暴力进攻可以在下述条件下被理解为"族裔性的"，即它被针对其他族群的敌意所驱动，或者受害者是通过族裔标准选择的，或者攻击是在族群名义下进行的。[③]

族群战争是更为剧烈的族群冲突形式。只有双方都部署了军队或者民兵，暴力冲突才可以被称为战争。[④] 此外，根据常用的战争数据库的定义，暴力冲突必须导致超过 1000 人的战斗相关阵亡人数才可被视为战争。

三、族群冲突的三大范式

1990 年以前的族群冲突研究存在区别明显的三大范式——原生论、工具论和建构论，它们往往从非此即彼的角度来解释族群冲突，争论颇多。但是，这三大范式对后来的族群冲突研究影响深远，因此有必要先行解释。原生论认为族裔的身份是被传统、历史和集体意识等原生属性所界定的，这种身份使得族群能够将自己与他者区分开，并且进一步通过某种机

---

① Horowitz, Donald L. *Ethnic Groups in Conflict*. Berkeley: University of California Press, 1985, p. 95.

② Varshney. "Ethnic and Ethnic Conflict." pp. 278-279.

③ Fearon, James D. "Ethnic Mobilization and Ethnic Violence." in Weingast, Barry and Donald Pittman (eds). *The Oxford Handbook of Political Economy*. Oxford: Oxford University Press, 2006, p. 857.

④ Sambanis, Nicholas. "Do Ethnic and Non-ethnic Civil Wars Have the Same Causes? A Theoretical and Empirical Inquiry." *Journal of Conflict Resolution*, Vol. 45, No. 3, 2001, pp. 261-262.

制引发冲突和暴力。[①] 工具论认为精英和族裔投机分子之间的竞争导致他们操纵族裔认同来获取政治权力，进而引发族群冲突。[②]建构论认为群体之间身份界限的变动并非一层不变，群体身份是被社会建构出来的，在此过程中，文化和政治精英通过提醒大众所处的社会环境、群体内归属感和群体间差异而发挥重要的影响力。[③]

值得注意的是，尽管大多数的族群战争发生于一个族群和另一个控制着国家的族群之间，部分族群战争也会发生在两个都无缘国家核心权力的族群之间。比如，第二次苏丹内战期间，苏丹人民解放军分裂和随之而来的努尔人（瑞克·马查尔领导下的苏丹人民解放军纳西尔派）与丁卡人（约翰·加朗领导下的苏丹人民解放军托利特派）之间的战争（1991—2002），就是南北苏丹族群战争中另一场独立的族群战争。

第三节 理解族群冲突：四波研究

在理解了基本的概念后，本节转入对文献的考察。根据关键文献和研究进展，我们将既有文献分为四个稍有重叠的波次。之所以使用“波次”的标签来整理和评价既有文献，是因为族群冲突这个研究领域的学术发展存在明显的时代性，即受到一个时期的社会科学整体发展态势的影响或是某些重要作品的影响，族群冲突领域在一个时期内的主要研究成果在问题意识、理论构建和方法论上的相似性要大于其差异性，且总体上与其他时期的学术研究特征存在显著的差别。

---

① Shils, Edward. “Primordial, Personal, Sacred and Civil Ties.” *British Journal of Sociology*, Vol. 8, No. 1, 1957. Geertz, Clifford. “The Integrative Revolution: Primordial Sentiments and Civil Politics in the New States.” in Geertz, C. (ed.), *Old Societies and New States*. New York: Free Press, 1963.

② Brass, Paul R. *Ethnicity and Nationalism: Theory and Comparison*. London: Sage, 1985. Kasfir, Nelson. “Explaining Ethnic Political Participation.” *World Politics*, Vol. 31, No. 3, 1979.

③ Edel, May. “African Tribalism: Some Reflections on Uganda.” *Political Science Quarterly*, Vol. 80, No. 3, 1965. Young, Crawford. *Politics in the Congo*. Princeton: Princeton University Press, 1965.

一、第一波（1990年以前）：没有系统性证据的范式

理论上说，三大范式（也就是原生论、工具论和建构论）间的大辩论支配了第一波，导致该时段中的很多文献过于抽象。而且，该时期大多数重要的理论家习惯于从他们最熟悉的某个特定地区选取少量案例，以此建立理论，在不与关注其他地区的地区问题专家核实和讨论的情况下，就暗示他们的这些理论具有普适性。

然而，这一波族群研究更显著的特征是缺乏系统性的实证证据。大多数实证工作由单一案例或少量简单的案例构成，探寻驱动族群冲突的因素和机制的严谨的比较研究几乎不存在。最典型的是泰德·格尔（Ted R. Gurr）的《人为什么反叛》一书，该书发展了关于反叛的“相对剥夺”（relative deprivation）理论，并提供了一长串假设，但几乎没有提供任何实证证据去支持理论和假设。①

此后，唐纳德·霍洛维茨的《冲突中的族群》问世。② 作为一部接近七百页的力作，该书毫无争议是族群冲突领域的基础性文献。③ 从理论上说，霍洛维茨不但超越了三大范式，还从亨利·泰佛尔（Henri Tajfel）等人的群体社会心理学中吸收了营养。④ 其众多理论洞见预示了后来许多关键性发展（如下文提到的新制度主义）。在方法论上，该书也明确强调了比较研究的价值。⑤ 在实证方面，该书收集整理了三个（亚）大陆的一大批证据。霍洛维茨几乎可以说是独立地将族群冲突这一领域从“社会科学的一潭死水”中拉了出来⑥，为族群冲突研究日后成为社会科学中一块独特和繁荣的宝地打下了基础。

二、第二波（1990—2000）：中层理论和统计分析的兴起

苏联解体和中东欧社会主义阵营剧变导致了一系列族群战争。与此同时，卢旺达种族大屠杀中的暴行震惊了全世界。这些事件的发展历程清楚

---

① Gurr, Ted R. *Why Men Rebel*. Princeton: Princeton University Press, 1973.

② Horowitz. *Ethnic Groups in Conflict*.

③ 约瑟夫·罗斯柴尔德的《族群政治》屈居其后。Rothschild, Joseph. *Ethnopolitics: A Conceptual Framework*. New York: Columbia University Press, 1981.

④ Tajfel, Henri. “Social Psychology of Intergroup Relations.” *Annual Review of Psychology*, Vol. 33, 1982.

⑤ Horowitz. *Ethnic Groups in Conflict*. pp. 13-41.

⑥ Horowitz. *Ethnic Groups in Conflict*. p. 13.

地显示，族群冲突可能成为后冷战时代新的苦难之源。在这种背景下，族群冲突研究第二波兴起并迅速扩展。

第二波文献与第一波存在显著差异。[①] 从理论上说，这批文献从范式间的大辩论转移到了对中层理论的探索。沿着这条路径，该领域的理论通过与更为广阔的文献进行交流和对话而获得新发展。从经验上说，（粗糙的）基于跨国数据的定量研究开始兴起，同时，有关族群战争的新议题进入了族群文献的视野。

就理论发展而言，这批文献引入了两种关键性中层理论传统。每种传统都为以后进一步的研究打开了新天地，并启发了后续的重要研究。

首先，巴里·波森（Barry R. Posen）将安全困境理论带进了族群冲突研究。他注意到，当一国的中央政权开始崩溃，或在中央政权不再中立地保护国内所有的族群时，国内就会逐渐出现这种事实上的、与国际无政府体系非常相似的国内无政府体系。波森强调，在这种涌现出的无政府状态下，恐惧以及进攻与防御行动之间的不可区分性可能会导致行动和反制行动之间的恶性循环，导致不同族群走向冲突。[②]

第二种被引入的理论是理性选择理论。在一篇被广为引用的文章中，费伦问了一个看起来简单的问题：如果冲突总是代价高昂的，为什么国家间仍然相互攻伐？[③] 他接下来识别出战争的三大“理性人”原因：不完善的信息、承诺问题和议题的不可分割性。费伦还认为，族群战争最好被理解为一个承诺问题。[④] 费伦随后与大卫·莱廷（David D. Laitin）进行了长期合作，共同探索族群冲突领域，写出了一系列有影响力且不局限于理性选择理论的文章。[⑤]

---

① 在更早的一份评论中，布鲁贝克和莱廷认为这一波的文献没有取得什么进步，但是我们和瓦尔西尼的观点一样，认为该波次存在一定的进步。

② Posen, Barry R. “The Security Dilemma in Ethnic Conflict.” *Survival*, Vol. 35, No. 1, 1993.

③ Fearon, James D. “Rationalist Explanations for War.” *International Organization*, Vol. 49, No. 3, 1995.

④ Fearon, James D. “Ethnic War as a Commitment Problem.” Paper presented at the 1994 Annual Meeting of the American Political Science Association, New York, 1995.

⑤ Fearon, James D., and David D. Laitin. “Explaining Interethnic Cooperation.” *American Political Science Review*, Vol. 90, No. 4, 1996; Fearon and Laitin. “Violence and the Social Construction of Ethnic Identity.”; Fearon and Laitin. “Ethnicity, Insurgency, and Civil war.” 对理性选择理论的批评，参见：Kaufmann, Chaim. “Rational Choice and Progress in the Study of Ethnic Conflict: A Review Essay.” *Security Studies*, Vol. 14, No. 1, 2005.

在实证研究中，有三项发展非常突出。

第一，保罗·科利尔（Paul Collier）和安克·赫夫勒（Anke Hoeffler）试图揭示族群战争的经济原因。① 基于一个包含了1960—1992年间98个国家内27次内战的截面数据集，他们发现人均国内生产总值上升有力地减低了内战的可能性（和持续性）。另一个有趣的结果是，自然资源可能对内战的爆发有非单调性影响："自然资源的占有会在初始时增加内战的风险和持续性，但此后会起到抑制的效果。"作为第一个虽粗糙却系统地针对内战爆发和持续的定量研究，他们的文章一度走红。不幸的是，该文的数据和方法都存在一定的问题，其中的许多结果和解释后来陆续遭到批评和修正。②

第二，主要受到科利尔和赫夫勒的发现和一系列伴随着争夺大量自然资源的冲突（例如哥伦比亚的毒品和石油、刚果民主共和国和塞拉利昂的钻石、南苏丹的石油和印度尼西亚亚齐省的天然气等）的启发，自然资源和内战之间的关系，又名"资源战争"或"资源诅咒"，成为一个关键的研究子领域。这个子领域，经常和"贪婪还是不满"之辩并列，强调在出现大量可掠夺的自然资源时，不管是族群还是非族群内战都更可能爆发。③

第三，注意到族群战争倾向于席卷相邻的国家和族群这一事实，学者们开始探索跨国的族群亲属关系和权力争夺如何推动国内的族群冲突扩散到邻近的国家或族群内，继而成为族群战争的次要原因。④

三、第三波（2000—2005）：取得有限理论进展的定量研究大爆发

第三波研究相对较短。该时段的文献取得了一些实证意义上的快速进展，但往往采用非此即彼和线性的思维来理解复杂的社会科学现象，因此仅收获了有限的理论进展。

---

① 这两位研究者在他们的研究中一直未区分族裔性内战和非族裔性内战，因此存在严重的缺陷。

② Collier, Paul, and Anke Hoeffler. "On Economic Causes of Civil War." *Oxford Economic Papers*, Vol. 50, No. 4, 1998.

③ Berdal, Mats, and David M. Malone (eds). *Greed and Grievance: Economic Agendas in Civil Wars*. Boulder: Lynne Rienner, 2000; Klare, Michael T. *Resource Wars*. New York: Metropolitan, 2001.

④ 例如：Lake, David A., and Donald Rothchild (eds). *The International Spread of Ethnic Conflict: Fear, Diffusion, and Escalation*. Princeton: Princeton University Press, 1998.

在实证上，该波第一个也是最重要的发展，是三个关键数据集的引入：最初由泰德·格尔建立并在2003年得到更新的“处于风险中的少数族群”数据集（the Minorities at Risk（MAR）dataset）；阿莱西纳（Alberto Alesina）等人发布了包含190个国家的族群数据集；[①] 以及费伦公布的160国比较族群数据集。[②] 这些数据集和其他可获取数据（如Penn World Table）打下了此后跨国定量分析快速扩展的基础。

第二个重大进步是关于“贪婪还是不满”的大辩论，该辩论来得快去得也快。基于新模型和包括1960—1999年间79场内战的新数据库，科利尔和赫夫勒发现初级产品出口占整个国内生产总值比重的提高将大幅提升内战的风险，他们将这种发现视为“机会（或贪婪?）是一种更关键的内战驱动因素”的证据。[③] 与此相反，他们认为“不满”的各项指标如仇恨、政治压迫、政治排斥和经济不平等仅仅有很小的解释力，这推动了学界关于“贪婪还是不满”的辩论[④]，而科利尔和赫夫勒是“机会（或贪婪?）”一方的忠实拥趸。然而，到了2005年，对一些显著的“资源战争”的更好的研究已经使“贪婪还是不满”的简单二分法站不住脚。[⑤] 事实上，最终科利尔、赫夫勒和罗纳（Dominic Rohner）他们自己也走出了“贪婪还是不满”而开始强调“可行性”。[⑥]

第三，很大程度上受到作为叛乱的内战绝大部分发生在贫穷或弱小的国家这一事实的影响，费伦和莱廷提出了族群战争的“弱国家假说”和“机会假说”。[⑦] 他们发现贫穷、政治不稳定、恶劣的地理条件和庞大的人口数量这几个变量与内战爆发存在正相关关系，他们认为这表明了强国遏

---

① Alesina, Alberto, Arnaud Devleschawuer, William Easterly, et al. “Fractionalization.” *Journal of Economic Growth*, Vol. 8, No. 2, 2003.

② Fearon, James D. “Ethnic and Cultural Diversity by Country.” *Journal of Economic Growth*, Vol. 8, No. 2, 2003.

③ Collier, Paul. , and Anke Hoeffler. “Greed and Grievance in Civil War.” *Oxford Economic Papers*, Vol. 56, NO. 4, 2004.

④ Berdal and Malone. *Greed and Grievance.*

⑤ Ballentine, Karen, and Jake Sherman (eds). *The Political Economy of Armed Conflict: Beyond Greed and Grievance.* Boulder: Lynne Rienner, 2003.

⑥ Collier, Paul, Anke Hoeffler, and Dominic Rohner. “Beyond Greed and Grievance: Feasibility and Civil War.” *Oxford Economic Papers*, Vol. 61, No. 1, 2009.

⑦ Fearon and Laitin. “Ethnicity, Insurgency, and Civil War.”

制叛乱而弱国引发叛乱。与科利尔和赫夫勒2004年文章的观点一致，费伦和莱廷也怀疑不满（用族群/宗教差异、民主、收入不平等来测量）是内战的关键推动因素的可能性。

或许这一波中最关键的实证进步是一种认知，即不管一个定量研究多么严格，它最多也只能揭示出相关性而非推动族群战争的准确机制。因此，就像政治科学和社会学的其他领域一样，族群冲突学界也出现了关于研究方法的共识，即结合深度且有过程追踪的案例研究与定量分析，比单独使用其中任何一种方法，更能促进我们对社会现象的理解。[①] 这种认识带来了两卷本的族群战争研究论文集的问世，该书中的论文分别深入讨论单个案例。[②] 与此同时，结构化的、基于过程追踪的比较案例研究也开始兴起。[③]

总体来说，如第二波一样，第三波研究也未取得很大的理论进步。但是，该时段却有两项重要的创新。

由于注意到心理因素的重要作用，斯图尔特·考夫曼（Stuart J. Kaufman）和罗杰斯·彼得森（Roger D. Petersen）都开始探索仇恨、荣誉/不满、利益和恐惧在推动族群走向冲突过程中的不同影响程度。[④] 在识别了族群战争的四类"故事"（即古老仇恨、操纵性的领袖、经济竞争和非安全螺旋）之后，考夫曼最终将沙文主义精英炮制的族群神话和恐惧认定为推动族群战争的关键性直接驱动力。同时，在正确认识到情感可以与工具理性相协调之后，彼得森试图把几种关键性情感驱动力（即荣誉、仇恨、愤怒和恐惧）整合进一个更合乎逻辑的族群冲突理论之中。他强调，针对制度性支配的不满是一个有力和深层次的族群冲突驱动力，而愤怒可能是针对外部族群的冲动型大屠杀的直接导火索。值得注意的是，考夫曼和彼得森都采用了结构化的比较案例研究去支撑他们的理论假设。

---

① Sambanis, Nicholas. "Using Case Studies to Expand Economic Models of Civil War." *Perspectives on Politics*, Vol. 2, No. 2, 2004.

② Collier, Paul, and Nicholas Sambanis (eds). *Understanding Civil Wars: Evidence and Analysis* (*Vols. 2*). Washington, D.C.: World Bank, 2005.

③ Kaufman, Stuart J. *Modern Hatred: The Symbolic Politics of Ethnic War.* Ithaca: Cornell University Press, 2001; Petersen, Roger D. *Understanding Ethnic Violence: Fear, Hatred, and Resentment in Twentieth-century Eastern Europe*. Cambridge: Cambridge University Press, 2002.

④ Kaufman. *Modern Hatred*; Petersen. *Understanding Ethnic Violence.*

四、第四波（2005—2012）：族群权力关系数据库、地理信息系统和次国家研究的到来

第三波并没有持续多久就迅速被第四波所取代，这可能反映了日新月异的技术变化和理论创新。第四波的研究特点是引入新的数据库和方法，并且开始重新讨论对国家的控制这一引发族群冲突的重要机制。

理论上，出于对非常粗糙的族群分裂度（ethnic fractionalization）测量指标以及第二、三波文献缺乏讨论族群权力关系的不满，学者们开始寻求更富有成效的族群构成测量方法，并将族群权力关系重新带回这一领域。塞德曼（Lars-Eric Cederman）、威默（Andreas Wimmer）及其合作者共同建立并不断保持更新的“族群权力关系数据库”（the Ethnic Power Relations Dataset）为新一代的研究做出了重大贡献，使用该数据库的高质量论文不知凡几。

在实证层面上，本波中最激动人心的进步是地理信息系统（Geographical Information System，GIS）的引入。按照定义，族群冲突是一种次国家现象。然而，之前的定量研究仅仅依靠国家层级的综合数据。哈尔瓦德·布赫（Halvard Buhaug）和斯科特·盖茨（Scott Gates）于2002年首次将基于GIS的次国家层级数据引入这一领域。[①] 此后，数个基于GIS的全球数据集被开发出来，它们大多和奥斯陆和平研究所、瑞典乌普萨拉大学以及瑞士苏黎世联邦理工学院有关。这些基于GIS的数据集包括“武装冲突地点和事件数据”（the Armed Conflict Location and Events Data，2010）、“具有地理编码的石油和钻石数据集”（the Geo-coded Petroleum and Diamond Dataset，2007）、“族群地理定位数据集”（Geo-Referencing of Ethnic Groups Dataset，2010）、“地理族群权力关系数据集”（the Geo-Ethnic Power Relations Dataset，2011）。今天，绝大多数有关族群冲突的定量研究都要或多或少使用基于GIS的数据。其结果是，毫不夸张地说，我们对族群战争的理解变得更为精细——GIS的引入改变了这一领域。

借助更加丰富和细致的数据，研究者们开始重新评估之前的实证发现。最显著的发现是第四波文献挑战了前人关于族裔性和不满无法推动族

① Buhaug, Halvard, and Scott Gates. “The Geography of Civil War.” *Journal of Peace Studies*, Vol. 53, No. 4, 2002.

群冲突的结论，重新确立了因政治支配带来的不满和族群战争爆发之间的稳健因果关系。[①] 族群权力关系重新回到学界的视野中。

在第四波之中，一个关键的理论发展是新研究路径的出现，我们将其称为“新制度主义”，因为它和旧制度主义关于协和民主制是管理族裔分裂最佳制度安排的主张截然不同。[②] 相反，这种新制度主义路径复兴、扩展并整合了来自罗斯柴尔德（Joseph Rothschild）、霍洛维茨和布拉斯（Paul R. Brass）的不少核心理论洞见。[③] 简而言之，新制度主义路径认为理解了那种“因控制和塑造现代（民族）国家而产生的斗争”才能理解族群冲突。对此，霍洛维茨曾给出过有力的论断：“对国家的控制，控制一个自己的国家，免于被其他人控制，都是族群冲突的主要目标。”[④]

苏联时代仅有一些少数民族得以建立制度化的共和国，并由此导致了后续的风波。很大程度上受到这些现象的启发，菲利普·罗德尔（Philip G. Roeder）提出，（新）民族国家只能从“共同国家”（common-state）内现存的“独立州”（segmented states）产生，因为只有“独立州”才能为寻求分裂/自治的民族主义运动提供政治平台，让后者得以组建、发展，甚至最终在战争不可避免时成功地挑战“共同国家”。[⑤] 罗格斯·布鲁贝克（Rogers Brubaker）关于苏联、南斯拉夫和捷克斯洛伐克解体后的新国家试图国族化（nationalizing）的研究，也属于同一类，虽然他并没有聚焦于暴力性族群冲突。[⑥]

第四节　超越第四波：理论—实证整合与精细化

基于族群冲突研究领域四波学术演进的积累，最近若干年的研究在理

① Cederman, Lars-Eric, Andreas Wimmer and Brian Min. “Why Do Ethnic Groups Rebel? New Data and Analysis.” *World Politics*, Vol. 62, No. 1, 2010.

② Lijphart, Arend. *Democracy in Plural Societies*, New Haven: Yale University Press, 1977; Horowitz. *Ethnic Groups in Conflict*. chap. 14.

③ Brass, Paul R. *Ethnicity and Nationalism: Theory and Comparison*. New Delhi: Sage, 1991.

④ Horowitz. *Ethnic Groups in Conflict*, p. 5.

⑤ Roeder, Philip G. *Where Nation-states Come From?* Princeton: Princeton University Press, 2007.

⑥ Brubaker, Rogers. “Nationalizing States Revisited: Projects and Processes of Nationalization in Post-Soviet States.” *Ethnic and Racial Studies*, Vol. 34, No. 11, 2011.

论、方法和问题意识上都有明显的变化和发展。本节将首先介绍一些令人印象深刻的新研究，它们直指族群冲突背后的深层因素，即国家建构、国家内部权力斗争、政治统治，或是将这些深层因素与各类情绪等直接因素结合起来讨论，整合了碎片化的理论假说和实证证据，代表了未来优秀研究的方向。我们认为，走向理论和实证研究的有机结合才是我们一直该遵循的研究原则。其次，本节指出了第四波以后族群冲突研究的另一面——更加精细化甚至依然有些碎片化的两种趋势：将族群冲突细化为不同类型，和解剖成不同行为体的行为及其互动。一方面，这种精细化对于我们理解各类族群冲突而言无疑是有益的；另一方面，过度精细化可能会导致该研究领域的碎片化，失去对核心问题和大问题的关怀。这些精细化取向的研究话题本身并不新颖，但是系统性、大范围和使用严谨的实证方法来进行精细化研究仅发生在当前。最后，本节总结了族群政治及广义的冲突数据收集工作的最新发展趋势。

一、迈向理论和实证研究的整合

自从第二波之后，理论整合就不再是族群冲突研究领域的核心关切，研究者纷纷急切地寻找驱动族群冲突的因素和机制。定量和定性研究方法的蓬勃发展，进一步导致该领域变得更加碎片化。唐世平认为："从定量研究中，我们获得了很多看似将一些因素与族群战争/和平联系起来的相关关系，但往往缺乏因果机制的讨论。从定性研究中（即比较案例研究），我们依赖某些因素和因果机制，发展了一些关于族群战争的具体理论。然而，目前的族群冲突研究不仅缺乏整合，研究族群战争的学者往往会偏爱某些因素和机制，将其与另一些因素和机制对立起来。在这些学者看来，仅仅用他们喜欢的那些因素和机制就能够充分地解释族群战争这个复杂现象，而且这些不同的因素和机制之间并不存在互相影响。"①

2013 年，学界卓有成效的合作带来了两项整合式的研究，很大程度上遏制了甚至可能终结了上述持续的碎片化趋势。这两部作品是赛德曼、格莱迪奇（Kristian S. Gleditsch）和布赫的《不平等、不满和内战》，以及威

① Tang, Shiping. "The Onset of Ethnic War: A General Theory." *Sociological Theory*, Vol. 33, No. 3, 2015.

默的《战争之波》。[①] 通过拓展斯图尔特关于横向不平等的新制度主义观点和罗德尔关于“独立州”的研究主题，并将“政治上的排斥和统治所导致的不满”视为族群战争的重要推动因素，这两部作品提出了关于国家建构、国家权力斗争、政治统治和族群冲突的整合式新制度主义理论。[②] 此外，威默的理论还将国际体系的系统性变化，尤其是帝国的崩溃，引入了理论框架。利用几乎跨越两个世纪的原始全球数据，在 GIS 的帮助下，这些作者进行了严谨的定量分析，并得到了支持他们的理论洞见的强有力证据。他们发现，以族群为界的政治、经济不平等会导致大量的不满，进而引发族群战争。族群战争更可能在重大的制度变迁期爆发，如原领地被并入一个帝国时，或根据族裔的统治或排斥原则来创建民族国家时。[③] 同时，这两部作品对盖尔纳和安德森等人的经典作品中有关民族主义、民族建构、国家建构、现代化和族群战争的重要理论提出了严肃的质疑。[④]

唐世平的族群战争爆发的广义理论是对该领域最近的一个贡献。[⑤] 建立在整合前人理论的基础上[⑥]，唐世平首先将恐惧、仇恨、愤怒和不满等情绪因素视为暴力行为的直接因素，再将诸如政治制度、不平等、统治和排斥等其他引发冲突的因素当作必须通过直接因素起作用的深层因素。他接下来使用“安全困境”和“族间—族内互动”两个元机制作为整合器，通过它们将众多散见在既有文献中的因素和机制包容进来，进而共同组成一个更加整合和动态的族群冲突理论。唐世平的广义理论和他的理论化路径，能够为进一步理论化族群战争爆发的动态机制提供有用的起点。

---

① Cederman, Lars-Eric, Kristian S. Gleditsch and Halvard Buhaug. *Inequality, Grievances and Civil War*. New York: Cambridge University Press, 2013; Wimmer, Andreas. *Waves of War: Nationalism, State Formation, and Ethnic Exclusion in the Modern World*. Cambridge: Cambridge University Press, 2013.

② Stewart, Frances. *Horizontal Inequalities and Conflict: Understanding Group Violence in Multiethnic Societies*. Basingstoke: Palgrave Macmillan, 2008; Roeder. *Where Nation-states Come From?*

③ 参见：Mylonas, *The Politics of Nation-Building*; Petersen, *Understanding Ethnic Violence*.

④ Gellner, Ernest. *Nations and Nationalism*. Oxford: Blackwell, 1983; Anderson, Benedict. *Imagined Communities: Reflections on the Origins and Spread of Nationalism* (2d ed.) . New York: Verso, 1983 [1991].

⑤ Tang. “The Onset of Ethnic War.”

⑥ Horowitz. “*Ethnic Groups in Conflict*.”; Fearon, James D., and David D. Laitin. “Violence and the Social Construction of Ethnic Identity.” *International Organization*, Vol. 54, No. 4, 2000; Kaufman. *Modern Hatred*; Petersen, *Understanding Ethnic Violence*; Cederman et al. *Inequality, Grievances and Civil War*.

另一个创新性研究来自菲利普·罗斯勒（Philip Roessler）。[1] 由于注意到很多非洲国家自独立之后就反复陷于政变和族群战争的循环之中，罗斯勒认为，一个族群试图占据统治地位并控制国家的尝试，以及来自其他族群的反抗，能在很大程度上解释为什么很多独立后的非洲国家长期陷于政变、预防政变和族群战争的恶性循环之中。结合深度案例研究和定量分析，罗斯勒显著地促进了我们对族群政治和国家权力斗争之间的相互作用的理解。

二、将族群冲突细化为不同类型

第四波以来，族群冲突研究的议题已经远远超出了对族裔性内战爆发与否的研究，继承了族群冲突研究学界达成的一些共识（如对中层理论和方法的重视），目前的研究呈现出越来越精细的趋势。研究人员进一步将族群冲突细分为各个小类，如非暴力运动、族群清洗/种族屠杀、族裔恐怖主义和民族自决运动，进而讨论各小类的族群冲突是否存在不同的因果发生机制。虽然这些话题并非新话题，但是这些新的研究往往能够使用合适的研究设计和令人信服的数据，并为一些重要的研究问题提供可信的回答。

相比于暴力冲突，对非暴力形式的族群冲突往往缺乏系统的研究。暴力冲突往往关注非政府的武装组织，而非暴力冲突还会讨论公民和非武装的反对派在各类运动中的作用。在全球国家间战争和内战数量减少，而诸如阿拉伯之春和民粹主义等事件持续影响全球政治经济的时代，研究涵盖族裔或非族裔的非暴力冲突显得尤为重要。在这一研究议题中，埃丽卡·切诺韦思（Erica Chenoweth）领导的公民抵抗（civil resistance）研究是杰出的成果。他们建立的“非暴力和暴力运动和结果数据库”是该领域重要的研究成果和研究资源，目前涵盖了1945—2006年以来250起以推翻政权、驱逐侵略者或争取独立为目的的非暴力和暴力起义事件。在切诺韦思与玛丽亚·斯蒂芬（Maria J. Stephan）合著的《为什么公民抵抗能够成功》一书中，作者综合使用该数据库和案例研究，发现非暴力运动存在与

① Roessler，Philip. *Ethnic Politics and State Power in Africa：The Logic of the Coup-civil War Trap*. Cambridge：Cambridge University Press，2016.

暴力冲突不同的机制，且比后者更容易达成政治目标，更能促进长期稳定的民主，而暴力叛乱往往并非最合适的战略。[①] 虽然切诺韦思等人的研究并非聚焦于族群政治，却能够缓解族群冲突研究对“暴力”的偏爱，并提供新的思路和数据。例如，下文中所讨论的凯瑟琳·康宁汉姆（Kathleen Gallagher Cunningham）对族群自决运动中非暴力运动的研究就借鉴了切诺韦思的研究成果。

族裔或种族屠杀属于针对非战斗人员（平民）的一种暴力，对其历来不乏研究。首先，屠杀行为的罪魁祸首不一定都是中央政府或主要族群，族裔或非族裔的武装组织在获取外部援助之后会降低获取民心的动机，因而更容易做出践踏人权的行为。[②] 斯科特·斯特劳斯（Scott Straus）2015 年对非洲种族屠杀的研究，是具有强烈的方法论意识的好作品。[③] 种族屠杀毕竟是小概率事件，斯特劳斯认为很多既有解释过度预测了（overpredict）种族屠杀的发生，而且绝大部分研究没有系统研究那些可能发生但是最终没有发生屠杀的案例（noncases）。为了回答这些问题，作者在明确了自己选择案例的限定条件（scope condition）的基础上，提出包括两个促进因素（战争导致不断升级的威胁和关于国家身份的初始话语）和四个阻止因素（反对话语、国家能力、经济动机以及外部因素）的理论解释框架。

以族群为名义的恐怖主义是全球性问题，受害者包括本族群成员、其他族群成员和无辜民众。据统计，全世界超过三分之一的恐怖主义组织（声称）为促进某些族群利益而存在，且族裔形式的恐怖主义在袭击数量和造成的伤亡总数上都遥遥领先于其他种类的恐怖主义。[④] 内战研究发现，反叛群体倾向于在国家首都和边缘地区使用恐怖主义，以期惩罚政府的平

---

① Chenoweth, Erica, and Maria J. Stephan. *Why Civil Resistance Works: The Strategic Logic of Nonviolent Conflict*. New York: Columbia University Press, 2011; Chenoweth, Erica, and Orion A. Lewis. “Unpacking Nonviolent Campaigns: Introducing the NAVCO 2.0 Dataset.” *Journal of Peace Research*, Vol. 50, No. 3, 2013.

② Salehyan, Idean, David Siroky and Reed M. Wood. “External Rebel Sponsorship and Civilian Abuse: A Principal-agent Analysis of Wartime Atrocities.” *International Organization*, Vol. 68, No. 3, 2014.

③ Straus, Scott. *Making and Unmaking Nations: War, Leadership, and Genocide in Modern Africa*. Ithaca, New York: Cornell University Press, 2015.

④ Asal and Rethemeyer. “The Nature of the Beast”; Masters. “The Origin of Terrorist Threats”.

叛战略并在地理范围上扩大自己的影响力。[①] 但是主流的恐怖主义研究总体上忽视了对族群和恐怖主义的因果关系研究，目前还只有零星的讨论。例如，布兰登·博伊兰（Brandon M. Boylan）发现，对母国的政治和经济不满，以及族群内部精英之间的斗争，都会引发族群恐怖主义。[②]山姆布达·加塔克（Sambuddha Ghatak）等人研究了民主国家内部的恐怖主义，认为政体类型对国内恐怖主义的影响受到国内是否存在政治上被排斥的少数族群的调控，当国内政治排斥存在时，任何民主国家都会出现恐怖主义。[③]我们认为，在恐怖主义研究的基础上，探索和族裔相关的恐怖主义行为，回答诸如为什么某些族裔武装会采用恐怖主义这类问题，在理论和实践上都有重要意义。

自决运动（self-determination movement）作为一个族群冲突中更小的分类，依据的不是族群组织采取的不同战略手段，而是族群组织的战略目的来界定的。它指的是群体要求更多自治权力、独立、与其他国家统一、建立泛族裔的超国家政治实体等目的的运动，大多数的自决运动都和特定的族群联系在一起，例如土耳其的库尔德人民民主党要求文化和语言自治权力的运动，乌克兰克里米亚地区不同的政治团体对联邦主义和独立的要求不同。凯瑟琳·康宁汉姆团队的工作是对自决运动研究的重要贡献。他们建立了二战后关于自决运动的数量、内部派系竞争和战略选择等变量的数据库，该数据库表明自决运动中的内部派别（组织）存在很大差异。平均来说，每个运动中的内部派别大约有 8 个，而印度的克什米尔穆斯林自决运动中则存在多达 67 个派别。在数据的支持下，他们发现，内部派系竞争和中央政府具有否决权，影响了中央政府对自决运动的应对战略，进而决定了自决运动是走向成功还是引发冲突；[④] 关于族群自决运动中的非暴力

---

① Ash, Konstantin. "'The War Will Come to Your Street': Explaining Geographic Variation in Terrorism by Rebel Groups." *International Interactions*, Vol. 44, No. 3, 2018.

② Boylan, Brandon M. "What Drives Ethnic Terrorist Campaigns? A View at the Group Level of Analysis." *Conflict Management and Peace Science*, Vol. 33, No. 3, 2016.

③ Ghatak, Sambuddha, Aaron Gold, and Brandon C. Prins. "Domestic Terrorism in Democratic States: Understanding and Addressing Minority Grievances." *Journal of Conflict Resolution*, Vol. 63, No. 2, 2019.

④ Cunningham, Kathleen Gallagher. *Insides the Politics of Self-determination*. Oxford: Oxford University Press, 2014.

运动，他们发现小族群和地理上分散导致族群更容易使用非暴力战略①。在进一步区分自决运动中 5 种不同的非暴力战略后（经济不合作、抗议、非暴力干预、社会不合作、政治不合作），他们发现，自决运动中的组织不仅会模仿其他组织的非暴力战略，还会根据战略环境调整和多元化己方的战略。② 康宁汉姆等人的研究是社会科学以及冲突研究领域中精细化趋势的典型，他们进一步将自决运动的分析单位从群体/运动层次降低为组织/派别层次。当然，研究路径并非唯一，格里菲斯（Ryan D. Griffiths）将视角扩展到 1816—2011 年期间，试图将国际和国内因素统合起来解释现代全世界范围内的分离运动动态，则是另一种整合路径。③

三、将族群冲突解剖成不同行为体的行为及其互动

族群冲突越来越精细化的第二个特征是研究对象从笼统的冲突事件向相关冲突行为体的行为及其互动转变。族群冲突本质上涉及资源之争，对资源的争夺至少涉及控制国家的中央政府、少数族群和第三方行为体，解释这些相关行为体的行为有助于我们更为清晰地理解族群冲突的爆发动态。

首先，中央政府作为国家主权范围内的最高权威是资源的最终分配者，对族群冲突爆发与否有重要的影响，但是国家并非一定会保持公允，往往会偏向某些族群，排斥另一些族群。国家对少数族群的政策也非常重要，一些研究发现，一旦某些少数族群在政治上被排斥，国内各种形式的族群冲突的发生概率会大幅增加。④ 学界目前关于国家为什么会采取族群排斥政策出版了一些重要的著作，却给出了不同的答案：安德烈亚斯·威默比较了法国和土耳其的现代化过程，认为民族国家在建立过程中时，如果缺乏制度能力（包括中央集中化程度不够、公共产品提供能力不足和缺

① Cunningham, Kathleen Gallagher. "Understanding Strategic Choice: The Determinants of Civil War and Nonviolent Campaign in Self-determination Disputes." *Journal of Peace Research*, Vol. 50, No. 3, 2013.

② Cunningham, Kathleen Gallagher, Marianne Dahl, and Anne Fruge. "Strategies of Resistance: Diversification and Diffusion." *American Journal of Political Science*, Vol. 61, No. 3, 2017.

③ Griffiths, Ryan D. *Age of Secession: The International and Domestic Determinants of State Birth*. Cambridge: Cambridge University Press, 2016.

④ Cederman, et al. "Why Do Ethnic Groups Rebel?"; Cederman, Lars-Eric, Luc Girardin, and Kristian S. Gleditsch. "Ethnonationalist Triads: Assessing the Influence of Kin Groups on Civil Wars." *World Politics*, Vol. 61, No. 3, 2009.

乏自发性组织网络）包容所有群体，便会采取排斥其他族群的政策；[①] 菲利普·罗斯勒研究了当代的非洲政治，发现政府的排斥主要是为了预防少数族群精英发动政变；[②] 哈里斯·米洛纳斯（Harris Mylonas）考察了两次世界大战之间的巴尔干半岛，发现国家的修正主义对外政策目标以及少数族群与敌国共谋的威胁导致国家更多采取排斥政策；[③] 康宁汉姆系统研究二战后的自决运动，发现自决运动族群的内部越团结，国家权力太集中或太分散，都会增加排斥政策（即非包容政策）的概率。[④] 从上述研究可以发现，对这一问题的讨论有一些有趣的现象：第一，不同的学者讨论了不同时空下的案例；第二，基于不同的研究视角，同时受到案例选择的影响，这些学者考虑了从国家间关系、国家到（亚）群体不同层次的影响因素。这些现象既表明了族群排斥政策的复杂性，又为我们进一步理解该问题提供了基石。

其次，族群冲突中涉及的第二个重要行为体就是少数族群以及代表少数族群的反叛组织。在承认了不满和贪婪并不存在竞争性关系，动机和机会对于族群动员同样重要之后，目前的研究正沿着两个方面进一步探讨少数族群在冲突中的动态，这对于我们进一步分析群体层次的动态非常有价值。第一，更多文献越来越将族裔反对派当作一个重要的战略行为体，分析它们使用的各种战略：联盟和竞争机制[⑤]、反对派外交[⑥]、治理战略[⑦]、从非暴力到暴力甚至恐怖主义在内的多种战略的使用。[⑧] 第二，若干重要文献从“社会网络”的角度讨论了（族裔）反对派组织或武装团体的形成和

---

① Wimmer. *Waves of War.*

② Roessler. *Ethnic Politics and State Power in Africa.*

③ Mylonas, Harris. *The Politics of Nation-Building: Making Co-Nationals, Refugees, and Minorities.* New York: Cambridge University Press, 2012.

④ Cunningham. *Insides the Politics of Self-determination.*

⑤ Fotini, Christia. *Alliance Formation in Civil Wars.* New York: Cambridge University Press, 2012.

⑥ Huang, Reyko. “Rebel Diplomacy in Civil War.” *International Security*, Vol. 40, No. 4, 2016.

⑦ Arjona, Ana, Nelson Kasfir, and Zachariah Cherian Mampilly (eds). *Rebel Governance in Civil War.* Cambridge: Cambridge University Press, 2015.

⑧ Horowitz, Michael C., Evan Perkoski, and Philip B. K. Potter. “Tactical Diversity in Militant Violence.” *International Organization*, Vol. 72, No. 1, 2017; Carter, David B. “Provocation and the Strategy of Terrorist and Guerrilla Attacks.” *International Organization*, Vol. 70, No. 1, 2016.

特点，这是一个被忽视却非常重要的研究领域。[1] 劳森（Jennifer M. Larson）和刘易斯（Janet I. Lewis）的一系列研究考察了在冲突研究中几乎完全被忽略的问题——反叛组织最初是如何形成的？该研究的重要意义在于，提醒我们既有研究中存在的大规模案例选择偏误，即只关注了那些发展壮大后的武装组织，而忽略了那些在初期就失败了的武装组织。她们发现，大众社会中的网络结构决定了反叛组织能否从最初的小团体成长为具有挑战政府能力的武装团体，具体来说，同质化的族裔网络有利于这种成长。[2]刘易斯进一步使用自己收集的乌干达的数据库挑战了被广泛使用的“族群权力关系数据库”中关于该国的数据以及基于该数据库的实证研究。她发现该数据库忽视了一批“失败”比较早的叛乱组织，而将这些失败组织纳入分析后，可以发现，塞德曼等人关于排斥性政策和叛乱爆发之间的相关关系几乎消失。[3]刘易斯和劳森的研究表明，对叛乱如何形成的微观探索是新的研究沃土，并提醒我们需要反思当前学界对族群、族群组织和叛乱组织的基本定义和假设。

最后，第三方因素对国内族群冲突的影响机制也是目前学界的重要研究领域，但是对第三方行为体的研究显得很纷杂，这是因为第三方行为体本身的类型就更复杂。这些行为体大致可以分为三类，包括全球性因素、外部国家和外部非国家行为体。在全球性因素方面，研究者发现，民族国家的建立会影响国内冲突[4]，冷战的结束导致国内冲突的形式发生了变化[5]，但是冷战后的国际机制降低了国内冲突的爆发[6]，民族自决运动和全球化却促进

① 例如，保罗·斯塔尼兰讨论了反对派武装形成的社会基础及其对后续命运的影响。Staniland, Paul. *Networks of Rebellion: Explaining Insurgent Cohesion and Collapse.* Ithaca: Cornell University Press, 2014.

② Larson, Jennifer M., and Janet I. Lewis. “Rumors, Kinship Networks, and Rebel Group Formation.” *International Organization*, Vol. 72, No. 4, 2018.

③ Lewis, Janet I. “How Does Ethnic Rebellion Start?” *Comparative Political Studies*, Vol. 50, No. 10, 2017.

④ Wimmer. *Waves of War.*

⑤ Kalyvas, Stathis N., and Laia Barcells. “International System and Technologies of Rebellion: How the End of the Cold War Shaped Internal Conflict.” *American Political Science Review*, Vol. 104, No. 3, 2010.

⑥ Fearon, James D. “Civil War and the Current International System.” *Daedalus*, Vol. 146, No. 4, 2017.

了少数族群对政治自治权的追求①。具体到国家间层次，国家会更多支持对手国国内的（族群）反对派组织②，为国家间的竞争和冲突寻找代理人③。外部国家并非一定会支持反叛组织，也会支持处于危机中的中央政府，从而避免后者陷入内战。④ 在外部非国家行为体方面，跨国家的同族裔对国内族群冲突的影响动态一直受到大量关注，最近的研究表明，一国（族裔和非族裔）内战的发生概率与邻国同一族群（Transborder Ethnic Kins Group）的相对大小成倒 U 型关系。⑤ 对涉及第三方因素的研究进行归纳，我们发现，总体上外部因素对国内族群冲突的影响几乎无孔不入，全球性因素通过影响国家身处的制度性或权力性环境来影响国家内部冲突，国家层次的因素更多反映了国家竞争的国内化问题，包括跨国同族裔群体等外部非国家行为体具有超越主权边界的浸入效应，似乎很难将这些研究放在一个统一的分析框架中。但是，回顾本节的分析，探究第三方因素如何通过影响国家中央政府和国内少数族群的战略行为来导致或遏制族群冲突，将是有趣的尝试。

四、族群政治及广义的冲突数据收集工作的不断发展

随着研究者的不断努力和反思，族群政治以及冲突数据的收集工作不断发展。首先，冲突相关数据的收集从传统的国家间战争转向非传统、群体层次、非暴力类型的冲突。研究从传统的国家间战争向非传统、国内群体和非军事等冲突领域的推进催生了数据库的发展。例如：战争议题因素数据库（the Issue Correlates of War Database，ICWO）关注国家间的非军事冲突，如领土争端、谈判过程；⑥ 威权政体大众动员数据库（Mass Mobili-

---

① Grauer, Ryan, and Dominic Tierney. “The Arsenal of Insurrection: Explaining Rising Support for Rebels.” *Security Studies*, Vol. 27, No. 2, 2018.

② Maoz, Zeev, and Belgin San-Akca. “Rivalry and State Support of Non-State Armed Groups (NAGs), 1946-2001.” *International Studies Quarterly*, Vol. 56, 2012.

③ Salehyan, Idean. “The Delegation of War to Rebel Organizations.” *Journal of Conflict Resolution*, Vol. 54, No. 3, 2010.

④ Cunningham, David. “Preventing Civil War: How the Potential for International Intervention Can Deter Conflict Onset.” *World Politics*, Vol. 68, No. 2, 2016.

⑤ Cederman, Lars-Erik, Kristian Skrede Gleditsch, Idean Salehyan, and Julian Wucherpfennig. “Transborder Ethnic Kin and Civil War.” *International Organization*, Vol. 67, 2013.

⑥ 参见其官方网站：http://www.paulhensel.org/icow.html。

zation in Autocracies Database，MMAD）关注威权下的群体动员；[1] 非洲社会冲突数据库（Social Conflict in Africa Database，SCAD）关注非洲国家的抗议和骚乱等社会冲突；[2] 处于风险中的少数民族数据库（All-MAR）则将原MAR数据库中记载的300个族群扩展到1200个；[3] 恐怖组织身份系统（Terrorist Organization Identification System）系统整理了2400多个主要的恐怖组织实体和2800多个恐怖组织的别名。[4]

其次，更加关注数据来源的选择对数据质量的影响。数据收集者应该意识到每种数据源都有潜在优势和不足，并在必要时查阅、交叉对比不同的数据源。例如：新闻报道反映的往往是新闻媒体和大众的偏好；新闻报道往往偏爱报道暴力事件而忽视公民的非暴力集体行动；不同的历史专著可能包含截然相反的见解；威权政府比民主政体更容易选择性压制媒体报道；冲突双方出于各自的利益都会推卸责任；NGO也可能谎报军情。

最后，数据收集者都在力求打开数据收集过程的黑箱。既然各类数据来源都存在不同程度的问题，那么数据的收集者如何处理这些复杂甚至相互冲突的信息呢？数据收集者往往会采用以下的操作办法：（1）为编码者提供一致、详细和清晰的编码原则，尽力减少失误和主观判断；（2）在不确定情形发生时，编码者应该尽可能将复杂和不确定的信息标注在“附注”一栏中；（3）将信息的获取与信息的整合两个过程分离开，记录初步获取的不同信息，明确处理相互冲突信息的具体方法；（4）将所有相互冲突的信息记录下来，并为信息的矛盾程度编码。

第五节 小　　结

通过回顾族群冲突的研究历程、现状和趋势，不难发现族群冲突学界已经度过了随意提出无系统证据的理论或是盲目使用定量方法验证假设的阶段，好研究往往需要同时在理论和实证两方面提供新的知识。基于这样

---

① 参见其官方网站：https：//mmadatabase. org/。

② 参见其官方网站：https：//www. strausscenter. org/scad. html。

③ 参见其官方网站：https：//cidcm. umd. edu/research/all-minorities-risk-project。

④ 参见其官方网站：https：//www. start. umd. edu/using-baad。

的认识，在指出若干未来的研究方向之前，我们认为未来的研究应该重视并理解两个大的问题：理解理论化和基本的方法知识。

第一个问题是基础性的，同时深及根本：研究的理论化和实证检验必须更紧密地结合起来。实证假设只能抓住实证规律，而理论的目的是解释这些实证规律。[①] 因此，在理想情况下，理论应该支持实证假设，而假设应该源于理论核心。然而，大量的（定量）研究一开始就不厌其烦地罗列各种假设，从没有想过应该从一个理论内核中推导出假设。这类研究因此隐含地将“提出实证假设”等同于“理论化”。结果，这些研究最多只能算是低度理论化：绝大部分此类研究的结果不过是相关性。[②] 这种做法严重阻碍了该领域的知识积累[③]，改变势在必行。

第二个问题实际上要求我们必须真正理解常用的研究方法（尤其是定量研究）的基本知识。首先我们必须避免“垃圾回归”，在把各种因素放入回归方程之前应该认真考虑。我们需要区别中介变量和混杂变量，并尽力处理好这些“自变量”们之间潜在的、复杂的交互关系。[④] 此外，结合定性分析、定量分析和其他方法几乎肯定优于单独使用定量方法[⑤]，因为大多数时候，就像罗斯勒和唐世平所强调的，定量分析仅仅揭示相关关系而非因果关系。[⑥] 举例来说，通过比较定量分析结果和得自过程追踪的证据，唐世平、熊易寒和李辉的研究表明，尽管数篇相关研究都表明石油的族群地理分布和族群战争的爆发之间存在稳健的统计关系，但是石油更多

① Bunge, Mario. “Explanation and Mechanisms.” *Philosophy of the Social Sciences*, Vol. 27, No. 4, 1997.

② Tang. “The Onset of Ethnic War.” pp. 258-259.

③ Hegre, Håvard, and Nicholas Sambanis. “Sensitivity Analysis of Empirical Results on Civil War Onset.” *Journal of Conflict Resolution*, Vol. 50, No. 4, 2006; Dixon, Jeffrey. “What Causes Civil Wars? Integrating Quantitative Research Findings.” *International Studies Review*, Vol. 11, No. 4, 2009.

④ Ray, James L. “Explaining Interstate Conflict and War: What Should Be Controlled for?” *Conflict Management and Peace Science*, Vol. 20, No. 1, 2003; Achen, Christopher H. “Let's Put Garbage-can Regressions and Garbage-can Probits Where They Belong.” *Conflict Management and Peace Science*, Vol. 22, No. 4, 2005; Dixon. “What Causes Civil Wars?”

⑤ Lyall, Jason. “Process Tracing, Causal Inference, and Civil War.” in Bennett, Andrew and Jeffrey T. Checkel (eds). *Process Tracing: From Metaphor to Analytical Tool* Cambridge. Cambridge: Cambridge University Press, 2015, pp. 186-207.

⑥ Roessler. *Ethnic politics and State Power in Africa*; Tang, Shiping, Yihan Xiong and Hui Li. “Does Oil Cause Ethnic War? Comparing Evidences from Quantitative and Process-tracing Exercises.” *Security Studies*, Vol. 26, No. 3, 2017.

只是族群战争的直接导火索，而非族群战争的深层原因。根据他们的研究结论，用深度案例研究去检验一些特别引人注目的定量研究的结果是非常有益的。①

在强调了正确理解理论化和基本的研究方法知识的重要性之后，本章将在数据和研究议题两方面为未来的研究指出四个基本的领域和方向。

首先，我们依然需要收集数据，以测量族群政治烈度。基于我们对族群战争的理解，超越对战争或冲突的二维定义是一个新的研究方向。因为族群战争很少会突然爆发，而若干年的低烈度族群政治则容易逐步升级，并最终激起暴力冲突。② 因此，无论在理论还是政策方面，理解那些尚未爆发族群战争的低烈度族群紧张局势会在何时以及通过何种方式升级（成为族群战争）或降级，就变得必要。

其次，无论从实证、理论还是政策层面来说，检验不同政体中“族群政治”和“社会政治权力”之间的动态相互作用都能够产出优秀的研究成果。例如，哈克尼斯和罗斯勒分别讨论了多族群国家中来自国家和精英的权力政治如何影响族群政治，影响族群政变和战争的发生。③ 这种研究路线将把族群冲突和比较政治领域的其他关键话题聚合在一起，很有可能成为一个成果丰硕的交叉领域。

再次，我们乐观地认为，冲突预测研究将前景光明。对族群冲突爆发的研究本就包含预测目的，我们一直希望能利用研究成果来采取冲突预防措施。然而直到最近，这方面的努力也仅取得了有限的进展。在高速发展的计算社会科学以及有关族群战争的理论和实证知识的帮助下，我们也许能在不远的未来走上成功之路。

最后，正如泰德·格尔多年前首先提出的那样，族群战争的爆发频率可能会稳定地减低。④ 最近，基于更系统的数据和分析，赛德曼等人的发

---

① Tang, Xiong and Li. “Does Oil Cause Ethnic War?”.

② Sambanis. “Using Case Studies to Expand Economic Models of Civil War.” p. 265.

③ Harkness, Kristen A. “The Ethnic Army and the State: Explaining Coup Traps and the Difficulties of Democratization in Africa.” *Journal of Conflict Resolution*, Vol. 60, No. 4, 2016; Roessler. *Ethnic Politics and State Power in Africa*.

④ Gurr, Ted R. “Ethnic Warfare on the Wane.” *Foreign Affairs*, Vol. 79, No. 3, 2000.

现对格尔的观点提供了强有力的支持。[①] 如果他们是正确的，这种趋势可能会持续下去。然而不管族群冲突是否已经或继续减少，通过族群和解重建敌对群体之间的和平这个话题在比较政治和国家关系领域依旧被严重忽视，我们认为对这个话题的研究应该成为另一个关键的研究领域。[②] 毕竟，在部分多族群国家，族群暴力和战争往往会反复出现，在这种情况下，只有对立族群间的深度和解，才能为深度的族群间和平打下基础。

---

① Cederman, Lars-Eric, Kristian S. Gleditsch, and Julian Wucherpfennig. "Predicting the Decline of Ethnic Civil War: Was Gurr Right and for the Right Reasons?" *Journal of Peace Research*, Vol. 54, No. 2, 2017.

② Tang, Shiping. "Reconciliation and the Remaking of Anarchy." *World Politics*, Vol. 63, No. 4, 2011.

第十四章

嵌入式自由主义、劳动力流动性与开放经济

周　强

经济活动如何形塑政治与政策，是发展政治学前沿研究的议题之一。国际贸易是一国经济活动的重要组成，在各国经济发展和社会进步的过程中起到至关重要的作用。贸易伙伴间比较优势差异的存在使贸易能够帮助参与国提高经济效率，从而提高国家的总体福利。第二次世界大战后以西方为主导的世界经济之所以蓬勃发展，与同时期国际贸易的迅猛增长息息相关。中国自2001年加入世界贸易组织之后，经济持续高速增长，同样为国际贸易能够促进国内经济和社会发展这一论断提供了坚实的证据。然而，贸易全球化既能带来好处，也会带来挑战。贸易全球化使贸易各方获益的同时，也会给一些企业或行业带来负面影响，比如增加转型成本等。此外，贸易收益的分配不均也会使政府面临政治压力，从而不得不增加贸易受益者的税收以补偿其他人的损失。当全球化带来的挑战不能得到有效和及时的应对时，贸易全球化本身就可能遭遇危机。近年来一系列逆全球化事件诸如英国脱欧、美国前总统特朗普的“美国第一”政策和欧洲各国民粹主义势力抬头等，背后都可以发现全球化无法解决的问题，譬如劳动者工资增长缓慢、不平等程度加深、福利制度陷入困境等。西方各国对于全球化的不满情绪从民间蔓延到政治精英层面，促使我们反思全球化的后果，反思现有的理论与政治实践之间是否存在严重偏差。

对于这个问题，以约翰·鲁杰（John G. Ruggie）提出的嵌入式自由主义为代表的传统理论认为，国家能够通过向民众提供诸如养老、医疗、失业及工伤保险等社会保障，来换取民众对于国家参与全球化的自由贸易的支持。[①] 其中隐含的逻辑是，更多的社会保障可以换取民众对全球化的更大支持。但是这种线性逻辑忽略了在什么情况下社会保障才能起到上述作用的问题。笔者认为，劳动力流动性是一个在不同经济体中会呈现不同水平的基本参数，而在不同水平的劳动力流动性下，嵌入式自由主义的社会安全项目对民众支持全球化的程度的影响存在差异。本章的结论是嵌入式自由主义在应对全球化弊端时的有效性在很大程度上取决于各国内部劳动力流动性水平的高低。下文将通过理论推导和实证检验来论证嵌入式自由主义在高劳动力流动性的状态下是有效的，而在低劳动力流动性的状态下却很难发挥作用。

为了论证这一条件式假说，本章第一节将简要回顾应对全球化所带来的波动的相关研究，提出跨行业劳动力流动性的概念；第二节将分析劳动力流动性与收入分配的关系，提出一个一般均衡模型；第三节将讨论劳动力流动性如何影响嵌入式自由主义；第四节将对条件性假说进行实证分析。

第一节　对全球化波动的应对与跨行业劳动力流动性

随着全球化的深入，任何一个参与经济体都可能受到外源性的经济扰动，比如国际市场对于某种商品的需求增加或减少会使生产此类商品的行业增加或者减少生产设备和工人的投入，这种调整势必在经济体内部造成若干后续连锁反应，直到形成新的均衡。值得注意的是，这样的调整在参与全球化之前是不需要的。对于作为参与经济活动的最基本单元的劳动者而言，全球化导致的持续调整使得收入在不同个体以及不同时期之间分配不均，于是就产生了再分配需求。关于全球化过程中可能会发生的再分配，学界多有论著。比如，卡梅伦（David Cameron）就强调全球化扩大了

① Ruggie, John G. "International Regimes, Transactions, and Change: Embedded Liberalism in the Postwar Economic Order." *International Organization*, Vol. 36, No. 2, 1982.

公共部门的规模，从而使得全球化与公共经济之间建立起正相关关系。本质上，这是因为政府在外界压力下不得不扩大公共领域的规模，从而对因全球化而受到损失的劳动者进行补偿。[①] 罗德里克（Dani Rodrik）也指出，公共部门的增长与国际贸易的扩张呈正相关。因为公共部门的规模越大，就越能保护受全球化冲击的群体的利益。[②] “嵌入式自由主义妥协”（embedded liberalism compromise）的概念由此产生，用以描述很多西方民主国家所处的境地：人们承受全球化带来的调整成本，同时接受政府提供的社会保障，这种相互妥协加强了经济全球化。[③] 社会保障网络成为公共经济一个重要的组成部分，以帮助减少全球化带来的挑战。全球化的深入发展又反过来增加了人们对于社会保障网络的需要，从而增加了对不断扩大的公共经济的需求。[④] 在更深层次上，全球化的深入与社会保障网络的建设反映出卡尔·波兰尼（Karl Polanyi）在《大转型》一书中所描述的市场经济发展时市场与社会之间的“双向运动”。[⑤] 一边是自我调节的市场的经济自由主义运动，另一边是反向的旨在保护人、自然和生产组织的社会保护运动，双方的冲突需要制度调和。如果没有相应有效的补偿机制，最终全球化可能难以为继，走向自身的反面。[⑥]

但是上述文献倾向以线性的方式去观察“补偿”[⑦] 与民众对全球化的支持之间的关系。它们没能充分考虑在何种情况下，补偿才能对全球化产生预期中的影响。笔者认为存在一种重要的机制，它能够在很大程度上决

---

① Cameron, David R. “The Expansion of the Public Economy: A Comparative Analysis.” *American Political Science Review*, Vol. 72, No. 4, 1978.

② Rodrik, Dani. *Has Globalization Gone Too Far?* Washington, D. C.: Institute of International Economics, 1997; Rodrik, Dani. “Why Do More Open Economies Have Bigger Governments?” *Journal of Political Economy*, Vol. 106, No. 5, 1998.

③ Ruggie, John G. “International Regimes, Transactions, and Change: Embedded Liberalism in the Postwar Economic Order.” *International Organization*, Vol. 36, No. 2, 1982.

④ Hays, Jude C., Sean D. Ehrlich, and Clint Peinhardt. “Government Spending and Public Support for Trade in the OECD: An Empirical Test of the Embedded Liberalism Thesis.” *International Organization*, Vol. 59, No. 2, 2005.

⑤ 〔英〕卡尔·波兰尼：《大转型：我们时代的政治与经济起源》，冯钢、刘阳译，杭州：浙江人民出版社 2007 年版，第 114 页。

⑥ 陈伟光、蔡伟宏：《逆全球化现象的政治经济学分析：基于“双向运动”理论的视角》，载《国际观察》2017 年第 3 期。

⑦ 本章用比较宽泛的“补偿”一词来形容这些政府主导的社会保障项目，其实质是对民众在全球化过程中所承受的不便的回报。

定全球化过程中所进行的补偿是否有效。这一机制的核心是普通劳动者为应对工资水平的变化而从一个行业转移到另一个行业的能力，即跨行业劳动力流动性（interindustry labor mobility，以下简称劳动力流动性或流动性）。跨行业劳动力流动性可以从根本上影响国内的收入分配状况。[①] 需要强调的是，笔者使用的跨行业劳动力流动性是一个“国内”概念，假设劳动力的流动仅在国内的行业间发生，而不会从一个国家流动到另一个国家。跨行业劳动力流动性水平较高时，尽管国内市场中各行业劳动者所处行业受全球化的冲击程度可能各不相同，但是他们所获得的收入将基本相同，并且收入与其技能水平基本匹配。这种分配格局能够减轻全球化的负面影响。另一方面，当劳动力流动性水平较低时，劳动者的收入将在很大程度上取决于他们从事的行业的盈亏状况，盈利行业的工人将随之得利，萧条行业的工人则会收入缩水。在这种情况下，全球化带来的收益分配不均的问题就会由于跨行业劳动力流动性水平不足而进一步恶化。

跨行业劳动力流动性是要素流动性（factor mobility）的重要组成部分，经济学与政治经济学对于要素流动性以及一系列与此相关的问题已有大量深入研究，形成了许多经典文献。[②] 比如在国际政治经济学的社会联盟理论中，以阶级分化和行业/部门分化为基础的研究路径就会利用不同的经济学模型作为分析工具。[③] 赫克歇尔-俄林模型（Heckscher-Ohlin Model）以及后续的斯托尔珀-萨缪尔森模型（Stolper-Samuelson Model）均假设国

---

① 在整篇文章中，笔者不加区别地使用收入分配和劳动力收入分配来代表劳动者（劳动要素拥有者）的收入分配。笔者之所以关注劳动要素的拥有者，首先是因为如果考虑到选票的数量及其政治影响，劳动者通常是政治方面相关性最强的要素。其次，他们通常是全球化过程中国家补偿政策的接受者。

② Hill, John K., and Jose A. Mendez. "Factor Mobility and the General Equilibrium Model of Production." *Journal of International Economics*, Vol. 15, 1983; Hiscox, Michael J. *International Trade and Political Conflict: Commerce, Coalitions, and Mobility*. Princeton: Princeton University Press, 2002; Jones, Ronald W. "The Structure of Simple General Equilibrium Models." *Journal of Political Economy*, Vol. 73, No. 6, 1965; Jones, Ronald W. "A Three-Factor Model in Theory, Trade, and History." in Bhagwati, J. N., R. W. Jones, R. A. Mundell and J. Vanek (eds). *Trade, Balance of Payments and Growth: Papers in International Economics in Honor of Charles P. Kindleberger*. Amsterdam: North-Holland Publishing Co, 1971; Parai, Amar K., and Eden S. H. Yu. "Factor Mobility and Customs Unions Theory." *Southern Economic Journal*, Vol. 55, No. 4, 1989.

③ 田野：《对外经济政策的政治学—社会联盟理论解析》，载《国际政治科学》2008 年第 2 期。

内的要素流动性足够高，因此国家的社会联盟将以阶级为基础分化；与此相对，李嘉图-维纳模型（Ricardo-Viner Model）假设国内的要素流动性足够低，从而导致社会联盟以行业为基础分化。在美国贸易政策的研究中，斯蒂芬·马吉（Stephen P. Magee）发现李嘉图-维纳模型比斯托尔珀-萨缪尔森模型更能够解释美国国会的贸易政策游说行为，因为大多数从事此类游说的行为体是行业协会而不是以阶级为基础的组织。[①] 借助与贸易政策相关的国会唱名投票数据的分析，尤金·博利厄（Eugene Beaulieu）发现这两个模型都不能被排除，这意味着对于美国国会投票行为的分析如果不考虑选区层面的要素构成，其结果将会产生偏差；而且实际的要素流动性水平在李嘉图-维纳模型和斯托尔珀-萨缪尔森模型所假设的水平之间。[②] 根据1963到1992年间美国国会的唱名投票数据，杰弗里·拉德维希（Jeffrey W. Ladewig）指出，在选区层面，直到20世纪70年代末美国经济的要素流动性水平仍然普遍较低；而从20世纪80年代到1992年，要素流动性水平普遍较高。[③]

回到劳动力流动性与全球化的关系这一问题上来。在全球化的进程中，普通劳动者的经济状况是否得到改善，在很大程度上决定了他们是否会支持开放经济政策，许多政府还会根据对这种支持度的预估来调整自身的经济政策。根据这一逻辑，补偿的目的应该是减少普通劳动者为了应对全球化带来的动荡所面临的困难。但笔者认为，预期中的这种补偿效应只有在跨行业劳动力流动性较高时才会出现。当跨行业劳动力流动性较低时，补偿不一定能够帮助劳动者稳定收入，因此在促使劳动者支持开放经济政策上所能产生的效果也较为有限。[④]

---

① Magee, Stephen P. "Three Simple Tests of the Stolper-Samuelson Theorem." in Oppenheimer, P. (eds). *Issues in International Economics*. Boston: Oriel Press, 1980.

② Beaulieu, Eugene. "The Stolper-Samuelson Theorem Faces Congress." *Review of International Economics*, Vol. 10, No. 2, 2002.

③ Ladewig, Jeffrey W. "Domestic Influences on International Trade Policy: Factor Mobility in the United States, 1963 to 1992." *International Organization*, Vol. 60, No. 1, 2006.

④ 在应对全球化的过程中，政府支出可发挥多种作用，本章不区分补偿和保险的作用。补偿强调的是用政府支出减轻全球化已经对人们造成的冲击，而保险强调的是用政府支出为可能受到全球化冲击的群体提供缓冲。本质上讲，保险就是“前瞻性的”补偿。为简化处理，在下文中两者都被称为补偿。

第二节 劳动力流动性与收入分配

一般认为，经济体融入全球经济的程度越深，对公共部门的需求就越大，尤其是那些有助于稳定受到全球经济一体化负面影响的群体的收入水平的公共项目。这些公共项目通过直接或间接地对在全球化过程中受损的群体提供补偿，提供了一张社会安全网，减缓全球化给其参与者造成的负面冲击。即便是那些当下在全球化过程中受益的人，也有可能支持这些社会安全网项目。因为全球化中输家与赢家的身份存在很大的不确定性，此刻的赢家有可能是下一刻的输家。在贸易开放过程中，安全网所具有的重要功能就是保障人们不受或者少受全球贸易的波动性影响。学者们认为此类社会安全网具有重要意义，它们能够维持或增强对国际一体化的支持，同时也是嵌入式自由主义妥协的重要组成部分。①

但是，相关文献通常认为民众对开放经济政策的支持会与补偿政策的规模自动关联，补偿的规模越大，全球化政策的支持度就越高。② 而笔者认为补偿与对全球化的支持之间的关系在很大程度上取决于经济体跨行业劳动力流动性的水平。③

跨行业劳动力流动性描述的是普通劳动者为了能获得更高的工资收入

① Adsera, Alicia, and Carles Boix. "Trade, Democracy and the Size of the Public Sector: The Political Underpinnings of Openness." *International Organization*, Vol. 56, No. 2, 2002; Boix, Carles. "Partisan Governments, the International Economy and Macroeconomic Policies in Advanced Nations, 1960-93." *World Politics*, Vol. 53, No. 1, 2000; Cameron, David R. "The Expansion of the Political Economy: A Comparative Analysis." Fernandez, Raquel and Dani Rodrik. "Resistance to Reform: Status Quo Bias in the Presence of Individual-Specific Uncertainty." *American Economic Review*, Vol. 81, No. 5, 1991.

② Adsera, Alicia, and Carles Boix. "Trade, Democracy and the Size of the Public Sector: The Political Underpinnings of Openness."

③ 补偿指的是广泛而非特定的项目。进行这种区分是必要的，因为它们背后的政治逻辑通常并不相同，参见 Ehrlich, Sean D. "Who Supports Compensation? Individual Preferences for Trade-Related Unemployment Insurance." *Business and Politics*, Vol. 12, No. 1, 2010.

而转行的能力。[①] 因此，劳动力流动性高意味着在给定技能水平下，一位典型劳动者能够以低调整成本轻松地进入工资更高的行业。转行的结果则是这位劳动者工资收入提高。在不受干扰的情况下，这一过程将在经济体内持续不断地发生，直到形成均衡状态。换言之，高劳动力流动性将带来更加完善与合理的收入分配。[②] 也就是说，工人的收入与其技能水平的匹配程度将更高。[③] 反之，低劳动力流动性则会增加工人收入与技能之间的不匹配，因为在这种情况下给定技能水平的典型劳动者只有付出高昂的调整成本才能转行，这通常会使理性的劳动者无法轻松转行并享受工资收入的提高。从整个经济体的层面来看，低劳动力流动性会导致劳动者之间的收入分配更加不合理。

劳动者的收入分配与劳动力流动性水平之间的关系可以用一般均衡模型来表达。该模型首先由罗纳德·琼斯（Ronald W. Jones）提出，后来又经过了其他学者的完善。该模型指出收入分配（具体而言是各个行业相对工资水平的动态变化）受跨行业劳动力流动性水平影响。从双部门双要素的一般均衡模型出发，可以推导出如下关系：

$$\frac{\partial(|\hat{w}_1 - \hat{w}_2|)}{\partial \eta_L} < 0$$

其中（$|\hat{w}_1 - \hat{w}_2|$）代表的是不同行业中具有大约同等技能水平的劳动者的工资相对变化的绝对值。变量上的补字符“∧”衡量的是该变量的百分比变化，比如 $\hat{w}_1 = dw_1/w_1$。这一绝对值可以用来衡量“工人阶级的团

① 这里假设跨行业劳动力流动性是外生的。当然也存在一种可能，即跨行业劳动力流动性对政治和政策而言是内生的。本章对跨行业劳动力流动性在另外一些情况下的内生性进行了探究。但是为减少复杂性，这里假设跨行业劳动力流动性为外生。此外，外生假设也与大部分政治经济学文献的观点一致，参见 Frieden, Jeffry. *Debt, Development, and Democracy: Modern Political Economy and Latin America, 1965-1985*. Princeton: Princeton University Press, 1991; Hiscox, Michael J. *International Trade and Political Conflict: Commerce, Coalitions, and Mobility*. Princeton: Princeton University Press, 2002; Rogowski, Ronald. *Commerce and Coalitions: How Trade Affects Domestic Political Alignments*. Princeton: Princeton University Press, 1989。

② 根据定义，合理的收入分配并不意味着不论技能（或是生产率）如何每位劳动要素拥有者都应当获得同样的收入，而是说每位劳动者的收入应当与其技能水平或生产率相当。不同个体的收入因此会有一定的差异。

③ 毫无疑问，其他因素也可能改变劳动收入分配，比如成立工会或者政府颁布某些监管措施。为了更好地理解本章探讨的理论，可以假定其他因素不变。

结度”。[①] η_L 衡量的是经济体中跨行业劳动力流动性的水平。

这一关系告诉我们，劳动力流动性水平越高，越能缩小不同行业中同等技能水平劳动者的工资收入的差异，从而形成更加合理的劳动收入动态分配机制（或者说更高的工人阶级的团结度）。

如果我们让劳动力流动性水平从一个极端值移动到另一个极端值，并观察这种移动所带来的结果，就能对上述关系有更好的认识。一方面，如果劳动力流动性水平降低，那么尽管具备必要的技能，劳动者也会发现为了提高工资而从一个行业转入另一个行业变得更加困难。这种不匹配将会随着流动性水平降低而变得越来越常见。我们会发现某一行业中一些达到特定技能水平的工人只能获得较低的工资，而另一个行业中具备同样技能的工人则获得了更高的工资，并且这些工资都是在充分竞争下产生的市场出清工资。因此，在劳动力流动性水平较低时，劳动者之间的收入分配会变得不太合理。

另一方面，如果劳动力流动性水平变得更高，具备一定技能的劳动者会发现，为了提高收入而从一个行业进入另一个行业变得更加容易。高劳动力流动性可以提高劳动力要素在不同行业间的整合程度，使得经济体内一名劳动者属于哪个行业不再那么重要，因为劳动生产率相当的工人在经济的各个领域所获得的工资收入都是相似的。比如，高劳动力流动性能使贸易全球化过程中蓬勃发展的出口行业更容易从其他行业（比如进口替代行业）吸纳具备所需技能的劳动者，并为他们提供市场出清水平的工资。这就使得整个经济体的收入与技能分配的一致性更强。换言之，劳动力流动性水平越高，劳动者之间的收入分配就越合理。[②]

---

① 根据文献，阶级团结度的衡量标准是不同行业中同一种要素回报的相对变化的绝对差值。差值越小就表明阶级团结度越高，差值缩小意味着团结度提高．也就是说在技能水平一定的情况下，同一要素在不同行业中能够获得的回报会更加稳定，每一位要素拥有者在经济结构中的地位也更倾向于固定。团结度低意味着这种结构的稳定性更差，更容易发生变化。因此，工资相对变化的绝对差值就衡量了劳动阶级的团结度。

② 值得注意的是，双部门一般均衡模型的理论框架将会不可避免地忽略一些有趣的互动过程，比如职业流动性不同的劳动者群体之间的互动。笔者使用双部门模型的主要目的是为了聚焦于总体的（全国性）跨行业劳动力流动性水平带来的影响。

第三节 劳动力流动性对嵌入式自由主义补偿项目的调节作用

具有不同要素禀赋的国家受贸易与全球化的影响各不相同[①]，如果将国家分为富裕国家与贫困国家，那么接下来的讨论将会更加清晰。[②] 相关讨论可以用表格来呈现，其中富裕程度（人均 GDP）为一个维度，跨行业劳动力流动性水平则为另一个维度（表 14-1）。

表 14-1 全球化过程中补偿政策的效果

		低跨行业劳动力流动性	高跨行业劳动力流动性
穷国	有补偿	帮助进口替代行业的工人；可引发对全球化的中等力度支持	劳动者始终支持全球化
	无补偿	进口替代行业的工人将反对全球化	劳动者始终支持全球化
富国	有补偿	帮助进口替代行业的工人；可引发对全球化的微弱支持	稳定收入；可引发对全球化的强烈支持
	无补偿	进口替代行业的工人将反对全球化	全体劳动者都将反对全球化

资料来源：笔者自制。

假设存在一个封闭的富裕国家，且它的跨行业劳动力流动性处于较高水平。高劳动力流动性保证了劳动者合理的收入分配，即每名劳动者取得的收入都与其劳动生产率相匹配，而非取决于他所处的行业。高劳动力流动性使得所有劳动者的经济利益更相似，也就是说不论是来自外部的还是由内部政策引发的经济冲击，都会对各个领域的劳动者产生相同的影响。同时，这些冲击不只是对某些特定劳动者群体，而是会对经济体中的所有劳动者都造成影响。在劳动力流动性较高的经济体中，给定技能水平的劳

① Stolper, Wolfgang F., and Paul A. Samuelson. "Protection and Real Wages." *Review of Economic Studies*, Vol. 9, No. 1, 1941.

② 富裕和贫穷是相对概念。富裕国家的人均资本要高于贫穷国家，因此与劳动力资源相比，它们的资本资源更加丰富。贫穷国家的情况则恰恰相反。有的学者用其他称谓来描述不同的国家，如田野就使用先进或落后来形容资本充裕或资本稀缺的国家，参见田野：《对外经济政策的政治学—社会联盟理论解析》，第 55—80 页。这些不同称谓可以互换而不会造成歧义。

动者不论从事哪个行业的工作，他们获得的收入都是相似的。

现在如表 14-1 右下方的方格所示，假设该经济体从封闭转向开放，并且在这一过程中采取补偿政策，那么一名在全球化过程中失业的工人在转行的过程中会得到政府的补偿。较高的劳动力流动性能保证工人们可以获得稳定收入，并且收入与技能水平相符。在这里，工人收入的形式既可以是工资，也可以是补偿。[①] 一旦该经济体的工人感觉自己获得的补偿无法在不参加劳动的情况下满足需求，他们就会重新加入劳动力市场，获得与自己技能相匹配的工资收入。这一过程的顺畅进行应当归功于高劳动力流动性。对工人而言，政府补偿计划的存在让他们有充分的理由相信，即使情况变糟，他们也有可以依靠的来源来保证自身收入保持在较为稳定的水平，即便与此同时全球经济一体化的进程还在持续推进。根据斯托尔珀-萨缪尔森模型，富裕国家的劳动者们天生对全球化抱有反感，然而当补偿可以弥补大部分的收入损失并且熨平收入波动时，工人们对全球化带来的经济波动将会持更加宽容的态度，会更加支持全球化。与此同时，如果没有补偿的话，这一调节作用就会消失，工人们的行动将会重回斯托尔珀-萨缪尔森模型的预期。也就是说，在富裕国家全球化有可能引发普通劳动者的反全球化浪潮。

但是如表 14-1 左下方的方格所示，假设这个富裕而开放的经济体的跨行业劳动力流动性较低，那么补偿的影响将十分有限。在低劳动力流动性下，工人无法轻松找到在其他行业收入更高的工作，因此他们的经济利益在很大程度上是由所处行业的特定地位决定，而不是他们自身具备的劳动市场技能。换言之，特定要素模型能够比斯托尔珀-萨缪尔森模型更好地描述他们对全球化的基本态度。一方面，给定技能水平下，赚取行业工资和依靠政府补偿的工人们的工资水平会差异较大，因为前者的收入包括其劳动生产率所得再加上所在行业的特殊时运（或曰行业租金），而后者的收入仅仅是大打折扣之后的平均工资。另一方面，如果劳动力流动性水平低，即使已经接受补偿的工人也无法保证自己能够很快找到新的工作并获

① 不论是从理论还是实证角度看，补偿收入都应低于由市场决定的工资收入。如若不然，政府补偿就可能使工人们退出常规劳动力市场。比如海斯、埃利希和佩恩哈特的研究就指出，在 1960 到 2000 年间，经济合作与发展组织成员国（OECD）的净替代率（也就是退休者的税后补助与退休前的税后薪金收入的比率）的波动范围在 0.37 到 0.88 之间，中位数为 0.72。

得与技能相匹配的稳定收入。长期来看，他们可能会陷入低收入陷阱。因为即便他们能够在私营部门找到工作，最终也很可能进入低收入行业，赚取的工资远低于与自身技能相匹配的水平。尽管补偿或许能够消除全球化所带来的部分风险，但它不能在劳动力流动性处于低点的情况下保证工人获得稳定的、与技能相匹配的工资。因此，低劳动力流动性意味着就促使劳动者持续支持经济开放和全球化这一目的而言，补偿的作用相当有限。事实上，如果假定人们的经济利益决定了他们对经济政策的态度，在低劳动力流动性的情况下，补偿只能使极少部分的劳动者转而支持开放的经济政策。而从全局来看，用补偿换取人们对全球化政策的支持，其效果非常微弱。[①] 在低劳动力流动性水平的富裕国家里，如果没有补偿，将会看到劳动者尤其是来自进口替代行业的劳动者们强烈反对开放经济政策。

如表 14-1 右上方的方格所示，现在我们来看一个贫穷的开放经济体在高跨行业劳动力流动性下会出现怎样的情况。由于劳动者可以在不同行业间转换，因此他们的收入分配较为合理，也就是说在技能水平相同的情况下，不同行业的工资水平基本相似。由于该国是贫穷国家，我们能推测出它的劳动力禀赋相对丰富，而根据斯托尔珀-萨缪尔森理论，可知普通劳动者能从开放贸易中受益。只要劳动者能够在行业间自由流动，即便是在缺少补偿的情况下，贫穷国家的普通劳动者依旧能够从全球化中受益，因此也会持续支持全球化。补偿就更像是锦上添花，相当于给已经受益的劳动者又增加了一层安全保障网。将所有这些因素考虑在内，可以看到在贫穷经济体中，可以自由跨行业流动的劳动者不会将政府补偿看做是支持开放经济政策的必要条件。不论是否有补偿，他们都会支持贸易全球化。

在表 14-1 左上方的方格里，我们看到的是贫穷国家在低跨行业劳动力流动性下的情况。这时贸易收益的分配将向出口行业的劳动者严重倾斜，却不利于进口替代行业的劳动者。因此政府补偿帮助最多的是那些原本在进口替代行业的失业工人。然而，即使他们能够重新进入劳动力市场，依然很难找到收入优渥的工作。因此，尽管获得了政府补偿，但他们对自由

① 定向（有针对性的）补偿或许能够更有效地改变摇摆不定的群体的态度。但定向补偿的性质也决定了它们无法扩大化、覆盖更广泛的群体。本章关注的是普遍性的补偿策略。

贸易政策的支持力度仍然较弱。一旦政府不再提供补偿，贫穷经济体中来自进口替代行业的劳动者将会掀起反全球化运动。

这一关于贫穷国家的讨论能够补充妮塔·鲁德拉（Nita Rudra）的观点。她认为在全球化过程中，欠发达经济体的福利国家建设将出现倒退，这是因为这些经济体缺少有组织的劳工运动，导致集体行动困难。[①] 笔者则指出在欠发达国家，高跨行业劳动力流动性使得补偿政策（从本质上讲是福利社会的一部分）并不急需，而低跨行业劳动力流动性则意味着补偿在鼓励劳动者支持开放经济政策的过程中起着更显著的作用。

从表 14-1 中可以看到两个有趣的现象。第一，对比富裕和贫穷国家以及高、低劳动力流动性的情况，我们会发现不论哪种情况，与没有补偿相比，有补偿总是能使劳动者更加支持全球化。这与传统的补偿假说预测一致，即政府补偿是必要的，它有助于说服人们继续支持全球化。第二，更重要的一点是经济体中劳动力流动性的高低对于政府补偿与全球化所获支持之间的联系会产生重大影响。不论是在富裕还是贫困国家，劳动力流动性越高，补偿与对全球化的支持度就越相关，尽管造成这一结果的机制在富裕和贫困国家中并不相同。对富裕国家来说，这种支持主要是来源于政府补偿弥补了工人在全球化过程中的收入损失；对贫困国家而言，这种支持从根本上讲是由要素禀赋带来的，只不过更高流动性时工人对全球化的态度更加积极。

根据表 14-1，我们可以针对劳动力流动性会如何调节补偿与开放经济政策支持度之间的关系得出一个条件假说，即随着跨行业劳动力流动性水平的提高，政府补偿会更显著地增强民众对于全球化和开放经济政策的支持。

第四节　关于补偿何时能换来对全球化的支持的实证分析

这一部分将对条件假说进行实证检验。因为上述假说所描述的关系在发展中国家与发达国家都成立，因此我们的分析将同时包括这两类国家。

① Rudra, Nita. "Globalization and the Decline of the Welfare State in Less-Developed Countries." *International Organization*, Vol. 56, No. 2, 2002.

本章的实证数据涵盖的时间段为 1960 年到 2004 年。实证分析将聚焦补偿与跨行业劳动力流动性交互之后对经济政策带来的影响。

一、实证模型的设定

实证科学研究的基本范式包括以下几个步骤：概念→变量间的理论关系（理论模型）→变量关系的实证设定（统计模型）→变量的统计测度（方法与赋值）→参数估计与结果解读。当研究设计与分析步骤更接近这一范式时，研究将更具科学性。本章的目的是探析一国的经济开放政策，即在何种情况下劳动力流动性水平将制约国家补偿对于经济开放政策的影响。上文已经提出了本章关注的几个重要概念以及将概念变量化之后的理论关系，尤其是预测了劳动力流动性在社会补偿与经济政策开放程度的关系之间能起到条件性影响作用。在统计模型的设定中，为了尽可能使理论预测的条件性作用不受其他因素的干扰，本章加入了一系列控制变量。以下将分别讨论变量的测量和回归结果。

本章使用的实证模型可以表述为：[1]

$$\text{全球化政策}_{it} = \alpha + \beta_1(\text{补偿}_{i,\ t-1}) + \beta_2(\text{流动性}_{i,\ t-1}) + \beta_3(\text{补偿}_{i,\ t-1} * \text{流动性}_{i,\ t-1}) + \gamma X_{it} + \mu_i + \varepsilon_{it}$$

其中，全球化政策$_{it}$ 是因变量，表示第 i 个国家第 t 年的 KOF 限制指数；补偿$_{i,t-1}$ 是第一个主要自变量，表示第 i 个国家第 $t-1$ 年的补偿政策，根据不同的模型设定为政府消费占 GDP 的比重或者非军事的政府支出占 GDP 的比重；流动性$_{i,t-1}$ 是第二个主要自变量，表示第 i 个国家第 $t-1$ 年的跨行业劳动力流动性水平，根据不同的模型设定为弹性系数或者工资变异系数的测量值；补偿$_{i,t-1}$ * 流动性$_{i,t-1}$ 是这两个自变量的交互项，体现了条件性作用。X_{it} 是一系列控制变量第 i 个国家第 t 年的测量值，包括实际人均 GDP、抚养率、城市化率、政体类型等。μ_i 代表国家固定效应，这些效应不随时间变化而变化。ε_{it} 代表无法观测到的随机扰动项。

① 选择这一实证模型是因为本章理论和实证检验的目的是整合多个国家的相关变量，在时间序列上分析因变量与自变量的动态相互关系。本章的基本数据结构是对固定单元的重复观测，这就形成了社会科学分析中常见的面板数据。

二、变量测量与数据来源

许多观点认为经济全球化作为一种经济事实是单一政府无法控制的①，国际霸权主义、共享国际规范、科技进步等能够导致国际经济一体化发生外生性便利化的因素，都能够推动经济全球化。但是学者们的研究也显示，单一政府可以依照自己的实际需要来操控自身经济体参与全球化的程度。② 比如，一国政府可以选择将自己隔离于全球贸易之外，承受由此带来的行政成本，放弃从贸易中获得收益。又比如，一国政府可以选择部分地参与国际贸易，运用各种政策工具来控制参与程度。我们的理想因变量应当能够反映出开放经济政策是政府做出的选择，并且这一选择是基于对国内情况的算计而形成的。因此我们倾向于支持第二种观点，即尽管全球经济一体化能带来诸多好处，但鉴于它也会产生实际的破坏作用，因此政府会希望将国际化控制在一定的范围内，使其负面影响最小化。

由阿克塞尔·德雷埃尔（Axel Dreher）提出的 KOF 全球化指数与我们的理想因变量十分接近。这一全球化指数由三个分指数构成：经济全球化、社会全球化与政治全球化。每一个分指数都是利用统计方法对关键变量进行叠加计算得出。③ 其中经济全球化分指数是由两个更小的子指数（实际流动及限制）叠加得出。实际流动指数的计算包括贸易、外商直接投资、组合投资和给外国人的工资以及所利用的资本。限制指数测量的是

---

① Andrews, David M. "Capital Mobility and State Autonomy: Toward a Structural Theory of International Monetary Relations." *International Studies Quarterly*, Vol. 38, No. 2, 1994; Frieden, Jeffry, and Ronald Rogowski. "The Impact of the International Economy on National Policies: An Analytical Overview." in Keohane, Robert and Helen Milner (eds). *Internationalization and Domestic Politics*. New York: Cambridge University Press, 1996; Rogowski, Ronald. "Trade and the Variety of Democratic Institutions." *International Organization*, Vol. 41, No. 2, 1987.

② Adsera, Alicia, and Carles Boix. "Trade, Democracy and the Size of the Public Sector: The Political Underpinnings of Openness."; Berger, Suzanne. "Globalization and Politics." *Annual Review of Political Science*, Vol. 3, 2000; Garrett, Geoffrey. *Partisan Politics in the Global Economy*. New York: Cambridge University Press, 1998; Quinn, Dennis. "The Correlates of Change in International Financial Regulation." *American Political Science Review*, Vol. 91, No. 3, 1997; Wade, Robert. *Governing the Market: Economic Theory and The Role of Government in East Asian Industrialization*. Princeton: Princeton University Press, 1990; Wade, Robert. "Managing Trade: Taiwan and South Korea as Challenges to Economics and Political Science." *Comparative Politics*, Vol. 25, No. 2, 1993.

③ Dreher, Axel. "Does Globalization Affect Growth? Evidence from a New Index of Globalization." *Applied Economics*, Vol. 38, No. 10, 2006.

对贸易和资本的限制，比如隐性进口壁垒、平均关税率、国际贸易税以及资本账户限制系数。[①]

在这里，KOF 限制指数是最理想的因变量。它所测量的正是政府在经济全球化的重点领域做出的政策选择。此外，这一指数有跨时间、跨国家的大量数据，能够提供更多政府是如何响应国内情况的变化而调整政策的信息。

实证分析的一个关键步骤是测量核心自变量——跨行业劳动力流动性。由于既有文献没有在使用哪种测量方法上达成一致，我们决定使用多种劳动力流动性的测量方法，以冀能够涵盖劳动力流动性这一概念的大部分内涵。具体来说，我们使用了两种测量方法。第一种是弹性系数测量法。该方法紧扣劳动力流动性在标准的国际贸易文献中的定义，将其定义为劳动力供给对行业间工资差异的敏感度。将劳动力流动性定义为一种弹性系数的做法遵循了贸易模型构建的长期传统[②]，这种做法还被应用于对税收政策[③]或劳动力周期性升级[④]等问题的研究。

根据联合国工业发展组织（UNIDO）数据库关于各国、各年、各行业的工资与就业相关数据[⑤]，我们可以使用下式计算出每个国家每年的劳动力流动性弹性系数。

$$\ln(E_{it}/E_t) = \alpha_t + \beta_t * \ln(w_{it-1}/w_{t-1}) + \varepsilon_{it}$$

在这里，E_{it} 所代表的是行业 i 在 t 这一年的就业人数，E_t 是经济体在 t 这一年的总就业人数，w_{it-1} 是行业 i 在 t-1 这一年的平均工资，w_{t-1} 为经济体在 t-1 这一年的平均工资，ε_{it} 是误差项并且假设它遵循独立正态分布，

---

① Dreher, Axel. *KOF Index of Globalization*. ETH Zurich 2009, http://globalization.kof.ethz.ch/, 访问时间：2018 年 8 月 1 日。

② Stolper, Wolfgang F., and Paul A. Samuelson. "Protection and Real Wages."; Jones, Ronald W. "A Three-Factor Model in Theory, Trade, and History."; Hill, John K., and Jose A. Mendez. "Factor Mobility and the General Equilibrium Model of Production"; Grossman, Gene M. "Partially Mobile Capital." *Journal of International Economics*, Vol. 15, 1983.

③ McLure, Charles E. "Taxation, Substitution, and Industrial Location." *Journal of Political Economy*, Vol. 78, No. 1, 1970.

④ McLaughlin, Kenneth J., and Mark Bils. "Interindustry Mobility and the Cyclical Upgrading of Labor." *Journal of Labor Economics*, Vol. 19, No. 1, 2001.

⑤ UNIDO 提供了一个系统的行业统计信息数据库，数据库详细至 ISIC（第二版）对工业发展程度的三位编码。数据涵盖了 217 个国家在 1961 年至 2003 年间的情况，涉及 29 个制造业行业类别。

α_t 是常量，β_t 是某国的跨行业劳动力流动性在 t 年的弹性系数测量值。弹性系数值越高，劳动力流动性水平就越高。

第二种测量跨行业劳动力流动性的方法是使用行业间工资的变异系数(coefficient of variation 或 COV)。[①] 变异系数测量建立在“一价定律”假设的基础上。在要素价格均等化的假设下，工资间的差异可以通过劳动力的流动来消除。调整过程的反应速度可以用收益的变化范围来衡量，变化范围大就意味着劳动力流动性水平低，因为工人无法从一个行业迅速跳槽到另一个行业来消除工资差异。相反，变化范围小就意味着劳动力流动性水平高。因此，变异系数与弹性系数这两个测量劳动力流动性的指标间是负相关关系。图 14-1 以可视化的形式展示了一些国家用两种指标测量出的劳动力流动性水平。

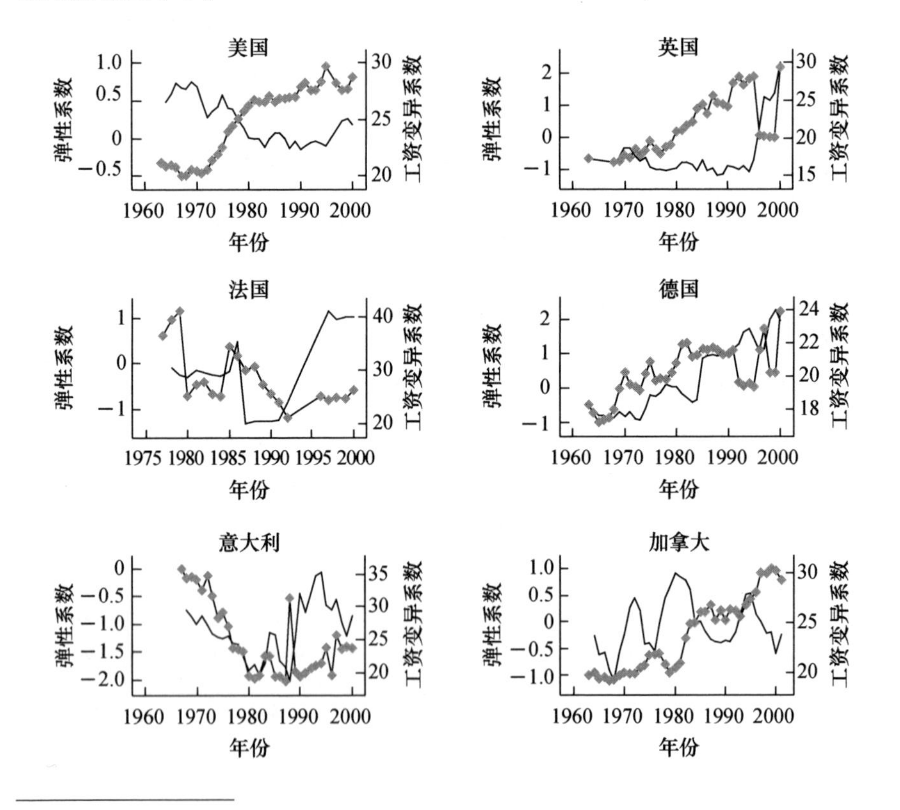

① Hiscox, Michael J. “Class Versus Industry Cleavages: Inter-Industry Factor Mobility and the Politics of Trade.” *International Organization*, Vol. 55, No. 1, 2001; Hiscox, Michael J. *International Trade and Political Conflict: Commerce, Coalitions, and Mobility*.

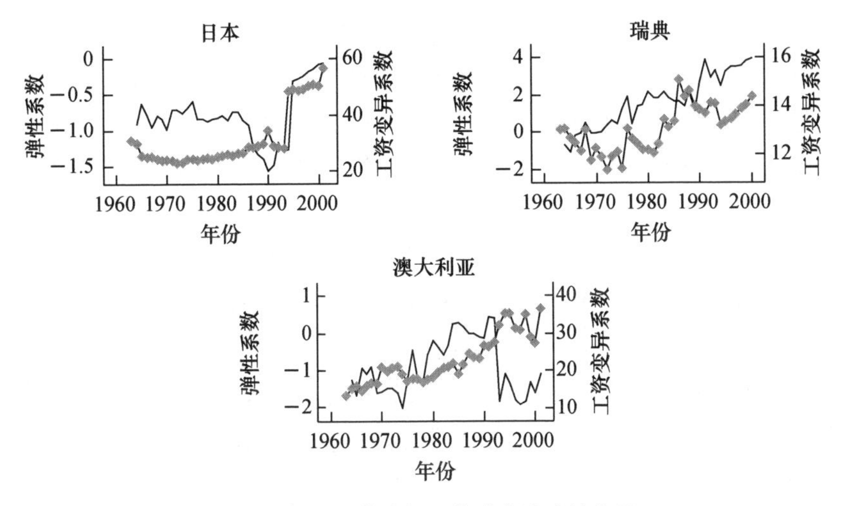

图 14-1 各国的跨行业劳动力流动性水平

注：菱形线代表工资的变异系数。

资料来源：笔者自制。

在测量另一个自变量“补偿”的规模时，现有文献大多使用政府支出占 GDP 的比重作为指标。比如在分析政府规模与开放程度之间的关系时，罗德里克指出“政府似乎试图通过提高它们的支出占国内产出的比例来降低风险”，并以此证明使用政府支出占 GDP 比重作为测量指标的合理性。① 因此，我们测量补偿的第一个指标就是政府支出占 GDP 的比重。在本章的实证分析中，这个数据最早可以追溯到 1960 年。其他学者则对这一指标持保留意见。比如在分析欠发达国家的福利状况时，鲁德拉就将福利国家定义为社会保障与福利支出占 GDP 的比重。② 为了尽量体现补偿政策在本质上是对随全球化而来的经济波动的风险保障手段，并同时有尽可能多的观察值，我们将军事开支占 GDP 的比重从政府支出占 GDP 的比重中减去，由此得到非军事政府支出占 GDP 的比重。这一测量指标的局限性在于它的相关数据只能追溯到 1988 年。③ 关于政府补偿的数据来自世界发展指标数据库。

实证分析中的第一组控制变量包含了罗德里克在研究开放程度与政府

---

① Rodrik, Dani. “Why Do More Open Economies Have Bigger Governments?”

② Rudra, Nita. “Globalization and the Decline of the Welfare State in Less-Developed Countries.”

③ 出于类似担忧，我们不使用有关转移支付和补贴的数据。在《世界发展指标》中，有关政府转移支付的系统数据是从 1995 年开始收集。在稳健性检验中，本章使用社会缴款作为测量补偿的替代指标。

规模之间的关系时用到的基准回归方程中所使用的变量。这些控制变量包括实际人均 GDP 的对数（以控制瓦格纳法则）、抚养率的对数、城市化率的对数、表明经济合作与发展组织（OECD）成员国身份与社会主义国家身份的虚拟变量①，以及来自拉丁美洲、东亚和撒哈拉以南非洲地区的区域身份的虚拟变量。

阿莱西纳（Alberto Alesina）与瓦克奇亚格（Romain Wacziarg）认为国家规模是政府补偿的一个重要决定因素，因此我们用总人口的对数来控制人口规模。② 阿德赛拉（Alicia Adsera）和鲍什（Carles Boix）则认为政体类型能够预测一国在全球化过程中所实施补偿的规模。这是因为威权政府通常选择压制，而民主政府通常选择再分配。因此我们控制了政体类型。这一变量的数据来自于 POLITY 4 数据库，并通过三分法进行重新编码，取值“-1”代表威权政体，“0”代表既非威权也非民主政体，“1”代表民主政体。③

霸权稳定论认为霸权国家的实力和利益决定了它会支持开放的国际经济秩序。④ 作为战后世界的霸权国家，美国会使用其影响力推动更大规模的全球化。因此笔者也控制了美国霸权这一变量。遵循米尔纳（Helen V. Milner）和贾金斯（Benjamin Judkins）的做法⑤，我们将对美国的霸权测量确定为它在年份 t 的市场实力，用在年份 t 美国的进出口占世界总贸易额的百分比作为指标。当美国的霸权力量更强的时候，其他国家采取开放经济政策的动机或许会更大。相反，当美国的霸权力量开始减弱时，其他国家扩大开放程度的动机也会随之降低。

---

① Kornai, Jonas. *The Socialist System: The Political Economy of Communism*. Princeton: Princeton University Press, 1992; Rodrik, Dani. “Why Do More Open Economies Have Bigger Governments?”; Sachs, Jeffrey D., and Andrew Warner. “Economic Reform and the Process of Global Integration.” *Brookings Papers on Economic Activity*, Vol. 26, No. 1, 1995.

② Alesina, Alberto, and Romain Wacziarg. “Openness, Country Size and Government.” *Journal of Public Economics*, Vol. 69, 1998.

③ 该三分法依据的是 POLITY4 的建议。参见 http://www.systemicpeace.org/polity/polity4.htm，访问时间：2018 年 8 月 1 日。

④ Krasner, Stephen D. “State Power and the Structure of International Trade.” in Frieden, J. and D. Lake (eds). *International Political Economy: Perspectives on Global Power and Wealth*. New York: St. Martin's, 2000.

⑤ Milner, Helen V., and Benjamin Judkins. “Partisanship, Trade Policy, and Globalization: Is There a Left-Right Divide on Trade Policy?” *International Studies Quarterly*, Vol. 48, No. 1, 2004.

笔者还控制了一个国家是否是关贸总协定及世贸组织（GATT/WTO）成员国，这一身份可能对一国经济政策的开放程度有重要影响。

最终形成的数据包含了 215 个国家从 1960 年到 2004 年间的数据，部分数据缺失使得这是一个不平衡的面板数据。变量的描述性统计见表 14-2。

表 14-2　变量的描述性统计

变量名	样本数	均值	标准差	最小值	最大值	数据来源
全球化（KOF 限制指数）	4475	48.8	23.7	1	97.6	KOF 指数
补偿（政府支出占 GDP 的比重）	6020	15.8	6.9	1.4	76.2	世界发展指数（2009）
补偿（非军事的政府支出占 GDP 的比重）	2211	13.4	5.6	0.6	38.2	世界发展指数（2009）
跨行业劳动力流动性（弹性系数测量）	3157	-0.3	1.2	-7.3	4.6	笔者计算得出
跨行业劳动力流动性（工资变异系数测量）	3459	40	25.4	5.1	256.4	笔者计算得出
实际人均 GDP（对数）	7121	7.8	1.3	4.4	11.1	Penn World Table 6.3
抚养率（对数）	8374	4.3	0.3	3.3	4.8	世界发展指数（2009）
城市化率（对数）	9197	3.7	0.7	0.7	4.6	世界发展指数（2009）
总人口（千人，对数）	8387	8.2	2.1	2.2	14.1	Penn World Table 6.3
政体类型（1 = 民主，0= 非民主非威权，-1 = 威权）	6160	-0.1	0.9	-1	1	Polity 4
美国霸权	9523	13.5	0.8	12	15.6	世界发展指数（2009）
GATT/WTO 成员国	9523	0.4	0.5	0	1	世界贸易组织（2011）

资料来源：笔者自制。

三、实证发现

如前所述，我们的数据结构是典型的面板数据。分析面板数据主要有两大类统计方法，分别是普通最小二乘法（OLS）和广义最小二乘法

(GLS) 中，其中普通最小二乘法效果更佳。[①] 然而由于无法确切知道误差过程中存在的方差和协方差，因此在使用一般的普通最小二乘法分析时会导致错估标准差而得出错误结论。使用面板校正标准误的普通最小二乘法(OLS-PCSE) 可以使我们充分利用面板数据结构中的重复观测信息，能够有效纠正由于数据里存在的面板异方差 (panel heteroscedasticity) 和同期误差相关性而产生的错估标准差的问题。[②] 正如大多数政治经济学实证分析，我们无法确切得知数据产生过程，因此遵循最优实证检验的原则，笔者选择使用面板校正标准误的普通最小二乘法 (OLS-PCSE) 作为估计方法。笔者将主要的自变量滞后一期，以便留出足够的时间使它们的影响能够反映在经济政策的选择上。[③] 根据纳撒尼尔·贝克 (Nathaniel Beck) 的建议和我们的数据结构 (国家数量远多于年份数量)[④]，笔者控制了国家固定效应。[⑤]

表 14-3 显示的是验证条件假说的回归结果。前四列采用劳动力流动性的弹性系数作为自变量，后四列用工资收入的变异系数来测量劳动力流动性。在模型 1、2 和模型 5、6 中，自变量及交互项中的“补偿”是指政府总支出占 GDP 的比重；而在模型 3、4 和模型 7、8 中，自变量及交互项中的“补偿”指是非军事性政府支出占 GDP 的比重。

---

① 普通最小二乘法能更好纠正同期误差相关性 (contemporaneous correlation of the errors) 及串联相关误差 (serially correlated errors) 问题。参见 Beck, Nathaniel, and Jonathan N. Katz. “What to Do (and Not to Do) with Time-Series Cross-Section Data.” *American Political Science Review*, Vol. 89, No. 3, 1995。

② Beck, Nathaniel, and Jonathan N. Katz. “What to Do (and Not to Do) with Time-Series Cross-Section Data”; 这种方法并不要求时间观察值多于国家数量，参见 Beck, Nathaniel, and Jonathan N. Katz. “Nuisance vs. Substance: Specifying and Estimating Time-Series-Cross-Section Models.” *Political Analysis*, Vol. 6, 1996。

③ 可能有人会疑虑上文的自变量之间存在共线性。为了消除这种疑虑，笔者检查了表 14-3 中的所有模型设定，得出如下发现：第一，所有模型设定的方差膨胀因子 (VIF) 值均低于 10，而通常情况下 10 是评判共线性是否具有危害的标准 (高于 10 则具有危害)；第二，VIF 较高多是由交叉项造成的。这表明，包括补偿与跨行业劳动力流动性之间的共线性在内，可能存在的共线性还没有严重到会影响本章结论的水平。

④ Beck, Nathaniel. “Time-Series-Cross-Section Data: What Have We Learned in the Past Few Years?” *Annual Review of Political Science*, Vol. 4, 2001.

⑤ 固定效应模型能够缓解忽略变量问题。为了保证能够使用固定效应模型，笔者用两种方法加以检查。第一，检查并确保在固定效应的最小二乘估计之后所做的 F 检验的 F 值统计显著；第二，在随机效应假设下重新估计了这些模型设定，然后用 Breusch 和 Pagan 拉格朗日乘数检验，确保每一次检验都能拒绝不存在国别差异的零假设。

表 14-3　补偿对于开放经济政策的边际效应(因变量为 KOF 限制指数)

自变量	以弹性系数测量的劳动力流动性				以工资变异系数测量的劳动力流动性			
	模型 1	模型 2	模型 3	模型 4	模型 5	模型 6	模型 7	模型 8
补偿(政府总支出占GDP 的比重)	−0. 003	−0. 04			0. 054	0. 047		
	(0. 022)	(−0. 027)			(0. 036)	(−0. 036)		
补偿(非军事性政府支出占 GDP 的比重)			0. 010	−0. 036			0. 196 *	0. 146 *
			(0. 028)	(−0. 05)			(0. 067)	(−0. 062)
跨行业劳动力流动性	−0. 666 *	−0. 28	−0. 784	−0. 239	0. 039 *	0. 049 *	0. 052 *	0. 064 *
	(0. 284)	(−0. 254)	(0. 483)	(−0. 435)	(0. 008)	(−0. 009)	(0. 011)	(−0. 011)
补偿 * 流动性	0. 054 *	0. 022	0. 068 *	0. 011	−0. 001 *	−0. 002 *	−0. 002 *	−0. 003 *
	(0. 016)	(−0. 014)	(0. 029)	(−0. 026)	(0. 000)	0	(0. 001)	(−0. 001)
实际人均 GDP		5. 012 *		14. 417 *		5. 050 *		12. 834 *
		(−0. 437)		(−1. 131)		(−0. 444)		(−1. 081)
抚养率		−20. 868 *		−18. 992 *		−20. 644 *		−18. 393 *
		(−2. 125)		(−3. 587)		(−2. 142)		(−3. 508)
城市化率		−5. 612 *		−22. 610 *		−3. 000+		−13. 453 *
		(−1. 564)		(−6. 111)		(−1. 646)		(−5. 633)
总人口		6. 782 *		33. 439 *		5. 133 *		29. 974 *
		(−1. 59)		(−4. 364)		(−1. 719)		(−4. 012)
政体类型		0. 439 *		−0. 473		0. 417 *		−0. 549
		(−0. 185)		(−0. 529)		(−0. 178)		(−0. 485)
美国霸权		0. 497 *		0. 793 *		0. 498 *		0. 771 *
		(−0. 077)		(−0. 149)		(−0. 075)		(−0. 146)

（续表）

自变量	以弹性系数测量的劳动力流动性				以工资变异系数测量的劳动力流动性			
	模型 1	模型 2	模型 3	模型 4	模型 5	模型 6	模型 7	模型 8
GATT/WTO 成员国		1.239*		0.52		0.644		0.076
		(−0.481)		(−0.742)		(−0.443)		(−0.61)
社会主义国家		−4.338*		−2.429*		−4.301*		−2.647*
		(−0.958)		(−1.143)		(−0.964)		(−1.261)
经合组织国家		0.928		0.541		1.863*		0.261
		(−0.767)		(−1.071)		(−0.841)		(−1.119)
拉美国家		32.04*		0.888		−18.49		−296.57*
		(−12.28)		(−6.08)		(−26.22)		(−45.35)
东亚国家		1.203		68.68*		−43.06*		−164.58*
		(−14.68)		(−12.55)		(−21.03)		(−33.40)
撒哈拉以南非洲		23.36*		87.13*		−20.27		−144.73*
		(−7.78)		(−11.29)		(−20.21)		(−32.29)
常数项	28.91	20.181	36.325*	−230.7*	15.54	70.113*	89.52*	
	(34.38)	(−21.42)	(−13.54)	(−41.04)	(52.82)	(−25.0)	(3.85)	.
Wald chi2	1.8e+07	7.16E+05	5.8e+06	1.05E+05	121386	1.93E+05	4.12E+05	3.60E+05
Prob>chi2	0.00	0.00	0.00	0.00	0.00	0.00	0.00	0.00
R 平方	0.97	0.977	0.98	0.99	0.97	0.98	0.97	0.99
国家数	117	111	102	97	122	116	107	102
样本数	2343	2188	908	865	2469	2306	968	922

注：使用面板校正标准误的普通最小二乘法，主要的自变量滞后一期，控制了国家固定效应。对组别异方差的 Wald 检验显示应当控制异方差，对每一个模型自回归过程的 Wooldridge 检验显示模型均存在一阶自回归，因此所有模型均假设有面板数据异方差和面板一阶自回归过程。各个系数下括号中的数值是标准误差。为节省空间，未报告国家效应。

+表示在 10%的水平上显著，*表示在 5%的水平上显著。

观察各列可以发现，交互项都得出了预期符号，并且除了模型 4，交互项都是显著的。模型 1 到模型 4 中交互项的系数为正，这表明当劳动力流动性水平越高，更多的政府补偿将会与更开放的经济政策呈正相关关系。而模型 5 到模型 8 中交互项为负的系数再次肯定了这一联系，因为变异系数越高就意味着劳动力流动性越低。这一结果支持了我们的条件假说，即劳动力流动性水平越高，越多的政府补偿会使得一国的经济政策越开放。

在控制变量中，实际人均 GDP 的系数在所有模型中持续为正且显著，这意味着更富裕的国家会有更加开放的经济政策。抚养率越高说明需要劳动人口来供养的孩子和老人的数量越多，采取更加开放的经济政策的可能性就越小。但城市化率（城市人口占总人口的比重）对于经济政策开放程度的影响并不明确。大国则倾向于采取更加开放的经济政策。从模型 2 和模型 6 可以看出，当用政府总支出占 GDP 的比重来测量补偿规模时，民主国家的经济政策开放程度更高。美国的霸权地位对全球范围内经济政策的开放程度产生了强烈的正向影响，这符合霸权稳定论的预测。加入 GATT/WTO 等多边贸易协定能够提高一个国家的经济政策开放程度，尽管这一影响并不总是显著。社会主义国家的身份对于开放经济政策有显著的抑制作用，而经济合作与发展组织成员的身份能够使一国在经济政策上更加开放，虽然这一影响并不总是显著。另一方面，地理区域的差异在不同模型中产生的影响也并不相同。[①]

为了进一步明晰劳动力流动性对政府补偿和经济政策开放度之间关系

---

① 笔者对于控制变量试验做过多个稳健性检验。第一，因为实证分析使用了国家固定效应模型，可能有人会担心区域虚拟变量或许并不必需，并且会耗费自由度。因此笔者再次运行了表 14-3 的各模型，但没有加入区域虚拟变量，得出的结果与之前基本相同。第二，在回归分析中还可以增加一些控制变量，比如一国在国际货币基金组织（IMF）项目中的参与度可能会影响其经济政策的开放程度。又比如，一国资本账户的开放程度即便自身不是测量政策开放度的指标，也可能会影响该国的经济开放程度。在另一稳健性检验中，笔者将这两个变量都纳入表 14-3 的个模型，并根据德雷埃尔的方法对 IMF 项目的参与度进行量化（参见 Dreher, Axel. "IMF and Economic Growth: The Effects of Programs, Loans, and Compliance with Conditionality." *World Development*, Vol. 34, No. 5, 2006），根据钦和伊藤提出的金融开放指数来衡量资本账户的开放程度（参见 Chinn, Menzie, and Hiro Ito. "A New Measure of Financial Openness." *Journal of Comparative Policy Analysis*, Vol. 1, No. 3, 2008）。将这两个控制变量加入并不会改变主要自变量的系数符号，但是会降低它们在统计上的显著性。为节省篇幅，这些结果并未纳入正文当中。

的调节作用，笔者根据托马斯·布兰博尔（Thomas Brambor）、威廉·克拉克（William R. Clark）和马特·戈尔德（Matt Golder）所提出的方法用图示展示这种调节作用。[①] 图 14-2 是由表 14-3 的回归结果而来。

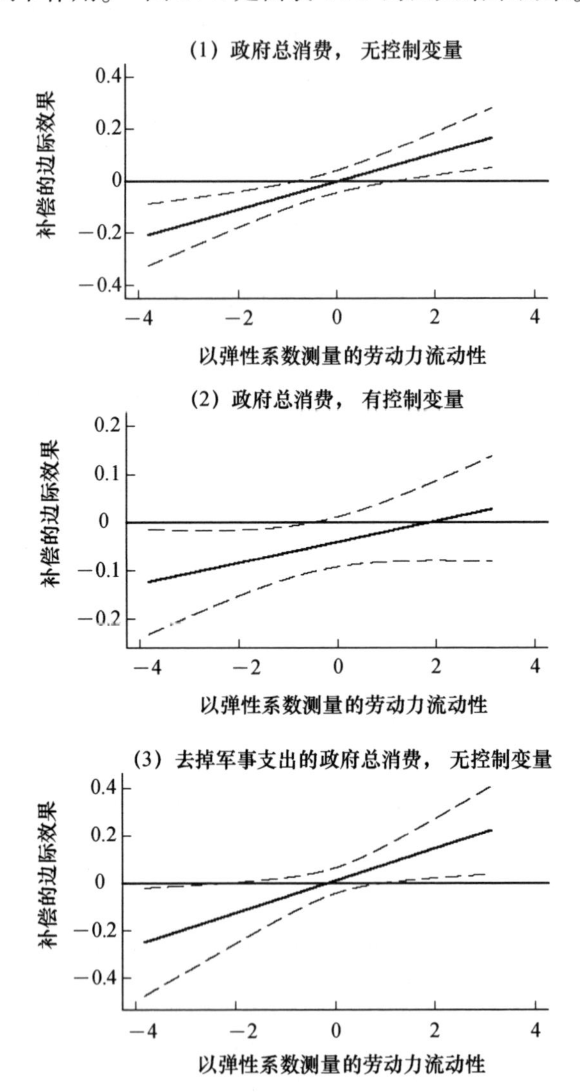

① Brambor, Thomas, William R. Clark, and Matt Golder. "Understanding Interaction Models: Improving Empirical Analyses." *Political Analysis*, Vol. 14, 2006; Golder, Matt. "Presidential Coattails and Legislative Fragmentation." *American Journal of Political Science*, Vol. 50, No. 1, 2006.

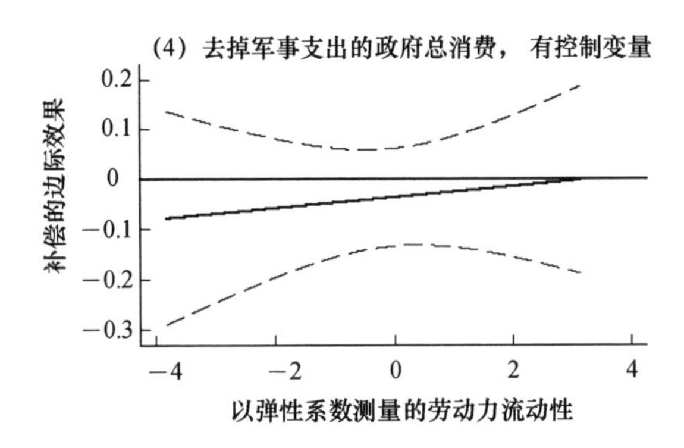

图 14-2　在跨行业劳动力流动性的调节下对开放经济政策补偿的边际效果（1）

注：实线代表计算出的系数，虚线代表 95% 置信区间。

资料来源：笔者自制。

图 14-2 展示的是当跨行业劳动力流动性水平给定时，补偿影响一国经济政策开放程度的边际效应。其中劳动力流动性是用弹性系数法测量。图 14-2 中的小图（1）到小图（4）与表 14-3 中的前四个模型对应。从图 14-2 中可以看出，所有的小图都显示出劳动力流动性对政府补偿和经济政策开放程度之间的关系有调节作用。所有的小图都呈现向上趋势，即劳动力流动性水平越高，补偿越会带来更加开放的经济政策。另一个有趣的发现是，尽管高劳动力流动性并不能确保补偿能够使人们更加支持开放的经济政策（正如小图（2）和小图（4）所显示的那样，即便劳动力流动性水平较高，也就是各小图横轴上大于零的部分，补偿也可能无法显著地提升经济政策的开放程度，也就是纵轴上相应的实线部分小于零或者上下虚线间包含零），但是低劳动力流动性却一定会起到抑制作用，使得补偿无法带来开放经济政策（除小图（4）的所有小图都显示，当劳动力流动性水平较低时，也就是各小图横轴上小于零的部分，补偿反而会与更低程度的经济政策开放相关联，也就是纵轴上各小图相应的实线部分均小于零；而且当劳动力流动性低于一定程度时，更多补偿将显著地降低经济政策开放度，也就是上下虚线均低于零线）。因此在劳动力流动性较低的情况下，补偿策略通常会失败。

图 14-3 展示的是用行业间工资变异系数测量的劳动力流动性，这些小图与表 14-3 中后四个模型相对应。所有的小图都显示出向下的趋势。因为

更高的变异系数代表着更低的劳动力流动性水平，向下的趋势也再一次确认了当劳动力流动性更高时，补偿通常会带来更加开放的经济政策。图 14-3 还显示，当劳动力流动性较低时，也就是当位于每个小图的右端，补偿无法带来更加开放的经济政策（实线部分小于零，上下虚线多低于零线）。

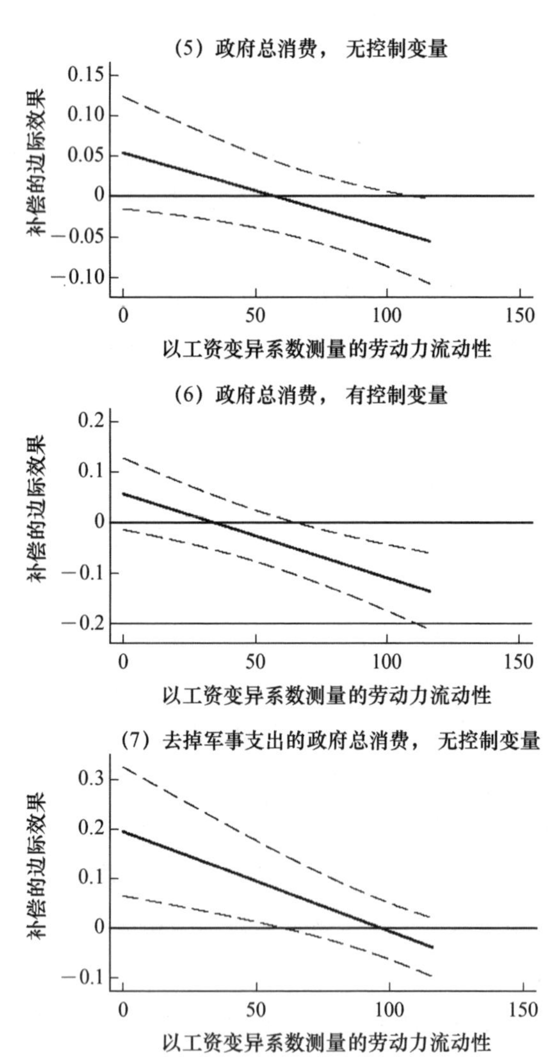

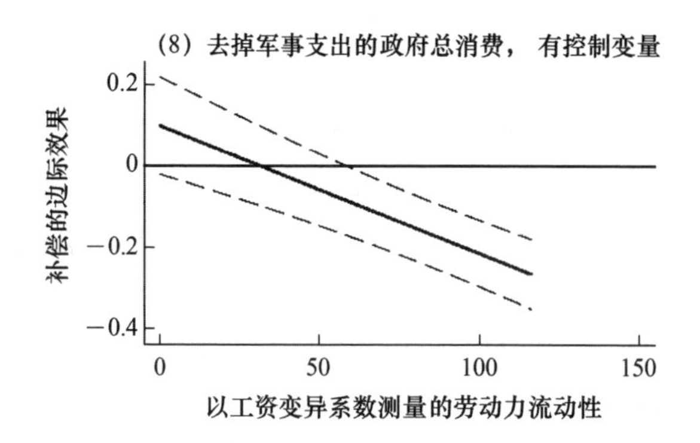

图 14-3　在跨行业劳动力流动性的调节下对开放经济政策补偿的边际效果（2）

注：实线代表计算出的系数，虚线代表95%置信区间。

资料来源：笔者自制。

我们用一个直观但却反事实的例子来加以说明。假设美国的跨行业劳动力流动性水平与瑞典相当，美国经济政策的开放程度将会受到何种影响？当前，美国经济政策的开放程度已经很高，在我们的数据中其平均值达到 85.93，而瑞典为 83.70。但如果以弹性系数测量，美国的劳动力流动性仅为 0.22，远低于瑞典的 1.66。根据本章的理论，美国的低劳动力流动性使得政府补偿无法让美国民众维持对全球化和开放经济政策的支持。如果在过去的几十年中，美国的劳动力流动性的平均水平与瑞典相当的话，那么美国的全球化平均分数就会达到 87.27（根据表 14-3 中的第 1 个模型），比目前的真实水平高出 1.34 个单位。这将是统计上的显著提高。

四、稳健性与内生性检验

到目前为止，我们的实证分析用政府总支出或者非军事性政府支出占 GDP 的比重作为测量补偿政策的指标。尽管一些观点认为，政府总支出可以很好地测量政府在全球化过程中实施的补偿①，但有人并不同意这一观点。他们认为需要更直接地测量补偿的指标，而且这个指标要匹配嵌入式自由主义的概念。② 为了稳健性检验，我们将政府补偿操作化为社会缴款

① Cameron, David R. "The Expansion of the Political Economy: A Comparative Analysis."; Rodrik, Dani. "Why Do More Open Economies Have Bigger Governments?"

② Rudra, Nita. "Globalization and the Decline of the Welfare State in Less-Developed Countries."

占政府收入的比重。这一指标从概念上讲与嵌入式自由主义更为贴近，因为“社会缴款包括雇主、雇员和自由工作者以及其他无法确定的来源对社会保障体系的缴纳，它们还包括了政府对其负责运营的社会保险体系实际的或隐含的缴纳”（《世界发展指标》2011 年版）。因此从设计机理上而言，社会缴款比政府总支出更容易感受到来自全球化的压力。但这一指标的不足就是其数据收集仅始于 1990 年，甚至是美国和英国这样的发达工业国家也是迟至 2001 年和 1998 年才分别开始汇报该数据。因此使用这一指标严重限制了观察值的数量。

表 14-4 报告了回归分析的结果。其中社会缴款与劳动力流动性进行交互，并在加入和没有加入控制变量的情况下分别做了回归，其中加入的控制变量和表 14-3 中的一样。结果显示，当使用社会缴款占政府收入的比重测量政府补偿时，劳动力流动性继续像理论预测的那样对补偿起到调节作用。也就是说，当劳动力流动性水平更高时，政府补偿越多，就越能促进经济政策开放。

表 14-4　补偿对于开放经济政策的边际效应：用社会缴款测量补偿的稳健性检验（因变量为 KOF 限制指数）

自变量	以弹性系数测量的劳动力流动性		以工资变异系数测量的劳动力流动性	
补偿：社会缴款	0.079	0.057	-0.029	0.106
	(0.081)	(-0.062)	(0.090)	(-0.072)
跨行业劳动力流动性	-0.831*	-0.591	0.013	0.021
	(0.382)	(-0.405)	(0.016)	(-0.014)
补偿 * 流动性	0.060*	0.031*	0.002	-0.002+
	(0.017)	(-0.015)	(0.001)	(-0.001)
实际人均 GDP		9.578*		9.451*
		(-2.069)		(-1.978)
抚养率		-30.093*		-29.695*
		(-9.728)		(-9.588)
城市化率		11.893		15.084
		(-10.525)		(-9.672)
总人口		6.695		4.248
		(-10.002)		(-8.702)

（续表）

自变量	以弹性系数测量的劳动力流动性		以工资变异系数测量的劳动力流动性	
政体类型		0. 138		-0. 417
		(-0. 86)		(-0. 894)
美国霸权		0. 933*		1. 022*
		(-0. 227)		(-0. 216)
GATT/WTO 成员国		2. 404*		1. 134
		(-1. 05)		(-1. 019)
社会主义国家		1. 521		1. 433
		(-2. 257)		(-2. 241)
经合组织国家		-0. 43		-1. 103
		(-1. 079)		(-1. 046)
拉美国家		8. 705		.
		(-26. 736)		.
东亚国家		32. 644		9. 416
		(-44. 387)		(-16. 32)
撒哈拉以南非洲		20. 155		31. 115
		(-44. 802)		(-40. 835)
常数项	61. 957*	-59. 996	63. 682*	-37. 985
	(2. 900)	(-144. 935)	(5. 154)	(-137. 704)
Wald chi2	4. 22e+05	44239. 709	3. 93e+05	1. 58E+05
Prob>chi2	0. 000	0. 000	0. 000	0. 000
R 平方	0. 996	0. 997	0. 996	0. 997
国家数	60	58	62	60
样本数	331	328	352	348

注：使用面板校正标准误的普通最小二乘法，主要的自变量滞后一期，控制了国家固定效应。所有模型均假设有面板数据异方差和面板一阶自回归过程。各个系数下括号中数值是标准误差。为节省空间，未报告国家效应。

+表示在10%的水平上显著，*表示在5%的水平上显著。

资料来源：笔者自制。

尽管我们已经明确假定劳动力流动性是外生的，可能还有一些疑问认为如果劳动力流动性不是完全外生的会如何，或者说，如果开放的经济政策与劳动力流动性水平互为因果该怎么办。在这种情况下，不仅是劳动力流动性影响了经济政策的开放程度，开放的经济政策也反过来影响了劳动力流动性。

为了回应这一疑问，本章在实证分析中已经将跨行业劳动力流动性做了滞后一期处理。但为了更有说服力，接下来我们将放弃劳动力流动性为外生这一假设，直面内生性问题来构建实证模型。

我们选择用工具变量法来处理内生性问题。这一方法的关键就是找到合适的工具变量，这些工具变量应当与劳动力流动性高度相关，但又与经济政策的开放程度没有相关性（就是说与回归分析的残差没有相关性）。我们选择的工具变量是劳动力流动性滞后三期。[①] 其中的逻辑是当前的经济政策开放度从时间上来说不可能影响到4年前的劳动力流动性水平，从这个意义上可以保证工具变量的外生性。同时，滞后三期的劳动力流动性与当期的劳动力流动性有很高的相关性（用弹性系数测量流动性时，它们的相关系数是0.76；用变异系数测量流动性时，它们的相关系数是0.72）。[②]

表14-5展示了使用工具变量法得到的结果。为了能利用到尽可能多的数据，这里用政府总支出占GDP的比重作为测量政府补偿的指标。

表14-5 补偿对于开放经济政策的边际效果：工具变量法

（因变量为KOF限制指数）

	以弹性系数测量的劳动力流动性		以工资变异系数测量的劳动力流动性	
补偿（政府支出占GDP的比重）	0.193*	−0.091	0.320	0.081
	(0.064)	(0.061)	(0.212)	(0.134)
跨行业劳动力流动性工具变量=滞后三期	−6.936*	−4.153*	0.358*	0.196*
	(1.340)	(1.037)	(0.069)	(0.047)
补偿＊流动性工具变量=补偿＊滞后三期	0.549*	0.271*	−0.004	−0.004+
	(0.068)	(0.052)	(0.003)	(0.003)

① 笔者也试验过滞后五期，得到的结果大致相同。

② 笔者尝试了使用其他可能的工具变量，但结果表明它们都不适合做跨行业劳动力流动性的工具变量。这些变量包括选举制度是赢者通吃还是比例代表制、工会的集中程度等。除了效果没有滞后三期的跨行业劳动力流动性好以外，这些候选变量通常只存在于发达工业化国家。

（续表）

	以弹性系数测量的劳动力流动性		以工资变异系数测量的劳动力流动性	
实际人均 GDP		6.763*		7.419*
		(0.460)		(0.467)
抚养率		−15.654*		−14.427*
		(2.071)		(2.333)
城市化率		−3.128		−5.925*
		(2.472)		(2.367)
总人口		1.602		2.244
		(1.912)		(1.889)
政体类型		1.822*		0.797*
		(0.332)		(0.363)
美国霸权		1.313*		1.183*
		(0.190)		(0.192)
GATT/WTO 成员国		3.695*		1.415+
		(0.834)		(0.852)
社会主义国家		−8.359*		−5.777*
		(1.240)		(1.455)
经合组织国家		5.269*		5.206*
		(1.663)		(1.538)
中心 R 平方	0.034	0.569	−0.032	0.536
国家数	108	103	114	109
样本数	2137	1995	2278	2130
内生 P 值	0.000	0.037	0.000	0.000

注：使用带 GMM 选项的 XTIVREG2 方法，控制了国家固定效应。各个系数下括号中数值是稳健标准误差。区域虚拟变量因共线性而去除。

+表示在 10%的水平上显著，*表示在 5%的水平上显著。

资料来源：笔者自制。

从表 14-5 中可以看到，使用了工具变量法的所有回归都再次印证了此前的发现。所有交互项的正负号都在预测之中且交互项多为统计显著，这表明劳动力流动性有显著的调节作用，更高的劳动力流动性水平能够使政府补偿更有效地促进经济政策的开放。

第五节 小　结

本章提出跨行业劳动力流动性对政府补偿和经济体融入全球经济的程度之间的关系具有调节作用。当跨行业劳动力流动性较低时，补偿不大可能带来更加开放的经济政策，嵌入式自由主义妥协只有当劳动力流动性较高时，才更有可能发挥作用。一系列实证分析检验了劳动力流动性的这种调节作用，在分析过程中使用了多种指标测量政府补偿，用多种方法测量了跨行业劳动力流动性，并讨论了劳动力流动性的外生假设。补偿与劳动力流动性的交互作用在各种组合的实证检验中都是可观而且显著的。

劳动力流动性具有如此基础性的作用，对它进行调整的尝试在很久以前就已经进入政策制定者们的政策操作之中，这方面的典型代表是瑞典。二战后绝大多数时间里，瑞典政治由社会民主党（SAP）主导，社会民主党与瑞典的劳工运动组织尤其是瑞典劳工联合会结成了紧密的政治联盟，推出了一系列劳工和工资政策，以维持和提高瑞典劳工市场的高流动性。这些政策包括工资协商谈判机制、失业保障、技能培训、公营部门就业、异地就业补贴和幼儿教育服务等。[①] 在这些政策的保障之下，在瑞典同时观察到了高水平的劳动力流动性和经济政策开放度。

本章的发现有助于理解那些促进或者阻碍一国参与全球化的力量。在今天的国际政治舞台上，我们经常看到昔日全球化的坚定支持者如欧美各国，反而越来越多地做出逆全球化甚至反全球化的举动。这些国家当今逆全球化的波澜并非一朝一夕之变，而是经历了长期的矛盾积累，反映了经济结构中的深层问题，例如法国经济学家托马斯·皮凯蒂（Thomas Piketty）在《21 世纪资本论》中试图剖析西方国家不平等问题的根源。[②] 应对全球化危机的钥匙可能不在国际政治之中，而是在每一个国家的内部。然

---

① Zhou，Qiang. *Partisanship，Union Centralization and Mobility：The Political Roots of International Labor Mobility*. Paris：L'Harmattan，2016.

② Piketty，Thomas. *Capitalism in the 21st Century*. Cambridge：Harvard University Press，2014.

而，遵循这一思路的嵌入式自由主义方案却很有可能落入了线性思维的陷阱，忽视了预期结果出现所需要具备的国内社会条件。这向公共政策的制定者们敲响了警钟。包括补偿政策在内的一些公共政策原本的目的是要鼓励民众更加支持开放的经济政策，但如果它们没能充分考虑一些关键性的社会经济因素，例如本国的跨行业劳动力流动性水平，那么可能无法取得理想的效果。如果一个经济体的劳动力流动性水平过低的话，补偿政策或许根本就是徒劳。

第十五章

国际组织、全球发展与中国角色

陈沐阳

发展政治学理论的系统性研究始于 20 世纪 50 年代的冷战背景下。美苏两极争霸的国际格局与去殖民化的浪潮使得第三世界国家如何实现发展成为全球性的重要议题。理解决定发展的国际因素（包括国际机制、国家间关系、国家实力对比）及其与国内因素的互动是理解国内发展政治的重要一环。本章聚焦二战后主导全球发展治理的国际组织，追溯发展内涵的演变，解析国际发展机制背后的逻辑，探讨该机制的利弊并分析其正在经历的重要变化。

二战之后，联合国、经济合作与发展组织、世界银行等国际组织主导了全球发展治理，通过定义发展、传播规范、制定规则、提供资金等一系列方式对国际发展产生了决定性影响。然而，这些在发展领域发挥重要作用的国际组织均由工业化国家发起成立，并在相当长的一段时间内由这些国家主导运作。在这一国际格局下，真正需要实现发展的国家应当如何发展、能够以何种方式发展、可以获得何种条件的发展资源，均由发达工业化国家决定。随着以中国为代表的新兴经济体的崛起，大量来自发展中国家的资金为发展项目提供支持。“南方”国家开始重新定义“发展”并推动新形式的发展合作。它们积极地参与到重要国际组织当中，对既有的全球发展治理带来巨大影响。

战后去殖民化与冷战背景下形成的“发展”概念是将西方工业化国家与第三世界国家连结到一起的一种方式。在以这一概念为基础的国际发展机制下，国家被分为“发达”与“欠发达”两类，后者通过前者的援助实现发展。发展类国际组织通过设定议题、分配资源、制定规则等方式强化这一国际机制。然而，这一基于“北—南”赠予的既存国际发展机制存在诸多问题。通过推动更为对等的南南合作，以中国为代表的发展中国家正在重塑全球发展治理。

本章分为四个小节：第一节分析联合国、经济合作与发展组织、世界银行这三个重要国际组织如何在全球发展治理过程中发挥作用；第二节从历史视角出发，分析这些国际组织及其所主导的国际发展机制的运行逻辑，并阐述这一国际机制存在的问题及其面临的挑战；第三节探讨以中国为代表的发展中国家的崛起如何影响既有的发展类国际组织与全球发展治理的格局；最后一节总结全文。

第一节　国际组织与全球发展治理

国际机制（international regime）一般定义为“在某个国际关系领域的一套明示或暗示的原则、规范、规则和决策程序，行为体的预期围绕之汇聚在一起”。[①] 二战之后，国际发展领域逐渐形成了一整套规则程序，对欠发达国家如何实现发展加以规范。萨拉·巴布（Sarah Babb）和尼桑·乔雷夫（Nitsan Chorev）总结了政府间国际组织影响国际发展机制的三种方式。第一种方式是直接提供资源，包括资金、技术等，比如世界银行通过向发展中国家提供贷款而帮助后者实现经济发展。第二种方式是制定规则，比如世界贸易组织通过制定贸易规则从而约束各国政府的经贸政策。第三种方式是传播规范和理念，比如联合国制定千年发展目标，定义发展的内涵并引导各国政府的发展议题设定。[②] 在战后国际发展机制的运行过

① Krasner, Stephen D. “Structural Causes and Regime Consequences: Regimes as Intervening Variables.” *International Organization*, Vol. 36, No. 2, 1982.

② Babb, Sarah and Nitsan Chorev. “International Organizations: Loose and Tight Coupling in the Development Regime.” *Studies in Comparative International Development*, Vol. 51, No. 1, 2016.

程中，联合国、经济合作与发展组织、世界银行等几个由发达工业化国家发起成立的国际组织发挥了重要作用。它们通过以上三种方式中的一种或几种来影响全球发展。

联合国是最为人熟知的国际组织之一，其系统下的联合国开发计划署、世界粮食计划署、联合国环境规划署、联合国贸易和发展会议等机构的职能都与发展相关。然而，联合国的经费体量有限，能够提供给发展类项目的直接物质支持也较为有限，因而提供资源并不是联合国推动发展的主要方式。例如，以促进可持续发展为主要目标的联合国开发计划署实际上并不为发展项目提供任何资金，而是通过与政府部门、国际金融机构、基金会等各类机构合作从而具体落实发展项目。联合国对国际发展的作用主要体现在定义发展内涵、制定议题、传播规范，从而影响资金、技术、人力的去向。比如，在二战后初期，国际社会对发展的理解主要为“经济发展”，具体体现为物质资料的增长；然而，在之后的几十年中，联合国通过制定发展目标，逐渐将消除贫困、性别平权、环境保护、教育普及、公共卫生等议题纳入发展的范畴并推广到全世界，影响了各国的发展政策。联合国的主要决策方式是主权国家一国一票。也就是说，欠发达国家与发达国家拥有同等的投票权。这一制度在很大程度上保障了联合国运行过程中能够兼顾发展情况不同国家的利益。

与联合国不同，经济合作与发展组织（OECD）则主要是通过制定与经济发展相关的规则、规范来影响其成员国的政策。在国际发展领域，OECD 的发展援助委员会（DAC）是官方发展援助（ODA）的规则制定者，影响力极大，因为它的成员国几乎涵盖了所有战后主要援助国，也就是最发达的工业化国家。因此，通过规范这些成员国的行为，OECD 就能决定双边援助资金的走向。OECD 的前身欧洲经济合作组织（OEEC）于 1948 年成立，是马歇尔计划的一部分，旨在以美国的资金帮助欧洲国家实现战后重建。OEEC 成立之初有 18 个欧洲成员，而后于 1961 年组建 OECD 时，除了最初的欧洲成员国之外还加入了美国与加拿大。截至 2020 年，OECD 成员国扩展到 37 个，以高收入国家为主，也包含发展中国家。①

① OECD. “Global OECD Welcomes Colombia as Its 37th Member.” April 28, 2020, https://www.oecd.org/newsroom/global-oecd-welcomes-colombia-as-its-37th-member.htm.

OECD-DAC 有 30 个成员国，除了日本和韩国之外，皆为欧美国家。[①] 在 OECD 成员中，美国扮演了非常重要的角色。美国在 OECD 经费中出资占比是最高的，并且在相当长一段时间内，DAC 的主席职位由美国支付费用，且由美国籍人士担任。[②]

DAC 的一个主要特点是由其成员国（援助国）决定的规则、规范能够影响其非成员国（受援国）的发展。也就是说，在 DAC 的运行机制下，一个需要资金的欠发达国家能够以什么条件（如利率、期限）获得多少双边援助资金用以发展，取决于发达国家的决策。例如，DAC 对于官方援助资金的“赠予成分”（Grant Element）有最低要求。也就是说，一笔资金需要条件足够优惠，才能被归类为“援助”。这一规定体现了 DAC 资金输送规则的“赠予”属性。OECD 的规则制定不仅限于国际援助领域。在贸易融资领域，它也制定诸多规则以约束成员国的行为。比如，OECD 针对官方出口信贷[③]有一系列规则制度，旨在规范政府对出口的补贴程度，防止成员国之间恶性竞争。此类规则制定也限制了成员国将享有政府补贴的援助资金用于贸易融资。[④] 除了制定规则之外，OECD 也通过研究、统计、数据共享等方式规范成员国行为。例如，DAC 成员国一般都设有一个官方发展援助机构（如美国国际开发署、日本国际协力机构等），专门负责援助政策的实施。此类机构根据 DAC 制定的规则向欠发达国家提供资金与技术援助，每年的援助数据都必须上报 DAC。这套公开透明的数据共享机制使得成员国之间能够互相监督各成员国对 DAC 规则的执行状况。

需要指出的是，OECD 主要通过制定规则而决定资金的流向，其机构本身并不直接向欠发达国家提供资金。与 OECD 不同，世界银行（简称世行）则为国际发展提供了实质的资金支持。世界银行集团包含国际复兴开

---

① OECD. Development Assistance Committee (DAC). https://www.oecd.org/dac/development-assistance-committee/.

② Schmelzer, Matthias. “A Club of the Rich to Help the Poor? The OECD, ‘Development’, and the Hegemony of Donor Countries.” in Frey, Marc, Sönke Kunkel and Corinna R. Unger (eds.). *International Organizations and Development, 1945-1990*. London: Palgrave Macmillan, 2014.

③ 即政府为支持和扩大本国大型设备等产品的出口而提供的利息补贴、出口信用贷款、保险及担保。

④ Hall, Steven. “Managing tied aid competition: Domestic Politics, Credible Threats, and the Helsinki Disciplines.” *Review of International Political Economy*, Vol. 18, No. 5, 2011.

发银行（IBRD）、国际开发协会（IDA）、国际金融公司（IFC）、多边投资担保机构（MIGA）、国际投资争端解决中心（ICSID）五大机构。其中，对战后国际发展影响最大的是国际复兴开发银行和国际开发协会。两者都为发展中国家提供贷款，IBRD 向中等收入国家和资信良好的低收入国家提供贷款、担保、风险管理产品和咨询服务，而 IDA 则为最欠发达的国家提供优惠性贷款。也就是说，前者更注重贷款的金融可行性，后者则更强调通过“赠予”而减轻借款国的还款压力。前者的资金来源方式是国际市场发债融资，而后者的资金来源则是政府出资以及一部分来自 IBRD 和 IFC 的资金。IDA 每三年补充一次资金。根据官方数据显示，近十年来 IDA 的三次资金补充过程中，每次约有五十个国家贡献资金，其中贡献占比最大的是英、美、日、德、法五个国家。与联合国的主权国家一国一票的投票制度不同，世行成员的投票权与其出资金额相关。股权越多的国家投票权越大。因此，能在世行决策中起重要作用的国家都是经济体量较大的国家。自世行成立以来，在该国际组织占有主要投票权的基本上都是发达工业化国家，特别是美国。近年来，随着中国对世行的资金贡献越来越大，其投票权也显著增加。截至 2021 年 3 月，中国在 IBRD 的投票权居第三位，仅次于美国和日本；中国在 IDA 的投票权居第五位，仅次于美、日、英、德、法。这也意味着新兴经济体在发展类国际组织中的作用越发凸显。

在资金发放方面，世行的理念与 OECD-DAC 的理念一致，即通过“赠予”帮助欠发达国家发展，具体形式包括提供赠款、低息或还款期限长的优惠贷款等。根据一国的发展程度（人均国民总收入），世行将国家分为若干类别，越欠发达的国家能够获得的贷款条件越优惠。IDA 贷款的优惠性高于 IBRD 贷款，而只有人均收入足够低的一类国家才有资格申请 IDA 贷款。随着一国发展程度提高，它可能从 IDA “毕业”，能够申请的贷款的优惠度也会随之降低。世行贷款（特别是 IDA 贷款）的条件往往比市场投资者能够提供的贷款条件更优惠，两者之差实际上源自出资国的政府财政收入。在这点上，IDA 与 DAC 具有显著的相似性，只不过前者通过多边机制实现，后者则通过约束双边资金流动实现。换言之，IDA 本质上是一个资金中转制度，将较为发达国家的资金按照上述规则贷款给相对欠发达的国家。除了世行之外，一系列区域性多边开发银行也是国际发展机制的重要实施者，如非洲开发银行（AfDB）、亚洲开发银行（ADB）、欧洲复兴开发银行（EBRD）和美洲开发银行（IDB）等。这些区域性机构各有特点，但总体而言还是基本依照了世行的运行机制，且其主要股东中都包含七国集团成员。①

第二节　战后国际发展机制的建立、内涵与困境

从上述几个重要国际组织的运行方式可以看出，“赠予”的理念是战后国际发展机制的关键，而国际组织则通过设定议题、传播规范、制定规则、提供资源等多种方式将这一理念加以实施。然而，这一包含赠予内涵的“发展”理念并非“公理”，而是在历史发展过程中，特别是20世纪五六十年代冷战和去殖民化背景下被塑造出来的。与之相对应，虽然世界银行与OECD的前身早在20世纪40年代就已经成立，但作为推动国际发展的重要国际组织而展开业务则始于20世纪50年代后半期。

二战结束伊始，全球经济增长的重心并不是“发展中国家”，而是百废待兴的欧洲。1948年，美国开启马歇尔计划（又称欧洲复兴计划），旨在帮助欧洲国家重振在战争中被摧毁的经济，重拾工业发展。IBRD在其成立之初的贷款大都发放给了工业化国家，且贷款条件并不十分优惠。OEEC的业务范畴也仅限于欧洲。同为经济振兴，“重建”与“发展”有着完全不同的内涵。很多西欧国家在18世纪、19世纪就经历了工业化，已经具备了工业发展的技术与人力资源，其经济基础与第三世界国家有着本质差别。20世纪50年代，前殖民地纷纷独立。这些新成立的国家应该以何种形式参与到国际社会，又应该以何种形式与其他国家建立关系，成为重要问题。一方面，在冷战的大环境下，美、苏两个大国都希望通过自身的政治、经济体制吸引刚脱离殖民状态的国家，从而强化、壮大自己的阵营。另一方面，亚非拉国家开始纷纷做出选择，加入两大阵营中的一方，或是与同为前殖民地的国家联合起来。1955年，亚非国家在印度尼西亚举办了没有殖民国家参与的万隆会议，拉开了不结盟运动的序幕。正如

① Babb, Sarah. *Behind the Development Banks: Washington Politics, World Poverty, and the Wealth of Nations*. Chicago: University of Chicago Press, 2009.

世界银行官方历史所述，“发展”在去殖民化浪潮和冷战的背景下成为一个“全球共同事业”：一方面，它将除了“贫困”以外就没有其他共同点的前殖民地国家连结在一起；另一方面，它通过道德义务感与共同的安全需求将发达国家和欠发达国家连结在一起。①

战后的国际发展机制也在这一历史背景下逐渐形成，具体体现在几个方面。首先是一大批与“发展援助”相关的国际机构与国际组织的成立，包括前文提到的 1960 年成立的 IDA、1961 年成立的 DAC，以及其他官方援助机构与区域性发展金融机构。其次，用以推动经济增长的资金从最初流向欧洲国家逐渐转变为流向尚未经历工业化的第三世界国家。最后，国际组织与新成立的发展金融机构在普通贷款的基础之上增加了“软贷款”。所谓软贷款即具有优惠条件的贷款，其利率往往低于市场价格，还款期限也更长，能减少借款国的还款压力。DAC 成立前，其前身开发援助小组（DAG）就指出，依照商业条件发放的私人和公共资金固然宝贵，且应被鼓励，但基于当下一些欠发达国家的需求，应鼓励提供更多以赠款或优惠条件贷款形式发放的资金，包括长期贷款，以防止受援国外债负担过重。②

本质上，任何形式的“优惠”都意味着贷款机构将一部分官方资金以补贴或赠送的形式从援助国转移到了受援国，其背后的逻辑是发达国家通过财政资金赠予帮助欠发达国家实现发展。不同学者对于这种基于他国政府赠予从而实现经济发展的方式有着不同的解读和评价。部分发展经济学理论为此类优惠性资金提供了理论支持。不论是罗斯托（W. W. Rostow）的“起飞”模型还是保罗·罗森斯坦-罗丹（P. N. Rosenstein-Rodan）的“大推动”模型，都强调了大量资金对撬动经济发展的重要作用。③ 也就是说，这部分外来的优惠资金可以帮助缺乏“启动资金”的国家开启工业化进程。然而，这些资金往往与援助国的政治意图绑定在一起。汉斯·摩根

---

① Kapur, Devesh, John P. Lewis and R. C. Webb. *The World Bank: Its First Half Century: History*. Washington, DC: Brookings Institution Press, 1997, p. 143.

② OECD. *DAC in Dates: The History of OECD's Development Assistance Committee*. OECD Publications, 2006, http://www.oecd.org/dac/1896808.pdf.

③ Rosenstein-Rodan, P. N. "International Aid for Underdeveloped Countries." *Review of Economics and Statistics*, Vol. 43, No. 2, 1961. Rostow, W. W. *Economics of Take-off into Sustained Growth*. London: Palgrave Macmillan, 1963.

索（Hans Morganthau）和乔治·李斯卡（George Liska）等现实主义政治学家指出，援助的本质是国际政治。[①] 在冷战时期，对外援助成为美国实施外交战略的重要手段。艾玛·莫兹利（Emma Mawdsley）、服部智久（Tomohisa Hattori）等学者从社会学的理论视角出发探讨援助的本质，指出“赠予”是一种资源配置的方式，意味着捐赠者与接受者所享有的资源不同，两者地位不对等；国家间的赠款、优惠性贷款等对外援助是这种不对等关系的体现，是象征性的统治，反映了 DAC 援助的等级制特征。[②] 戴维什·卡普尔（Devesh Kapur）等人指出，20 世纪 60 年代的“发展”不再单纯意味着世界经济产量的增长，其内涵增添了一层“道义上的歧视色彩”——将贫困国家的收入水平提高到和富裕国家一样。[③] 这些不同理论视角的解读都不约而同地指向了“发展”概念背后的一个预设，即援助国与受援国之间的不对等，因为“发展”的前提之一是将国家分成富裕与贫穷两类。基于这一前提的发展方式是慈善性的，但同时也是居高临下的。

相应地，基于这一发展理念所形成的国际发展机制存在一系列问题，面临诸多挑战。第一，在这一机制下，决定国际发展相关规则、规范的是已经实现了工业发展的国家，因此这些规则、规范是否真正代表了欠发达国家的需求仍有待商榷。第二，赠予并不一定能够真正实现发展。虽然慈善性的捐助能够减少受援国的还款压力，但也容易使后者产生依赖性，在接受援助资金后仍无法自力更生，实现经济增长。威廉姆·伊斯特里（William Easterly）、彼得·鲍尔（Peter Bauer）等经济学家对“援助”的经济效果提出了批评，认为这类资金不仅没有如其号称的那样撬动经济发展，反而因过度依赖政府作用、违背市场机制的运行规律而起到负面

---

① Liska, George. *The New Statecraft: Foreign Aid in American Foreign Policy*. Chicago: University of Chicago Press, 1960. Morgenthau, Hans. “A Political Theory of Foreign Aid.” *American Political Science Review*, Vol. 56, No. 2, 1962.

② Mawdsley, Emma. “The Changing Geographies of Foreign Aid and Development Cooperation: Contributions from Gift Theory.” *Transactions of the Institute of British Geographers New Series*, Vol. 37, No. 2, 2012. Hattori, Tomohisa. “Reconceptualising Foreign Aid.” *Review of International Political Economy*, Vol. 8, No. 4, 2001.

③ Kapur, Devesh, John P. Lewis and R. C. Webb. *The World Bank: Its First Half Century: History*. Washington, D. C.: Brookings Institution Press, 1997, p. 140.

效果。[①] 第三，基于赠予的国际发展机制对于工业化国家也就是援助国而言是一种财政负担。自 1970 年起，DAC 成员国就以国民总收入的 0.7%为目标发放官方对外援助。这其中包括官方资金与市场资金，但相当一部分出自援助国的财政收入。当援助国财政状况欠佳时，能否完成 DAC 的目标就成为一个问题。

事实上，即便在 DAC 内部，也并不是所有的成员国都奉行基于“赠予”的援助方式。作为 DAC 的第一个非欧美成员国，日本在战后相当长一段时间内就违背了 DAC“赠予”的初衷，把物质“交换”也纳入了其对外援助的实践中。许多研究日本官方发展援助（ODA）的文献指出，日本在 20 世纪 50 年代到 70 年代这段时间发放的 ODA 主要是以发展本国的经济为目的。[②] 作为二战的战败国，日本最初的 ODA 以战争赔款的方式发放。然而这些赔款是与日本的产品和服务绑定的，也就是说，必须用来购买日本企业生产的设备及其提供的服务。之后日本发放 ODA 的对象扩展到了战争赔款对象以外的国家，但这种将 ODA 绑定日本产品的方式在相当长一段时间内没有改变。与欧美国家不同，日本的对外援助强调受援国的自立自助，并提倡互利双赢，注重项目的实施结果。[③] 从意识形态上来看，这种方式弱化了援助国与受援国之间的等级关系。

日本在战后初期选择采用这一具有显著“商业性”的援助方式的原因可以从政治经济学视角加以理解。相比欧美，日本是后发工业化国家，政府对产业的支持在后发经济体的追赶过程中起了重要作用。[④] 日本的捆绑

---

① Bauer, P. T. “Dissent on Development.” *Scottish Journal of Political Economy*, Vol. 16, No. 3, 1968, pp. 75-94. Easterly, William. *The White Man's Burden: Why the West's Efforts to Aid the Rest Have Done So Much Ill and So Little Good*. New York: Penguin Press, 2006.

② 参见 Arase, David. *Buying Power. The Political Economy of Japan's Foreign Aid*. Boulder: Lynne Rienner Publishers, 1995. 金熙德：《日本政府开发援助》，北京：社会科学文献出版社 2000 年版。林晓光：《日本政府开发援助与中日关系》，北京：世界知识出版社 2003 年版。

③ 参见 Ohno, Izumi and Kenichi Ohno (eds.). *Eastern and Western Ideas for African Growth: Diversity and Complementarity in Development Aid*. London: Routledge, 2013. Shimomura, Yasutami, John Page, and Hiroshi Kato (eds.). *Japan's Development Assistance: Foreign Aid and the Post-2015 Agenda*. London: Palgrave MacMillan, 2016.

④ Gerschenkron, Alexander. *Economic Backwardness in Historical Perspective: A Book of Essays*. Cambridge: Harvard University Press, 1962. Amsden, Alice. *The Rise of "The Rest": Challenges to the West from Late-Industrializing Economies*. Oxford: Oxford University Press, 2001. Kasza, Gregory J. “Gerschenkron, Amsden, and Japan: The State in Late Development.” *Japanese Journal of Political Science*, Vol. 19, No. 2, 2018.

性援助（tied aid）相当于是国家对企业的一种补贴。有了长期、低价的日元贷款的资金支持，日本企业拓宽了海外市场，并且在面对外国企业竞争时呈现出更大的竞争力。然而，DAC 并不鼓励这种捆绑性援助，因为它本质上是一种政府对市场的变相干预。随着日本经济实力的提升与日本企业的迅速发展，日本这一由 ODA 支持本国企业海外业务的融资模式受到 OECD 的诟病。在 20 世纪八九十年代，美国与西欧国家在 OECD 多轮谈判中制定对日本不利的规则，以限制其通过官方资金促进出口的做法。事实上，通过“政府介入”促进经济发展的行为并不仅限于追赶型的国家。在经济不景气时，即便是在西方国家，政府对经济的介入也是常见的手段。20 世纪 70 年代石油危机后，欧洲各国实施以邻为壑的贸易政策，通过各种方式变相支持本国企业的出口，日本并不是唯一的国家。然而在 OECD 的谈判中，日本作为唯一的亚洲国家、一个相对后发的经济体，不得不接受对本国不利的 OECD 规则。[①] 谈判结果之一便是取消 ODA 的绑定，也就是说，日元贷款不再只用来购买日本生产的设备，而是也开放给其他国家的供应商。

可以说，日本是第一个对 OECD-DAC 的规则以及战后国际发展机制产生有力挑战的国家。前文提到，20 世纪五六十年代建立的国际发展机制是基于发达国家对欠发达国家的“赠予”。日元贷款虽然也基本在这一援助与被援助的框架下实施，但同时强调了援助国的经济利益以及受援国的自助自立。日本实施 ODA 的方式既有优点也有缺点。它的一个优点是援助国与被援助国之间存在经济利益交换，地位相对对等；同时，由企业利益驱动的项目更加注重经济效益，使得援助的结果更有保障。而其优点也是其缺点，日元贷款常被诟病有“重商主义”色彩，注重本国企业的得失。日本与 OECD-DAC 的交涉体现了崛起中的经济体与既存经济大国之间的竞争。然而，日本终究没能在 OECD 这个以欧美国家为主导的国际组织中获得主导地位。进入 20 世纪 80 年代，日本已经成为世界第二大经济体，其 ODA 发放总量也随着经济增长与日元升值而跃居全球第一。在同一时期，

① 参见 Moravcsik, Andrew M. “Disciplining trade finance: the OECD Export Credit Arrangement.” *International Organization*, Vol. 43, No. 1, 1989. Ray, John E. *Managing Official Export Credits: The Quest for a Global Regime*. Washington D. C.: Institute for International Economics, 1995. 前田充浩：『金融植民地を奪取せよ』，東京：プレジデント社，2010 年。

日本的对外援助政策发生了较大转变，逐渐遵循了 OECD 的制度，在很大程度上解除了日元贷款与日企之间的捆绑。导致这一改变的既有政治原因也有经济原因。一方面，西方国家的“外压”使得日本不得不作出妥协。另一方面，日本企业本身对政府支持的需求也发生了变化。在追赶时期，捆绑性的日元贷款能够帮助日企获得海外订单；然而随着日企逐渐做强，本身不依靠日元贷款的支持也能获得订单；或者即便通过日元贷款拿下了项目，也可能将其承包给其他国家的承包商以降低项目实施的成本。① 也就是说，日本本身的发展阶段也在一定程度上导致其自发地“解除”了捆绑。

第三节　中国与国际发展机制

随着以中国为代表的一批发展中国家的经济崛起，日本未能撼动的既存国际发展机制正经历着变革。与早期的日本 ODA 类似，以中国为代表的发展中国家所倡导的发展合作模式更注重双方对等与互利共赢。但与日本不同的是，这些国家不是 DAC 成员国，因而能够在 OECD 主导的国际发展机制之外对机制产生影响。从提供的基础设施融资资金总量来看，中国在近十几年为全球发展作出了巨大贡献。根据全球发展政策中心的统计，仅国家开发银行和中国进出口银行两家银行的总资产之和就超过了西方支持的所有多边开发银行资产的总和。② 克莉丝汀·霍普威尔（Kristen Hopewell）指出，中国提供的出口信贷量已经远超其他主要经济体的官方出口信贷机构提供的资金量。中国这一非成员国的崛起正在显著改变 OECD 主导的全球出口信贷格局，并动摇其治理机制。她进一步指出，这

---

① Hoshi, Fumio. “A Japanese Perspective.” in Hufbauer, Gary Clyde and Rita M. Rodriguez (eds.). *The Exim Bank in the 21st Century: A New Approach?* Peterson Institute Special Report 14, 2001. Lancaster, Carol. *Foreign Aid: Diplomacy, Development, Domestic Politics*. Chicago: Chicago University Press, 2006. 陈沐阳：《从中日对比看后发国家的基础设施投融资》，载《日本学刊》2020 年第 2 期。

② Gallagher, Kevin P., Rohini Kamal, Junda Jin, et al. “Energizing Development Finance? The Benefits and Risks of China's Development Finance in the Global Energy Sector.” *Energy Policy*, Vol. 122, 2018.

并非因为中国“无责任感”或“不守规则”，而是因为既存的自由国际秩序的运行逻辑与新兴大国的发展诉求存在矛盾。对于后者而言，政府的产业政策及其对企业的资金支持是国家实现自身发展的重要手段。[①]

正是因为新兴经济体自身仍有发展需求，它们在与他国进行发展合作时，并不会使用完全“慈善性”的方式，而是在帮助他国的过程中也追求自身的利益。一些学术研究探讨了这一新的发展合作方式与传统援助模式的不同之处。莫兹利比较了DAC成员国与非DAC成员国实施发展合作的差异，指出了南南合作的若干特征，包括对“发展中国家”这一共同身份的强调，对等级制的援助—被援助关系的反对，以及对合作双方共同获利的主张。[②] 第三点体现在实际操作中就是以市场交换的方式代替政府赠予的方式实现发展合作。这种对“市场”的重视在专门分析中国发展合作模式的研究中也多次被强调。比如，徐佳君和理查德·凯里（Richard Carey）提出“公共创业”（public entrepreneurship）这一概念，用来概括由中国为代表的新兴经济体所带来的官方倡导同时基于市场机制的发展融资方式。[③] 陈沐阳指出，类似ODA的优惠性官方资金只占中国对外基础设施投融资的极小部分，而大部分资金是并未获得财政贴息的非优惠性政策性银行贷款，具有“政府主导、基于市场”的特点。[④] 陈宗翼（Gregory T. Chin）和凯文·加拉格尔（Kevin P. Gallagher）则将中国的发展金融概括为同时集合了优惠性与非优惠性资金的“调控下的信用空间”（coordinated credit space）。[⑤] 林毅夫和王燕从产业升级的角度看待发展模式中的政府市场关系。他们认为，在中国自身的经济发展过程中，政府通过建造产业园等方

---

① Hopewell, Kristen. “Power Transitions and Global Trade Governance: The Impact of a Rising China on the Export Credit Regime.” *Regulation and Governance*, Vol. 15, No. 3, 2021.

② Mawdsley, Emma. “The Changing Geographies of Foreign Aid and Development Cooperation: Contributions from Gift Theory.” *Transactions of the Institute of British Geographers New Series*, Vol. 37, No. 2, 2012.

③ Xu, Jiajun, and Richard Carey. “Post-2015 Global Governance of Official Development Finance: Harnessing the Renaissance of Public Entrepreneurship.” *Journal of International Development*, Vol. 27, No. 6, 2015.

④ Chen, Muyang. “Beyond Donation: China's Policy Banks and the Reshaping of Development Finance.” *Studies in Comparative International Development*, Vol. 55, 2020.

⑤ Chin, Gregory T., and Kevin P. Gallagher. “Coordinated Credit Spaces: The Globalization of Chinese Development Finance.” *Development and Change*, Vol. 50. No. 1, 2019.

式为企业的产业升级提供良好条件。中国现在通过在其他国家实践同样的方式，促进欠发达国家实现发展。这一模式超越了传统的、政府主导的援助模式。①

从上述研究可以看出，政府调控与市场机制的结合是中国实施发展合作的一个重要特点。中国之所以倡导这一模式，主要源于其自身发展经验。自改革开放以来，中国经济从完全由政府主导的计划经济逐步向市场经济转轨。在这一过程中，政府在基础设施融资中的作用从直接分配财政资金逐渐转变为调控与增信。20世纪90年代，中国成立了国家开发银行、中国进出口银行、农业发展银行三家政策性金融机构，一方面完善了金融体制，将政策性业务同商业性业务剥离，加速商业银行的市场化，另一方面也使得原本依赖于财政资金拨款融资的基础设施和产业项目能够以更市场化的方式筹得资金。换言之，与工业化国家不同，中国在20世纪90年代并没有充裕的财政资金用来支持本国的基础设施建设，也没有成熟的市场机制为基础设施项目融资，而是在不断市场化的过程中摸索出了政府与市场相结合的发展融资方式。② 2000年以后，随着中国的企业和金融机构逐步国际化，这套适合后发国家的发展模式也逐渐被复制到其他第三世界国家。这些国家与当年的中国一样，既没有充足的财政资金，也没有成熟的资本市场，中国这种基于政府调控与市场运作的发展合作模式因而得以在许多欠发达地区实施，弥补了基于财政赠予的传统援助资金的不足。

事实上，既存国际发展机制的主导国家，即发达工业化国家本身也意识到了单纯依靠政府财政资金赠予而实现发展的模式的局限性，因而积极倡导更多市场资本加入到基础设施建设中。例如，OECD近年来积极推动“可持续发展的官方支持总额”（Total Official Support for Sustainable Development）这一概念，补充了官方发展援助，将非优惠的官方资金、官方撬动的私有资本、南南合作等更多样的发展合作形式纳入到统计中来，从而能够反映国际发展领域新兴行为体的贡献。这一概念体现了OECD主导的国际发展机制背后理念的转变，在通过“赠予”实现发展的基础上，接纳了基于对等互惠而实现发展的方式。类似地，世界银行以及其他多边发展

① Lin, Justin Yifu and Yan Wang. *Going Beyond Aid: Development Cooperation for Structural Transformation*. Cambridge: Cambridge University Press, 2016.

② 参见陈元：《政府与市场之间：开发性金融的中国探索》，北京：中信出版社2012年版。

银行也在近十几年来致力于推动政府和社会资本合作（Public-Private Partnership，PPP）。在该合作机制下，政府可以为市场投资者承担一定程度的风险，从而吸引后者参与到发展类项目中；与此同时，市场行为体也为政府承担一部分出资与项目实施的功能。

然而，PPP 以及其他鼓励公共和市场资本结合的发展合作方式在欠发达国家的实施面临挑战。比如，东道国可能没有完善的法律机制保障政府与民间资本的利益分配，导致企业不愿意参与。[①] 归根结底，市场资本还是具有趋利的属性，这就使其在同等条件下会倾向于流向条件更加完善的市场。根据工程新闻记录（ENR）全球承包商数据显示，中国承包商在非洲等欠发达市场市场占比较高，而在经济发展水平更高的欧美市场则不占优势，后者主要由欧美承包商占据市场大头。[②] 这一对比实际上体现了后发国家在发展中国家市场开展合作的一个优势。在上文论述的中国发展模式中，企业是至关重要的一环。政府为企业提供了资源，企业为政府建设公共项目；企业得到了项目订单，政府实现了基础设施建设。两者的相互扶持使得城镇化、工业化得以迅速推进。而发达国家的企业更多地活跃在发达国家市场，并不像中国企业那样大批量地在发展中国家开展业务。这也解释了为什么许多发达国家在欠发达地区实施发展合作主要以援助的方式，而非经济合作的方式，且这些援助项目具体的实施部分往往需要外包给其他国家的承包商来执行。

正因如此，中国倡导的发展合作模式主要还是通过企业、银行、政府机构等单边的行为体推动[③]，而中国通过多边国际组织对国际发展机制产生的影响还相对有限。目前，中国在发展类国际组织中主要通过两种方式发挥影响力。第一种方式是在既有的国际组织中提升自身影响力。前文提到，中国在世界银行投票权占比增加，掌握了更多话语权。然而，中国对

---

① Sulser, Patricia O. “Infrastructure PPPs in the most Challenging Developing Countries: Closing the Gap.” *International Financial Law Review*, 2018. https://www.iflr.com/pdfsiflr/IFC-Book-May-17-2018.pdf.

② Chen, Muyang. “Infrastructure Finance, Late Development, and China’s Reshaping of International Credit Governance.” *European Journal of International Relations*, Vol. 27, No. 3, 2021.

③ Ye, Min. “Fragmentation and Mobilization: Domestic Politics of the Belt and Road in China.” *Journal of Contemporary China*, Vol. 28, No. 119, 2019, pp. 696-711. Chin, Gregory T. and Kevin P. Gallagher. “Coordinated Credit Spaces: The Globalization of Chinese Development Finance.” *Development and Change*, Vol. 50, No. 1, 2019.

国际组织资金贡献量如何能够转化为在国际组织中的决策影响力，还有待更深入的探讨。徐佳君通过研究中国自2007年以来参与世行IDA资金补充过程来分析中国从世行受援国到援助国的身份转变。她认为，发生这一转变的主要原因是中国希望获得与实质资金贡献相匹配的影响力。一方面，世行的决策权主要掌握在IDA的援助国而非受援国手中。另一方面，中国等新兴发展中国家通过IBRD还款实际上已经为IDA提供了资金[①]，但是这些资金却并不能转化为决策影响力。她进一步指出，中国在成为IDA援助国之后，在资金补充磋商中的政策影响力仍较为有限，并不及中国在世行机制之外对国际发展产生的影响。[②]

第二种方式是建立由中国主导的发展类多边国际组织，如2016年成立运营的亚洲基础设施投资银行（亚投行）。亚投行由中国倡议成立，总部设于北京，又是专注于基础设施融资的银行，许多政策研究与媒体报道将其视为中国对既存国际发展机制产生挑战的一个重要依据。然而，就目前看来，这家机构与既存国际发展机制较为兼容，并不是中国用来重塑既有国际机制的一个工具。首先，从体量上来看，亚投行的资金总量并不大，与中国的政策性银行的资金量尚不在一个数量级。据其财务报告显示，亚投行截止2018年年底的总资产为196亿美元。与之相比，中国进出口银行的总资产为41937亿人民币（超6000亿美元），国家开发银行的总资产为161798亿人民币（超23000亿美元）；作为参照，IBRD与IDA的总资产为4524亿美元（见图15-1）。其次，从制度设计来看，亚投行的基本制度设置参照了世界银行以及其他世行“家族”的区域开发银行。曾任亚投行总法律顾问的娜塔丽·利希滕斯坦（Nathalie Lichtenstein）在解读该行制度设置的研究中指出，亚投行的章程设置基本参考了世界银行以及其他区域多边开发银行；在机构治理方面，与其他多边开发银行并没有显著的不同之处。[③] 亚投行也多次公开表明它是一家多国共同参与的多边机构，中国暂不会行使其否决权。因此，目前来看，亚投行对世行主导的既存国际发

① IDA的一部分资金来源是IBRD。

② Xu, Jiajun. *Beyond US Hegemony in International Development: The Contest for Influence at the World Bank*. Cambridge: Cambridge University Press, 2017, p. 252.

③ Lichtenstein, Natalie. *A Comparative Guide to the Asian Infrastructure Investment Bank*. Oxford: Oxford University Press, 2018.

展机制主要是补充与强化作用，而非对抗作用。

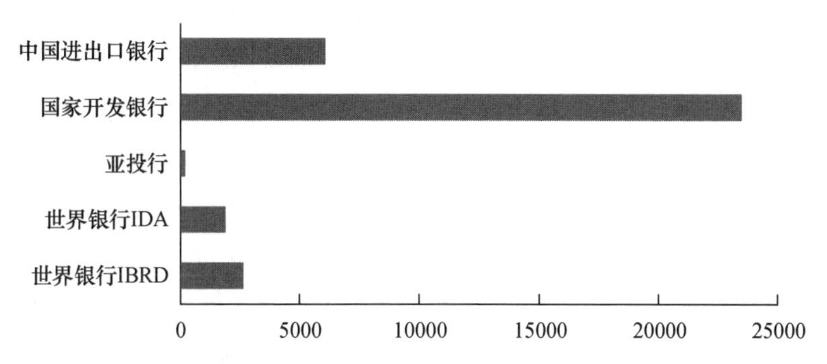

图 15-1　主要金融机构的总资产（截止 2018 年年末），单位：亿美元

数据来源：各金融机构官方报告

简言之，中国的大量海外基础设施投融资为当下的全球发展治理格局带来了巨大变革。这一变革主要由中国的企业、银行、政府机构等行为体推动，由政府引导下的市场化投融资带动。与传统的援助模式不同，中国的发展合作模式注重双方对等与互利互赢，强调市场“交换”而非政府“赠予”。这一源自后发展国家的南南发展合作方式正在既有的国际发展机制之外对全球发展治理产生显著影响。同时，中国也积极参与多边合作，在全球发展治理领域发挥更大作用，如增持世行股份、成立亚投行等，补充、强化了既存的国际发展机制。

第四节　小　　结

20 世纪五六十年代去殖民化浪潮与冷战背景下逐渐形成的国际发展机制奠定了战后全球发展治理的格局。在这一机制下，联合国、OECD、世界银行等国际组织设定了发展的目标与理念，指明了发展中国家和地区的发展路径，制定了发展资源的分配规则，为国际发展做出了重要贡献。然而，这一既有的国际发展机制也存在一系列问题，且面临诸多挑战。首先，由工业化国家主导的发展机制不一定能够真正反映发展中国家的需求；其次，基于政府赠予的优惠性援助方式不一定能够真正撬动发展，可能造成援助国的财政负担。这意味着，在既有的国际发展机制之外可能存在更有效的实现发展的方式。

21世纪，以中国为代表的新兴经济体为“发展”带来了新的内涵：“发展”并不再意味着贫困国家通过富裕国家的单向援助变得与后者一样，而是可以通过更为对等、基于交换的方式展开。与之对应的是全球发展治理格局的转变。原先作为受援国的发展中国家逐渐开始发挥作用，影响全球发展治理。这一影响主要体现在两个方面。一方面，发展中国家开始积极参与到既有的国际组织中来，补充、强化当下的国际发展机制。另一方面，在既存机制之外，这些国家以新的方式开展发展融资，制定新的规则，通过实践南南合作对发达工业化国家主导的国际发展机制产生冲击。

同时，既存的国际发展机制本身也在发生变化。原先倡导政府“赠予”的OECD、世界银行都开始鼓励政府和私有资本的合作，并强调“南方”国家对国际发展合作的重要作用，将“南方”国家纳入到既有的国际发展机制中来。简言之，发展中国家的声音正在显现，由工业化国家主导的战后国际发展机制正在经历变革。

第五编

发展政治学研究方法

第十六章

社会科学中的因果机制：微观基础和过程追踪

张长东

社会科学尤其是政治学和社会学的研究中，近年来逐渐开始强调从寻求“因果关系”到“因果机制”的转变，发展政治学研究也不例外。从方法论的倡导，到具体实证研究中的应用和发展，因果机制的重要性逐渐凸显，并成为衡量好的社会科学研究的主要标准之一。因果关系主要回答“为什么”的问题，即什么因素（X）导致——或影响——另一因素（Y）发生什么样的变化（正向的、负向的或者曲线形的）。以比较政治学里一个经典命题为例：一个国家的经济不平等状况是否会影响该国民主化的可能性。对于传统的实证主义而言，这个因果关系是建立在X和Y总是同时发生或概率意义上的相关关系。此外因果关系分析中还有几个常见的难题：虚假因果（存在一个前置变量同时影响X和Y）、多因多果（不同的原因造成同样的结果，同样的原因造成不同的结果）、（两个自变量间的）互动效应（interactive effect）、内生性问题（存在双向因果而非简单的单向因果关系）等。即使在发展政治学研究里方兴未艾的实验方法中，研究者可以通过人为的控制和实验，辨析出X对Y是否产生影响，但前面提到的因果分析存在的几个问题也无法得到有效处理。因果机制的研究要回答的是“X如何影响Y”。因果机制分析能够更好地处理这些问题，其主要方法是降低分析层次（scaling down），打开因果关系的黑箱并寻求微观基础。[①] 另外，因果机制放弃了寻求普遍规律的使命，而注重寻求不同类型的个案集合的不同的因果规律，在普遍性和个殊性之间寻求一个平衡点。

近年来国内学界也开始重视因果机制的讨论，并有一系列很好的介绍因果机制的文献。[②] 因此，本章不再介绍因果机制本身的定义和各种不同的因果机制，而是尝试结合具体的理论，阐释两种主要的因果机制：微观基础和过程追踪。微观基础主要是通过降低分析层次，强调行动者的重要性，试图为宏观现象提供微观基础。以理性选择为代表的因果机制理论一开始寻求普遍性规律，但逐渐意识到其优势在于构建一定范围内适用的因果机制。过程追踪则强调时间的重要性，强调因果链，也能将行动者纳入，并能强调因果关系的双向性，更注重对具体个案的深度把握和互动，其适用范围相对更小。

因果机制也受到了一些严厉的批评，如因果机制的定义很多而且相互之间差别很大，因果机制和一般的理论之间存在什么区别并不清晰，等等。此处借用约翰·吉尔林（John Gerring）的归纳，因果机制可以被定义为：

（a）一个结果被制造的路径或过程；

（b）因果现象的微观层次解释（微观基础）；

（c）难以观察的原因；

（d）容易观察的原因；

（e）一个依靠于背景因素才有效的（有限的或中层理论的）解释；

（f）一个普遍性理论；

（g）一个预设了概率性或者高度偶然性的因果关系的解释；

（h）一个建立在揭示了事物规律的理论之上的解释；

（i）一种基于定性或个案资料的分析工具；以及/或者

（j）以数学化的形式模型展示的理论。

---

① Gerring, John. "Causal Mechanism: yes, but…" *Comparative Political Studies*, Vol. 43, No. 11, 2010.

② 刘骥等人的论文提供了最为全面的介绍，参见：刘骥、张玲、陈子恪：《社会科学为什么要找因果机制：一种打开黑箱、强调能动的方法论尝试》，载《公共行政评论》2011 年第 4 期；左才：《政治学研究中的因果关系：四种不同的理解视角》，载《国外理论动态》2017 年第 1 期；蒋建忠：《社会科学研究中的因果机制：内涵、作用与挖掘》，载《前沿》2016 年第 7 期。

这些定义经常相互对立（如 c 和 d，e 和 f，g 和 h，i 和 j），因此很难提出一个有高度共识的因果机制的定义。吉尔林进一步质疑因果机制和理论到底是否存在实质性区别。[①] 基于这些批评，本章认为因果机制和理论的关系是相对的而非绝对的：一个因果机制相对于更高分析层次的理论而言是因果机制；但如果我们进一步降低分析层次，这个因果机制本身就成为理论，被更低层次的因果机制所支撑。

因果机制某种意义上受到默顿（Robert K. Merton）强调中层理论的影响。默顿将中层理论定义为“既非日常研究中广泛涉及的微观但必要的工作假设，也不是尽一切系统化努力而发展出来的用以解释所能观察到的社会行为、社会组织和社会变迁的一致性统一理论，而是指介于这两者之间的理论”。[②] 中层理论涉及的是范围有限的社会现象，涉及抽象，但这些抽象必须是与观察到的资料密切相关且可以进行经验检验的。[③] 通过中层理论的中介作用，既可以向下创立和推导出能够接受经验检验的实证假设，也可以通过较长时期的积累最终向上形成宏大理论。

本章接下来将分别结合具体研究，阐释微观机制和过程追踪的因果机制。

第一节　作为微观基础的因果机制

结构—行动者（structure-agency）问题是社会科学中的一个核心挑战，好的社会科学研究需要能有效连接结构和行动者，这为因果机制提供了发挥功能的空间。赫德斯通（Peter Hedstrèom）和斯维德伯格（Richard Swedberg）提出了三种不同类型的因果机制（见图 16-1）。如果一个理论旨在解释两个宏观现象之间的关系，那么需要提供三个机制：宏观结构如何影响行动者的利益和可选择策略（情境机制）、行动者选择行动或者博

① Gerring, John. “Causal Mechanism: yes, but…” *Comparative Political Studies*, Vol. 43, No. 11, 2010.

② 〔美〕罗伯特·K. 默顿：《社会理论和社会结构》，唐少杰、齐心等译，南京：译林出版社 2015 年版，第 59 页。

③ 同上书，第 60 页。

弈（行动形成机制）、个体行动如何影响宏观结构（转换机制）。

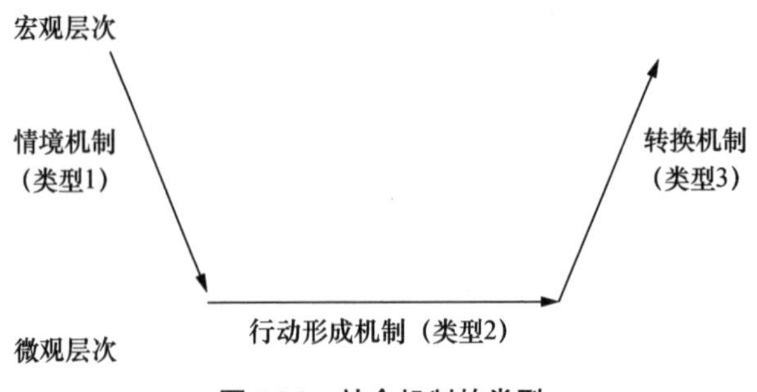

图 16-1　社会机制的类型

与因果机制相关的一个方法论基础是分析层次（level of analysis）。某种意义上，因果机制是相对于具体理论而言的。对于某个分析层次的理论而言，其背后都存在更低层次的因果机制，一直可以到个体层面。

表 16-1　分析层次（以民主化为例）

分析层次/理论	经济不平等和民主化
国际体系	国际联系、国际影响力、资产流动性
国家	国家能力、经济发展水平、不平等状况、族群结构、宗教
社会群体/团体	阶级、阶级联盟、精英和大众
个体	政治精英、普通民众

理性选择理论强调寻找宏观现象的微观基础（micro-foundation），即通过找出行动者（可以是非个人的集体），界定其利益和偏好以及（在情境机制作用下）可选择的策略，进行成本收益分析，然后选择最佳策略。这些行动者行为的集合，则构成了宏观现象，或者其博弈结果影响宏观结构。虽然理性选择理论试图基于人类的普遍理性寻求普遍性规律，但是基于理性选择的理论不能成为普适性规律而只能是（适用于特定环境的）因果机制，其中最主要的原因是理性选择理论建立在非常严格苛刻的预设之上，而一旦这些预设不能成立，该理论也就失去了解释力。[①②] 本节我们通

① Hedstrèom, Peter, and Richard Swedberg. *Social Mechanisms: An Introduction Essay.* in Hedstrèom, Peter, and Richard Swedberg (eds.). *Social Mechanisms: An Analytical Approach to Social Theory.* New York: Cambridge University Press, 1998.

② 普遍理性的预设受到了行为经济学的严重挑战。

过三个例子阐释理性选择作为微观基础的研究思路和具体方法。

一、界定行动者并界定其利益和策略选择（情境机制）

理性选择理论的首要任务是界定行动者并界定其利益和策略选择。因为绝大多数情况下，行动者是集体行动者而非个体行动者，而界定不同的行动者本身对问题的回答将产生直接的影响。在回顾和综述民主化理论的著作中，库佩其（Michael Coppedge）将民主化理论界定行动者的方式归纳为两个流派。① 第一个流派是位置流派（position school），是将行动者对不同政体形式带来的预期利益进行排序，进而分类为强硬派（支持现状及威权）、温和派、反对派、中间派等。第二个流派是经济流派（economic school），从经济资源出发将行动者分为穷人和富人（精英）——或者加入中产阶级——并试图最大化经济利益，而不同的政体对其经济利益有不同影响（主要是通过再分配政策）。限于篇幅，本章以最近十几年发展较快的经济流派为例，介绍和讨论作为民主化的微观基础的因果机制。

阿西莫格鲁（Daron Acemoglu）和罗宾逊（James A. Robinson）关于民主和再分配的研究是经济流派的代表性著作。从唐斯的中位选民理论出发，阿西莫格鲁和罗宾逊认为：（1）低度不平等社会不存在再分配压力，无所谓精英和大众，也无所谓对民主的偏好与否；（2）中度不平等社会区分了精英和大众，但再分配压力较小，所以精英可以容忍民主化；（3）高度不平等社会区分了精英和大众，但作为中位选民的大众的再分配压力很大，所以精英无法容忍民主化。② 然而阿西莫格鲁和罗宾逊对精英和大众的政体偏好的理论预设过于简单，被很多研究所修正。如鲍什（Carles Boix）认为资产流动性能削弱不平等条件下大众对再分配的偏好，因为他们知道如果征税过高，精英们可能选择携带资本离开。③ 而斯莱特（Dan Slater）等人则加入了制度变量，认为绝大多数发展中国家缺乏有效的税收机构征收累进税，所以富人无须担心再分配压力。斯莱特等人因此驳斥了

① Coppedge, Michael. *Democratization and Research Methods*. New York: Cambridge University Press, 2012, p. 164.

② Acemoglu, Daron, and James A. Robinson. *Economic Origins of Dictatorship and Democracy*. New York: Cambridge University Press, 2006.

③ Boix, Carles. *Democracy and Redistribution*. Cambridge, UK: Cambridge University Press, 2003.

民主化再分配机制的因果机制，建立了民主化和民主崩溃的国家能力因果机制，并进一步通过实证分析加以验证。①

二、基于可信承诺的因果机制（行动形成机制的一种）

理性选择之所以能成为因果机制的核心要素，除了聚焦于行动者及其成本收益计算之外，更为关键的是它提出了几个根本性的、往往难以观察的问题，如人类合作中存在的可信承诺问题（以及由此带来的合作问题/集体行动困境），社会选择中存在的阿罗不可能性定理。这两个根本问题衍生出一系列政治生活中的重要问题，以及制度安排对解决这些问题的必要性。本节仅以可信承诺为例展开讨论。

人类的很多行为都是基于对未来预期——一个无法观察的现象——的判断，而未来预期又受其他人行动的影响。一般情况下，理性（此处假定自利且利益最大化）的人会采取机会主义策略，即违背承诺以获得自身利益最大化。因此承诺本身是不可信的，这一点在囚徒困境中非常明显：即使囚徒之间可以事先沟通达成协议，他们在单独受审的时候还是会选择作为最佳策略的背叛行为。

很多基于理性选择的因果机制都建立在可信承诺基础之上。第三方监督是最好的解决可信承诺问题的制度性方案：一个独立、公正、能力很强的第三方监督交易双方履约的情况，惩罚违约者。然而，现实生活中，第三方很难同时具备独立、公正和能力强大三个要素，建成和维持这样一个第三方的成本可能很高。而更为深层的悖论则在于，国家在和个体或社会组织打交道的时候，很难找到一个第三方来监督制约作为主权者的国家。制度主义经济学对经济发展的主要理论贡献之一就是国家如何做出不掠夺个体的可信承诺，以获得公民的合作，包括主动投资，从而实现资本积累并促进经济增长，如诺思（Douglass C. North）和温格斯特（Barry Weingast）关于宪政和工业化的研究②、温格斯特和钱颖一关于市场维护型联邦

---

① Slater, Dan, Benjamin Smith, and Gautam Nair. "Economic Origins of Democratic Breakdown? The Redistributive Model and the Postcolonial State." *Perspectives on Politics*, Vol. 12, No. 2, 2014.

② North, Douglass and Barry Weingast. "Constitutions and Commitment: The Evolution of Institutions Governing Public Choice in 17th Century England." *Journal of Economic History*, Vol. 49, No. 4, 1989.

制对经济增长的作用的研究[1]。其背后的因果机制都是通过降低分析层次，将国家拆分为横向分权的权力结构或纵向分权的权力结构，通过其内部的分权制衡约束国家权力，从而为民众提供可信承诺。但爱泼斯坦（Stephan Epstein）从逻辑和实证上否定了宪政和工业化关系的理论，他认为即使在英国，工业化的发展和宪政的因果关系也并不存在。[2] 市场维护型财政联邦制理论也缺乏普适性，或者说只是经济增长的一种机制，其成功运作依赖于背景性条件——也就是该理论隐含的五个严格预设都成立。[3] 而第三代联邦主义学者则将这些预设（在发展中国家几乎都不具备）推翻，从而将联邦制的负面效果展现出来，尤其是因为联邦政府不为州政府承担最终债务的威胁并非可信承诺[4]而产生预算软约束问题，因此产生了一个“公共池塘问题”，州政府倾向于过度借贷，最终会造成债务过高而导致经济停滞乃至于崩溃。[5]

可信承诺的缺乏也影响政治进程。如斯沃里克（Milan Svolik）认为，威权政治区别于民主政治最关键的一点就是缺乏独立第三方的监督，统治者和其追随者之间无法达成可信承诺：统治者给予追随者的承诺是不可信的，因为他可以随时收回；同样，追随者效忠的承诺也是不可信的，因为他可能怀有异心，图谋篡位。这种情况之下，统治者往往选择削弱国家能力但能保护自身权力的策略：权力（尤其是暴力机构）分设和重叠设置以互相监督制衡、清洗、任人唯亲等。[6] 另外一个解决方案是设立一些权力

---

① Weingast, Barry and Yingyi Qian. “Federalism as a Commitment to Preserving Market Incentives.” *Journal of Economic Perspectives*, Vol. 11, No. 4, 1997.

② Epstein, Stephan R. *Freedom and Growth: the Rise of States and Markets in Europe, 1300-1750*. New York: Routledge, 2000.

③ 关于市场维护型财政联邦制在中国的适用性问题讨论，参见张长东：《论制度主义视角下的市场维护型财政联邦主义》，载《浙江社会科学》2014 年第 2 期。

④ 财政联邦制所依赖的因果机制是通过地方政府对中央政府的掠夺性权力的制约，以及地方政府竞争形成的对地方政府权力的制约，从而形成限制国家掠夺性权力的可信承诺。然而，第三代财政联邦制理论也是通过可信承诺这一机制从内部来找出第二代财政联邦制理论的内在逻辑缺陷。

⑤ Rodden, Jonathan. *Hamilton's Paradox: The Promise and Peril of Fiscal Federalism*. New York: Cambridge University Press, 2006.

⑥ 米格代尔在 1988 年就深刻讨论了这个问题，参见：Migdal, Joel S. *Strong Societies and Weak States: State-society Relations and State Capabilities in the Third World*. Princeton: Princeton University Press, 1988. 同样参见：Slater, Dan. “Iron Cage in an Iron Fist.” *Comparative Politics*, Vol. 36, No. 1, 2003.

分享的制度，如政党或者议会，提供可信承诺。[①] 但是这些制度性安排是否能提供可信承诺却是一个问题。[②]

正是因为对可信承诺这一非常核心但却无法直接观察的问题的分析，使得基于其构建的因果机制区别于那些“只是描述了或者定义了一个事件，而非解释一个事件”的因果机制。

三、连接宏观—微观—宏观的机制

另外一种因果机制的分析方法是从关键行动者面临的主要问题和挑战出发，考察分析结构性因素和制度性因素如何影响其行为策略选择。一个经典的例子是玛格丽特·利瓦伊（Margaret Levi）对税收制度的研究。不同于20世纪80年代中期以国家回归学派（bringing the state back in）为代表的强调结构性因素对政治的影响，利瓦伊呼吁“把人带回来”（bringing the people back in）[③]，强调解释宏观结构的微观基础。税收体制受结构性因素（如生产关系、战争威胁等）和制度性因素等影响，但其具体作用则是通过影响统治者（和主要社会群体之间的）交易成本、讨价还价能力和贴现率起作用。统治者会尝试用意识形态和暴力等方式提高纳税人缴纳税收的意愿，但二者成本都很高且效果不一定很好。为此，统治者需要纳税人一定程度的自愿遵从。利瓦伊在此基础上提出纳税人的准自愿服从（quasi-voluntary compliance）的理论：当纳税人相信统治者会遵守协议，且其他人会遵守协议时，他们认为纳税是公平的，会准自愿地纳税，但并非自愿纳税，而是因为不纳税可能受到严厉惩罚。如此，利瓦伊的分析中纳

---

① Svolik, Milan W. *The Politics of Authoritarian Rule*. Cambridge: Cambridge University Press, 2012.

② Slater, Dan. “Iron Cage in an Iron Fist.” *Comparative Politics*, Vol. 36, No. 1, 2003.

③ 与利瓦伊类似，格迪斯和米格代尔也通过把行动者带入分析而提出了类似的分析框架。米格代尔提出了上层的“生存政治”和下层政府与地方强人的“相互妥协”两大机制，使得多数第三世界国家能力低下。国家往往是由谋求权力的个人（政治精英）所构成，如果强化国家能力的做法可能削弱个人权力或者影响其利益，那么他就不会去做。反之亦然。格迪斯认为政客最大化权力（而非税收收入），而（政治）制度（比社会结构）更重要，政客们在采取何种策略应对内外挑战时也会考虑如何在国内促进自身的利益，而这在不同的制度下会对改革策略的选取造成不同的影响。Geddes, Barbara. *Politician's Dilemma: Building State Capacity in Latin America*. Berkeley: University of California Press, 1994.

入了多个因果机制，而且可以由此推出一些可以通过实证验证的具体命题（图 16-2）。①

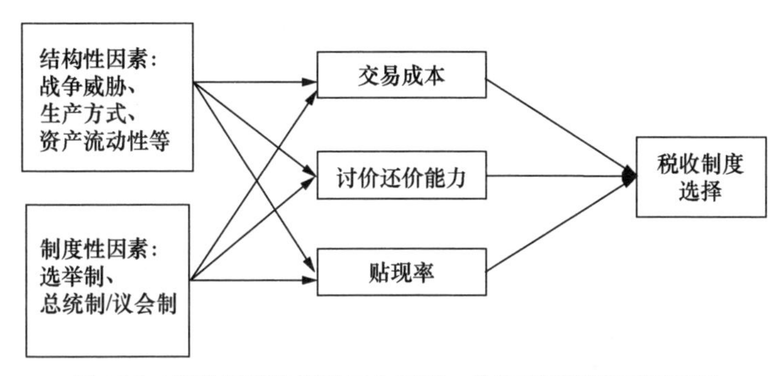

图 16-2　税收制度选择的三个机制：从宏观到微观再到宏观

与此相关，另外一种寻求因果机制的方法是找出行动者面临的重要悖论，然后探讨其悖论如何被不同的结构性因素或制度性因素所影响。我们以“威权主义韧性的财政社会学理论”一文为例，阐释这一因果机制分析方法。② 正如诺思所分析的那样，统治者面临着一个重要悖论，是最大化经济增长还是最大化税收收入。③ 约瑟夫·熊彼特、迈克尔·曼、查尔斯·蒂利等人则提出了统治者面临的另一个重要悖论——代表权悖论：当统治者从社会中提取越来越多的税收的时候，社会也会对统治者提出要求，也就是“无代表不纳税”逻辑。统治者如果处理不好这两个悖论，则会陷于治理危机之中：长期的经济停滞乃至衰退会削弱其政权合法性，增加的税收能力会带来政治参与的压力和危机。在不同的发展中国家，我们会发现统治者面对不同的处境。此处仅以增长悖论为例展开说明。一些国家高度依赖国有企业并从中获得大部分税收（可称其为半税收国家），并利用国有企业给私营企业和个体提供庇护式的恩惠以收买人心或选票。半税收国家——依赖于国企、间接税以及资源（包括土地）收入获得大

① Levi, Margaret. *Of Rule and Revenue*. Berkeley: University of California Press, 1988.

② Zhang, Changdong. “A Fiscal Sociological Theory of Authoritarian Resilience.” *Sociological Theory*, Vol. 35, No. 1, 2017.

③ North, Douglass Cecil. *Structure and Change in Economic History*. New York: Norton, 1981. 利瓦伊认为统治者最大化税收收入，但她用贴现率这一机制把这个悖论解决了：贴现率低的统治者最大化经济增长而贴现率高的统治者最大化短期税收。但正如笔者所分析的那样，贴现率本身并不足以充分解决这一悖论。

部分财政收入的国家——能有效地缓解代表权悖论。但国企往往存在效率低下、创新不足、易陷入恩庇关系等问题，影响经济增长。在外部经济危机之下，半税收国家往往发生经济衰退，造成国家收入锐减而无法继续支撑其庇护制的恩惠体系，最终造成威权主义政权崩溃。① 间接税能降低民众的税负感但却是累退性的，因此容易造成收入和财富分配的不平等，影响长期增长。

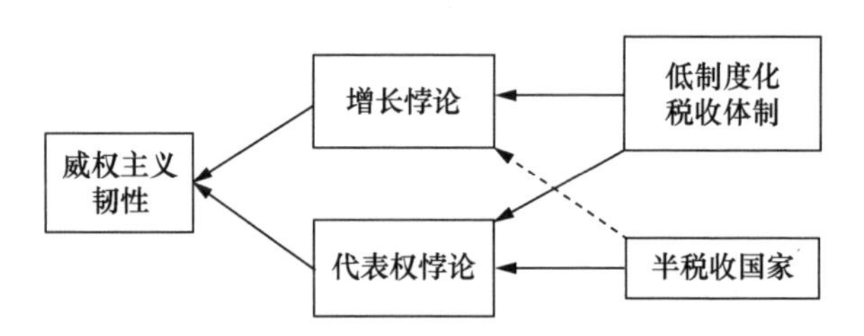

图 16-3　税收和威权主义韧性的因果机制和悖论

注：实线代表正面效应（缓解或解决），虚线代表负面效应。

然而理性选择作为微观基础的理论存在诸多实质性困难，使得这些微观机制及建立在微观机制上的“普遍性理论”往往适用范围有限。博弈论等分析工具为因果机制提供了非常重要的逻辑内洽的分析，但建立在非常严格的预设基础之上，这些预设条件有时候如此严苛，以至于基于博弈论的解释有循环论证的嫌疑。其主要的困境有以下几个方面。②

第一个困难是如何界定行动者。保罗·皮尔逊（Paul Pierson）认为运用博弈论的理性选择理论往往预设比较凝聚的、高度整合的复合行动者，这些行动者数量很少且各自的策略选择很少。③ 然而群体行动者的凝聚力（coherence）是一个变量，总是存在被分解为更小群体的行动者的可能性。当然这并不意味我们必须无限地分解行动者，直到个体层面，问题的关键在于在简化问题分析和不牺牲重要因素之间找到一个平衡。

第二个困难是如何界定博弈的收益矩阵（payoff matrix），及背后更深刻的行动者偏好、利益和策略选择。这些收益矩阵往往是由结构性因素或

---

① Greene, Kenneth F. *Why Dominant Parties Lose: Mexico's Democratization in Comparative Perspective*. New York: Cambridge University Press, 2007.

② 此处参考了〔美〕保罗·皮尔逊：《时间中的政治：历史、制度与社会分析》，黎汉基、黄佩旋译，南京：江苏人民出版社 2014 年版，第 72—73 页，但做了一些修改调整。

③ 〔美〕保罗·皮尔逊：《时间中的政治：历史、制度与社会分析》，第 3 页。

者制度性因素所决定的，然而，除了多重均衡的条件之外[①]，其他多数情况下，收益矩阵本身就决定了行动者的最优策略选择。换句话说，行动者本身是没有能动性的，其行为是由结构和/或制度决定的。用皮尔逊的术语讲，在因果链中，博弈论所能提供的解释是一个非常接近结果本身的因果链[②]，所以其解释价值非常有限。重要的研究应该聚焦于从结构和制度出发界定收益矩阵而非预设受益矩阵。

第三个困难是次序不能中断和压缩时间，虽然动态博弈强调行动的先后顺序，但基本上忽略了博弈过程中背景环境的变化及其对行动者的影响。[③]

这些问题的存在，使得博弈论需要和其他方法尤其是宏观历史的比较历史方法结合，才能获得更好的理论解释力。譬如，在分析精英斗争如何导致民主转型时，我们需要精英群体在比较的、历史的背景下，界定精英群体的划分及其利益，找出其与社会群体的可能联盟。[④] 而这往往需要我们跳出简单的比较静态分析，用过程追踪的方法寻求因果机制。

第二节　作为过程追踪的因果机制

因果机制的另一个主要方法是通过在原因和结果之间找到中介变量来构建因果链。但这并不适用于任何分析，如皮尔逊认为：当政治行动具有多重后果，而主要的长期结果是意向性行动的副产品（而非其主要焦点时），或出于间接的意向性行动策略时，因果链论述是有前途的；通常是当主要的制度结果、政策结果或组织结果，在时间上与关键的政治选择的起点存在一定距离时，才采用因果链论述。

在每个因果链的节点，都存在偶然性或者概率性，但如果偶然性过强或概率过小，则存在解释力不够的问题。关键性节点（critical juncture）、

① 理性选择本身往往对于多重均衡的选择也缺乏解释力。

② 从因果链角度而言，这也说明理性选择是合适的“因果机制”。

③ 〔美〕保罗·皮尔逊：《时间中的政治：历史、制度与社会分析》，第73页。

④ 类似观点参见：Pedriana, Nicholas. “Rational Choice, Structural Context, and Increasing Returns: A Strategy for Analytic Narrative in Historical Sociology.” *Sociological Methods & Research.* Vol. 33, No. 3, 2005.

事件发生的时机和顺序（timing and sequence）、路径依赖（path dependence）等概念和思路对我们理解因果关系有很大的帮助，但它们本身并非因果机制，而需要更具体或更低层次的因果机制来支撑。本节不专门从学理上讨论这些问题，而是结合国家建构理论讨论过程追踪的因果机制的运用。①

蒂利、约翰·布鲁尔（John Brewer）、曼等人提出了国家建构的结构性解释：军事—财政模型。其基本观点是：战争和为战争提供必需的人力物力（财力）资源成为统治者最严峻的挑战。那些成功动员（提取）了资源并有效组织战争的统治者生存了下来，甚至征服和兼并了其他国家（而获得了更多的资源）；那些未能有效动员资源的统治者在战争中被更强大的对手战败，失去了政权，国家也被吞并。② 军事—财政国家建构理论的后续发展主要是强调战争对不同国家的国家建构影响不同，受到其他因素作为中介变量的影响。而这中间非常重要的一个要素是行动者——统治者、不同的精英群体乃至于民众。把行动者纳入分析，为国家建构理论提供了许多不同的因果机制：有的统治者采取了很大的努力，但有的却无所作为；有的统治者建立了强大的国家并吞并邻国乃至于建立海外殖民地，但有的统治者却社稷不保。虽然很多时候统治者会在相似的结构压力下选择相似的行为，或者他们模仿成功案例，但是行动者的选择很多时候还受到国际和国内结构之外的因素影响。③ 这些因素中被重点研究的因素主要是精英的意识形态、精英间关系、宗教信条等。已有的政治制度如行政体制和代议制机构也会起一定作用。

借助历史制度主义强调时机和事件发生顺序的分析视角，托马斯·埃特曼（Thomas Ertman）认为战争发生的时机是关键性因素。1450 年前发生的战争（主要发生在欧洲南部和西部），因为当时国王可获得的技术资

---

① 参见朱天飚《定性研究：从实证到解析》（载《公共管理评论》2017 年第 3 期）一文中的分析讨论，尤其是过程追踪和比较结构分析的差异。

② Brewer, John. *The Sinews of Power: War, Money, and the English State, 1688-1783.* New York: Alfred A. Knopf, 1989. Tilly, Charles. *Coercion, Capital, and European States, AD 990-1990.* Cambridge: Blackwell, 1990. Mann, Michael. *The Sources of Social Power V. 2.* New York: Cambridge University Press, 1993.

③ Dincecco, Mark. "The Rise of Effective States in Europe." *The Journal of Economic History*, Vol. 75, No. 3, 2015.

源——受过教育可充任官员的职业化人士、法律观念和可借贷资金——都非常有限，国王需要和贵族（只有他们受过教会的教育）合作获得人力资源，和为数很少的金融家和商人合作借贷战争所需资金，因此战争往往带来的是家产制国家——官位可以被出售、继承、转卖；1450年后的战争（日耳曼地区和北欧），因为当时大学的发展，国王可以直接利用受过大学教育的人来充实官僚体系。同时，因为资本主义商业的发展，借贷机会也大大增加，所以国王无须完全借助于需要讨价还价的税收来为战争筹资，从而获得了更大的自主性，所以形成了官僚制国家。① 赛勒（Ryan Saylor）和惠勒（Nicholas Wheeler）认同军事—财政国家逻辑，但认为经济精英们是否支持国家建立强大的税收机构取决于其自身的经济利益，其经济利益反过来又受资金市场的影响，从而解释了为何相似的地缘政治会造成不同的国家建构结果。如果借钱给统治者的经济精英们本身是净放贷者（从信贷市场的借出多于借入），那么他们希望国家采取节约的财政政策（防止通胀带来的贬值）并建立有效的税收机制；反之，如果借钱给统治者的经济精英本身是净借贷者（借入高于借出），那么，他们希望国家采取不负责任的财政政策且建立无力的税收机构。②

基于上述选择性的文献回顾，我们可以将现代国家建构的因果链条简单梳理出来（图16-4），这里每一个节点都有很多偶然性，蕴含微观选择基础，影响国家建构的结果。

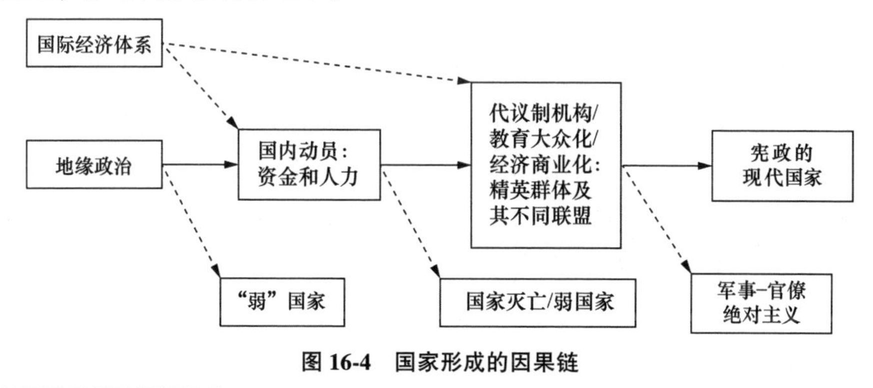

图16-4　国家形成的因果链

① Ertman, Thomas. *Birth of the Leviathan: Building States and Regimes in Medieval and Early Modern Europe*. New York: Cambridge University Press, 1997.

② Saylor, Ryan and Nicholas C. Wheeler. “Paying for War and Building States: The Coalitional Politics of Debt Servicing and Tax Institutions.” *World Politics*, Vol. 69, No. 2, 2017.

第三节　小　　结

本章结合一些具体的研究，从微观机制和过程追踪的角度分析阐释了因果机制的两种主要形式。通过降低分析层次，因果机制能够衔接宏观、微观；通过过程追踪，因果机制能够将时间因素纳入分析并处理一些内生性关系。通过在叙述中加入分析性因素，理性选择的因果机制能够跳出描述而把一些无法观察的逻辑纳入。这些使得因果机制分析能够处理传统的因果分析很难处理的一些问题：虚假因果、多因多果、互动效应、内生性问题等。这些都推动了社会科学的研究。

但是，不可否认，因果机制在处理这些问题时也面临很多难题。如因果机制需要把叙述和分析（或阐释）结合起来，否则容易成为描述。但结合了分析和叙述两种方法的分析性叙事①在具体研究中容易出现扭曲历史来适应理论的问题。② 究其原因，在于作为叙述的个案研究强调实证资料的丰富性、环境因素的复杂性和内在效度的精确性，而作为分析模型的博弈论或其他形式的模型却强调分析的简约性和严格的预设，二者内在的冲突很难调和。这也体现了要把过程追踪和微观机制结合起来分析面临的困境，以及因果机制本身的局限性。

内生性是因果机制要处理的另外一个难题，如米格代尔等人提出的国家社会相互形塑（state-society mutual transformation）理论中，强调既要摆脱社会中心论的经济社会结构对国家的单向决定论，也要摆脱国家中心论对社会结构单向影响的观点——这两类观点背后往往都是静态的比较结构分析法。他们提出国家在形塑社会的过程中被社会所改变。③ 这样的相互形塑需要运用过程追踪的方法，同时跳出路径依赖，将不同的因果机制融

---

① Bates, Robert, et al. *Analytic Narratives*. Princeton: Princeton University Press, 1998.

② Elster, Jon. "Rational Choice History: A Case of Excessive Ambition." *American Political Science Review*, Vol. 94, No. 3, 2000.

③ Migdal, Joel, Atul Kohli, and Vivian Shue. *State Power and Social Forces: Domination and Transformation in the Third World*. New York: Cambridge University Press, 1994.

合在同一个问题之下，其难度不在于构建一个内生性的制度变迁理论——后者的很多重要尝试都并不成功。[1] 洪源远对市场和官僚的共同演进（co-evolution）和张长东运用国家社会相互形塑理论对这一问题的分析体现了代表性的探索性尝试。[2]

---

① Chen, Ling. "Preferences, Institutions and Politics: Re-Interrogating the Theoretical Lessons of Developmental Economies." *New Political Economy*, Vol. 13, No. 1, 2008.

② Ang, Yuen Yuen. *How China Escaped the Poverty Trap. Cornell Studies in Political Economy.* Ithaca: Cornell University Press, 2016. Zhang, Changdong. *Governing and Ruling: The Political Logic of Taxation in China.* Ann Arbor: University of Michigan Press, 2021.

第十七章

因果效应识别：实验法

刘颜俊

实验是因果推断的金标准。社会科学实证研究经历了从观察性研究到实验研究的革命，日益要求实现可信的因果效应识别。[①] 在政治学尤其是发展政治学的研究中，实验方法已成为一种重要的研究手段。实验方法的应用源于对现实世界发展现象的复杂性和多样性的认识。政治和经济的发展往往受到诸多因素的影响，通常难以通过纯粹的理论分析揭示其中的规律，而实验方法正是为了解决这一问题而诞生的。实验方法将现实问题涉及的复杂因素进行分解和控制，操纵变量并观察结果，不仅有助于更精确地揭示和分析诸如贫困、腐败、民主、冲突等发展问题背后的因果关系，而且可以提供关于政治行为、信念和态度的深刻洞见。通过严谨的实验方法，我们能够更可靠地理解发展、治理与变革的过程和机制，识别有效的政策措施，为政策制定提供更有针对性的、基于证据的有力支持。本章结合发展政治学领域的讨论及研究实例，对实验方法的逻辑与特征、类型与优劣、方法权衡以及注意事项等进行简要介绍。

① Angrist, Joshua D., and Jörn-Steffen Pischke. "The Credibility Revolution in Empirical Economics: How Better Research Design is Taking the Con out of Econometrics." *Journal of Economic Perspectives*, Vol. 24, No. 2, 2010.

第一节　社会科学研究与因果推断

“科学的领域无限，其材料也无尽。每一组自然现象、每一个时期的社会生活、每一个阶段过去或现在的发展，都是科学的材料。所有科学的统一仅在于其方法，不在于其材料。”[①] 科学以方法而非研究的材料而定义。科学方法是帮助我们理解事物实然、探寻规律的一种方法，一般包括三个步骤：形成假设、采集数据、检验假设。首先，研究者根据研究问题形成假设。假设通常呈现为对特定关系的判断，基于对某种因果机制的推理而提出[②]，须能被实证地检验。其次，研究者采集与假设相关的数据。这些数据或量化或质性，但须是可观察的。最后，利用数据检验假设。这三个步骤是获取科学知识的一般程序，由此获得的科学知识大体具有四个特征。第一，科学知识是经验性的（empirical），须基于能观察到的数据（observable data）并得到支持。[③] 第二，科学知识是可复制的（replicable），其他研究者依照同样程序操作能得出相同的结论。可复制性很重要，日益受到重视，因为它使我们的知识生产可累积、可靠。[④] 第三，科学知识的目的是推断（inference），即利用知道的事实去了解不知道的事实。描述性推断（descriptive inference）利用事实了解事物的真实状态，因果推断（causal inference）利用事实了解事物如何运转。描述性推断是基础[⑤]，科学研究的最终目的是因果推断。第四，科学知识通常是概率性的（probabilistic），告诉我们某个证据多强、某件事发生的概率多大，但往往不是百分之百确定。

实验是因果推断的金标准，以研究者控制实验条件、操纵干预为特点。

---

① Pearson, Karl. *The Grammar of Science*. London: Adam and Charles Black, 1911, p. 12.

② 对因果机制进行识别和理论化的过程，见本书第十六章“社会科学中的因果机制”。

③ 爱因斯坦并不是因为相对论而获得诺贝尔奖，就因为这一理论当时还未得到实证验证。

④ Open Science Collaboration. “Estimating the Reproducibility of Psychological Science.” *Science*, Vol. 349, No. 6251, 2015.

⑤ 学者们也日益强调描述性推断。例如，Gerring, John. “Mere Description.” *British Journal of Political Science*, Vol. 42, No. 4, 2012; Grimmer, Justin. “We Are All Social Scientists Now: How Big Data, Machine Learning, and Causal Inference Work Together.” *PS: Political Science & Politics*, Vol. 48, No. 1, 2015.

自然科学实验比较容易选择相同特征的前测个体，并有效控制实验环境，使实验免受其他外部因素的影响。因此，实验法最先在自然科学领域应用并推广，运用实验验证某种现象、阐明某种原理。詹姆斯·林德（James Lind）1747年的临床实验是较早记载的著名实验。该实验虽不严谨，但可信地确证了柠檬对坏血病的治愈效应，从而挽救了无数坏血病人的生命。直到20世纪，科学家才发现，调节坏血病的关键成分是维生素C，并认识到维生素C治疗坏血病的生化过程。[①] 社会科学研究常利用自然产生的观察性数据（observational data），通过多元回归、匹配等统计调整进行基于模型的推断（model-based inference）。这类观察性研究中，研究者无法控制数据产生的过程（data-generating process），就难以有效控制混杂因素（confounders），产生基于可观测因素（selection on observables）和不可观测因素（selection on unobservables）的选择效应。这样，就无法有力地消除这些可观测或不可观测的因素会影响分析结果的威胁。由于观察性研究的这些缺陷，研究者开始关注实验。社会科学研究中，有效控制的理想实验过程很难实现。没有两个社会个体除了某一特征不同之外在其他方面完全相同，而是会存在许多未被观测或控制的特征，其中每个特征都可能是原因。因此，实验在推广至社会科学时，初期遇到困难，应用滞后。但在知识可累积性的目标驱动下，学者们不懈努力，最终使潜在结果模型（potential outcomes model）成为当代因果推断重要的理论基础。潜在结果模型推动了社会科学实验的发展，也推动了从实验视角从事观察性研究，最终引发了社会科学中以实验研究为核心的因果推断革命。

第二节　实验的理论基础、基本样式及其在政治学中的发展

一、实验的理论基础与特征

探究因果关系，首先须明晰什么是因果关系。休谟（David Hume）提

① Green, Donald P., Shang E. Ha, and John G. Bullock. "Enough Already about 'Black Box' Experiments: Studying Mediation is More Difficult than Most Scholars Suppose." *The Annals of the American Academy of Political and Social Science*, Vol. 628, 2010.

出因果关系的三层含义：第一是原因和结果事件之间时空毗连（contiguity）；第二是时间顺序（succession），即先因后果；第三是必然联系（necessary connection），即因果现象相伴而生，有其因必有其果。① 密尔（John S. Mill）提出判定因果关系的三原则：原因在结果之前；原因变化，结果也变化；观察到的两者之间的关系不是由第三个变量所产生。② 随后，学者们认识到连续性或相关性规律并不一定能得出真正的因果关系。哲学中开始通过"反事实框架"（counterfactual framework）来探究因果关系。刘易斯（David Lewis）发展了休谟有关反事实框架的思想并将其正式化和符号化。③ 统计学家使用数学语言阐述哲学中的反事实框架思想，推动了实验法在社会科学中的应用。英国统计学家罗纳德·菲舍尔（Ronald Fisher）论证了随机分配（random assignment）的方法，推动了实验理论的发展。④ 后人在随机分配的理论基础上发展出随机组实验，其逻辑是：虽然现实世界中不能找到两个完全相同的个体，但可以找到两个或多个统计意义上具有相同特征的群体。把实验对象随机分成两个或多个组，每组在干预前具有相同的统计特征，即使观察到差异，也是由于随机分配产生的偶然因素所致。这样，因果关系的论证从必然变为可能（或概率），实验对象也从个体变为群体。

无论是寻求特征完全相同的个体，还是使用统计特征相似的群体，实验的逻辑可以通过潜在结果框架（potential outcomes framework）来理解。潜在结果的概念最早由波兰统计学家斯普拉瓦·奈曼（Jerzy Splawa-Neyman）于 1923 年提出。⑤ 美国统计学家罗宾（Donald Rubin）在 1974 年至 1980 年间发表了一系列文章来论述潜在结果框架及其分析方法，后被命名

---

① Hume, David. *A Treatise of Human Nature*. New York: Barnes and Noble, 2005 [1739], pp. 61-65.

② Brady, Henry E. "Causation and Explanation in Social Science." in Box-Steffensmeier, Janet M., Henry E. Brady, and David Collier (eds.). *The Oxford Handbook of Political Methodology*. New York: Oxford University Press, 2008, pp. 217-270.

③ Lewis, David. "Causation as Influence." *The Journal of Philosophy*, Vol. 97, No. 4, 2000; Lewis, David. "Causation." *The Journal of Philosophy*, Vol. 70, No. 7, 1973.

④ Fisher, R. A. *Statistical Methods for Research Workers*. Edinburgh: Oliver and Boyd, 1925; Fisher, R. A. *Design of Experiments*. Edinburgh: Oliver and Boyd, 1935.

⑤ Splawa-Neyman, Jerzy. "On the Application of Probability Theory to Agricultural Experiments. Essay on Principles. Section 9." *Statistical Science*, Vol. 5, No. 4, 1990.

为“罗宾因果模型”（Rubin causal model）。[①] 潜在结果模型的核心思想是比较同一个研究单元（unit）在接受干预（treatment）和不接受干预（control）时的结果差异，认为这一差异体现了接受干预相对于不接受干预的因果效应。[②] 潜在结果是指对同一个单元同时进行干预和不干预两种处理后，会产生两种结果。但现实中不可能同时对一个单元进行两种处理，不可能观察到同一单元的两种不同状态，因此最多只能实现一种潜在结果，其他潜在结果不能被观察到，总有数据缺失（missing data），这被称为因果推断的根本问题（Fundamental Problems of Causal Inference，FPCI）。[③]

这一事实也说明，若要对因果关系进行推理估计，就需要从个体层面上升到群体层面，通过比较组间的平均干预效应来推断因果关系。由于参与实验的不是同一个个体，而是一个群体，因此须引入个体处理稳定性假设（stablc-unit treatment-value assumption，SUTVA）。它是指参与实验的个体之间不存在相互干扰或互动，换言之，所观察到的每个个体的结果不受到参与实验的其他个体的影响。在潜在结果模型中，哪些结果可被观察到，主要取决于哪一类处理被分配到实验对象。因此，“分配机制”在潜在结果模型中居于核心位置。所以，该模型还需满足可忽视的干预分配假设（exclusion restriction），即重新改变分配机制，并不会影响接受干预或控制的潜在结果，这被唐纳德·罗宾称为非混淆的分配机制（unconfounded assignment），实验的随机分配就可便利地实现这一点。[④]

从与观察性研究相对照的角度而言，实验法是以潜在结果模型为理论基础的基于研究设计的因果推断方法（design-based inference）。罗宾认为“没有操纵就没有因果”（no causation without manipulation），实验通过人为

---

① Rubin，Donald B. “Estimating Causal Effects of Treatments in Randomized and Nonrandomized Studies.” *Journal of Educational Psychology*，Vol. 66，No. 5，1974；Rubin，Donald B. “Inference and Missing Data.” *Biometrika*，Vol. 63，No. 3，1976；Rubin，Donald B. “Causal Inference Using Potential Outcomes：Design，Modeling，Decisions.” *Journal of the American Statistical Association*，Vol. 100，No. 469，2005.

② Imbens，Guido W.，Donald Rubin. *Causal Inference in Statistics，Social，and Biomedical Sciences*. New York：Cambridge University Press，2015，pp. 3-5.

③ Holland，Paul W. “Statistics and Causal Inference.” *Journal of the American Statistical Association*，Vol. 81，No. 396，1986.

④ 李文钊：《因果推理中的潜在结果模型：起源、逻辑与意蕴》，载《公共行政评论》2018年第1期。

操纵干预来构建可比较的情境。[1] 操纵是实验的本质特征，研究者通过主动操纵数据生成过程中的相关因素，从而介入到数据生成过程。[2] 在高度控制的条件下，操纵一个或多个变量的变化，通过这些变化评估它们对感兴趣的变量产生的效应。研究者操纵数据生成过程以研究因果关系，是学者们对实验方法的共识，也是实验研究区别于非实验研究的根本所在。实验研究（主要指“随机实验”，randomized experiment）的研究者设计和控制干预的分配，创造一个受控制的操纵；研究者能控制干预何时发生、如何发生，并知道干预分配的概率分布。[3]

简言之，实验呈现三个基本特征：（1）干预组和控制组，即一些被试受到干预而另一些被试没有受到干预；（2）随机化，即被试被随机分配到干预组和控制组；（3）对干预（即自变量或引起自变量变化的处理）的控制，即研究者直接操纵干预。虽然“随机化”是实验研究区别于观察性研究的重要特征，但对“随机”的含义却有不同理解。[4] 实验中的随机，是等概率（equiprobable）意义上的随机，是指一种使处理单元和控制单元的每一种可能的安排具有相同发生概率的机制。随机分配意味着被研究的每个个体接受特定干预或刺激（stimuli）的机会同等。干预组和控制组除受干预的状况不同，在其他因素平均水平上等同（equivalent），事前差异被随机分配中和（neutralized），排除了可能存在的可观测和不可观测因素对结果的影响。除了随机分配可能的非系统性变异外，随机分配提供了一个可信的假设，即控制组的表现就像实验组在没有接受干预的情况下那样（反之亦然），控制组是干预组不受干预情况下的“反事实”状态。若组间

---

① Rubin, Donald. “Statistics and Causal Inference: Comment: Which Ifs Have Causal Answers.” *Journal of the American Statistical Association*, Vol. 81, No. 396, 1986；余莎、游宇：《不操纵无因果：实验政治学几个核心的方法论问题》，载《甘肃行政学院学报》2017 年第 2 期。

② Morton, Rebecca and Kenneth Williams. *Experimental Political Science and the Study of Causality: From Nature to the Lab*. New York: Cambridge University Press, 2010, p. 42.

③ Titiunik, Rocio. “Natural Experiments.” in Druckman, James N. and Donald P. Green (eds.). *Advances in Experimental Political Science*. New York: Cambridge University Press, 2021, p. 108. 自然实验（natural experiment）因研究者不直接操纵干预，属于观察性研究。

④ 蒂提优尼克（Rocío Titiunik）区分了三种不同意义的“随机”（random）。Titiunik, Rocio. “Natural Experiments.” in Druckman, James N. and Donald P. Green (eds.). *Advances in Experimental Political Science*. New York: Cambridge University Press, 2021, pp. 103-129. 对随机的不同理解也导致一些研究者对似随机分配（as-if random assignment）的自然实验存在一些差异化的理解。

结果有显著差异，则差异只能是被实验者操纵的干预所致；虽仍不能直接观测对单个个体的处理效应，但通过比较干预组和控制组的平均结果，我们可估计平均干预效应（Average Treatment Effect，ATE）。实验目的是建立变量间的因果关系，进行因果推断。通常，研究者根据现有理论提出一种因果关系的尝试性假设，然后通过实验检验假设。

二、实验设计的基本样式与效度

实验可采用被试间设计和被试内设计。被试内设计（within-subject design）是指在实验中，每个被试或每组被试接受所有实验处理。被试内设计虽简便，但易受到影响结果的非预期和不可控因素的影响。例如，仅仅由于填写前测的调查问卷就引起被试的某些变化。被试间设计（between-subject design）是指每个被试只接受一个实验处理水平的设计。这种设计中，研究者将从总体中随机抽取的被试随机分配到不同的实验处理中，每个被试只接受一种实验处理，实验处理之间不存在重叠。社会科学实验常使用被试间设计，可分为简单设计和复杂设计。简单设计也称为经典实验设计，考察一个自变量和一个因变量之间的因果关系，只分为一个实验组和一个控制组。复杂实验设计则有三个以上的组，可考察多个自变量与因变量间的关系，排除干扰因素或者确定调节效应、中介效应的影响。

经典实验设计即前测—后测控制组实验设计（pretest posttest control group design），包含前测（O_1、O_3）、后测（O_2、O_4）以及干预组和控制组。最重要的是随机化（R），即随机地将实验对象分配到干预组和控制组（图 17-1）。它对干预组和控制组在干预前后都分别进行感兴趣的变量（因变量）的测量。被试被随机分配到控制组或实验组，实验开始时两组被试的特征在统计学意义上等同。实验结束后，观察到的任何因变量上的差异都可归因于实验干预，因为其他能解释差异的因素（可观测或不可观测的）都已被考虑到实验情境中，通过随机分配在组间平衡了。该实验设计的首要目的是排除自变量以外的其他因素的影响。其次，也可排除前测造成的某些干扰因素的影响。例如，在某些实验中，由于实验对象在后测时比前测更熟悉问题，所以第二次的测验势必优于第一次。通过引进控制组，就排除了这种由前测造成的影响。

其他实验样式多是在经典实验设计的基础上做了增减，例如社会科学

	O_1	X	O_2
R			
	O_3		O_4

图 17-1　前测—后测控制组设计

中常用的仅后测控制组设计（posttest-only control group design）。该设计最显著的特点是对实验组和控制组都没有实施前测，只有后测（图 17-2）。其原理在于，随机分配就足以确保控制组和干预组的近似等同性，所以不需要前测。这种设计成本上比较经济，同时也可以排除前测和干预可能的交互效应。使用该设计的另一个可能原因是有时不方便甚至不可能实施前测。仅后测控制组实验设计存在两点不足：第一，若随机化不充分，那么可能实验开始时各组被试在一些特征上就不等同；第二，无法利用前测将被试分配到不同的实验组，例如高分组和低分组。

	X	O_2
R		
		O_4

图 17-2　仅后测控制组设计

更复杂的实验设计，如所罗门四组设计（Solomon four-group design）结合了前述两种设计（图 17-3）。这一设计执行较繁琐，成本较高，故不

	O_1	X	O_2
	O_3		O_4
R			
		X	O_5
			O_6

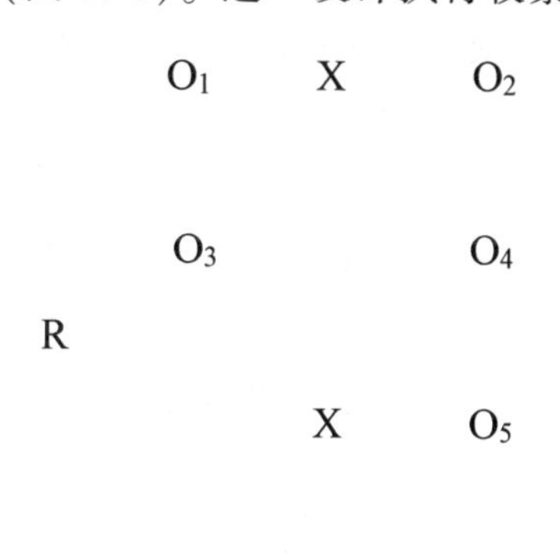

图 17-3　所罗门四组设计

常用。该设计最有趣和有用之处在于可做多种比较。通过分别比较 O_2 和 O_4、O_5和 O_6，可以确定干预的效应；比较 O_4 和 O_6，可以确定前测效应；比较 O_2 和 O_5，可以确定前测和干预可能的交互效应；比较 O_1 和 O_3，可以检查随机分配是否有效，即是否实现了控制组和干预组之间的等同性。其他研究调节效应或中介效应的实验，样式上也常是这几类设计的变种。虽然所罗门四组设计对区分导致因变量变化的因素十分有效，但具体操作起来需花费更多时间、精力，增加了实验的困难。

考察实验的设计质量（design validity），最核心的标准是研究者是否通过设计操纵了想操纵的自变量并控制住了所有其他因素。内部效度（internal validity）和外部效度（external validity）常被用来评价研究设计的质量。内部效度指一项研究多大程度上能够确定自变量对因变量真正产生了因果效应，排除掉混杂因素和各种偏差。影响实验的内部效度的主要方面是不遵从（noncompliance）和损耗（attrition）。当分配到实验组的被试没有接受干预或者分配到控制组的被试却接受了干预，不遵从就发生了。这时虽然组间仍有可比性，但组间平均结果的差异并不是受到干预与否所致。损耗是指随机分配后被试因各种原因导致的流失，在长期序列实验中尤其明显。这种流失经常是不随机的，从而导致组间可比性丧失。不遵从和损耗易发生在对实验环境控制力较差的实地实验（field experiment）中。实验室或问卷实验中相对不易发生这两个问题，但它们还面临另外的对内部效度的威胁，例如需求特征（demand characteristics），即实验中的一些提示使被试意识到研究者期望他们做出何种反应。[①] 为避免这一问题，心理学实验常使用欺骗，将被试注意力从实验的真实目的上转移开。

外部效度是指一项研究的结论能否推广（generalizable）到不同的人群和时空等情境下。外部效度至少涉及实验设计的四个方面：实验参与者是否与通常面对这些刺激的参与者类似；实验运作的情境（包括时间）是否类似于研究者感兴趣的情境（和时间）；在研究中使用的刺激是否类似于真实世界中感兴趣的刺激；对结果的测量是否类似于理论或实际上感兴趣

① 但也不必夸大需求特征的威胁，参见 Mummolo, Jonathan, and Peterson Erik. "Demand Effects in Survey Experiments: An Empirical Assessment." *American Political Science Review*, Vol. 113, No. 2, 2019.

的实际结果。[1] 这些标准意味着一项研究的外部效度取决于研究者想要做出怎样的概括。对实验外部效度的主要威胁可能来自不具代表性的被试群体（例如学生样本）[2]、前测效应以及实验情境失真等导致干预效应只在特定实验场景中存在。

实验目的是识别因果效应，并使其具有概括性。但这两个目的很难同时达到。要精确测量自变量的影响就要严格控制情境和外部变量，但这常会使实验环境人工化（artificial）并缺乏代表性，从而降低外部效度；而如果提高情境的真实性和样本的异质性以使实验能概括广泛的现象，则通常很难控制其他外部因素的影响，因而降低内部效度。通过一些设计可以减少威胁实验内部效度和外部效度的因素。例如，随机从总体中抽取样本，随机将被试分配入组并设有控制组，尽可能控制无关变量的影响，施加尽可能富有现实感的干预等。实验研究中，我们还能较清晰地辨明或处理对内部效度或外部效度的可能威胁，而对基于观察性数据的相关性研究而言，谈内部效度和外部效度可能意义不大。[3] 总的来说，一个基本共识是首先须确保内部效度，若不能确信在研究中干预的确产生了影响，就无法推断干预在我们没有研究过的人群、时空和情境中会有怎样的影响。外部效度通常是通过比较在不同环境和时空下复制的多个高内部效度的研究结果而获得。[4]

三、实验政治学的发展

政治学研究中第一个实验是 20 世纪 20 年代哈罗德·戈斯内尔（Harold Gosnell）的一项研究。戈斯内尔想知道提供给选民关于选举注册程序和鼓励投票的信息能否提升选民的注册率和选举日的投票率。实验选择在芝加哥的 12 个区中进行，每个区内的选民被分成两组，一组收到相关信息

---

① Shadish, William R., Thomas D. Cook, and Donald T. Campbell. *Experimental and Quasi-Experimental Designs for Generalized Causal Inference*. Boston: Houghton Mifflin, 2002.

② Sears, David O. "College Sophomores in the Laboratory: Influences of a Narrow Data Base on Social Psychology's View of Human Nature." *Journal of Personality and Social Psychology*, Vol. 51, No. 3, 1986.

③ Samii, Cyrus. "Causal Empiricism in Quantitative Research." *Journal of Politics*, Vol. 78, No. 3, 2016.

④ Rosenbaum, Paul R. *Design of Observational Studies*. New York: Springer, 2010, p. 56.

的邮件，另一组则没有。结果发现，在三个区中，受到邮件干预的公民的注册率和投票率比没有受到干预的公民要高10—20个百分点。[①] 尽管这项研究还缺乏严格的随机分配，但它是政治学有迹可循的第一次实验尝试。1956年，《美国政治学评论》刊登了塞缪尔·厄尔德斯维德（Samuel Eldersveld）在密歇根州安娜堡市1953年至1954年选举期间关于宣传和投票的实地实验研究，这是政治学的第一个随机实验。[②]

20世纪70年代以来，实验在政治学和公共管理研究中日益得到应用。一些学者创办了专门的实验研究期刊。[③] 一些协会也专设了实验分会。一批实验室得以创建，培训了实验研究者，推动了政治心理与传播、行为公共管理与政策（behavioral public management/policy）等领域的发展。[④] 尤其是进入21世纪以来，实验研究迅速增长。仅以政治学为例，使用实验发表的文章数量快速增加。学者越来越多地使用实验方法研究政治心理和行为、沟通、腐败、政治代表性、叛乱等现象，并探索政治制度的影响、群体解决集体行动问题的条件等以前难以想象进行实验研究的主题。当前，实验研究的应用愈发广泛，尤其在项目和政策评估、行为研究乃至制度研究等方面都有长足进展。例如，实验方法被应用到项目评估研究（包括发展项目、教育项目、竞选广告投放）等、公共政策评估研究（包括教师薪资、学生激励、职业培训、医疗保险补贴、税收遵从、公共住房补贴等），行为研究（包括劝导、动员、教育、收入、人际影响、媒体接触、协商、歧视等），制度研究（包括透明度、腐败、选举体系、信息等）方面。[⑤]

---

① Gosnell, Harold F. "An Experiment in the Stimulation of Voting." *American Political Science Review*, Vol. 20, No. 4, 1926.

② Eldersveld, Samuel J. "Experimental Propaganda Techniques and Voting Behavior." *American Political Science Review*, Vol. 50, No. 1, 1956.

③ 例如政治学中的 *Journal of Experimental Political Science*。

④ Grimmelikhuijsen, Stephan, et al. "Behavioral Public Administration: Combining Insights from Public Administration and Psychology." *Public Administration Review*, Vol. 77, No. 1, 2017; James, Jilke Sebastian R., et al. *Experiments in Public Management Research: Challenges and Contributions*. New York: Cambridge University Press, 2017.

⑤ Druckman, James N., et al. "The Growth and Development of Experimental Research in Political Science." *American Political Science Review*, Vol. 100, No. 4, 2006.

第三节 社会科学实验的基本类型

研究者对干预的直接操纵和随机分配，是真实验即随机控制实验（randomized controlled experiments）的本质。在真实验大家庭（family of true experiments）中，若干预是自然主义（naturalistic）、现实生活（real-word）的，则是实地实验（field experiment），若不是则是实验室实验（laboratory experiment）或问卷实验（survey experiment）。根据干预特征和实验环境的不同，社会科学实验大致有实验室实验、实地实验、问卷实验三种。[①] 这种分类不十分精确，研究者有时会将各种实验的不同方面融合在一起。例如，一些实验是在实验室里通过向招募来的被试随机提供网络问卷中不同类型的信息进行干预，也有实验把实验室实验搬到了自然真实场景下的相关目标人群中（lab-in-the-field experiments）。实验在因果推断上的强大效力使越来越多的研究者从实验视角进行观察性研究，出现了运用实验逻辑对观察性数据进行发现或构造干预组与控制组的自然实验（nature experiment）或准实验研究（quasi experiment）。[②] 下面介绍不同类型实验的特点与应用、演进与优劣，包括实验室实验、实地实验和问卷实验三个部分。

一、实验室实验

实验室实验是最经典和典型的实验类型，极大地促进了社会科学领域的知识积累。[③] 它通常是指研究者借助实验仪器或设备主动创造和严格控制实验条件，招募被试到一个共同的物理空间如实验室等场景中进行随机分组和施加干预，用给定的刺激来引起被试一定的行为反应。实验室实验最显著的特点是研究者对除了被试行为以外的环境因素的全方位控制，从

---

① 实地实验也被译为田野实验，问卷实验也被译为调查实验或调查问卷实验。

② Dunning, Thad. *Natural Experiments in the Social Sciences: A Design-Based Approach*. New York: Cambridge University Press, 2012; Shadish, William R., et al. *Experimental and Quasi-Experimental Designs for Generalized Causal Inference*. New York: Cengage Learning, 2002.

③ Falk, Armin, and James J. Heckman. "Lab Experiments are a Major Source of Knowledge in the Social Sciences." *Science*, Vol. 326, No. 5952, 2009.

而能够排除混杂因素的干扰，实现高内部效度。因为场地、设施、成本等后勤因素的限制，实验室实验多采用非概率抽样的便利样本（例如学生），大量心理学实验采用这种形式。

政治学中的实验室实验研究多集中于政治心理与沟通领域。这部分是由于信息刺激类的干预能较方便地在实验室中予以控制和施加，或者一些心理、生理反应需借助硬件设备进行实时测量。艾英戈（Shanto Iyengar）等对媒体效应的经典研究提供了实验室实验如何进行的范本。[①] 研究者登广告招募了 72 名居民。这些被试被随机分为实验组和控制组两组，在耶鲁大学办公室参加了六天实验。作为前测，在实验第一天，两组被试都完成一份问卷，其中被问到“你认为美国现在最重要的问题是什么?”。被试需将国防、通胀、能源、腐败、污染、失业等八项议题按自己认为的重要程度排序。接下来四天里，两组被试每天观看前一晚新闻的录像。不过，实验组观看的录像进行了编辑，用更多时长突出报道美国国防的漏洞。实验最后一天，被试再次填写了第一天的问卷，作为后测。实验结果发现，在持续观看强调美国国防弱点的报道后，实验组被试对国防问题的关注显著提高。同时，控制组被试对于国防重要性的看法较稳定。因为是随机分配，组间（between-subject）的结果差异只可能是节目所致；同时，前测和后测所反映的组内（within-subject）结果差异也体现了节目的影响。这项研究发现，媒体会深刻影响观众对各种政治议题重要性的认知，具有显著的议程设置（agenda setting）效应。后来，类似实验设计被应用到更多媒体政治议题上[②]，例如负面竞选广告对选民投票参与的遣散效应（demobilization）。[③]

在类似艾英戈等人心理学路径的实验室实验研究中，参与者个体常被视为单一行为体来考量，被施加某种干预，被问到研究者感兴趣的一些问题，通常是态度或行为倾向的问题。然而，另外一些实验设计利用实验室中参与者之间的互动来研究决策过程和群体行为。这类设计在行为经济学

---

① Iyengar, Shanto, et al. “Experimental Demonstrations of the ‘Not-So-Minimal’ Consequences of Television News Programs.” *American Political Science Review*, Vol. 76, No. 4, 1982.

② Iyengar, Shanto, and Donald R. Kinder. *News That Matters: Television and American Opinion*. Chicago: University of Chicago Press, 1987.

③ Ansolabehere, Stephen, and Iyengar Shanto. *Going Negative*. New York: Free Press, 1995.

中很常见，也被用来研究政治现象。与心理学路径的实验室实验强调欺骗以不让被试洞悉研究者的目的不同，偏经济学路径的实验室实验通常不使用欺骗，而更侧重对激励的塑造，在实验中嵌入基于理论模型的选择或博弈游戏。[①] 此类实验室实验为理解发展政治学所关心的集体行动、政治制度等问题提供了洞见。

奥斯特罗姆（Elinor Ostrom）因对公共池塘资源治理的研究而获得了2009年诺贝尔经济学奖。为理解人类社群如何能自发地解决公地悲剧，她对世界各地大量的治理实践案例进行了收集分析[②]，也通过实验室实验探索了有效的自治在何种情形下更可能出现。以往对集体行动和社群自治的研究强调了沟通和制裁的重要性，为测试这两个因素，奥斯特罗姆等人设计了一个嵌入博弈游戏的实验室实验，招募了本科生参与。实验的被试选择投资于维持公有物（the commons）或其他活动，结果所得不仅取决于自身，也取决于其他被试的选择。若投资到其他活动中，被试肯定会得到回报。若投资公有物，被试的回报将取决于其他人投资公有物的多少。如果其他参与者也进行了投资，那么他们将获得很好的收益，但如果其他参与者不进行投资，那么他们投资其他活动将获得更好的收益。实验通过游戏模拟现实，参与者投入真实的钱并获得通过游戏赢得的钱。实验中有一个控制组，参与者之间不能沟通也不能制裁。还有三个实验组：一个只能沟通，一个只能制裁，还有一个既能交流又能制裁。在反复玩了几轮之后，控制组被试的收入仅为潜在总收益的32%，与只允许制裁的小组相当，后者获得了潜在总收益的38.8%。只允许进行沟通的小组获得了75%，而既允许制裁也允许沟通的小组获得了潜在总收益的97%。[③] 这项研究可信地确证了制裁和沟通在促成公共事务自治上的显著作用，更重要的是发现沟通是远比制裁重要的因素，这极大地更新了我们的认识。

发展的治理中，协商民主作为一种制度安排吸引了学界关注。然而抽

---

① Aldrich, John and Arthur Lupia. "Experiments and Game Theory's Value to Political Science." in Druckman, James N., Donald P. Green, James H. Kuklinski and Arthur Lupia (eds.). *Cambridge Handbook of Experimental Political Science*. New York: Cambridge University Press, 2011, pp. 89-101.

② 〔美〕埃莉诺·奥斯特罗姆:《公共事务的治理之道》，余逊达、陈旭东译，上海：上海译文出版社2000年版。

③ Ostrom, Elinor, James Walker and Roy Gardner. "Covenants with and without a Sword: Self-Governance is Possible." *American Political Science Review*, Vol. 86, No. 2, 1992.

象讨论集聚了众多争议，一些观察性研究也无法较好地解决协商机制的出现并非随机分配所带来的因果推断的困难。[①] 通过实验室实验，两位学者探讨了协商与否对分配性政治决策及公平感的影响。[②] 这项研究设置了四组电脑配对的双人“瓜分美元”（divide-the-dollar）游戏。一人（proposer）提出如何分配 100 美元，另一人是接受者（acceptor）。第一组独裁者游戏（dictator game）中，提议者提出方案，接受者只能接受。其他三组游戏均是最后通牒游戏（ultimatum game），提议者提案后，接受者可选择接受或不接受，若接受，则按提案分配；若不接受，则两人都得不到任何钱。第二组游戏中，提议者和接受者没有协商机会。第三组游戏中，提议者提案后，双方有三分钟通过屏幕对话框协商的机会。第四组游戏在提案前双方有三分钟协商机会。被试是 200 多名学生，实验在一间计算机教室进行。实验结果发现，分配制度会影响参与者的分配决策，独裁者游戏的分配结果最不平等；更重要的是，在三组最后通牒游戏中，提案前的协商机会显著增强了分配的平等程度，而提案后的协商机会和没有协商机会均没有这个效应（表 17-1）。在分钱游戏之后，研究者使用电脑问卷测量了参与者对分配结果的看法。四组游戏的接受者的不公平感依次下降；在后三组游戏中，连提议者的不公平感也依次下降。协商，尤其是提案前的协商，不仅促进了分配公平，而且能提高利益相关的双方的公平感。

表 17-1　不同实验条件对于接受者所得金钱的影响

实验组	均值（标准差）	中位值	观测数量
独裁者	\$ 22.00（\$ 18.83）	\$ 20.00	158
最后通牒（没有协商机会）	\$ 37.51（\$ 13.41）	\$ 40.00	156
最后通牒（提出提案之后协商）	\$ 39.28（\$ 14.27）	\$ 40.00	156
最后通牒（提出提案之前协商）	\$ 45.25（\$ 10.30）	\$ 50.00	154

资料来源：Sulkin, Tracy and Adam F. Simon. “Habermas in the Lab: A Study of Deliberation in an Experimental Setting.” *Political Psychology*, Vol. 22, No. 4, 2001.

---

① Heller, Patrick, and Vijayendra Rao (eds.). *Deliberation and Development: Rethinking the Role of Voice and Collective Action in Unequal Societies*. Washington, D. C.: World Bank Publications, 2015; Stasavage, David. “Polarization and Publicity: Rethinking the Benefits of Deliberative Democracy.” *Journal of Politics*, Vol. 69, No. 1, 2007; Parthasarathy, Ramya, Vijayendra Rao, and Nethra Palaniswamy. “Deliberative Democracy in an Unequal World: A Text-as-data Study of South India's Village Assemblies.” *American Political Science Review*, Vol. 113, No. 3, 2019.

② Sulkin, Tracy and Adam F. Simon. “Habermas in the Lab: A Study of Deliberation in an Experimental Setting.” *Political Psychology*, Vol. 22, No. 4, 2001.

实验室实验的显著优点在于研究者可以控制整个实验环境。被试被置于同样的环境下，唯一不同是干预与否，这确保能将假设的原因变量从其他因素中干净地分离出来，得到内部效度很高的结论。这也为进一步验证调节效应、中介效应提供了更坚实的基础，从而推动理论的发展。[①] 如果利用便利样本或小样本，除去场地、设备等投入之外的成本也相对较低。但是，实验室实验常被批评外部效度不足，这类批评集中在两个方面。首先，研究者为了达到可控性和让实验更易操作，对许多情境进行了简化处理。研究者控制的实验室场景与人们日常的真实生活场景有明显差别，人们在两种场景下对干预的回应可能非常不一样。例如，在政治电视节目和竞选广告的类似研究中，当实验参与者被要求在实验室观看节目时，他们看节目的方式可能与平常在家时非常不同。他们可以被允许像平常一样看杂志或做其他事情而忽略掉新闻节目吗？可以像平常一样和其他人一起看新闻吗？世俗现实主义（mundane realism）主张实验情境应尽可能贴近现实以获得外部效度。实验现实主义（experimental realism）则更关心可控性和被试对干预的接触（exposure）来确保内部效度：被试相信实验中的情境、问题和事项吗？提起了被试的兴趣了吗？抓住他们的注意力了吗？

世俗现实主义对实验室实验外部效度的担忧并非全无道理，但它忽视了过多的世俗现实主义会让实验所操纵的干预完全失去意义。麦克德莫特（Rose McDermott）提到艾英戈研究竞选广告效应时的一个有趣例子。艾英戈设置了一个尽可能类似于现实生活场景的起居室，却发现当竞选广告出现时，被试拿起遥控器，转换了频道。一旦遥控器被研究者拿走，牺牲掉一点世俗现实主义，被试被迫必须观看研究者主要感兴趣的竞选广告，由此更重要的实验现实主义得以实现，从而保证了内部效度。如果没有内部效度，也就谈不上外部效度。实验室实验没有必要必须发生在真实世界情境中才能提供可信的结论。实验室实验使研究者能够控制那些在真实世界

---

① Kam, Cindy D., and Marc J. Trussler. "At the Nexus of Observational and Experimental Research: Theory, Specification, and Analysis of Experiments with Heterogeneous Treatment Effects." *Political Behavior*, Vol. 39, No. 4, 2017; Bullock, John G., Donald P. Green, and Shang E. Ha. "Yes, But What's the Mechanism? (Don't Expect an Easy Answer)." *Journal of Personality and Social Psychology*, Vol. 98, No. 4, 2010; Imai, Kosuke, Dustin Tingley, and Teppei Yamamoto. "Experimental Designs for Identifying Causal Mechanisms." *Journal of the Royal Statistical Society: Series A (Statistics in Society)*, Vol. 176, No. 1, 2013.

中可能干扰我们感兴趣的因果效应的潜在偏误，从而能分离出因果关系，检验理论，产生关于人类行为的新假设。[①] 虽然实验现实主义是实验实现因果推断的精髓，最好的实验设计通常在实验现实主义和世俗现实主义之间做出了较好的权衡。例如，在一项对媒体报道框架如何影响美国民众对三K党游行和演讲的容忍度的实验室实验中，研究者采用了当地电视新闻真实报道里与自由言论框架、公共秩序框架相关的主题性陈述、引证的个别言论、图片以及采访。[②] 在研究粗鲁的政治争吵如何影响民众对政府的信任时，研究者雇佣了专业演员来扮演国会议员候选人。[③] 一些关于竞选广告的实验室实验研究选择在真实竞选期间进行。[④]

对实验室实验外部效度的另一批评，是认为被试群体可能不具有代表性。因为实验室物理环境的限制，实验室实验经常会使用规模小、容易招募到的便利样本作为被试，例如学生。这些样本可能对研究者的理论抱负所欲推广到的总体并不具有代表性。例如学生在态度可塑性、认知能力上可能与普罗大众有显著差异，这一差异可能影响研究的结论。[⑤] 为缓解这一问题，研究者通过发布广告、提供报酬来招募非学生成年人参与实验。但这增加了实验成本，且如此招募来的被试可能仍不具有对总体的代表性。然而，大样本本身并不能自动带来外部效度的提升[⑥]，对实验室实验的外部效度的泛泛担忧有时可能言过其实。若某种干预效应可被合理假设为同质的（homogenous），则基于学生等便利样本的实验的外部效度无碍。若存在异质的（heterogeneous）干预效应，则外部效度或可被视为一个关涉调节效应的问题，如果能合理地确定对干预效应起作用的调节变量，调

---

① McDermott, Rose. "Experimental Methodology in Political Science." *Political Analysis*, Vol. 10, No. 4, 2002.

② Nelson, Thomas E., Rosalee A. Clawson, and Zoe M. Oxley. "Media Framing of a Civil Liberties Conflict and Its Effect on Tolerance." *American Political Science Review*, Vol. 91, No. 3, 1997.

③ Mutz, Diana C., and Byron Reeves. "The New Videomalaise: Effects of Televised Incivility on Political Trust." *American Political Science Review*, Vol. 99, No. 1, 2005.

④ Ansolabehere, Stephen, and Iyengar Shanto. *Going Negative*. New York: Free Press, 1995.

⑤ Sears, David O. "College Sophomores in the Laboratory: Influences of a Narrow Data Base on Social Psychology's View of Human Nature." *Journal of Personality and Social Psychology*, Vol. 51, No. 3, 1986.

⑥ Aronow, Peter M., and Cyrus Samii. "Does Regression Produce Representative Estimates of Causal Effects?" *American Journal of Political Science*, Vol. 60, No. 1, 2016; Samii, Cyrus. "Causal Empiricism in Quantitative Research." *Journal of Politics*, Vol. 78, No. 3, 2016.

节变量在便利样本中的分布与其在具代表性样本中的分布相似的话，也能减轻样本代表性问题导致的外部效度问题。[①] 但这些条件实际上也仍较苛刻。例如，学生和官员群体在可能影响外交态度和行为倾向的一些因素上也许存在明显差异，利用学生样本实验得出的结论有时难以可信地扩展到官员群体。[②] 学者们探索在更自然现实的场景和更具代表性的人群中进行实验，促进了实地实验和基于总体的问卷实验的发展。

二、实地实验

实验涉及被试类型、实验环境、干预方法、结果测量及被试对实验的认知等维度，每个维度与现实世界的相似程度可能不同。如果把实验室实验作为实验法的原型或起点的话，实地实验（field experiment）试图解决实验室实验在实验环境和样本两方面现实主义不足的问题。实地实验是在真实的现实社会场景中进行的随机实验，通过将一项干预随机地施加于某些人群和地区，而另一些则没有受到干预，以使实验室实验与实地工作两种方法结合起来，在确保随机实验的内部效度的同时，获得提高的外部效度。[③] 实地实验试图尽可能接近地模拟一个因果过程发生的现实条件，以增强实验结果的可推广性。一些情况下，受试者并不知道自己是实验的参与者，这就使研究者能更直接地观测人们的真实行为，减少了自我汇报偏差。[④]

政治学实地实验的新浪潮由格林（Donald Green）等对投票行为的研

---

① Druckman, James N., Cindy D. Kam. "Students as Experimental Participants." in Druckman, James N., Donald P. Green, James H. Kuklinski and Arthur Lupia (eds.). *Cambridge Handbook of Experimental Political Science*. New York: Cambridge University Press, 2011, pp. 41-57.

② Hyde, Susan D. "Experiments in International Relations: Lab, Survey, and Field." *Annual Review of Political Science*, Vol. 18, 2015. 然而，精英和大众的行为差异也可能有夸大之嫌，Kertzer, Joshua D. "Re-Assessing Elite-Public Gaps in Political Behavior." *American Journal of Political Science*, Vol. 66, No. 3, 2022.

③ Gerber, Alan S., and Donald P. Green. *Field Experiments: Design, Analysis, and Interpretation*. New York: W. W. Norton, 2012.

④ List, John A. "Field Experiments: A Bridge Between Lab and Naturally Occurring Data." *The B. E. Journal of Economic Analysis & Policy*, Vol. 5, No. 2, 2007; Harrison, Glenn W., and John A. List. "Field Experiments." *Journal of Economic Literature*, Vol. 42, 2004.

究开启。[①] 单张选票难以影响选举结果而个人却要负担参与投票的成本，理性的选民应当不投票。[②] 那么，如何解释仍然有许多人投票？格林等人通过在美国 2006 年初选前设计实地实验来分析社会压力对个人投票的影响。[③] 他们的被试是密歇根州的 180002 户家庭，这些家庭被随机分配到控制组和不同的实验组，实验组的家庭接受释放不同级别社会压力的邮件干预。第一个实验组的干预是公民责任（civic duty），这个实验组的住户会收到催促他们投票的邮件，邮件里号召他们投票以履行公民责任。其他实验组的干预都在“公民责任”干预的基础上添加不同的邮件信息。第二个实验组的干预除提醒履行公民责任外，邮件还提醒被试是研究对象以检验霍桑效应（Hawthorne Effect）。第三个实验组的邮件中指出投票是公共记录，并在信的最后列出了被试一家人过往的投票记录。最后一个实验组的家户收到的邮件里提供了邻居的投票记录，这也意味着邻居的邮件里会有被试的过往投票记录。几个实验组的社会压力递增，与之对照的控制组则是没有接收到任何邮件的家户。实验结果发现，随着社会压力增大，选民投票率增加（表 17-2）。这项实地实验研究不仅可靠地确立了社会规范对投票参与的至关重要的解释力，也具有重大的现实实践意义。[④] 不难想象，那些试图通过单纯降低选民投票成本来促进投票参与的努力（如邮寄投票、电子投票等）有可能效果不彰。[⑤]

---

① Gerber, Alan S., and Donald P. Green. “The Effects of Canvassing, Telephone Calls, and Direct Mail on Voter Turnout: A Field Experiment.” *American Political Science Review*, Vol. 94, No. 3, 2000; Gerber, Alan S., Donald P. Green, and Ron Shachar. “Voting May Be Habit-forming: Evidence from a Randomized Field Experiment.” *American Journal of Political Science*, Vol. 47, No. 3, 2003; Green, Donald P., and Alan S. Gerber. *Get Out the Vote: How to Increase Voter Turnout* (Fourth Edition). Washington, D. C.: Brookings Institution Press, 2019.

② Downs, Anthony. *An Economic Theory of Democracy*. New York: Harper, 1957.

③ Gerber, Alan S., Donald P. Green, and Christopher W. Larimer. “Social Pressure and Voter Turnout: Evidence from a Large-Scale Field Experiment.” *American Political Science Review*, Vol. 102, No. 1, 2008.

④ 格林对投票动员进行了一系列实地实验研究，也启发了后续大量针对其他议题的研究。Broockman, David, and Joshua Kalla. “Durably Reducing Transphobia: A Field Experiment on Door-to-door Canvassing.” *Science*, Vol. 352, No. 6282, 2016; Kalla, Joshua L., and David E. Broockman. “The Minimal Persuasive Effects of Campaign Contact in General Elections: Evidence from 49 Field Experiments.” *American Political Science Review*, Vol. 112, No. 1, 2018.

⑤ Funk, Patricia. “Social Incentives and Voter Turnout: Evidence from the Swiss Mail Ballot System.” *Journal of the European Economic Association*, Vol. 8, No. 5, 2010; Germann, Micha, and Uwe Serdült. “Internet Voting and Turnout: Evidence from Switzerland.” *Electoral Studies*, Vol. 47, 2017; Goodman, Nicole, and Leah C. Stokes. “Reducing the Cost of Voting: An Evaluation of Internet Voting's Effect on Turnout.” *British Journal of Political Science*, Vol. 50, No. 3, 2020.

表 17-2 四组邮件干预对于选民投票行为的影响

	控制组	实验组			
		公民责任	霍桑效应	自家投票记录	邻居投票记录
投票率	29.7%	31.5%	32.2%	34.5%	37.8%
样本量	191243	38218	38204	38218	38201

资料来源：Gerber, Alan S., Donald P. Green, and Christopher W. Larimer. "Social Pressure and Voter Turnout: Evidence from a Large-Scale Field Experiment." *American Political Science Review*, Vol. 102, No. 1, 2008.

近些年来，基于证据的政策（evidence-based policy）和助推（nudge）促进了实地实验在政策设计和评估中的应用。[①] 班纳吉（Abhjit Banerjee）、迪弗洛（Esther Duflo）、克雷默（Michael Kremer）因以实地实验探索全球减贫方法而获得 2019 年诺贝尔经济学奖。[②] 他们参与的 J-PAL（Abdul Latif Jameel Poverty Action Lab）实验室成为反贫困实地实验研究的大型跨国学术合作平台。政治学领域相对应的平台是 EGAP（Evidence in Governance and Politics），利用实地实验方法研究治理与发展问题。EGAP 的 Metaketa Initiative 更通过跨国协调将几乎相同的实地实验设计和测量在不同国家独立实施，以实现实验获得的内部效度与跨国比较获得的外部效度相结合。目前该倡议已开展了五轮跨国多地（multisite）实地实验，分别对信息与问责、税收、自然资源治理、社区警政、女性参与和公共服务供给等议题进行了研究。[③]

民主问责的良好运行是政治发展的重要内容。一般认为，选民能获得政治代表的政绩信息（performance information）并据此更新信念和改变投

① Pawson, Ray. *Evidence-Based Policy: A Realist Perspective*. London: Sage, 2006; Thaler, Richard H., and Cass R. Sunstein. *Nudge: Improving Decisions about Health, Wealth, and Happiness*. New Haven: Yale University Press, 2008.

② Banerjee, Abhijit V., and Esther Duflo. *Poor Economics: A Radical Rethinking of the Way to Fight Global Poverty*. New York: Public Affairs, 2011.

③ 第一轮的研究已集结成书，参见 Dunning, Thad, Guy Grossman, et al (eds.). *Information, Accountability, and Cumulative Learning: Lessons from Metaketa I*. New York: Cambridge University Press, 2019.

票行为，是实现民主问责的关键。[1] 萨德·邓宁（Thad Dunning）等多国学者在贝宁、巴西、布基纳法索、墨西哥、乌干达、印度等地进行了大致相似的选民信息动员（information campaign）的实地实验，结果发现：无论是关于政治代表政绩的好消息或坏消息，私人化的、非党派性的信息干预并不能显著改变选民的信念、投票参与和投票选择。[2] 这一发现挑战了认为民主问责失灵主要源于选民缺乏据以行动的信息的观点，促进了对民主问责运行机制及条件的理解。与这一研究关注政绩信息对民主体制下选民行为的影响不同，埃德蒙·马累斯基（Edmund Malesky）等人利用类似的信息供给实验（information provision experiment）考察了信息透明对政治家行为的影响。研究者与当地媒体合作，将随机选择的参加越南全国代表大会的一些议员的立法活动向民众报道并公布议员立法绩效的打分记录。研究发现，透明度的增加不仅没带来立法表现的改善，反而可能导致相关议员立法参与的减少及更暗淡的再选前景。[3] 这提示了信息公开透明的政治效应需要更谨慎和情境化（contextualized）的理解。

实验的核心特征是研究者对干预的直接操纵和随机分配，但现实中研究者常难以直接操纵一些重大的制度、程序或过程，但也有越来越多的实地实验研究进行了有益的尝试，增进了我们对政治发展诸方面的理解。族群间的偏见、敌视和冲突常常成为政治发展与和平构建的阻碍。萨尔玛·穆萨（Salma Mousa）通过随机分配足球队的成员构成，在战后伊拉克场景下研究了群体间的接触能否减少偏见、建立社会凝聚力这一经典命题。研究发现：在干预后的六个月里，有穆斯林队友的基督徒队员显著地改善了

---

① Pande, Rohini. “Can Informed Voters Enforce Better Governance? Experiments in Low-Income Democracies.” *Annual Review of Economics*, Vol. 3, No. 1, 2011; Banerjee, Abhijit, et al. “Do Informed Voters Make Better Choices? Experimental Evidence from Urban India.” unpublished manuscript, 2011; Humphreys, Macartan, and Jeremy Weinstein. “Policing Politicians: Citizen Empowerment and Political Accountability in Uganda: Preliminary Analysis.” International Growth Centre, Working Paper (S-5021-UGA-1), 2012; Chong, Alberto, et al. “Does Corruption Information Inspire the Fight or Quash the Hope? A Field Experiment in Mexico on Voter Turnout, Choice, and Party Identification.” *Journal of Politics*, Vol. 77, No. 1, 2015.

② Dunning, Thad, Guy Grossman, et al. “Voter Information Campaigns and Political Accountability: Cumulative Findings from a Preregistered Meta-analysis of Coordinated Trials.” *Science Advances*, Vol. 5, No. 7, 2019.

③ Malesky, Edmund, et al. “The Adverse Effects of Sunshine: A Field Experiment on Legislative Transparency in an Authoritarian Assembly.” *American Political Science Review*, Vol. 106, No. 4, 2012.

他们对穆斯林同侪（peers）的行为，例如更可能投票给一个穆斯林队友获得体育奖项、未来赛季注册加入一个混合组、和穆斯林一起受训等。然而，这些足球赛事场景（on-the-field）中的行为改善并没有扩展到其他更社会化的日常生活场景中，例如光顾一个穆斯林地区的餐馆、参与信徒混合的晚宴活动等，也没有对群体间态度产生较一致的改善效应。[①] 群体间接触导向了宽容的行为，但这仅限于小圈子的同侪群体而非更一般性的他者社群，而且现实行为的改善也并不意味着个人深层态度和信念的转变。在被战争撕裂的社会里，构建广泛、深入的不同族群间的团结尤其困难重重。詹姆斯·费伦（James D. Fearon）、马卡坦·汉弗莱斯（Macartan Humphreys）和杰里米·韦恩斯坦（Jeremy M. Weinstein）与国际救援委员会合作，在战后利比亚北部的 83 个社区中随机分配是否建立社区发展委员会这一制度来考察发展援助能否促进内战后的社会合作。值得一提的是，除了采用常用的自我报告式问卷调查测量社会资本，研究者们还把实验室互动游戏搬到了田野，实地开展了一个有关社区发展项目的公共物品博弈游戏（public goods game），减轻实验的需求效应可能导致的结果测量误差。研究发现，以社区重建为核心的发展援助显著地促进了战后利比亚的社会合作和内聚力。[②]

广泛的庇护主义是发展中国家和地区政治发展的一个重要特征。伦纳德·旺切孔（Leonard Wantchekon）通过和参与 2001 年贝宁总统选举的四个政党的合作，对所选村庄实施竞选平台信息的随机化干预，考察了庇护主义对投票行为的影响。在选举前三个月的每个星期里，竞选工作者拜访家户、举行公共集会。在这些交流和联系中，两个干预组里的村庄接受到竞选政党的庇护主义信息（clientelist messages）或者公共政策信息（public policy messages），前者突出了候选人的族裔、出生地的利益、承诺的分肥项目和就业岗位，后者则强调候选人与在位者或反对派的关系、对整个国家的社会经济与政治规划。控制组的村庄则没有任何信息干预。结果发现，庇护主义信息在贝宁所有地区、对所有类型的候选人（在位者或反对

---

① Mousa, Salma. "Building Social Cohesion Between Christians and Muslims through Soccer in Post-ISIS Iraq." *Science*, Vol. 369, No. 6505, 2020.

② Fearon, James D., Macartan Humphreys, and Jeremy M. Weinstein. "Can Development Aid Contribute to Social Cohesion after Civil War? Evidence from a Field Experiment in Post-Conflict Liberia." *American Economic Review*, Vol. 99, No. 2, 2009.

派、地区或全国候选人）都产生了显著正向的选票效应，而公共政策信息则非如此。①

一些颇具颠覆性的实地实验里，研究者直接随机化分配了现实生活中运行的相关政治制度或决策机制。例如，奥尔肯（Benjamin A. Olken）在印度尼西亚的49个村庄里随机分配是通过代表会议还是直接公民投票来决定村庄发展的工程项目。他发现：改变政治决策机制对实际最终选择了哪些发展项目并没有太大影响，但全民公投导致村民更满意，更了解项目，认知到更大的利益，也更愿意为公共项目做贡献。② 这项研究表明：直接民主——公民对政治决策过程的直接参与，即使不改变决策的结果，也能显著地增强民众满意度和政治合法性。腐败是政治发展的顽疾，奥尔肯利用实地实验研究了何种监督机制能有效地减少公共工程建设中的官员腐败。通过与印度尼西亚的当地政府合作，他在608个村庄进行了关于村庄公路修建的监督机制的实地实验。实验发生在国家经费发给村庄之后、公路建设开始之前。一些随机选择的村庄被告知他们的公路建设工程完成之后可能会由中央政府的审计机构进行审计，进行这种自上而下的监督的概率也被操纵成从最低的审计4%的工程到最高的审计100%的工程。对于另一些随机选择的村庄，则发送邀请信邀请当地居民参与工程经费的问责会议或随信附带邀请居民匿名评论工程，从而实施以增加社群参与为特征的自下而上的监督干预。③ 结果发现：增大政府审计的概率显著地减少了不明的工程开支，而增加基层监督参与平均而言并没有显著的抑制腐败的效果；另外，细致的分析发现，在高的政府审计概率下，与修路工程相关的工作更多地被给予了相关负责官员的家属，这表明腐败的形式发生了转变，不同腐败形式间存在替代性。

实地实验也日益被用来研究与身份相关的歧视、代表性、回应性等发展问题。这方面的经典研究例如伯特兰（Marianne Bertrand）等人对美国劳动力市场的性别和种族歧视的研究。研究者制作了编造的求职简历发给在波士顿和芝加哥报纸上刊登招聘广告的企业。这些简历除了在性别、种

---

① Wantchekon, Leonard. "Clientelism and Voting Behavior: Evidence from a Field Experiment in Benin." *World Politics*, Vol. 55, No. 3, 2003.

② Olken, Benjamin A. "Direct Democracy and Local Public Goods: Evidence from a Field Experiment in Indonesia." *American Political Science Review*, Vol. 104, No. 2, 2010.

③ Olken, Benjamin A. "Monitoring Corruption: Evidence from a Field Experiment in Indonesia." *Journal of Political Economy*, Vol. 115, No. 2, 2007.

族等作者感兴趣的变量上有变化外，其他内容完全相同。结果发现，姓名指代男性和白人的简历得到了更多的回复和面试机会。[①] 这种通过调整在其他方面相同仅在某一方面存在差异的检测员（tester）特征来考察真实存在的另一方对此可能做出的不同回应的实地实验，又被称为审计实验（audit experiment）。[②] 审计实验已被广泛应用到歧视、政治回应性及影响回应性的因素的研究中。[③] 互联网技术和社交媒体的发展更是便利和促进了在线实地实验的发展。[④] 例如，巴特勒（Daniel M. Bulter）和布鲁克曼（David E. Broockman）通过向美国国会议员发送含有指代不同种族的姓名的电邮求助关于投票注册程序的信息，揭示了种族因素对政治回应性的影响，并有力地反驳了基于党派和选举激励的惯常解释。[⑤] 需要注意的是，审计实验的研究通常将回应与否作为干预效应来考察，若延伸至分析干预对回应质量的影响，则有可能带来后处理偏误（post-treatment bias）。[⑥]

实地实验的优势在于在现实场景中进行，干预是现实发生的（realistic）而非想象或模拟的，这避免了实验室或问卷实验中对现实环境或干预

---

① Bertrand, Marianne, and Sendhil Mullainathan. "Are Emily and Greg More Employable than Lakisha and Jamal? A Field Experiment on Labor Market Discrimination." *American Economic Review*, Vol. 94, No. 4, 2004.

② 国内对这一方法的系统介绍，可参见陆方文：《随机实地实验：理论、方法和在中国的运用》，北京：科学出版社2020年版。

③ McClendon, Gwyneth H. "Race and Responsiveness: An Experiment with South African Politicians." *Journal of Experimental Political Science*, Vol. 3, No. 1, 2016; Distelhorst, Greg and Yue Hou. "Ingroup Bias in Official Behavior: A National Field Experiment in China." *Quarterly Journal of Political Science*, Vol. 9, No. 2, 2014; Chen, Jidong, Jennifer Pan, and Yiqing Xu. "Sources of Authoritarian Responsiveness: A Field Experiment in China." *American Journal of Political Science*, Vol. 60, No. 2, 2016; Distelhorst, Greg and Yue Hou. "Constituency Service under Nondemocratic Rule: Evidence from China." *Journal of Politics*, Vol. 79, No. 3, 2017; Fang, Albert H., Andrew M. Guess, and Macartan Humphreys. "Can the Government Deter Discrimination? Evidence from a Randomized Intervention in New York City." *Journal of Politics*, Vol. 81, No. 1, 2019.

④ Muise, Daniel, and Jennifer Pan. "Online Field Experiments." *Asian Journal of Communication*, Vol. 29, No. 3, 2019; Mosleh, Mohsen, Gordon Pennycook, and David G. Rand. "Field Experiments on Social Media." *Current Directions in Psychological Sciences*, Vol. 31, No. 1, 2022.

⑤ Butler, Daniel M., and David E. Broockman. "Do Politicians Racially Discriminate Against Constituents? A Field Experiment on State Legislators." *American Journal of Political Science*, Vol. 55, No. 3, 2011. 亦可见后续进一步研究，Broockman, David E. "Black Politicians Are More Intrinsically Motivated to Advance Blacks' Interests: A Field Experiment Manipulating Political Incentives." *American Journal of Political Science*, Vol. 57, No. 3, 2013.

⑥ Coppock, Alexander. "Avoiding Post-Treatment Bias in Audit Experiments." *Journal of Experimental Political Science*, Vol. 6, No. 1, 2019.

本身的可能扭曲，其实施常在具有代表性的现实人群中，故其因果推断最具现实性、可应用性。但实地实验也有局限，近来的应用热潮也遭到一些质疑。[①] 首先，相较于实验室实验，一些实地实验不易操作、成本较高。另外，有时限于预算、资源等限制，实地实验通常不能大规模展开，而只能在某些地区进行。实地实验的小规模，导致它可能捕捉的是局部而非一般均衡效应。例如，一些基于若干社群的实地实验发现小额信贷的干预能增加贫困家庭的生产性投资，但若依此在全国范围内全面推广小额信贷，就未必能取得想要的经济发展结果（如可能导致市场流动性过剩，反馈到原材料和商品市场）。虽然严格地说，局部均衡也并非实地实验或实验法所特有的问题，但实地实验的"实地"特性常更容易模糊这一点，这也提醒我们慎重对待从微观层次到宏观层次的加总（aggregation）[②]，或对研究的层次和范围进行更严谨清晰的界定。

其次，实地实验在现实场景中进行，这意味着实验者对于环境诸要素和实验对象的控制相对于实验室实验而言较弱。有时研究者难以确定实验干预施加到了所欲干预的被试。一些实地实验由于对所有分配到干预组的被试都进行干预的能力不足等原因，可能出现高水平的不遵从；也可能有外溢效应（spillover effect）[③]，如控制组也受到部分干预。若难以精确察识的话，会导致处理效应估计的偏误。[④] 实地实验也可能存在较多的组织问题，如无法招募到原定的被试者或被试者在实验过程中流失（尤其是非随

---

① Deaton, Angus. "Instruments, Randomization, and Learning about Development." *Journal of Economic Literature*, Vol. 48, No. 2, 2010; Teele, Dawn (ed.). *Field Experiments and Their Critics: Essays on the Uses and Abuses of Experimentation in the Social Sciences*. New Haven: Yale University Press, 2014; Deaton, Angus, and Nancy Cartwright. "Understanding and Misunderstanding Randomized Controlled Trials." *Social Science & Medicine*, Vol. 210, 2018; Imbens, Guido. "Understanding and Misunderstanding Randomized Controlled Trials: A Commentary on Deaton and Cartwright." *Social Science & Medicine*, Vol. 210, 2018; 对实地实验的辩护，亦可见 Wilke, Anna, and Macartan Humphreys. "Field Experiments, Theory, and External Validity." in Curini, Luigi and Robert Franzese (eds.). *The SAGE Handbook of Research Methods in Political Science and International Relations*. London: Sage, 2020, pp. 1007-1035.

② Humphreys, Macartan, and Alexandra Scacco. "The Aggregation Challenge." *World Development*, Vol. 127, 2020.

③ Gerber, Alan S., and Donald P. Green. *Field Experiments: Design, Analysis, and Interpretation*. New York: Norton, 2012, chapter 8.

④ Ibid., chapters 5-6.

机流失），有时被试者不愿按照研究者的指示参加实验等，这些都可能影响实验的内部效度。① 最后，由于对现实环境的可控性较差，实地实验进行的同时发生的一些现实事件等可能混淆真实的干预效应。此外，实地试验的现实性，可能对参与者和现实社会带来难以预料的潜在负面影响，因此要提前做好慎重的伦理考量。②

三、问卷实验

与实地实验在现实场景中施加现实的干预不同，问卷实验（survey experiment）是将实验设计内嵌于调查问卷场景中的一种方法，也被译为调查实验。其中，基于总体的问卷实验（population-based survey experiment）在具有总体代表性的社会问卷调查中嵌入实验模块，结合了实验设计的随机分配和大规模社会调查的随机抽样（random sampling），常被认为能同时实现较高的内部效度和外部效度。③ 具体地，问卷实验是在基于结构化问卷的实地访谈调查或网络调查中，通过操纵问卷中有关情景（vignette）的呈现（如调整问题的措辞）来施加干预，将调查对象随机分配到控制条件和干预条件中，并分析调查结果。④ 问卷实验的参与者不再局限于如学生之类的便利样本，可结合社会调查拓展至具有总体代表性的一般人群。在

---

① Gerber, Alan S., and Donald P. Green. *Field Experiments: Design, Analysis, and Interpretation*. New York: Norton, 2012, chapter 7.

② 社会科学实验的研究对象是人，其执行需受法律和伦理的约束。贝尔蒙报告（Belmont Report）提出了涉及人体受试者的三原则：善行、尊重个人和公正。一些经典实验，如米尔格拉姆的电击实验、津巴多的斯坦福监狱实验，现在将很难通过伦理审查委员会。一些现实介入度高的实地实验，对干预的随机分配意味着某些群体被否决了某项福利或权利，或干预引致连锁反应，这些可能导致后续（downstream）不良的社会后果。参见 Teele, Dawn. "Reflections on the Ethics of Field Experiments." In Dawn Teele (ed.). *Field Experiments and Their Critics*. New Haven: Yale University Press, 2014, pp. 115-140。除了不能对被试造成生理、心理、经济等损害外，知情同意（informed consent）也是一项重要原则。但一些实验中，欺骗是常用手法，否则可能影响实验的有效性。这是程度把握的问题，研究者面临权衡取舍，也需要有创意的干预施加方式。参见 Teele, Dawn. "Virtual Consent: The Bronze Standard for Experimental Ethics." in Druckman, James N. and Donald P. Green (eds.). *Advances in Experimental Political Science*. New York: Cambridge University Press, 2021, pp. 130-145.

③ Mutz, D. C. *Population-Based Survey Experiments*. Princeton: Princeton University Press, 2011. 国内对问卷实验方法的系统介绍，可参见任莉颖：《用问卷做实验：调查—实验法的概论与操作》，重庆：重庆大学出版社 2018 年版。

④ Gaines, Brian J., James H. Kuklinski, and Paul J. Quirk. "The Logic of Survey Experiment Re-examined." *Political Analysis*, Vol. 15, No. 1, 2007.

通过等概率抽样获取具有总体代表性的样本后，研究者将样本随机分配为干预组与控制组，继而分别向不同组别的被试发放不同版本的调查问卷来施加干预。问卷实验的另一个优势在于，在调查问卷中，研究者可以描述一些在现实中不能或难以操纵的情景（如战争造成的士兵伤亡人数的多寡），通过操纵情景描述的有关细节来施加干预。

问卷实验根据研究目的可区分为程序性问卷实验（procedural survey experiment）和实质性问卷实验（substantial survey experiment）。程序性问卷实验旨在检验和推动社会调查相关方法和技术的改进，例如问卷采用何种提问方式最好、回答选项如何设置、如何测量最准确、何种采访模式能提高覆盖率和应答率等。可以说，社会调查方法论上的科学进展，都是通过问卷实验逐步牢固确立起来的。[①] 实质性问卷实验以检验和发展实质性理论假设或命题为目的。针对普罗大众、网民乃至精英、官员的实质性问卷实验推动了政治科学的发展，增进了我们对发展政治学尤其是发展的政治行为（political behavior of development）的理解。程序性和实质性问卷实验之间的分别并不绝对，下面予以介绍。

常见的程序性问卷实验有问题措辞（question wording）实验、问题顺序（question order）实验、列举实验（list experiment）、背书实验（endorsement experiment）等。例如，通过问卷直接询问受访者而获得的大选投票率数据通常比真实投票率高，这是因为投票是一项公民责任，受访者通常不好意思回答自己未投票。在一项问题措辞实验中，霍尔布鲁克（Allyson L. Holbrook）和克罗斯尼克（Jon A. Krosnick）随机分配一半的受访者回答传统的直接提问“您是否投票了”，另一半受访者则在四个选项中选择：没有投票、我这次考虑了投票但没投、我通常是投票的但这次没有投、我确信我投票了。结果表明，提供更多回答选项能显著改进对投

① 例如，Schuman，Howard，and Stanley Presser. *Questions and Answers in Attitude Surveys：Experiments on Question Form，Wording，and Context*. New York：Sage，1996；Schaeffer，Nora Cate，and Stanley Presser. “The Science of Asking Questions.” *Annual Review of Sociology*，Vol. 29，No. 1，2003；Schaeffer，Nora Cate，and Jennifer Dykema. “Advances in the Science of Asking Questions.” *Annual Review of Sociology*，Vol. 46，2020.

票率的测量。[①] 类似地，为降低社会期许偏差（social desirability bias），更准确地测量居民对新冠防护措施的遵从程度，一项问题措施实验研究在实验组的问题题干中提供了一些“保留面子”（face-saving）的导言，结果发现实验组自我报告的不遵从率相比控制组增加 11 个百分点。[②]

问题顺序实验也能改进测量，并提醒我们注意问卷题目顺序的情景效应。例如一项经典研究，问卷中先询问具体的政治知识条目，后询问被试的政治兴趣及对公共事务的关注度，相比于相反询问顺序的对照组，测量得到的人们的政治兴趣明显较低。[③] 这很大程度上是因为人们通常不想表现自己不关心公共事务，当被提醒他们实际知之不多时，他们重估了自己的政治兴趣程度。问卷顺序实验也能被用于研究实质性议题，如通过将某些问题置于调查的前端以启动被试的有关思考，从而不引人注目地施加了干预。行为公共管理浪潮推动了对公务服务动机（public service motivation）的研究，但公共服务动机本身不易被直接操纵，一些直接操纵也易产生社会期许偏差。在一项对 5000 多名智利中央政府雇员的问卷实验研究中，研究者通过随机化公共服务动机量表在问卷中出现的顺序，操纵了公共服务动机对被试的显著性。研究发现：在公务服务动机量表出现在结果测量之前的实验组中，公务人员更愿意向上级报告其工作中的道德伦理问题；激活公共服务动机有助于改善公共部门的行政伦理。[④]

列举实验（item count technique，也称为条目计数）是一种特定样式的问卷实验，有时仅是为了程序性地改进对某个敏感的或存在社会不期许偏

---

① Holbrook, Allyson L., and Jon A. Krosnick. “A New Question Sequence to Measure Voter Turnout in Telephone Surveys: Results of an Experiment in the 2006 ANES Pilot Study.” *Public Opinion Quarterly*, Vol. 77, No. S1, 2013.

② Daoust, Jean-François, Richard Nadeau, Ruth Dassonneville, et al. “How to Survey Citizens' Compliance with COVID-19 Public Health Measures: Evidence from Three Survey Experiments.” *Journal of Experimental Political Science*, Vol. 8, No. 3, 2021.

③ Bishop, George F. “Context Effects on Self-Perceptions of Interest in Government and Public Affairs.” in Hippler, Hans-J., Norbert Schwarz, and Seymour Sudman (eds.). *Social Information Processing and Survey Methodology*. New York: Springer-Verlag, 1987, pp. 179-199; Lasorsa, Dominic L. “Question-Order Effects in Surveys: The Case of Political Interest, News Attention, and Knowledge.” *Journalism & Mass Communication Quarterly*, Vol. 80, No. 3, 2003.

④ Meyer-Sahling, Jan-Hinrik, Kim Sass Mikkelsen, and Christian Schuster. “The Causal Effect of Public Service Motivation on Ethical Behavior in the Public Sector: Evidence from a Large-Scale Survey Experiment.” *Journal of Public Administration Research and Theory*, Vol. 29, No. 3, 2019.

差（social undesirability bias）的变量的测量，有时其本身就是研究的对象和内容。例如，在一项经典的列举实验研究中，研究者列出若干条目的事件，让受访者回答这其中总共有多少件（数目）让自己不高兴而无须表明具体哪些事件让自己不悦。被随机分配到控制组的受访者读到一些常见的不敏感事件，例如增收燃油税、明星高收入、环境污染等。而对实验组的受访者，除了这些控制条目外增加了一个敏感条目“一个黑人家庭搬来隔壁”，通过比较试验组和控制组的平均结果就能测算人群中持有种族歧视态度的比例。[①] 由于只要求受访者报告不悦事件的数目，这使受访者感觉自己的某些偏好能对调查者隐藏起来，从而能更放心地真实作答。为确保较好地达到这种“隐藏性”，列举实验在设计事件条目时须注意技巧，既要避免所列控制条目多数人都易选取而产生“天花板效应”，也要避免所列控制条目多数人都不太可能选取而产生“地板效应”，这些都会导致受访者感觉自己对敏感条目的回答被暴露。因此，控制条目常选择一些正反观点均大有人在的事项，控制条目之间也呈现负相关。[②] 另外，列举实验中的条目若过多或太复杂，计算力或教育水平较低的受访者可能会理解困难、产生非策略性的误报，导致列举实验失败。[③] 列举实验已被广泛应用到歧视、逃税、受贿、行贿、同性婚姻、贿选、暴力等议题中。[④]

---

① Kuklinski, James H., Paul M. Sniderman, Kathleen Knight, et al. “Racial Prejudice and Attitudes toward Affirmative Action.” *American Journal of Political Science*, Vol. 41, No. 2, 1997. 对列举实验的多元回归分析，可参见 Blair, Graeme, and Kosuke Imai. “Statistical Analysis of List Experiments.” *Political Analysis*, Vol. 20, No. 1, 2012.

② Blair, Graeme, and Kosuke Imai. “Statistical Analysis of List Experiments.” *Political Analysis*, Vol. 20, No. 1, 2012; Glynn, Adam N. “What Can We Learn with Statistical Truth Serum? Design and Analysis of the List Experiment.” *Public Opinion Quarterly*, Vol. 77, No. S1, 2013.

③ Kramon, Eric, and Keith Weghorst. “(Mis) measuring Sensitive Attitudes with the List Experiment: Solutions to List Experiment Breakdown in Kenya.” *Public Opinion Quarterly*, Vol. 83, No. S1, 2019; Kuhn, Patrick M., and Nick Vivyan. “The Misreporting Trade-off Between List Experiments and Direct Questions in Practice: Partition Validation Evidence from Two Countries.” *Political Analysis*, Vol. 30, No. 3, 2022.

④ 例如，Malesky, Edmund J., Dimitar D. Gueorguiev, and Nathan M. Jensen. “Monopoly Money: Foreign Investment and Bribery in Vietnam: A Survey Experiment.” *American Journal of Political Science*, Vol. 59, No. 2, 2015; Lax, Jeffrey R., Justin H. Phillips, and Alissa F. Stollwerk. “Are Survey Respondents Lying about Their Support for Same-sex Marriage? Lessons from a List Experiment.” *Public Opinion Quarterly*, Vol. 80, No. 2, 2016; 李辉、孟天广：《腐败经历与腐败感知：基于问卷实验与直接提问的双重检验》，载于《社会》2017 年第 6 期；Meng, Tianguang, Jennifer Pan, and Ping Yang. “Conditional Receptivity to Citizen Participation: Evidence from a Survey Experiment in China.” *Comparative Political Studies*, Vol. 50, No. 4, 2017; Brierley, Sarah. “Unprincipled Principals: Co-Opted Bureaucrats and Corruption in Ghana.” *American Journal of Political Science*, Vol. 64, No. 2, 2020.

背书实验起源于信源可信度的测量，现在常用来测量受访者对敏感对象的真实的支持和信任水平。[①] 在背书实验中，受访者被随机分配回答不同版本的问卷，干预组的问题相较于控制组的不同在于提供了信源或背书者信息，比较两组的回答差别即可得出人们对信源或背书者的态度。例如，杰森·莱尔（Jason Lyall）等人利用背书实验测量阿富汗民众对塔利班的态度。作者在阿富汗 204 个村庄展开背书实验，控制组询问民众对阿富汗监狱改革提议的支持度，干预组的问题一样，唯一的不同是明确指出这项提议由塔利班提出。通过比较两组的支持度差异就可以测算塔利班的支持率。[②] 须注意，背书实验中所描述的政策提案不能与敏感对象的关联太直接、紧密，若政策与政策背书者的关联显见，被试在表达政策态度时会警觉自己对某敏感对象的态度会暴露，从而隐藏其真实想法，如此实验就不成立了。在一项民众对巴基斯坦军方支持度的背书实验中，威尔·布洛克（Will Bullock）、今井耕介（Kosuke Imai）和雅各布·夏皮罗（Jacob N. Shapiro）就选择了一项由世界卫生组织提出的在巴基斯坦小儿麻痹症疫苗注射计划，控制组描述了这一计划，实验组则在描述里额外表明巴基斯坦军方支持这一计划。[③] 这项计划不太可能让控制组的受访者自动联想到巴基斯坦军方，从而较好地避免了对背书实验的威胁。

列举实验及背书实验的核心思想是使被试意识到研究者不能定位自己的真实回答，从而激励其真实作答。列举实验、背书实验等间接提问方式有助于减少无应答和社会（不）期许偏差，但比直接提问引出的信息少，往往导致估计低效。此外，间接提问易受测量误差、实施细节的影响。特别地，列举实验、背书实验的结果可能分别取决于控制项和政策问题的选择。因此，测量对敏感问题或对象的态度与反应时，可考虑进行交叉验证（triangulation）。布莱尔（Graeme Blair）、今井耕介和莱尔同时采用列举实验和背书实验测量了阿富汗民众对国际维和部队的支持度，发现二者结果相似，从而提高了结论的可信度。问卷实验在条件允许时可考虑将多种测

---

① 列举实验也可测量对敏感对象的支持，例如 Frye，Timothy，Scott Gehlbach，Kyle L. Marquardt，and Ora J. Reuter. “Is Putin’s Popularity Real?” *Post-Soviet Affairs*，Vol. 33，No. 1，2017.

② Lyall，Jason，Graeme Blair，and Kosuke Imai. “Explaining Support for Combatants During Wartime：A Survey Experiment in Afghanistan.” *American Political Science Review*，Vol. 107，No. 4，2013.

③ Bullock，Will，Kosuke Imai，and Jacob N. Shapiro. “Statistical Analysis of Endorsement Experiments：Measuring Support for Militant Groups in Pakistan.” *Political Analysis*，Vol. 19，No. 4，2011.

量方法结合起来。[①]

问卷实验的典型样式是情景实验（vignette experiment），即操纵问卷中的要素（如文字、图片、音频、视频等）以塑造差异化情景施加干预。大部分程序性问卷实验本质上而言亦是如此。例如，早期的一个问卷实验随机分配受访者回答下列两个问题之一：（1）美国应当比现在做更多来帮助英国和法国？（2）美国应当比现在做更多来帮助英国和法国对抗希特勒？结果显示：第一个问题的受访者中有13%选择肯定回答，第二个问题的受访者中有22%选择肯定性回答。[②] 这两个版本的问题唯一不同是，第二个问题中出现了希特勒。由于受访者被随机分配回答其中一个问题，组间等同性得以确立，两组回答的差异（9%）即是平均处理效应——“希特勒效应”（Hitler effect）。这种将受访者随机分为各一半（实验组和控制组）、分别回答不同版本问卷的调查也被称为“分选投票调查”（split-ballot survey）。类似设计也被用来研究伤亡因素是否影响民众的外交政策偏好，候选人的种族、性别、党派、政策立场等因素如何影响选民的投票选择等。例如，马修·勒特赫（Matthew Luttig）等在一项研究中给受访者随机展示两张图片之一，分别是一名白人和一名黑人站在拍卖出售的自家房子前，图片其他内容一致。图片展示后，问卷询问受访者对政府房贷援助计划的看法。结果发现，特朗普支持者看到图片是黑人时，会显著倾向于不支持该计划。[③] 汉缪勒（Jens Hainmueller）和希斯科克斯（Michael J. Hiscox）的一项问卷实验研究将美国受访者随机分配，一半询问其对更多高技能（highly-skilled）外国移民进入美国的看法，另一半询问其对更多低技能（low-skilled）外国移民的看法。研究发现：高技能和低技能的本国居民都更偏好高技能外国移民，富裕和贫穷的本国居民同样程度地反对低技能外

① Blair, Graeme, Kosuke Imai, and Jason Lyall. “Comparing and Combining List and Endorsement Experiments: Evidence from Afghanistan.” *American Journal of Political Science*, Vol. 58, No. 4, 2014.

② Gilens, Martin. “An Anatomy of Survey-Based Experiments.” in Manza, Jeff, Fay L. Cook, and Benjamin I. Page (eds.). *Navigating Public Opinion*. New York: Oxford University Press, 2002, pp. 232-250; Krupnikov, Yanna, and Blake Findley. “Survey Experiments.” in Atkeson, Lonna R., and Michael R. Alvarez (eds.). *The Oxford Handbook of Polling and Survey Methods*. New York: Oxford University Press, 2018, pp. 483-504.

③ Luttig, Matthew. D., Christopher M. Federico, and Howard Lavine. “Supporters and Opponents of Donald Trump Respond Differently to Racial Cues: An Experimental Analysis.” *Research & Politics*, Vol. 4, No. 4, 2017.

国移民。[①] 该研究挑战了移民偏好研究中基于狭隘自我利益的政治经济学解释，无论是这一解释的劳动力市场竞争视角（本国居民将最反对拥有与自己相似技能水平的移民）还是公共服务的财税负担视角（富裕的本国居民将比贫穷的本国居民更反对低技能移民，尤其在移民易获取公共服务的州）都不能解释研究发现，这表明一些非经济因素如民族优越感、亲社会性（sociotropic）可能更好地解释民众对外来移民的态度。

安娜·科尔巴乔（Ana Corbacho）等利用问卷实验研究了腐败作为一种自我实现的预言，即如果人们感知到社会中其他成员的腐败性（corruptibility）高，自己参与腐败活动的意愿会增加。在一项哥斯达黎加的大规模家户调查中，研究者们嵌入了问卷实验。相对于控制组没有干预，“腐败”实验组被提供了“目睹腐败行为的哥斯达黎加人的比例从16%（2006年）上升到24%（2011年）”的信息。研究者试图通过信息干预引起受访者对社会腐败水平的信念的改变，探究这种改变是否会影响人们的腐败意愿。为更准确地测量结果变量——行贿意愿，研究者除直接提问外，还设计了交叉模型（crosswise model）。交叉模型是一种非随机应答法（nonrandomized response）[②]，通过将对一个敏感条目（腐败）的回答与对一个非敏感条目的回答混合起来以确保受访者偏好的隐匿性。这项研究的交叉模型询问受访者下列两个陈述中哪个为真？第一个陈述是非敏感条目：“我的母亲是10月、11月或12月出生的”，第二个陈述是敏感条目：“为了不付交通罚单，我愿意给一个警察好处”。受访者需在“A：两个陈述都是真的或者没有一个陈述是真的”、“B：有一个陈述是真的”两个选项中选择一个作为答复。非敏感条目须满足四个特征：非敏感条目的状况（如母亲的生日月份）对每个受访者是知道的但调查的执行者不知（受访者也知道调查者不知）；非敏感条目必须与敏感条目感兴趣的特征（如行贿意愿）统计上独立；非敏感条目必须在研究人群有一个提前已知的比例（例如通过人口统计数据可以计算出10月、11月或12月出生的母亲的比例）；这个

---

① Hainmueller, Jens, and Michael J. Hiscox. “Attitudes toward Highly Skilled and Low-Skilled Immigration: Evidence from a Survey Experiment.” *American Political Science Review*, Vol. 104, No. 1, 2010.

② 关于随机应答法，参见 Blair, Graeme, Kosuke Imai, and Yang-Yang Zhou. “Design and Analysis of the Randomized Response Technique.” *Journal of the American Statistical Association*, Vol. 110, No. 511, 2015.

提前已知的比例必须不是二分之一（否则交叉应答不能提供有用信息）。满足这些特征，研究者就可通过交叉模型计算出受访者是否愿意行贿。该研究发现，感知到的社会腐败水平的增长显著提升了个体受访者愿意行贿警察的概率，腐败会自我实现。[①]

与前述问卷实验操纵情景中的单一因素不同，越来越多的问卷实验包括了多个随机化的因素，从而可以探究多种因素如何交互作用以产生效果，这种问卷实验设计也被称为“析因设计”（factorial design）。[②] 一个经典研究是保罗·斯奈德曼（Paul Sniderman）和爱德华·卡明斯（Edward Carmines）的“福利母亲实验”（welfare mother experiment）。研究者在一个问卷情景中描述了一个30岁出头的女性，有一个10岁的孩子，去年领取了福利救济。研究者操纵了这位母亲的种族（黑人/白人）和教育背景（高中毕业/高中辍学）的描述，这样就构造了2＊2=4种情景（黑人高中毕业生、黑人高中辍学生、白人高中毕业生、白人高中辍学生），然后询问美国白人受访者对该母亲未来会努力尝试找一份工作的可能性判断。若只是单一种族因素的操纵，白人受访者对黑人母亲的判断常更负面，但这项多因素析因设计揭示了被忽略的、重要的交互（调节）效应的存在：受访者对黑人、高中毕业的母亲的未来判断最积极（67%），而对白人、高中辍学的母亲最不乐观（47%）。教育水平调节、反转了人们对种族因素的考虑。[③] 类似的析因设计可能挑战既有理论和解释，更新我们对某些重要因素的作用条件和范围的理解。

近来，联合实验（conjoint experiment）受到关注，这是一种根据受访

---

① Corbacho, Ana, Daniel W. Gingerich, Virginia Oliveros, and Mauricio Ruiz-Vega. “Corruption as a Self-Fulfilling Prophecy: Evidence from a Survey Experiment in Costa Rica.” *American Journal of Political Science*, Vol. 60, No. 4, 2016.

② 这种设计并非问卷实验所特有但却是其一个特色，同时随机化问卷呈现的情景中的多个因素较易实现。实验室实验、实地实验也可以随机化多个因素，但相对而言程序较复杂、成本较高、操作不便，因而并不常见。值得提出的是，随着问卷实验中随机化因素增多，为有足够的统计效力（statistical power）实现有效的统计推断，所要求的样本量也相应增加，参见Lipsey, Mark W., and Leona S. Aiken. *Design Sensitivity: Statistical Power for Experimental Research*. London: Sage, 1990.

③ Sniderman, Paul M., Edward G. Carmines. *Reaching Beyond Race*. New York: Harvard University Press, 1997, pp. 67-70; Gilens, Martin. “‘Race Coding’ and White Opposition to Welfare.” *American Political Science Review*, Vol. 90, No. 3, 1996.

者对多个特征的总体评价来估计受访者偏好的问卷实验方法，可被视为是多因素析因设计的升级版。现实中，人们做选择往往不是基于单一特征，而是在由多种特征构成的集合中选择。选择时，人们不仅要确定在每个特征上的偏好，而且要在各个特征上权衡。就此而言，联合实验更接近人们现实决策的情境。联合分析（conjoint analysis）技术突破了以往情景实验中只有一个或少数干预变量（如种族、性别）且变量取值只有少数几种的限制，将干预变量扩展到多个，且每个干预变量的取值也可有多个。联合实验以成对表格向受访者呈现由多个特征（attributes）不同取值（values）形成的两个假设对象（hypothetical objects），并以个人评分或强制选择（forced choice）来测量结果，因此也被称为“陈述选择实验”（stated choice experiment）。联合实验也有助于测量敏感问题、缓解社会（不）期许偏差，因为个体受访者的评分和选择被直接追溯到其对某个特征（如种族）特定取值（如黑人）的态度。与联合实验以成对表格呈现假设对象不同，传统的析因实验以文本来描述不同特征的不同取值构成的假设对象。

族裔选举政治研究中，一个关键点是厘清选民是否会不顾政客的政绩好坏而根据族群认同（与政客是否同一族群）进行投票，政绩和族群哪个更重要或有怎样的交互效应。伊丽莎白·卡尔森（Elizabeth Carlson）在乌干达实施了一项联合实验。受访者会看到成对并置的两个假想候选人的背景（paired profiles），包括候选人的族群、教育水平、地方执政经验、之前的政绩表现、平台宣言等属性的五条简短描述，这些属性的取值被随机化。受访者被要求比较几对候选人，每次比对后要求受访者在成对的两个候选人中做出投票选择。研究发现：族群和政绩对选民投票选择的影响并非加成性的（additive），而是交互性的（interactive），以彼此为条件；只有那些既是同族又有好政绩的候选人才能可信地赢得选民的支持。[①]

经典投票模型关注单一维度上的政治竞争，但现实中选民在候选人和政党间做选择时，几乎总需要总体上的权衡取舍。联合设计特别适合研究

① Carlson, Elizabeth. “Ethnic Voting and Accountability in Africa: A Choice Experiment in Uganda.” *World Politics*, Vol. 67, No. 2, 2015. 也可参见对此问题的一项实地实验研究，Adida, Claire, Jessica Gottlieb, Eric Kramon, and Gwyneth McClendon. “Reducing or Reinforcing In-group Preferences? An Experiment on Information and Ethnic Voting.” *Quarterly Journal of Political Science*, Vol. 12, No. 4, 2017.

选民如何权衡。柯克·班萨克（Kirk Bansak）等人通过联合实验研究候选人特征如何影响受访者对美国民主党总统候选人的支持。[①] 他们利用 Amazon Mechanical Turk（MTurk）的 503 名在线受访者进行了网络问卷实验，向受访者提供了一系列成对的表格，其中并列列出两名假设的 2020 年美国总统选举民主党候选人的信息（表 17-3）。

表 17-3　民主党候选人联合实验的表格示例

	候选人 A	候选人 B
服兵役经历	在海军服役	没有服役
支持……获得公民身份	未成年时进入的无犯罪记录的非法移民	所有无犯罪记录的非法移民
以往职业	律师	律师
年龄	53	45
性别	女性	女性
种族	白人	西班牙裔/拉丁裔
性取向	同性恋	异性恋
气候变化立场	2040 年后禁用化石燃料，使经济增长从根本上减少	对使用化石燃料征税，使经济增长适度减少
支持为……提供政府医疗	年纪大、贫穷或残疾的人	年纪大、贫穷或残疾的人
以往政治经历	美国参议员	以往没有政治经历

资料来源：Bansak, Kirk, Jens Hainmueller, Daniel J. Hopkins, and Teppei Yamamoto. "Conjoint Survey Experiments." in Druckman, James N., and Donald P. Green (eds.). *Advances in Experimental Political Science*. New York: Cambridge University Press, 2021.

表中第一列的年龄、性别、性取向、种族等不同特征或属性，是研究者可操纵的干预变量。每个特征有不同取值，根据不同特征及其不同取值的数量，这项研究产生了 622,080 个虚拟简历（hypothetical profiles）；通过随机分配每个特征的不同取值来确保实验效度，其中随机分配发生在调查对象之间、表格之间和属性之间。每个受访者在屏幕上看到 15 个随机生成的比较表，即总共评估 30 个假设候选人、做 15 次选择。每个受访者在 15 个场景中都以相同的顺序看到这些特征以减轻其认知负担，但特征呈现顺序在不同受访者中随机化以控制可能的顺序效应。展示每个联合表格后，被调查者通

① Bansak, Kirk, Jens Hainmueller, Daniel J. Hopkins, and Teppei Yamamoto. "Conjoint Survey Experiments." in Druckman, James N., and Donald P. Green (eds.). *Advances in Experimental Political Science*, New York: Cambridge University Press, 2021, pp. 19-41.

过打分或强制选择以测量其对刚展示的假设候选人的偏好。数据收集后，研究者估计平均边际成分效应（Average Marginal Component Effect, AMCE）[①]，以确定什么样的特征会增加或减少一个民主党初选候选人的吸引力，进一步的异质性分析可探讨某特征的影响是否取决于被调查者的特征如党派身份等。联合实验被广泛应用于例如政治家[②]、外来移民[③]、公务员[④]、官僚[⑤]、法官[⑥]、行动分子[⑦]等人群或政策方案如劳动力市场改革[⑧]、紧缩政策[⑨]等的哪些属性会影响感兴趣的人群的态度偏好的研究。

联合实验因能模拟现实决策任务而缩小甚至弥合社会调查与现实世界间的鸿沟，提供了一个研究人类偏好和决策的有效、低成本且广泛适用的工具。然而批评者认为，这种实验缺乏外部效度，不能准确捕捉现实世界的决策。自我报告易产生各种偏差，严重影响问卷实验测量的有效性；受

① Hainmueller, Jens, Daniel J. Hopkins, and Teppei Yamamoto. "Causal Inference in Conjoint Analysis: Understanding Multidimensional Choices via Stated Preference Experiments." *Political Analysis*, Vol. 22, No. 1, 2014. 新的研究对使用 AMCE 分析联合实验提出了改进和补充，可参见 Leeper, Thomas J., Sara B. Hobolt, and James Tilley. "Measuring Subgroup Preferences in Conjoint Experiments." *Political Analysis*, Vol. 28, No. 2, 2020; Zhirkov, Kirill. "Estimating and Using Individual Marginal Component Effects from Conjoint Experiments." *Political Analysis*, Vol. 30, No. 2, 2022.

② Breitenstein, Sofia. "Choosing the Crook: A Conjoint Experiment on Voting for Corrupt Politicians." *Research & Politics*, Vol. 6, No. 1, 2019; Horiuchi, Yusaku, Daniel M. Smith, and Teppei Yamamoto. "Identifying Voter Preferences for Politicians' Personal Attributes: A Conjoint Experiment in Japan." *Political Science Research and Methods*, Vol. 8, No. 1, 2020; Mares, Isabela, and Visconti Giancarlo. "Voting for the Lesser Evil: Evidence from a Conjoint Experiment in Romania." *Political Science Research and Methods*, Vol. 8, No. 2, 2020.

③ Bansak, Kirk, Jens Hainmueller, and Dominik Hangartner. "How Economic, Humanitarian, and Religious Concerns Shape European Attitudes toward Asylum Seekers." *Science*, Vol. 354, No. 6309, 2016.

④ Jankowski, Michael, Christine Prokop, and Markus Tepe. "Representative Bureaucracy and Public Hiring Preferences: Evidence from a Conjoint Experiment among German Municipal Civil Servants and Private Sector Employees." *Journal of Public Administration Research and Theory*, Vol. 30, No. 4, 2020; Liu, Hanzhang. "The Logic of Authoritarian Political Selection: Evidence from a Conjoint Experiment in China." *Political Science Research and Methods*, Vol. 7, No. 4, 2019.

⑤ Oliveros, Virginia, and Christian Schuster. "Merit, Tenure, and Bureaucratic Behavior: Evidence from a Conjoint Experiment in the Dominican Republic." *Comparative Political Studies*, Vol. 51, No. 6, 2018.

⑥ Sen, Maya. "How Political Signals Affect Public Support for Judicial Nominations: Evidence from a Conjoint Experiment." *Political Research Quarterly*, Vol. 70, No. 2, 2017.

⑦ Stenhouse, Neil, and Richard Heinrich. "Breaking Negative Stereotypes of Climate Activists: A Conjoint Experiment." *Science Communication*, Vol. 41, No. 3, 2019.

⑧ Gallego, Aina, and Paul Marx. "Multi-dimensional Preferences for Labour Market Reforms: A Conjoint Experiment." *Journal of European Public Policy*, Vol. 24, No. 7, 2017.

⑨ Bansak, Kirk, Michael M. Bechtel, and Yotam Margalit. "Why Austerity? The Mass Politics of a Contested Policy." *American Political Science Review*, Vol. 115, No. 2, 2021.

访者说什么不能推断出他们实际会做什么。汉缪勒等人为回应争议，以影响瑞士一些城市公民接纳外国移民的公民身份申请的诸特征因素的自然实验行为数据为基准，将代表同一人群的联合实验分析和情景实验分析的结果进行比较，发现两种问卷实验与自然实验的结果很相似，从而证明了联合实验与情景实验的外部效度。但整体看，联合设计更接近自然实验的行为基准。[①]

联合实验可能受到调查研究中的满意策略（satisfice）的挑战，即需动用高水平认知努力的任务可能诱导受访者使用认知捷径做出满意选择。考虑到认知负担，联合实验的虚拟简历中最多能放多少种特征，以避免疲惫、特征多记不清等影响回答质量？对这个问题的回答，也还是来自问卷实验。班萨克等人的系列问卷实验发现，即使存在许多（多至 35 个）与核心特征无关的填充特征（filler attributes），核心特征仍保留了大部分效应，这说明不用过分担心特征信息会导致过度的满意选择。[②] 因此，研究者在进行研究设计时，不应以满意选择的程度来决定包含的特征数量，而应优先考虑其他标准，特别是基于感兴趣的理论上的考量。同样，被试最多能做多少个选择？班萨克等人的另一项研究发现联合实验具有惊人的稳健性，被试完成 30 个任务后，仍能继续以相似方式处理联合的个人简历，并提供相似、合理的结果。因此，满意选择并不是决定任务数量的一个严重问题，研究者可根据调查长度、成本约束和统计能力等其他设计考虑来决定每个被试的任务数量。[③]

问卷实验的快速发展离不开计算机技术的进步。在纸笔模式的传统调查中嵌入实验，需将问卷印成不同版本，执行时要保证把不同版本的问卷随机发给受访者，这些困难曾限制了问卷实验的发展。但计算机辅助调查技术（computer-assisted survey administration）出现并推广后，受访者的随机分组、不同实验处理变量与水平的随机分配、属性顺序的随机呈现都能

① Hainmueller, Jens, Dominik Hangartner, and Teppei Yamamoto. "Validating Vignette and Conjoint Survey Experiments against Real-World Behavior." *Proceedings of the National Academy of Sciences*, Vol. 112, No. 8, 2015. 但问卷实验内部不同设计之间的相对性能有所差异，整体来看，配对联合设计（paired conjoint design），即受访者并排评估两个假设对象的设计，最接近真实世界的行为情况。

② Bansak, Kirk, Jens Hainmueller, Daniel J. Hopkins, and Teppei Yamamoto. "Beyond the Breaking Point? Survey Satisficing in Conjoint Experiments." *Political Science Research and Methods*, Vol. 9, No. 1, 2021.

③ Bansak, Kirk, Jens Hainmueller, Daniel J. Hopkins, and Teppei Yamamoto. "The Number of Choice Tasks and Survey Satisficing in Conjoint Experiments." *Political Analysis*, Vol. 26, No. 1, 2018.

利用计算机程序轻松实现，例如联合实验的上万种假设对象可瞬间生成并随机分配，使问卷实验的应用日益广阔。在线问卷实验（online survey experiment）也缓解了传统实验便利样本代表性不足的问题，能低成本获取大量非学生样本。例如，亚马逊网站的 MTurk 作为在线平台招募执行网络任务的受试者，以低成本展开政治科学在线实验的潜力已被研究者发现并证实。[①] 使用 MTurk 平台作为实验对象的招募工具进行在线问卷实验，其内部效度与外部效度也相对较高。首先，MTurk 用户的人口统计学特征虽比基于互联网的小组或国家概率样本的受访者代表性低，但比实验政治学研究中常使用的学生和便利样本更具代表性和多样性，往往更能代表普通大众。其次，研究者通过重复之前使用便利样本和全国代表性样本进行的实验研究，发现在 MTurk 和原始样本中，对平均干预效果的估计是相似的。最后，所谓的使用 MTurk 招募被试和进行研究的潜在局限性，特别是异质性处理效果、被试注意力和习惯性调查者等，在实践中并不是大问题。亚历山大·科波克（Alexander Coppock）通过重复 15 项基于 MTurk 方便样本的实验并与全国样本的结果相比较，指出当干预、环境和结果测量在不同地点（site）保持不变时，将从一个地点得到的结果推广至其他地点仅取决于干预效果异质性的程度和性质。如果干预效应是同质的，那么实验样本的特性就是无关因素。当干预具有异质效应时，实验样本可能就非常重要。为了断言来自一个地点的发现与另一个地点相关，研究人员须直接或间接了解两个地点干预效果的分布情况。换言之，仅仅注意到便利样本和概率样本在背景特征方面的不同，并不足以否定基于便利样本进行实验的结果。[②] 虽然这些研究提供了看待由所谓样本代表性导致的外部效度问题的洞见，必须指出的是，目前这类检验大多基于美国，在其他具体的制度和网络技术情景下，基于大规模在线便利样本的问卷实验研究的外部效度仍有待系统严谨的检验。

总结来说，就优点而言，第一，问卷实验较易避免一些道德伦理问题。当涉及战争、恐怖分子等议题时，研究者不能或很难在现实中进行操纵，但可在问卷实验中通过变换描述情境中的一些要素进行干预。第二，

---

① Berinsky, Adam J., Gregory A. Huber, and Gabriel S. Lenz. "Evaluating Online Labor Markets for Experimental Research: Amazon. com's Mechanical Turk." *Political Analysis*, Vol. 20, No. 3, 2012; Mullinix, Kevin J., Thomas J. Leeper, James N. Druckman, and Jeremy Freese. "The Generalizability of Survey Experiments." *Journal of Experimental Political Science*, Vol. 2, No. 2, 2015.

② Coppock, Alexander. "Generalizing from Survey Experiments Conducted on Mechanical Turk: A Replication Approach." *Political Science Research and Methods* Vol. 7, No. 3, 2019.

问卷实验的执行较简便易行。当同样基于便利样本时，问卷实验并不需要实验室实验所要求的设备、空间等较高的硬件条件。当有基于概率抽样的大型社会调查时，研究者可将实验模块搭载其中而不会增添许多额外成本。尤其是，随着网络通讯技术发展而产生的大规模在线样本开启了网络问卷实验的浪潮。第三，问卷实验较易实现随机分配和对干预的控制。与实地实验相比，大多数问卷实验通过随机分配不同的问卷版本就实现了干预的随机分配，对干预的控制也相对较方便、易监督。第四，若问卷实验基于总体人口的大型社会调查样本，则又兼具了代表性，可实现内部效度和外部效度的双赢。

但是，问卷实验也存在一些局限。[①] 一些被试可能在参加实验之前就已经接触到某个现象或者信息，我们无法得知该被试在实验中受到的干预是否真的有效。[②] 我们在问卷实验中所进行的对特定信息的操纵，受试者注意到了吗？[③] 是否真的引起了我们感兴趣的变量的变化？[④] 但同时，又没有引起我们所不欲的其他变量的变化？出现的效应多大程度上是对我们所

---

① Mutz, Diana C., and Eunji Kim. "The Progress and Pitfalls of Using Survey Experiments in Political Science." in *Oxford Research Encyclopedia of Politics*, 2020.

② Gaines, Brian J., James H. Kuklinski, and Paul J. Quirk. "The Logic of the Survey Experiment Reexamined." *Political Analysis*, Vol. 15, No. 1, 2007.

③ 对注意力低的受试者的应对方法及其可能的争议，可参见 Alvarez, R. Michael, Lonna R. Atkeson, Ines Levin, and Yimeng Li. "Paying Attention to Inattentive Survey Respondents." *Political Analysis*, Vol. 27, No. 2, 2019; Anduiza, Eva, and Carol Galais. "Answering without Reading: IMCs and Strong Satisficing in Online Surveys." *International Journal of Public Opinion Research*, Vol. 29, No. 3, 2017; Kane, John V., and Jason Barabas. "No Harm in Checking: Using Factual Manipulation Checks to Assess Attentiveness in Experiments." *American Journal of Political Science*, Vol. 63, No. 1, 2019; Gummer, Tobias, Joss Roßmann, and Henning Silber. "Using Instructed Response Items as Attention Checks in Web Surveys: Properties and Implementation." *Sociological Methods & Research*, Vol. 50, No. 1, 2021.

④ 为此需要进行操纵检查（manipulation check）。操纵检查的目的是验证干预是否在实验的特定环境中诱发了自变量的预期变化。如果没有成功的操纵检查，许多实验研究的结果就没有价值。尤其在社会科学实验中，被设计用来产生变化的干预和自变量有时并不是一回事，此时操纵检查更为必要，以说明自变量是否产生了预期的变化。例如，若愤怒是感兴趣的自变量，侮辱是实验干预，研究者以侮辱被试的方式引发其愤怒反应，那么仅仅确认干预组的被试回忆被侮辱的程度比控制组的被试更大是不够的，还须证实干预组被试获得了更高水平的愤怒体验。当干预和自变量无法区分时不需操纵检查。例如，一项实验评估某一特定广告是否会改变某种特定态度，按定义，接触广告就是自变量。在实验室环境中，研究者可直接观察到受试者是否接触了广告，就不需操纵检查。但在实地实验或在线问卷实验中，研究者无法确定受试者是否接触了广告，就必须进行操纵检查。操纵检查不同于注意力检查（attention check），因为注意力检查用来评价实验对象对研究投入了多少注意力，它并不能告诉研究者自变量是否随实验干预的变化而变化。特别地，如果一项处理通过了操纵检查，我们就可以有把握地假设受访者对干预给予了足够重视。因此，如果包含操纵检查，也许就不需要进行注意力检查。参见 Mutz, Diana C. "Improving Experimental Treatments in Political Science." in Druckman, James N., and Donald P. Green (eds.). *Advances in Experimental Political Science*. New York: Cambridge University Press, 2021, pp. 219-238.

关心的概念变量的回应？例如，这可能关涉到问卷实验中的信息等同性（information equivalence）。当研究者将一个国家标记为民主国家，可能也会影响受试者对这个国家的地理方位的信念，如此就会混淆我们的估计和推断。[①] 对问卷实验的批评集中在其外部效度。调查问卷中的干预是人造的情景或“故事”，它们在多大情况下能反映真实现实？对特定信息的大剂量、强迫“投喂”可能也不符合现实的信息传播状况和人们的信息接触习惯。填写问卷的环境也与真实世界中的决策环境不同。例如，早期关于媒体效应的研究，研究者会给一组人看关于警察或政策的正面报道，而给另一组人看负面报道。然而现实生活中，人们不太可能只看到正面/负面的报道——二者往往是同时存在的。因此，当前的研究会将正面和负面报道一同作为第三个干预组放入分析中。[②] 问卷实验只是通过特定的情景设置和变化来对受访者进行干预，调查环境与真实世界仍存在距离。虽然有一些正面的发现[③]，但一些研究也发现，人们在问卷实验中对“故事”的回应，和他们对真实事件的回应方式不一样。[④] 如何让这些情境性的信息干预更逼近现实的复杂性，但又仍然能够可信地分离出因果效应，需要不断创新想法，这也体现于问卷实验类型的不断演进上。

第四节　结　　语

埃尔文·罗思（Alvin Roth）总结了实验研究的三种作用。[⑤] 第一，寻找事实。不同的观察性研究所得的结论常龃龉冲突，实验可以仲裁此类争论，澄清真伪和纠结之关键。第二，对话理论。实验可以检验一些重要理

① Dafoe, Allan, Baobao Zhang, and Devin Caughey. “Information Equivalence in Survey Experiments.” *Political Analysis*, Vol. 26, No. 4, 2018.

② Chong, Dennis, and James N. Druckman. “A Theory of Framing and Opinion Formation in Competitive Elite Environments.” *Journal of Communication*, Vol. 57, No. 1, 2007; Druckman, James N. “Political Preference Formation: Competition, Deliberation, and the (Ir) relevance of Framing Effects.” *American Political Science Review*, Vol. 98, No. 4, 2004.

③ Hainmueller, Jens, Daniel J. Hangartner, and Teppei Yamamoto. “Validating Vignette and Conjoint Survey Experiments against Real-World Behavior.” *Proceedings of the National Academy of Sciences*, Vol. 112, No. 8, 2015.

④ Barabas, Jason, and Jennifer Jerit. “Are Survey Experiments Externally Valid?” *American Political Science Review*, Vol. 104, No. 2, 2010.

⑤ Roth, Alvin E. “Introduction to Experimental Economics.” in Kagel, John H. and Alvin E. Roth (eds.). *The Handbook of Experimental Economics*. Princeton: Princeton University Press, 1995, pp. 3-109.

论或假说，推动理论的更新和发展。第三，评估政策。实验能够可信地估计政策的干预效应，加强与政策制定者之间的对话，提高政策的科学性。

实验是识别因果效应的金标准。即使研究者无法进行实验而采用其他方法，实验逻辑在多数实证研究中也可作为镜鉴和试金石。[①] 实验的最大优点是可信的因果推断，内部效度高，但部分实验也被诟病其外部效度，即实验的发现在不同人群、时空和情境下是否成立。这类批评实际上也适用于观察性研究或其他方法，实验并不必然就做得更差。一个有益的观点是，内部效度应被优先考虑。研究者可在不同场景和时间下进行更多具有内部效度的实验或其他类型研究，比较一系列研究的结果来保证外部效度。

实验研究是研究者控制数据产生过程的研究，因此相比观察性研究而言，数据本身在研究中的作用并没有那么大。这也决定了实验研究是问题和理论驱动而非数据驱动的，基于研究设计本身产生因果推断力量。研究者进行重大问题的理论化，提出有趣的实证假说，然后通过科学的实验设计产生数据，利用潜在结果框架进行因果推断。研究者常借助实验来研究比“对这个特定人群的某种干预有什么因果影响”更大的理论问题，发现新的命题，裁决学术争议。即使是关于实验方法本身的争议，正如问卷实验的发展所示，可能也须以实验来澄清或解决。

虽然实验研究有许多优点，但也存在前文分析的各种局限。不是所有概念都能被随机化和操纵，虽然一些妙思总令人赞叹；也不是所有概念都应当被随机化，这有时会涉及伦理乃至法律约束；有些类型的实验成本较高，也难以实施。社会科学研究因其研究对象是社会生活而非物质世界而具有自身的复杂性，实验或单独任何一种方法可能都不是万灵丹。通过严谨的、可累积性的一系列研究发现社会事务的真相，需要众多不同路径的研究者的合力。[②] 在方法论上，这呼唤更加开放、包容的心态，取长补短、权衡创新。当然，在可能的情况下，也不妨尝试实验研究。

---

① Cochran, William G., and Paul S. Chambers. “The Planning of Observational Studies of Human Populations.” *Journal of the Royal Statistical Society. Series A (General)*, Vol. 128, No. 2, 1965.

② Brady, Henry E., and David Collier (eds.). *Rethinking Social Inquiry: Diverse Tools, Shared Standards*. New York: Rowman & Littlefield Publishers, 2010; Seawright, Jason. *Multi-Method Social Science: Combining Qualitative and Quantitative Tools*. New York: Cambridge University Press, 2016; Seawright, Jason. “What Can Multi-Method Research Add to Experiments?” in Druckman, James N., and Donald P. Green (eds.). *Advances in Experimental Political Science*. New York: Cambridge University Press, 2021, pp. 369-384.

第十八章

多元方法研究中的案例选择

游　宇　陈　超

发展政治学关注资源、权力和机会的分配以及这些因素对发展进程的影响，并着重探讨促进地区和国家发展的策略、政策与机制。这些分析与探究往往离不开对多元方法研究设计的应用。在发展政治学的背景下，这一研究策略可以帮助研究者更好地理解塑造发展结果的复杂因素与动态过程。同时，在发展政治学中，案例研究常用于分析政策和干预措施对发展结果的影响。通过正确选择案例，研究者可以更好地了解导致成功或失败的发展结果的因果机制。

本章在方法论层面强调在多元方法研究设计中正确选择案例的重要性。具体而言，本章主要探讨在多元方法研究中应当如何根据相应的目标来选择合适的（一组）案例。本章提出，不同的因果分析路径——变量导向的量化相关与案例导向的逻辑因果，将在很大程度上影响后续的案例选择策略。前者在大样本统计分析之后，可以通过选择典型案例、异常案例以及路径影响型案例等来进行后续的机制分析；后者则在定性比较分析之后，通过选择典型案例以实现因果逻辑的完整性，或通过选取异常案例来实现因果逻辑的一致性。通过研究实例，本章具体讨论了以上不同的案例选择策略。我们认为，只有将跨案例研究与案例内分析在认识论与方法论上正确衔接，研究者才能更充分地挖掘多元方法研究在因果推断中的巨大潜力，从而更好地呈现政治、社会和经济因素之间复杂的相互作用，并理解这些动态过程如何影响国家与地区的可持续发展。

第一节　因果推断与案例研究

因果推断与实证导向的理论建构是社会科学研究的核心任务。[①] 由于因果关系的本质和形态是多元的，因而建构与理解因果关系的逻辑往往也存在不同程度的差异。[②] 无论是哪一种因果逻辑，完整的因果分析过程往往包含两大紧密相关的部分：探寻因果关系与厘清因果机制。

整体而言，在实证主义基础与多案例分析的背景下，我们大致可以区分出三种主要的因果分析路径。其一是传统的少案例比较研究，以密尔（John Stuart Mill）在《逻辑学体系》中对求同法与求异法的经典论述为基础，并选取合适的案例进行以因果论证。[③] 第二种是对中等样本的定性比较分析（Qualitative Comparative Analysis，QCA），沿着查尔斯·拉金（Charles C. Ragin）所建立的案例导向的研究思路[④]，以及对加里·金（Gary King）等完全以量化逻辑指导社科研究设计的争论与反思[⑤]，方法论学者逐渐建立起一种以布尔代数和集合理论为基础，以挖掘充分—必要条件组合为目的的方法论体系。第三条路径则是以变量为导向的大样本统计

---

① Druckman，J. N.，D. P. Green，J. Kuklinski，et al. "The Growth and Development of Experimental Research in Political Science." *American Political Science Review*，Vol. 100，No. 4，2006.

② 左才：《政治学研究中的因果关系：四种不同的理解视角》，载《国外理论动态》2017 年第 1 期。

③ Lijphart，A. "Comparative Politics and the Comparative Method." *American Political Science Review*，Vol. 65，No. 3，1971. Przeworski，A.，and H. Teune. *Logic of Comparative Social Inquiry*. New York：Wiley-Interscience，1970.

④ Ragin，C. C. *The Comparative Method*：*Moving Beyond Qualitative and Quantitative Strategies*. New York：Cambridge University Press，1987. Ragin，C. C. *Redisigning Social Inquiry*：*Fuzzy Sets and Beyond*. Chicago：Chicago University Press，2008.

⑤ King，G.，R. O. Keohane，and S. Verba. *Designing Social Inquiry*：*Scientific Inference in Qualitative Research*. Princeton：Princeton University Press，1994.

分析，目前主要基于反事实框架进行因果推断。①

遵循上述分类，表 18-1 对其中的典型方法进行了基本总结。在跨案例的实证研究中②，探寻因果关系往往需要依靠大样本的统计分析，从而估计自变量（X）与因变量（Y）之间的边际变化是否存在显著的系统性共变。③ 然而，在样本规模不足的情况下，则可以对案例的条件组合（configurations of conditions）进行定性比较分析④，或者通过求同法和求异法进行少案例比较研究。⑤ 此外，个案研究也可以通过模式匹配（pattern matching）的分析逻辑对现有理论提供关键的支持性证据或进行证伪。⑥而因果机制对理论的重大意义在于回答“X 是如何影响 Y 的”，其方法也更为多元。相对于行为主义兴起初期多数研究者对因果效应的偏重，进入 21 世纪以来，以凸显因果机制重要性的“机制世界观”（mechanism worldview）日益受到政治科学乃至实证社会科学界的重视。⑦

---

① Holland, P. W. “Statictics and Causal Inference.” *Journal of the American Statistical Associationican*, Vol. 81, No. 396, 1986. Morgan, S., and C. Winship. *Counterfactuals and Causal Inference: Methods and Principles for Social Research*. New York: Cambridge University Press, 2007. 其中，加里·戈尔茨（Gary Goertz）和詹姆斯·马奥尼（James Mahoney）也将第二种与第三种分析路径称为有关因果分析的两种截然不同的文化，参见 Goertz, G., and J. Mahoney. *A Tale of Two Cultures: Qualitative and Quantitative Research in the Social Sciences*. Princeton: Princeton University Press, 2012.

② 我们需要区分总体（population）、样本（sample）、案例（case）以及观察值（observation）。样本是一项研究或个案研究最为直接的主体，包括任何正式分析的案例；一个案例则可以包含至少一个观察值；观察值则是任何实证分析中最为基本的要素。参见 Gerring, J. *Case Study Research: Principles and Practices*. New York: Cambridge University Press, 2007, pp. 20-26.

③ King, G., R. O. Keohane, and S. Verba. *Designing Social Inquiry: Scientific Inference in Qualitative Research*. Princeton: Princeton University Press, 1994, pp. 76-85.

④ Ragin, C. C. *The Comparative Method: Moving Beyond Qualitative and Quantitative Strategies*. New York: Cambridge University Press, 1987.

⑤ Lieberman, S. “Small N's and Big Conclusions. An Examination of the Reasoning in Comparative Studies Based on A Small Number of Cases.” *Social Forces*, Vol. 70, No. 2, 1991.

⑥ Mahoney, J. “Strategies of Causal Inference in Small-N Analysis.” *Sociological Methods & Research*, Vol. 28, No. 4, 2000. 比如对于彗星撞地球导致恐龙灭绝这一假设，这一方法就是去寻找那个年代的彗星化石等。

⑦ Gerring, J. “The Mechanismic Worldview: Thinking Inside the Box Review.” *British Journal of Political Science*, Vol. 38, No. 1, 2008. 关于定量思维（变量导向）和定性思维（机制导向）的差异，具体阐述还可参见：Ragin, C. C. *The Comparative Method: Moving Beyond Qualitative and Quantitative Strategies*. New York: Cambridge University Press, 1987；朱天飚：《〈社会科学中的研究设计〉与定性研究》，载《公共行政评论》2015 年第 4 期；Goertz, G., and J. Mahoney. *A Tale of Two Cultures: Qualitative and Quantitative Research in the Social Sciences*. Princeton: Princeton University Press, 2012; Geortz, G., and J. Mahoney. “Methodological Rorschach Tests: Contrasting Interpretations in Qualitative and Quantitative Research.” *Comparative Political Studies*, Vol. 46, No. 2, 2012.

表 18-1　关于因果推断的主要方法选择

<table>
<tr><td colspan="2" rowspan="3"></td><td>数据收集方式</td><td colspan="4">观察性数据</td><td>实验数据</td></tr>
<tr><td rowspan="2">案例规模</td><td>案例内分析</td><td colspan="4">跨案例分析</td></tr>
<tr><td>个案研究</td><td>小样本[b]</td><td>中等样本[b]</td><td>大样本[a]</td><td>大样本</td></tr>
<tr><td rowspan="2">因果推断</td><td>偏重识别因果关系</td><td rowspan="2">数据分析方式</td><td>模式匹配</td><td>少案例比较研究</td><td>定性比较分析</td><td>统计分析</td><td>统计分析</td></tr>
<tr><td>偏重厘清因果机制</td><td>过程追踪；因果叙事[d]</td><td colspan="2">宏观因果现象的微观层次解释[c]</td><td colspan="2">进一步的机制性统计分析；宏观因果现象的微观层次解释</td></tr>
</table>

注：以上仅仅是列举出相对典型的分析方法，并未穷尽。a. 在具体的统计分析中，大样本的数量往往还要考虑需要估计的统计参数与具体使用的估计方法。b. 中等样本通常指的是不足以进行大样本统计分析但满足定性比较分析等方法的样本数量；小样本则更少，通常是满足理论限定条件（比如时空）的案例不足 10 个。① c. 降低分析层次、寻找微观基础通常旨在解释两种宏观现象之间的关系，理性选择理论对此尤其强调，即通过找出行动者（可以是非个人的集体），界定其利益和偏好以及可选择的策略，以进行成本收益和策略选择分析。② d. 因果叙事（causal narrative）运用跨案例的比较方法进行案例内的时序性分析（within-case chronologies）。③

估计因果效应与厘清因果机制虽各有侧重，但一项论证严谨且充分的研究往往需要对二者均进行充分的讨论。在此背景下，多元方法研究（Multi-Method Research）的出现在一定程度上是为了更好地完成上述目标——不同方法各有所长，如何取长补短便值得慎重思考。④ 因此，这一研究路径要求在研究设计中包含至少两种方法论传统的数据收集与分析技术，比如包含问卷数据的实验室实验，将焦点访谈嵌入参与式观察之中，以及对定性文本语料库的统计分析，等等。

相应地，多元方法研究的哲学基础并非实证主义或阐释主义，而是实用主义的世界观（pragmatist worldview）：聚焦于研究的结果，偏重于研究

① 参见 Goertz, G. *Multimethod Research, Causal Mechanisms, and Case Studies: An Integrated Approach*. Princeton: Princeton University Press, 2017.

② 张长东：《社会科学中的因果机制：微观基础和过程追踪》，载《公共管理评论》2018 年第 1 期。

③ 参见 Mahoney, J. "Strategies of Causal Inference in Small-N Analysis." *Sociological Methods & Research*, Vol. 28, No. 4, 2000.

④ 需要注意的是，无论是多元方法研究还是混合方法研究（mixed methods research），它们均不是指某一种特定的研究方法，而是指一类旨在完成特定研究目标的研究设计。

问题而非方法，以解决研究困难为核心要务。[①] 基于此，多元方法研究的基本原则便是将跨案例因果推断与案例内因果推断“融为一体”，核心任务则是通过多元方法以形成因果分析的基础。[②] 因此，在特定的多元方法研究中，基于特定目标的案例选择往往起到了承上启下的关键作用。换言之，对于链接了跨案例与案例内分析的特定研究设计，其“链接”的正当性与解释效度往往取决于如何选择案例。

在发展政治学的背景下，社会科学研究者使用多元方法研究设计和正确选择案例非常重要。通过使用这些方法，研究者可以更加细致地了解影响发展结果的复杂因素，并确定有效的政策干预措施何以促进可持续和包容性的发展。下文我们将主要分析个案研究在多元方法研究设计中的主要作用，以及不同的跨案例分析路径和目标将会如何影响后续的个案选择。我们会分别通过实例具体讨论大样本统计分析后的基于回归的案例选择技艺，以及定性比较分析之后的基于逻辑因果的案例选择技艺。

第二节　多元方法研究设计中的个案研究与案例选择

在探讨案例选择的策略之前，我们需要探讨三个问题：多元方法研究的核心目标是什么？基于立意选择的个案研究或案例内分析在其中的主要作用是什么？相对于案例规模不同的因果分析路径，我们可以选择哪些类型的案例以完成核心的研究目标？下面我们将分为两个部分来探讨以上的问题：第一部分集中于前两个问题的分析，第二部分则聚焦于第三个问题的讨论。

一、多元方法研究设计中的个案研究及其主要作用

随着对研究方法反思的逐渐深入，研究者不再执着于不同方法高低优劣的争论，转而关注方法之间的互补性，尝试通过取各方法之所长的手

---

① Creswell, J. W., and V. L. P. Clark. *Designing and Conducting Mixed Methods Research*. Thousand Oaks: Sage, 2011, p. 41.

② Goertz, G. *Multimethod Research, Causal Mechanisms, and Case Studies: An Integrated Approach*. Princeton: Princeton University Press, 2017, p. 5.

段，完成某一因果推断的目标。从这个意义上来说，多元方法研究设计的主要特征在于将多种方法“集成化”（integration），而非三角校正（triangulation）。[①] 前者主要考量的是所采用的每一种方法的比较优势何在，并通过其他方法来检验、修正或支持核心假设，从而最小化这一方法在因果推断中的弱点；而后者的核心目标则是通过使用两种（或更多）不同的方法，检验两种方法得出的结论是否存在显著差异。[②]

在明确多元方法研究的主要特征之后，我们还需要限定讨论“边界”。由于本章主要探讨的是非随机化案例选择策略[③]，故而，我们关注的多元方法研究是如何结合多案例分析与案例内分析且以跨案例分析在先的设计类型。通常而言，跨案例研究与个案研究的目标与作用差异较大。跨案例研究一般旨在进行理论验证、估计因果效应。[④] 而定性研究层面的案例分析则通常是通过生成新的解释性假说去回答探索性的问题，或者深度讨论特定条件下的因果机制及其连带现象。[⑤]

就此而言，案例分析不仅可以通过对单个或少数分析单元的深入研究，以理解规模更为庞大的相似的（或相反的）分析单元或案例[⑥]，还可以为跨案例分析中的相应关系提供潜在的机制解释。[⑦] 基于此，这一研究设计的基本思路便是：在初步明确某种现象或变量之间的关系之后，再选择符合特定目标的案例进行深入分析以完成因果推断的目标。正如杰

---

① 从这一点而言，混合方法研究的范围在一定程度上比多元方法研究更广。

② Goertz, G. *Multimethod Research, Causal Mechanisms, and Case Studies: An Integrated Approach*. Princeton: Princeton University Press, 2017, pp. 4-9.

③ 我们关注的是如何通过目的性的选择策略以选择符合满足特定目标的案例，并不关注案例的样本代表性问题，因此，通过随机或概率抽样选择案例并不在我们关注的范围之内，它更多的是“技术”而非“技艺”问题。

④ 在拉金看来，与个案研究相似，“案例导向的研究”指的是实证科学传统下的案例研究，主要包括以建构理论为目的的个案研究、少案例比较研究与定性比较分析（QCA）。参见 Ragin, C. C. *The Comparative Method: Moving Beyond Qualitative and Quantitative Strategies*. New York: Cambridge University Press, 1987.

⑤ Bennett, A., and A. George. *Case Studies and Theory Development in the Social Sciences*. Cambridge: MIT Press, 2005.

⑥ Gerring, J. *Case Study Research: Principles and Practices*. New York: Cambridge University Press, 2007, p. 37.

⑦ Gerring, J. “What Is a Case Study and What is it Good for?” *American Political Science Review*, Vol. 98, No. 2, 2004.

森·西怀特（Jason Seawright）所强调的那样，“只有将个案研究整合进统计建模之中，整合性的多元方法研究的全部潜力才能得以实现：在一开始运用推断性统计分析以检验核心假设的研究者，同样应当重视如何将案例研究整合为更为系统性与扩展性的研究设计”。[①] 利伯曼（Evan Lieberman）所倡导的嵌入式分析设计在很大程度上符合这一思路。[②] 这一研究设计类型包括初期的大样本分析和对其结果的稳健性评估：如果模型是良好的并且结果是站得住脚的，那么就进入“模型检验型小样本分析”，否则进入“模型构建型小样本分析”。在每个案例中，研究者应利用从小样本或个案分析中获得的信息对分析结果进行再一次评估。

上述设计虽然在一定程度上为我们理解个案研究在多元方法研究中的作用提供了诸多启示，但是，需要注意的是，作为“集成化”的多元方法研究，不仅需要进行稳健性评估的案例分析，同时也需要进行以厘清因果机制为目标的案例分析。目标不同往往意味着个案选择的方法存在差异。总体来看，在单一的定性研究和以多元方法为导向的研究中，个案研究的目标存在较大差异：前者基本呈现于表18-2之中；后者则更为多元，这使得个案选择的策略以及为选择个案所进行的合理性辩护也更为复杂。

二、不同因果分析路径中的案例选择

对于如何进行案例选择，首先需要明确：跨案例分析路径是什么，有多少案例可供我们选择，以及我们选择案例的目的是什么。通常而言，跨案例分析路径与可供我们选择的案例规模紧密相关（正如表18-1所示），因为不同的因果逻辑，往往指引了多元方法研究者选择哪些案例进行初步的跨案例分析。结合案例选择的目的，我们将不同因果分析路径中的案例类型及其作用总结如下（表18-2）。

---

① Seawright, J. *Multi-Method Social Science: Combining Qualitative and Quantitative Tools.* New York: Cambridge University Press, 2016, pp. 70-71.

② Lieberman, E. S. “Nested Analysis as A Mixed-Method Strategy for Comparative Research.” *American Political Science Review*, Vol. 99, No. 3, 2005.

表 18-2　不同因果分析逻辑中的案例类型及其主要作用

	案例来源	案例类型	定义	作用
大样本：统计分析	从总体中通过随机或概率抽样抽取的样本；或者是在一定时空范围内的总体本身	典型案例	一个（组）反映了某种跨案例关系的实例	验证性的；用以探究某一理论的因果机制
		多样型案例	两个或多个在 X、Y 或 X/Y 中呈现多样化取值的案例	探索性或验证性的；用以说明 X、Y 或 X/Y 的全距
		极端案例	一个（组）相对于 X 或 Y 的单一分布呈现出极端取值的案例	探索性的；对 X 或 Y 进行无限制性的探究
		异常案例	一个或多个偏离了某种跨案例关系的案例	探索性的或验证性的；用以探究对 Y 的新解释，从而确认某一决定性的因果关系；或者用以对现有（罕见的）解释进行证实或证伪
		路径影响型案例	一个（组）使得模型残差发生重大变化的案例，即这些案例将对包含 X 与排除 X 模型的残差产生重要影响	用以探究哪些案例对某条因果路径产生了重要的“偏离”作用
中等样本：QCA	在一定时空范围内的总体	典型案例	一个（组）导致结果发生（Y=1）的条件组合的案例	对某一理论（导致结果出现的条件组合）的因果机制进行深入分析（机制验证）
		异常案例	布尔运算后，1）一个（组）本应导致结果发生，而结果却取值为0的案例；2）结果发生，而条件组合在布尔解之外的案例	用以复查那些（在理论上）影响跨案例分析结果的案例（条件验证）

(续表)

	案例来源	案例类型	定义	作用
小样本：少案例比较分析	通过时空或理论等立意选择的案例；或在一定时空范围内的总体	最大相似案例	只有一个条件不同而其他条件完全相同且导致结果没有发生（$Y=0$）的一个（组）案例	基于求异法进行因果推断
		最大差异案例	只有一个条件相同而其他条件完全不同且导致结果发生（$Y=1$）的一个（组）案例	基于求同法进行因果推断

注：1. 对于典型案例、多样型案例、极端案例、异常案例以及路径影响型案例的说明参考了西怀特和约翰·吉尔林（John Gerring）的说明；① 对路径影响型案例的总结参见吉尔林的相关研究；② 2. X 为核心解释变量，Y 为被解释变量，X/Y 表示 X 与 Y 之间的某种相关关系。

整体而言，我们可以将表 18-2 的因果分析路径分为两大类：基于变量导向的量化相关路径与基于案例导向的逻辑因果路径。③ 前者主要是基本对大样本的统计分析，其案例通常来源于通过随机或概率抽样从总体中抽取的样本（比如大量的调查问卷数据、实验研究中的被试等），或者是在一定时空范围内的总体本身（比如对特定时期的国家政治制度进行跨国比较分析等）。后者则需要再细分。由于 QCA 或模糊集法（fuzzy set）并未提供关于“变量控制”的方法，所以这往往要求研究者在总体意义上探索逻辑因果关系。④ 然而，由于成本或数据可得性等因素，研究者在不少情况下只能通过少案例比较的方式进行，而无法将研究对象总体全部纳入分析，这实际也为少案例比较分析提供了巨大空间。⑤ 不仅如此，如果一项

---

① Seawright, J., and J. Gerring. “Case Selection Techniques in Case Study Research: A Menu of Qualitative and Quantitative Options.” *Political Research Quarterly*, Vol. 61, No. 2, 2008.

② Gerring, J. “Comparative Political Studies Is There a (Viable) Crucial-Case Method?” *Comparative Political Studies*, Vol. 40, No. 3, 2007.

③ Goertz, G., and J. Mahoney. *A Tale of Two Cultures: Qualitative and Quantitative Research in the Social Sciences*. Princeton: Princeton University Press, 2012. Ragin, C. C. *The Comparative Method: Moving Beyond Qualitative and Quantitative Strategies*. New York: Cambridge University Press, 1987.

④ Goertz, G., and J. Mahoney. *A Tale of Two Cultures: Qualitative and Quantitative Research in the Social Sciences*. Princeton: Princeton University Press, 2012, p. 200.

⑤ 陈超，李响：《逻辑因果与量化相关：少案例比较方法的两种路径》，载《公共管理评论》2019 年第 1 期。

研究从内容和分析路径上属于逻辑因果而非量化相关（反之亦然），那么，无论是作为单一的整体研究，还是多元方法研究中的跨案例分析部分，在案例选择上的策略也会完全不同。

如果是作为单一研究，那么在量化研究者看来，非随机或通过因变量来选择案例的方法便是不可取的——但这对于逻辑因果分析者而言，便可能具有充分的正当性。比如，研究者根据必要条件（即 $Y=1$ 时，$X=1$）来选择案例时，实际上在一定程度上也是将因变量作为案例筛选的标准。再如，逻辑因果路径的研究者经常根据案例本身的理论启示（implication）或理论杠杆作用（leverage）等因素来进行案例选择。①

同时，不同的分析路径也直接影响了多元方法研究中的案例选择。吊诡的是，尽管诸多研究清楚地点明了案例选择在不同因果逻辑间存在着巨大的差异，却仍试图用大样本技术来"一统"样本选择的逻辑。② 这便很可能出现"错配"现象，即两种迥异的认识论被用来指导同一种方法论。如前所述，大样本与中小样本的跨案例分析是两种差异巨大的因果分析路径：即使是在以解释为核心目标的实证主义范式之下，二者在认识世界的目的与方法上仍然大相径庭。③

对于以大样本量化相关为跨案例分析的多元方法研究中，连接案例内分析的个案选择策略通常会以变量或变量间关系以及代表性为选择标准。基于此，选择的案例主要分为五大类。(1) 典型案例：此类案例通常"映射"了某种跨案例关系（往往正好位于回归线之上或附近），往往最具代表性。(2) 多样型案例（组）：这类往往需要通过配对、分组或交叉表来进行相应的比较，可用于展示变量或变量间关系的范围。(3) 极端案例：此类案例通常是相对变量的某种分布，更多是用于跨案例分析之中的假设生成研究。(4) 异常案例：偏离某种关系（比如线性回归线）的案例，既

① Goertz, G., and J. Mahoney. *A Tale of Two Cultures: Qualitative and Quantitative Research in the Social Sciences*. Princeton: Princeton University Press, 2012a, p. 179.

② 例如：Seawright, J. *Multi-Method Social Science: Combining Qualitative and Quantitative Tools*. New York: Cambridge University Press, 2016. Seawright, J., and J. Gerring. "Case Selection Techniques in Case Study Research: A Menu of Qualitative and Quantitative Options." *Political Research Quarterly*, Vol. 61, No. 2, 2008.

③ 需要说明的是，少案例比较分析通常并不存在一个相对"独立"的案例选择步骤。这是因为，研究者运用求同和（或）求异法等逻辑因果方式进行的案例选择与之后的案例比较分析是不可分割的研究整体。因此，我们并未将其纳入本章主题的探讨之中。

可用以探究对因变量的新解释，也可以对现有解释进行证实或证伪。(5) 路径影响型案例：通常是对某种关系中具有较大影响力的案例，可用于探究哪些案例会对某条因果路径产生更为巨大的影响。通常而言，典型案例、异常案例与路径影响型案例偏重于对变量间关系的机制验证，这也是我们在第三部分所关注的案例选择类型。

与此相对，QCA 之后的案例选择策略则主要以因果复杂性与机制的条件组合为主。其中的典型案例则是那些导致结果发生（$Y=1$）的条件组合的机制验证型案例。然而，研究者也会关注那些虽然并未导致结果发生但却在理论上呈现出重要的条件组合的案例，这便是以条件验证为导向的异常案例。

综上，在多元方法研究中，我们选择什么样的案例以进行后续的案例内分析，主要是基于我们选择哪一类跨案例分析的路径，以及个案分析试图完成的核心目标。接下来，我们分别讨论大样本统计分析与定性比较分析之后的个案选择技艺。

第三节　基于回归的案例选择

在多元方法研究中，似乎并不存在“如何挑选案例”的最优方法，这主要取决于跨案例分析的路径以及具体的研究设计与目标。而且，研究者往往根据具体目标有选择地运用多种方法来选择案例。然而，我们关注的典型案例、异常案例与路径影响型案例，均是基于回归的选择策略。在这一部分，我们将基于对省以下财政结构与地方治理绩效这一研究的讨论，对具体选择策略进行说明。

一、典型案例与异常案例

在一项跨案例研究中，研究者对省以下财政结构与地方治理绩效的关系进行了分析。具体而言，通过对 1997—2009 年省级面板数据的计量分析，研究主要发现：(1) 省以下支出分权水平可以显著地促进地方治理绩效，且这种促进作用更多地体现在县级而非市级支出分权；(2) 地方净转移支付收入在多数情况下会显著恶化政府治理绩效。[①]

为了挑选具体的省份进行机制分析，该研究试图建构一个简单的线性回归来选取合适的异常与典型案例。具体而言，通过选择若干关键的变量来建构一个简单的OLS模型，并根据其残差情况来选择相关案例。根据研究问题，考虑到各变量的历时变动情况（单调递增或递减、波动递增或递减等），我们选择如下变量并做相应测量。[②]

表18-3　基于回归的案例选择模型

变量		测量	回归模型简报
因变量	治理绩效变动	治理指数$_{2009}$-治理指数$_{1997}$	
自变量	人均GDP变动	（人均GDP$_{2009}$-人均GDP$_{1997}$）/人均GDP$_{1997}$	+**
	省以下财政支出分权	1997—2009年各地区财政支出分权均值	+**或+***(GI_2)
	治理绩效初始值	1997年治理指数	—
	区域	类别变量：东部沿海；中部；西部；东三省（以西部为参照组）	中部：+；东部沿海：+*** 东三省：+

注：1. 因变量包括两类治理绩效，除了显著性水平略有差异外，其系数方向均一致，“+”表示系数为正，“-”表示系数为负；2. * $p<0.05$，** $p<0.01$，*** $p<0.001$，模型调整后的 R^2 为0.45左右；3. 人均GDP按照2001年不变价格进行调整；4. 模型样本未包括四个直辖市与西藏，样本数为26。

表18-3简要汇报了各变量的回归系数方向和显著性。无论是治理指数Ⅰ还是治理指数Ⅱ的变动，与人均GDP的增长、省以下财政分权程度均正相关；此外，相对于西部地区，东部沿海地区的地方治理绩效增长更快。两个模型调整后的 R^2 大致在0.45以上，表明挑选的变量大致可以解释各地区治理指数变动的一半左右；鉴于影响地方治理因素的多样和复杂，这也是一个比较合理的程度。

模型的残差——每个点距离回归线的垂直距离，则是我们关注的重

① 具体分析过程详见游宇、张光、庄玉乙：《次国家财政结构与地方治理：一项实证研究》，载《公共行政评论》2016年第5期。

② 在该研究中，我们使用了两种测量方法：第一种地方治理绩效包括政府与市场以及政府与社会的指标；第二种测量还纳入了非国有经济发展的相关指标。两种测量均是以简单加权平均来测度地方政府治理水平。

点。异常案例即高残差案例。[①] 在该项研究中，残差为各地区实际的地方治理绩效与预测值的差值。简单而言，如果一个点离回归线越近，便表明其残差值由随机因素生成的可能性越高。如表 18-4 所示，从模型来看，如果将残差按照降序排列，可以发现浙江与河北分布均在正负残差的两端。对于浙江而言，根据模型所得的预测值为 6.4 左右，但实际值为 10，这说明，除了所选变量外，存在其他因素拉高浙江的地方治理绩效；而河北则正好相反，其预测值为 5.2 左右，实际值仅为 2.5，这说明尚有其他因素使得河北本应更好的地方治理越发糟糕。在此意义上，浙江与河北也可以作为一组多样性案例纳入之后的比较分析。

表 18-4　基于案例选择模型的地区残差汇总

因变量为 GI_1				因变量为 GI_2			
省份	**原始值**	**预测值**	**残差**	**省份**	**原始值**	**预测值**	**残差**
浙江	10.030	6.388	3.642	浙江	9.232	6.159	3.007
江苏	9.500	5.906	3.594	江苏	9.161	6.341	2.891
安徽	5.220	3.306	1.914	安徽	4.994	3.349	1.645
陕西	3.035	1.892	1.143	宁夏	3.420	2.220	1.200
宁夏	2.470	1.557	0.913	青海	2.724	1.687	1.037
青海	2.190	1.280	0.910	云南	3.944	3.011	0.933
云南	3.735	3.169	0.566	黑龙江	3.438	3.164	0.274
黑龙江	3.345	2.884	0.461	陕西	2.868	2.673	0.195
湖北	3.700	3.302	0.398	吉林	3.576	3.410	0.166
吉林	2.925	2.704	0.221	新疆	2.530	2.398	0.132
广东	5.900	5.907	−0.007	湖北	3.842	3.747	0.095
新疆	2.015	2.162	−0.147	江西	3.802	3.866	−0.064
四川	3.580	3.882	−0.302	福建	5.240	5.493	−0.253
湖南	2.790	3.184	−0.394	四川	3.886	4.177	−0.291
江西	3.115	3.638	−0.523	河南	3.752	4.160	−0.408
广西	2.375	2.903	−0.528	辽宁	4.128	4.568	−0.440
福建	5.250	5.779	−0.529	广东	5.902	6.342	−0.440

① Seawright, J., and J. Gerring. "Case Selection Techniques in Case Study Research: A Menu of Qualitative and Quantitative Options." *Political Research Quarterly*, Vol. 61, No. 2, 2008.

（续表）

因变量为 GI_1				因变量为 GI_2			
省份	**原始值**	**预测值**	**残差**	**省份**	**原始值**	**预测值**	**残差**
山西	2.540	3.164	-0.624	内蒙古	3.948	4.460	-0.512
辽宁	3.465	4.147	-0.682	湖南	3.118	3.666	-0.548
河南	3.140	3.912	-0.772	广西	2.802	3.464	-0.662
贵州	2.200	3.005	-0.805	山西	2.638	3.358	-0.720
甘肃	1.940	2.750	-0.810	贵州	2.364	3.263	-0.899
内蒙古	3.535	4.475	-0.940	甘肃	1.898	3.030	-1.132
海南	1.950	3.846	-1.896	山东	4.898	6.233	-1.335
山东	4.295	6.331	-2.036	海南	2.702	4.290	-1.588
河北	2.460	5.228	-2.768	河北	3.134	5.416	-2.282

资料来源：根据相关数据和回归模型所制。

典型案例（即低残差案例）的选择则需要进行综合考量。在典型性上，残差小于0.5（绝对值）且在两个模型中均出现的包括黑龙江、吉林、湖北、广东、四川以及新疆；如果限定更为严格，残差小于0.3且在两个模型中均出现的只有四川。此外，我们也对地方净转移支付收入与地方治理绩效的负相关关系感兴趣。而在上述所有相对典型的案例中，按照收入分权（高—低）与支出分权（高—低）的类型学划分，只有四川属于“低收入分权—高支出分权”的类型。换言之，四川将大部分收入集中于省本级，同时其支出又是高度分权的，因此，四川省以下相当比重的支出是依靠来自省或中央的财政转移支付。基于此，我们可以选择四川作为机制分析的典型案例：一方面因为它在财政支出分权与地方治理绩效的关系上较为典型，另一方面它也可以为我们理解省以下转移支付与地方治理绩效这一关系提供更为详细的理论知识。

二、路径影响型案例

为了选取路径影响型案例，即那些受到某个自变量影响较大的案例，我们可以比较每个案例在完整模型（即模型1）与简约模型（即模型2）

的残差大小。[①] 路径影响型案例可以通过 $\boldsymbol{Res_{reduced}}$ 与 $\boldsymbol{Res_{full}}$ 的差的绝对值来选择：前者的绝对值大于后者的绝对值且残差差值的绝对值最大（或较大）时的（一组）案例，便是路径影响型案例。

$$Y = Constant + X_1 + X_2 + Res_{full} \tag{1}$$

$$Y = Constant + Y_2 + Res_{reduced} \tag{2}$$

在选择路径影响型案例时，我们之所以限定简约模型残差绝对值要大于完整模型残差的绝对值，是为了确保加入的解释变量（即 X_1）是将该案例“推向”回归线，而不是相反。我们同样基于上述研究来讨论此类案例的选择应用。在此，我们关注的是地方固定资产投资比重与地方治理绩效的关系，因此，我们将1997—2009地方固定资产投资占GDP比重的均值这一变量（即 X_1）纳入表18-4的模型之中（其余解释变量为 X_2）。表18-5为各案例在完整模型与简约模型中的残差之差汇总。

表18-5 地方固定资产投资比重中的潜在的路径影响型案例

省份	Res_{full}	$Res_{reduced}$	差值	绝对值	省份	Res_{full}	$Res_{reduced}$	差值	绝对值
北京	-1.63	-2.37	-0.74	0.74	福建	1	1.23	0.23	0.23
内蒙古	0.51	0.65	0.15	0.15	广东	0.16	0.37	0.21	0.21
吉林	-1.74	-2.07	-0.33	0.33	重庆	-0.29	-1.16	-0.87	0.87
黑龙江	-1.02	-1.21	-0.18	0.18	青海	0.69	0.08	-0.61	0.61
上海	3.58	3.99	0.42	0.42	宁夏	0.21	-0.25	-0.46	0.46
江苏	4.07	4.43	0.36	0.36	新疆	-0.46	-0.57	-0.11	0.11
安徽	1.93	1.97	0.05	0.05					

注：没有汇报的省份即表明该案例不符合限定条件，即简约模型残差的绝对值要大于完整模型残差的绝对值。

基于上述分析，重庆可以作为路径影响型案例来进行详细分析。相比其他三个直辖市，重庆的治理绩效增长是最为缓慢的，两种地方治理绩效分别为3.62与3.96，而其他三个直辖市均在4.5以上。[②] 我们特别关注偏重计划式的投资拉动型经济增长方式对地方治理产生了哪些不利的影响。当然，最为主要的原因在于，该案例在固定资产投资与地方治理绩效这一

① Gerring, J. “Is There a (Viable) Crucial-Case Method?” *Comparative Political Studies*, Vol. 40, No. 3, 2007b.

② 上海分别为8.93与8.03，天津分别为6.20与5.90，北京分别为4.57与5.06。

关系中具有最为重要的理论权重，对该案例的深入分析可以揭示这一因果路径的潜在机制。

第四节 基于逻辑因果的案例选择

面对中等规模的样本或总体，时下最流行的跨案例分析路径是定性比较分析（QCA）[①]。与基于线性代数的回归分析不同，这一方法基于布尔代数与集合理论，从逻辑充分/必要性的角度对因果关系进行阐释。正是这一根本性的差异，使得基于 QCA 方法完成跨案例分析的研究，在接下来的个案选择时有着不同的策略要求。

一、典型案例：机制验证导向

一般来说，使用 QCA 的方法进行因果推断主要包括以下四个步骤：首先，根据研究问题确定案例选择范围；其次，根据文献梳理与理论框架的建构确定影响结果的若干条件；再次，根据案例在各个条件与结果上的情况，进行赋值，并以此建立真值表（truth table）；最后，根据真值表进行布尔运算并得到最终的布尔解（solution），该“解”即为导致结果发生的一个或一组充分性的条件或条件组合。不难看出，通过这一过程所得到的，是条件（组合）与结果之间有关充分/必要性的关系，然而对于条件如何导致结果的过程——因果机制——并无探讨。更重要的是，多数定性比较分析的方法都是静态的，缺乏对“时间”的关照。这一缺陷主要表现在，虽然该方法注重条件组合与结果的关系，但是却忽视了不同条件出现顺序对结果的影响。[②] 因此，在使用定性比较分析进行跨案例比较之后，十分有必要通过对典型案例的分析，探寻因果机制，完善因果解释。在定性比较分析的方法中，典型案例指的是满足布尔解的条件关系且结果出现

---

① 定性比较分析（QCA）这一方法有诸多变种，例如基于清晰集的定性比较分析、模糊集的定性比较分析、多值定性比较分析等。虽然这些不同的变种在具体操作上有所差异，但是其背后根本的核心逻辑是一致的。因此，我们以最基本的清晰集定性比较分析为例进行说明。

② Beach, D. , and I. Rohlfing. “Integrating Cross-case Analyses and Process Tracing in Set-Theoretic Research: Strategies and Parameters of Debate.” *Sociological Methods and Research*, Vol. 47, No. 1, 2018.

(presence）的案例。下面以探索福利国家产生的条件为例，对以上论述进行简要说明。

西蒙·哈格（Simon Hug）指出，从先行研究来看，福利国家的产生大致有四个相关的影响因素，它们分别是：一个强大的左翼政党（P），强有力的工会（U），一个强力的法团主义的工业体系（C），以及社会经济的同质性（S）。[①] 如果我们以欧美主要国家为研究总体，按照它们在这四个条件上的有无分类（1/0），可以得到如下真值表（表 18-6）。

表 18-6　福利国家产生的条件真值表

国家	P	U	C	S	W	国家	P	U	C	S	W
奥地利	1	1	1	1	1	德国	0	0	1	0	0
丹麦	1	1	1	1	1	荷兰	0	0	1	0	0
芬兰	1	1	1	1	1	瑞士	0	0	1	0	0
挪威	1	1	1	1	1	日本	0	0	0	1	0
瑞典	1	1	1	1	1	新西兰	0	1	0	0	0
加拿大	0	0	0	0	0	**爱尔兰**	0	1	1	1	1
法国	0	0	0	0	0	**比利时**	1	1	1	0	1
美国	0	0	0	0	0						

资料来源：Hug, S.,"Qualitative Comparative Analysis: How Inductive Use and Measurement Error Lead to Problematic Inference." *Political Analysis*, Vol. 21, No. 2, 2013.

根据这一真值表，遵循布尔代数的计算方法，可以得出如下结论：

$$PUC+UCS\rightarrow W$$

也就是说，产生福利国家的条件组合有两种可能：一种组合是“强大的左翼政党、强有力的工会与强力的法团主义的工业体系”，另一种组合是“强有力的工会、强力的法团主义工业体系与社会经济的同质性”。可以看出，布尔化简为探索福利国家产生的条件提供了两种清晰的解释。然而，在这一过程中，研究者却无法了解从因到果的过程，更无法厘清因条件时序不同而产生的不同的机制路径。根据德雷克·比奇（Derek Beach）和英格·罗尔夫（Ingo Rohlfing）的总结，等于或多于三个条件的条件组

---

① Hug, S. "Qualitative Comparative Analysis: How Inductive Use and Measurement Error Lead to Problematic Inference." *Political Analysis*, Vol. 21, No. 2, 2013.

合按照不同的时序情况，大致可以有四种机制路径：（1）条件同时发挥作用；（2）诱发条件与中介条件；（3）诱发条件与中介条件组合；（4）诱发条件组合与中介条件。[①] 将这四类路径置于以上福利国家的问题中，以 PUC 这一条件组合解为例，从理论上来说，则可以在每种路径类型下至少总结出一种可能（图 18-1）。

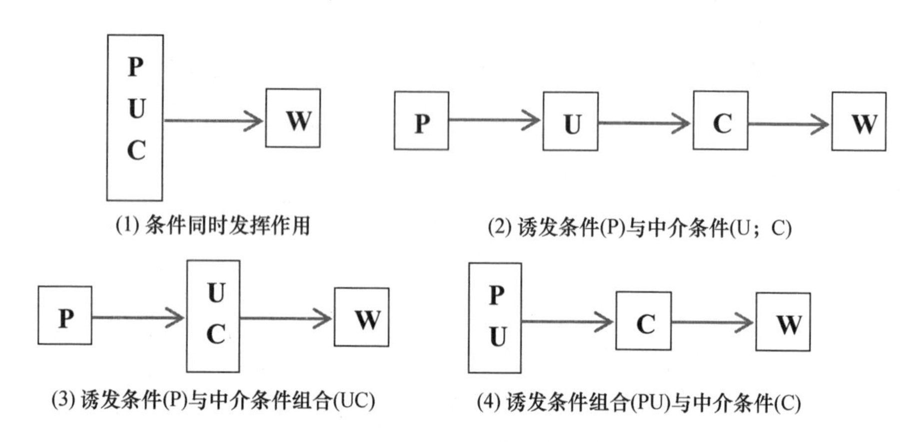

图 18-1　由不同条件时序产生的四类机制路径

图 18-1 中四种类型的机制路径呈现的一个基本事实是，同一条件组合可以有不同的排列方式，而每一种排列方式都对应着截然不同的机制路径。因此，借助对典型案例的分析，深入挖掘案例内条件相互作用的过程，才更有可能对问题进行完整且准确的解释。根据上述对典型案例的界定可知，在本例中，存在两个布尔解“PUC”与“UCS”，满足该布尔解条件组合情况，并且产生福利国家的两个案例分别是比利时与爱尔兰。因此，这两个案例就是该研究中需要进一步分析的典型案例。

二、异常案例：条件验证导向

在使用定性比较分析方法得出布尔解之后，除了需要借助典型案例挖掘条件与结果之间的机制以外，还需要根据研究的实际情况，对异常案例进行考察。这是因为，对于建立在充分/必要性基础上的逻辑因果来说，

① Beach, D., and I. Rohlfing. “Integrating Cross-case Analyses and Process Tracing in Set-Theoretic Research: Strategies and Parameters of Debate.” *Sociological Methods and Research*, Vol. 47, No. 1, 2018.

异常案例不仅意味着对结果可能存在着新的解释，有些异常案例甚至挑战着布尔解本身。总的来说，在定性比较分析研究中，有两种常见的异常案例。[①] 第一种为满足布尔解所提供的条件组合情况，但是结果却没有发生的案例（以下称Ⅰ型异常案例）；第二种为结果虽然发生，但是条件组合情况属于布尔解以外的案例（以下称Ⅱ型异常案例）。从两种异常案例的定义不难看出，Ⅰ型异常案例与一致性（consistency）参数紧密相关，而Ⅱ型异常案例则与覆盖率（coverage）参数紧密相关。虽然各类软件都能便捷地计算出这两个拟合参数，但是由于异常案例从逻辑上影响着关于问题的解释，因此，必须根据研究需要，针对不同类型的异常案例对理论框架进行调适。[②]

Ⅰ型异常案例。以上述有关福利国家的研究为例，根据布尔解可知，凡是在现实中包含“PUC”或“UCS”的条件组合却没有产生福利国家的案例，都属于Ⅰ型异常案例。由于布尔解表示的是导致结果发生的充分性的条件（组合），因此，根据充分性的定义可知，Ⅰ型异常案例本质上是对布尔解充分性能否成立的挑战。最有可能导致该问题发生的原因是，存在一些重要的但却被忽视的条件。因此，研究者需要将异常案例与典型案例进行深入的比较，从而挖掘导致不同结果的其他被忽视的条件，为完善理论框架、进行新一轮的定性比较分析奠定基础。[③]

Ⅱ型异常案例。同样以上述有关福利国家的研究为例，凡不属于“PUC”或“UCS”蕴含项（implicants）的条件组合却导致了福利国家产生的案例，都属于Ⅱ型异常案例。事实上，这类异常案例的存在，其背后反映的是“殊途同归”（equifinality）或称“一果多因”的现象。这意味着，研究者遗漏了某一类甚至某几类的条件组合（而非个别条件）。因此，这就要求研究者针对这些案例进行深入的探索，挖掘条件组合中不同条件之间的整合关系。

---

① Schneider, C. Q., and I. Rohlfing. “Combining QCA and Process Tracing in Set-Theoretic Multi-Method Research.” *Sociological Methods and Research*, Vol. 42, No. 4, 2013.

② Schneider, C. Q., and C. Wagemann. *Set-Theoretic Methods for the Social Sciences: A Guide to Qualitative Comparative Analysis*. New York: Cambridge University Press, 2012.

③ Beach, D., and I. Rohlfing. “Integrating Cross-case Analyses and Process Tracing in Set-Theoretic Research: Strategies and Parameters of Debate.” *Sociological Methods and Research*, Vol. 47, No. 1, 2018.

总之，如果说典型案例解决的是因果逻辑完整性的问题，那么异常案例所解决的则是因果逻辑一致性的问题。因此，从这个意义上来说，针对典型案例的分析在很大程度上类似于上述利伯曼提出的“模型检验型小样本分析”，而针对异常案例的分析则属于“模型构建型小样本分析”。[①] 从这一思路来看，当研究者使用 QCA 的方法完成跨案例分析之后，应当首先针对异常案例进行分析，从而完成对模型的调适，然后再展开对典型案例的分析，以完成完整的因果解释。

第五节 小　结

总体来说，发展政治学强调政治、社会和经济因素之间复杂的相互作用，以及理解这些动态过程对实现可持续和包容性发展的重要性。这往往离不开对多元主体、多维互动与多种机制的探索，从而需要借助多元方法研究设计。

本章强调在发展研究中使用多元方法研究设计的重要性。从方法论层面来看，多数的社会行动与结果均是由一系列因素（组合）辅以特定的机制而导致的，这要求社会科学研究者从识别因果关系与厘清因果机制两方面来进行探索。[②] 如何在一项研究设计中借助多元的研究方法来完成核心的因果推断目标，这在一定程度上需要践行方法论的折中主义，也为多元方法研究的运用提供了较大的空间。

多元方法研究秉承实用主义的世界观，试图综合跨案例研究与案例内分析以完成核心的研究目标：前者偏重于识别因果关系，后者则专注于呈现因果机制。然而，选取何种方式进行跨案例研究，这在很大程度上体现了研究者的认识论立场。其中，一种侧重甄别“原因的影响”（effects of

① Lieberman, E. S. “Nested Analysis as a Mixed-Method Strategy for Comparative Research.” *American Political Science Review*, Vol. 99, No. 3, 2005.

② 唐世平：《观念、行动和结果：社会科学的客体和任务》，载《世界经济与政治》2018 年第 5 期。

causes)，另外一种则关注探索“结果的原因”（causes of effects）。[①]对于前者，研究者通常借助大样本的统计分析来分析相关变量、处理效应与条件控制等，以识别单一因素或少数交互项的影响。对于后者，研究者则认为需要重视（宏观现象的）因果复杂性，强调对一定时空范围的总体案例进行定性比较分析，或针对其中少部分案例进行少案例比较研究，并从逻辑充分/必要性的角度对因果关系进行阐释。二者基本上可以归纳为变量导向型与案例导向型的因果分析路径。[②]

然而，多数关于多元方法研究的探讨，并未对不同的跨案例分析路径在认识论上的差异给予足够重视，也没有进行相应的关于后续个案选择的针对性探讨。[③] 我们认为，不同的因果分析路径在很大程度上会影响后续的个案选择目标与策略。在此基础上，我们试图通过区分上述两种不同的跨案例分析路径，并结合具体实例来探讨多元方法研究中不同的案例选择策略。

具体而言，基于大样本回归分析的个案选择策略，重在选择其中的典型案例（即低残差案例）与异常案例（即高残差案例），并尝试从“正”与“反”两方面来进行机制分析。我们还可以通过比较完整与简约模型间的残差之差，选取恰当的路径影响型案例以对特定因果路径进行深入分析。

基于中等规模样本的定性比较分析，则是基于布尔代数与集合理论来进行跨案例的逻辑因果分析，对于其中机制的探讨仍需要选取适合的案例进行过程追踪或因果叙事。因此，选取满足布尔解的条件关系且结果出现（Y=1）的典型案例，可以为我们提供潜在的验证性机制分析。此外，我们还可以借助其中的异常案例，以探索那些潜在的对结果的新解释，或尝

---

① 注意，只有在结果是由不受其他因素影响即仅由单一因素（或处理）导致的情况下，推断“结果的原因”才等同于推断“原因的影响”。因此，大多数情况下，推断“结果的原因”不止于推断“原因的影响”。

② Ragin, C. C. *The Comparative Method: Moving Beyond Qualitative and Quantitative Strategies*. New York: Cambridge University Press, 1987.

③ 比如 Beach, D., and I. Rohlfing. “Integrating Cross-case Analyses and Process Tracing in Set-Theoretic Research: Strategies and Parameters of Debate.” *Sociological Methods and Research*, Vol. 47, No. 1, 2018. Goertz, G. *Multimethod Research, Causal Mechanisms, and Case Studies: An Integrated Approach*. Princeton: Princeton University Press, 2017.

试化解对布尔解本身的挑战。这样的异常案例包括两类，即满足布尔解所提供的条件组合但结果却没有发生的案例（即Ⅰ型异常案例），以及结果虽然发生但条件组合情况属于布尔解以外的案例（即Ⅱ型异常案例）。

然而，需要说明的是，多元方法研究的案例选择策略在很大程度上是一项“技艺”。虽然我们可以借助某种分析工具以提供各种客观的选择“指标”，但是，研究者应该清楚的是，并不存在一种挑选案例的最优方法。之所以选择A（组）案例而非B（组）案例进行后续分析，这在很大程度上是研究者在理论定位、目标抉择以及对案例本身的理解程度等因素之间的权衡。

上述分析的启示在于，只有通过对跨案例研究与后续的个案选择策略在认识论与方法论上的正确衔接，研究者才可能充分挖掘多元方法研究在因果推断中的巨大潜力。诚然，多元方法研究尝试将定量方法和定性方法进行互补，试图达成研究设计上的“升华”。然而，其中也充满了认识论与方法论的“陷阱”。实际上，戈尔茨与马奥尼在探讨定量研究与定性研究这两种风格迥异的分析路径时，试图用集合理论统一定性研究的逻辑，并以此展开与“定量文化”的理论对话。[①] 他们的分析在很大程度上也说明，大样本定量研究与定性比较分析建立在差异较大的认识论立场之上。因此，在多元方法研究中，我们在设计研究之初便要明确研究的客体、核心的研究目标以及可供研究的案例总体，以及不同因果分析路径的作用边界，从而针对不同目标、运用合适的方法来选取恰当的案例。

① Goertz, G., and J. Mahoney. *A Tale of Two Cultures: Qualitative and Quantitative Research in the Social Sciences*. Princeton: Princeton University Press, 2012.

第十九章

研究方法的历史转向

陈　超

近年来，在发展政治学的一些研究中，学者们越来越重视“历史”的价值。在关于政体转型、抗争政治、发展模式与福利国家等议题领域，甚至出现了一股政治研究转向历史的潮流。那么，发展政治学中的“历史转向”指的是什么？在研究设计层面，遵循“历史转向”的研究者应当特别注意哪些问题？它对于分析与解释传统的研究问题有怎样的贡献与启示？本章将针对这三个问题进行阐述和探讨。

第一节　“历史转向”的认识误区

要想厘清“历史转向”的具体内容，首先有必要澄清关于这一问题的几个认识误区。

误区一：研究历史问题就是“历史转向”。最近几年，出现了一些关于中国古代历史的政治学研究。这些研究的一个共同点是，作者运用政治学的概念与框架去解释中国古代历史中一些有趣的问题。比如，有人用国家自主性的概念去解释汉朝中央与边疆关系的问题，有人用国家能力的概念去反思历朝的军政关系，等等。这些都是很优秀、很有价值的研究，但是如果仅凭其研究历史问题，就认为它们代表了一种“历史转向”，那就值得商榷了。遥远的历史，一直都是政治学者产生问题意识的重要灵感来源。在《国家与社会革命》一书中，西达·斯考切波（Theda Skocpol）用法国、中国与俄国大革命为核心案例，并辅之以英国、日本与普鲁士的案例，对社会革命爆发的原因进行了深入剖析；[①] 在《统治与岁入》一书中，玛格丽特·利瓦伊（Margaret Levi）以罗马共和国、文艺复兴时期的法兰西与英格兰等案例，深刻地揭示了国家结构如何伴随着国家岁入生产的过程而得以演进的历史脉络。[②] 类似的理论经典，在政治学研究领域不胜枚举。既然研究历史问题的传统早已有之，就没有所谓“转向”之说。

误区二：使用历史数据就是“历史转向”。事实上，同历史学者一样，政治学研究者始终重视对史料的爬梳与整理。在研究中使用什么样的数据，取决于研究者试图回答什么样的问题。虽然许多政治学研究的数据来源于当下的统计资料、现场的访谈内容甚至是即时的问卷调查，但是对于那些研究历史问题的作品来说，其论证数据主要来源于过刊、档案、日记和家谱等历史资料。例如，在《上海罢工》一书中，裴宜理（Elizabeth J. Perry）广泛使用中文报纸与档案材料，全面分析了民国时期上海工人动员的机制与后果，提出了“不同的工人有不同的政治”这一经典论断。[③] 因此，由于政治研究从未忽视从历史中寻找问题，所以使用历史数据也并不是政治学研究中的新鲜事。

误区三：“历史转向”指的是一种研究方法。这是最常见的一种认识误区。在日常讨论或学术作品中，我们常听到或看到类似这样的表述，“作者使用了历史的/比较历史的/比较历史分析的方法对观点进行论证”。如果从最宽泛的角度理解何为“方法”，即但凡有利于推进研究的工具都属于方法，那么，以上表述似乎是可以被接受的。然而，一个可以包罗万象的界定方式，显然无益于对概念进行准确的理解。笔者认为，我们可以从功能的角度，为方法提供一个更加具体的定义：研究方法指的是研究者

---

① 〔美〕西达·斯考切波：《国家与社会革命：对法国、俄国和中国的比较分析》，何俊志、王学东译，上海：上海人民出版社 2015 年版。

② 〔美〕玛格丽特·利瓦伊：《统治与岁入》，周军华译，上海：格致出版社、上海人民出版社 2010 年版。

③ Perry, Elizabeth J. *Shanghai on Strike: The Politics of Chinese Labor*. Stanford: Stanford University Press, 1993, p. 239.

进行理论框架检验或数据收集所使用的工具。从这个定义不难看出，检验理论框架和进行数据收集是研究者使用方法所要达到的两个核心目的。根据当前国内外研究方法的发展情况可知，检验理论框架可使用的方法主要包括实验法、计量统计法、案例比较法、QCA 与模糊集法、反事实分析法、过程追踪法、话语分析法、内容分析法；开展数据收集可使用的方法主要包括田野调查、参与观察法、访谈法、问卷调查法以及近年来依托计算机技术进行的数据挖掘等方法。从这一定义来看，政治学中转向历史的研究，不过是对既有方法的结合使用而已，本身并没有在既有研究方法的清单外创造出什么新的工具。因此，“历史转向”从本质上并不指涉一种研究方法。

第二节 “历史转向”转向了什么?

那么，“历史转向”到底是什么？概括来说，“历史转向”指的是研究经验问题的一种路径（approach），或者说一种视角（perspective）。这一视角的典型特征是对于时间性（temporality）的关注。换句话说，正是由于这一视角重视时间本身产生的效应，才使得这一视角具有了“历史”的意涵。就目前已经发表的一些具有代表性的实证研究来看，在分析中强调“时间性”，包括但不限于体现在以下三个方面：第一，强调时机（timing）与时序（sequence）的作用；第二，重视对于历史关键性节点（critical juncture）的分析；第三，关注关键性节点之后的反馈效应。

一、时机与时序

时机与时序指的是事件发生的时间以及不同事件发生的先后顺序。“历史转向”的分析表明，时机与时序是影响结果的重要因素。丹·斯莱特（Dan Slater）关于东南亚威权政体的研究就是一个很好的例子。斯莱特认为，在东南亚国家中，一个稳定的威权政体来源于强有力的国家系统。在国家拓展财税与强制能力的过程中，一个必不可少的条件就是来自商业精英的支持。[①] 一般来说，这种支持往往以某种保护协定（protection pact）的方式得以实现。在保护协定下，政治精英通过为商业精英提供秩序与安全从而换取他们的支持。[②] 然而值得注意的是，这种宝贵的保护协定往往不会轻易产生，而需要特定的历史条件。首先，在城市中存在一种地方性的并且难以解决的社会抗争，这种抗争作为一种持续的外部威胁为政治精英与商业精英的联盟提供了动机。其次，这种抗争只有出现在威权尚未巩固、政体仍处于多元主义的阶段，才有可能促使保护协定的出现，创造政商精英的联盟，并使新的统治者为提供秩序而进行国家建设，最终为政体的持续与稳定提供基础。[③] 相反，如果抗争的威胁在一个威权政体巩固之后才出现，那么专制者常常会炮制出一个供应协议（provision pact），在这个协议之下，专制者通过庇护分配以及公共支出来获取支持。[④] 因此，由于缺乏足够的汲取能力以及精英之间足够的凝聚力，在国家与政党建设不足的情况下，这类国家无法抵御财政危机带来的政治风险。[⑤] 由此可见，抗争威胁出现的时机，以及威胁与威权政体巩固的先后顺序，对于东南亚国家政体稳定性产生着不可忽视的作用。

二、关键性节点

关键性节点是体现“时间性”的第二个重要方面。然而，关于何为“关键性节点”的理解始终存在着争议。乔瓦尼·卡波奇亚（Giovanni Capoccia）与丹尼尔·凯莱曼（Daniel Kelemen）曾给出了一个影响较为广泛的定义。他们指出，关键性节点指的是一个相对短暂的时间阶段，在这个阶段中，行为体对于结果产生影响的概率显著增大。根据这一定义，他们进一步提出了一个测量节点关键性程度的公式：[⑥]

$$CJ_y = \left[\frac{P_{y'} - P_y}{1 - \ln(P_{y'})}\right]\left(\frac{\ln T_{x'}}{T_x}\right)$$

① Slater, Dan. *Ordering Power: Contentious Politics and Authoritarian Leviathans in Southeast Asia*. Cambridge: Cambridge University Press, 2010, pp. 12-13.

② Ibid., pp. 13, 16.

③ Ibid., p. 14.

④ Ibid., p. 19.

⑤ Ibid.

⑥ Capoccia, Giovanni, and Daniel Kelemen. “The Study of Critical Junctures: Theory, Narrative and Counterfactuals in Historical Institutionalism.” *World Politics*, Vol. 59, No. 3, 2007.

其中，y 为事件结果，CJ_y 为相对于结果 y 的关键性指数，P_y 是关键性节点前或者是节点时刻结果发生的最低概率，$P_{y'}$ 是关键性节点之后结果 y 发生的概率，T_x 是关键节点持续的时间，$T_{x'}$ 是关键节点结束与结果 y 之间的持续时间。从这一公式不难看出，关键性节点之后结果发生的概率越大，关键性节点前结果发生的概率越低，某一节点的关键性程度越高；关键性节点持续时间越短，节点结束与结果发生之间持续时间越长，某一节点的关键性程度越高。

从测量的精确度来看，卡波奇亚与凯莱曼的定义无疑是首屈一指的。然而，他们从行为主体能动性角度对关键性节点的理解，似乎并没有被完全接受。2017 年，著名的方法论杂志《质性与多元方法研究》开辟了一次关于关键性节点与历史遗产的专题讨论。在讨论中，学者们从历史遗产的角度尝试对关键性节点进行新的界定，并指出关键性节点所具有的三个特征：第一，它是制度创新的一个重要时段；第二，它以不同的方式发生；第三，它将带来持续的遗产。① 在这三个特征中，最后一个尤为重要，因此，参与讨论的多数学者基本都接受了这样一种论断："没有遗产，就没有关键性节点。"②

虽然关于关键性节点的争论仍在持续，但无论是从行为主体能动性角度的理解，还是从历史遗产角度的界定，都提醒我们，在对于历史关键性节点的分析中，要特别注意：并不是所有看似重要的历史事件都一定是关键性节点，而关键性节点也未必一定意味着变化的到来。

三、反馈效应

从某种程度上说，关键性节点之所以重要，是因为节点之后的遗产存在持续的反馈效应。政治学研究中对反馈效应的关注，主要得益于经济史学的启发。然而，在早期经济史学的研究中，制度的路径依赖现象常常用"粘性"（stickiness）、"惯性"（inertia）等模糊地加以解释。③ 直到保

① Collier, David and Gerardo L. Munck. "Building Blocks and Methodological Challenges: A Framework for Studying Critical Junctures." *Qualitative & Multi-Method Research*, Vol. 15, 2017.

② Ibid., p. 6.

③ David, Paul. "Clio and the Economics of QWERTY." *American Economic Review*, Vol. 75, No. 2, 1985.

罗·皮尔森（Paul Pierson）等提出增长性回报（increasing return）和正反馈（positive feedback）等概念[1]，才为路径依赖的现象提供了一种清晰的机制性解释。由此可知，反馈效应实质上指的是一种制度自我强化的再生产机制。在此之后，关于关键性节点与反馈效应的分析主要存在两种面向：[2] 一种具有结构主义的色彩，强调既有路径在关键性节点上产生的限制性作用；另一种被称作“断裂均衡”模型，它将结构与能动结合起来，强调关键性节点上主体在制度选择过程中的能动性作用，以及节点之后制度变迁在正反馈作用下的路径依赖过程。然而，制度的再生产过程必然是一个自我强化的过程吗？凯瑟琳·西伦（Kathleen Thelen）的回答是否定的。在她看来，以上诸种观点的核心缺陷在于，它们关于制度再生产机制的分析都缺乏对权力斗争的反思，故而都是非政治性的。[3] 与经济市场不同，在政治市场中，失败的主体从来不会退出历史舞台，因此制度建立之后，并不意味着斗争的结束以及失败者对新制度的适应。[4] 恰恰相反，新建立的制度很可能依然是斗争的目标。[5] 所以，反馈效应未必总是正向的，而对于制度再生产机制的分析，从本质上就是对于制度背后持续进行的权力斗争与妥协过程的分析。

由此可见，比较政治学中的“历史转向”，将时间性纳入分析框架，关注时机、时序、关键性节点与反馈效应的重要性，为理解政治研究中的传统议题提供了新的解释因素。更为重要的是，在这些因素的背后，透露出的是对于权力关系复杂性与动态性的独到理解，因而是一种与众不同的研究路径与研究视角。那么，这种与众不同的研究路径，在研究设计方面又有什么特别需要关注的问题呢？

---

① Pierson, Paul. “Increasing Returns, Path Dependence, and the Study of Politics.” *American Political Science Review*, Vol. 94, No. 2, 2000 .

② Thelen, Kathleen. *How Institutions Evolve: The Political Economy of Skills in Germany, Britain, the United States and Japan*. Cambridge: Cambridge University Press, 2004, pp. 28-29.

③ Ibid., pp. 289-290.

④ Ibid., p. 34.

⑤ Ibid., p. 32.

第三节 历史转向研究中的“范围条件”

斯考切波曾说，真正的历史社会学应该是基于明确的时空来思考社会结构和过程的问题。[①] 在发展政治学研究领域，一些历史政治学研究者也指出，分析的历史感就是要在具体的时空背景中去思考问题。在这里，明确而具体的时空，既是从认识论的角度对“历史”价值的重申，也是从方法论的角度提出了历史转向研究要特别注意的一个问题：界定理论与案例选择的范围条件。

一、范围条件的含义

在科学哲学领域，关于范围条件的讨论与因果关系普适性的讨论紧密相关。在《逻辑学体系》一书中，约翰·密尔提出了著名的“求同法”与“求异法”，这两个方法成为后来开展因果推断的重要工具。然而，早在1938年，哲学家约翰·安德森（John Andersen）就从因果普适性的角度对密尔提出的比较方法提出了尖锐的批评。安德森指出，这些方法看似严谨，实际上却存在着问题。在他看来，在密尔的逻辑体系中，有一个不能忽视的特征是：它试图通过对个别（particular）案例的归纳性分析，挖掘出具有普遍（general）适用性的因果关系。[②] 然而，要实现这一目的，密尔的求同法与求异法必须建立在这样一种假设的基础之上：相关的因素具有一般性，且这些因素的数量是有限的，可以一一列举出来。安德森进一步指出，由于我们不可能全面地了解所有的相关因素，因此，密尔的方法最多向我们展示了“如何检验一个已经被考虑过的假说，但却不能使我们得出任何结论”。[③] 更重要的是，由于“一果多因”的现象普遍存在，密尔方法中存在的这一难题就显得更加无解。因此，我们很难在普适范围内建

---

① 〔美〕西达·斯考切波编：《历史社会学的视野与方法》，封积文等译，上海：上海人民出版社2007年版。

② Anderson, John. *Studies in Empirical Philosophy*. Sydney: Sydney University Press, 2004, p. 128.

③ Ibid.

立起原因与结果之间的因果关系，而原因与结果之间明确、稳定的关系更可能在某种“限制”（limits）或某个“域”（field）中存在。“正是对于‘域’的考虑，使我们能够让因果关系的理论更加明确，并解决密尔理论中存在的问题”。[①]

安德森关于因果成立“域”的反思与讨论，传递出他关于因果关系普适性的两个重要观点：(1) 因果关系仅在特定领域内成立，即因果关系具有条件性；(2) 因果关系是多样的，“一果多因”的现象普遍存在，即因果关系具有异质性。以这两条认识论观点为基础，后继学者提出了理论的“范围条件”这一概念。以物理学理论为参照，斯蒂芬·图尔敏（Stephen Toulmin）指出，“物理学的任何一个分支，特别是任何一个理论或定律，都只有一个有限的范围。也就是说，只有一个有限的范围可以用这个理论来解释现象”。[②] 受图尔敏的启发，亨利·沃克（Henry A. Walker）与伯纳德·科恩（Bernard P. Cohen）在他们开创性的研究中，将“范围条件”定义为使特定理论预期具有效度的相关参数。[③] 从“范围条件”的内容与功能出发，这些学者进一步强调，一个完整的理论命题不应当仅仅包含关于因果关系发生的具体形式（form），同时应当包括因果关系发生的范围，即“当条件范围满足时，原因（X）与结果（Y）呈现出某种稳定的关系”。[④]

二、范围条件的功能

在历史转向的研究中，通过界定明确的范围条件确定具体的时空背景，是提升理论质量的重要手段。

首先，明确的范围条件有利于提升理论的内部效度。[⑤]《国家与社会革命》是斯考切波的成名作，同时也是她受到攻击最多的作品。在这部作品中，斯考切波用中国、俄国与法国革命作为核心案例，并辅之以普鲁士、

① Anderson, John. *Studies in Empirical Philosophy*, p. 131.

② Toulmin, Stephen. *The Philosophy of Science*. London: Hutchinson, 1953, p. 31.

③ Walker, Henry A. and Bernard P. Cohen. “Scope Statements: Imperatives for Evaluating Theory.” *American Sociological Review*, Vol. 50, No. 3, 1985, p. 291.

④ Toulmin, Stephen. *The Philosophy of Science*. p. 49.

⑤ 内部效度是社会科学研究实验方法中的基本概念，指的是自变量与因变量之间因果关系的明确程度。

日本与英国革命的案例，通过系统性的比较试图揭示引起社会革命爆发的两个重要条件：国家崩溃与农民起义。然而，许多学者并不认可斯考切波的这一发现，因为他们可以举出很多与这一理论预期相悖的“反例”。例如，格迪斯（Barbara Geddes）就曾经提出，1910 年的墨西哥、1952 年的玻利维亚、1959 年的古巴都是这样具有挑战性的反例，它们要么是具有国家崩溃与农民起义的条件却没有爆发革命，要么就是不具有这两个条件却恰恰产生了革命。[①] 然而，这样的批评对于斯考切波来说并不公平，因为它完全忽视了斯考切波为其理论有效性所清晰界定的“范围条件”。在著作的引言中，斯考切波明确指出，她的研究并不致力于为所有革命提供一个普适性的框架，而仅仅适用于那些没有经历过殖民统治的、富裕且具有雄心的农业国家。相反，对于那些深受殖民历史影响、对于外部世界体系高度依赖的案例，它们将会有完全不同的因果形式。[②]

斯考切波的辩护并不是一种狡辩，也不应当简单地理解为一种自我防卫策略。事实上，这种对范围条件的界定与讨论建立在关于因果关系条件性与异质性的认识论基础之上。从前面的论述可知，在范围条件限定下的因果关系乃是这样一种关系：当条件范围满足时，原因（X）与结果（Y）的关系才是稳定的。因此，一个有效的挑战应当是在满足范围条件的前提下寻找反例，或者针对范围条件进行批评。像格迪斯这样的批评完全站不住脚，因为她所倚重的这些案例完全落在了斯考切波所提供的范围条件之外。正如科利尔（David Collier）与马奥尼所言，这些案例都是“无关的”。[③]

其次，明确的范围条件有利于提升理论的外部效度。[④] 在《经济制度与民主改革：原苏东国家的转型比较分析》一书中，奥勒·诺格德（Ole Nørgaard）试图回答的核心问题是：在原苏东国家中，为什么有些国家能够建立起兼具经济发展、福利增长和民主巩固的经济制度，而有些国家却

---

① Geddes, Barbara. *Paradigms and Sand Castles: Theory Building and Research Design in Comparative Politics*. Ann Arbor: University of Michigan Press, 2003.

② Skocpol, Theda. *States and Social Revolutions: A Comparative Analysis of France, Russia, and China*. Cambridge: Cambridge University Press, 1979.

③ Collier, David and James Mahoney. “Insights and Pitfalls: Selection Bias in Qualitative Research.” *World Politics*, Vol. 49, No. 1, 1996.

④ 外部效度可以简单理解为经由实验检验的因果关系的对外适用性、外推性。

不能?[①] 作者从转型的初始条件与经济制度改革战略两个方面对问题进行了分析。为检验他所提出的观点，诺格德对研究的范围条件做出了详细说明，帮助他明确了案例选择的总体，为挑选代表性案例做出了准备。

诺格德从自然属性、政治与社会特征以及异常情况三个维度界定了研究的范围条件。从自然属性的角度，诺格德指出，该研究的对象包括从地理与政治版图上属于“原苏东国家”的案例共30个。接着，诺格德根据研究问题所涉及的社会与政治特征，对研究对象的范围进行了更细致的界定。由于该研究从内容上关注的是不同国家经济与政治转型结果的差异，因此，“至少处于双重转型过程”就应当是案例在社会特征方面符合的基本条件。根据这一条件，越南等仅对经济体制进行了改革，而政治制度基本保持不变，故而不能入选。此外，从异常事件的角度，诺格德继续对范围条件进行说明。他指出，由于某些异常事件及其带来的一系列后果往往本身就是影响某种结果的重要因素，因此除非异常情况本身就是理论框架中的关键变量，否则一个合理的范围条件就应当将存在异常事件的案例剔除在外。用诺格德的表述就是，选取那些具有“正常”政治、经济转型过程的国家，不包括那些受到战争、国际封锁或自然灾害影响的国家。[②] 根据这一条件，克罗地亚、马其顿、亚美尼亚、塞尔维亚、格鲁吉亚、阿塞拜疆和塔吉克斯坦等都不能入选。最终，根据在自然属性、社会与政治特征以及异常事件这三个维度上界定的范围条件，诺格德从剩下的20个案例中开展了系统的数据分析与案例比较。

第四节 “历史转向”的贡献与局限

作为一种新的研究视角，“历史转向”的贡献是丰富多样的。在笔者看来，这些贡献中最重要的有以下两个方面。第一，在理论层面，它是一种将结构主义与能动主义相结合的重要尝试。结构与能动是比较政治学领域基本的两大范式。多数研究通常会在这两大范式之间顾此失彼，要么落

① 〔丹〕奥勒·诺格德：《经济制度与民主改革：原苏东国家的转型比较分析》，孙友晋等译，上海：上海人民出版社2007年版。

② 同上书，第12页。

入结构决定论的窠臼，要么陷入“剪不断理还乱”的主体策略的泥淖。在“历史转向”的研究中，研究者不仅关注结构性条件的限制作用，同时强调在关键性节点发生的时段中，主体能动性与事件之间偶连性（contingency）的影响，因此事件的结果往往并不是计划之内的，而是非预期的。第二，在方法论层面，“历史转向”的研究视角丰富了关于因果性的认知。通常认为，因果性的成立需要满足三个基本条件，即相关、时序与无虚假关系（non-spuriousness）。在“历史转向”的研究视角中，因果性的第四个条件体现为“时间性”。在这里“时间性”指的是，由于存在某种自我反馈机制，原因对结果产生的边际效应随着时间的变化而变化，这一类原因被亚瑟·斯汀康比（Arthur Stinchcombe）称作“历史性的原因”(historical cause)。与此相对的原因，斯汀康比将其称为“恒定原因”(constant cause)，亦即通常所指的原因，它们对于结果产生的边际效应随着时间的变化而恒定不变。①

诚然，“历史转向”的研究视角也存在局限。一个明显的问题便是，在这一分析视角中存在许多操作性不强的概念。例如，一些学者认为，是否能够带来持续性遗产是关键性节点的一个重要特征。然而难点在于，在一个历史事件中，到底需要多长的时间段才能判断遗产本身是否存在？另外，“历史转向”的研究者普遍存在一个因果本体论与研究方法错位的问题。马奥尼与西伦声称，比较历史的研究与量化相关不同，他们不寻找基于平均效应的因果性，而是从集合逻辑出发，在特定范围的案例集合内，寻找有利于导致结果发生的条件。② 然而吊诡的是，在这类“历史转向”的研究中，大量的研究者都在用 KKV 的方案指导着自己的研究设计③，而 KKV 方案的逻辑恰恰是基于线性代数与概率统计的量化相关。因此，一种理论更加完善、方法更加规范的“历史转向”亟待我们为之努力探索。

---

① Stinchcombe, Arthur. *Constructing Social Theories*. Chicago: University of Chicago Press, 1968.

② Mahoney, James and Kathleen Thelen. *Advances in Comparative-Historical Analysis*. Cambridge: Cambridge University Press, 2015, p. 13.

③ “KKV”是加里·金（Gary King）、罗伯特·基欧汉（Robert O. Keohan）和悉尼·维巴（Sidney Verba）三人姓氏的缩写。他们三人的合著《社会科学中的研究设计》影响极为深远，于是，学界常以“KKV”代指他们三人在该书中提出的关于研究设计的指导方案。该书的一个核心观点是，所有定性研究几乎都可以按照定量研究的逻辑开展。参见 King, Gary, Robert O. Keohane, and Sidney Verba. *Designing Social Inquiry: Scientific Inference in Qualitative Research*. Princeton: Princeton University Press, 1994.

第六编

发展政治学经典著作、代表学者、学术期刊与学术组织

第二十章

发展政治学经典著作

余　典　马佳磊　吴小希

对发展政治学这样一门尚在不断发展中的学科而言，其研究深度和广度的拓展离不开对核心概念、经典议题及研究范式的把握。前辈学者在开创和探索的过程中已然渐次铺展开一幅发展政治学的“学科地图”，而作为其思想凝练的产物，经典著作为发展政治学的研究者提供了参考和超越的“地标”。有鉴于此，在兼顾和平衡学科内不同研究问题、方法和范式的基础上，本章介绍在发展政治学领域具有代表性的经典著作。

一、《政治人：政治的社会基础》

西摩·马丁·李普塞特（Seymour Martin Lipset）的《政治人：政治的社会基础》（*Political Man*：*The Social Bases of Politics*）一书1960年出版，是政治社会学领域的奠基之作，也是现代化理论的重要作品之一。在该书中，李普塞特延续了托克维尔分析政治的视角，强调政治的社会基础，例如民主的经济社会条件、集权主义与法西斯主义的社会基础、选举及其阶级基础等。

全书共十三章。第一章提出政治社会学探究的核心问题，包括冲突与共识、官僚政治与民主，并介绍了这两个问题的学术渊源；第二至五章分析民主秩序的条件，包括经济发展与民主的关系、政体的合法性和有效性、集权主义和法西斯主义的起源；第六至八章探讨西方民主国家的选举，包括影响投票的因素、投票的阶级基础、投票的连续性及变化；第九至十一章分析美国的阶级和政党、美国知识分子的左翼传统及其原因和民主党在南方的发展；第十二章分析工会的官僚制特征及其对民主的影响；最后作者简要分析了意识形态终结论。

该书主要观点和贡献如下。第一，强调民主的存续不仅需要共识和合法性，也需要冲突和分歧。李普塞特认为，冲突凝聚共识，分歧有助于社会和组织的稳定与统一，因为相比于独裁的组织，在合法框架内接触异见分歧有利于成员对不同观念和价值保持宽容，从而减少瓦解性的分歧和暴力；另外，他强调基于阶级、宗教、习俗等多维度形成的交叉压力比基于某个单一维度形成的分化更有利于缓解冲突、避免极端主义。第二，政治的基础存在于社会中。作者认为民主政治与一定的经济发展水平例如财富积累、工业化、城市化和教育水平具有密切的关系，集权主义根源于工人阶级较低的收入和受教育水平、简单的心智、缺乏政治经验和安全感，法西斯主义则与中产阶级的不满紧密关联，政党和选举与相应的阶级大致对应。第三，工会对内管理、对外沟通的功能和要求容易滋生官僚政治和寡头政治集团，尽管工会内部不具备实行稳定民主的条件，但是这却有利于工会投身于全社会的民主过程，为工人阶级谋取利益。第四，全书大量使用数据分析和比较研究。作者还使用了“多变量分析法”，强调每一个分析要素和其他要素都具有多重相关关系，而非由某个单一的要素所决定。

该书出版后成为被引用最多的美国政治学著作之一，作者提出的“现代化理论”一度盛行，“政治社会学”从社会层面研究政治也有了长足的发展，李普塞特本人也成为最著名的政治学家、社会学家之一。

二、《强制、资本和欧洲国家：公元990—1992年》

《强制、资本和欧洲国家：公元990—1992年》（*Coercion, Capital and European States, A. D. 990—1992*）一书是查尔斯·蒂利（Charles Tilly）所著，1993年出版。

全书共分为七章：世界历史中的城市和国家、欧洲的城市与国家、战争如何促成国家以及国家如何导致战争、国家及其国民、民族国家的谱系、欧洲的国家体系、1992年的军人与国家。

蒂利试图在该书中试图回答的问题是：如何解释公元 9 世纪末期以来欧洲国家类型在时间和空间上存在的巨大差异？为什么这些欧洲国家最终都汇聚成为民族国家的不同变体？为什么变化的最终指向如此相似而变化的道路却如此不同？蒂利将既有的研究范式分为集权主义、地缘政治、生产方式和世界体系四类，这四种理论流派在讨论欧洲国家形成时都借用了经济结构与国际关系两个关键变量，但其局限性在于将现代欧洲国家的构建过程视为一条单线演进的道路，此种逻辑路径只在演进的结果上是正确的，在其起点和过程中有太多的差异可能被忽视了。因此，蒂利运用上千年的欧洲史解释了强制和资本在欧洲国家的形成和发展中如何发挥了关键性的作用。蒂利认为，一方面，国家是运用强制力的组织，国家的形成和强制密不可分；另一方面，资本可以用来购买强制手段，因此本质上也属于强制资源。为了便于分析，在书中他将资本和强制分开研究：资本的发展促进了城市的发展，城市的发展影响了国家的形成模式，而资本和强制不同的结合形式形成了不同类型的国家。

作为一本关注民族国家成长的专著，该书一经出版便获广泛好评，成为政治学的入门必读作品之一。

三、《民主与发展：世界政治体制与经济福祉（1950—1990）》

《民主与发展：世界政治体制与经济福祉（1950—1990）》（*Democracy and Development*：*Political Institutions and Well-being in the World*，*1950-1990*）一书是亚当·普沃斯基（Adam Przeworski）所著，2000 年首次出版。

全书共分为五章，分别介绍了民主与专制、政治体制的动态、政治体制与经济增长、政治不稳定与经济增长，以及政治体制与人口。

普沃斯基在该书中试图回答的两个问题是：经济发展是否能促进政治民主化？民主是促进了还是阻碍了经济发展？为了检验这两个问题，普沃斯基借助描述性信息、统计分析和历史叙述，考察了 1950 年至 1990 年间 135 个国家的历史，研究了政治体制的演变及其对经济发展等方面福祉的影响。该书最令人惊讶的研究发现是消除了民主与经济发展之间存在权衡取舍的观念：经济发展并不会催生民主制度，但民主制度更有可能在富裕的社会中得以长期存活；政治体制对国民总收入的增长没有影响，而政治不稳定只会影响专制政权的经济增长；在民主国家，人均收入增长更快，因为在专制统治下，人口增长更快；一般来说，政治体制对人口的影响大于对经济的影响。

四、《民主的衰落与兴起：一部纵贯古今的全球史》

《民主的衰落与兴起：一部纵贯古今的全球史》（*The Decline and Rise of Democracy*：*A Global History from Antiquity to Today*）一书是大卫·斯塔萨维奇（David Stasavage）所著，2020年首次出版。

全书共分为三个部分，十二章。第一部分“早期民主”介绍了民主规则的起源、早期民主广泛传播、弱国家继承民主、当技术破坏民主；第二部分“分歧与差异”介绍了欧洲代议制的发展、作为选择官僚替代的中国、民主如何在伊斯兰世界消失、长期的民主与经济发展；第三部分“现代民主”介绍了为何英格兰与众不同、美国的民主与奴隶制、现代民主的传播、正在进行的民主实验。

关于民主崛起的历史记载往往集中在古希腊和文艺复兴前的欧洲，该书借鉴全球的证据，表明事实要丰富得多——从欧洲征服前的美洲，到古代美索不达米亚，再到殖民前的非洲，民主实践在许多地方、许多时期都存在。该书深入研究了早期民主在世界各地的普遍存在，作者认为了解这些民主如何以及在哪里繁荣，何时以及为什么衰落，不仅可以提供关于治理历史的关键信息，还可以提供关于现代民主的运作方式及其未来的表现方式的信息。在跨越几千年的案例中，斯塔萨维奇首先考虑了为什么国家会发展出民主或专制的治理风格，认为早期的民主倾向于发展在政府薄弱、技术简单的小地方。当中央国家机构（如税务官僚机构）缺席时——就像在中世纪的欧洲——统治者需要得到民众的同意才能执政。当中央机构强大时——比如在中国或中东——同意就不那么必要，专制更可能出现。然后，他探讨了从早期民主到现代民主的转变，这种转变首先在英国和美国形成，说明现代民主的兴起是为了将大众控制与对大片领土的强大国家相结合。民主是一场随着时间的推移而在世界各地展开的实验——它的变革仍在继续。

在日益加剧的民主焦虑中，该书拓宽了政治制度发展的历史视角，是民主制度研究的一部佳作。

五、《统治与岁入》

《统治与岁入》(*Of Rule and Revenue*)一书是玛格丽特·利瓦伊(Margaret Levi)所著，1988年出版。该书将理性选择理论和制度分析相结合，阐述了统治者在追求税收最大化过程中面临的约束条件如何影响其税收政策和带来政策变革这一核心问题，是国家税收汲取能力研究的经典著作。

《统治与岁入》全书共八章，第一章至第三章介绍了研究的缘起、核心问题与关键变量，并提出了掠夺性统治理论模型。第四章至第七章使用理论模型分析了不同时空中的国家，包括罗马共和国、英国、法国和澳大利亚的税制案例。第八章总结全书主要观点并做进一步探讨。

该书的主要贡献在于从静态和动态两个方面分别阐述了国家税收政策的影响因素。一方面，在静态上，利瓦伊提出了约束国家掠夺性征税的三个条件。她指出，岁入对一个国家具有重要意义。从理性选择理论出发，无论最终目标为何，国家的统治者都有进行掠夺性统治、将岁入提取最大化的动机。然而，不同时间和空间中的统治者选择的岁入生产体系存在差异，其行为受到代理人和民众的相对议价能力、交易费用和贴现率三个因素的限制，而宏观层面上的生产力与经济结构、国际环境和政府形式将对这三个因素产生影响。另一方面，在动态上，利瓦伊关注了随着时间推移纳税人理性行为带来的服从成本问题。她指出，统治者进行制度设计的最终目标，是增强议价能力、降低交易费用和贴现率以实现更高效的掠夺，为此，建设促进合作的制度，增强纳税人的“准自愿服从”非常重要。

该书强调了将“国家”这一分析单位带回政治发展研究之中的重要性。在理性选择理论强调个体行为的微观分析大潮下，利瓦伊坚持宏观视野的重要意义，尝试将宏观和微观层面变量相联系，挑战和修正了传统理性选择制度主义。

六、《强社会与弱国家：第三世界的国家社会关系及国家能力》

《强社会与弱国家：第三世界的国家社会关系及国家能力》(*Strong Societies and Weak States: State-Society Relations and State Capabilities in the Third World*)一书是乔尔·米格代尔(Joel S. Migdal)的代表作之一，1988年出版。该书关注的核心问题是：第二次世界大战后独立的第三世界国家，为何大多数陷入了国家能力羸弱、统治者无法贯彻其政策的窘困境地，只有少数国家得以幸免？米格代尔从社会在国家中的作用的角度对这个问题做了回答。

该书共八章，分为三个部分。第一部分为第一章，介绍了研究缘起和核心问题，并提出了后文用于分析国家—社会关系的基本模型；第二部分为第二章至第四章，重点关注了历史因素对国家能力建设起点带来的影响，以塞拉利昂和以色列为例分析了世界市场扩张和殖民与社会力量结合的后果；第三部分为第五章至第八章，结合现实案例对为何大多数国家不缺乏资源与雄心，却未能结束社会中权力的碎片化分布现象做出解释。

该书是国家能力研究的经典之作，其主要贡献在于为理解国家能力差异提供了社会力量的新视角。首先，米格代尔强调了国家与社会之间的竞争关系。他认为国家自主性的行使需面临社会组织的竞争，在面对网状结构的社会时，国家力量会面临更多挑战。其次，米格代尔指出了导致社会控制碎片化的两个因素——世界经济的扩张和殖民统治，两者都破坏了原有的社会结构，为社会中的行动者扩展影响力提供了机会。再次，米格代尔认为即便在国家力量占优的情况下，社会力量也有影响国家的能力。在社会控制碎片化的情况下，国家领导人和行政官员的自保倾向压倒了改革倾向，被迫向社会中的强人妥协，形成“生存政治”，这也带来了社会力量俘获政府的可能性。最后，米格代尔指出强国家并非与生俱来，受到诸多条件限制。他认为，打乱旧的社会结构是新国家政权掌握社会的必要条件，而新生国家面临军事威胁、拥有独立官僚体系基础和精明强干的领导群体且能抓住历史提供的机会之窗，是建设强国家的重要条件。

该书对当时正在兴起的国家中心主义观和既有的现代化理论提出了颇有见地的批评，引发了后续研究者对国家中社会力量作用的大量关注和讨论。

七、《专制与民主的社会起源：现代世界形成过程中的地主和农民》

巴林顿·摩尔（Barrington Moore）的《专制与民主的社会起源：现代世界形成过程中的地主和农民》（*Social Origins of Dictatorship and Democracy: Lord and Peasant in the Making of the Modern World*）一书 1966 年出版。该书主要关注农业国家向工业化转型过程中地主和农民群体发挥的作用，认为政治现代化不是“只能沿着一条主要的高速公路”前行，提出了通向现代化的三条发展道路。该书是政治现代化研究和采取比较历史分析方法的经典著作。

该书旁征博引，内容庞杂精深。其核心观点可概括为“没有资产阶级就没有民主”，强调资产阶级力量对国家现代化过程的影响。该书的主要贡献在于以下三点。第一，摩尔指出了现代化进程中三条可能的路径。他认为根据地主和农民发挥的不同作用，现代化过程可分为三种不同的革命类型：成功的资产阶级革命、流产的资产阶级革命和农民革命，分别导向西式民主、法西斯主义和共产主义。在此过程中，农民群体应对农业商品化挑战的方式是决定现代化结果的关键因素。第二，通过对三条道路中不同代表国家的案例分析，摩尔指出，资产阶级是推动政治民主的重要条件。在英国、法国和美国，内战与革命使原有的地主阶级遭到削弱，农业商业化的推进摧毁了农业社会，使经济上获得独立的资产阶级有机会推动民主化。若地主阶级未受到强有力的削弱，新生的资产阶级与其联盟，例如在日本和德国，将带来法西斯主义的潜在危险。在中国和俄国，资产阶级力量极度薄弱，大量失业农民不能为工业资本主义所吸纳，反而容易成为不稳定的潜在革命者。第三，摩尔提出了影响农业国家现代化的主要变量，总结了实现西式民主的五个条件，包括形成王室和贵族之间的相对力量平衡、农业发展向适当形式的商品化农业转型、削弱土地贵族的势力、防止贵族和资产阶级结成联盟以镇压工人和农民群体，以及发生一场与过去彻底断裂的革命。

如摩尔所言，该书为探索政治现代化过程提供了“一张缩略地图”，启发了一代研究者对政治民主化问题的讨论和批评。在方法论上，该书是采用比较历史分析方法进行研究的代表作，具有深远影响。

八、《制度、制度变迁与经济绩效》

《制度、制度变迁与经济绩效》（*Institutions, Institutional Change and Economic Performance*）一书是道格拉斯·诺思（Douglass C. North）所著，于1990年首次出版。

全书共分为三篇：“制度”“制度变迁”与“经济绩效”。在该书中，诺思系统阐述了制度变迁理论，明确界定了制度的相关概念，对制度的起源、组成及其变化进行了深入分析，进而对制度的变迁及其对经济绩效的影响做了阐释，并将这种制度分析方法进一步提升到解释经济史乃至整个社会发展史的高度。他通过对制度变迁的分析，展现了经济发展与演化的动态过程，改变了经典经济学分析特定时点的静态假设，揭示了制度的变迁对经济绩效的影响。诺思指出制度是社会的博弈规则，由正式的规则、非正式的约束以及它们的实施特征三个基本部分构成。制度是理解政治与经济之间的关系以及这种相互关系对经济成长（或停滞、衰退）影响的关键，制度变迁决定了人类历史中的社会演化方式，因而是理解历史变迁的关键。

在诺思看来，自利行为是人的一种潜在动机，要想避免这种行为对集体的损害，仍然需要通过制度对之加以规范。制度不仅包括正式的规则，还包括非正式的约束，正式规则和非正式约束二者相辅相成。另外，如果规则得不到实施就等于没有规则。制度在实现稳定与均衡的同时，也是在不断渐进变迁的。之前的技术选择会深深地影响以后的技术发展路径，从而形成一种“路径依赖”。在制度与经济绩效的关系方面，二者并非严格对应，制度必须与特定的历史文化相联系，仅仅移植制度并不能带来良好的经济绩效。

九、《嵌入自主性：国家与产业转型》

《嵌入自主性：国家与产业转型》（*Embedded Autonomy*：*States and Industrital Transformation*）是彼得·埃文斯（Peter B. Evans）在比较政治经济学领域的代表著作，1995 年出版。该书的核心关注点是对国家介入经济发展的能力做出解释，埃文斯认为，这种能力受到国家内部结构和国家—社会关系的影响，前者与国家自主性相联系，后者则和嵌入性相联系。

该书分为十章。第一章指出了研究的核心问题，认为在等级性的世界劳动分工体系下，国家有通过干预市场促进经济发展和转型升级，以求在全球产业链中获取更大收益的动机。国家干预市场的能力取决于国家内部结构和国家—社会关系。第二章提出了研究采取比较制度方法进行分析的优势。在第三章中，埃文斯遵循马克斯·韦伯的理想型分析路径，根据国家干预市场能力的不同，对以扎伊尔为代表的掠夺型、以韩国等为代表的发展型和以巴西、印度为代表的中间型三种不同国家类型的案例进行分析。第四章至第九章则以信息产业为研究对象，主要对韩国、印度、巴西三国在20世纪70年代至80年代国家干预情况的差异进行分析。第十章对全书基本观点和结论进行了总结。

该书的贡献主要包括以下两点。第一，在国家内部结构对经济干预的影响上，埃文斯强调了官僚制对强自主性的贡献。他指出，完善的官僚制本身有利于国家发展，在严格的选拔、晋升和运转规则下运行的官僚制体系和非正式的官僚关系网络有利于加强内部凝聚力，形成强自主性，避免个人利益压倒集体利益，乃至形成掠夺型国家。第二，在国家—社会关系对经济干预的影响上，埃文斯强调了国家力量嵌入社会的重要性。他具体区分了国家在干预过程中能够扮演的四种角色：旨在为私人部门提供动机和激励规则的“监护人”(custodian)；直接注资创办企业的“造物主”(demiurge)；以制造进口关税壁垒，发放补贴等方法协助本土新企业，吸引其投入更具冒险性的新产业的“助产士”(midwifery)；在新企业诞生后协助其应对全球性挑战的“牧羊人”(husbandry)。埃文斯认为，增加“助产士”是国家官僚机构运转的目标。此外，埃文斯还关注了国际因素对国家嵌入自主性的影响。

十、《变化社会中的政治秩序》

塞缪尔·P. 亨廷顿的《变化社会中的政治秩序》(*Political Order in Changing Societies*)一书1968年由耶鲁大学出版社出版，是新制度主义的奠基作品之一。亨廷顿在该书中想要回答的核心问题是：为什么有些国家政治稳定，有些国家则深陷暴乱和动荡？作者批判了将政治发展看作经济繁荣的产物的现代化理论，运用比较历史分析方法探究了传统政体的变迁以及不同的现代化方式，并从政治制度和社会势力的关系的角度解释了政治秩序的成因。

全书共七章，第一章批判了单从动员、不平等、腐败等角度解释动乱的理论，指出政治秩序是社会动员与政治制度化水平二者适应程度的函数；第二、三章围绕政治现代化的内涵和要求，比较了美国和欧洲在权威的合理化、结构的分离和大众参与三个方面的差异，并分析了现代化过程中政策创制和对新兴社会势力的同化这两个核心任务；第四至第六章围绕传统政体衰落后可能出现的情形，依次分析了普力夺社会和政治衰朽、两种政治现代化方式即革命和改革；最后作者着重探讨了政党在现代化、政治稳定中的重要作用。

该书的贡献主要包括以下两点。第一，在行为主义盛行的背景下找回制度，并强调制度和社会的关系对于政治发展、政治稳定的作用。亨廷顿用适应性、复杂性、自主性和内聚力衡量政治制度化水平，他认为，国家出现动乱是由于政治制度化水平无法适应现代化和经济社会发展带来的社会动员，极端案例就是“普力夺”社会。他强调，军人干政只是普力夺社会的表象，根源在于社会势力普遍被动员参与政治而国家缺乏有效的政治制度。第二，区分权力的不同维度及其在国家现代化进程中的不同作用。亨廷顿将权力分为总量（大/小）和分配（集中/分散）两个维度，在现代化不同的阶段，两个维度的相对重要性也发生着变化，具体而言，在政治现代化初期，分配维度更加重要，因为政治发展、政策创制要求权力的集中，而后总量维度的相对重要性增加，因为扩大政治参与有利于同化新社会势力、维护政治稳定。此外，作者十分关注政治过程中的不同行为者及其互动对于革命或改革的影响，例如城市游民和无产阶级、中产阶级、农民、军队和官僚等。随处可见的比较历史分析和对于各国政治历史资料的旁征博引，也是该书的一大特色。

十一、《战争之波：现代世界中的民族主义、国家形成与族群排斥》

安德烈亚斯·威默（Andreas Wimmer）的《战争之波：现代世界中的民族主义、国家形成与族群排斥》（*Waves of War*：*Nationalism*，*State Formation*，*and Ethnic Exclusion in the Modern World*）一书2013年由剑桥大学出版社出版。该书运用定量比较历史分析方法，对政治现代化进程中国家形态的演进以及由此带来的战争和族群冲突进行了探讨，重点关注了政治权力和合法性在族群身份建构和族群政治、民族国家形成和战争领域的影响，是研究族群冲突和国家建构问题的重要文献。

全书共七章。第一章对研究问题和主要发现进行了概述，指出民族国家和族群身份是国家现代化进程的产物，而民族国家的扩散带来了更高的战争和族群冲突发生率；第二章至第五章围绕不同的权力分配方式和政治合法性原则，结合定量数据依次考察了民族国家如何诞生、扩散以及由此带来的战争和族群冲突问题；第六章和第七章则根据研究发现对如何控制族群冲突提出了一些建议，并对未来可能的研究方向进行了初步探讨。

威默在该书中的主要贡献在于以下四点。第一，他指出在政治现代化进程中，拥有强中央集权和强公民社会的国家更有利于民族建构。在这样的国家中，政治精英能够通过直接资源分配向社会提供公共产品以向民众换取更多税收和军事资源，社会也能够通过自愿服从获取更多利益，这种联盟关系将取代基于旧等级秩序建立的认同。第二，他发现民族国家在全球的扩散取决于国内民族主义者在权力结构中是否占据优势，并非完全由国内现代化进程推动。若民族主义运动能进行有效动员和政治宣传，抓住旧政权被战争削弱等机会获取权力，往往会造就民族国家，这与国内的经济、政治和文化现代化程度联系并不紧密。第三，从合法性视角上看，他将全球向民族国家模式的转变视为造成现代世界战争和族群冲突的重要影响因素。民族国家的政治合法性基础在于民族主义，这激励了族群排斥，使民族国家之间和内部更可能产生冲突。基于此，威默提出了三种战争和族群冲突的根源：一是部分人口被排斥在政治参与和公共服务提供之外；二是政治排斥违反政治合法性原则；三是权力的竞争者试图改变现存制度。第四，他的研究为族群冲突和战争研究提供了新的数据库，并为进一步研究提供了将权力、合法性和冲突相关联的分析框架。

十二、《威权统治的政治》

米兰·斯沃里克（Milan W. Svolik）的《威权统治的政治》（*Politics of Authoritarian Rule*）一书 2012 年由剑桥大学出版社出版。该书探究了民主和威权统治的差异以及威权统治的两个核心问题，即权力分享（power-sharing）和威权控制（authoritarian control），是威权政治研究的一座里程碑。

全书共七章，第一章提出威权统治的两个核心问题，即精英之间的权力分享和对民众的社会控制。第二章用数据展现了威权政治的多样性。第三、四章围绕权力分享分析了精英间合作缺乏可信承诺、权力分享的成败和相应的独裁形式；第五、六章围绕社会控制分析了军队的镇压作用及其风险和成本，以及政党的吸纳和控制功能；第七章总结了威权政治的激励和制度。

该书主要观点和贡献如下。第一，斯沃里克在民主和威权统治间划下清晰的分界线，他认为竞争性选举规则决定谁掌握权力是民主制的核心，而威权统治的特征在于缺乏独立的权威，以及由此导致的普遍将暴力而非选举规则作为解决政治冲突的方式。第二，威权政治中存在一个基本的冲突，即独裁者扩大权力的愿望和精英联盟威慑独裁者、取而代之的愿望，这导致威权统治者和其他精英间的权力分享缺乏可信承诺、具有高度的不稳定性。他认为，联盟中其他精英的震慑能力会决定权力分享的成败，而这会产生不同形式的独裁统治：竞争性独裁（contested autocracy）或个人独裁（personal autocracy）。解决权力分享问题、增强可信承诺的方式是建立正式的政治制度，例如高层的审议和政策决定机构，这些政治机构有利于促进信息交换，从而使独裁者和精英双方更好地评估对方的真实意愿。第三，作者认为威权统治者的社会控制方式分为镇压和吸纳，两种控制方式的代表机构分别是军队和政党。前者成本较低，但是镇压反对者的军事力量同时也可能构成对独裁者的威胁；后者通过选择性招募、对任免的政治控制和利益的等级分配等机制达到吸纳民众、维系忠诚的目的。

该书提出的威权政治分析框架具有广泛的适用性，对于此后的威权政治研究具有深远影响。此外，大量使用形式模型和比较案例分析也是该书的一大特色。

第二十一章

发展政治学代表学者

马佳磊　余　典　张逸凡

发展政治学作为一门现代社会科学学科，其兴起和发展离不开关注政治发展的学者们的共同努力。本章介绍十五位代表性学者，这些选择是兼顾了平衡性的结果。值得关注的是，发展政治学的代表学者中不仅有政治学者，也不乏经济学者、社会学者和历史学者。政治学以外的相关学科领域与政治学的互动与交融共同推进了发展政治学研究。

一、查尔斯·蒂利

查尔斯·蒂利（Charles Tilly，1929—2008），美国著名政治学家、社会学家、历史学家，主要研究领域为政治科学、社会学与政治哲学，关注欧洲现代国家形成的历史、市民的社会抵抗与政治参与、社会运动等主题。他 1958 年毕业于哈佛大学，获得社会学博士学位。因为“学问无与伦比，思想深刻犀利，精神坚定不移”，他被《纽约时报》誉为“21 世纪社会学之父”以及“世界杰出的社会学家和历史学家之一”。他曾先后任教于特拉华大学、哈佛大学、多伦多大学、密歇根大学和哥伦比亚大学等高校。在他的职业生涯中，蒂利写了 600 余篇文章和 51 本专著。其中重要的著作包括：《西欧民族国家的形成》（1975）、《从动员到革命》（1978）、《强制、资本和欧洲国家：公元 990—1990 年》（1990）、《长期的不平等》（1998）、《斗争的动力》（2001，合著）等。

二、道格拉斯·诺思

道格拉斯·诺思（Douglass C. North，1920—2015），美国著名经济学家，新制度经济学派的代表人物，1993 年诺贝尔经济奖得主。诺思的研究领域为制度经济学、经济史、经济发展，其主要贡献在于创立了包括产权理论、国家理论和意识形态理论在内的“制度变迁理论”。诺思 1952 年从伯克利加州大学获得经济学博士学位，随后开始在华盛顿大学任教。诺思的代表性著作有《经济史上的结构和变革》（1981）、《制度、制度变迁与经济绩效》（1990）等。

三、曼瑟尔·奥尔森

曼瑟尔·奥尔森（Mancur Olson，1932—1998），美国著名经济学家和社会学家，主要研究领域为制度经济学，对制度经济学的私有财产、税收、公共财产、集体行动、合同权利等诸多方面都有重大贡献。奥尔森 1963 年获得哈佛大学经济学博士学位，随后任教于普林斯顿大学，后在美国联邦政府任职。1969 年，奥尔森离开联邦政府，任教于马里兰大学帕克分校经济系，直至去世。奥尔森执著于研究集体行动问题：为什么个人的理性行为往往无法产生集体或社会的理性结果？他看到的是“看不见的手”的失灵：由于“搭便车”行为的存在，理性、自利的个人一般不会为争取集体利益作贡献。集体行动的实现其实非常不容易。当集体人数较少时，集体行动比较容易产生；但随著集体人数增加，产生集体行动就越来越困难。因为在人数众多的大集体内，要通过协商解决如何分担集体行动的成本十分不易；而且人数越多，人均收益就越少，搭便车的动机便越强烈，搭便车行为也越难以发现。奥尔森的代表性著作有《集体行动的逻辑》《国家的兴衰》以及他猝然逝世前刚完成的《权力与繁荣》等。

四、亚当·普沃斯基

亚当·普沃斯基（Adam Przeworski，1940—　），美国著名政治学家，分析马克思主义学派的代表人物。普沃斯基的研究领域为比较政治经济学、民主理论、社会民主主义，主要关注政治改革与经济改革的互动关系、政治转型的博弈分析、代议制民主政治中究责与审议机制的分析以及比较政治学的方法论等。普沃斯基先后毕业于波兰华沙大学与美国西北大学，1966 年获得政治学博士学位。随后他先后任教于华盛顿大学、芝加哥大学与纽约大学。除了大量的学术论文外，普沃斯基还独著、合著或编辑出版了一系列在国际上有重大影响力的学术著作，如《资本主义与社会民主》《资本主义下的国家与经济》《民主与市场：东欧与拉丁美洲的政治经济改革》《可持续性民主》《民主、责任与代表》等。

五、大卫·斯塔萨维奇

大卫·斯塔萨维奇（David Stasavage，1970—　），美国政治学家。斯塔萨维奇的研究关注货币和财政政治学，以及更一般意义上的比较政治经济学。斯塔萨维奇先后毕业于剑桥大学、康纳尔大学和哈佛大学，1995 年获得政治学博士学位。随后，斯塔萨维奇先后在世界银行、经济合作与发展组织、牛津大学非洲经济研究中心、英格兰银行任职。1999 年起，斯塔萨维奇开始在伦敦政治经济学院任教，2005 年前往纽约大学任教至今。斯塔萨维奇的代表性著作主要讨论了西方国家中民主制度的缘起及运作：《公债与民主国家的诞生：法国与英国，1688—1789》《信贷立国：疆域、权力与欧洲政体的发展》《向富人征税：美国、欧洲财政公平史》《民主的衰落与兴起：一部纵贯古今的全球史》等。

六、巴林顿·摩尔

巴林顿·摩尔（Barrington Moore，1913—2005），美国著名社会学家、政治学家，比较历史研究的开拓者。1941 年，摩尔毕业于耶鲁大学，获得社会学博士学位，随后在美国战略情报局和司法部担任政策分析师。1945 年，摩尔在芝加哥大学社会科学系任教，1947 年进入哈佛大学俄罗斯研究中心。摩尔早年的研究重点关注苏联政治与社会，代表作有《苏联政治》和《恐惧与进步》。20 世纪 60 年代，摩尔对流行的现代化理论提出了挑战，认为通向现代化的道路不止一条，经济发展也不必然带来政治民主化，其思想集中体现在他最具影响力的著作《专制与民主的社会起源》一书中。此外，摩尔的著述还包括《不公正：服从和反抗的社会基础》、《隐私：社会和文化历史研究》和《历史上的道德纯洁与迫害》等。鉴于他对比较历史研究的卓越贡献，美国社会学学会设立了“巴林顿·摩尔图书奖”，以表彰每年在比较历史社会学领域的最佳研究。

七、玛格丽特·利瓦伊

玛格丽特·利瓦伊（Margaret Levi，1947— ），美国著名政治学家，在比较政治经济学领域卓有成就。利瓦伊 1974 年在哈佛大学获政治学博士学位，同年进入华盛顿大学任教。2007 年荣休后，利瓦伊先后在悉尼大学和斯坦福大学任职。利瓦伊的早期研究关注工会组织，代表作为《官僚叛乱：警察工会的案例》。她此后的研究重点关注国家能力建设，将制度分析和理性选择方法有效结合，《统治与岁入》与《同意、异议和爱国主义》分别探讨了国家在税收和征兵领域的行为及原因。利瓦伊其他代表性著作包括《分析性叙事》《没有信任的合作?》和《为了他人的利益》等。

八、乔尔·米格代尔

乔尔·米格代尔（Joe S. Migdal，1945— ），美国著名政治学家。1972 年毕业于哈佛大学政府系，获博士学位，同年进入特拉维夫大学担任讲师。1975 年，米格代尔回到哈佛大学任教，五年后赴华盛顿大学并任教至今。米格代尔研究涉猎广泛，涉及中东政治、国家能力与国家—社会关系等领域。他在政治发展领域最具影响力的著作是《强社会与弱国家：第三世界的国家社会关系及国家能力》和《社会中的国家：国家与社会如何相互改变与相互构成》。此外，米格代尔的主要著作还包括《农民、政治和革命：第三世界政治和社会变革的压力》《国家权力与社会力量：第三世界的统治与转型》《巴勒斯坦人民：一部历史》和《流沙：美国在中东》等。

九、西摩·马丁·李普塞特

西摩·马丁·李普塞特（Seymour Martin Lipset，1922—2006），美国著名政治学家、社会学家，二战后对美国社会科学发展影响最大的人物之一。李普塞特 1947 年在哥伦比亚大学获得博士学位，随后留校任教。1966 年，李普塞特进入哈佛大学任教。李普塞特是政治现代化理论最早的关注者和研究者之一，最具影响力的文章是发表于《美国政治科学评论》的《民主的社会前提：经济发展与政治合法性》（1959）。该文认为政治民主是经济增长的直接后果，一个国家越富裕，维持民主的可能性也越大。此外，李普塞特的重要著作还包括《农业社会主义》《政治人：政治的社会基础》《第一个新国家》《政党制度与选民联盟》《革命与反革命：社会结构的变化与延续》《大陆分水岭：美国和加拿大的价值观和制度》和《美国例外论：一把双刃剑》等。为纪念李普塞特的贡献，美国政治科学协会将其图书馆命名为“西摩·马丁·李普塞特图书馆”。

十、罗纳德·英格尔哈特

罗纳德·英格尔哈特（Ronald F. Inglehart，1934—2021），美国著名政治学家，是使用调查数据来测量和比较各国文化的先驱。英格尔哈特1967年在芝加哥大学获得博士学位，随后前往密歇根大学任教。英格尔哈特以研究比较政府与政治、政治发展与政治心理学知名。1970年，他参与组织“欧洲晴雨表调查”（Eurobarometer），并于1981年发展为“世界价值观调查”（World Values Survey，WVS），所获数据为修正现代化理论提供了证据，指出了后物质主义价值观对现代化进程的影响。英格尔哈特的代表作包括《寂静的革命：西方公众不断变化的价值观和政治风格》《现代化与后现代化》《现代化、文化变革和民主：人类发展的顺序》和《宗教的突然衰落：是何原因，未来如何?》等。

十一、达龙·阿西莫格鲁

达龙·阿西莫格鲁（Daron Acemoglu，1967—　），美国和土耳其著名经济学家，麻省理工学院经济学教授，2005年约翰·贝茨·克拉克奖获得者；主要研究领域为宏观经济学、政治经济学、劳动经济学、发展经济学和经济理论等。阿西莫格鲁出生于土耳其的伊斯坦布尔，在伦敦政治经济学院获得博士学位。他的主要著作有《专制和民主的经济起源》《现代经济增长导论》《国家为什么会失败》《自由的窄廊》等。他和西蒙·约翰逊（Simon Johnson）、詹姆斯·A. 罗宾逊（James A. Robinson）合作的《发展差异的殖民地起源：一项实证研究》一文是全世界被引用最多的政治经济学论文之一。该文通过一个巧妙的工具变量研究设计，借助欧洲殖民者在不同殖民地的死亡率差异对殖民地原始制度的影响，发现制度差异是解释原殖民地当今人均收入差异的最有力因素。

十二、米兰・斯沃里克

米兰・斯沃里克（Milan Svolik，1977—　），美国著名政治学家，耶鲁大学政治学教授，主要研究领域为比较政治学、形式政治理论（formal political theory）和政治经济学，近年来的研究重点包括民主倒退、民主支持与选举操纵等。斯沃里克 2006 年在美国芝加哥大学获得博士学位，先后任教于伊利诺伊大学厄巴纳—香槟分校和耶鲁大学。斯沃里克的代表作《威权统治的政治》（2012）深入论述了威权控制与权力分享这两个基本矛盾如何塑造了威权政治的运行模式。此外，斯沃里克还有众多论文发表于《美国政治科学评论》、《美国政治科学杂志》和《政治科学季刊》等顶尖期刊。

十三、彼得・埃文斯

彼得・埃文斯（Peter B. Evans，1944—　），美国著名政治学家，伯克利加州大学名誉教授，主要研究方向为比较政治经济学，研究领域涉及全球化、劳工运动、国家—社会关系、经济发展等。埃文斯本科毕业于哈佛大学，在牛津大学获得硕士学位，在哈佛大学获得博士学位；曾任教于英国牛津大学、美国布朗大学、新墨西哥大学和巴西的巴西利亚大学等。埃文斯的著作包括《找回国家》、《嵌入自主性：国家与产业转型》和《国家—社会协同：发展中的政府与社会资本》等。在《嵌入自主性》一书中，埃文斯认为，国家对经济发展的介入是必然的，关键在于介入的形式，国家只有将嵌入性（embeddedness）和自主性（autonomy）结合起来，构建更为紧密的国家—社会联结，才能真正成为一个发展型国家。

十四、迈克尔・罗斯

迈克尔・罗斯（Michael Ross，1961—　），美国著名政治学家，洛杉矶加州大学政治学教授，研究领域涵盖政治学视角下的气候变化、化石燃料、性别权利和民主等议题。罗斯 1996 年在普林斯顿大学获得博士学位，先后任教于密歇根大学和洛杉矶加州大学。他的代表作包括《东南亚的木材繁荣与制度崩溃》和《石油诅咒：石油财富如何塑造国家发展》。在2001年以来的一系列论文中，罗斯持续关注石油等自然资源对政治发展的影响，尤其是自然资源与民主、内战和性别权利等重要变量之间的复杂关系，大大推动了政治学中“资源诅咒”相关理论的发展。

十五、安德烈亚斯·威默

安德烈亚斯·威默（Andreas Wimmer，1962— ），瑞士著名社会学家、政治学家，哥伦比亚大学社会学和政治哲学教授，研究领域横跨人类学、社会学和政治学等学科，结合多种方法研究国家建构、民族主义、族群—种族边界和等级制度的形成与消失、不平等与武装冲突及战争的关系等问题。威默在瑞士苏黎世大学获得本科、硕士和博士学位，曾任教于洛杉矶加州大学、普林斯顿大学和哥伦比亚大学。他的代表作包括《战争之波：现代世界中的民族主义、国家形成与族群排斥》、《族群边界制定：制度、权力与网络》和《国家建构：聚合与崩溃》等。《国家建构》一书从国家建构的视角分析了政治整合和国家认同的关系，主张在国家与公民之间建立起跨越族群界限的政治联系。该书荣获比较社会科学领域的巴林顿·摩尔图书奖。

第二十二章

发展政治学主要学术期刊及学术组织

王志浩

发展政治学作为政治学的重要分支学科，一直以来是各国政治学者研究的核心领域之一。本章介绍与发展政治学高度相关的学术期刊和相关学术组织。

第一节　发展政治学主要学术期刊

一、《比较政治学研究》

《比较政治学研究》（*Comparative Political Studies*）首次发行于 1968 年，由世哲公司（SAGE）出版，每年出版 14 期。该刊旨在覆盖比较政治学各个领域，包括欧洲整合、劳动市场、民主巩固、和平运动、选举政治、发展战略等。在 SSCI 2022 年发布的《期刊引文报告》中，该刊在政治学内影响力排名第 11，影响因子为 5.0。

二、《比较政治》

《比较政治》（*Comparative Politics*）首次发行于 1968 年，由纽约城市

大学（City University of New York）政治学博士项目资助、编辑和出版，每年出版4期，主要涉及比较政治制度和政治进程的理论发展与经验研究。在SSCI 2022年发布的《期刊引文报告》中，该刊的影响力在政治学内排名第69，影响因子为2.3。

三、《世界政治》

《世界政治》(*World Politics*) 首次发行于1948年，剑桥大学出版社出版，每年出版4期，主要包括国际关系和比较政治的理论与实证研究。该刊在SSCI 2022年发布的《期刊引文报告》中，影响力在政治学内排名第12，影响因子为5.0。

四、《民主杂志》

《民主杂志》(*Journal of Democracy*) 首次发行于1990年，由约翰斯·霍普金斯大学出版社出版，每年出版4期，主要涉及发展中国家和后共产主义国家的民主化等议题。该刊在SSCI 2022年发布的《期刊引文报告》中，影响力在政治学内排名第46，影响因子为3.1。

五、《社会经济评论》

《社会经济评论》(*Socio-Economic Review*) 首次发行于2003年，由牛津大学出版社出版，每年4期，主要探讨经济与社会、制度规则、政治决策和文化价值的关系，分析经济对社会的作用。该刊在SSCI 2022年发布的《期刊引文报告》中，影响力在政治学内排名第31，影响因子3.7。

六、《新政治经济学》

《新政治经济学》(*New Political Economy*) 首次发行于1996年，每年出版6期，主要涉及政治经济学的各个主题：空间、资源和环境；正义、不平等与发展；全球市场与制度规定等。该刊在SSCI 2022年发布的《期刊引文报告》中，影响力在政治学内排名23，影响因子4.2。

七、《经济与政治》

《经济与政治》(*Economics & Politics*) 首次发行于1989年，由威利

（Wiley）出版社出版，每年出版 3 期，主要分析经济和政治的互动关系，探讨政治后果和政策选择、经济绩效与社会福利之间的互动作用。该刊在 SSCI 2022 年发布的《期刊引文报告》中，影响力在政治学内排名 151，影响因子 1.0。

八、《国际研究季刊》

《国际研究季刊》（*International Studies Quarterly*）首次发行于 1959 年，由牛津大学出版社出版，每年 4 期，主要涉及国际研究中的重要理论、经验和规范研究，分析跨国的政治、经济、社会和文化进程。该刊在 SSCI 2022 年发布的《期刊引文报告》中，影响力在政治学内排名第 49，影响因子 2.8。

九、《比较国际发展研究》

《比较国际发展研究》（*Studies in Comparative International Development*）首次发行于 1965 年，由施普林格（Springer）出版社出版，每年出版 4 期，关注的主题主要包括：国家政治制度、国际经济变迁、发展与分配的政治经济模式和社会结构转型。该刊在 SSCI 2022 年发布的《期刊引文报告》中，影响力在政治学内排名第 60，影响因子 2.7。

十、《世界发展》

《世界发展》（*World Development*）首次发行于 1973 年，由爱思唯尔（Elsevier）出版社出版，每年出版 12 期，主要涉及世界发展研究的各个主题：贫穷、失业、贸易和国际收支不平等、军国主义和国内冲突、性别和族群歧视等。该刊在 SSCI 2022 年发布的《期刊引文报告》中，影响力在经济学内排名第 25，在发展研究内排名第 6，影响因子 6.7。

十一、《发展研究杂志》

《发展研究杂志》（*The Journal of Development Studies*）首次发行于 1964 年，每年发行 12 期，主要涉及发展政策、理论与实证的各种主题，欢迎跨学科（经济学、政治学、地理学、社会学和人类学）的社会科学研究。该刊在 SSCI 2022 年发布的《期刊引文报告》中，影响力在经济学内排名第

156，在发展研究内排名第 27，影响因子 1. 2。

十二、《世界经济与政治》

《世界经济与政治》创刊于 1979 年，是中国社会科学院世界经济与政治研究所主办的综合性学术月刊。该刊贯彻“理论性、战略性、综合性和现实性”的办刊方针，注重国际政治与世界经济的结合，注重理论和实践的结合，注重国内问题和国际问题的结合，注重选题的综合性、前瞻性和创新性，紧扣时代热点和学科前沿问题。该刊设有世界政治、国际战略、国际政治经济学等栏目。

十三、《经济社会体制比较》

《经济社会体制比较》创刊于 1985 年，由中共中央党史和文献研究院主管、中央编译出版社出版，每年出版 6 期。该刊作为比较理论研究成果展示的先锋，及时、前瞻地为比较经济学、新制度主义、寻租理论、转轨经济学、社会创新等前沿理论领域开辟了宽松而严谨的学术空间，发表了许多深度研究中国改革和发展热点、难点问题与政策建议的文章。

十四、《比较政治学研究》

《比较政治学研究》创刊于 2010 年，由天津师范大学政治与行政学院主办，每年出版两期。该刊专注于比较政治学领域，以理论分析和实证研究深入探索政治制度与政治发展的国家间比较。该刊覆盖了比较政治学领域的广泛主题，包括比较政治制度、比较政治文化、政党与选举研究、政治发展、国家治理、研究方法前沿等。该刊以专业化为标准，以国际化为窗口，为国内学者提供了研究国际政治制度和政治体系发展的学术舞台。

第二节　发展政治学学科主要学术组织

一、中国政治学会

中国政治学会成立于 1980 年，是中国的政治学工作者组成的全国性、学术性、非营利性社会团体，由中国社会科学院政治学研究所主管，是中国最重要的政治学学术组织。中国政治学会以马克思主义为指导，研究包括发展政治学在内的各个政治学分支领域。

二、北京市政治学行政学会

北京市政治学行政学会成立于1988年，是主要由首都地区的政治学和行政学研究者组成的学术研究团体。学会坚持以马克思主义为指导，深入研究政治学和行政学领域内的理论问题和实践问题，通过学术研究积极推进国家治理体系与治理能力现代化建设。

三、国际研究协会

国际研究协会（International Studies Association）成立于1959年，会员包括来自世界上100多个国家的学者、政策专家、独立研究者等。协会作为世界知名国际研究组织，为关心国际和跨国事务的研究者提供了一个交流思想、促进合作的学术共同体。协会发行7种学术期刊：《国家研究季刊》《国际研究评论》《国际研究视角》《国际政治社会学》《外交政策分析》《全球安全研究》《全球研究季刊》。协会还与牛津大学出版社合作出版《国际研究百科全书》。

四、美国政治学会

美国政治学会（American Political Science Association）成立于1903年，现在拥有来自100多个国家的11000多名会员，是美国最重要的政治学学术组织。学会发行4种重要的政治学期刊：《美国政治学评论》《政治观点》《政治学与政治》《政治学教育杂志》。美国政治学会下属的政治经济学分会、国际安全分会等都研究发展政治学的相关议题。

五、美国中西部政治学会

美国中西部政治学会（American Midwest Political Science Association）成立于1939年，其成员覆盖105个国家和1400多所大学。学会发行重要的政治学顶级期刊《美国政治学杂志》。美国中西部政治学会下属的经济发展分会、比较政治经济学分会、比较发展中国家分会等都研究发展政治学的议题。

六、欧洲政治学会

欧洲政治学会（European Consortium for Political Research）成立于1970年，其成员覆盖50多个国家的300多所大学和研究机构，是欧洲影响力最大的政治学学术组织之一。欧洲政治学会下设60多个常设研究群组，其中政治经济学与福利国家政治的研究群组和比较政治制度的研究群组都与发展政治学这一学科高度相关。